욘스가 우 데이빗에게

일러두기

1. 책은 《 》, 글 제목이나 개별 논문 따위는 〈 〉로 묶었다. 문장 안에서 강조하거나 구별하는 부분, 다른 글에서 글에서 따온 것은 ' '로 나타냈다. 달라진 문장은 따로 표시하지 않았다. 인용문의 중략은 (…)로 나타냈다.

2. 작은 묶음표( )는 원어·연대·설명 따위에 쓰고, 꺾쇠[ ]는 그 안의 말이 바깥 말과 소릿값이 다르거나 묶음표 안에 또 다른 묶음표가 있을 때 붙였다. 한자나 원어 병기, 설명 따위는 각 장 처음에만 넣었다.

3. 중국 인명·지명·작품명 따위는 우리 한자음대로, 일본은 그쪽 발음대로 적고 [ ] 속에 일본말을 넣었다. 그러나 우리의 한자음이 더 익숙한 것은 일본어도 우리식을 따랐다.

4. 도판은 그 수가 적지 않아 각 장마다 번호를 따로 매겼다. 그리고 연관성이 있는 사진은 찾기 쉽도록 표(☞)에 쪽수 및 도판 번호를 덧붙였다. 편집상 도판을 순서대로 늘어놓지 못한 것도 있다.

5. 도판이 있는 데는 유물 이름 뒤에 붙였으며, 저자의 것이 아닌 것은 나온 데를 밝혔다.

6. 인용 문헌의 소재를 모르는 것은 표(?)를 넣었다.

7. 시의 전문을 못 싣고 부분만 따 넣은 잘못을 너그러이 여겨주시기 바란다.

표지 사진은 1991년 정월대보름, 귀주성 개리시(凱里市) 낭덕진(郎德鎮) 농가의 화덕이다.

동아시아의 부엌

민속학이 드러낸 옛 부엌의 자취

김광언

눌와

동아시아 부엌에 깃든 슬기

동아시아의 중·한·일 세 나라는 여러 천 년 동안 한자(漢字)를 쓰는 같은 문화권에서 지내온 덕분에 말은 달라도 적은 글자만 익히면 간단한 의사를 주고받는다. 문화를 나무에 견주면 중국은 뿌리, 한국은 둥치, 일본은 가지이다. 따라서 세 나라 문화는 한 그루에서 피어난 꽃이다. 이 책의 내용을 중·한·일 순서로 늘어놓은 까닭이 그것이다. 그러나 우리나 일본이 받기만 한 것은 아니다. 물은 낮은 데로 흐르게 마련이지만 더러 솟구쳐서 높이 튀어 오른다. 우리의 한글 창제와 일본의 《대한화사전(大漢和辭典)》이 좋은 보기이다. 중국보다 먼저 나온 이 사전을 중화민국에서 두 배로 늘려서 냈다(20권).

이 책에서 세 나라 부엌의 화덕·불씨·부엌·한데부엌·조왕·그릇·솥·숟가락과 젓가락·박 따위에 깃든 뜻을 캐고 새겨서 어떤 것이 어떻게 같고 다른가를 살폈다. 이들 기물에는 옛 분네들이 느끼고 깨우친 온갖 슬기가 들어 있다. 아무리 하찮은 것이라도 잘 들여다보면 그들이 맛본 삶과 죽음, 기쁨과 슬픔, 희망과 절망의 자취가 드러나는 것은 물론, 이를 통해 우주의 오묘한 진리까지 깨칠 수 있다.

일본은 벌써 부엌이 사라지고 '키친'이 들어섰으며, 중국도 크게 다르지 않아서 소수민족 마을에나 남았다. 우리도 '부엌'이라는 낱말이 고어사전으로 밀려나는 날이 다가왔다. 이를테면 '수저'를 아는 고등학생이 몇 안 되는 것이 오늘의 현실이다. 그러므로 잊혀가는 슬기 보따리를 캐고 풀어서 남겨야 한다.

그 보따리를 찾는 일은 고고학의 몫이고, 거기서 나온 기물이 지닌 뜻을 캐는 일은 민속학의 일이다. 근래 한국 민속학이 주춤거리는 사이 고고학은 눈부시게 발전하였다. 1980년대까지도 시대 구분이 구석기·신석기·청동기로 나뉘었지만 지금은 잘게 쪼개졌으며, 분야도 부뚜막·우물·숟가락 따위로 넓어졌다. 이는 바람직한 일이지만 너무 깊이 들어가는 바람에 민속학 사이에 깊은 골이 생긴 나머지, 젊은 고고학도들은 이웃 학문에 관심을 기울이지 않는다. 그러나 제 아무리 많은 유적을 뒤져도 그 뜻을 캐지 못하면 얼빠진 몸뚱이를 부여잡은 것에 지나지 않는다. 유물 설명이 기껏 형태나 크기에 머무는 것도 아쉽지만, 엉뚱한 이름을 붙이는 것은 작은 문제가 아니다.

나는 두 학문 사이의 벽을 허무는 첫 괭이질 삼아 우리뿐 아니라 중국과 일본 고고학의 성과를 이 책에 담고 싶었다. 마침 한강문화재연구원의 오승환 선생도 손뼉을 쳐서 '동아시아의 부엌'이라는 이름에 걸맞게 세 나라 공부꾼의 글을 곁들이고 '부엌의 고고학과 민속학'이라는 부제를 달기로 하였다. 일본의 동의를 얻었고 전공자가 드문 중국은 일본 쪽의 글을 옮기거나 할 생각이었다. 그러나 좀체 이루어지기 어려운 만큼 기대도 컸던 이 일은 매듭을 못 지었다. 지난해 시월 무렵까지 '한 달이다, 아니 보름이다' 미루어오던 일본 쪽에서 소식을 끊은 것이다. 이 탓에 오 선생의 글을 싣기가 어려웠다. 앞에 넣으려니 어울리지 않고, 뒤에 붙이려니 홀대가 되는 까닭이다. 그러함에도 그는 여러 가지 자료를 기꺼이 내주었다. 이 티끌세상에서 만나기 어려운 사람임에 틀림없다.

현지에서 거둔 조사 자료 외에 신화·민담 고문헌을 비롯하여 시 따위의 문학작품도 뒤졌다. 내가 찾은 일본 쪽의 문헌 자료가 중국보다 적기는 하지만 홋카이도·동북지방·도쿄 및 긴키[近畿] 일대·규수[九州], 오키나와[沖繩] 본도와 주위의 여러 섬에서 거둔 현지 조사 자료를 거두었으므로 중국 쪽에 지나치게 기운 것은 아니다. 중국 자료는 길림·산동·광서·사천·귀주·운남성 등지에서 얻었다.

동아시아의 세 나라는 가깝게 지내왔고 앞으로도 크게 달라지지 않을 것이다. 정치꾼들의 세계가 난장판인 것이야 어느 시대, 어느 곳도 지금보다 덜한 적이 없지 않은가? 이웃끼리도 잘 지내지 못한다면 그 세상은 다름 아닌 지옥이다.

지지난해 북경에 갔을 때 지하철의 젊은이들이 자리에서 선뜻선뜻 일어나는 것을 보고 과연 장유유서(長幼有序)의 고장답다는 생각이 들었다. 우리나 일본에서는 좀체 볼 수 없는 일이 아닌가? 우리도 지금의 70대는 젊은 시절, 아예 버스나 전차에 앉지도 않았건만 이제는 딴 세상이 되었다. 또 지난해 섬서성 서안시(西安市)의 가장 붐비는 종루(鐘樓)지하도에서 한 중년 남자에게 회족(回族)거리를 적어 보이자, 제 가던 길을 제쳐두고 입구까지 데려다주었다. 그는 한국에서 왔다니까 오른손을 번쩍 들고 엄지손가락을 곧추세우며 웃었다. 같은 시 대당서역(大唐西域)박물관 근처 관광안내소 여직원이 알려준 버스 정거장으로 가다가, 한 경관에게 다시 물었더니 고개를 저었다. 망설이는 중에 등 뒤에서 소리가 들렸다. 앞의 여성이 눈으로 뒤쫓다가 아니다 싶어 따라온 것이다.

함양시(咸陽市)박물관의 한 직원은 서안으로 가는 택시를 잡으려는 내게 버스 정거장을 일러주었다. 그 덕분에 돈이 덜 들었거니와, 무엇보다 중국 버스를 타고 다닐 수 있다는 자신이 들어서 기뻤다. 앞으로는 가이드를 앞세우지 않을 셈이다.

2012년 가을, 일본 여성에게 나라대화민속공원(奈良大和民俗公園)으로 가는 버스 정거장을 물었더니, 자신을 마중 온 남편의 자동차로 데려다주었다. 생각보다 먼 거리였다. 부부는 서너 시간 동안 같이 둘러본 뒤, 한 시간쯤 떨어진 나라역 부근의 숙소까지 차를 몰았다. 어디 그뿐인가? 이튿날 그네는 아들과 함께 나라의 평성경(平城京) 일대와 오사카 민가집락박물관에도 함께 갔다. 그네는 전날 한국에서 돌아온 길이었다. 대구에서 어떤 이에게 세 시간 넘게 도움을 받았다며 '은혜를 이렇게 빨리 갚게 될 줄 몰랐다'며 웃었다. 이듬해 봄, 부부는 내 사는 데 와서 나흘을 보냈다.

아키타[秋田]현 기타가미[北上]역은 아주 외진 곳이었다. 들은 대로 인적 끊긴 지하도를 한동안 걸었지만 식당이 보이지 않았다. 캄캄한 거리 저 끝에서 학생들과 이야기를 나누는 여성이 있었다. 그네는 꽤 떨어진 식당까지 나를 데려 가더니 주인에게 당부한 다음, 명함을 건네며 일이 생기면 알려달라고 하였다. 고등학교 교사였다. 먼 아프리카를 들먹일 것이 무엇이랴? 이 책이 이웃 나라 끌어안기에 작은 보탬이 되었으면 한다.

서너 해 전 제주시의 어떤 자리에서 김효형 대표를 만난 것이 실마리가 되어 눌와에서 책을 꾸몄다. 그리 읽히지 않을 이 책이 모쪼록 그에게 큰 짐이 되지 않았으면 한다. 이런저런 군소리를 다 들어준 김선미 님에게 '마음 착한 이는 복 받는다'는 진리를 들려주고 싶다.

국립민속박물관 정연학 박사, 연세대학교 나상진 박사, 중국민속학회 이사 섭도(葉濤) 박사, 운남성 옥계(玉溪)사범대학교 이련(李蓮) 교수의 도움을 받았다. 건국대학교 중원캠퍼스 도서관에 드나들게 된 것도 행운이었다. 밝은 눈으로 교정을 도운 아내에 대해 입을 다물면 섭섭히 여기기라.

현지 조사에 도움을 준 함태헌 사장의 도타운 뜻을 적어 남긴다.

2015년 4월   충주 남산 자락에서

지은이 씀

I
화
덕

1
—
어
원

중국〔火塘(화당)·火德(화덕)〕- 불의 공덕

---

1) 화당

화당은 '불[火]을 피우는 우묵한 데[塘]'라는 뜻이지만 일반 용어는 아니며, 흔히 조(竈)로 적는다(☞ Ⅲ. 부뚜막).

〈사진 1〉은 운남성 보이시(普洱市) 서맹(西盟) 와족(佤族) 자치현 농가의 화덕이다. 삼발이 위로 불길이 솟아오른다.

2) 화덕

화덕은 불의 덕이라는 말로 불이 베푸는 공덕에 대한 칭송인 듯하나 분명치는 않다. 화

사진 1

그림 1

덕진군(火德眞君)·화덕성군(火德星君)·남방화덕법성군(南方火德法聖君) 따위를 모신 많은 도교사원[廟]에서 모든 것을 불태우는 무서운 신으로 받들기 때문이다. 실제로 개인이나 사원에서 화재 예방을 위해 빌며, 불교에서도 이들이 불의 재앙을 막아준다고 한다. 불이 주는 은혜와 앙화의 양면을 지닌 셈이다.

〈그림 1〉의 남방화덕성군(南方火德星君)은 부릅뜬 눈에 수염은 위로 솟고 그 위에 칼을 뽑아들어서 공포를 불러일으키고도 남는다.

여름 신(神) 축융(祝融)이나《예기》〈월령〉, 농업신 신농씨(神農氏)가 화덕을 상징하는 데서 염제(炎帝)로도 불렸다《제왕세기(帝王世紀)》. 또 제왕(帝王)은 금(金)·수(水)·목(木)·화(火)·토(土) 다섯 가지[五德] 운세를 지닌다고 하여, 황제(黃帝)는 토덕(土德), 하(夏)는 목덕(木德), 은(殷)은 금덕(金德), 주(周)는 화덕(火德)을 얻었다'고 이른다《사기》〈봉선서(封禪書)〉. 삼발이의 이름 오덕(五德)도 이에서 왔을 것이다.

공자는 '요는 화덕으로 순은 토덕(土德)으로 임금 노릇 하였다'고 일렀고《공자가어(孔子家語)》 5권 〈5제(帝)〉, 유향(劉向 전 77~전 6)은 '한 고조(高祖)가 나라를 화덕으로 일으켰다' 읊조렸다《한서》〈교사지찬(郊祀之贊)〉 주). 또 원매(袁枚 1716~1797)가 '한나라 화덕이 끝내 적을 불살라버렸다[漢家火德終燒敵]'고 한 것《적벽(赤壁)》)을 보면 황제의 덕을 높이는 말로도 쓴 것을 알 수 있다. 앞 시의 '화덕'도 유비(劉備 161~223)가 한(漢) 왕실의 자손임을 가리킨다. 한족(漢族)은 화덕성군을 조왕에 견주거나 조왕으로 받들지만, 소수민족은 불신[火神]을 섬긴다.

한국(화덕·부섭·봉덕)- 화덕은 중국어

1) 화덕

화덕이라는 말은《조선왕조실록》에 보인다. 오행설에 따라 둥근꼴의 백악(白岳)을 토덕(土德), 구붓한 감악(紺岳)을 수덕(水德), 삐죽삐죽 날카로운 관악(冠岳)을 화덕(火德), 곧게 솟은 양주의 남행산(南行山)을 목덕(木德), 모난 수주(樹州)의 북악(北岳)을 금덕(金德)이라 하여 삼각산 남쪽의 오덕(五德)으로 삼았다는 내용이다《세종실록》15년(1433) 7월 29일]. 관악산의 뾰족한 봉우리들을 불꽃에 견준 것이다.

그러나 화덕은 우리말이 아니다. 두세 가지 어원사전을 비롯해서《우리말 큰사전》〈옛말과 이두〉 1992)과 《17세기 국어사전》(1995)에 실리지 않는 까닭이 이것이다. 또 심훈(沈熏 1901~1936)의 소설 《영원의 미소》에 '솔방울을 긁어다가 피운 화덕 앞에서 손을 쬐며 이런 이야기 저런 이야기를 주고받았다'는 대목이 있지만 이는 화로의 다른 이름에 지나지 않는다. 여러 사전의 '숯불을 피워놓고 쓰게 만든 큰 화로'라는 설명 그대로이다.

그림 2

무교의 화덕진군도 마찬가지이며 선악 양면을 지닌 면도 똑같다. 이를테면 제주도 무당노래(〈천지왕본풀이〉)에서 불을 정화시켜서 화재를 막아주고, 《숙향전(淑香傳)》에서 불에 타 죽을 주인공을 살리는 선신으로 등장하지만, 제주도 〈불찍 앗음굿〉에서는 애써 일군 재산을 한순간에 태워버리는 악신으로 나타난다. 우리가 그를 쫓는 부적을 문에 붙이는 까닭을 알 만하다. 〈그림 2〉의 이름도 중국처럼 '火德진군'이다. 왼쪽의 '각서신표신명신장조련결정'이나 '금화교역부(金火交易符)'의 뜻은 알 수 없다. 《숙향전》에도 화덕진군(火德眞君)의 화주(火珠)가 신통력을 보이는 대목이 있다(☞ VI. 세간).

사진 2

화덕을 바로 새긴 것은 1991년의 《우리말 큰사전》이다. 화덕 자리에 대해 '(고고) 선사시대의 집터에 나타나는, 난방과 음식 마련을 위해 불 가장자리와 흙바닥에 흙이나 돌을 두르거나 깔았다. (한) 노지'라는 내용이다. 화덕은 일본말 '노지(爐址)'를 우리말로 바꾼 것으로 1960년대에 북한 고고학자들이 처음 썼다. 우리가 생각 없이 쓴 '즐문[櫛文]토기·첨저(尖底)형 토기' 따위의 일본말을 아름답고 알기 쉬운 '빗

사진 3

살문토기·뾰족밑토기'로 고친 것도 그들이다. 〈사진 2〉는 신석기시대 움집 화덕이다. 냇돌을 두른 가운데에 불을 일으킨다.

2) 부섭

제주도에서 이르는 부섭의 본딧말은 부섶으로(사진 3), '부'는 '불'의 ㄹ이 떨어져 나간 꼴이고, '섶'은 땔감으로 쓰는 나무 종류를 일컫는 '섶나무'의 준말이다. 《훈민정음》〈해례본〉

(25)과 《구급간이방》(하 ; 12)에서 조(竈)를 브섭으로 새긴 것은 이를 가리키는 듯하여 흥미롭다. 호남지역에서 아궁이를 '부섭'이라 부르는 것을 보면 전라도 말의 끄트머리일 가능성도 있다. 전라남도 나주에서 부섭, 장흥·완도·진도·목포 등지에서 부삽이라 부르는 것이 그것이다. 이 밖에 경상도 거의 전 지역에 퍼진 부섴·부살·덕섹·부삭·부쩍·부적·부섭·부삽·부섭짝·부삽짝 따위도 연관이 있을 것이다.

이러한 점에서 화덕을 부섭으로 새겼더라면 더 좋았을 것이다.

3) 봉덕

봉덕은 부섭의 다른 이름으로 땅바닥을 가리키는 봉당이나, 산봉우리처럼 무엇이 솟거나 내민 데를 가리키는 제주도 말 '봉데기'를 연상시킨다(☞ Ⅳ. 부엌). 한편, 이곳에 피운 불을 봉덕불이라고 하는 점에서 화로(火爐)의 우리말 봉노에서 왔을 가능성도 엿보인다. 봉노는 17세기에 나온 《태평광기 언해》에 '봉뇌'(1 ; 43)로 올랐다가 《한한청문감》에서 '봉노'로 자리잡았다.

제주도로 정배 간 김정희(金正喜 1786~1856)가 사는 집을 설명하며 '한 칸 크기의 구들 남쪽에 좁은 퇴를 놓았으며, 동쪽에 소주(小廚), 그 북쪽에 두 칸의 정지[廚]가 있다'고 한 내용 가운데 소주는 부섭이나 봉덕일 것이다《완당전집》제2권 〈둘째 명희에게 줌[與 舍仲 命喜]〉).

일본〔囲炉裏〔이로리〕〕- 앉는 자리

---

1) 《일본어원대사전(日本語源大辭典)》 기사이다.

㉠ 이루(ヰル 居)라는 동사에서 왔다. 본디 '앉다'의 이루(ヰル)와 자리의 이(ヰ)가 합친 이루이(ヰルヰ)인가(《木棉以前の事》= 柳田國男).

㉡ 히이호리(ヒイホリ 火庵)의 전(傳)이다(《言元梯》).

㉢ 이로리(イロリ 居呂里)로 '여(呂)'나 '이[居]'는 불[火]을 덮어 감싸는 것이다(《紫門和語類集》).

이들 가운데 '앉다'와 '자리'의 합성어라는 ㉠이 가장 그럴듯하다.

2) 고우다 히로후미[鄕田洋文]의 간추린 설명이다.

곳에 따라 이로이(イロイ)・이리(イリ)・유루리(ユルリ)・유리(ユリ)・유루기(ユルギ)라 부르지만 본디 '이루[居]'에서 왔다. 따라서 '있는 데[居る場所]' 또는 '앉는 자리'라는 뜻이다. 동일본에서는 '불이 있는 데[火所]'라 하여 '히도코(ヒトコ)・히호도(ヒホド)・히비토(ヒビト)'라 하고, 서일본에서는 장소를 가리키는 지로(ジロ)・히지로(ヒジロ)・이지로(イジロ)라 부른다.

동일본에 집중적으로 분포하는 화덕은 중부에 적은 반면, 서남일본에 널리 퍼졌다. 부뚜막보다 화덕이 기본인 까닭이다.

화덕 가운데를 동일본에서는 '호도(ホド)' 또는 '호도나카(ホドナカ)'라 하지만, 나가노[中野]현에서는 부뚜막 아궁이도 이같이 부르며, 이바라키[茨城]현에서는 봉당의 부뚜막을 가리킨다. 또 니가타[新潟]현의 이름은 '부뚜막', 그 주위는 '이로리' 또는 '이루부치(イルブチ)'이다. 따라서 화덕은 본디 '앉는 곳'이고 '부뚜막(カマド)'은 무엇을 끓이는 데라는 뜻이다. (…)

이처럼 한 곳의 화덕 중심부 이름이 다른 곳에서 부뚜막으로 불리고, 다른 곳의 화덕이 부뚜막이 되는 것은 본디 하나이던 것이 둘로 나뉜 결과로 생각된다. (…) 따라서 화덕에서 부뚜막이 생기고 이들이 다시 나뉘거나 또는 부뚜막이 화덕을 대신하게 되었을 것이다(1962 ; 190~192).

동일본에서 '불이 있는 데'라고 하는 반면, 서일본에서 단지 '장소'를 가리키는 것은 화덕의 본고장이 동일본이고 서일본은 부뚜막이 중심인 점과 연관이 깊다.

뒤에 설명하는 대로 동일본에서는 화덕의 중심부를 보지라고도 한다. 생명의 원천이라는 뜻이다. 이 자리가 화덕과 부뚜막으로 나뉘었다는 대목은 올바르다.

이로리는 무로마치[室町]시대(1392~1573)에 나왔으며 한자의 소릿값을 빌려 적은 것이므로 실제로는 의미가 없다.

〈사진 4〉는 홋카이도[北海道] 이풍곡(二風谷) 아이누문화자료관에 복원한 아이누집 화덕이다. 위에 같은 크기의 선반을 걸고 불똥이 천장으로 올라가는 것을 막는 동시에 연어를 비롯한 음식물에 연기를 쐬어서 겨우내 먹는다.

사진 4

2 — 형태

중국- 네모 두른 땅바닥

화덕은 땅바닥을 15~20센티미터 파고 주위에 돌을 두른 기본형과, 이와 대조적으로 땅바닥을 5센티미터쯤 높인 발전형의 두 가지가 있다. 다리 달린 솥[鼎]은 기본형, 다리 없는 솥[釜]은 발전형에 어울린다. 그리고 둘을 조(竈)라고 적는 것은 현재의 부뚜막이 이에서 나온 것을 알려준다.

1) 고대

〈사진 5〉는 산동성 장구시(章丘市) 석기시대후기(後石文化 전 8500~전 7500) 유적에서 나온 화덕[삼족석조(三足石竈)]이다. 같은 높이의 돌 셋을 안쪽으로 조금 비스듬히 세웠다. 가운데를 우묵하게 파고 불을 지펴서 솥의 음식을 익히거나 그 위에 시루를 얹어서 떡을 쪘을 것이다. 불길이 번져 나오지 않도록 앞쪽에 낮은 턱을 붙였다. 높이 80센티미터에 사방 1.2미터쯤의 네모꼴 단[土壇]에 마련한 것이 돋보인다(사진 6). 이를 이른바 입식생활의 시초로 보아도 좋

사진 5

사진 6

을 듯하다(산동성박물관).

돌 셋을 화덕으로 삼았다는 민담이다.

――――――――

옹기장이[陶業]의 시조 도주공(陶朱公)은 춘추시대(전 770~전 403) 말, 월(越)의 대부 범려(范蠡)이다. 구천(句踐)을 도와 오의 부차(夫差)를 친 뒤, 상대가 홀대할 것을 미리 알고 서시(西施)와 함께 태호(太湖) 건너 의흥현(宜興縣)에 숨었다. 이곳의 흙이 옹기 빚기에 알맞아 백성들에게 권하고 스스로도 가마를 걸고 구웠지만 깨지고 뒤틀리고 덜 익은 것이 태반이었다.

어느 날 서시가 솥을 돌 셋 위에 올려놓자 밥이 빠르고 고르게 되는 것을 보고 받침돌 위에 빚은 옹기를 올려놓았더니 열을 고르게 받아 잘 익었다. 또 밥이 끓자마자 불을 줄이면 설지도 눌어붙지도 않는 것을 알고 강한 불과 약한 불을 섞바꾸자 거의 깨지지 않았다. 그의 덕을 본 주민들은 사당을 세우고 도주공으로 받들었다. 해마다 생일(4월 7일)에 각지의 도공들이 제사를 올린다(구환흥 2002 ; 235~236).

사진 7

――――――――

부차에게 접근하여 오나라를 멸망시킨 서시는 눈부신 미인으로 알려졌으며, 강소성(江蘇省) 남부와 절강성(浙江省) 경계에 있는 태호도 5대 호수의 하나로 손꼽힌다.

고려 이제현(李齊賢 1287~1367)은 '공을 이뤄놓고 또한 슬기로이[成功亦欲試良圖] / 도롱이 입고 노 저어 오호로 갔다[月棹烟簑向五湖]'는 시(《범려의 오호[范蠡五湖]》)로 칭송하였다 《이제현 작품집》).

사진 8

〈사진 7〉도 같은 시기의 것이다. 크기·높이·모양이 닮은 세 개의 돌 위에 질솥을 얹었다. 솥 위에 두른 홈은 장식 외에 손잡이 구실도 한다. 돌들의 모를 발라서 부드럽게 다듬었으며 앞의 것은 엄지손가락 손톱을 연상시킨다(산동성박물관).

〈사진 8〉은 산동성 태안시(泰安市) 이북(李北)문화기(전 8100~전 7500) 유적의 것이다. 돼지주둥이[猪觜形]를 연상시

사진 9

키는 오지 화덕[陶支座]의 발 둘이다. 안쪽으로 굽은 목 부위에 촘촘한 돌기를 붙인 것이 영락없는 돼지주둥이이다. 몸에도 빗금을 엇갈리게 그어서 변화를 주었다. 왼쪽 몸통에 뚫은 구멍 셋은 무엇을 위한 것인지 알 수 없다.

〈사진 9〉는 황하 중하류인 하북성(河北省) 중남부의 자산(磁山)문화기(전 8000~전 7000) 것이다. 펭귄을 닮은 발 셋 위에 사다리꼴 질솥을 고였다. 솥 양쪽에 짧은 손잡이를 붙이고, 몸에 초승달꼴 돋을새김 네 개를 베풀었다.

2) 소수민족

〈사진 10〉은 운남성 대요현(大姚縣) 계화향(桂花鄕) 서민 농가 벽 모서리에 꾸민 화덕이다. 연기는 벽을 타고 올라가다가 함석지붕 처마 사이로 빠진다. 벽과 벽 사이에 걸어놓은 통나무에 연결된 끈에 매단 선반에 돼지고기와 이듬해 쓸 씨앗 따위를 얹어 연기를 씌운다. 삼발이 왼쪽으로 뒤지개가 담긴 솥, 그 옆의 작은 국자, 옆으로 쓰러진 주전자, 플라스틱 물병 따위가 어지럽게 놓였다(사진 11). 찻물을 끓이는 주전자는 집집마다 반드시 갖춘다. 삼발이가 이 지

사진 10

사진 11

사진 13

사진 12

역에 들어온 것은 14세기이며 그전에는 돌 셋으로 괴었다.

〈사진 12〉는 앞과 같은 현 운화(雲華)의 중류가옥으로 부엌은 왼쪽이다. 왼쪽의 귀틀집은 돼지우리, 오른쪽은 헛간이다. 지붕과 처마 사이에 얹은 악귀를 쫓는 돌 호랑이 두 마리(〈사진 12〉의 오른쪽)는 정월에 용(龍)·호(虎)라고 적은 종이를 대문 양쪽에 붙이는 우리네 풍속을 연상시킨다. 부엌 입구 양쪽에 세운 껍질 벗긴 소나무 두 그루는 정월 초하루에 올리는 제사 때 하늘의 신령과 조상의 혼령이 내려오는 신수(神樹)이다(☞ 276쪽 사진 25·26). 이 무렵에는 마당과 뜰에도 솔잎을 뿌려서 부정을 가신다. 축대 앞의 대광주리는 아주 크다.

〈사진 13〉은 입구(남쪽)에서 본 화덕이다. 벽돌을 둘러서 불이 번지는 것을 막았지만 굴뚝은 없다. 둥근 냄비를 얹은 삼발이 아래에서 불꽃이 오른다. 주전자 옆 오른쪽에 보온병·밥공기·큰 샵, 왼쪽에 삼발이와 그 위의 말굽꼴 부지깽이, 국그릇, 부삽 따위가 보인다.

수건을 머리에 쓴 아낙이 도마에서 썬 파를 냄비에 넣는다(사진 14). 큰 도마는 상 구실도 하며, 화덕 주위의 낮은 깔개에 앉아 음식을 먹는다. 〈사진 15〉는 화덕 뒷벽이다. 왼쪽 벽에 이듬해 쓸 종자를 담은 비닐봉지 둘을 매달고, 작대기와 벽 사이의 틈에 크고 작은 칼과 숫돌 따위를 끼워넣었다. 뒷벽에 마련한 2단 선반 아래에 냄비와 주전자를, 위에 두 개의 보온병·양념단지·도마를, 왼쪽 횃대에 크고 작은 칼 따위를 걸었다. 벽 중간의 구멍 두 개는 옛적에 모

사진 14

사진 15

사진 16

사진 17

신 조왕신 자리이다. 〈사진 16〉의 왼쪽에 찬장을 비롯한 도마·물그릇·솥·질화로·버킷 따위의 잔 세간을 늘어놓았다.

〈사진 17〉은 같은 마을 중류가옥 화덕이다. 도마에 점심을 차려놓고 이야기를 나누는 모습이 정겹다. 이처럼 화덕에 음식을 익히는 외에 주위에서 음식을 먹고 손님도 맞는다. 그 뒤의 두 구멍짜리 부뚜막에서 음식을 끓이며 화덕은 물을 끓이거나 불을 쬐는 보조용으로 이용한다.

〈사진 18〉은 귀주성 개리시(凱里市) 낭덕진(郞德鎭) 농가의 화덕이다. 땅바닥을 조금 팠을 뿐 돌을 두르지도 않았다. 검은 옷에 검은 모자를 쓴 아낙이 불땀을 고르고 석쇠에 감자를 올려놓는다. 화덕 연기를 씌우기 위해 천장에 돼지고기를 줄줄이 달아맸다. 다른 데와 달리 선반을 따로 매지 않고 꼬챙이에 꿴 것도 연기를 더 많이 씌우기 위해서이다. 아래 광주리에도 고구마와 감자가 담겼다. 1991년 정월 대보름 무렵의 모습이다.

〈사진 19〉도 같은 마을 상류가옥 화덕으로 돌을 두르고 둥근 쇠판에 숯불을 지폈다. 음식을 익히거나 끓이는 장작 화덕은 따로 있으며, 이것은 먹는 동안 식는 것을 막는 보조용이

사진 19

사진 18

사진 20

다. 식기를 놓으려고 주위에 낮은 널쪽을 두른 것이 인상적이다. 돼지고기와 채소 볶음을 아홉이 둘러앉아 먹는다.

〈사진 20〉은 귀주성 여평현(黎平縣) 낙향진(洛香鎭) 조흥향(肇興鄕) 동족(侗族) 농가 화덕이다. 아낙이 허리를 잔뜩 구부리고 불을 붙인다. 물두멍과 개수대 따위가 세간의 거의 전부인 간소하기 짝이 없는 부엌이다. 아낙네 뒤 왼쪽에 쪽빛 물감이, 앞쪽에 물들인 천이 있다. 쪽빛 염색이 마을의 부업이다.

〈사진 21〉은 운남성 대요현 용가향(龍街鄕) 와족의 화덕이다. 네모 바닥 주위에 벽돌을 둘렀으며, 타일을 붙이고 굴뚝도 세운 한 구멍짜리 부뚜막을 따로 갖추었다. 화덕의 불빛을 받은 부뚜막이 번쩍거린다.

〈사진 22〉는 같은 성 서맹현(西盟縣) 맹사진(孟梭鎭) 반모촌(班母村)의 상류가옥이다. 옛적에는 내외를 위해 집 안으로 오르내리는 남자전용 계단을 앞에, 여자용을 뒤에 따로 붙였다. 이층으로 올라서면 바로 앞이 거실이고 왼쪽이 부엌, 오른쪽이 칸막이 침실이며〈사진 23〉, 통풍을 위해 침실에는 쪽 대를 깔았다. 〈사진 22〉의 왼쪽은 거실 바깥에 마련한 테라스[露臺]이

사진 22

사진 23

사진 21

사진 25

사진 24

사진 26

사진 27

며, 〈사진 24〉는 이웃집 테라스이다. 이곳은 내부 못지않은 중요 공간으로 주로 곡식을 넣어 말리지만 빨래나 설거지도 하고 여름철에는 식탁을 놓고 끼니도 먹는다. 아래층은 헛간과 같아서 닭장·돼지우리·디딜방아·절구·맷돌·뒤주·땔감·수레 따위를 둔다.

화덕의 선반을 다른 지역과 달리 3단으로 꾸몄으며(사진 25), 맨 아래에 곡식을 말린다 (화덕에서 높이 90센티미터). 해가 나지 않거나 비라도 내리면 테라스를 쓰지 못하는 까닭이다. 화

사진 29

사진 28

사진 30

덕을 둘 갖춘 집에서도 선반은 양쪽에 다 매지만 곡식 선반은 주 화덕에 마련하며 식기 따위를 얹기도 한다. 화덕 주위에 냄비와 두 개의 삼발이를 비롯해서 주전자·작은 냄비·크고 작은 조미료 병과 단지·석쇠·밥그릇 따위의 부엌세간 거의 모두를 늘어놓았다(사진 26). 화덕이자 부엌인 셈이다. 〈사진 27〉은 시멘트 화로이다. 주전자 따위의 작은 기구는 안쪽 세 곳에 끼운 쇠막대에 올려놓으며 바닥 사이로 공기가 통해서 화덕보다 불이 잘 붙는다. 앞에 붙인 두껍고 긴 턱은 긴 나무를 때는 데 도움을 준다.

〈사진 28〉은 광서성 용승현(龍勝縣) 사수향(泗水鄉) 이재촌(里才村)의 한 음식점이다. 화덕 주위에 널(높이와 너비 20센티미터)을 두르고 음식 그릇과 앞 접시 따위를 올려놓았다. 스테인리스 그릇에 담은 사시숟가락과 가위 모양의 긴 부젓가락이 눈에 띈다. 삼발이의 냄비[鍋]에서 음식이 끓는다(사진 29). 〈사진 30〉은 화덕 위의 선반이다. 돼지고기·씨앗광주리 따위를 줄줄이 걸고 위에도 곡식 부대를 얹었다. 〈사진 31〉은 땅바닥에 마련한 별도의 화덕에서 장작불로 음식을 익히는 모습이다. 화덕 주변은 곧 조리대이기도 하다.

〈사진 32〉는 같은 마을 상류가옥 화덕 천장이다. 연기가 이층으로 흘러 들어가도록 들

사진 31

사진 32

사진 33

사진 35

사진 34

사진 36

보에 걸어놓은 잔 나무들을 일부러 띄워놓았다. 덕분에 2층의 쟁기를 비롯한 여러 기구와 세간에 벌레가 꾀거나 좀이 슬지 않는다.

〈사진 33〉은 귀주성 여평현 낙향진 조흥향 상류가옥 천장의 광주리이다. 대오리로 불이 너르게 짰으며 이듬해 뿌릴 나락 다발이나 고기류를 담아서 연기를 쐬어 말린다(전 높이 25센티미터). 연기가 밖으로 빠지지 않고 모여들도록 바닥을 오목하게 짠 것이 돋보인다. 광서성 융수현(融水縣) 일대에도 퍼져 있다.

〈사진 34〉는 운남성 곤명시 운남민족촌(雲南民族村) 상류가옥 화덕이다. 주위에 돌을 깔고 화덕 자체도 벽돌을 쌓아서 꾸몄다. 양쪽에 놓은 쇠 단지에 잉걸불을 넣고 뚜껑을 닫아서 뜬숯을 만든다. 천장에서 내린 대나무 끝에 매단 주전자가 보인다. 쇠몽둥이에 박힌 갈고리와 높이를 조절하는 쇠꼬챙이 따위는 일본 것[自在鉤]을 빼닮았다(사진 35). 봉긋하게 솟은 주전자 뚜껑 가운데에 손잡이용 고리를 붙였다.

〈사진 36〉은 앞마을 상류가옥 화덕에서 소수민족 아낙네가 음식을 볶는 모습이다. 화덕 옆에 주전자 받침을 따로 마련하였다. 〈사진 37〉은 통대로 짠 식탁이고, 아낙 머리 위로 선반이 보인다.

〈사진 38〉도 같은 곳의 화덕이다. 솥 위에 얹은 나무 시루의 소댕이 일본 오키나와제도의 것과 똑같아서 눈을 끈다. 아마도 이곳에서 일본으로 들어갔을 것이다(☞ 480쪽 사진 106·107·108).

〈사진 39〉는 세 개의 돌 위에 질솥을 얹은 옛적 모습

사진 37

사진 38

사진 39

이다. 부뚜막이 나오기 전에는 솥을 이렇게 괴었으며 이를 불신으로 받들었다. 우리나 일본도 마찬가지이다.

운남성 와족은 다락집 출입구와 안쪽 두 곳에 화덕을 마련하고, 입구의 것을 '아래 화덕', 안쪽을 '위 화덕' 또는 '신의 화덕'이라 부른다. 일상의 식사나 제례용 음식은 위에서, 돼지

2 — 형태

먹이나 장례 음식 따위는 아래에서 익히지만, 마을 사람들이 많이 모이면 여성은 위 화덕, 남자는 아래 화덕에서 음식을 먹는다. 위 화덕을 '여자 화덕', 아래 화덕을 '남자 화덕'이라고도 하는 것은 이처럼 남녀의 자리를 가리는 데서 왔다(그림 3).

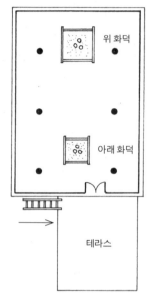

위 화덕

아래 화덕

테라스

그림 3

앉는 자리도 마찬가지이다. (입구에서 보았을 때) 위 화덕의 왼쪽은 안주인이, 남편은 그 맞은쪽에 앉으며 입구에서 가까운 아래쪽은 손님 자리이다. 안 화덕의 왼쪽이 상좌인 것은 뒤에 집지기 기둥[女神]이 있는 까닭이다. 이는 모계(母系) 마을의 원칙으로, 시대 변화에 따라 부계로 바뀌면서 자리에도 변화가 일어났다. 위 화덕의 주인이 남자가 되고 일상 음식은 물론, 제례 음식까지 마련하게 된 것이다. 이에 따라 남편은 위 화덕 왼쪽에, 아내는 건너편에 앉는다. 손님 자리는 그대로지만, 주인 자리만은 잘못 앉은 사람의 목을 쳐도 문제가 되지 않을 만큼 엄격하게 지킨다(鳥越憲三郎·若林弘子 1999 ; 163~178).

사진 41

〈사진 40〉은 운남성 곤명시 교외 운남민족촌의 이족(彝族) 귀틀집이다. 화덕은 지금까지 본 것 가운데 가장 크고 화려하다. 삼발이도 이에 못지않아서 여러 대를 물려가며 쓸 만하다. 두툼하게 두른 벽돌 위에 쇠를 돌려서 깨끗한 느낌을 준다. 앞쪽 귀퉁이에 뜬숯 단

사진 40

사진 42

사진 43   사진 44

지가 보인다. 가운데의 불꽃 모양 그림은 조왕이다(사진 41 ☞ V. 조왕).

모계제를 지키는 이들은 안쪽 왼편에 외할머니, 맞은편에 외할아버지가 앉으며, 입구 왼쪽 앞자리는 어머니, 오른쪽은 외삼촌 차지이다(사진 42).

화덕은 오늘날에도 널리 쓴다. 〈사진 43〉은 운남성 대요현의 한 음식점에서 길가에 걸어 놓은 화덕으로 어린 소녀가 큼직한 삼발이에 고기를 굽는다. 손님들도 화덕 옆 낮은 깔개에 앉아 먹는다. 식당을 겸한 야외 화덕인 셈이다. 〈사진 44〉도 같은 곳의 야외 화덕이다. 위에 작대기 두 개를 걸고 여러 가지 고기에 연기를 씌우는 모습이 큰 음식점을 연상시킨다.

한국- 긴 네모 돌그릇

〈사진 45〉는 강원도 춘천시 우두동의 원삼국시대(전 2세기~3세기) 움집 화덕이다. 앞에서 든 대로 중국의 것을 닮았으며 일본도 마찬가지이다.

〈사진 46〉은 제주도 막살이집이다. 〈사진 47〉의 앞은 땅바닥에 마련한 봉덕이고 뒤는 짚 자리이며 같은 크기의 널을 깔기도 한다. 돌을 네모로 판 봉덕(깊이 15센티미터에 가로 60센티미터, 세로 40센티미터, 두께 5센티미터쯤)에 삭정이·조짚·깻잎·콩깍지 따위를 태워서 간단한 음식을 끓이거나 둘러앉아 추위를 덜며 이 위에 사다리꼴의 틀을 놓고 불이 너른 고리를 얹어서 갓 벤 피, 덜 여문 메밀이삭, 젖은 옷 따위도 말린다(사진 48).

세월이 지나 봉덕이 마루(상방)로 올라오면서 밤에는 광솔불도 밝혔으며 석쇠를 놓고 고

사진 45

사진 46

사진 47

사진 48

사진 49

기도 구웠다(사진 49). 옛적에는 일본처럼 끝이 갈고리처럼 굽은 작대기를 천장에서 늘이고 주전자 따위를 걸어서 물도 끓이고, 겨울철에는 노인이 어린이들과 잠도 잤다.

　(마당에서 보았을 때) 왼쪽의 주인 자리는 부모는 물론 나이 많은 친척도 앉지 못하지만, 다른 자리는 가리지 않는다. 이러한 관행은 일본이 가장 뚜렷하며 중국에서는 운남성 소수민족이 지켰지만 연관성이 있는지는 알 수 없다.

일본- 긴 네모 돌그릇

　화덕은 마루[板の間]나 봉당을 네모 또는 긴네모꼴로 파고(사방 1.5미터에 깊이 15센티미터쯤) 진흙과 돌을 한 켜씩 쌓아 만든다(사진 50). 들보에서 내린 장대나 쇠몽둥이에 붙박은 갈고리[自在鉤]에 주전자나 냄비 따위를 걸어서 물을 끓이거나 음식을 익히고 겨울에는 주위에서 잠을 자며 손님도 맞는다. 농가에서 물레질을 비롯해서 새끼를 꼬는 따위의 작업도 한다. '하루가 화덕에서 시작되어 화덕에서 끝난다'는 말처럼 식사를 비롯한 일상생활은 이 주위에서 벌어진다.

　화덕은 북위 40도 이북의 동일본형과 중부 이남의 서일본형으로 나뉜다. 동일본형은 앞의 사진처럼 조리와 난방 외에 화덕과 같은 크기의 선반[火棚]을 매달아서 불씨가 지붕으로 날리는 것을 막는 동시에 피나 조 따위의 이삭을 말린다(사진 51). 이곳의 연기는 비위생적이지만 천장의 목재나 짚 따위가 썩는 것을 막는 구실도 한다. 실제로 부뚜막에 다시 굴뚝을 세

 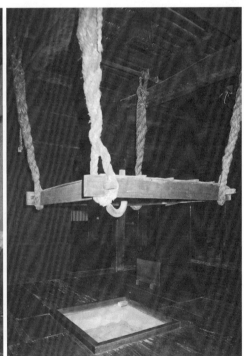

사진 50 　　　　　　　　　　　　　　　사진 51

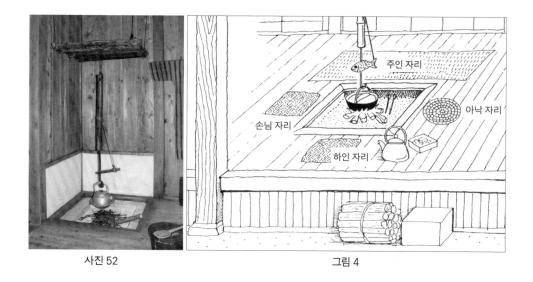

사진 52   그림 4

운 것은 서양문명의 영향을 받은 19세기 말 이후이다. 한편, 부엌 한가운데에 흙으로 간단히 쌓은 부뚜막을 니가타[新潟]현 등지에서는 카마도[釜度]라 부르며 이것이 부뚜막의 대명사가 되었다. 일상의 조리는 모두 화덕에서 하며, 부뚜막은 잔치나 제례 따위의 특별한 음식 마련에만 쓴다.

이와 대조적으로 서일본의 화덕은 부뚜막 보조시설에 지나지 않는다. 여름철의 습기나 겨울철의 한기를 더는 것이 목적이어서 방이나 마루 한 귀퉁이에 마련하며 규모도 작다(사진 52). 냄비도 동일본에서는 천장에서 내린 작대기의 갈고리에 거는 반면, 서일본에서는 부뚜막이나 삼발이에 올려놓는다.

서일본의 부뚜막이 동일본으로 퍼지면서 화덕과 부뚜막을 함께 갖춘 부엌이 나타났지만, 겨울이 긴 지역에서는 여전히 땔감이 덜 드는 화덕에 매달렸다. 이를테면 이와테[岩手]현 산촌에서는 조리를 화덕에 의존하였고 밥도 냄비[鍋]에 지으며 집짐승의 여물은 따로 마련한 부뚜막에 끓인다.

화덕과 부뚜막은 별개가 아니라 부뚜막이 화덕에서 나왔다는 설과, 집 밖의 한데부엌이 집 안으로 들어온 것이 화덕이라는 설이 있다.

살림권의 상징인 화덕의 갈고리(☞ 45쪽 사진 82)는 부모가 살림나는 자식에게 마련해주며, 이때 재도 나눈다. 그리고 식구가 죽으면 새것으로 바꾼다.

화덕 주위의 자리는 주인이 따로 있다. (입구에서 보았을 때) 부엌과 마구가 잘 보이는 안쪽,

곧 중심기둥을 등진 데가 주인의 요코자[橫座], 그 왼쪽이 손님 자리[客座 갸쿠자]이다. 그리고 맞은쪽은 아낙 자리(카카자), 주인 건너편이 아랫사람의 시모자[下座]이다(그림 4). 요코자는 마루에 타타미[疊] 한 장을 옆으로 깔았다는 뜻이다. 손님 자리를 마리토자·오도코자시키[男座]·아니자라고도 한다. '마리토'는 마레비토[客人·賓]의 준말이며, 오도코자시키와 아니자는 가장 이외의 남자들도 앉는 데서 왔다. 주부 자리는 불을 피워서 타키자[焚座], 차를 끓여서 챠자[茶座], 음식을 나누어서 나베자[鍋座] 또는 케자(ケザ)라고도 한다. 시모자는 스에자[末座] 또는 키지리라 일컫는다. 주인 자리는 은거한 부모도 못 앉으며 큰집[本家] 어른이나 보리사(菩提寺)의 화상에게만 허용된다. 카카자 또한 시집간 딸이라도 앉을 수 없다. 그러나 기후[岐阜]현에서는 시어미와 며느리 둘뿐이면 시어미가 주인 자리를 차지한다.

한편, 일본 오키나와제도에서 남성은 동쪽, 여성은 서쪽 방에서 지낸 것은 우리 풍속을 연상시킨다. 다케무라 세이치[武村精一]의 설명이다(1992 ; 163).

> 오키나와 본도 남부의 한 농촌 야외조사 때 학생 아홉 명이 (…) 이따금 후사종가[總宗家]에서 묵었다. 동쪽 너른 방은 여학생 여섯이, 서쪽 작은 방은 남학생 셋이 썼다. 어떤 날 나이 많은 관리인이 찾아와 남녀의 방을 바꾸라며, 그대로 지내면 조상이 노여움을 타서 벌을 내린다고 하였다.

우리도 조선시대에 이른바 남좌여우(男左女右) 원칙에 따라, 조상의 혼령이 깃든 사당과 남성이 기거하는 사랑채는 동쪽에, 여성이 거주하는 안채는 서쪽에 세웠다.

사진 53

사진 54

여러 곳의 화덕이다.

1) 홋카이도

아이누 집(사진 53)에 화덕(아삐오이)이 들어선 것은 7세기 무렵이다.

〈사진 54〉는 서민가옥 봉당의 긴네모꼴 화덕이다. 주위에 두른 나무 테 가운데 입구 쪽은 막돌 두 줄로 마감하였다. 섶나무를 들이거나 잉걸불을 꺼낼 때의 편의를 위해서이다. 들보 네 곳에서 내린 아귀 진 나무에 선반을 매고 아래에 냄비 높낮이를 조절하는 작대기를 걸었다. 가야노 시게루[萱野 茂]의 설명이다.

넓이 12평의 집 화덕은 너비 90센티미터에 길이 180센티미터이다. 땅을 30센티미터쯤 판 다음, 모래를 25센티미터쯤 깔고 그 위에 다시 깨끗한 모래를 덮는다. 둘레목은 입구를 제외한 삼면에만 박는다. 새 집에 화덕을 마련하면 정신이 또렷하고 자손을 많이 둔 마을 노인에게 부탁해서 첫 불을 지핀다.

화덕 안쪽 정면 자리[ロルソン] 양쪽 구석에 주인이 여러 가지 물건을 조각할 때 받침대로 쓰는 껍질 벗기지 않은 홰나무(지름 10센티미터에 길이 40센티미터)를 박는다(사진 55). 세월이 지나 짧아지면 집 밖의 제단에 피(稗)와 담배 따위를 차려놓고 '신의 나라로 돌아가시오' 읊조리며 자연으로 돌려보낸다. 새 받침대는 이 뒤에 마련한다.

남자들은 그 오른쪽의 '칼 받는 남자[ノタクベカクル]' 자리나 정면에, 여자와 아이들은 왼쪽의 '칼 받는 여자[ノタクベカッ]' 자리에 앉는다. 주인이 받드는 불신[火神 이나우]은 앞에 세운다. 주부는 주인 옆(오른쪽)에 앉으며, 남자가 입구 쪽에 앉으면 산에서 작은 노루가 잡히지 않는다

사진 55   사진 56

고 하여 어린이도 삼간다
(1978 ; 93~94).

〈사진 56〉은 상류가옥 거실의 화덕이다. 왼쪽 앞의 끝이 가위다리처럼 벌어진 나무가 불신이다. 동글게 이어 벗긴 버드나무 껍질(사진 57)을 신의 옷으로 삼아 입혔다. 천장 왼쪽에 겨울에 먹을 연어를 매달고, 나머지 세 곳에 이듬해 종자로 쓸 조 다발을 걸었다. 화덕의 연기가 썩는 것을 막아주는 까닭이다. 불신 옆과 귀퉁이 두 곳에 박은 세 갈래로 벌어진 작대기 위에 조개껍질을 놓고 그 위에 광솔불이나 등잔불을 밝힌다. 벽 주위에 베푼 마름모꼴 장식은 아주 화려하다. 〈사진 58〉은 냄비의 높낮이를 바꾸는 틀이다. 들보에 걸어놓은 말굽꼴 틀에 작대기 두 개를 걸어서 붙박았다. 불땀 크기에 따라 안팎 양쪽에 톱니를 판 작대기를 위로 올리거나 내리는 것이다. 이를 좌우로 옮길 수도 있어 편리하다.

사진 57

사진 58

사진 59

사진 60

선반은 흔히 화덕 크기에 따른다(사진 59). 더 크면 피어오르는 불의 힘이 분산되기 때문이다. 불꽃이 천장으로 옮겨붙지 않도록 바닥에 촘촘히 짠 자리를 깔았다. 곡식·고기·연장감 따위를 올려놓아 말리는 것은 다른 지역과 같다. 곰이나 사슴 고기는 소금을 쳐서 냄비에 살짝 찌며, 장기간 보존할 때는 한층 높은 싸리발에 놓는다.

사진 61

〈사진 60〉은 앞의 가야노 시게루(왼쪽 위)를 비롯한 여러 사람이 화덕에 둘러앉아 마을 일을 의논하는 모습이다. 갈고리 틀은 앞의 것과 같다.

〈사진 61〉은 삿포로[札幌]시 교외(厚別區 厚別町 小野幌)에 19세기 중반에서

사진 62

사진 63

20세기 초의 도시·어촌·산촌 등지의 집 60여 채를 모아놓은 홋카이도 개척촌의 서민가옥이다. 추위와 바람을 막기 위해 입구 앞에 처마를 덧대고 그 아래에 ㄱ자 벽을 둘렀다. 지붕은 물론 벽도 새[茅]를 두껍게 엮어서 꾸몄다. 〈사진 62〉는 입구에 둘둘 감아서 올려붙인 가리개이다. 밤에 풀어서 문으로 삼는 것은 우리네 거적문 그대로이다. 〈사진 63〉은 널 바닥에 마련한 화덕이다. 가난뱅이 살림이라 들보에서 내린 작대기의 갈고리에 냄비를 걸었다.

중류가옥(사진 64)에서는 흔히 화덕 입구 쪽을 터놓는다. 겨울철에 방한구를 벗고 마루에 오르는 것이 여간 번거롭지 않은 까닭이다(사진 65). 주위에 냇돌을 둘렀다. 〈사진 66〉

은 화덕 위에 맨 선반이다. 불을 노상 피워야 하는 만큼 연기를 빼기 위해 선반 가로목을 듬성듬성 거는 외에 천장에도 연기 구멍을 냈다. 밤에는 짚으로 두툼하게 짠 덧신도 말린다. 〈사진 67〉은 쇠갈고리이다.

〈사진 68〉은 같은 마을 농가의 화덕이다. 앞집과 달리 입구 쪽의 일꾼 자리가 마루보다 조금 낮아서 쉬는 공간이 넓어지고 또 널을 들어내고 연장 따위를 넣을 수 있어 여간 편리하지 않다(사진 69). 화덕 선반에 장갑 따위를 걸었다. 추위가 혹독한 겨울에는 화덕만으로는 견디기 어려워서 큰 집에서는 다다미 방바닥에도 화덕을 마련하며 장작 대신 숯불을 피운다(사진 70).

〈사진 71〉은 이와테[岩手]현 기타카미[北上] 시립박물관의 움집으로 형태나 구조는 우리네 신석기시대 것을 빼닮았다. 이곳 산간에서는 13~16세기에도 움집에서 살았다. 〈사진 72〉는 봉

사진 64

사진 65

사진 67

사진 66

사진 68

사진 71

사진 72

사진 69

사진 70

사진 73

당을 조금 파고 마련한 화덕으로 주위에 돌을 둘러 박았다. 넓적한 돌들은 깔개이고 건너편이 입구이다.

〈사진 73〉도 같은 곳의 화덕이다. 홋카이도처럼 입구 쪽을 터놓았다. 왼쪽의 손님 자리보다 오른쪽 주부 자리를 넓혀서 아낙이 조리를 하거나 음식을 차리기 쉽다.

2) 중부 및 오키나와제도

중부지역은 추위가 심하지 않아 조리를 부뚜막에서 하고 화덕은 습기를 덜거나 차 따위를 끓이는 데나 쓴다. 따라서 화덕 자체보다 갈고리·냄비·주전자의 높낮이를 조절하는 기구 [留め木] 따위를 화려하게 꾸미는 데 관심을 기울인다. 특히 황동(黃銅) 제품은 공예품에 버금가는 격조 높은 분위기를 자아낸다.

〈사진 74〉는 오사카 일본민가집락박물관(日本民家集落博物館)의 상류 농가이고 〈사진 75〉

사진 74

사진 75

사진 76

| 사진 77 | 사진 78 | 사진 79 |

는 거실 화덕이다. 너른 마루방이라 주위에 짚자리를 깔았다. 화덕의 잉걸불을 부삽에 담아 단지에 넣고 뚜껑을 닫아서 뜬숯을 만든 뒤, 차를 끓이거나 음식을 데운다(사진 76). 화덕 위에 선반을 맸지만 곡식이나 음식물을 말리거나 하는 일은 좀체 없다. 〈사진 77〉도 상류가옥 화덕이다. 주위를 높고 너르게 쌓고 십여 개의 짚방석을 놓아서 신발을 벗지 않고 쉴 수 있다. 앞집과 달리 화덕을 봉당에 마련한 까닭을 알 만하다. 선반을 매기는 하였지만 허울뿐이다.

위아래를 유난히 가리는 고장에서는 〈사진 78〉처럼 하인이나 일꾼 자리를 한 단 낮춘다. 그들은 이곳에 꿇어앉아 주인이나 식구들의 말을 귀에 담았을 것이다. 짚신 두 짝이 이를 알려준다.

〈사진 79〉는 이와테현의 본디 모습을 간직한 소박한 갈고리이다. 〈사진 80〉은 나무틀 한 귀퉁이에 박은 작대기에 꿴 막대기가 갈고리 구실을 한다. 주전자 몸통에 구름무늬를 놓고 입술에는 만자무늬를 돌렸으며 뚜껑도 예사롭지 않다.

〈사진 81〉처럼 흔히 잉어·붕어·도미 따위의 물고기로 꾸며서 화재예방 부적으로 삼는다. 나가사키[長崎]의 어촌에서는 '갈고리는 밖으로, 물고기는 안으로[出鍵入り魚]'라는 말대로 물고기 머리를 안쪽으로 두며, 나가노현의 '북쪽 붕어[北向き鮒]·올라가는 붕어[上り鮒]·들어오는 도미[入り鯛]'도 같은 말이다. 꼬리와 쇠줄을 꿰어서 작대기 아래에 연결한 까닭이 이것이다. 이 밖에 섣달그믐날 밤, 갈고리를 새해가 밝아오는 쪽으로 돌려놓기도 한다.

주전자의 아래로 퍼져나간 몸통, 중간을 한 번 구부린 손잡이, 손잡이 꼭지를 단 두툼한 뚜껑도 볼거리이다.

| 사진 80 | 사진 81 | 사진 82 |

〈사진 82〉는 통대나무이며 끝에 쇠갈고리를 박았다. 대는 태평양 연안에서 자라는 맹종죽(孟宗竹)이나 진죽(眞竹)을 첫손에 꼽으며 마디 일곱을 이용한다. 손잡이 쇠를 걸기 위해 붙인 반달꼴 쇳조각에 구멍 서너 개를 뚫었다. 한쪽에 엎어놓은 부삽과 부젓가락이 보인다.

별다른 꾸밈이 없으면서도 고아한 분위기가 물씬 풍긴다. 왼쪽의 종이 오래기가 달린 금줄 두른 감실에 황신(荒神)을 모신다. 가운데가 향로이고, 좌우 양쪽 병에 꽂은 것은 신물(神物)로 여기는 비쭈기나무[榊] 잎이다.

〈사진 83〉은 재운을 상징하는 배형[船形] 조절구와 갈고리 사이에 길상문의 쇠를 붙였다. 오른쪽의 쇠줄도 같은 뜻을 지녔을 것이다.

〈사진 84〉는 대나무 한끝에 대강 다듬은 물고기를 곁들인 소박한 모습을 보인다.

〈사진 85〉는 아주 화려하다. 두툼한 쇠를 번개꼴로 두 번 구부리고 쇠몽둥이에 연결하는 쇠 쪽을 잔물결처럼 휘어놓았다. 갈고리 끝 양쪽에 불꽃 모양의 장식을 달고 큼직한 고리 바닥에 낮은 홈을 마련해서 주전자가 흔들리지 않도록 하였다. 뜬숯 단지도 쇠를 부어 구웠다.

〈사진 86〉은 ㄴ자로 굽은 굵은 몽둥이에 고리로 이은 쇠줄을 걸고 아래쪽에 큼직한 붕어를 매달았으며 한쪽에 물음표(?)꼴 갈고리를 붙였다. 주전자 손잡이도 볼거리이다.

〈사진 87〉은 고리로 이루어진 쇠줄임에도 물고기는 나무로 깎았다. 거칠게 다듬은 물고기 위쪽에 물결무늬처럼 여러 겹으로 동그랗게 말아놓은 쇠에 걸린 줄은 예비용이다. 그을음이나 불꽃이 천장으로 날리는 것을 막으려고 선반을 한껏 낮추었다. 갈고리에 연결된 쇠줄무늬는 구름을 연상시킨다.

2 — 형태

사진 83 사진 84 사진 85

사진 86 사진 87 사진 88

〈사진 88〉의 앞쪽에 박은 나무는 등잔 받침이다. 넓적한 돌 위에 광솔불을 밝힌다.

오키나와제도에서는 화덕을 집집마다 마련하고 노인들이 이곳에서 지내며 아기를 낳은 아낙도 한 이레쯤 몸을 추스른다.

3
―
민
속

---

1) 화덕은 생명의 원천이다.

리수족[傈僳族]의 창세신화이다.

반고(盤古)가 49일 동안이나 천지를 돌아다녔지만 생명의 자취가 없었다. 신마(神馬)를 타고 가다가 한 개천가 화덕에 이르러 나뭇가지로 불을 헤치자 박 씨 세 알이 나와서 땅에 심었다. 49일만에 광주리만큼 크게 자라더니 안에서 한 쌍의 오누이가 나왔으며 그들이 인류의 조상이 되었다(서유원 2002 ; 21~25).

박 씨가 나온 화덕이 생명의 보금자리라는 뜻이다. 반고가 우주의 전신인 달걀 안에서 1만 8천 년 동안 자다가 눈을 뜨고 손발을 펴자 껍질이 깨져 무거운 것은 아래로, 가벼운 것은 올라가 하늘과 땅이 되고, 그의 주검에서 해·달·별 따위의 만물이 생겼다고 한다.

이레가 일곱 번 거듭되는 49일 관념은 불교에서 왔다. 사람이 죽어 49일 만에 치르는 49재(齋)가 대표적이다. 이레마다 독경을 하고 재를 올리면 불법을 깨달아 다음 세상에서 좋은 곳에 사람으로 태어난다는 것이다. 반고가 49일 동안 천지를 돌아다니고 그가 화덕에서 얻은 박 씨가 49일 만에 자라 인간이 태어났나는 내용도 유교의 조령숭배사상과 불교의 윤회사상이 낳은 결과이다. 박 씨 셋도 하늘·땅·인간의 삼재(三才)를 나타내는 양수(陽數)이다.

2) 화덕의 불은 신령스럽다.

① 동북지방 만족(滿族) 민담이다.

하늘에서 크고 작은 돌이 떨어져 많은 사람이 다치거나 죽었다. 소녀 해륜(海倫)이 석가모니를 모셔와 하늘을 고치려고 서역으로 갔다. 그러나 상대가 너무 멀다며 잠자는 바람에 하는 수 없이 업어왔다. 잠에서 깨어나 인간의 고통을 본 그는 신의 불[神火]이 담긴 화덕을 주며 일렀다.

"돌 49개를 넣고 49일 동안 달구면 오색 빛 신석(神石)이 되리니, 화덕에 올라서서 이들로 하늘을 메워라."

이로써 사람들은 안심하였고 해륜은 신선이 되어 다시 내려오지 않았다(서유원 2002 ; 143~145).

앞에서 든 대로 석가모니, 돌 49개, 49일 따위는 모두 불교의 관념이다. 그리고 화덕에서 구운 신석으로 하늘의 구멍을 메운 것은 화덕이 신비한 힘을 지녔음을 나타낸다.

대부분의 소수민족은 화덕의 조왕을 집지기 가운데 첫손에 꼽는다. 몽골·허저[赫哲]·카자흐[哈薩克]·드롱[獨龍]족들은 화덕을 하늘과 통하는 성소로 여기며 드롱족은 끼니마다 음식을 바친다. 또 부뚜막에 생명을 주관하는 신이 깃들었다며 '하늘을 떠받치는 기둥 신'을 옆에 세운다. 건축의례 가운데 화덕의례에 온갖 정성을 기울이는 것도 마찬가지이다. 장족[藏族]은 화덕 짓는 날을 따로 잡고 복 많은 노인이 제물 앞에서 축원을 올린 뒤, 비구승(比丘僧) 넷이 무사태평을 바라는 경을 읊조린다. 이는 상량식을 정성껏 치르는 한족(漢族)과 대조적이다.

② 불이 광명과 번영을 가져온다는 푸미족[普米族]은 화덕의 불길이 솟아 불똥이 튀면 귀한 손님이 오거나 재물이 생긴다고 믿는다. 카자흐족은 화덕의 불로 잡귀를 쫓은 뒤 아기를 요람에 눕히며, 이를 화덕 가까이 두면 병귀가 달아난다고 한다. 나시족[納西族] 무당도 굿판의 부정을 불로 가신다. 돌림병이 돌면 화덕에 경문을 읊조리는 가운데 횃불을 들고 칼춤을 추며 모래를 뿌리고 큰 소리로 나무란 뒤 병귀를 상징하는 인형을 불에 태워서 쫓는다. 이족(彝族)은 풍년을 기원하는 횃불절[火把節]을 앞두고 집집마다 화덕제사를 지낼 때, 불의 공덕을 찬양하고 근본을 설명하는 축가[祭火詞]도 부른다. 화덕의 불을 만년화(萬年火) 또는 장명화(長命火)라 부르는 이·창(羌)·만족들은 불이 꺼지면 집안이 망한다고 여긴다.

동북의 오로촌[鄂倫春]을 비롯한 여러 종족은 화덕에서 타오르는 불길을 조왕으로 섬긴다. 이는 전설 속의 조왕이 모두 붉은 얼굴에 붉은 옷차림[紅面赤衣]을 한 데서 왔다. 몽골의 신부는 시집에 오자마자 겔[천막]의 화덕에 제사를 지낸다. 양의 기름을 들고 화덕을 향하여 세 번 절한 뒤 붓고 불을 붙인다. 시부모를 비롯한 시집 식구들에 대한 인사는 이 뒤에 한다. 청해성의 투족[土族] 신랑은 신부 집 화덕 앞에서 둘이 하나가 되는 뜻으로 등불 두 개를 밝힌 다음, 품에서 양식과 기름병을 꺼내 바친다. 북부지역에서는 조왕 제사 때 같은 화덕을 쓰는 사람만 참가하며, 몽골·허저·카자흐족은 결혼 때 신부가 시집 화덕의 불신(그림 5)에게 절을 올려서 한식구가 된 징표로 삼는다.

그림 5

3) 화덕 불은 집의 운을 상징한다.

운남성 서맹현(西盟縣) 맹사진(孟梭鎭)의 와족은 집을 새로 지으면 임시로 지낸 집 화덕의 불을 가져와 새 화덕(옛적에는 여자 화덕에서)에 붙이고 한 해 내내 꺼뜨리지 않는다. 마을에서는 해마다 섣달그믐날 밤 자정에 새 불로 바꾸며, 이날 부정이 끼지 않도록 마을 밖으로 나가지 않고 밖의 사람이 들어오는 것도 막는다.

불을 새로 바꿀 때는 신망 높은 남자 두셋이 집집의 불을 물에 적신 나뭇가지로 끈 다음, 남은 물과 병아리 한 마리(제물)를 마을 밖에 버려서 잡귀를 쫓는 징표로 삼는다. 마을로 돌아온 이들은 새[茅]홰에 붙인 불을 집집마다 나누어주고, 받은 집에서는 화덕 네 귀에 밥 한 사발씩 바치고 불신에게 복을 빈다. 이어 온 마을이 축하 잔치를 벌인다. 새 화덕 바닥의 흙은 반드시 피붙이가 깔도록 해서 가운이 다른 집으로 옮겨가는 것을 막는다. 불이 나면 그 집 화덕은 내에 떠내려 보내며 주술사가 부정을 가시는 주문을 읊조린다. 그리고 새 집은 마을 밖에 지어야 한다(鳥越憲三郎·若林弘子 1998 ; 64~65·248).

4) 화덕의 돌 셋을 불신[火神]으로 받든다.

앞 지역에서 화덕 두 개가 있는 본가를 니야부린, 한 개만 갖춘 분가를 니야그룬이라 부르며, 화덕 왼쪽 재에 묻은 작은 돌 셋을 불신의 신체(남신)로 받든다. 돌은 받침돌 세 개를 옮길 때 주인 남자가 따로 가슴에 품어 가지고 온다.

5) 화덕에 조상의 혼이 깃든다.

여러 소수민족은 화덕을 흔히 집 한가운데 마련하며 이곳에 조상의 혼령과 집지기가 깃든다고 믿는다. 부랑족[布朗族]은 불신이 깃든 화덕 안쪽 기둥에 조상의 영혼이 있다고 여긴다.

6) 화덕은 가정을 상징한다.

운남성 나시족은 아들이 따로 나는 것을 '화덕에 새 불을 지핀다'며, 새 화덕을 꾸미고 불 지피는 의식을 치른다. 특히 드롱족은 혼인한 아들이 한집에서 살아도 화덕을 따로 쓰면 분가한 것으로 삼는다.

나시족과 이족은 화덕 주위에서 치마나 바지를 벗고 성년식을 치르며, 이로써 불신이 장차 옷과 밥을 넉넉하게 내린다고 믿는다(楊大禹 1995 ; 123). 혼인식의 가장 중요한 절차인 '혼 부르기[換魂]'도 신랑 집 화덕에서 벌인다. 무당[巫師]이 어미 양 한 마리를 신부 머리 위에서 왼쪽으로 일곱 번, 오른쪽으로 아홉 번 돌린 다음, 피를 화덕에 뿌리면서 '네 영혼은 친정 화덕을 떠나 이 집 화덕으로 왔다. 앞으로 이 화덕에서 지은 밥을 먹으며 더욱 건강하고 아이도 빨리 낳으라'고 축원한다.

다이족[傣族]은 아기 출생, 생일잔치, 혼인이나 여행에 앞서 화덕에 제사를 올리고 일부는 결혼한 딸이나 데릴사위를 내실에 들이지 않는다. 이미 불신에게 절하고 떠난 '남'인 까닭이다. 다시 돌아와 살려면 화덕에 제사를 지내야 한다.

7) 화덕의 삼발이는 신령스럽다.

삼발이를 14세기 무렵부터 쓴 운남성 서맹현 맹사진의 와족은 발 셋 가운데 하나를 반드시 입구 쪽으로 놓아서 잡귀를 쫓는다. 돌 셋을 쓰는 집에서도 세모꼴의 정점을 이루는 돌을 같은 방향에 둔다(사진 89 · 90). 이를 어기면 가족이 죽거나 병에 걸리며 또 땔감을 넣을 때 굵은 쪽부터 넣어야 아내가 아기를 쉽게 낳는다고 한다(鳥越憲三郎 · 若林弘子 1998 ; 419~420).

사진 89

8) 화덕은 군사력을 나타낸다.

《사기》에 손빈(孫臏)이 제(齊)의 장군 전기(田忌)에게 전투 첫날 화덕 10만 개, 이튿날 5만 개, 사흘째 3만 개를 쌓으라 일렀고 이 덕분에 위나라 방연(龐涓)의 군대를 물리쳤다는 기사가 있다(《손자》 · 〈오기(吳起) 열전〉). 뒤에 이를 감조책(減竈策)이라 불렀다.

사진 90

손빈은 방연과 한 스승을 섬겼음에도
상대의 재주를 두려워한 방연이 위(魏)로 불
러 간첩이라며 다리를 잘랐다. 이름 빈(臏)
은 정강이뼈가 잘렸다는 뜻이다. 간신히 본
국으로 돌아간 손빈을 전기가 왕에게 추천
한 덕분에 방연이 조(趙)의 수도 한단(邯鄲)
을 포위했을 때 손빈의 계책에 따라 사로잡
았다.

사진 91

그러나 《삼국지》의 제갈량은 대조적인 계책을 썼다.

사마의(司馬懿 179~251)가 뒤따를 것을 걱정하는 강유(姜維)에게 '우리 군사가 천 명이면
2천 명이 먼저 화덕을 쌓고, 내일 3천이면 4천 개, 모레 4천이면 5천 개를 쌓으라' 이른 뒤 병
법을 잘 아는 상대가 반드시 뒤따르며 화덕 수를 헤아릴 것이라 하였다. 과연 사마의는 점점
불어나는 화덕을 보고 겁을 먹은 나머지 마음을 바꾸었다.

〈사진 91〉은 북경시에 있는 화덕진군묘(火德眞君廟) 입구에 걸린 현판이다. 맨 앞의 '칙건
(勅建)'은 황제의 명을 받아 지었다는 뜻이다.

일본 – 따로 정한 자리

---

1) 화덕은 풍요를 상징한다.

① 아이누들은 해마다 처음 잡은 연어
를 머리는 불 쪽, 배는 왼쪽으로 해서 도마
에 올려놓고 화덕의 주인 자리에 바친다. 주
인은 연어에게 절하며 '오늘 우리 집을 찾아
주셔서 참으로 고맙습니다' 이른 뒤, 화덕의
불신에게 '올 들어 처음 연어를 잡았으니 기
뻐하소서. 이 연어는 우리 식구와 신이 함께

사진 92

먹는 음식입니다. 모쪼록 많아 잡도록 도와주소서' 읊조린다(사진 92).

곰을 잡았을 때도 고기 한 점을 바치며 감사의 말을 올린다.

② 거의 전국에 퍼진 민담이다.

옛적 어느 섣달그믐날 밤, 한 장님이 재워달라고 하였다. 먹을 것도 잘 데도 없다는 말에 잠만 자겠다고 버텼다. 화덕으로 데려가 땔감은 얼마든지 있으니 몸을 잘 녹이라 일렀다. 밤중에 그가 뒷간에 간다고 하여 주인이 데려갔지만 똥통에 빠진 바람에 물을 데워 잘 씻기고 다시 재웠다. 이튿날 아침, 장님이 금덩이로 바뀌어 있었다.

　　욕심쟁이 이웃이 장님을 기다렸다. 이듬해 같은 날 왔을 때 자라고 졸랐다. 상대가 섣달그믐이라 안 된다며 거절하였음에도 억지로 끌어들이고 또 밤중에 뒷간에 강제로 끌고 가서 빠뜨렸다. 부부는 그를 씻겨 재운 뒤 황금 얻을 꿈에 부풀었지만 이튿날 아침 똥만 쌓여 있었다.

화덕이 장님을 금덩이로 만들어주었다는 뜻이다.

2) 화덕은 신령스럽다.

① 아이누족은 집에서 물건을 잃으면 불신을 끈으로 단단히 동이고 '자, 찾으시오. 물건이 나오지 않으면 끈을 풀지 않겠습니다' 윽박지른다. 술안주를 냄비에 끓일 때도 '언제나 무거운 것을 넣어서 힘이 많이 드시지만 떨어지지 마시오' 으름장을 놓는다.

새 집을 지으면 화덕을 마련하고 '불신이여, 당신은 이제 집지기가 되셨습니다. 혼령이여 부디 내리소서' 기원한다. 잠시 집을 비울 때는 '화덕님, 다녀오겠습니다' 알리고, 돌아오면 '잘 왔습니다. 고맙습니다' 이른다. 이 밖에 화덕 재에 불신의 영험이 깃들었다고 하여, 도깨비나 인간의 탈을 쓴 잡귀가 들어올 때 손에 쥔 재를 뿌려서 쫓는다.

화덕에 앉았던 어린이가 급히 일어나다가 선반에 이마를 찧고 울면 옆의 어른들이 '지난해는 이런 일이 없더니 그동안 많이 컸구나. 너뿐 아니라 불신님도 아플 터이니 그 자리에 입김을 불며 잘못했습니다고 빌라'고 타이른다(萱野 戊 1978 ; 97~99).

② 군마(群馬)현(前橋市 西大室町)에서는 상례 때 쓴 화덕은 부정이 끼었다고 하여 재의 일

부를 속을 뒤집은 섬[棧俵] 위에 놓고 돈을 꽂아서 마을 삼거리에 버린다. 이로써 화덕이 다시 깨끗해진다는 것이다(都丸十九一 1999 ; 57).

겨울을 앞두고 화덕 손보는 것을 '화덕열기[爐開き]'라 한다. 에도[江戸]시대의 무가(武家)에서 10월 첫 돝날, 일반은 같은 달 둘째 돝날 벌여서 불의 안전을 빈다(鈴木棠三 1978 ; 616).

③ 가고시마[鹿児島]현의 민담(《旅人馬》)이다.

옛적에 길 떠난 부자와 가난뱅이 아들이 날이 저물어 한 농가에서 자는 중에 누가 장지문을 열고 들어왔다. 가난뱅이 아이가 눈을 떠보았더니 그 집 할멈이었다. 그네가 논 갈 듯이 화덕의 재를 긁고 볍씨를 뿌리자 싹이 트고 모가 자랐다. 이를 다시 재에 심자 푸른 이삭이 달리고 곧 누렇게 익어 낫으로 베고 절구에 빻아서 떡을 찐 뒤 나갔다. 그네는 이튿날 아침 떡 그릇을 들고 와 먹으라고 하였다.

화덕에 깃든 불신이 농사의 풍년을 이루어준다는 뜻이다. 그리고 가난뱅이 아들이 눈을 뜬 것은 풍년을 절실하게 바랐던 까닭일 터이다.

3) 화덕의 불은 가문의 번영을 상징한다.

화덕의 불씨를 가문의 번영으로 여기는 나머지 주부는 불씨가 꺼지지 않도록 정성을 기울이며 집에 따라 여러 대 이어 내리기도 한다. 한 해 두 차례, 곧 섣달그믐과 칠월 보름[盆]에 새 불로 바꾸며, 섣달그믐에는 큰 마들가리를 얹어서 불을 한껏 일으킨 다음 문송(門松)을 세우는 보름날까지 꺼뜨리지 않는다(鄕田洋文 1962 ; 216~217). 이로써 대를 이어 집안이 번성한다고 믿는다.

4) 화덕은 산신(産神)과 연관이 깊다.

해산 때 화덕에서 끓이는 산탕(産湯)의 소댕을 임산부에게 가져가면 안산하며, 또 아기가 나온 뒤 그렇게 하면 비로소 울음을 터뜨린다고 한다. 한이레 날 팥밥·술·소금 따위를 차려서 화덕의 주인 자리에 놓고 아기에게 먹이는 시늉도 한다. 또 뺨에 먹으로 개 견(犬)자를 쓰고 화덕으로 떨어지지 않게 해달라고 빌며 주위를 돈다. 오키나와제도에서는 아이 낳은 아낙이 한동안 화덕의 불을 쬐어서 부정을 가신다.

5) 악귀가 화덕의 장대〔自在鉤〕를 타고 내려온다.

에히메〔愛媛〕현의 민담(《食わず女房》)이다.

_____

가난뱅이 총각에게 입 없는 여자가 와서 먹지 않을 터이니 살자고 하여 아내로 삼았다. 과연 먹지 않고도 일을 잘 했지만 웬일인지 쌀이 점점 줄었다. 이상히 여긴 남편이 지붕으로 올라가 까치구멍으로 엿보자 여자는 큰 가마솥에 밥을 지어 머리에 부었다. 그네는 관으로 쓸 통을 사오라 이른 다음 그를 담아 산으로 메고 갔다. 통이 가지에 걸린 덕분에 빠져나온 그는 '오늘 밤 거미가 되어 잡으러 가겠다'고 중얼거리는 소리를 들었다. 밤에 화덕 불을 일으키고 기다리다가 거미가 장대를 타고 내려올 때 잡아 불에 던졌다.

_____

'밤의 거미는 아비를 닮았어도 죽이라'는 말은 이에서 왔으며, 히로시마〔広島〕현에서는 '밤의 거미는 돈 주고 사서라도 죽이라'고 한다. 악귀가 컴컴한 천장에 연결된 장대를 타고 내려온다는 생각은 그럴듯하다.

마사오카 시키〔正岡子規 1867~1902〕가 지은 하이쿠〔俳句〕에도 이 내용이 들어 있다.

_____

蜘蛛殺す後の淋しき夜寒哉(거미 죽인 뒤의 쓸쓸함 밤이 춥다)

(류시화 2014 : 260)

_____

거미를 죽이기는 하였지만 마음이 편치 않고 그 때문에 겨울밤이 더 춥게 느껴진다는 뜻이다.

6) 화덕 선반에 악귀를 태워 죽인다.

동북지방 민담(《片目違い》)이다.

_____

어느 날 밤늦게 돌아온 할아범의 오른쪽 외눈이 왼쪽으로 바뀌어 있었다. 여우 짓이라 생각한 할멈은 상대가 술에 취했을 때 하듯이 여우에게 섬으로 들어가라고 일렀다. 이어 새끼로 단단히 묶은 뒤 화덕 선반에 올려놓아 태워 죽였다. 할멈은 여우 국을 끓여서 할아범에게 주었다.

_____

이 밖에 〈과자희(瓜子姬)〉 민담에서 과자희를 잡아먹은 귀신이 선반에서 자다가 할멈에게 들켰고 할멈이 집에 불을 지르는 바람에 타 죽으며, 〈우방산모(牛方山姥)〉에서는 처음 선반이나 천장에서 자려던 생각을 바꾼 산모가 솥이나 부뚜막 뒤에서 자다가 목숨을 잃기도 한다. 이는 화덕 선반에 식품이나 씨앗을 올려놓고 보존하는 관습에서 나왔다.

7) 화덕 갈고리는 신령스럽다.

㉠ 〈물귀신 망아지 끌기[河童駒引き]〉 민담에서 곤경에 빠진 물귀신[河童]을 구해 주었더니 그 보답으로 아침마다 갈고리에 물고기를 걸어놓는다.

㉡ 〈지장정토(地藏淨土)〉에서 새벽 닭 우는 소리를 듣고 달아나려던 악귀가 당황한 나머지 갈고리에 코가 꿰어 잡힌다. 달아났던 귀신 하나가 코가 갈고리에 걸려서 우는 것을 본 한 할아범이 웃자, 귀신이 마구 때린 바람에 울며 집으로 간다.

㉢ 〈갈고리 들보[鉤に褌]〉에서 한 바보가 밤중에 몰래 훔친 모란떡[牧丹餠]을 자신의 들보[褌]에 싸서 갈고리에 걸어두었다가 이튿날 식구들에게 들키고 만다.

㉠은 밖에서 들어오는 복을, ㉡은 영계(靈界)에 딸린 형구를, ㉢은 어리석음을 일깨우는 기구를 상징한다.

8) 화덕은 옛이야기의 터전이다.

옛이야기의 대부분은 가족 단위로 이어 내렸으며 화덕이 텃밭 구실을 하였다. 화덕전승[爐辺傳承]이라는 말대로, 노인이 어린이들과 화덕 옆에 앉아서 이야기보따리를 펼쳤던 것이다. 그리고 긴 겨울밤이야말로 이야기꽃을 피우기에 더없이 좋은 때였다. 한 연구자(永浦誠喜)는 자신이 11월부터 이듬해 2월 사이에 가장 많이 들었으며, 그중에도 섣달부터 이듬해 정월까지가 최성기라고 하였다. '옛적은 정월'이라는 말도 이에서 왔다(福田 晃 1994 ; 1030~1031).

속담

1) 중국

① 화덕 불을 이어받는다.

: 자식이 아버지의 뒤를 잇다.

② 네 집 화덕 불이 꺼진다.

: 네 집에 저주가 내릴 것이다.

③ 우리 부뚜막이 끊겼다.

: 자식이 죽었다.

④ 화덕을 나눈다.

: 분가(分家)한다.

Ⅱ─불씨

1
중국

해마다 바꾸기

〈조왕경(竈王經)〉에 '묘행진인(妙行眞人)이 천존(天尊)에게 곤륜산(崑崙山)에 사는 홀할멈이 누구냐?' 묻자 '불씨[種火]의 어미로 위로 하늘에 통하고 아래로 오행에 밝다. 하늘의 제왕이자 인간세계의 사명(司命)이 되어 인간의 수명과 부귀를 다루고 선악과 공덕을 장부에 적었다가 매월 초하루와 보름에 하늘에 올라가 알린다'는 대목이 있다. 불씨의 어미가 곧, 인간의 길흉화복을 주관하는 조왕이라는 말이다.

《관자(管子)》에 '나무를 비벼서 불씨를 바꾸고 우물을 치워서 물을 바꾸면 자독(茲毒)이 없어진다'고 적혔다《금장편(禁藏篇)》. 자독은 때때로 퍼지는 독이다.《주례(周禮)》에도 '네 계절마다 나라의 불씨[國火]를 바꾸어서 때에 따라 번지는 돌림병[時疾]을 막는다'는 기사가 있다. 주(周)에서는 이를 전담하는 벼슬[司爟]을 따로 두었다. 시기는 입춘 뒤 첫날·봄 3월·동지·하지 따위의 여러 설이 있지만, 농촌에서는 가을걷이 뒤부터 이듬해 농사 시작 전 사이에 집중적으로 벌였으며 진한(秦漢) 이후 봄으로 굳었다.

당 정원(鄭轅)의 시(《청명에 백관에게 새 불씨를 주노라[淸明日賜百官新火]》) 가운데 '청명 기다려 불씨 주시니 신하들 엎드려 받네[改火淸明後 優恩賜近臣]'라는 구절을 보면, 당대에는 한식에 의례를 치른 것을 알 수 있다. 같은 시기 한굉(韓翃)의 시(《한식》)도 마찬가지이다.

春城無處不飛火(봄날 장안에 꽃비 날리지 않는 집 없고)

寒食東風御柳斜(한식 봄바람에 궁궐 버들 한들거리네)

日暮漢宮傳蠟燭(해질 녘 궁궐에서 촛불 내려주시니)

輕煙散入五侯家(가벼운 연기 흩어져 오후네로 들어가네)

《논어》에도 재아(宰我)가 삼년상은 지나치게 기니 일 년으로 줄이자며 '묵은 곡식은 이미 바닥나고 새 곡식이 벌써 패어 오르는 이때 찬수(鑽燧)를 바꾸어야 한다[改火]'고 일렀다는 기사가 있다(《양화편(陽貨篇)》). 이에 대해 나카무라 다카시[中村 喬]는 '가을걷이 뒤에 벌인 것은 한 해를 마감하는 뜻이 들어 있다. 물론 시기는 시대나 곳에 따라 달랐지만 산서(山西)지방에서는 가을걷이 뒤, 곧 동지 가까운 때를 잡았으며 이는 한식과 일치한다'고 적었다(1988 ; 87).

불씨를 일으키는 나무은 계절마다 달랐다. 마융(馬融)이 인용한 《주서(周書)》에 '봄에 느릅나무나 버드나무, 여름에 대추나무나 살구나무, 늦여름에 뽕나무나 산뽕나무, 가을에 조롱나무[柞]나 졸참나무, 겨울에 홰나무나 박달나무를 쓴다'는 대목이 보인다(《월령편》). 봄에 느릅나무와 버드나무를 쓴 것은 그 빛이 푸르고, 여름의 살구나무와 대추나무는 붉으며, 6월의 뽕나무와 산뽕나무는 왕성한 토기(土氣)에 어울리는 누른빛이고, 가을의 조롱나무나 졸참나무는 희고, 겨울의 홰나무와 박달나무는 검은 까닭이다. 이는 각 계절의 방위 색[方色]에 따른 것이다. 서진(西晉)의 장협(張協 ?~307)은 '(아내와) 떨어져 지낸 지 얼마나 되었을까?[離居幾何時] / 불씨 일으키는 나무 어느새 바뀌었네[鑽燧忽改木]'라고 하여 세월의 빠름을 탄식하였다(《잡시》).

한편, 6세기의 《형초세시기(荊楚歲時記)》를 비롯한 여러 세시기에 보이지 않아서 널리 그리고 오랫동안 이어 내리지 않은 듯하나, 흔히 조왕을 불씨할멈[種火老母元君]이라 부른 것을 보면 불씨 보존에 대한 관념이 뿌리 깊었던 것이 분명하다.

민간에서는 전해의 불씨를 버리고 느릅나무를 문질러서 새 불씨를 일으킨다.

내몽골 자치구에서는 1940년대까지 우리네처럼 본가에서 살림을 날 때 불씨 담은 화로를 가져갔다. 십이간지(十二干支)로 따져서 운수가 맞는 사람이 본가 화덕에서 불을 꺼내 새 화로에 담은 뒤 분가한 집으로 들고 가서 화덕에 묻은 것이다. 이 때문에 화덕의 불씨를 죽이지 않으려고 애썼으며 만약 이웃집에서 불씨를 가져오면 반드시 라마승을 불러 경을 읽혔다. 또 풀 뜯으러 나간 집짐승들이 늦도록 돌아오지 않으면 불신의 노여움 탓이라 하여 간단한 음식을 차려 용서를 빌었다. 그리고 해마다 12월 23일 불신 제사를 지낼 때, 라마승이 새 불씨를 일으켜서 복을 빈 다음 주인에게 넘겼다.

몽골족도 불씨를 융성·재생·발전·씨족의 계승·번영의 상징으로 삼는다. 국기 맨 위에 그린 세 가닥의 불꽃은 민족의 과거·현재·미래의 번영을 나타낸다. 후손이 없이 죽은 사람에게 '그의 불씨가 꺼졌다'고 하며 '비록 내 화덕의 불씨가 꺼지더라도'라는 말은 대를 이어서 반드시 원수를 갚는다는 뜻이다.

오늘날에도 운남성의 이족은 2월 3일의 제화절(祭火節) 때, 마을 신목에 제사를 올린 다음 통나무를 비벼서 일으킨 불을 집집에 나누어준다. 그리고 집주인은 지난해의 불을 그대로 두면 원숭이가 들고 다니며 불을 지른다고 하여 반드시 없앤다(권태효 2004 ; 37~40).

사진 1

〈사진 1〉은 신목 앞에서 불제사를 올린 다음 옛 모습대로 차린 이들이 불을 일으키는 장면이고 〈사진 2〉에서는 통나무에 작대기를 비벼서 일으킨 불을 집집으로 가져간다.

〈사진 3〉은 내몽골자치주 호화호특시(呼和呼特市) 청수하현(淸水河縣)에서 나온 신석기시대 불씨통[火種罐]이다(높이 7센티미터에 입 지름 7.3센티미터·배 지름 7센티미터·바닥 지름 6센티미터). 여행자들이 불씨를 넣고 다니다가 필요

사진 2

사진 3

한 때 나무에 얹어서 되살려 쓴 그릇으로 아래에 공기구멍이 있다.

2
한
국

며느리의 책임

예부터 불은 일상생활에 가장 중요한 것의 하나였던 까닭에, 아낙네는 꺼지지 않도록 언제나 잘 간수하였으며, 모든 자연현상처럼 불도 시간이 지나면 기운이 줄어든다고 하여 불을 새로 일으켜서 활력을 살리는 의례를 치렀다.

우리는 중국의 본을 따랐다. 조선 태종 때 예조에서 '선유(先儒)가 오래된 불씨는 불꽃이 거세어 양기가 지나친 탓에 돌림병이 번지므로 이따금 바꾸라고 일렀음에도 (…) 오랫동안 끊겼습니다. (…) 경중(京中)은 병조(兵曹)에서, 외방(外方)은 수령들이 입절(入節)하는 날과 계하(季夏) 토왕일(土旺日)에 (…) 불씨를 바꾸면 (…) 모든 것이 순조로울 것'이라 하자, 임금이 '우리가 옛 제도를 따르지 아니한 탓에 화재가 일어난다니 그대로 하라'고 일렀다[《태종실록》6년 (1406) 3월 24일]. 이것이 개화령(改火令)이다.

'오래된 불씨는 불꽃이 거세어 양기가 지나친 탓에 돌림병이 번지므로 이따금 바꾸라고 일렀음에도[火久而不變 則炎赫而暴熇 陽過乎亢 以生厲疾 故隨時而更變之]'라는 대목은 이해하기 어렵다. 불씨 바꾸기는 이와 반대로 힘이 빠진 불씨에 새 기운을 불어넣기 위한 행사인 까닭이다. 오히려 '양기가 준 탓에 돌림병이 도진다'고 해야 걸맞다.

입절은 입춘·입하·입추·입동을, 토왕일은 음양오행에서 이르는 6월의 토기(土氣)가 뻗치는 날로 대체로 입추 전 18일 동안을 가리킨다. 오행이 계절과 맞지 않아 여름철의 한쪽을 토(土)로 삼은 것이다.

그러나 성종 때 예조에서 경중(京中)과 달리 외방에서 옛 법을 따르지 않는다며, 앞으로 경중은 한성부가 예조에서 받아 오부(五部)에 나누어주고 지방도 이를 따라 여러 고을에서 집집마다 나누어주자고 한 것[《성종실록》2년(1471) 11월 10일]으로 미루어 널리 퍼지지 않은 것이 분명하다.

1865년에 나온 《대전회통(大典會通)》 기사이다.

병조(兵曹)에서 해마다 네 계절의 입절일과 늦여름의 토왕일에 나무를 비벼서 새 불씨를 일구어
헌 불씨와 바꾼다. 입춘(立春)에는 느릅나무나 버드나무, 입하(立夏)에는 대추나무나 살구나무,
늦여름 토왕에는 뽕나무나 산뽕나무, 입추(立秋)에는 떡갈나무나 졸참나무, 입동(立冬)에는 홰
나무나 박달나무를 쓴다. 각 고을에서도 이를 따른다. 각 궁전으로 단자[單子, 명목(名目)을 적은
글]를 올리면 임금이 신하에게 나누어준다(권4 병전 〈개화(改火)〉).

지방의 개화법은 성종 2년(1470) 11월에 시작되었다. 《만기요람(萬機要覽)》 〈군정편〉과 《경
국대전》 〈병전〉에도 한 해 다섯 차례 새 불씨를 각 궁에 진상한 뒤 관리들에게 나누어주었다
는 기사가 있지만, 19세기 초에는 한 번으로 줄어든 듯하다. 1819년에 나온 《열양세시기(洌陽
歲時記)》 내용이다.

우리나라 국전(國典)에 《주례(周禮)》에 따라 한 해 다섯 번 불씨를 바꾼다고 하였다. 이 가운데 청
명(淸明) 때가 가장 중요하다. 내병조(內兵曹)에서 청명절이 시작되는 시각에 맞추어 버드나무
구멍에 작대기를 비벼서 불을 일으킨 뒤, 임금에게 올리며 임금은 다시 내외의 모든 관청과 대신
집으로 보낸다.
　　《주례》에 사관(司官)이 화령(火令)을 관장한다고 적혔다(〈하관(夏官)〉). 장자(張子)는 '《주
례》에 네 계절에 불씨를 바꾼다고 하였지만 오직 3월을 첫손에 꼽는 것은 큰 불을 일으키는 심성
(心星)이 이때 가장 높이 뜨는 까닭'이라 하였다(〈청명〉).

사관은 봉화(烽火) 따위의 불에 관한 일을 맡은 관리이며, 심성은 28수의 하나로 삼성(三
星) 또는 삼성(參星)이라 한다.

우리는 아주 먼 옛적부터 불씨 보존에 힘을 기울였다. 청동기시대 중기(전 5세기 무렵)의
충청남도 부여군 초촌면 송국리 집자리에서 나온 작은 구멍 주위에 둘러 세운, 바닥을 뗀 토
기 안쪽에 남은 불기운 자취가 그것이다. 근래에도 아낙네들은 불씨 간수하는 일을 무엇보다
중요하게 여겼다. 집안의 재운을 좌우하는 불씨가 꺼지면 망한다고 믿은 까닭이다. 특히 강원
도 산간지대에서는 부뚜막 옆에 불씨 갈무리를 위한 화투를 따로 마련하고 잉걸불을 재에 묻
고 그것으로도 모자라서 돌로 지질러 두었다가가 불을 피울 때면 불씨 하나를 부젓가락으로

집어 마른 나뭇잎에 싼 다음 입으로 혹혹 불었다.

사진 4

실제로 이웃이라야 십리 건너 한 집이 있을 뿐이어서 꺼뜨리면 이만저만한 낭패가 아니었던 것이다. 이것이 없는 곳에서는 불씨를 화로에 담아 같은 방법으로 보관하였다. 은행이나 목화를 태워 만든 재를 으뜸으로 꼽은 것도 불씨 생명이 상대적으로 길었기 때문이다.

〈사진 4〉는 강원도 삼척시 도계읍 신리의 부뚜막으로 왼쪽 아래의 구멍이 불씨를 보관하는 화투이다. 위쪽에 잉걸불을 옮겨놓고 음식을 끓이기도 한다.

며느리가 불씨를 꺼뜨린 것이 원인이 되어 쫓겨나는 일도 드물지 않았다. 한 시아버지가 새벽에 이웃에서 불씨 얻어오는 며느리를 보고 친정으로 돌아가라고 하자 '어제 빌려준 것을 되찾아 왔습니다' 하여 위기를 넘겼다는 우스개도 있다. 이 때문에 새색시는 진수분(眞水粉) 한 냥에 산부탄(山蜉炭) 두 냥 섞은 가루를 가지고 갔으며, 습도가 높은 장마철에는 불씨를 뱀이나 닭 껍질로 만든 불씨통에 따로 보관하였다. 앞에서 며느리가 이웃에서 되찾아 왔다고 하였다지만, 실제로 아침에 불씨를 내주는 일은 없었다. 강원도를 비롯한 산간지대에서 화투를 집집마다 마련한 것은 이웃이 멀리 떨어져 있어 불씨 얻기가 매우 어려웠던 점도 있다.

집에 따라 불씨 화로를 대를 이어 시어머니가 며느리에게 넘겨주었으며 종가에서 살림나는 날, 맏아들이 불씨 화로와 함께 새집에 먼저 들어가기도 하였다. 이러한 관습은 근래까지 남았다. 1990년대에 대도시에서조차 이사 때 옛집에서 쓰던 연탄불을 꺼뜨리지 않고 짐과 함께 트럭에 실어 나른 것이 좋은 보기이다. 불을 두고 떠나면 먼저 집에서 누리던 복을 버리는 것으로 여긴 탓이다. 그리고 이사 간 집에 성냥이나 양초를 선물하는 것도 새집 사람들에게 재수가 불길처럼 일어나기를 바라서이다. 오늘날의 세제(洗製)도 마찬가지이다.

또 향교의 제례나 마을 동제 때는 향을 사르는 불은 마을의 특정한 집에서 가져다가 썼다(김광언 1988 ; 143~145).

프랑스 신부 샤를 달레(Claude Charles Dallet 1829~1878)도 이렇게 적었다.

사진 5

한 양반이 많은 손님에게 낼 음식 준비를 하던 하인이 짚단을 들고 밖으로 나가는 것을 보고 '어디 가느냐?' 물었다. 상대는 '불씨 얻으러 갑니다. 집의 것은 모두 꺼졌습니다' 하였다. 얼굴이 새파랗게 질린 주인은 '그럴 리가 있나?' 중얼거리며 손님들을 그대로 둔 채, 다른 방의 불씨 단지로 가서 무릎을 꿇고 눈물을 글썽이며 뒤지기 시작하였다. 겨우 불씨 끄트머리를 찾아서 쏘시기에 옮겨 불을 일구자 사랑으로 돌아오며 소리쳤다.

"그러면 그렇지. 10대 조상님부터 끼치신 불씨를 되살렸으니 우리 집 운은 아직 끝나지 않았다. 나도 자손들에게 불씨를 넘길 수 있다(1966 ; 243~244)."

〈사진 5〉는 불씨통이다(가로×세로 24.5센티미터). 앞에 아궁이처럼 사다리꼴 구멍을 내고 둥근 구멍을 뚫었다. 머리 양쪽의 작은 구멍 넷에 끈을 꿰어 매달아둔 듯하다. 정작 불씨 담은 그릇은 없는 점이 아쉽다. 아궁이 모양의 외통(外筒)과 서랍처럼 생긴 내통(內筒)으로 이루어졌으며 앞 뒤 두세 개의 구멍으로 공기가 통한다(국립민속박물관).

불씨 보존 민담의 보기이다.

어느 곳에 3대를 이어 불씨를 간수해온 것으로 이름난 집이 있었다. 갓 시집온 며느리가 불씨를 죽였고 같은 일이 세 번 거듭되자 집으로 돌아갈 수밖에 없었다. 그날 저녁 불씨 항아리를 지켜보는 중에 노랑 저고리에 붉은 치마 차림을 한 여남은 살짜리 계집애가 나오더니 오줌을 누어 불씨를 꺼뜨렸다. 소리를 지르며 다가서자 밖으로 달아나다가 한 곳에서 땅속으로 들어갔다. 그네가 맨손으로 땅을 파자 은이 가득 든 항아리 세 개가 나왔다. 이는 불씨를 삼대를 지킨 정성에 대한 하늘의 보답이었다[이훈종 편 1969《한국의 전래소화》(최인학의 글에서 재인용)].

다음은 〈불씨와 동자삼(童子蔘)〉 설화의 대강이다.

시어미에게 불씨를 꺼뜨리지 말라는 엄명을 받은 새 며느리가 갖은 정성을 다 하였음에도 어느 날 불씨가 꺼져 있었다. 불벼락을 들은 그네가 간신히 되살렸으나 얼마 뒤 또 꺼졌다. 그제야 누가 일부러 꺼뜨린 것을 알았다. 상대를 잡으려고 밤새 지키는 중에 한밤중에 나타난 동자가 화롯

불을 헤치고 오줌을 누고 나갔다. 그네가 산속의 굴로 따라 들어가 꼭 붙들었더니 동자삼이었다.

──────────

바탕에 불씨 보존 신앙이 깔렸지만, 새 며느리가 치러야 하는 시험인 셈이다.

권태효가 〈대대로 내려온 불씨〉 이야기가 18개에 이르고, 이들이 거의 전국(강원·평안·함경·서울은 하나씩이고, 경기 둘·충청 여섯·전라·경상 각 셋씩이다)에 분포한다고 적은 대로(2014 ; 229~230), 불씨가 곧 가운이라는 관념이 불씨를 구하기 어려웠던 산간지대만 퍼진 것은 아니다. 이들의 줄거리는 앞에서 든 것과 거의 같다.

우리는 불씨를 신령스레 여겼다.

소설 〈숙향전(淑香傳)〉의 한 대목이다.

──────────

"속인이 빈거(貧居)하여 언어를 통하지 못하는도다. 화덕진군(火德眞君)의 불씨[火珠]를 가지고도 주중(舟中) 제인(諸人)의 기갈을 구하지 못하는도다." 하는데, 부인은 그 얼굴을 보고 소리를 듣되, 옆 사람은 보도 듣도 못하였다. 부인이 헤아리되 '갈대밭에서 얻은 구슬이 일정 불씨로다' 하고 쌀을 그릇에 담고 그릇 밑에 구슬을 넣으니 쌀이 절로 끓어 밥이 되었다. 모든 사람이 다 놀라 이르되 '부인은 참으로 천신(天神)이로다' 하였다《한국방각본소설전집》1편).

──────────

제주도에서는 불이 난 집에서 불씨 신(화덕진군)의 노여움을 푸는 불찍굿을 벌인다. '불찍'은 '불씨'의 사투리이며 불찍앗음(불씨가심)이라고도 한다. 바람 고장이라 불이 한 번 나면 피해가 이만저만이 아니었던 까닭에 굿거리로 삼은 것이다. 이 굿을 벌이지 않은 채 남의 집에 가면 그 집에서도 불이 난다며 매우 꺼렸다.

중요 내용이다.

──────────

불 난 집 아낙이 치마폭을 벌이고 온 동네에서 쌀을 거두어 제물을 차린 뒤 (…) 심방이 사설을 늘어놓는다.

"천지옥황에서 화덕체수(火德差使) 화덕진군 느리(내려)와 이 주당(主堂) 조손덜 일루운(이룬) 재산을 염네꼿(염라꽃)으로 옥황엘 지올려시나(올렸으나) 옥황에 지올린 재산을 옥황천신께서 다시 일루와 주며 아니 일루와 주며 원불수록(願佛水陸) 금바랑(금바라)을 올립네다. 엇어진(없어진) 재산을 다시 일루와 줍서." (…)

심방이 그슨새(지붕을 덮은 새)로 홰를 묶어 불을 붙여 들고 집안 네 구석을 돌아다니며 '아무개 집의 불이여, 아무개 집의 불이여' 소리치면 사람들이 '아무개 집의 불 끼우레(끄러) 가자'며 따라나선다.

　　심방은 '정지에도 불이여, 구들에도 불이여, 상방(마루방)에도 불이여, 불꼿(불꽃) 우테레(위로) 올람저(오른다)' 소리치며 집 안으로 돌아다니다가 불이 처음 일어난 곳에서 홰를 던진다. 사람들은 허벅을 들고 달려가 홰에 끼얹으며 '아무개 집 불 잡았저(잡았다)'라고 외친다. 심방은 다시 (…) '염네(연기)도 신가시자(씻자). 불꼿도 신가시자. 부정(不淨)서정도 신가시자'며 입에 머금은 술을 뿜는다(현용준 1980 ; 523~524).

───────────────

　　이에는 민담 구성요건인 기·승·전·결 가운데 승이나 전이 빠졌다. 곧, 며느리가 부자가 된 원인이 빠진 미완형인 것이다.

　　한편, 1994년 초 한 신문의 '전남 영광군 영광읍 입석리 영월 신씨 종가에 500년 동안 한 번도 꺼뜨리지 않고 이어오는 불씨가 있다'는 기사를 보고 그해 4월에 직접 찾아가 종손에게 확인한 결과 완전한 거짓이었다. 사실이 이러함에도 국립민속박물관의 《불의 민속》(1996)에 그대로 적혔고, 이후의 다른 글에서도 인용되고 있어 바로잡고자 한다.

신사에서 받는 불씨

부뚜막 관리자인 주부가 불씨가 꺼지지 않도록 갖은 노력을 기울인 것은 중국이나 우리와 같다. 실수를 저지른 주부가, 이웃 노파에게서 불씨를 빌려온다는 민담(《섣달그믐의 불씨 빌리기[大歳の火]》·〈섣달그믐의 손님[大歳の客]〉)은 널리 퍼져 있다.

---

① 옛적에 못된 시어미가 며느리에게 불씨를 꺼뜨리지 말라고 잔소리를 퍼부었다. 그러나 섣달그믐날 갑자기 재에 묻은 불씨가 꺼지고 말았다. 시어미 짓이었다. 며느리가 이웃으로 빌리러 가려할 때, 무거운 짐을 진 노인이 왔다. 불을 빌려달라는 말에, 자신의 짐 속에 주검이 들었다며 맡으라고 하였다. 그네는 불씨를 살린 뒤 그 꾸러미를 한쪽에 감추었다. 이튿날 시어미가 꾸러미를 풀었더니 큰 금 불상이 나왔다. 이로써 시어미는 마음을 고쳐 잡고 며느리와 잘 지냈다.

② 불씨를 꺼뜨리면 안 되는 섣달그믐날 저녁, 며느리가 화덕에 묻은 불씨를 못된 시어미가 일부러 꺼뜨렸다. 이튿날 울고 있던 그네 눈에 이산(裏山) 하치번 님[八幡様]의 불이 보였다. 반가운 마음에 그곳으로 갔더니 험악하게 생긴 남자가 불씨와 주검이 든 관을 주었다. 헛간에 감추었던 관에 금화[小判]가 들어 있었다.

이러한 유형의 이야기가 동북지방에 유난히 많은 것은 화덕 의존율이 그만큼 높았기 때문이다. 줄거리는 ㉠한 해 내내 불씨를 간수한 집의 아낙네가 섣달그믐날 밤에 꺼뜨리고, ㉡그네가 불씨를 얻으러 나섰더니 한 거지가 불씨 값으로 주검을 맡으라 이르며, ㉢이튿날 아침 주검이 황금으로 바뀌어 부자가 된다는 것이다.

곳에 따라 아낙이 며느리나 하녀로, 거지가 노인이나 엄장 큰 남자로, 주검이 관에 들어 있고 주검이 불상이 되기도 하지만 핵심은 불씨 보존에 있다. 이는 그 책임이 아낙에게 있으며 불씨 자체도 남에게 주거나 받는 것이 아니라는 뜻이기도 하다. 미천한 사람이 부뚜막 불씨를 잘 간수한 덕분에 출세하였다는 민담도 흔하다.

오키나와제도의 구전설화 두 가지이다(《하이타마[火鬼]의 은혜 갚기》).

---

① 본도의 나하(那覇)에서 집으로 가던 남자가 미녀를 만나 같이 걷던 중, 큰 내에 이르자 여자가 등에 업어 건네 달라고 하였다. 친숙해진 둘이 구야우미에서 쉬는 동안, 여자는 자신은 사람이 아니라 하늘에서 내려온 하이타마로, 어느 집에 불을 지르러 가는 길이라고 털어놓았다. 그곳이 자신의 집이라는 남자의 말에 여자는 먼저 가서 귀중품을 치우라고 일렀다. 그가 세간을 꺼내고 헛간 한 채를 건성으로 짓는 것을 본 사람들은 여자에게 홀렸다고 비웃었다. 정작 불이 나자 헛간만 타고 집은 말짱하였다[최인학 1984 ; 378 (재인용)].

② 아마미오시마[奄美大島]의 불씨를 잘 간수한 아낙네 집 부뚜막에 붉은 수건을 쓰고 붉은 옷을 입은 여인이 앉아 있었다. 누구냐? 묻자 하늘의 불신[火靈]으로 이 집에 불을 지르러 왔다가 3년 3개월이 되도록 실패하여 주저앉았다는 것이었다. 이러구러 그네의 집은 화재의 재난에서 벗어났다[최인학 1984 ; 380 (재인용)].

곳에 따라 섣달그믐날 신사의 복불[福火]을 받아오고, 정월 초하루에는 복이 없어진다고 하여 절대로 남에게 나누어주지 않는다.

섣달그믐날 밤 신사나 절에서 큰 불을 일으켜서 신을 맞고, 이를 해넘이 불[歲越しトンド]·복화(福火)·맞이불[迎えトンド]이라 한다. 그 연기를 타고 신이 내려온다며 집으로 가져가서 화덕의 불씨로 삼는다. 교토시에서는 기원(祇園)의 야사카[八坂]신사(사진 6)의 불을 받아 설음식을 끓여 먹으면 한 해 내내 무사태평을 누린다고도 여긴다. 효고[兵庫]현(佐用郡) 등지에서는 섣달그믐날 밤, 화덕의 새해 불[歲取り火]에 특별한 섶나무를 땐다.

나라[奈良]현에서(于陀郡 山村)는 섣달그믐날 밤, 씨신신사(氏神神社)에서 일으키는 큰 불을 초하루불[元旦火]이라 한다. 자정 뒤 이 불로 홰를 만들어 집에 가서 선반(神棚)의 불을 밝히고 아궁이에 넣어 떡국을 끓인다.

옛적에 길에 쓰러진 사람을 이 불에 쪼이자 되살아났으며, 그 자리에서 많은 금화가 나왔다는 민담도 있다. 도야마[富山]현에서는 홰를 가지고 가다가 아는 사람을 만나도 말을 나누지 않는다(榮木棠三 1978 ; 56). 이처럼 새해 들어 처음으로 부뚜막에 불을 지피는 것을 '첫부뚜막[初竈]'이라 하고, 이로써 새해에 행운이 깃든다고 여긴다.

오카야먀[岡山]현(苫田郡 富村)에서는 달마다 초하루·사흘·열흘·보름·스무날·스무여드레 전날 밤 소금물을 뿌려서 부뚜막의 부

사진 6

정을 가시고 불을 새로 갈고 이날 오전에는 전날 끓인 음식을 먹지 않는다. 또 49재를 마치면 다른 집에서 끓인 음식을 먹은 뒤 부뚜막의 불을 바꾸고 나서야 일상생활로 들어간다. 마을 사람이 죽으면 '마을 부정[村ケガレ]'이라 하여 집집마다 불을 새로 바꾸며 아이 낳은 뒤 33일의 부정 기간이 끝나거나, 식구가 몸[月經]을 치른 집도 마찬가지이다.

Ⅲ 부뚜막

1
어원

중국[竈(조)]- 맹꽁이 형상

1) 《자통(字通)》의 설명이다.

《설문(說文)》에 '맹(黽)에 따라 조(竈)를 으뜸꼴로 삼았으며, 뒤에 취조(炊竈)가 되었다'고 적혔고, 《주례》에 '부뚜막[竈]에서 축융(祝融)에게 제사 지낸다'는 기사가 있다. 《춘추좌씨전》도 '구망(句芒)은 집, 축융은 부뚜막, 욕수(蓐收)는 문, 현명(玄冥)은 우물, 후토(后土)는 중류(中霤)에서 받든다'고 하였다. 이는 축융이 불신[火神]인 까닭이다. 조(竈)의 소릿값은 조(造)를 닮았다. 《주례》의 주(注)에 '조(造)는 고서(故書)에서 조(竈)로 만들었다. 후한의 두자춘(杜子春 ?~?)이 조(竈)를 읽고 조차(造次)의 조(造)를 썼다. 조차(造次)는 당황하다·갑작스럽다[草率]는 뜻이다. 《설문》에서 정자(正子)로 다룬 조(竈)는 진공(秦公)의 기물에도 보인다'고 일렀다.

맹(黽)은 네 발로 힘껏 버티고 선 개구리를 나타낸다. 소릿값은 조(皂)와 통하여 검은 부뚜막이나 아궁이를 가리키기도 한다. 《석명(釋名)》에 '부뚜막[竈]은 만든다[造]는 뜻이며 음식을 처음[創] 익힌 곳'이라 적혔고 《석궁실(釋宮室)》, 《황소(皇疏)》에서도 '부뚜막은 한집안의 음식을 만드는 곳'이라고 새겼다. 《사기》의 '지금은 집집마다 부뚜막[竈]이 있다'는 기사 《효무본기색은(孝武本紀索隱)》는, 전 2세기 이전에 퍼진 것을 알려준다.

조(竈)는 혈(穴)과 맹(黽)의 합성어이다. 또 조의 금문자형(金文字形)은 공기가 통하는 부뚜막으로, 개구리나 거북 따위의 물가 동물[水蟲]을 덮은 꼴이다. 연돌(煙突)의 '돌'이 부뚜막[竈突]에 제물로 바친 개를 놓은 형상인 점에서, 조도 개를 닮은 제물을 나타낸 듯하다. 이는 불신에게 올리는 것으로 보인다.

조(竈)의 혈(穴)은 굴뚝, 맹(黽)은 초록 개구리로, 불신에게 개구리를 바친 데서 왔다는 설

도 있다. 맹은 개구리나 맹꽁이 과의 동물이다. 부뚜막을 이
들에 견준 것은 〈사진 1〉처럼 둥그런 앞이 개구리 머리를,
뒤의 네모가 두 다리를 뻗친 개구리 엉덩이를, 앞턱의 두 줄
이 다리를 연상시킨 데서 온 듯하다(시카고 필드박물관). 당대
의 《유양잡조(酉陽雜俎)》에도 '부뚜막에 까닭 없이 습기가 차
는 것은 두꺼비가 붙어 있기 때문이며 쫓아내면 곧 마른다'
는 기사가 있다(권10 〈물이(物異)〉). 《설문》은 허신(許慎 30~124)
이 쓴 《설문해자(說文解字)》의 줄임말이다.

사진 1

  축융은 불신이고 구망은 동방에 있는 제왕의 보좌신
이자 봄신[春神]으로, 사람 얼굴에 몸은 새이며 두 마리의
용을 타고 다닌다. 가을신 욕수는 금속신[金神]으로 하늘의
형벌을 관장하며, 겨울신이자 북방의 신 욕수는 대음(大陰)신으로 형살(刑殺)을 주관한다. 후
토는 토지신이다. 부뚜막이 신성한 곳임을 강조하려고 이들을 들먹였을 것이다. 지금도 '조'를
부엌을 가리키는 말로 쓰므로 《석명》의 기사를 '부엌'으로 새길 수도 있다. '조의 금문자형(金
文字形)은 공기가 통하는 부뚜막'이라는 부분은 '소댕'을 가리키는 듯하다. 구멍은 부뚜막이 아
닌 소댕에 있어야 마땅하기 때문이다. 개를 제물로 썼다는 것이 눈을 끈다.

  조하양(竈下養)은 요리 담당관, 조반(竈飯)은 조왕이 상천하는 날 바치는 메[粳米]밥, 조경
(竈經)은 부뚜막 주변의 물건 놓는 데, 조마(竈馬)는 조왕이 타고 가는 말, 조매(竈煤) 또는 모액
묵(竈額墨)은 부뚜막 검댕, 조심토(竈心土)는 약으로 쓰는 부뚜막 안의 흙, 조풍려(竈風呂)는 한
증(汗蒸), 조하갱(竈下坑)은 아궁이, 조문(竈門)은 말발굽 위 양쪽의 빈 데, 조취(竈聚)는 부뚜막
앞에 쌓아놓은 섶나무, 조오(竈窷)는 앞의 것을 쌓아두는 데, 미어조(眉於竈)는 미인의 눈썹을
가리킨다. 이 밖에 강소성 소주(蘇州) 일대에서는 12월 24일 혼인하는 사람을 조왕친(竈王親),
조왕탄신일(8월 3일)에 남녀가 모두 천왕당(天王堂)과 복제관음(福濟觀音)에 참배하는 것을 조군
소(竈君素)라 부른다.

  요리사는 조두(竈頭), 아낙은 조첩(竈妾) 또는 조비(竈婢), 굴뚝은 조돌(竈突), 소금밭에 매
기는 세금은 조세(竈稅), 소금 굽는 이는 조정(竈丁), 그의 호적은 조적(竈籍), 조정의 소금밭은
조지(竈地), 소금 가게나 굽는 사람은 조호(竈戶)라 한다. 옛적에는 바닷물을 끓여서 소금을 낸
까닭에 소금과 연관된 말에 '조'가 붙었다(소금을 굽는다는 말은 이에서 왔다). 세금을 부뚜막 단위
로 매긴 것도 부뚜막 크기나 수에 따라 생산량이 좌우된 까닭이다. 이는 일본에서 한때, 일반

가정의 세금을 부뚜막 수를 헤아려서 매긴 것을 연상시킨다.

중국의 고대 생활문화를 아는 데 가장 중요한 자료의 하나는 화상석(畵像石)이다. 주로 산동·하남·강소·섬서·사천성 등지에서 나온 이들은 문헌 기록보다 더 분명하고 더 상세하며 거기에 없는 것까지도 드러내준다. 다만 이들의 시기가 한대에 집중된 것은 아쉬운 일이다. 수와 당을 거쳐 금대의 것도 없지 않지만 위진대(220~316)에 쇠퇴의 길로 접어든 것이다. 위(魏)의 호화 분묘 억제정책과 불교문화 확대가 큰 원인이다.

그것은 그렇거니와, 고구려 무덤 벽화도 중국 영향을 받은 것이 사실이다. 특히 앞으로 다룰 부엌이나 푸줏간 모습은 한눈에 보아도 중국식이다. 이에 대해 와타베 다케시[渡辺武]는 '한대의 벽화·화상묘의 전통적 계승자는 고구려이다. 그리고 우리나라 기타규슈[北九州]의 장식 고분 중에 사신(四神)이나 월상(月像)인 하묘(蝦墓)가 나오는 것은 조선 반도나 남중국의 영향을 받은 결과로 생각된다'고 하였다(1991 ; 20~21). 그가 일본인들 버릇대로 중국을 끼워넣었지만, 나라[奈良]현 아스카[飛鳥]에 있는 다카마쓰[高松]고분의 북두칠성을 비롯한 성수도, 사신도, 달과 두꺼비, 삼족오(三足烏) 따위는 고구려 양식 그대로이다. 이보다 더 뚜렷한 증거는 바로 무덤의 주인공이 고구려 사람이라는 점이다. 그리고 법륭사 금당벽화를 그린 담징(曇徵 579~631)처럼 이 무덤의 벽화를 그린 화공도 고구려에서 왔을 것이다.

앞으로 화상석에 나타난 부뚜막·부엌·푸줏간·잔치 모습 따위를 살펴본다.

한국(부뚜막)- 불길 자리

---

1) 《어원사전》의 설명이다.

부뚜막은 본래 불의 옛말인 '붗'과 '으막'으로 이루어진 단어이다. '붗'은 불(불길)·븢(부지깽이)·붓(부시돌)·부(부엌) 등, 불을 뜻하는 여러 형태로 변하였다.

'막'은 움막의 막과 같은 것으로서 '막은 것('막다'의 어근) 곧, 집을 뜻한다. '으'는 결합모음인데 '붗'의 'ㅿ'이 'ㅿ—ㅅ—ㄷ—ㄸ'으로 변하여 '뚜'로 되었다. 부뚜막을 지방 사투리에서는 '부석이마·부승이매'라고 한다. 부뚜막은 '부스막—부스막—부드막—부뚜막'으로 되었다.

부뚜막은 불길이 들어가는 첫머리로서 가마를 걸어놓은 언저리를 말한다(1989 ; 198).

함경도의 가매목은 이에서 왔으며 가매는 가마[釜]의 사투리이다. 1775년의《역어유해보》에서 조대(竈臺)를 붓두막(14),《한한청문감》에서는 과대(鍋臺)를 붓두막으로 새겼다(9 ; 74).
부뚜막 분포에 대한《한국언어지도》의 간추린 설명이다.

부뚜막은 크게 부뚜막계와 부수막계로 나뉘지만 제3형도 있다.

　㉠ 부뚜막계 : 부뚜막·부뜨막·부뜨먹·부뚝·부똑·부떡·부뜩·부뚱·부뜽·불뚝·불떡·
불뚜묵

　㉡ 부수막계 : 부수막·부숭·부승·부숙·부살

　㉢ 기타 : 솟덕·이망

'부뚜막'계가 거의 전국에 퍼졌음에도, 전남에서 '부수막·부숭'이 뚜렷이 나타나고, 제주도의 '솟덕'이 또 다른 세계를 이룬 점은 매우 흥미롭다. 전남과 '부뚜막' 지역 사이에 '부뚝·부떡' 따위가 뚜렷하게 나타난 점도 눈에 띈다.

'부수막'의 어원을 생각할 때 형태나 분포로 보아 '부엌'의 고형(古形)인 '브'나 '브'처럼 '부수막'도 반치음 'ㅿ'을 가졌을 가능성도 있지만 문헌에는 나타나지 않는다.

앞의 솟덕은 '솥을 거는 데'라는 뜻이므로 솥덕이 옳다.

〈사진 2〉는 전라북도 구례군 산동면 덕동리 달궁마을의 서민가옥 부엌이다. 부뚜막을 안방(왼쪽)과 정지방(오른쪽) 사이에 마련하고 솥 두 짝을 걸어서 필요에 따라 두 방 또는 한쪽 방에 불을 넣는다. 오른쪽 위의 외여닫이는 부엌 출입문이지만 부엌이 워낙 좁아서 시멘트 대를 붙이고 그릇붙이들을 올려놓은 탓에 쓸모가 없어졌다. 1970년대 초에는 전기가 들어오지 않아 등잔을 켰다. 오른쪽 아래로 솔가리가 보이고 그 위에 걸어놓은 삽은 부삽 대용이다.

사진 2

일본〔竈(카마도)〕- 한국말 가마

1)《일본어원대사전》의 설명이다.

ⓐ 부뚜막[竈]자리[處]라는 뜻이다(《俚言集覽》·《嗚呼矣草》·《名言通》·《言葉の根しらべ》·《大言海》).

ⓑ 카나헤토(カナヘト 鼎所)의 뜻이다(《言元梯》).

ⓒ 카나헤도코로(カナヘドコロ)의 준말이다(《和語私憶鈔》).

ⓓ 카마도노(カマドノ 竈殿)를 잘못 말한 데서 왔다(《東雅》).

ⓔ '불을 피우는 데[間]'라는 뜻의 '카마[炫間]'에 '도[處]'가 붙은 말이다(《日本古語 大辭典》).

ⓕ 범어(梵語)에서 왔다(《釋日本紀》).

이 가운데 ⓐ과 ⓔ이 그럴듯하지만, 조(竈)와 카마[炫間]는 '카마[釜]'가 옳을 것이다.

〈사진 3〉은 오사카 일본민가집락박물관(日本民家集落博物館)의 농가 부뚜막이다. 앞의 것들과 대조적으로 음식을 볶거나 삶는 큰 냄비를 주인 자리에 앉히고 밥솥·국솥·양은솥을 곁들였다. 아궁이를 불돌도 막았다. 아궁이가 넷이지만 불을 동시에 땔 수 있어 편리하다.

사진 3

2)《일본어의 어원사전(日本語の語源辭典)》설명이다.

ⓐ 부뚜막[竈]에 올려놓는 그릇의 뜻이다(《俗語考》·《大言海》).

ⓑ 카마[竈] 가나헤(ガナヘ)의 약(略)인가?(《大言海》)

ⓒ 카나헤(カナヘ 鼎)의 마루키(マリキ 圓) 뜻이다(《日本釋名》·《紫門和語類集》).

㉣카는 카네(ヵネ), 마는 마로키(ᄀ마ロキ)인가? 또는 마후케(ᄀ마フケ)의 뜻인가?《和句解》

㉤카메(ᄀ마メ 鐵甁)의 뜻이다《言元梯》.

㉥카나마루(ᄀ마ナマル 金圓)의 뜻이다《名言通》.

㉦카나무나(ᄀ마ナムナ 金空)의 반(反)이다《名語記》.

㉧조선어에서 온 말인가?《東雅》·《古事語傳》·《和訓栞》·《大言海》

㉨조선어 kama[釜]와 뿌리가 같다《岩波古語辭典》.

———————

㉧과 ㉨이 옳다.

3) 카리노 토시쓰구[獵野敏次]의 설명이다.

———————

옛적에 헤쓰히(ヘツヒ)라 불렀지만 본디 이름은 '집[戶]의 영(靈)[ヘのヒ]'이다. 이때의 헤[戶 ヘ]는 부뚜막의 뜻으로, 옛적에 냄비[鍋]나 솥[釜]을 포함한 일반 용기도 헤[瓮 ヘ]라 불렀다. 시라가와 [白川靜] 씨가 《자훈(字訓)》에서 기물(器物)의 헤[瓮]와 카마도의 헤[戶 ヘ]가 모두 을류(乙流)라 한 것을 보면 발음도 같았던 듯하다.

　'카마도'는 조선 반도에서 들어온 카마도에서 나왔지만, 헤[戶 ヘ]는 일본 재래의 부뚜막을 가리킨다. 헤쓰히(ヘツヒ)의 '헤'는 카마도, '히'는 영(靈), 곧 지기[神]의 뜻으로, 헤쓰이는 요컨대 조신(竈神)을 이른다. 따라서 부뚜막에 지기가 깃들었다고 믿은 데서, 이를 존경하는 의미로 부른 것이다.

　한편, 고훈[古墳]시대(3~6세기)의 소릿값은 아마도 호도(ホド)이고, 경우에 따라 후도(フド) 라 불렀을 것이다. (…) 동북지방에서는 흔히 화덕 가운데의 불 피우는 데를 호도(ホド)라 하며 부 뚜막을 가리키는 말로도 쓴다(2004 ; 28).

———————

헤쓰이가 앞의 두 어원 사전에는 보이지 않는다. 카마도가 한국에서 들어갔다는 말은 옳다. 호도는 보지를 가리킨다고도 하므로 이는 화덕을 생명의 원천이라고 생각한 데서 왔을 것이다.

4) 기타

카마도의 '카맘(カマム)'은 '우묵하게 들어가다 · 구부러지다'는 뜻의 옛 조선어 '감아(kama)'에서 왔으며, 이에서 고어(古語) '카마치(カマチ)'가 솥이나 솥을 거는 데를 가리키다가 카마도로 굳었다는 설도 있다. 이에 따르면 우묵하거나 굽은 장소 또는 카마 모양의 조리 기구를 쓰는 곳을 카마도라 부른 것이 된다. 낫(카마 鎌)의 어원도 마찬가지이다.

'카마구도(カマクド)'의 '도(ド)'는 입구를 나타낸다. 나라[奈良]의 야마토[大和]를 옛적에 '야마도[山門 やまと]'로 적은 것이 좋은 보기이다. 이처럼 '산의 입구'인 '도'는 점점 범위가 넓어져서 안으로 들어가는 어귀를 이르게 되었다. 항구 미나토[水な戸]의 '토'도 '물의 입구'라는 뜻이다.

카마도에 헤쓰이(へっつい)나 구도(くど)라는 별칭이 있으며, 교토[京都]에서는 오구도님(おくどさん) · 헤쓰이님(へっついさん)이라 한다. 헤쓰이에 대한 세 가지 설이다.

㉠ 집의 불이 있는 곳을 이르는 '이헤 · 쓰 · 히[家の火所]'에서 왔다.

㉡ 집지기[家の靈 · 戸の靈]로 '헤(へ)'는 카마도, '히(ヒ)'는 영[靈(神)]의 뜻이다.

㉢ 구도(くど)는 '불이 있는 곳[火所 ひどころ]'의 뜻이며, 호도(ホド)의 한자 '화처(火処)'는 보지의 고어이다. 이것이 호도(ホド)→후도(フド)→구도(クド)로 바뀌었다.

화덕의 불을 피우는 움푹한 데가 구도이다. 또 카마도에 딸린 굴뚝을 구도라고도 하며 이것이 구도의 기원이라는 설도 있다. 헤쓰이나 구도가 옛 화덕이나 부엌에서 진화한 것과 달리 카마도는 새로 생긴 말로 보인다. 일본어 중에도 카마도와 연관된 낱말이 많이 남아 있다.

카마도의 카맘이 우묵하다 또는 구부러지다의 우리말에서 나왔고, 호도(ホド)의 한자 '화처(火処)'가 보지의 고어라는 말은 그럴듯하다. '우묵하다'나 '구부러지다'도 같은 뜻을 지닌 까닭이다.

2

형식

부뚜막 유형은 세 나라가 다르다. 중국에서는 부엌 귀퉁이에 부뚜막을 따로 두고 냄비 두세 개를 걸며 일본은 마루 가까운 곳에 마련한 부뚜막에 솥과 냄비를 걸고 필요에 따라 이용한다. 그러나 난방을 부뚜막에 의존하는 우리는 솥 서너 개를 부뚜막에 걸고 아궁이를 통해서 불을 넣는다.

따라서 우리 부뚜막은 난방 기능이 아주 중요해서 부뚜막을 반드시 방 한쪽에 붙인다. 이는 부뚜막이 난방과 무관한 중국이나 일본과 대조적이다. 또 부뚜막의 아궁이가 부엌 바닥보다도 낮아서 아낙네가 쪼그려 앉아서 불을 때고 음식을 끓일 때는 허리를 반으로 꺾어야 하지만, 일본은 바닥보다 조금 높아서 허리를 구부리는 것으로 충분하다. 그리고 이른바 입식(立式) 위주의 중국은 주부가 서서 움직인다.

한편, 한국에는 일찍부터 한데부엌이 발전하였다. 주로 중남부지역에서 무더운 여름철에 쓰려고 부엌 가까운 곳에 두며, 이는 혼례나 상례 때 많은 손님을 치르는 데도 매우 유용하다.

일본 남부의 곧 오키나와제도와 중국 서남부의 소수민족들이 부엌을 따로 짓는 것도 여름의 열기를 피하기 위해서이다. 우리네 제주도에 부뚜막이 없는 것도 마찬가지이다.

다채로운 중국

---

1) 고대

부뚜막은 신석기시대에 나타났지만 다리 셋 달린 그릇에 불을 지피고 시루를 얹어서 곡물을 익히는 정도였으며, 한대(漢代)에 들어와서야 취사 설비의 하나로 자리잡았다. 이 시기 유적 출토품의 대부분은 솥과 시루를 겹쳐놓은 원통형의 질제품[陶製品]이며, 솥에 쌀을 찌거

나 죽을 쑤어 먹은 것은 뒤
의 일이다.

오카자키 다카시[岡崎
敬]가 보고한 12점을 들어
설명한다(1955 ; 106~107).

〈그림 1〉은 섬서성 서
안시 투계대(鬪鷄臺)의 한(漢)
묘에서 나온 네모꼴 질부뚜
막이다. 솥과 시루는 물레로

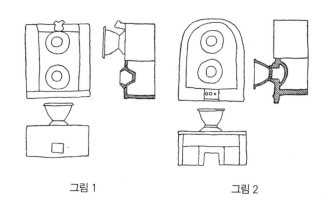

그림 1   그림 2

빚었고 녹유(綠釉)는 입히지 않았다. 김 구멍 다섯 개를 지닌 시루를 앉힌 솥을 뒤에 걸고 굴
뚝을 붙였다. 아궁이는 작다.

〈그림 2〉의 말굽꼴 부뚜막은 앞과 같은 곳에서 나온 같은 시기의 명기이다. 아궁이에서
불이나 연기가 뒤로 넘어가는 것을 막는 불막이챙을 달고 긴네모꼴 아궁이를 바닥까지 뚫었
다. 앞쪽에 시루 얹은 솥을 걸고 주위에 선을 둘렀다.

오카자키 다카시는 이 시기의 섬서성 출토품이 지닌 특징으로 ㉠부뚜막을 벽돌[塼]로
짓고, ㉡긴네모꼴과 말굽꼴 두 유형이 있으며, ㉢솥을 둘 또는 세 짝 걸고, ㉣솥은 모두 입이
좁으며 시루를 얹기도 하고, ㉤명기라고 해도 정교하며 주위에 갈고리나 국자 따위의 부속기
구와 물고기·새·돼지 따위를 새긴 점을 들었다.

〈그림 3〉은 평양시 낙랑구 남정리(南井里) 58호 무덤의 것이다. 아궁이 쪽은 긴네모꼴이
지만 뒤로 가면서 조붓하게 줄어들었다. 아궁이와 왼쪽 솥 구멍은 매우 드문 긴네모꼴이며 오
리 주둥이를 닮은 굴뚝을 붙였다. 작은 구멍 둘과 큰 구멍 하나가 있고, 작은 것 하나에 솥을
걸었다. 뒤에 얹은 것은 질 단지인가?

오카자키 다카시의 설명이다.

―――――――――

1933년에서 1935년 사이에 전실(塼室) 무덤에서 나온 두석 점의 부뚜막에 솥을 걸고 시루를
얹은 한쪽에 굴뚝을 붙인 점에서 섬서 및 하남성의 것과 같으며, 더구나 표면이 둥근꼴인 것은
1916년에 나온 대동강면 제7호 무덤 출토품 그대로이다. 이는 아마도 낙랑군의 부뚜막을 본떠
만든 까닭에 지역성을 이룬 것으로 생각된다. 현재 출토되는 것을 보면 동은 조선 및 남만주부터
남은 광동성에 이르기까지 당시 한의 영토였던 지역에서는 모두 부뚜막에 솥을 걸고 그 위에 시

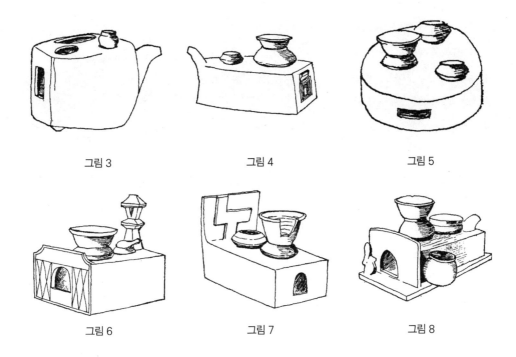

그림 3   그림 4   그림 5

그림 6   그림 7   그림 8

루를 얹어서 음식을 익혔다. (…) 이들 가운데 화북의 것이 기본형이며, 나머지는 각기 독특한 지방색을 지녔다(1955 ; 107~108).

〈그림 4〉는 요녕성 심양시 노가둔(盧家屯)에서 나왔다[다카시가 적은 '노(蘆)'는 '노(盧)'가 옳은 듯하다]. 긴네모꼴이지만 굴뚝 자리는 조붓하다. 아궁이 쪽에 시루 얹은 솥을, 뒤에 작은 솥을 걸었다. 아궁이 주위에 서너 겹의 선을 둘러서 꾸몄다.

〈그림 5〉는 내몽골자치주 대동시(大同市)의 것으로 만두처럼 둥그레하다. 솥 두 짝과 시루 얹은 손 한 짝을 걸었으며 아궁이를 가로로 뚫었다.

하남성 낙양시에서 나온 〈그림 6〉도 매우 드문 보기이다. 가장 큰 특징은 ㉠아궁이 위에 세운 불막이벽, ㉡말굽꼴 아궁이, ㉢이중으로 맵시를 살려서 쌓은 굴뚝이다. 이 밖에 아궁이 좌우에 가위다리꼴 무늬를 베풀고, 불막이벽 양 끝의 모를 죽이며, 연가(煙家)에 맞배지붕을 얹은 것도 돋보인다.

〈그림 7〉은 하남성 영택현(滎澤縣) 출토품이다. 뒤쪽에 벽을 세운 것도 눈에 띄지만 '노'자꼴 선이 굴뚝이라면 놀라운 일이다. 오직 하나뿐인 보기인 까닭이다. 아궁이는 말굽꼴이다. 광동성 광주(廣州)시 선열로(先烈路)에서 나온 〈그림 8〉은 아궁이 앞은 물론 부뚜막 양쪽에

도 턱을 붙여서 땔감이나 옹기 따위를 올려놓게 한 점에서 개량형으로 보아도 좋을 것이다. 불막이벽을 부뚜막 너비보다 너르게 붙인 것도 특징의 하나이다. 아궁이 왼쪽의 그림은 무엇인지 알 수 없다. 굴뚝은 부뚜막과 평행을 이룬다. 〈그림 9〉는 절강성 항주(杭州) 노화대(老和臺)의 것으로, 뒤가 네모이고 앞은 조붓하며 뒤로 가면서 높아지는 전형적인 배[船]꼴 부뚜막이다. 굴뚝을 비롯한 앞 모습은 배의 이물 그대로이다. 안휘성 소현(巢顯)에서 나온 〈그림 10〉은 오늘날의 보트를 빼닮았다. 이물 쪽에 얹은 것이 앞에서 든 것들과 달리 솥이 아니라 손잡이를 붙인 쇠 냄비[鍋]인 점에서 주목거리이다.

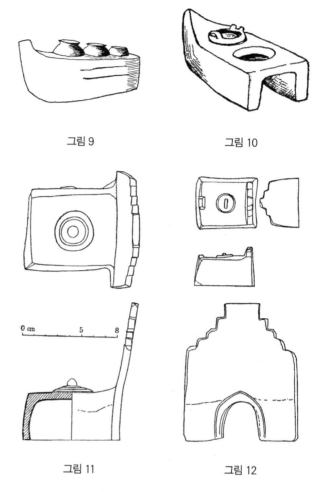

그림 9   그림 10

그림 11   그림 12

하남성에서 나온 것으로 보이는 당의 명기 〈그림 11〉은 희색 바탕에 투명 녹유를 입혔다(높이 11센티미터). 부뚜막은 네모꼴이고 뒤쪽에 높이 세운 불막이벽(높이 8센티미터쯤)은 철(凸)자 모양이다. 가장 중요한 특징은 솥이 아니라 냄비[鍋]를 걸어놓은 점이다. 이 무렵에 솥보다 냄비가 큰 비중을 차지한 것을 알려주는 귀중한 보기이다. 뚜껑에 선을 둘러서 꾸몄으며 손잡이는 큼직하다. 〈그림 12〉도 같은 지역의 것으로 부뚜막, 불막이벽, 냄비 따위는 앞의 것을 닮았지만(바닥 길이 8.2센티미터), 뒤의 굴뚝 자리는 없던 것이다. 오카자키 다카시는 '당대의 섬서 및 하남성의 지배층은 흔히 부뚜막에 냄비 한 짝을 걸어놓고 썼다'는 설명을 붙였다(1955 ; 113).

〈사진 4〉는 산서성 태원시(太原市)에서 나온 춘추시대 (전 770~전 403) 구리부뚜막 명기이다. 아궁이는 반달꼴이고 몸통은 뒤로 가면서 퍼졌다. 한대 부뚜막 가운데 굴뚝 없는 것이 적지 않음에도 따로 박은 오지굴뚝은 아주 높직하다. 앞쪽의 구름무늬, 낮은 전을 붙인 솥과 시루에 달린 손잡이 고리, 아래쪽의 쇠줄(용도는 알 수 없다), 독특한 형태 따위로 미루어 궁궐이나 귀족의 집에서 제사에 쓴 듯하다.

사진 4

〈사진 5〉는 사천성 안묘리(岸墓里)의 한대 부뚜막이다. 한 귀퉁이에 쌓은 네모 부뚜막 아래에 긴네모꼴 아궁이를, 그 위에 솥과 굴뚝 구멍을 마련하였다. 꾸미지 않은 민낯 그 대로이다. 오늘날에도 닮은 것이 있다(☞ 94쪽 사진 31).

사진 5

2) 형태

고대 부뚜막은 말굽꼴·배꼴[船形]·긴네모꼴의 세 유형이 있다.

① 말굽꼴

〈사진 6〉은 섬서성 함양(咸陽)시 한(漢) 경제(京帝 전 156~전 141) 무덤(陽陵) 배장묘(陪葬墓 南區 雙葬坑)에서 나온 명기이다(앞 너비 24센티미터). 아궁이 양쪽에 술 단지를, 전면 위에 겹으로 놓은 세모무늬 사이에 점을 찍고 좌우에 마름모꼴 무늬를 놓았다. 솥은 어깨만 드러났다.

사진 6

〈사진 7〉은 위 모습이다. 앞쪽 가운데가 불땀을 조절하는 갈고리이고, 오른쪽은 떡이나 고기를 굽는 석쇠이다. 갈고리 손잡이 쪽에 길이로 놓인 것은 구기 또는 숟가락인 듯하다. 석쇠 오른쪽의 칼은 날이 곧고 끝이 굽었으며 벽에 걸기 위한 고리를 달았다. 왼쪽은 숫돌이다. 이어 부귀·재생·불로장생을 상징하는 잉어·표주박(또는 바가지)·학·거북들이 보인다. 저승에서도 이승의 부귀영화가 이어지기를 바

사진 7

란 것이다. 표주박과 학 사이의 네모꼴을 굴뚝 구멍으로 보기에는 지나치게 작다. 거북 아래로 부엌비와 엎어놓은 부삽이 있다. 앞쪽의 큰 고리는 그릇인가? 갈고리 앞에도 거북 세 마리와 겹 세모꼴 무늬를 베풀었다. 하남성 낙양의 소구(燒溝)에서도 닮은 것이 선보였다.

〈사진 8〉은 산동성 우성시(禹城市)에서 나온 한대의 녹유(綠釉)부뚜막으로 배[船]를 닮았다. 배 부른 낮은 질솥에 입이 아주 큰 시루를 얹어서 대조를 보인다. 시루

사진 8

사진 9

사진 10

사진 11

입술에 선을 둘렀으며 긴네모꼴 아궁이는 바닥까지 뚫렸다(산동성박물관).

〈사진 9〉는 산동성 장구시(章丘市) 출토품이다. 형태와 시기는 앞의 것과 같다. 시루 아랫도리가 지나치게 잘록해서 한쪽으로 쓰러지기 쉽다. 따로 붙인 짧은 굴뚝은 오리목을 연상시킨다(산동성박물관).

〈사진 10〉은 산동성 고당현(高唐縣) 동주하(東周河)의 한대 녹유부뚜막이다. 굴뚝 쪽 큰 솥에 입이 벌어진 시루를 얹혔다. 아궁이와 바닥 사이가 떠서 땔감을 다루기 불편할 것이다. 〈사진 11〉은 옆모습이다. 높직한 굴뚝 가운데를 앞으로 굽혔다(산동성박물관).

형태를 잣대로 삼으면 말굽꼴은 음식을 익히고 불을 때는 일이 한곳에서 이루어지는 일체형이다.

② 배꼴

〈사진 12〉의 시기와 형태는 앞의 것과 같다. 학계에서 조붓한 앞(굴뚝 쪽)과 너른 뒤가 배의 이물과 고물을 닮았다고 하여 배꼴로 나누는 것은 지나치게 기계적이다. 몸통의 형태와 옆

III. 부뚜막

084

사진 12　　　　　　　사진 13　　　　　　　사진 14

의 구름무늬 그리고 굴뚝은 장수와 길상을 나타내는 거북의 모습 그대로이고, 이것을 무덤의 명기로 쓴 것을 떠올리면 저 세상에서 영원한 삶을 누리기 바라는 상징물로 다루는 것이 마땅하다(시애틀박물관).

〈사진 13〉은 춘추시대 청동 용머리부뚜막[龍首竈]이다. 형태는 앞의 것을 닮았지만 굴뚝은 눈을 부릅뜨고 입을 크게 벌려서 이를 드러내어 악귀를 쫓는 용의 머리로 바뀌었다. 위에 두 개의 각을 세운 것도 이를 위한 것이다. 시루 바닥을 넷으로 나누고 일자꼴 구멍을 서로 어그러지게 뚫은 것이 눈에 띈다[대당서시(大唐西市)박물관].

〈사진 14〉는 옆모습이다. 바닥에 붙인 발 넷도 악운을 물리치는 서수(瑞獸) 그대로이다. 엎어놓은 대야를 연상시키는 시루 아래의 그릇은 구조적인 문제가 있다. 솥처럼 시루를 괴기는 하지만 김을 일으키는 물을 담을 수 없기 때문이다. 또 몸통과의 사이로 연기가 빠져나오기 쉬워서 열효율을 떨어뜨릴 염려도 없지 않다. 시루와 몸통 양쪽에 손잡이 고리를 달았다.

〈사진 15〉는 내몽골 자치구(伊克昭盟 東勝市) 한대의 흉노 무덤에서 나온 것으로 형태는 앞의 것과 같다(높이 19센티미터에 가로 27센티미터). 한에서 보냈거나 한의 것을 앗았을 것이다. 뒤에 설명하는 솥과 마찬가지로, 부뚜막도 전문 관청에서 같은 것을 여러 개 만든 것을 알 수 있다.

〈사진 16〉은 한대의 질 부뚜막이다. 앞 좌우에 작은 솥을, 그 뒤에 시루용 큰 솥을 걸었다. 무엇보다 기린의 목을 연상시기는 굴뚝이 인상적이다. 불쑥 튀어나온 연기 구멍도 기린의 눈 그대로

사진 15　　　　　　　사진 16

이며 목에 주름까지 새겼다. 몸체에 견주어 아궁이는 작지만 턱은 너른 편이다. 그릇이나 음식 재료 또는 땔감을 놓았을 것이다. 앞 오른쪽 솥에 오리가 보인다. 발은 짧다. 몸통과 아궁이 주위에 구름무늬를 놓았으며 밖으로 내민 짧은 발은 안정감을 준다.

앞에서 설명한 배꼴은 조리와 불 때는 일을 따로 하는 분리형이다. 이에 대한 손궤(孫軌)의 설명이다.

강남 각지에 널리 퍼진 이것은 절강 및 강소성의 서한 중기(전 100) 및 말기 무덤을 비롯하여 강소·안휘·호북·호남·복건·광동성 등지의 동한(전 206~24) 무덤에서도 두루 나타난다. 동한 말기에 이르러 배꼴 부뚜막 위에 배 머리를 닮은 날개를 달았으며, 남북조시대(420~589)의 질부뚜막은 이 뒤를 이은 것이다.

한대에 북방에 퍼진 질부뚜막에 솥과 시루가 여러 개 보인다. 여러 개의 솥 구멍에 크고 작은 솥을 앉힌 것이다. 이에 견주어 남방에서는 시루나 솥 외에, 앞 양쪽에 손잡이 달린 솥을 얹은 것이 더러 나타난다. 광주(廣州)에서 나온 질부뚜막 양쪽에 뚝배기[湯缶]가 있으며, 반빗아치·고양이·개 따위의 형상을 새겼음에도 무늬를 베풀지 않은 것이 특징이다(1989 ; 336).

---

③ 긴네모꼴

〈사진 17〉은 전 14세기~전 11세기의 상(商)왕조 후기의 수도인 하남성 안양현(安陽縣) 은허(殷墟)의 부호묘(婦好墓)에서 나왔다(길이 103.7센티미터에, 바닥에서 시루까지의 높이 68센티미터). 탁자를 닮은 부뚜막에 솥 세 짝과 팔랑개비꼴 구멍을 지닌 데다가 굵은 손잡이가 달린 시루[婦好三聯甗]를 얹었다. 시루 입술 아래에 홈을 두른 외에 어깨와 몸을 나누고 위쪽에 신비한 구름무늬를 베풀었으며 손잡이에도 짐승 얼굴을 새겼다. 부뚜막 위는 둥근 무늬, 아래에는 세모꼴무늬로 꾸몄다. 다리는 여섯이다. 지금까지 알려진 가장 화려한 부뚜막이다.

〈사진 18〉은 동한시대 (25~220)의 전형적인 부뚜막으로 분리형 부뚜막이다. 시루를 앉힌 솥을 아궁이

사진 17

사진 18

쪽에 걸었다. 뒤의 큰 솥에 물을 끓일 것이다. 매병(梅瓶)꼴 굴뚝에 서너 개의 홈을 파서 맵시를 살렸다. 아궁이는 말굽꼴이다.

사진 19

사진 20

〈사진 19〉는 앞과 같은 곳에서 나온 분리형으로 솥 한 짝을 걸었다. 아궁이 위에 붙인 불막이벽의 좌우를 낮추어서 맵시를 살렸다. 이중으로 쌓은 네모꼴 굴뚝도 앞의 것들에 없던 것이다. 〈사진 7〉처럼 부뚜막 위에 음식 재료와 부엌 세간들을 돋을새김으로 꾸몄다(산동성박물관).

〈사진 20〉은 형태는 앞의 것을 닮았다. 아궁이 쪽에 작은 솥 두 짝, 뒤쪽에 시루용 큰 솥 한 짝을 세모꼴로 걸었다. 표면에 〈사진 7〉

사진 21

사진 22

사진 23

사진 24

처럼 여러 가지 기명과 음식들을 돋을새김하였다. 불막이벽은 긴네모꼴, 아궁이는 말굽꼴이다(산동성박물관).

〈사진 21〉은 다섯 짝의 솥을 건 한대의 질부뚜막이다. 볶고 튀기고 굽고 찌는 따위의 여러 가지 조리를 한꺼번에 할 수 있다. 가운데의 큰 솥은 시루를 얹어서 떡 따위를 쪘을 것이다. 아궁이 주위에 가위다리꼴 선을 둘러 꾸미고 위에 긴네모꼴 챙을 달아서 연기가 솥에 끼치는 것을 막았다. 아궁이 주위에 가위다리 모양의 무늬를 두르고 불기운이 내지 않도록 굴뚝에 덮개를 씌웠다.

〈사진 22〉도 앞과 같은 시기의 것이다. 앞쪽에 작은 솥 두 짝을, 뒤에 시루 앉힌 큰 솥을

2 — 형식

걸었다. 이중으로 올린 네모 굴뚝은 크고 높다. 굴뚝과 거의 같은 높이로 올린 ㄱ자꼴 담은 궁궐이나 귀족의 집 부뚜막임을 알려준다(사진 23). 아궁이 위에 쌓은 세모꼴 턱도 우뚝하다. 아궁이가 지나치게 좁은 것은 흠이다(산동성박물관).

〈사진 24〉는 북경시 삼국시대(221~280) 유적에서 선보였다. 긴네모꼴로 아궁이 입구 위에 세모꼴 불막이벽을 세우고 솥과 시루 입술에 전을 둘렀다. 솥을 전만 보이도록 깊이 묻은 것도 특징의 하나이다. 시루의 입은 나팔꽃처럼 벌어졌다. 뒤에 세운 돌기는 굴뚝으로 〈사진 19〉와 같다.

〈사진 25〉는 호북성 무창시(武昌市)에서 나온 수대(681~618) 부뚜막으로 아궁이 위의 불막이벽은 높직하다. 왼쪽의 아낙은 오른손을 솥 쪽으로 뻗고, 주름이 뚜렷한 치마를 입은 반대쪽 여인은 쭈그려 앉은 채 호롱으로 입김을 불어넣어서 불꽃을 일으킨다. 부뚜막 뒤의 굴뚝자리를 위로 비스듬히 쌓고 구멍 주위의 낮은 턱 세 개를 붙인 것이 돋보인다. 전형적인 분리형이다.

〈사진 26〉은 강소성 남경시(南京市) 서선교(西善橋)에 있던 명대의 태감(太監) 김영(金英 1458년 사망) 무덤의 청동제품이다. 좁고 긴 부뚜막에 냄비 다섯 개를 촘촘히 걸었으며 사이사이에 국자 네 개와 구기 한 개를 놓았다. 나무로 짠 듯한 덮개에 그 길이만큼의 손잡이를 붙였다. 냄비의 수로 보면 가장 큰 부뚜막이다.

사진 27

사진 25

사진 26

아궁이가 부뚜막 뒤쪽에 있을 터이지만 솥마다 달렸는지 알 수 없다. 부뚜막 뒤에 높은 턱을 붙인 점에서 음식을 조리하고 불을 때는 일이 완전히 분리된 부뚜막이다. 굴뚝도 아주 드문 형태를 보인다. 아래쪽에 문을 붙인 것도 그렇거니와, 연가는 높은 곳의 누각을 연상시킨다. 천진시(天津市) 상류가옥에도 이를 닮은 것이 있다(사진 27).

3) 화상석의 부뚜막

〈그림 13〉은 산동성 가상현(嘉祥縣) 만동향(滿硐鄕) 송산(宋山)에서 나온 한대의 부엌이다. 왼쪽 높직한 부뚜막 위의 질솥에 입이 쩍 벌어진 시루를 얹었다. 한 사람이 왼손의 구기로 작은 솥의 음식을 살핀다. 옷갓을 갖춘 것을 보면 격이 높은 제관인 듯하다. 부뚜막 뒤에 돼지머리·돼지넓적다리·토끼·물고기 따위의 제물을 걸었다. 오른쪽에서 물레우물의 물을 긷고 그 위로 성조(聖鳥)인 까마귀가 난다. 북경시 천단(天壇)에도 제물을 씻고 삶는 우물과 큰 구리솥이 있다.

〈그림 14〉의 구도는 앞의 것을 빼닮았으며 우물만 용두레우물로 바뀌었다. 시루 위의 세모꼴 덮개는 오늘날 운남성 일대의 소수민족을 비롯하여 복건성에서도 썼다(그림 15). 일본 오키나와제도의 것(☞ 315쪽 사진 74)은 중국에서 들어간 것으로 보인다.

그림 13

그림 14

〈그림 16〉은 사천성 팽현(彭縣) 삼계향(三界鄕) 출토품이다(세로 25센티미터에 가로 44.5센티미터). 앞 그림이나 사진들과 달리 긴네모꼴 부뚜막 뒤에 큰 솥을 걸고 앞쪽에 시루를 앉힌 작은 솥을 걸은 것으로 미루어 떡 따위를 익히는 찜 전용 부뚜막인 듯하다. 시루 덮개에 상투꼴 손잡이가 보이거니와 소댕의 것은 뿔처럼 위로 솟았다. 둘이 들어야 할 만큼 무거운 모양이다. 지금까지 알려진 오직 하나의 보기이다. 왼쪽의 두 사람은 상을 차린다.

그림 15

〈그림 17〉은 사천성 신도현(新都縣) 신룡향(新龍鄕)에서 나온 양조장 모습이다(가로 49.5센티미터에 높이 28.4센티미터). 솥 세 짝을 걸려고 부뚜막 양 끝을 조금 들여쌓았다. 이처럼 솥마다 아궁이를 따로 붙인 것은 매우 드물다. 아궁이와 부뚜막 사이에 그린 사람 눈 모양은 무엇을 가리키는지 궁금하다. 왼쪽은 술 단지를 어깨에 멘 멜꾼이고, 그 위는 외바퀴 손수레를 미는 수레꾼이다.

〈그림 18〉은 하남성 밀현(密縣) 타호정(打虎亭 1호분)의 한대 관가 부엌[屠宰庖廚]이다. 가장 큰 특징은 다안장조(多眼長竈)라는 설명대로, 좁고 긴 부뚜막에 솥 네 짝과 시루를 얹은 점이

그림 16

그림 17

그림 18

다. 한 사람이 무릎을 꿇고 왼쪽 아궁이에 앉아 불을 넣지만 불길이 오른쪽 끝까지 미칠지 궁금하다. 오른쪽 끝에 붙인 굴뚝은 용머리를 닮았다. 요리사는 목을 벤 닭을 시루에 넣는다. 오른쪽 귀퉁이에 닭과 오리가 섞여 있다.

〈사진 28〉은 앞 그림을 닮은 한대의 질부뚜막으로 높직한 발과 손잡이까지 달렸다. 다섯 개의 긴네모꼴 구멍은 굴뚝과 아궁이 구실을 함께한다. 오른쪽 머리에 솥을 걸고 판돌 위에 그릇을 얹어서 음식을 데우거나 고기 따위를 구웠을 것이다. 연료가 숯인 까닭에 아궁이를 따로 내지 않았다(산동성박물관).

그림 19

〈그림 19〉는 요녕성 요양시(遼陽市) 북쪽 삼도호촌(三道壕村)의 후한시대 벽화이다. 낮고 너른 부뚜막에 시루 얹은 큰 솥과 작은 솥 세 짝을 걸었다. 거센 불길이 아궁이 위로 치솟자 남자가 잉걸불을 들어낸다. 아래의 화로에 담아서 음식을 끓이려는 것이다. 지아비가 불을 지피는 보기 드문 장면이다. 모사할 때 남자의 모자 복장을 현대의 것으로 바꾼 것이 아쉽다.

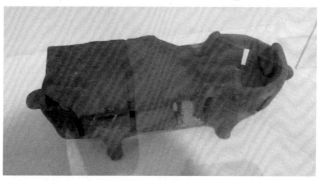

사진 28

그림 21

〈그림 20〉은 감숙성 가욕관(嘉峪關)의 위진남북조(魏晉南北朝)시대(221~589) 부뚜막이다. 머리를 길게 땋은 여인이 무릎을 꿇고 긴 부지깽이로 높직한 부뚜막 아궁이의 불땀을 고른다. 두 그림의 눈여겨볼 점은 굴뚝이다. 사막에 가까운 곳이라 구새를

그림 20

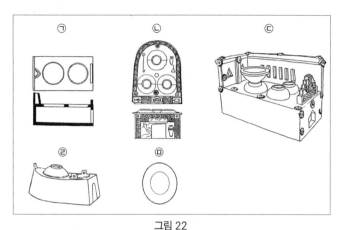

그림 22

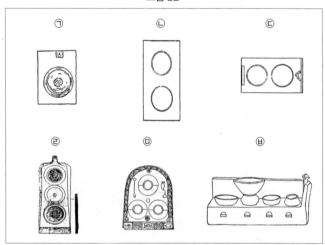

그림 23

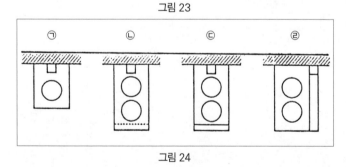

그림 24

구하기 어려운 탓에 널 네쪽으로 짜서 굴뚝으로 박은 것이다. 중국 동북지방과 강원도 산간지대에는 근래에도 같은 굴뚝이 있었다.

〈그림 21〉은 한대 산동성 제성현(諸城縣) 손종묘(孫琮墓)의 화상석(76×152센티미터) 일부이다. 이처럼 네모 반듯하고 나지막한 부뚜막은 흔치 않다. 아궁이 밖으로 뿜어 나오는 불길과 굴뚝으로 솟는 연기는 매우 사실적이다. 아궁이 이마에 턱을 올려붙여서 불길이 시루에 닿는 것을 막았다.

와타나베 요시로[渡辺芳郎]는 한대의 부뚜막 형태가 위진남북조시대를 거쳐 수당(隨唐)대(681~907)까지 이어 내렸다고 하였다(1987 ; 1). 다음은 그가 138개의 명기 형태와 아궁이 수를 분석한 결과이다.

형태는 ㉠긴네모꼴, ㉡말굽꼴, ㉢ㄱ자꼴, ㉣배[船]꼴, ㉤둥근꼴, ㉥기타 따위이다(그림 22). 이 가운데 가장 많은 ㉠이 전국에 분포한다. ㉡은 하남 및 섬서성 중심의 북부와 서부에 많이 나타나고, 가장 적은 ㉢은 호북성 서남부에, ㉣은 강소·안휘·절강성 등지의 동남연해에서 화남지역 일대에 퍼졌다. 수는 ㉠53개, ㉡호남성

19개, ⓒ호북성 13개이다.

아궁이 수는 ㉠한 개짜리, ㉡줄나란히 뚫은 두 개짜리, ㉢나란히 뚫은 두 개짜리, ㉣줄나란히 뚫은 세 개짜리, ㉤셋 가운데 두 개를 앞쪽에 나란히 뚫은 것, ㉥네 개 이상을 나란히 뚫은 것의 여섯 종류이다(그림 23).

주 분포 지역은 ㉠이 화북 이북, 가장 많은 ㉡은 거의 전국, ㉢은 섬서성의 열 개이고 나머지는 고만고만하다. 이로써 하남성과 섬서성 중심의 북부 및 서부지역에 퍼진 네모꼴에 두 개를 줄나란히 뚫은 것이 주류임이 밝혀졌다.

한편, 아사가와 시게오[淺川滋男]는 부뚜막 유형을 ㉠작은 네모 부뚜막으로 불때기와 조리를 같은 쪽에서 하며 불막이벽이 없는 일체형(기본형)(그림 24의 ㉠), ㉡조리와 불때는 자리가 직각으로 나뉜 분리형(불막이벽이 있는 것과 없는 것 있음)(그림 24의 ㉡), ㉢불막이벽이 높아서 조리와 불때기를 양쪽에서 하는 평행형(그림 24의 ㉢), ㉣

아궁이가 짧은 변에 있으면 먼 쪽 솥에 불을 때기 불편해서 조리하는 건너편에 붙인 까닭에 부뚜막이 양쪽으로 나뉘고 이에 따라 불막이벽과 굴뚝이 하나로 합친 지금의 부뚜막이 된 유형(그림 24의 ㉣)으로 나누었다. 그리고 이 유형의 주 분포지는 양자강 하류라고 하였다(1994 ; 143~144).

사진 29

이에 따르면 우리는 서너 짝의 솥을 나란히 거는 일체변형인 셈이다. 그가 일본은 불막이벽이 없는 일체형이라 하였지만 간사이[關界] 지방의 반달꼴 부뚜막은 평행형이다. 한대에 나온 불막이벽은 아주 낮거니와 굴뚝과 연결이 되지 않은 까닭에 아궁이의 불길이나 연기가 부뚜막으로 넘어가는 것을 막는 정도이지만, 여러 개의 솥을 거는 평행형에서는 아궁이를 따라 길게 그리고 높이 올렸고 이것은 다시 굴뚝으로 이어졌다. 삼국시대부터 수·당대를 거치면서 냄비가 시루의 자리를 차지한 결과 점점 높아진 것이다.

〈사진 29〉는 산동성 장구시의 농가에서 진흙으로 빚은 부뚜막을 말리는 모습이다. 〈사진 30〉의 앞쪽이 진흙에 볏짚을 섞은 부뚜막 감이다.

〈사진 31〉의 왼쪽은 앞의 둥근 부뚜막이고 오른쪽은

사진 30

사진 31

사진 32

사진 33

사진 34

벽에 붙여쌓은 네모 벽돌부뚜막으로 주전자를 올려놓았다. 질부뚜막은 무너지기 쉬워서 따로 갖춘 것이다. 굴뚝을 세우지 않은 탓에 벽에 그을음이 잔뜩 앉았다. 뒤 턱에 법랑냄비와 성냥갑을 올려놓았으며, 오른쪽 앞 벽에 세운 것은 구이용 철판이다.

〈사진 32〉는 산동성 문등시(文登市) 한 농가의 벽돌부뚜막이다. 입이 함지처럼 벌어진 냄비에 우리네 것을 닮은 널소댕을 덮었다. 아궁이 오른쪽에 땔감을 넣으며, 왼쪽은 아궁이 덮개이다. 부뚜막 위로 쪽박과 그릇이 보인다. 구들을 가리려고 쌓은 낮은 흙벽에 젓가락 통, 국자, 구기 따위를 걸었다.

〈사진 33〉은 귀주성 용강현(榕江縣) 한 음식점의 부뚜막이다. 아낙네가 솥에 끓인 쌀의 물기를 빼려고 바가지로 건져서 대소쿠리에 붓는다. 이것을 뒤에 기름에 볶는다. 중국 남부 및 동남아시아 일대에서는 쌀의 찰기를 빼려고 물을 잔뜩 부은 솥에 쌀을 넣고 끓여서 밥물

은 버린다.

아궁이 앞에 반달꼴 턱을 짓고 잉걸불을 들어내어 조리에 이용한다. 삼발이와 깔개 두 개가 보인다. 칼과 도마는 벽에 걸었다.

〈사진 34〉는 운남성 대요현(大姚縣)의 부뚜막으로 근래에는 흔히 흰 타일을 붙인다. 오른쪽 냄비 위의 것은 찜통이고 왼쪽은 기름에 볶거나 튀기는 냄비이다. 부뚜막 자체도 높거니와 아궁이도 위에 붙여서 허리를 깊이 구부릴 필요가 없는 표준형 부뚜막이다.

중국 본뜬 한국

부엌의 가장 중요한 데가 부뚜막이고 이곳의 아궁이가 중심 구실을 하는 데서 우리는 더러 부엌·부뚜막·아궁이를 같이 불렀다. 《한국언어지도》의 아궁이와 부엌에 대한 분포 설명이다.

부엌계는 대체로 앞의 정지계 지역에, 아궁이계는 부엌계 지역에 분포한다. 부엌이 어떤 지역에서는 아궁이를, 다른 데서는 부엌을 나타내는 점에 주의가 필요하다.

아궁이계는 아궁이 하나로 통일되지만 부엌계는 아주 복잡하다. 이는 중세 국어형인 '브'의 'ᅀ'이 'ㅅ'으로 실현되느냐에 따라 다시 부엌계와 부석계로 나뉜다. 이들 외에 군소 계열도 있다.

① 아궁이계 : 아궁이·아궁지·아구리

② 부엌계 : ㉠ 부엌·부억·벅·벜·뷁·뵉·버강지·벅짝

            ㉡ 부석·부삭·부석·부삭·부적·부적·부섭·

            부샆·부섭짝·부삽짝

③ 코쿠락계 : 코쿠락

④ 기타 : 고래구영·구락쟁이·송갈알

사진 35

아궁이로 통일된 아궁이계는 경기를 중심으로 충남 및 그 주변에, ②의 ㉡ 부석계는 경남북과 전남북에, ②의 ㉠ 부엌계는 대개 아궁이계 지역과 부석 지역 사이에 퍼졌다. (…) 전북과 충남의 접경지대의 '벅짝'이 돋보인다.

코클의 변종인 코쿠락은 충북 음성·진천·괴산과 충남 청원을 잇는 좁은 지역에 몰려서 흥미롭다. 고래구영이나 구락쟁이 같은 특수한 어형도 충남, 충북에 각각 두 곳씩 나타나서 충청권에 여러 유형이 있음을 알려준다. 이들과 전혀 다른 제주의 송강알도 주목된다.

───────────

코쿠락은 강원도 산간지대의 고콜(사진 35)에서 왔다. '고콜'은 벽과 벽 사이에 붙인 턱 아래의 불구멍이 사람 코를 닮은 데서 왔다. 밤에는 광솔 불을 밝히며 난방에도 도움을 얻는다.

우리 부뚜막에 대한 첫 기록은 11세기에 나온 《신당서(新唐書)》의 '겨울에는 집 안에 부뚜막을 놓는다[冬卽作竈堂中]'는 대목이다(《동이》신라). 무더운 여름에는 한데부엌에서 음식을 익히고, 겨울에는 난방을 겸한 부뚜막을 썼다는 뜻이다.

《산림경제》 기사이다(권1 복거〈부엌[竈]〉).

───────────

부뚜막 길이 7척 9촌은 위로 북두칠성을, 아래로 구주(九州)를 상징하며, 너비 4척은 춘하추동을, 높이 3척은 하늘·땅·사람을 가리킨다. 길이 1척 2촌의 아궁이는 12시를, 부뚜막의 솥 두 짝은 해와 달을, 8촌 길이의 고래는 여덟 방향의 바람을 본떴다. 부뚜막 지을 때는 반드시 새 벽돌을 골라 깨끗이 씻고 향수를 뿌리며, 흙벽의 흙이 섞이지 않아야 탈이 없다. 흙을 돼지간과 함께 이기면 아내가 상냥해진다(《거가필용(居可必用)》). 부뚜막 흙은 땅 거죽을 5촌(寸)쯤 걷어내고 파며 정화수(井華水)에 향수를 섞어서 이기면 운이 좋아진다(《거가필용》).

무너진 부뚜막을 밟으면 부스럼이 나고(《거가필용》), 칼이나 도끼를 놓으면 나쁘며(《거가필용》·《산거사요(山居四要)》), 부뚜막에 불평하면 해롭다(《산거사요》·《거가필용》).

───────────

《거가필용》은 원(元)대에 나온 몽골풍 가정요리 백서이고, 《산거사요》는 조선시대 전기의 의학서이므로 앞 내용을 우리가 얼마나 지켰는지는 알 수 없다. '부뚜막을 벽돌로 쌓고, 돼지간을 바르면 어떻다'는 대목은 우리와 무관하지만 길이가 천지만물, 너비가 춘하추동, 높이가 삼재(三才)를 나타낸다는 말은 새겨들을 만하다.

《증보산림경제》에도 '부뚜막 짓고 남은 흙으로 우물을 바르거나 우물에서 파낸 흙으로 부엌을 바르면 나쁘다. (…) 칠 푼의 광회(鑛灰)와 서 푼의 황토를 섞어서 부뚜막

그림 25

밑에 고루 깔면 개미나 벌레가 꾀지 않는다. (…) 부뚜막이 터지거나 구멍이 뚫리면 악운이 닥치며 부뚜막을 밟으면 종기가 난다'고 적혔다.

'부뚜막과 우물의 흙' 운운은 각기 독자적인 신의 영역이므로 따로 다루어야 한다는 뜻으로, 제주도에서는 이를 반드시 지킨다(☞ V. 조왕). 개미와 벌레 쫓는 방법은 지금도 지킬 만하며, 마지막은 주부의 게으름을 경계하는 외에 부뚜막의 신령스러움을 강조한 것이다.

사진 36

부뚜막은 흙과 돌로 형태를 얼추 잡은 뒤 황토를 두 번 바르고 입자가 가늘고 고운 매흙을 여러 번 덧칠한다. 이로써 흙이 마르면 기름을 바른 듯 번들거린다. 아낙네들도 봄마다 매흙을 열심히 덧바른다. 청결도 청결이지만 부귀를 상징하는 부뚜막의 흙이 떨어지면 재운이 달아난다고 여기는 까닭이다. '맥질 잘 한 부뚜막 얼굴은 열일곱 살 아가씨 살결보다 곱다'는 말도 있다.

사진 37

〈그림 25〉는 평안남도 남포시 강서구역 약수리 무덤(4세기 말~5세기 초)의 벽화를 본뜬 것이다. 긴네모꼴 부뚜막 앞쪽에 시루 얹은 솥을, 옆에 솥을 걸었다. 부뚜막이 길기도 하거니와 뒤 두 사람의 상반신만 들어난 것을 보면 꽤 높은 듯하다. 가운데에 받침을 놓은 것도 연관이 있다.

사진 38

아궁이와 솥을 강조하고 시루에 그린 무늬와 솟아오르는 김까지 나타내면서 정작 사람의 얼굴이나 몸을 대담하게 생략한 솜씨가 놀랍다. 굴뚝 쪽의 남자가 두 여인을 건

사진 39

너다본다. 중국에서는 아궁이와 굴뚝을 줄나란히 붙이지만, 우리처럼 옆나란히 두면 온기가 더 오래 머물거니와 부엌세간도 놓을 수 있어 편리하다.

〈사진 36〉의 무쇠부뚜막은 평안북도 운산군 용호동(龍湖洞)의 1~3세기 무덤에서 나왔다. 긴네모꼴(길이 21.5센티미터) 한쪽에 아궁이와 솥 구멍을 마련하고 반대쪽에 굴뚝을 붙였다. 아궁이와 굴뚝을 줄나란히 두는 중국과 다른 점이다. 아궁이 주위에 돋을새김을, 이마에 불꽃 모양의 무늬를 베풀었다. 솥 구멍과 굴뚝 사이에 오늘날처럼 음식 그릇이나 식기 따위를

2 ― 형식

놓았을 것이다.

〈사진 37〉의 구리부뚜막은 평양시 낙랑구의 1~3세기 유적 출토품(길이 21.5센티미터)이다. 너른 뒤와 대조적으로 앞은 뾰족하며, 눈을 크게 뜨고 입을 벌린 굴뚝과 다리 넷은 천년 묵은 거북이가 목을 빼고 걷는 길상(吉像) 그대로이다. 앞에서 든 〈사진 13·14·15〉를 닮았다.

사진 40

〈사진 38〉의 구리부뚜막은 옛 고구려 강역인 길림성 집안시 광개토왕(391~413)릉에서 나온 듯하다. 〈사진 36〉을 닮았지만 굴뚝을 뒤쪽에 붙이고 솥 구멍과 굴뚝 사이에 우묵한 자리를 마련한 점이 다르다. 이곳에 음식 그릇을 놓아서 온기를 보존하거나 물 따위를 데웠을 것이다. 아궁이 주위에 좁은 네모꼴 테를 둘렀다. 연기를 왼쪽 아래 구멍으로 뺐는지 알 수 없지만 본디 굴뚝을 박

그림 26

았을 터이다. 중국에서는 우산묘 태왕릉(太王陵)이라 하여 저들의 것으로 다룬다.

〈사진 39〉는 평양시 낙랑구역에서 나온 녹유(綠釉)부뚜막으로 네모에 가깝다(높이 15.7센티미터). 배가 부른 솥 어깨에 너른 홈을 새겼으며 굴뚝은 따로 붙였다.

〈사진 40〉은 중국 길림성 조선족자치주 용정시(龍井市) 신지향(新智鄕) 장재촌(長在村) 우리 겨레네 부뚜막으로 옛 법식대로 가마솥 세 짝을 걸었다. 불을 넣을 때는 오른쪽 구덩이로 내려간다.

〈그림 26〉은 신윤복(申潤福 1758~?)의 풍속화(《선술집 풍경[酒肆擧盃]》)이다. 벽돌로 쌓은 네모 부뚜막에 솥 두 짝을 걸었다. 아래의 구멍 둘은 연기 구멍이고 아궁이는 안쪽에 있다. 서서 한두 잔으로 목을 축이는 선술집이다. 솥은 거냉(去冷)을 위한 것일 뿐 안주를 끓이거나 하지는 않는다. 오른쪽의 둘은 떠나려는 참이고 셋은 마시는 중이다. 트레머리를 얹은 술어미가 어서 잔을 비우라는 듯 자신 만큼이나 맵시 넘치는 구기를 들고 기다린다. 소매를 걷어올린 떠꺼머리도 빨리 마시라는 듯 쳐다본다.

〈사진 41〉은 경기도의 농가 사랑채 부뚜막으로 물 끓이는 중솥 하나만 걸었다. 불을 넣은 뒤에는 아궁이를 불돌로 막아서 온기를 가둔다. 땔감이 모자랐던 1950년대 무렵에는 정부에서 무쇠 덮개를 반 강제로 퍼뜨렸다(사진 42). 경상북도 봉화군 봉화읍 권헌조는 그때 형편을 이렇게 말한다.

사진 41

사진 42

그거는 저 연료 절약하라꼬, 억지로 갖다 맽겼습니다. 해방 후에, 후에도 몇 해 됐죠. 6·25 전해쯤 될 게래요. 글 때 관에서 가주 와서 맽끼이, 여 살림살이 어려운 이, 그 하나 맡기도 거북했어요. 뭐 돈이 뭐 없는데, 글 때 억지로 갖다 맽겼어요. 살림조합에서 와 가주고 억지로 갖다 맽겼어요.

연료 절약은 그, 땔 만큼 때지만, 그 때고 (아궁이)문을 막아둠, 방이 더디 식거든요. 방이 더디 식는데, 그 만약 글 안 받으믄 말이래요, 돈을 주고 안 받으믄, 군에서 와, 살림계에서 와, 부엌을 파제쳐 뿌이 말이예요. 안 살 도리가 없어요.

글 때도 살〈삼〉림령이 아주 엄해 가주고 낭글 해 때도, 허가 내 가주고 해 때지만, 연료 절약을 안 하고 허빌 마이 한다꼬 부엌을 파 제쳐 뿌이, 돈 없는 사람 돈을 주고 안하고도 안 돼지요. 허허허. 아, 불 못 여크로 하니라꼬 파헤쳐 뿌거든요. 이 거 안 맽을라믄 불 때지 마란 게 거든요. 허허허.

연료는 장작도 하고 낙엽 갈비도 끌어〈긁어〉 땠고요. 장작도 글 땐, 촌에서 살 수가 있십니까? 인제 일 년 가믄, 군청에 신청해 허갈 내믄 (내 산에서) 얼매 몇 주 비라꼬 허가 나믄, 걸 비가주 때죠. 양은 대중이 없죠. 인제 장작을 해가주고, 장작 다나(일정 높이를 부르는 일본말)라꼬 해서 높이는 석 자고, 쟁여 가주고 이 길이는 열두 자는 게 한 다나 거든요. 한 다나라 그는데, 걸 우

사진 43   사진 44

리 걸으먼, 거 한 일 년에 대여섯 다나 만침 허가를 내거든요. 허갈 내먼 '관청 안 쏙인 백성이 없

고, 어른 안 쏙인 자슥 없다'꼬, 대여섯 다나 할 만침 허갈 내먼, 비(베)긴 더 빕니다. 저 속 안 비는

데(보이는 데) 드가서 비고, 대여섯 다나 허갈 내먼, 뭐 열 다나 이상씩 해놓고 그래 땝니다(김광언

2008 ; 58~60).

───────────

〈사진 43〉은 인천광역시 강화군 내가면 외포리의 부뚜막으로 왼쪽이 가마솥이다. 솥에

음식을 끓일 필요가 없으면 부뚜막 뒤의 쇠문 달린 구멍에 불을 직접 넣어서 방을 덥힌다. 중

솥 뒷벽에 조리를 걸었다.

〈사진 44〉의 부뚜막 가운데 솥에 걸린 것은 국수틀이다. 반죽을 아래 널 가운데 박은

분통에 넣고 위로 뻗친 손잡이에 몸을 실으면 분통 바닥 구멍으로 국수가 나온다. 오래된 분

통은 터지게 마련이다. 무슨
일이 빗나가서 속이 썩을 때
내뱉는 '분통 터진다'는 말
은 이에서 왔다. 오른쪽은
물두멍이다.

〈사진 45〉는 경상북도
울릉군 북면 나리동의 귀틀
집 부뚜막이다. 통나무를 이
어 쌓고 틈 사이를 진흙으로
메꾼 자취가 뚜렷하게 남았
다. 섬에서도 깊은 산골이라

사진 45   사진 46

사진 47   사진 48

난방 겸용의 솥 한 짝만 달랑 걸었다. 전이 너르고 벽이 직각을 이룬 전형적인 경상도 솥이다. 오른쪽에 석쇠와 국자를 걸었으며, 왼쪽 뒤에 찌그러졌던 것을 두드려서 편 양재기가 보인다. 그나마 외여닫이의 대오리로 짠 마름모꼴 살도 근래 짜 넣었다.

〈사진 46〉은 제주도 부뚜막이다. 구들에 불을 넣지 않는 까닭에 벽 앞에 돌을 놓고 솥을 걸었다. 연기는 벽의 구멍으로 빠져나간다. 벽과 부뚜막 사이를 솥등얼이라 부르며 이곳에 재를 모았다가 거름으로 쓴다.

〈사진 47〉은 경기도 여주시 신륵사(神勒寺) 부뚜막이다. 절집이라 많은 공양 객을 위해 따로 지은 반빗간의 큰 부뚜막에 같은 크기의 가마솥 네 짝을 걸었다. 아궁이 수대로 붙인 굴뚝이 땅 위로 솟은 것이 위장한 포신(砲身)을 연상시킨다(사진 48).

한국에서 건너간 일본

일본의 부뚜막은 4세기에 한국에서 들어갔으며 칸카마도[韓竈] 또는 카라카마도[韓竈]라는 이름도 이에서 왔다. 재래의 화덕보다 불땀이 솥 바닥에 집중되어 열효율이 높았던 까닭에 눈을 끌었다. 5세기에는 안쪽 벽에 돌이나 흙을 쌓아서 연기 굴[煙道]을 붙였고 6세기에 굴뚝이 나오면서 온 나라에 퍼졌다. 높이 20센티미터 안짝의 작은 것은 고훈시대(3~6세기)에 일본으로 건너간 한국인들이 명기(明器)로 삼는 한편, 도성(都城)에서는 부정을 가시는 의기(儀器)로 썼으며 큰 것은 진혼제를 위한 음식을 끓였다. 905년의 법령집인《연희식(延喜式)》에 실린 '칸카마도'는 초기 이름이 500여 년 동안 이어 내린 것을 알려준다.

헤이안[平安]시대(8~12세기)부터 '서일본은 부뚜막, 동일본은 화덕'이라는 말이 나올 만큼 서일본에서는 부뚜막을, 동일본에서는 화덕을 첫손에 꼽았다. 이는 추운 동부와 따듯한 서부의 기후가 낳은 현상으로, 오키나와제도에서 부엌 채를 따로 세운 것도 이와 연관이 깊다. 그러나 일찍부터 부뚜막을 쓴 서일본에서도 17세기 이전에는 쌀을 냄비나 솥에 넣고 물을 잔뜩 붓고 끓여서 죽을 쑤거나 쪄서 지에밥으로 먹었으며, 남부에서는 솥을 돌 셋으로 괴거나 삼발이에 놓고 음식을 끓였다.

부뚜막은 가족이나 고용인 수에 따라 크기가 달라서 작은 것은 솥이나 냄비 두 짝을, 큰 것은 다섯 짝을 걸었다. 이 밖에 '야마토 일곱 부뚜막[大和の七かまど]'이라 하여 반달꼴로 구부러진 부뚜막에 일곱 짝을 앉히기도 하였다. 흔히 작은 솥에는 일상 음식을, 가장자리의 큰 것

사진 49

사진 50

사진 51

사진 52

에는 명절 음식을 익힌다.

동북지방에서도 부엌 한쪽에 마련한 부뚜막에 큰 솥을 걸고 집짐승의 여물을 끓이거나 된장 콩을 삶는 외에 떡을 찌며, 큰 잔치나 제례를 위한 음식도 마련한다.

〈사진 49〉는 이와테[岩手]현 원야시(遠野市) 원야고향촌(遠野故鄕村) 대농가의 것으로, 바닥은 둥글고 위는 조붓한 것이 만두를 닮았다. 솥도 부뚜막만큼이나 커서 각목 네 개에 손잡이를 붙인 반달꼴 소댕 두 짝으로 덮는다. 굴뚝은 토관으로 대신하였다.

〈사진 50〉은 앞의 것과 달리 네모반듯하다. 아궁이 앞에 기름한 돌 셋을 ㄷ자꼴로 쌓았으며, 굴뚝에 연기 빼는 장치를 달았다. 연기가 천장으로 올라가서 그을음이 두텁게 쌓이는 바람에 집 안이 어둡고 비위생적이지만 천장의 목재나 새(茅) 따위가 썩는 것을 막는 효과도 있다. 쥐가 꾀지 않아 뱀이 없고 기둥 따위를 파먹는 흰개미가 꾀지 않는 것도 장점이다.

〈사진 51〉은 가와사키시[川崎市] 일본민가원에 복원한 무가(武家)의 부뚜막이다. 2단으로 짠 삼(杉)나무 틀에 양은솥 두 짝을 걸었다. 아궁이 앞의 돌 사이에 놓은 석쇠에 생선 따위를 굽는다. 굴뚝은 없으며 오른쪽 가운데 둥근 무늬는 가문(家紋)이다(사진 52). 이러한 유형의 부뚜막은 흔히 안채 마루에 둔다(사진 54).

〈그림 27〉도 앞의 것과 같은 형식이지만 틀 아래에 발을 달아서 안쪽에 땔감을 갈무리한다. 널 시루에 된장 콩을 삶으며 왼쪽 주전자에서 찻물이 끓는다. 기둥에 붙인 '불조심[火の用心]' 표지는 화재 위험이 큰 것을 알려준다. 옆의 그림도 예방 부적일 것이다. 왼쪽에서 맷돌에 콩을 타는 두 여인과 달리, 꿇어앉아 불땀을 고르는 사내의 표정은 경건하다.

〈사진 53〉은 봉당에 마련한 전형적인 두 구멍 부뚜막이다. 몸체와 아궁이가 모두 네모반듯

그림 27

사진 53

사진 54	사진 55
사진 56	사진 57

하다. 왼쪽은 된장국 냄비, 오른쪽은 양은 밥솥이다. 왼쪽 아궁이 앞에 뜬숯 단지가 있다.

　　〈사진 54〉는 마루에 마련한 개량형으로 허리를 굽히지 않아도 좋을 만큼의 키에 굴뚝
까지 붙였다. 이로써 열효율이 높아졌지만 연기가 집 안에 머무는 것은 흠이다. 오른쪽 무쇠
솥의 소댕은 정자관(程子冠)을 닮았다. 이것이 무거울수록 김이 덜 새고 그 덕분에 뜸이 푹 들
게 마련이다. 솥의 입이 좁은 것도 마찬가지이다.

〈사진 55〉처럼 된장 콩 따위를 삶는 부뚜막을 따로 갖추기도 한다. 무쇠솥에 널 시루 네 개를 쌓았으며, 불기를 가두려고 아궁이를 돌로 막았다. 돌을 괴는 턱을 붙인 것도 돋보인다.

〈사진 56〉은 양은솥 세 짝을 걸은 세 구멍 부뚜막이다. 다른 것들보다 큰 왼쪽 끝의 밥솥 자리를 조금 높이고 넓힌 것이 눈에 띈다. 바닥에 낮은 단을 쌓고 아궁이 앞에 암키와를 나란히 놓으며 몸에 검은 칠을 입힌 점 따위는 중부지역 대표적인 부뚜막으로 손꼽을 만하다. 오른쪽의 무쇠솥과 소댕은 〈사진 54〉와 같다.

〈사진 57〉은 솥의 용도에 따라 부뚜막을 쌓은 좋은 보기이다. 오른쪽의 밥솥자리는 둥글고 나머지 반찬 솥 두 짝이 걸린 부위는 네모이다. 둘레목을 ㄷ자꼴로 박고 가운데 아궁이 앞에 작은 화덕을 꾸며서 쓰임새를 높인 것이 돋보인다. 작은 쇠 단지는 뜬 숯용이다.

〈사진 58〉의 상류가옥 돌부뚜막은 거실 바로 앞에 마련하였다. 솥 구멍 두 개를

사진 58

사진 59

지닌 오른쪽에 밥 따위를 끓이며, 이보다 조금 낮은 왼쪽에 숯불을 피워서 화로처럼 이용한다. 아궁이가 입구 쪽에 달린 앞의 것과 달리 앞쪽에 낸 까닭이 이것이다. 〈사진 59〉는 옆모습이다.

〈그림 28〉은 18세기 후반에 널리 퍼진 교토 및 오사카 일대의 부뚜막이다. 아궁이를 봉당 쪽에 낸 까닭에 검은 옷의 남자는 서서 불을 지피고, 냄비의 음식을 구기로 건져 공기에 담는 주인은 마루에 앉았다. 〈사진 58·59〉도 같은 꼴이다. 이와 달리 도쿄 일대에서는 아궁이를 마루 쪽에 두어서 불을 안쪽에 앉아서 때고 조리사는 바깥쪽에 서서 일한다(그림 29). 이 같

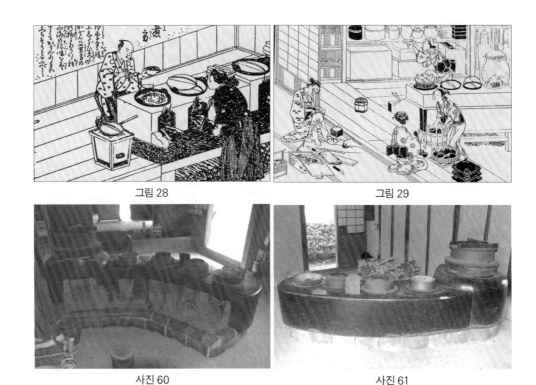

그림 28   그림 29

사진 60   사진 61

은 차이가 생긴 까닭이 무엇인지 궁금하다.

〈그림 28〉의 부뚜막은 둘을 이어 붙였으며 왼쪽에 냄비 둘과 양은솥[釜] 한 짝, 오른쪽에 냄비와 양은솥 한 짝씩 걸었다.

〈사진 60〉은 상류가옥 부뚜막으로 초승달처럼 구부러진 덕분에 한 사람이 동시에 아궁이 다섯에 불을 지핀다. 왼쪽 끝의 밥솥은 크며 자리도 높다. 이러한 형태는 나라현 일대의 부뚜막이 지닌 특징이기도 하다. 암키와로 아궁이 앞에 이중의 턱을 붙였다. 왼쪽 아래로 뜬숯단지와 장작이 보인다. 〈사진 61〉은 뒷모습이다.

간사이[關西]지역 부뚜막에 대한 에쿠안 겐지[榮久庵憲司]의 설명이다.

이 일대에서는 부뚜막을 크고 화려하게 짓는다. (…) 이하라 니시쓰루[井原西鶴 1642~1693]의 작품 따위에 도회지로 나온 시골 청년이 고생 끝에 일가를 이룬 감격을 '부뚜막장군[竈將軍]'으로 묘사한 대목이 있다. (…) 특히 도시의 상가에서는 부뚜막을 독립과 가운의 상징으로 삼았다 (1975 ; 156).

사진 62

사진 63

〈사진 62〉는 가고시마[鹿児島]시 여명관 (黎明館)에 복원한 상류가옥 부엌이다. 입구 오른쪽이 개수대이며 아래에 장작을 재놓았 다. 왼쪽의 낮은 마루에 독과 나무통 따위가 보이며 가운데가 봉당의 부뚜막이다. 〈사진 63〉은 거실 퇴에서 내려다본 모습이다. 오른 쪽이 냄비, 왼쪽이 솥이며 그 뒤도 솥 자리 이다. 〈사진 64〉의 왼쪽 앞은 뜬숯 단지이고, 연기가 거실 쪽으로 가지 않도록 돌을 세웠 다. 아래는 아궁이이다(사진 65).

〈사진 66〉은 앞에 너른 턱을 붙인 오키 나와 류큐촌[琉球村]의 외구멍 부뚜막이다. 냄비는 앞의 것들보다 크며 조붓한 바닥과 대조적으로 입은 쩍 벌어졌다. 알루미늄 소 댕을 덮었다. 아마미[奄美]섬에서는 이를 지 로(ジロ)라 부른다.

〈사진 67〉은 오키나와 나하시[那覇市]박 물관의 중류가옥 부뚜막이다. 높직한 부뚜 막에 견주어 아궁이는 좁다. 오른쪽을 왼쪽

사진 64

사진 65

2 — 형식

사진 66

보다 조금 높이고 밥을 짓거나 음식을 끓이
며, 왼쪽에서는 음식을 데우거나 찻물을 끓
인다. 양념 단지 하나는 솥 뒤에, 다른 하나
는 벽에 걸었으며, 오른쪽은 물두멍이다. 본
토처럼 천장 한쪽에 장작을 말리는 작은 선
반을 맸다.

사진 67

3
―
한
데
부
엌

한데부엌은 '한데에 걸어놓은 부뚜막'이라는 뜻이며 딴솥이라고도 한다. 한여름에는 구들에 불을 넣을 필요가 없으므로 부엌 곁이나 뒤란 등지에 간단한 부뚜막을 따로 마련하고 음식을 익힌다. 이 밖에 혼례나 상례에 모여드는 많은 손님을 치를 때도 이용하므로 보조 부뚜막인 셈이다. 중국과 일본도 마찬가지이다.

자취만 남은 중국

〈사진 68〉은 황하 중하류의 용산(龍山)문화(전 4000~전 5000) 유적에서 나온 한데부엌으로 솥 구멍은 둘이다. 아궁이 주위에 붙인 눈썹 가운데 위쪽을 너르게 해서 솥으로 연기가 덜 끼치도록 하였다. 양쪽에 손잡이를 달았으며 어깨 주위에 뚫은 여덟 개의 구멍은 굴뚝 구실을 한다. 이들 구멍과 아궁이 사이에 새끼줄 모양의 띠를 둘러서 꾸몄다.

〈사진 69〉는 황하 중류 앙소(仰韶)문화(전 5000~전 3000) 유적의 것이다. 아궁이는 바닥이 너르고 위는 조붓한 사다리꼴이며 앞에 입술을 붙이고 짧은 발을 달았다. 위에 얹은 전이 달린 질그릇은 키가 아주 낮으며 어깨에 주위에 가는 물결무늬를 돌렸다. 아궁이 이마를 꾹꾹 눌러서 변화를 꾀한 것도 볼 만하다.

〈사진 70〉은 절강성 여요현(余姚縣) 신석기시대 하모도(河姆渡)유적의 한데부엌과 시루이다(높이 50센티미터에 너비 30센티미터쯤). 입이 앞으로 쩍 벌어져서 땔감을 다루기 편하다. 안쪽에 붙인 턱 셋에 솥을 걸고 그 위에 시루를 앉혔다. 위아래 두 곳에 붙인 전은 두 짝을 이어 붙인 자취인지 손잡이로 쓰기 위한 것인지 알 수 없다. 손잡이를 이처럼 세로로 붙이면 들어 나르

사진 68 사진 73 사진 74

사진 69 사진 70 사진 71

사진 72 사진 75

기도 쉽지 않다. 앞과 같은 곳에서 나온 같은 형태의 〈사진 71〉은 손잡이를 가로 붙여서 흠을 바로잡았다.

　〈사진 72〉는 산동성 장구시(章丘市) 교외 농촌의 한데부엌이다. 같은 것을 집 안 부엌에서도 쓰지만 필요한 때는 집 밖에 내다 놓고 음식을 익힌다. 긴 턱을 붙였으며 왼쪽으로 작은

사진 77

사진 76

사진 78

연기구멍이 보인다. 〈사진 73〉은 같은 마을의 무쇠 한데부엌에 호떡을 굽는 모습이다. 거의 다 익은 터라 반으로 접었다.

〈사진 74〉는 운남성 서맹현(西盟縣) 맹사진(孟梭鎭) 반모촌(班母村) 한 음식점의 것이다. 돌 사이에 양은냄비를 걸쳐놓은 것이 한데부엌이라기보다 화덕에 가깝다. 불길이 번지거나 바람에 내지 않도록 뒤에 낮은 돌을 세웠다.

〈사진 75〉도 같은 곳의 붙박이이다. 솥을 떼어 엎어놓고 고쳐 쌓으려는 모양이다. 함석지붕까지 갖춘 나무랄 데 없는 한데부엌이다.

〈사진 76〉은 운남성 운화현(雲華縣) 음식점의 한데부엌이다. 철판 두 쪽을 이은 몸체에 다리 셋을 붙였으며 연기가 처마에 머물지 않도록 함석 굴뚝의 끝을 바깥쪽으로 구부렸다. 위

사진 79   사진 80

에 냄비를 얹었다.

〈사진 77〉은 내몽골 호화호특시(呼和浩特市) 교외 유목민의 한데부엌이다. 진흙으로 쌓은 낮은 단 뒤를 덧쌓고 굴뚝을 박았다. 여름철이라 천막(겔)의 화덕을 쓰기가 불편한 까닭이다. 왼쪽을 우묵하게 파고 만든 화덕에 솥을 엎어놓은 것을 보면 음식은 이곳에서 익히고 한데부엌에는 주전자 물이나 끓이는 듯하다. 오른쪽 뒤의 천막이 집(겔)이다.

〈사진 78〉은 산동성 문등시(文登市) 교외 한 음식점의 것이다. 큰통 아래에 가는 쇠몽둥이 두 개를 꿰어서 바닥으로 삼았다. 바닥이 너르고 위가 좁은 나무 시루에 만두라도 찌는 것일까? 나무 소댕의 손잡이가 앙증맞다. 불땀을 고르는 며느리에게 시어머니가 무엇인가 이르고 있다.

〈사진 79〉는 산동성 내무시(萊蕪市) 화압진(和壓鎭)의 것이다. 시멘트부뚜막으로 앞은 너르고 뒤는 조붓하다. 앞에 솥, 뒤에 물 끓이는 통을 얹었다.

〈사진 80〉도 같은 곳의 것이다. 아궁이에 턱을 붙여서 잔 나무를 때기 편하다. 굴뚝 각도가 낮은 것이 흠이지만 바닥의 긴네모꼴 구멍이 있어 불편은 없을 것이다.

홍대용(洪大容 1731~1783)이 '가마솥이나 냄비는 집 안팎의 빈 땅에 걸며 아무리 가난해도 부뚜막에는 걸지 않는다'고 적은 것을 보면《담헌서(湛軒書)》, 요동(遼東)지역에서는 부뚜막보다 한데부엌을 널리 쓴 듯하다.

〈사진 81〉은 고구려의 질부뚜막이다. 아궁이 주위에 턱을 붙이고 바닥에도 테를 둘러서 단단한 느낌을 준다. 가운데에 솥을 걸고 필요한 곳에 옮겨놓고 썼을 것이다.

〈사진 82〉는 전라북도 익산시 왕궁리(王宮里)에서 선보인 백제시대의 한데부엌으로 겉은 밝은 황갈색이고 안은 회색이다. 무덤이 아닌 집터에서 나온 것은 실용구일 가능성을 알려준다. 다만 높이 23.9센티미터(굴뚝 포함)에, 바닥 지름이 23.1센티미터에 지나지 않는 것을 보면 밥을 짓거나 음식을 익히기보다 화로처럼 찻물을 끓이거나 술 따위를 데우는 데 썼을 것이다. 벽의 두께가 0.5~1.0센티미터인 것도 마찬가지이다. 몸은 진흙에 모래 가루를 섞어서 빚은 여러 조각으로 이루어졌으며 굴

사진 81

사진 82

사진 83

사진 84

그림 30

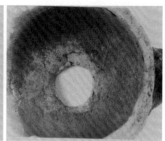

사진 85

사진 86   사진 87   사진 88

뚝은 따로 붙였다. 솥 구멍의 지름은 13.3센티미터이다(《왕궁리》2006 ; 148).

긴 네모꼴아궁이(23.3×14.5센티미터)의 귀는 칼로 도려낸 것처럼 반듯하다. 〈사진 83〉은 앞, 〈사진 84〉는 옆모습이다.

〈사진 85〉는 전라북도 군산시 여방리(余方里)의 백제시대 무덤(82호)에서 나온 명기이다 (높이 7.5센티미터에 바닥 지름 9.8센티미터). 모래가 많이 섞인 붉은 진흙으로 빚었으며 겉에 새끼줄 무늬를 베풀었다. 솥의 몸이 워낙 좁고 길어서 아궁이에서도 보인다(솥 구멍 지름 3센티미터쯤). 말 굽을 연상시키는 아궁이는 높이 7.2센티미터에 너비 7.2센티미터이다. 그리고 따로 빚어서 몸 에 거의 직각으로 붙인 굴뚝은 길이 2.8센티미터쯤에 지름 1.65센티미터쯤이다.

〈사진 86〉은 가야시대 무덤 출토품으로 아궁이가 지나치게 낮다. 이에 견주면 달걀처럼 갸름한 솥의 운두는 높은 편이며 시루 또한 우람하다. 주먹코를 연상시키는 투박한 손잡이도 몸에 썩 어울린다. 이 위에 시루에 얹은 뚜껑도 좀체 보기 어려운 점에서 돋보인다. 아궁이 너 비가 몸체와 거의 맞먹는 것도 볼거리이다.

〈사진 87〉은 경주시 안압지에서 나왔다. 무덤이 아닌 못에서 이 같은 명기가 나온 것은

아주 드물거니와, 주발을 닮은 크고 작은 질솥 두 짝을 나란히 앉힌 점에서도 귀중한 유물이다. 굴뚝의 입은 나팔처럼 벌어졌으며 전과 바닥 사이 두 곳에 두세 겹의 점선을 둘렀다.

〈그림 30〉은 20세기 초의 김준근(金俊根) 그림으로〈〈명주실 낳이[積繭絲]〉), 좁고 긴네모꼴의 한데부엌에 솥 두 짝을 걸었다. 한 아낙이 솥에 삶은 누에고치의 실마리를 잡아당겨 정강이에 감아서 바구니에 추려넣는다. 한끝을 조금 높이 쌓고 밑 빠진 단지를 박아서 굴뚝으로 삼았다.

〈사진 88〉은 강원도 정선군 사북읍 정암사(淨岩寺)의 것이다. 아궁이에 두툼한 눈썹을 붙이고 손잡이를 달았다. 솥의 전과 아궁이 아귀가 딱 들어맞았다.

〈사진 89〉는 충청북도 보은군 회북면 농가의 것이다. 왼쪽 양은솥에 밥을 짓거나 국을 끓이고 오른쪽의 가마솥은 메주콩을 삶거나 많은 손님을 치를 때 쓴다. 가마솥 쪽을 조금 높인 까닭도 이에 있다. 연기가 내는 것을 막으려고 굴뚝에 가로걸은 바람막이는 낡아서 곧 떨어질 지경이다. 뜨거움을 견디려고 소댕 손잡이에 천을 둘러 감았다.

〈사진 90〉은 전라남도 영광읍 신씨 종가에서 양은솥 위에 얹은 시루에 제사떡을 찌는

사진 89

사진 90

사진 91

사진 92

사진 93

사진 94

사진 95

한데부엌이다. 시루는 자배기를 닮았으며 그 위의 소댕 손잡이는 상투처럼 우뚝하다. 솥과 시루 사이를 둘러막은 반죽을 시룻번이라 한다.

〈사진 91〉은 경상북도 영주시 선비촌의 한데부엌이다. 솥과 굴뚝을 줄나란히 놓은 특이한 형태이다. 부뚜막에 견주어 오지 굴뚝은 크고 길다. 〈사진 92〉는 이와 달리 솥과 굴뚝을 나란히 붙였다. 굴뚝은 잡석에 흙을 버무려 쌓았다.

〈사진 93〉은 충청남도 태안군 안면읍 승언리 상류가옥의 아낙네들이 잔치 음식을 마련하는 모습이다. 한 아낙은 국자로 뜬 국물의 간을 보고, 다른 이는 불땜을 고르며, 가운데 여인은 음식 맛이 나기를 기도하듯 간절한 표정으로 두 손을 맞잡고 섰다.

〈사진 94〉는 경기도 수원시 상류가옥의 통 돌을 파서 만든 한데부엌이다. 안쪽에 턱을 붙여서 삼발이를 놓을 필요가 없다. 앞쪽 아래의 긴네모꼴 구멍이 굴뚝 구실을 한다. 여간한 부자가 아니면 갖추기 어렵다.

〈사진 95〉는 충청남도 당진시 상류농가의 시멘트부뚜막이다. 굴뚝을 팔각으로 쌓은 것도 드문 일이지만 그 위에 긴 오지를 올려서 열효율을 높였다.

한조신사(韓竈神社) 일본

1) 일본에 건너간 우리 한데부엌과 굴뚝

① 《사물기원사전(事物起源辭典)》의 설명이다.

솥[釜]은 고훈시대에 나왔다. 나라현 일대(大和·河內·攝津)의 옆 구멍[橫穴式]무덤에서 나온 명기가 그것이다. 부뚜막·솥·시루 셋이 짝을 이룬 높이 10~30센티미터의 적갈색 토사기(土師器)이다. 부뚜막은 위가 뚫린 원통형으로 앞쪽에 반달꼴 아궁이를 내고 눈썹을 붙였으며, 이러한 제조법은 대륙에서 들어왔을지도 모른다. 고대 한국에서도 부뚜막을 카마라 불렀으며 지금도 이말이 살아 있다. (…)

헤이안[平安]시대의 귀족집[寢殿造り]에서 부엌을 몸채에서 따로 떼어 지은 것은 불에 대한 부정을 막는 동시에 음식이 더러워질지도 모른다는 공포 때문인 듯하다. 오늘날에도 규슈 남부나 오키나와제도에 부엌과 몸채를 따로 짓는 관습이 있다.

〈사진 96〉은 6세기의 오사카 유적(茨木市溝昨)에서 나왔다. 아궁이 이마에 굵고 짧은 챙을, 몸체 양쪽에 손잡이를 붙였다. 솥뿐 아니라 시루 또한 기름하며 손잡이는 짐승 뿔을 연상시킨다.

이에 대한 2005년 3월 3일자 오사카 취전시(吹田市) 문화재 뉴스 기사(〈五反島遺跡出の土竈形土器〉)이다.

사진 96

5세기 중기에 들어온 부뚜막[竈形]토기는 들고 다니는 구조로 되었다. 섶나무 따위를 때는 아궁이와 옹기 또는 솥을 거는 몸체가 L자꼴을 이루었으며 이 밖에 양쪽에 손잡이가 달렸다. 아궁이에 챙을 붙인 것이 많으며 챙의 유무 및 형태에 따라 ㉠위가 굽은 것, ㉡다른 진흙을 붙인 것, ㉢없는 것의 세 종류가 있다.

크기는 20센티미터의 소형과 이보다 큰 대형이 있다. 소형은 고훈시대에 특히 도래인(渡來人)들이 장송(葬送)의례에 썼으며, 8세기 초에서 12세기 말에는 잡귀 쫓는 제사에도 쓴 것으로 생각된다. 대형은 실용품으로《연희식》에 칸카마도[韓竈]라 적힌 대로 제사에 이용했을 것이다.

---

② 에쿠안 겐지[榮久庵憲司]의 설명이다.

부뚜막은 외국에서 건너와 일본 부엌으로 들어왔다. 이처럼 중요한 비중을 차지하는 것이 외국에서 들어오기까지 일본에서 독자적으로 나타나지 않은 것은 아무래도 이상한 일이다. 일본열도의 주민은 부뚜막이 (조선)반도에서 들어오기까지, 불을 다루기 위해 땅바닥을 파고 화덕(爐)을 설치하는 데까지는 갔지만, 불 관리에 한층 앞선 부뚜막을 만들지는 못하였다. (…) 물론 이를 닮은 것은 야요이[彌生]시대(전 3세기~3세기) 후기에 이미 나타났으나, 연기를 직접 밖으로 빼기 위한 연도(煙道)와 끓이는 기구[煮沸具]를 앉히기 쉬운 부뚜막은 고훈시대 중기에 겨우 선보였으며 후기에 전국으로 퍼졌다. 이 부뚜막의 갑작스런 출현과 급속한 보급은 외부에서 들어온 사실을 말한다. (…)

부뚜막[かまど]의 '도(ど)'는 '곳[所]'으로 '부뚜막이 있는 자리'라는 뜻이다. '카마'는 조선어 Kama[釜]와 같은 어원으로, 본디 '우묵한 데'를 가리킨다. 모시[芋] 저장구덩이를 '이모카마

(いもかま)'라 부르는 것은 '카마'의 옛 뜻을 그대로 알리는 보기이다. '카마'에서 '카마도'를 비롯한 여러 말이 갈려 나왔다. 앞의 '카마[釜]'가 그것으로 '구덩이'에서 '우묵한 그릇'을 가리키게 된 것이다. '숯가마[炭釜]'나 '옹기가마[燒物釜]'처럼 굽는 설비[燒成設備]를 이르는 말도 마찬가지이다. 풀무로 쇠를 녹이는 도가니 시설도 '카마'이다. 고대의 일본인은 '카마'에 '우묵하다'는 뜻을 붙여서 '불에 관한 시설'이라는 뜻을 나타내게 되었을 것이다. (…)

사진 97

부뚜막이라고 하면 붙박이를 떠올리지만 실제는 토사기(土師器)로 구운 한데부엌[移動式]도 있었다. 붙박이와 한데부엌은 거의 동시에 들어왔으며, 뒤의 것은 주로 도래민(渡來民)이나 지배계급에서 썼을 것이다. 이 덕분에 자연히 집 안에서 음식을 끓일 때 나오는 연기가 사라졌고, 붙박이를 둘 땅이 없는 다락집에서도 쓰게 되었다. 이로써 열효율이 종래보다 배가 된 것도 놀라운 발전이지만, 굴뚝이 생겨서 위생적인 생활을 누리게 된 것 또한 큰 변혁이 아닐 수 없다. 한데부엌은 서부일본에 널리 퍼졌으며 동일본에서는 주로 붙박이(화덕)를 썼다(1976 ; 26~32).

───────────

〈사진 97〉은 시가[滋賀]현 오츠[大津]시 유적(野添)에서 나왔다. 손잡이 끝을 거의 직각으로 구부렸다. 가로 붙이면 떨어지기 쉬운 탓인가? 왼쪽의 손잡이가 보이지 않는 까닭도 이에 있는 듯하다. 시루에 손잡이가 없는 것도 특징이다. 질솥의 입은 활짝 벌어진 반면, 몸은 달걀처럼 갸름한 점에서 우리네 것(사진 85)을 닮았다. 반달꼴 아궁에 붙인 불막이는 너르다.

③ 카노우 도시쓰구[獵野敏次]의 말이다.

───────────

부뚜막은 5세기쯤 조선반도에서 도래인이 가져왔으며 카라카마[韓竈]라는 한데부엌도 마찬가지이다. 카마도라는 이름도 이 카라카마에서 온 듯하다. 연도(煙道)를 만드는 데 쓴 스헤키[須惠器]도 부뚜막 기술과 함께 한반도에서 건너왔다.

고훈시대 중기에서 후기에 이르는 사이 전국의 부뚜막 보유율이 급증한다. 중기의 전국 평균 10.0퍼센트가 후기에 72.48퍼센트로 늘어난 것이다. 가장 주목할 곳이 후쿠오카[福岡]현이며 그중에도 규슈지방이 특출하다. 중기의 11.8퍼센트가 후기에 73.7퍼센트로 뛰어오른 것이

사진 98

사진 100

사진 101

사진 99

사진 102

다. 규슈 이외 지역의 평균 보유율이 후기에 5.1퍼센트였던 점을 생각하면 놀라운 일이다. (…)

　　이는 5~6세기에 일어난 현상으로, 바로 조선반도에서 스헤키와 부뚜막이 들어온 시기와 일치한다. 특히 후쿠오카현은 조선반도의 현관과 같은 곳으로, 많은 도래인이 이곳으로 들어왔던 것이다. (…)

　　이 밖에 도래인의 마을 유적은 야마구치[山口]현·효고[兵庫]현·교토·나라현·오사카 등 기나이[畿內]를 중심으로 널리 분포하며, 서일본의 많은 유적은 도래인이 처음 자리잡은 곳으로 생각된다. (…) 고훈시대 중기 및 후기에 걸쳐서 전국의 부뚜막 보유율이 급상승한 것도 이들의 영향일 것이다.

　　도래인은 붙박이부뚜막 기술뿐 아니라, 한데부엌인 카라카마[韓竈]도 가져왔다. 카마도라는 이름도 이에서 온 듯하다. 조선에서 솥[釜]을 카마(kama)라 부르는 것으로 미루어 '카마'

도 본디 조선어였을 것이다.《이와나미 고어사전[岩波古語辭典]》에 카마[竃·釜]의 뿌리는 조선어 kama라고 적혔다. 가장 오랜《화명초(和名抄)》에 '카마도는 일본말 가만(加万)으로, 음식을 만드는 곳[炊爨]'이라고 적힌 것을 보면 카마도를 단지 가마라 부른 것을 알 수 있다. 이 사전은 934년에 나왔으므로 적어도 헤이안시대 중기 이전의 이름은 카마였음이 분명하다(2004 ; 12~26).

〈사진 98〉은 나라현 평성경(平城京) 출토품이다. 종래의 것보다 아궁이가 너르고 높으며 이마에 붙인 챙은 옛 로마 군인의 투구를 연상시킨다. 이곳은 710년부터 784년까지 74년 동안 수도의 궁궐이었으며 이 시기에 우리와의 교류도 활발하게 벌어졌다.

〈사진 99〉도 같은 곳에서 나온 것으로 깊숙한 질솥에 노루 뿔처럼 생긴 손잡이가 달린 질부뚜막을 앉혔다. 오른쪽 솥에서는 물이 끓는다.

〈사진 100·101〉은 시가[滋賀]현 오츠[大津]시 북부 교외에 집중적으로 분포하는 고훈시대 후기 무덤에서 나온 명기(明器)이다. 무덤의 주인이 한국에서 건너간 이른바 도래계 씨족이므로 명기도 우리 것이다. 보고자는 '조선반도에서는 한데부엌을 명기로 쓰지 않았지만, 중국에서는 한대부터 당대 사이에 흔히 가옥이나 살림살이 모형과 함께 넣었다. 한편, 킨키지방의 고훈시대 마을 유적에서 나오는 한데부엌·솥·시루 따위의 취사구는 중국이 아닌 조선반도에서 많이 나타나므로 그곳에서 일본으로 들어온 취사구가 명기로 바뀌어 무덤에 부장되었을 것'이라 하였다.

〈사진 102〉는 오늘날의 한데부엌으로 우리네 것과 다르지 않다. 챙이 유난히 크며 소댕 또한 두껍고 손잡이는 우뚝하다. 소댕이 무거우면 밥물 따위가 넘치지 않는 이점이 있다.

④ 도래인(한국인)의 일본 이주에 대한 하니와라 가즈로[埴原和郎]의 설명이다.

일본열도의 원주민은 본디 남아시아계 사람들이었으나 한국인들이 많이 건너오면서 인종이 바뀌는 큰 변동이 일어났다. 전 3세기부터 7세기에 이르는 천여 년 동안, 이주민이 수십만에서 백여 만 명으로 불어난 것이다. 전 3세기 말에 7만 6천여 명에 지나지 않던 인구가 7세기에 5백 40만 명으로 늘어났으며 원주민과 이주민의 비율은 1 : 8.6에 이르렀다(1993 ; 267).

이를테면 일본사람 열 가운데 원주민 한 명 반에 한국계는 아홉 명쯤이라는 것이다. 그 자신도 '셈한 내가 놀란 정도의 엄청난 숫자이고 이 글을 읽는 이는 더 놀랄 것'이라 하였다.

그의 연구는 현대 일본인의 유전자 비율이 동남아시아계 2에, 북아시아계 8이라는 계산과도 맞아떨어져서 진실임이 밝혀졌다.

이 밖에 마쓰모토 히데오[松本秀雄]도 1986년에 '일본 중부와 한국 남부지역 사람들의 체질이 닮았으며, 그 차이는 한국 남부와 북부지방 주민 사이에 나타나는 정도'라 하였다. 이는 곧 한국인과 일본 중부지역 사람들의 체질이 같다는 뜻이기도 하다. 따라서 부뚜막을 비롯한 생활문물이 일본으로 건너간 것은 당연한 일이다(김광언 2002 ; 126~147).

⑤ 다시 에쿠안 겐지의 설명이다.

나라시대에도 (붙박이부뚜막과 한데부엌) 두 가지를 썼으며, 카마도·카마·시루로 이루어진 한데 부엌을 카라카마도[韓竈]라 불렀다. 서민은 흙으로 쌓은 부뚜막에 나무 시루를 걸고 쌀이나 잡 곡을 익혔지만 이들 사이의 밥맛은 큰 차이가 없었을 것이다. 카라카마도를 고급품으로 여긴 것은 맛보다 집 밖에서 끓이므로 연기가 끼치지 않은 데 있다. 이에서 더 나아가 (…) 고훈시대 호 족(豪族)은 부뚜막을 위한 건물을 따로 세웠으며, 나라시대 귀족들도 마찬가지로 살림채·반빗 간[調理棟]·헛간 따위의 건물을 독채로 지었다. 가난한 하급관리[外從五位下]조차 지붕을 노송 나무[檜]로 덮은 몸채를 짓는 외에 헛간을 마련하였고, 짚으로 덮은 주방을 따로 갖추어서 연기 와 냄새를 멀리 하였다(1976 ; 45).

⑥ 스즈키 도조[鈴木棠三]의 말이다.

부뚜막은 높이 50센티미터에 너비 40센티미터쯤이며 위쪽에 냄비[鍋]나 솥을 거는 구멍이 있 고, 아궁이에 모자챙을 닮은 가리개를 붙였으며, 일반 부뚜막과 달리 황실의 제사 따위의 특별한 날에만 썼다.

이는 문헌자료에도 드러난다. 《연희식》의 신기(神祇) 및 사시제식(四時祭式)의 춘일신사좌 제(春日神四座祭) 항목에 '다랑어[鮪] 서 말·잡 과자 두 말·귤 한 말' 따위의 제물[祭神料]과 함께 카라카마[韓竈] 넉 점이 들어 있다. 이는 신마다 부뚜막 한 개씩 쓴다는 뜻으로 한데부엌이기에 가능하였다. (…) 카라카마도에는 전용 솥과 시루가 딸렸으며 (…) 신주(神酒)도 빚었다. (…) 따 라서 비일상적 기구인 동시에 제구(祭具)였던 것이다. (…) 세토나이카이[瀬戸內海] 대비도(大飛

島)의 8~9세기 유적에서 나온 제사용 소형 명기도 증거의 하나이다. (…)

시루는 나라시대 가난한 농민들에게도 퍼졌다. 《만엽집(万葉集)》에도 등장한 것으로 미루어, 부뚜막과 시루가 서민 생활에 끼친 비중이 얼마나 컸는지 알 수 있다(2004 ; 40~53).

―――――――

그는 차 풍로(茶風爐)와 우리 부뚜막의 연관성에 대해서도 일렀다.

―――――――

차 풍로도 기능적으로는 한데부엌을 닮았다. 차 솥은 규슈 치쿠젠[筑前 芋屋] 것이 유명하며, 풍로도 동시에 만들었을 것이다. 치쿠젠은 조선반도 현관에 해당하고, 한데부엌도 조선에서 먼저 이곳으로 들어와 각지로 퍼져나간 것으로 보인다. 풍로가 칸카마[韓竈]의 개량품인지 어떤지는 모르지만 닮지 않았다고 할 수는 없다(2004 ; 73).

―――――――

⑦ 이이지마 요시하루[飯島吉晴]의 설명이다.

―――――――

한데부엌의 하나인 칸데키(カンテキ, 七輪)는 극히 최근까지 귀중품으로 여겼으며, 기나이의 고분에서 많이 나온 칸카마 명기는 저승 부뚜막으로 보인다. 이 부뚜막은 고대 일본에서 신을 받드는 제기로 썼으며, 구도(久度)신으로서 내선사(內膳司)의 조왕으로 자리잡았다(2001 ; 181).

―――――――

사진 103

사진 104

일본 곳곳에 있는 한조신사(韓竈神社)도 빼놓을 수 없다.

시마네[島根]현 이즈모시(出雲市 唐川町)의 것이 대표적이다(사진 103·104). 733년에 나온 《이즈모풍토기[出雲風土記]》에 칸가마샤[韓銍社]로 적혔고, 《연희식》의 신명장[神名帳]에 칸가마신사로 올랐다. 현

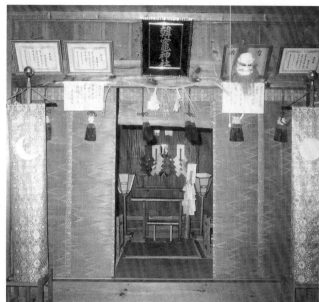

사진 105

사진 106

사진 107

사진 108

사진 109

판에 '신사 이름[社名] 카라카마는 조선에서 들어온 솥[釜]을 가리킨다. 이는 제신(祭神) 스사노미코토[素盞嗚命]가 자식[御子神]과 함께 신라에서 나무 심는 법[植林法]과 쇠 녹이는 법을 비롯한 철기문화를 들여온 것과 관계가 있다'고 적혔다. 한 귀퉁이에 걸린 한국신사(韓國神社)라는 작은 현판도 우리와 연관이 아주 깊었던 사실을 알려주는 증거의 하나이다(사진 105).

〈사진 106·107〉은 이즈모시 동북쪽에 있는 또 다른 한조신사로, 같은 이름의 신사는 이 밖에 여러 곳에 있다.

〈사진 108〉의 후쿠오카현 다자이후시[太宰府市] 보만산(寶滿山 829.6미터) 꼭대기의 조문신

사(竈門神社)도 이름은 다르지만 이 일대가 백제와 깊은 연관이 있는 점에서 같은 계열로 생각된다. 시 북쪽에 나당연합군의 침공을 막기 위해 백제식 산성을 쌓은 것이 좋은 보기이다. 정상 부근의 큰 돌 세 개는 조문암(竈門岩), 신사 뒤의 산 이름은 부뚜막산[竈山·竈門山]이다. 옛적에 천농신(天農神)이 태어날 때 이 돌에 솥을 걸고 산탕(産湯)을 끓인

사진 110

데서 조문암과 조문산이라는 이름이 생겼다는 설과, 이 산에 언제나 끼는 운무가 아궁이 연기를 연상시키는 데서 왔다는 설이 있다《筑前國後豊土記》).

예부터 백제계 사람들이 거주한 나라현(北葛城郡 王寺町 久度 4丁目)의 백제왕을 신으로 모시는 구도신사(久度神社)도 주목할 일이다(사진 109). 또 부근에 굴뚝절[久度寺]이 있었던 것도 우연이 아니다. 이 신사의 상징물인 솥 옆구리에 새긴 글이다(사진 110).

___

和訸 廣瀬郡 久度村 御八幡宮 御湯釜 慶安 元年 戊子 八月 吉日

___

1648년 8월에 솥을 바쳤다는 내용이다. 앞서 있던 솥이 너무 오래되어 바꾸었을 것이다. 이것도 다리 하나는 떨어졌다. ㄱ자로 구부러진 다리에 입술을 꾹 다문 험악한 짐승 얼굴을 새겨서 악귀를 쫓게 한 것도 범상한 솥이 아닌 사실을 일깨운다.

구도신사가 783년에 관사(官社)로 지정된 까닭을 알 만하다.《속일본기(続日本紀)》에도 '예부터 경기(京畿)지방의 유명 신사로 알려졌다. 나라시대 이전에 창건되어 역대 천황이 받들었으며 특히 간무(桓武) 때 관사(官社)가 되어 종5위하(從五位下)의 신위를 받았다'고 적혔다.

이곳의 이마키[今木]·구도(久度)·후루아키[古開]·히메[比売] 네 신을 교토로 천도할 때 히라노[平野]신사(사진 111)를 새로 짓고(794년) 모셔간 것만 보아도 그 비중이 매우 컸던 것이 분명하다. 하물며 이마키 주신(主神)이 백제 성왕[523~554 일본 이름 성명왕(聖明王)]임에랴. 851년, 이 신에 종2위(從二位), 구도신과 후루아키신에 종4위(從四位), 히메신에 정5위(正五位) 벼슬을 내린 것도 연관이 있을 것이다. 981년부터는 역대 천황들이 참배하였다.

한편, 나이토 코난[內藤湖南 1866~1934]은 '이마키신은 외국에서 온 신이다. 구도신은 백

| 사진 111 | 사진 112 |

제 성명왕의 선조 구태왕(仇台王)이고, 후루아키신의 '후루[古]'는 비류왕(比流王 304~344), 아키는 초고왕(肖古王 346~375)이라는 사실을 가리킨다'고 적었다[홍윤기 2002 ; 63 (재인용)].

부뚜막의 일본말 '구도'가 우리말 '굴뚝'에서 나온 것은 당연하다. 나카다 가오루[中田薫]의 설명이다.

오늘날에는 부뚜막을 구도(久度)라 부르지만, 이는 말뜻이 바뀐 결과로 옛적에는 굴뚝[煙突]을 이렇게 불렀다.

　한어(韓語)에 구도를 닮은 것이 있다. 곧 굴뚝이라는 말이다. '굴뚝'은 소릿값이 '구도'를 닮았을 뿐 아니라, 뜻도 구도의 본디 뜻과 일치한다. 구도와 굴뚝은 서로 관계가 있으며 이는 고대에 이루어졌다고 생각된다(《日韓兩國語の比較研究》).

실제로 우리도 18세기 무렵에는 굴뚝을 '굴독'으로 적었다. 그 용례이다.

㉠ 堗 굴독 돌《왜어유해》상 : 33) (18세기·말)

㉡ 曲堗 굴독《물보》〈제택〉) (1802)

㉢ 竈堗 굴독《물명》5 : 8) (1824

따라서 앞 신사의 이름 '구도(久度)'는 바로 우리말 굴뚝에서 온 것이다(사진 112).

4

민
속

신령스런 중국

1) 부뚜막은 신령스럽다.

① 《사기》의 기사이다.

___

한 무제(武帝 전 141~전 87)에게 제(齊)의 이소군(李少君)이 부뚜막제사를 지내면 신령한 물건을 얻어 단사(丹沙)를 황금으로 만들고, 그것으로 만든 그릇의 음식을 먹으면 장수를 누리며, 신선을 만나고 봉선(封禪)을 올리면 죽지 않는다고 하였다. 스스로 제사를 지내기 시작한 천자는 방사(方士)를 봉래(蓬萊)에 보내 안기생(安期生) 같은 신선을 찾는 한편, 단사 따위의 각종 약물을 제련해서 황금을 만들었다〈본기〉.

___

이소군은 죽은 아내(李夫人)를 그리는 무제에게 그녀의 혼령을 불러주었다는 방술가(方術家)이며, 신선이 된 진(晋)의 안기생은 장수하여 천세옹(千歲翁)이라는 별명을 얻었다고 한다. 봉선은 제왕이 통치권자임을 천지에 알리려고 산동성 태산(泰山)에서 지낸 국가적 의례이다. 진(秦)의 시황이 처음 지낸 뒤부터 제왕들이 모두 따랐다.

이 산에 대한 각별한 신앙은 오늘날도 마찬가지이다. 〈사진 113〉은 태산 꼭대기의 도교 신전 내부이고, 〈사진 114〉는 그 앞에서 향을 사르며 복을 비는 사람들이다.

② 《수신기(搜神記)》의 기사이다.

___

전한 선제(宣帝 전 74~전 49) 때, 발해태수 사량(史良)이 혼약을 지키지 않은 여자 머리를 부뚜

| 사진 113 | 사진 114 |

막 아궁이에 넣으며 '불에 태운다'고 어르자 '사군(使君), 서로 좋아한 우리 사이에 왜 이러십니까?' 대들었다.

　　그날 꿈에 나타난 여자는 '제게 주신 물건을 돌려드린다'며 머리맡에 향영(香纓)과 금비녀 따위를 놓고 갔다(11권 〈단두이어(斷頭以語)〉).

───────────

향영은 새댁이 시부모에게 처음 절을 올릴 때 손에 드는 오색실로 꼰 끈이다. 사람의 머리를 아궁이에 넣고 불을 지르는 관습이 있었던 것인가?

③《태평광기(太平廣記)》 기사이다.

───────────

위(魏) 안평태수(安平太守) 왕기(王基 190~261) 집에 요괴(妖怪)가 여러 차례 나타나자 관로(管輅)가 점을 쳤다.

　　"한 천민이 낳은 아기가 땅에 떨어지자마자 아궁이로 들어가 죽고, 입에 붓을 물고 평상에 앉았던 뱀은 식구들이 쳐다보는 바람에 숨었으며, 새와 싸운 집 제비가 죽고 새는 날아가는 괴입니다. 이는 낡은 관사(官舍)에 깃든 도깨비와 귀신 짓입니다. 아기가 부엌에서 죽은 것은 불의 요괴 송무기(宋無忌) 장난이고, 뱀이 숨은 것은 문서 맡은 자[書佐]가 저질렀으며, 새와 제비의 다툼은 늙은 시종 탓입니다. (…) 옛적 은나라 고종(高宗)의 세발솥은 꿩이 울 곳이 아니고, 태술(太戌)의 계단은 뽕나무 자랄 데가 아닙니다. (…) 마음을 가라앉히고 도를 닦으면 문제없습니다."

왕기는 뒤에 안남장군(安南將軍)에 올랐다(16 〈왕기〉).

불의 정령 송무기는 진시황의 제(齊) 순방 때, 동해의 영주(瀛州) · 봉래(蓬萊) · 방장(方丈)의 삼신산(三神山)에 장생불로초(長生不老草)가 있다며 방사(方士) 서불[徐市]을 천거하였다는 점성사(占星師)이다.

제 환공(桓公 전 685~전 643)이 연못의 귀신을 보고 앓아눕자 황자(皇子)가 강에 사람 잡아먹는 망상(罔象)이, 언덕에 뿔 달린 개모양의 신(峷)이, 산에 용을 닮고 다리가 하나인 기(夔)가, 들판에 망량(魍魎)이라는 도깨비가, 땅속에 분양(墳羊)이, 불 속에 송무기가, 연못에 귀신 위사(委蛇)가 있다며 형상과 특성을 알렸다고 한다.

'은 고종' 운운한 대목은 그가 종묘제례를 지낼 때 꿩이 세발솥 손잡이에 앉아서 울자 한 대신이 왕이 덕을 잃은 탓이라 하였고, '뽕나무' 관련 대목은 상왕(商王) 태술의 재상 이섭(李涉)이 조정의 뽕나무는 불길하다며 임금에게 덕을 쌓으라고 권한 고사에서 왔다.

아기가 태어나자마자 아궁이로 들어가 죽은 것이 귀신의 장난이라고 하지만, 앞에서 든 대로 사람을 아궁이에 넣어 죽이는 관습이 있었던 자취로 보인다.

④《태평광기》기사이다.

홀아비였던 거문고 명인 장진(張縝)이 첩을 얻고 열흘째 되는 날, 어린 하녀가 부엌에서 얻은 높이 3센티미터쯤의 구리 인형이 한 발 크기로 자랐다. 인형은 첩을 통째로 잡아먹고 다시 작아지더니 아궁이 안으로 들어가 사라졌다(15 〈장진〉).

앞에서처럼 부뚜막과 아궁이가 사람의 목숨을 앗아간다.

⑤ 중원 및 동북지방에서는 아궁이에 깃들인 백호(白虎)가 갓난아기에게 해악을 끼치지 못하도록 고기 한 점을 넣고 달랜다. 또 아기가 태어나면 부뚜막의 솥을 들어내고 아기를 솥 구멍으로 넣어서 아궁이로 꺼낸다. 이를 '백호의 문[白虎關] 벗어나기'라 한다(永尾龍造 1942 ; 746~747).

사신(四神)의 하나로 서쪽 하늘을 지키는 백호가 부뚜막과 연관된 것은 의외이다. 아기를 부뚜막 위의 구멍으로 넣어서 아궁이로 꺼내는 것은 죽었다가 새로운 생명력을 얻는 과정을 나타낸다.

⑥ 동북지방에서 부뚜막의 백호가 들락거릴 때마다 사람을 해친다고 하여 해산(解産) 무렵에는 아궁이를 막는다. 혼인식 때도 마찬가지이다. 이 밖에 맷돌을 백호라 부르는 곳에서는 아기가 태어날 때 천으로 덮어서 백호를 가두는 것으로 삼는다(永尾龍造 1942 ; 258).

동북지방에서는 맷돌을 마당 서쪽에 두고 백호라고 한다. 백호가 사람을 해친다는 것은 맷돌을 돌리다가 자주 부상을 입은 탓인가? 이는 백호가 저승(황천)을 상징하는 서방신인 점과도 연관이 있다

〈사진 115〉는 산동성 장구시의 교외 농가에 모신 백호 신위이다. 가운데 위에 '백호 신위', 그 아래에 '봉공백호지신위(奉公白虎之神位)', 왼쪽에 '백호가 어느 때나 지킨다[白虎年年有]' 오른쪽에 '청룡은 어느 때나 지킨다[靑龍日日有]'고 적었다. 앞에 향로가 보인다.

⑦ 북경시에서는 아기가 태어난 사흘 안에 부뚜막에 향을 사르고 출생을 알리며 부뚜막 자물쇠[竈王鎖]를 달라고 빈다. 동전 세 닢을 꿰어 만든 이것을 목에 걸면 탈 없이 자란다는 것이다. 아직 어리므로 매달 초하루와 보름에만 걸어준다(永尾龍造 1942 ; 397).

사진 115

이 자물쇠로 아기의 목숨을 해치는 부뚜막의 악령을 가두려는 것인가? 그렇다면 출생을 알리는 것은 무슨 까닭인지 궁금하다.

---

⑧ 절강성 소흥현(蘇興縣) 일대에서는 아기 백일에 배냇머리를 깎고 옷을 입힌 뒤 열 살 안팎의 외사촌이 부뚜막에 쌓은 땔감 위에 뉘었다가 들고 나온다. 이로써 아기가 낯을 가리지 않게 되어 어머니가 손을 놓고 일하며, 개나 고양이처럼 병에 걸리지도 않는다(구환흥 2002 ; 253).

배냇머리 깎기·열 살짜리 외사촌·땔감·낯가리기·건강 따위가 어떻게 연관되는지 알 수 없다. 우리는 백일 뒤나 돌에 머리를 깎으며 머리털을 서너 가닥 남겨서 장수의 상징으로 삼는다.

⑨《수신기》 기사이다.

위 경초(景初) 연간(237~239), 함양현(咸陽縣) 관리 왕신(王臣)의 집에서 손뼉 치며 부르는 소리가 들려서 살펴보면 아무도 없었다. 어느 날 밤 그의 어머니가 베개를 베고 누웠을 때 부뚜막 아래에서 누가 물었다.
　　"문약(文約), 왜 오지 않나?"
　　"주인이 베고 있어 못 가네. 자네가 오면 내가 먹을 수 있네."
　　다음 날 밥주걱임을 알고 베개와 함께 태웠더니 변괴가 사라졌다(권18 〈반삽괴(飯揷怪)〉).

오래 손때 먹은 밥주걱과 베개가 요괴로 바뀌는 것은 빗자루가 귀신이 되는 우리네 설화를 연상시킨다. 밥주걱과 부뚜막이 짝을 이룬 것은 그럴듯하지만 베개가 낀 것은 의외이다.

⑩《유양잡조(酉陽雜俎)》 기사이다.

당 보력(寶曆) 2년(826), 명경과(明經科) 출신 범장(范璋)이 양산(梁山)에서 공부할 때, 밤중에 부엌에서 물건 끄는 소리가 났다. 이튿날 길이 15센티미터쯤의 섶나무다발이 부뚜막 위에 가지런히 놓이고, 부엌 바닥에 찐 떡 네 개가 비뚜름히 포개져 있었다. 어떤 때는 물건이 문을 두드리며

어린아이처럼 웃었다. 같은 일이 사흘 이어지자 장작개비로 두들겼더니, 작은 개를 닮은 물체가 불로 바뀌어 온 시내로 돌아다니다가 사라졌다〈속집 권2 〈지낙고중(支諾皐中)〉〉.

─────────

불에 대한 두려움으로 부뚜막에 깃든 정령(精靈)이 여러 가지 장난을 친다는 생각이 나온 것이다. 찐 떡 네 개는 무슨 뜻인가?

2) 부뚜막은 부귀의 상징이다.

해마다 입춘절 타춘(打春)의례 뒤 현관(縣官)이 채장(綵杖)으로 흙 소[土牛]를 쳐서 부수면 백성들이 그 조각을 집으로 가져가 부뚜막에 바른다. 이는 조왕이 신령이 깃든 흙을 좋아한다고 여기는 데서 왔다. 입춘 행사가 사라진 오늘날에도 부뚜막 바르는 풍속은 남아 있다〈永尾龍造 1941 ; 832〉.

우리네 부뚜막 바르기 행사 그대로이다. 흙으로 쌓은 부뚜막은 헐기 쉬워서 흙을 덧바르게 마련인데 이를 강조하려고 복을 받는다고 둘러댄 것이다.

〈사진 116〉은 사천성 성도시(成都市) 교외 농가의 벽돌부뚜막이다. 큰 냄비 한 짝만 걸었으며 소댕은 우리네 것처럼 널쪽으로 짰다. 벽에 조왕과 그의 두 아내를 그린 신상과 왼쪽에 제사 때 향을 사르는 네모 구멍이 보인다. 신상 오른쪽에 튀김 받침·국자·젓가락 통 따위를 걸었다.

3) 부뚜막은 주부를 나타낸다.

《유양잡조》에 '혼인식을 마친 신부가 시집에 들어가기 전 돼지우리와 부뚜막에 절을 올린다'는 기사가 있다〈권2 〈예이(禮異)〉〉.

이는 새댁과 부뚜막의 상견례이다.

산동성에서도 시집와 사흘째 되는 날 아침, 새댁이 부뚜막 재를 서너 번 긁어낸 다음 부삽을 시어머니에게 넘겨서 자신이 부엌을 맡는다는 뜻을 나타낸다. 시어머니는 답례로 재에 묻었던 붉은 종이에 싼 돈을 건넨다. 앞으로 집안을 잘 이끌어가라는 격려금이다.

사진 116

4) 부뚜막 생일에 제례를 올린다.

――――――

길림성 안동현(安東縣)에서는 조왕[火德星君] 생일인 정월 28일 제례를 올리고 행렬을 벌인다.
오전 10시 성종각(聖宗閣)에서 떠날 때 고교(高蹻)·앙가(秧歌)·용등(龍燈)이 앞서고, 전부(全副)
의 집사(執事)·기·징·우산[傘]·부채[扇]·향·납[蠟]·종이[紙]와 함께 조왕을 모신 큰 가마를 넷
이 뒤따른다. 사람들은 저마다 기를 들고 흔들며 폭죽을 터뜨린다.

　　　이 밖에 화신묘(火神廟)에서 제례도 올린다.《안동현지》에 '성내에 화재를 막아주는 화신묘
둘이 있으며, 해마다 29일 화신회(火神會)을 열고 향을 바친다'고 적혔다(永尾龍造 1941 ; 648~
649).

――――――

고교는 아래쪽에 발판을 붙인 두 개의 장대에 발을 올려놓고 걷는 내기로 고각(高脚)이
라고도 한다. 앙가는 모내기 노래를 부르는 패거리이다. 오늘날 북경시에도 조군묘가 있다(☞
264쪽 사진 16·17).

5) 부뚜막 점을 친다.

――――――

섣달그믐에서 정월 초하루로 바뀌는 시각에 거울을 품고 거리에 나가서 행인들의 말소리를 듣고
그해 운수를 점치는 '귀곡자의 부뚜막점[鬼谷子卜竈]'이 있다.

　　　초하룻날 저녁 부엌을 깨끗이 치우고 부뚜막에 향을 사르며 불을 밝힌 다음, 물을 가득 채
운 조왕 종발[鐣]에 구기를 띄운다. 절을 올리고 나서 자루를 쥐고 돌리되, 구기가 멈추는 방향
으로 거울을 지니고 나가서 처음 지나는 통행인의 말소리로 운수를 판단한다(永尾龍造 1940 ;
654~655).

――――――

부뚜막의 신령스러움을 빌려서 앞일을 알아본다는 뜻이다. 조왕 종발에 물을 채우는
것은 우리네 조왕신체를 연상시킨다. 귀곡 선생은 전설상의 천재 병법가로《손자병법(孫子兵
法)》의 저자 손빈(孫賓)의 스승이라고 한다. 거울은 예부터 신령스런 기물로 여겨왔다.

6) 부뚜막을 헐어서 군영(軍營)을 넓힌다.

전 6세기의 언릉(鄢陵) 싸움 때 초(楚)가 진(晉) 군영 부근에 진을 치자 범개(范匃)가 나서

서 '군영의 부뚜막을 헐고 우물을 메워서 영지를 넓힌 다음 겨루면 반드시 이긴다'고 떠들었다. 화가 난 아비 범문자(范文子)는 달아나는 그를 창을 들고 따르며 '국가의 흥망은 하늘에 달렸거늘 어린놈이 무엇을 안다고 떠드느냐? 반드시 너를 죽이겠다' 소리쳤다. 싸움에 이긴 진에서 초의 군량을 차지하려 들자 범문자가 군주의 수레 앞에서 외쳤다.

"군주가 약하고 신하들도 바보인데 우리가 무슨 수로 이겼나? 천도는 가깝고 멀고를 가리지 않고 오직 덕행을 쌓아야 이기게 한다. (…) 덕이 모자라는 우리가 이긴 것은 바탕을 다지지 않고 벽을 세운 것과 같다. 우리도 곧 무너질 것이다《국어(國語)》."

7) 부뚜막의 불을 끄고 전투 준비를 한다.

월(越)과의 일전을 앞둔 오왕 부차(夫差)는 군사들과 말에게 저녁을 잘 먹여 일찍 재웠다가 한밤중에 깨우며 전투태세를 갖추고 부뚜막의 불을 모두 끄라[出火竈]고 일렀다《국어》.

8) 부뚜막은 군주의 총애를 상징한다.

내시 옹저(雍疽)와 미자하(彌子瑕)를 총애하는 위(衛) 영공(靈公 전 540~전 493)에게 주유(侏儒)가 '지난번의 부뚜막[竈] 꿈 덕분에 오늘 군주를 만났다'고 하였다. 상대가 '나는 해를 보아야 군주를 만난다고 들었소. 이치에 어긋나면 목을 베겠소' 윽박지르자 이렇게 덧붙였다.

"대지를 비추는 해는 무엇으로도 못 가리지만 누가 부뚜막 앞에 앉아 불을 때면 아무도 불을 못 봅니다. 저는 군주 앞에서 누가 불 때고 있는 것은 아닌지 걱정입니다."

영공은 앞의 둘을 물리치고 사공구(司空狗)를 세웠다《설원(說苑)》.

9) 차를 돌부뚜막에서 달인다.

주희(朱熹 1130~1200)의 시《차실[茶室]》이다.

仙翁遺石竈(신선이 남긴 돌부뚜막)

宛在水中央(어렴풋이 물속에 잠겨서)

飮罷方舟去(차 마시고 배 타고 가도)

茶烟裊細香(연기 따라 그 향 코에 스미네)

《주자시선》 2004 ; 907)

재복을 상징하는 한국

1) 부뚜막은 신령스럽다.

① 주부는 언제나 부뚜막을 깨끗이 하려 애썼고 사람들은 청결 상태를 부지런의 잣대로 삼았다. 정월 대보름에 찰밥, 시월상달에 떡을 바치고 동지에는 팥죽을 바른다. 누에를 먹이는 집은 정월 첫 소날[巳日] 흰 닭을 올리며 잘 자라기를 바라고, 촛불을 밝힌 가운데 떡국을 먹으면 바람머리를 앓지 않는다고 여긴다. 또 대보름날 아침 소금 한 움큼을 놓고 '산 애기 간질한다'고 중얼거려서 여름에 노래기가 꾀는 것을 막는다.

농가에서는 4·5월의 용날[辰日] 돼지를 잡아 풍년고사를 올리고, 어부들은 물고기가 잡히지 않거나 사고가 잦으면 팥과 소금을 뿌려서 부정을 가신다. 이는 부뚜막 세 곳에 소금 한 움큼씩 놓는 일본 풍속을 연상시킨다.

신행에서 돌아온 신랑은 한 다리를 부뚜막에 올려놓고 바가지의 국수를 주걱으로 퍼먹고, 문상(問喪) 갔던 이는 부엌을 거쳐서 방으로 들어감으로써 잡귀 쫓는 것으로 삼는다. 뒷간 동쪽 처마의 썩은 새(茅)를 태우며 소금을 뿌리는 곳도 있다. 상사(喪事) 때 고양이가 아궁이나 굴뚝으로 들어가면 주검이 벌떡 일어선다고 하여 입구를 막고 고양이를 내쫓으며, 관이 나가면 아궁이에 불을 지펴서 부정을 내몰기도 한다.

사진 117

〈사진 117〉은 상류농가의 부뚜막으로 솥 셋 짝을 걸었다. 왼쪽 솥 위에 앉힌 것은 소주고리이다. 아궁이에 불을 지피면 시루에 넣은 막걸리가 수증기로 바뀌고 이것이 맨 위 소댕에 닿아 물방이 되어 앞에 붙인 주둥이로 흘러내린다. 왼쪽은 세간을 두는 찬장 일부이

다. 부뚜막 선반에 식기를 올려놓고 그 위에 조리·소쿠리·바가지·소반 따위를 걸었다. 오른쪽 끝은 방에서 부엌으로 드나드는 외여닫이이다.

② 충청남도 단(丹)잡이굿에서 무당이 부뚜막에 걸터앉아 동쪽으로 뻗은 복숭아나무 가지 셋으로 절구를 두드리며 12개의 단 이름[청단(靑丹)·황단(黃丹)·홍단(紅丹)·팥단·태단(太丹)·띠단·녹두단·토단·메밀단·백단(白丹)·두목(頭目)·광솔단(廣率丹)]을 부르며 잡아오라고 한다. 사령이 굴뚝에서 맞는 이름의 기를 들고 오면 절구 위에 놓고 그 가지로 두드리는 가운데 주문을 읊조리고 오곡밥을 한지 깃발에 싸서 항아리에 넣는다(안상경 2009 ; 182).

③ 최명희가 쓴《혼불》의 한 대목이다.
_____

부뚜막을 함부로 건드리거나 집을 고치다가 동티가 나면 무당을 불러서 경을 읊었다. 제사상 앞에서 무당이 도끼를 방바닥에 뉘어놓고, 자귀를 들어 도끼머리를 두당당당, 두당당당 낮게 두들기며 경을 읊었다.

날 사납고 수 사난 날 나무 지둥 돌 지둥을
디리고 내고 디리고 내고 디리고 디리고 기여서도 흠탈을 마옵소사
옴여률령 급급사바하아 대장군방 원진방 삼살 오구방을 디리고 내고 디리고 내고 디리고
디리고 기여서도 흠탈을 마옵소사
옴여률영급급사바하아 대장군방 원진방 삼살 오구방에
인간덜이 허고 사는 일을 다 허물타고 말으시고
무릎 밑에 접어 넣고 치부하고 내부하야 주옵소사야
옴여률영급급사바하아아
쒜에 쒜 쒜에
쒜 쒜 휘이이
쒜 쒜 휘이이
쒜에에 쒜에 휘이이
그러나 이것으로 모자란다 싶으면, 해 넘어갈 무렵 흰 쌀이 담긴 함지에 시퍼렇게 뻗친 대나무 가지와 촛불을 꽂아 청수 한 그릇을 올리며, 징을 두드리어 부정을 물리고 액과 살을 막아 달라고 비는 조왕굿으로부터 시작하여 안당과 성주굿, 그리고 시왕·칠성·지신·장자풀이·오구물

림에 제석굿·고풀이·넋풀이·씻김을 다 하고 길을 닦어 종천(終天)멕이 해원(解寃)굿을 다 하자 면 일이 컸다[1996(5) ; 276~278].

─────────────

이는 전라북도 남원시 일대의 조왕동토경으로, 악귀에게 겁을 주려고 자귀로 도끼머리 를 두드리는 것이다. 인간의 허물을 잡지 말라고 빌면서도, 들어주지 않으면 가만두지 않는다 는 엄포도 놓는다. 쌀을 말[斗]에 담고 '시퍼렇게 뻗친 대나무'와 촛불을 꽂는 것도 말이 지닌 신령한 기운을 빌리기 위해서이다. 다른 굿판에서도 말에 쌀을 담아 시루떡과 함께 신령에게 바치며 강원도 삼척시 일대에서는 난산 때 산모를 이 위에 앉힌다. 대나무는 하늘의 신령이 타고 내려오는 통로이다.

'옴여율령(如律令) 급급(急急)사바하아'는 신의 명을 빨리 시행하라는 도교의 주문(呪文) 이다. 장자풀이는 정초 호남지방 씻김굿에서 횡수막이에 읊조리며, 오구물림은 오구굿에서 죽은 사람의 넋을 저승에 보낼 때 부른다. 씻김은 '씻김굿'의 준말로, 죽은 이의 한을 풀어서 극락으로 보낸다는 뜻이며 고풀이와 넋풀이도 마찬가지이다. 해원굿은 씻김굿의 마지막 굿거 리이다.

④ 제주도를 창조한 선문대할망이 구좌읍 송당(松堂)목장 둘레를 살피다가 세모꼴로 서 있는 솥덕 바위를 찾아서 밥을 지으려 하였으나 물이 없었다. 두리번거리던 그네의 눈에 애월 읍 곽지리 앞 바다의 솥덕 바위가 들어왔다. 그러나 이번에는 돌 하나가 작아서 솥이 자꾸 뒤 로 넘어졌다. 일어서서 주위를 돌아보다가 탐라계곡의 문필봉 꼭대기를 잡아 빼려는 바람에 끝이 끊어졌다는 설화가 있다.

솥덕은 솥을 괴는 세 개의 돌로 우리뿐 아니라 일본의 규슈 남부 및 오키나와제도, 중국 서남지역의 소수민족들이 조왕으로 받든다(☞ 280쪽 사진 31). 이를 선문대할망이 마련한 것은 그만큼 신령스럽다는 뜻이다.

⑤ 허균(許筠 1569~1618)이 쓴《성소부부고(惺所覆瓿藁)》의 간추린 내용이다.

─────────────

장산인(張山人)의 내력은 모른다. (…) 상륙(商陸 한약재)을 먹은 덕분에 귀신을 부렸다는 부친이 출가하며《옥추경(玉樞經)》과《운화현추(運化玄樞)》두 권을 주었다. (…) 산에서 18년 지내다가 서울 흥인문(興仁門) 밖으로 왔을 때 (…) 이웃에서 귀신을 쫓아달라고 하였다. 귀신 둘이 꿇어앉아 '저희는 문(門)지기와 부뚜막지기입니다. 요사스런 뱀이 집을 빼앗고 해를 끼치니 도와주십시오' 하며, 뜰 가운데 홰나무 밑동을 가리켰다. 그가 주술(呪術)의 물을 뿜자 사람 얼굴의 큰 뱀이 눈을 번쩍거리며 나오다가 죽었고 이를 태운 뒤부터 평안하였다[제8권 문부(文部) 〈장산인전〉].

《옥추경》은 도경(道經)의 경본(經本)이고,《운화현추》는 도술을 깨치는 책인 듯하다. 이웃집에 해를 끼친 것이 문지기와 부뚜막지기인지, 뱀에게 피해를 본 둘이 상대를 쫓기 위해 심술을 부린 것인지 분명치 않다.

2) 부뚜막은 재복을 상징한다.

섣달그믐날 집안 곳곳에 불을 밝히고 부뚜막에 정화수와 쌀 담은 함지를 놓은 다음 절을 올리고 '떠들어온다, 떠들어온다, 무량대복(無量大福)이 떠들어온다. 천석(石), 만석이 떠들어온다'고 빌어서 풍년을 바란다.

정월 열나흗날 저녁 '복토(福土) 훔치기'라 하여, 부잣집 흙을 훔쳐다가 부뚜막에 덧바르거나 마당에 뿌리는 것도 마찬가지이다. 이로써 그 집의 복이 제 것이 된다고 여긴다. 19세기의 《경도잡지》와 《동국세시기》에도 '서울 종각 네거리의 흙을 파다가 집 네 귀퉁이에 뿌리거나 부뚜막에 바른다'고 적혔다. 그 흙에 재복이 깃들기도 하였거니와, 여러 사람이 밟은 덕분에 잡귀를 물리치는 비방이 더해져서 부뚜막의 영험이 늘어난다는 것이다.

조수삼(趙秀三 1762~1849)의 시[〈흙거두기(納土)〉]에도 이 내용이 들어 있다.

六廛三市土如酥(육의전의 흙 부드러워)

得寸家家善賈沽(비싸도 한 움큼씩 사네)

鍬挖挑猶不足(가래로 파도 모자란다니)

依然一幅春耕圖(바로 봄갈이 장면이로세)

육의전(六矣廛)은 종로 일대에 있던 가게로 주로 국가에서 사들이는 여섯 가지 품목을 다룬 까닭에 이렇게 불렸으며, 가게마다 다루는 품목을 적은 기를 내걸었다. 〈사진 118〉은 모시와 베를 파는 가게 깃발이다(세일럼 피바디박물관).

사진 118

'육의전'과 '많은 사람'은 부와 번영 자체인 셈이다. 가래로 땅 파는 모습을 봄철 논밭갈이에 견주었지만 실제로 사고팔았는지는 알 수 없다.

유만공(柳晩恭 1793~1822)의 시(《대보름[元夕]》)이다.

凹痕無數四通衢(울퉁불퉁 거리 사방의 흙)

撮壤家家事補廚(집마다 거두어 부뚜막 바르네)

且使黃金如此土(황금을 이렇게 모으면)

可封民屋唐虞(당우시대 백성 되리라)

네거리 흙을 황금에 비기고 이를 바르면 옛적 백성처럼 태평성대를 누린다는 뜻이다. '당우'는 중국 고대 당(唐)의 요(堯)임금과 우(禹)의 순(舜)임금이 다스린 태평시절이다.

3) 부뚜막은 농사풍년을 상징한다.

① 정월 대보름날 밤 풍년을 바라는 불을 부뚜막에 밝힌다. 이하곤(李夏坤 1677~1724)의 시(《대보름》)이다.

處處賽神巫鼓騰(북소리도 요란쿠나 곳곳의 푸닥거리)

田家樂事係年豐(농가의 즐거움 풍년에 달렸네)

叉頭亦解祈豊歲(여종도 풍년 빌 줄 알아)

夜起添油祭竈燈(한밤중 일어나 조왕등잔에 기름 붓네)

조왕등잔이 부뚜막을 밝히는 단순한 등잔인지, 아니면 조왕신체가 불임을 나타낸 것인지 궁금하다.

② 황현(黃玹 1855~1910)의 시이다(부분).

風永登降春旱長(바람 영등 내리면 봄 가뭄 길고)

雨永登降豊年穰(비 영등 내리면 풍년든다네)

村家愚婦自爲巫(어린 촌 아낙 스스로 무당 되어)

紙揷竹飯滿盂(오린 종이 대에 꽂고 사발에 밥 퍼서)

叢祠兀兀廚竈隅(사당과 부뚜막 한쪽에 올리네)

《매천집(梅泉集)》제2권 시 〈무술고(戊戌稿)〉

영등신과 조왕신이 짝을 이루었다.

4) 부뚜막은 아기의 생명을 지킨다.

어린 아기를 부뚜막이라 부르면 건강하고, 배냇머리를 아궁이에 넣으면 장수한다. 두드러기 난 어린이는 부뚜막 위에 세우고 몽당비로 그 부위를 쓸며 '중도 고기 먹나? 중도 고기를 먹나?' 읊조리면 낫는다.

《산림경제》에 난산 때 임산부 옷을 부뚜막과 아궁이에 씌우면 아기가 곧 나오지만, 산모가 알면 효험이 없다는 기사가 있다(제3권 구급 〈난산〉).

이는 둘 사이의 친분을 들어 도와달라는 뜻인 듯하나, 임산부 모르게 하라는 뜻은 알 수 없다.

5) 부뚜막은 군사력을 나타낸다.

이산해(李山海 1539~1609)의 《아계유고(鵝溪遺稿)》기사이다.

군량(軍糧) 대책은 고금을 통틀어 둔전(屯田)만 한 것이 없으며 (…) 바닷가는 땅이 기름져서 아주 좋습니다. 군정(軍丁) 5천 명 가운데 4천5백 명은 배에 두고 5백 명만 농군(農軍)으로 부리면 하나가 한 달만 농사지어도 매일 5백 명꼴이 됩니다. 이들이 4, 5백 석을 거두면 1만 개의 부뚜막[竈]이 유지됩니다[제5권 차류(箚類) 〈시폐(時弊)를 진달하는 차자(箚子)〉].

군량을 현지에서 마련하자는 상소문으로, 5백 명의 군사가 한 달에 사흘 동안 농사지으면 1만 명이 먹는다는 말이다. 옛적에는 군사들이 제 먹을 식량을 지고 다녔다. 군정은 군적(軍籍)에 오른 16세부터 60세 안짝의 남자로, 국가나 지방관아의 명령에 따라 병역이나 노역(勞役)을 맡았다.

6) 부뚜막은 효심을 나타낸다.

남구만(南九萬 1629~1711)의 글이다.

공은 맏이여서 부모 사랑을 많이 받았으나 (…) 부친이 먼저 묻지 않으면 감히 말씀을 못 꺼냈다. 아침저녁 아궁이에 불을 땔 때 손으로 부뚜막을 만져보고 방의 온도를 맞추었다(《약천집(藥泉集)》제25권 〈가승(家乘)〉).

---

7) 장마 때 부뚜막에 개구리가 깃든다.

아무개의 가사(《고림장탄(苦霖長歎)》)이다(부분).

支離ᄒ다 비ㅅ소리에 窮蔀事情 슯혀 보니

沉竈産蛙 뎌 屋中에 桂玉之愁 又生이라

炊烟茫茫 不起ᄒ야 苦海 中에 憂歎하니

《한국역대가사문학집성》

궁부는 가난한 사람의 집을, 침조산와는 아궁이가 물에 잠겨 개구리가 깃든 것을, 계옥지수는 땔나무가 계수나무보다 비싸고 먹을 것은 옥보다 비싼 데 대한 근심을, 취연은 밥 짓는 연기를 가리킨다.

김창협(金昌協 1651~1708)도 '이번 폭우는 이전과 비교가 안 되네. 강물이 넘쳐흘러 내 집 섬돌 아래까지 불어나고 언젠가 베자고 하였던, 집 앞 언덕의 고목도 반이나 물속에 잠겨 버렸네. (…) 비가 하루저녁만 더 내렸더라면 부엌 아궁이에 개구리가 알을 깠을 것이네' 하였다 《농암집(農巖集)》.

8) 부뚜막 아궁이는 사람 수를 나타낸다.

이유원(李裕元 1814~1888)이 지은 《임하필기(林下筆記)》의 간추린 내용이다.

영조(英祖 1724~1776)가 경연에서 궁궐의 경비를 걱정하자 조현명(趙顯命 1690~1752)은 함실 아궁이를 줄이자고 하였다. 그러나 임금은 듣지 않았고, 다른 신하들은 말뜻을 몰랐다.

이는 궁인(宮人)을 줄여서 비용을 낮추자는 말이다. 처음에 인원을 정하지 않은 탓에 세월
이 지나며 늘기만 해서 요포(料布)를 대기 어려웠던 것이다. 다른 이들이 꺼내기 어려운 말을 한
그는 참으로 어진 인물이다[제27권 춘명일사(春明逸史) 〈풍원(豊原)의 규간(規諫)〉].

궁녀를 함실아궁이에 빗댄 까닭이 무엇인지 궁금하다. 음식은 끓이지 않고 군불만 넣으
므로 요긴하지 않다는 뜻인가?

《조선왕조실록》에 궁인의 정원에 대한 기사가 보이지 않으며, 이익(李瀷 1681~1763)의 《성
호사설(星湖僿說)》에 684명이라고 적혔을 뿐이다(권3 상 〈인사부〉).

궁녀 6백여 명을 두고 또 뽑으려는 영조에게 급제(及第) 이현필(李顯弼)이 반대하자 왕은
'내 본심이 아니라 자전(慈殿)의 말씀이며 그나마 돌아가시면 모두 돌려보내라 하셨다'고 둘러
댔다[《영조실록》 13년(1737) 3월 26일].

앞 책에서 간언을 조현명이 하였다고 적은 것은 의문이다.

한편, 고종 31년(1834)에 나온 궁내부 관제에 '대전 및 대비전에 각 100명, 중궁전과 세자
궁에 각 60명, 세자빈궁에 40명, 세손궁(世孫宮)에 50명, 세손빈궁에 30명을 둔다'고 하였다. 모
두 480명이다.

9) 차(茶)나 약 달이는 부뚜막[茶竈]을 따로 걸었다.

① 《신증동국여지승람》 기사이다.

한송정(寒松亭) 옆의 차부뚜막은 사선(四仙)들이 노닐 때 썼다. 유계문(柳季聞 1383~1445)은
이에 대해 '선약 짓던 이 보이지 않고[鍊藥人下處] / 차 달이던 부뚜막만 남았네[煎茶竈獨存]'라고
읊었다(권44 〈강릉대도호부〉).

강원도 강릉시 강동면 하시동리에 한송정을 세운 시기와 없어진 까닭은 모른다.

② 《속동문선》에 '사슴이 약초밭 휘저어도 못 본 체하고[藥園鹿戲何曾慍] / 차부뚜막에 버
섯 피어도 그대로 두네[茶竈菌生亦不嫌]'라는 구절이 있다(제7권 칠언율시 〈종릉산거 시(和鍾陵山居詩二
首)에 화답하여 김시습(金時習)〉).

③ 앞 책에 '이웃 절의 느린 종소리 언덕을 넘고[隣寺疏鍾隔巘聞] / 소식 전하는 파랑새 약부뚜막 엿보네[靑鳥信傳窺藥竈]'라는 구가 있다[제7권 칠언율시〈제 세향남창(題細香南窓) 김시습〉].

④ 권필(權韠 1569~1612)도 '작은 언덕의 대숲 깊어 약부뚜막 가리고[小塢竹深藏藥竈] / 낮은 울의 꽃 이지러져 맑은 산 드러나네[短籬花缺露晴巒]'라는 시를 남겼다《석주집(石洲集)》제1권 칠언율시(七言律詩)].

10) 소금 굽는 부뚜막은 소금부뚜막[鹽竈]이다.
이색(李穡 1328~1396)의 시이다(부분).

鹽竈傍海岸(소금부뚜막 바닷가에 있고)

鹽戶依山前(소금 창고 산 등지고 섰네)

波濤卷白雪(백설 같은 바닷물 밀려들자)

旦夕生靑煙(아침저녁 푸른 연기 오르네)

《목은집(牧隱集)》목은시고 제2권〈소금밭 지나다(過鹽場)〉

옛적에는 바닷물을 솥에 붓고 졸여서 소금을 거두었다.

11) 부뚜막에서 촛밑을 키운다.
옛적에는 집마다 초를 담가 먹었다. 지에밥에 누룩가루를 섞어 초단지에 담아 부뚜막에 두면 더운 기운을 받아 초가 익었다(사진 119). 초에 바깥 기운이 닿지 않도록 단지에 입을 따로 붙인다. 이 일은 꽤나 까다로워서 날을 따로 받으며, 주부는 부엌에 드나들 때마다 단지를 흔들며 '초야, 초야 나와 살자, 나와 살자' 읊조렸다.

단지 바닥의 오물거리는 초가시가 죽으면 나쁘다고 여겼고 아들이 살림을 날 때는 초밑을 나누어주었다. 안을 들여다보면 노리끼리한 액체 속에서 초가시가 꼬물거렸

사진 119

다. 그러나 오늘날에는 초종지를 보기도 어렵다.

12) 부뚜막 금기

부뚜막 앞에서 옷 벗고, 노래하고, 욕 하고, 글씨 쓴 종이 태우고, 신발과 옷을 말리고, 닭털과 짐승 뼈를 태우면 나쁘다. 부정한 나무를 때고, 그 불로 향을 붙여도 해롭다. 칼과 도끼를 놓지 않으며 생강·파·마늘을 썰지 않는다. 부엌 문턱을 밟고, 부엌을 향해 비질을 하고, 소나 개고기를 먹으면 액운이 낀다고 하여 삼간다.

주검을 묻는 일본

---

1) 부뚜막은 신령스럽다.

①《일본서기》 기사이다.

한 아름[圍]의 침수(沈水·沈香)가 담로도(淡路島)로 떠내려왔다. 섬사람은 침수인줄 모르고 장
작과 함께 부뚜막[竈]에 넣고 불을 지폈다가 향기로운 연기가 멀리까지 퍼지는 것을 보고 이상히
여겨 천황에게 바쳤다[스이코[推古] 천황 3년(595) 4월].

침수는 침향(沈香)이라는 향목(香木)의 한 가지로 무거워서 물에 가라앉는다. 이는 5월에 고구려 승 혜자(慧慈)가 귀화하여 황태자의 스승이 되는 일을 예고한 것인가? 그는 같은 해 백제에서 온 혜총(慧聰)과 함께 불교를 널리 퍼뜨린 공로로 나란히 삼보(三寶)의 동량(棟樑)이 되었다. 침수의 향기는 바로 그들의 불법을 가리키는 듯하다.

한 위는 둘레 3척이다《양노령(養老令)》〈구목령(廄牧令)〉).

②《고사기》 기사이다.

이즈시오토메[伊豆志袁登賣]를 아내로 삼으려던 많은 신들이 뜻을 못 이루었다. 형 아키야마노

시타히오토코[秋山之下氷壯夫]가 동생 하루야마노카스미오토코[春山之下壯夫]에게 '나는 실패했지만 너는 어떠냐?' 물었다. 성공한다는 말에 '내 겉옷을 벗어서 키를 재고, 내 키 높이의 항아리에 술을 빚고, 산과 강의 특산물을 모두 마련해주겠다'며 내기를 걸었다. 어머니는 등나무 덩굴로 하룻밤에 옷·버선·신발을 짓고 활과 살을 만들어 여신의 집에 보냈다. 옷과 화살이 모두 등꽃으로 바뀐 것을 본 동생은 활과 살을 여신의 집 뒷간[厠]에 걸어놓았다. 이상히 여긴 그네가 꽃을 들고 집으로 들어갈 때 따라 들어가 관계를 맺고 자식을 낳았다. 이를 안 형은 분한 나머지 약속을 지키지 않았다. 어머니는 '이 세상에서 좋은 것은 신에게 배워야 함에도, 형은 어째서 세속의 나쁜 짓을 따르느냐?' 꾸짖은 다음, 이스지[伊豆志] 강의 섬에서 자란 마디 하나짜리 대나무로 불이 너른 바구니를 겯고, 냇가의 돌을 소금에 버무린 다음 댓잎으로 싸서 동생에게 주며 부뚜막에 놓고 저주를 퍼부으라고 일렀다.

"이 대나무 잎이 푸르고 무성하듯이, 이 대나무 잎이 시들어버리듯이 무성하였다가 시들어버려라. 소금이 젖었다가 마르듯이 젖었다가 말라버려라. 돌이 잠기듯이 쓰러져버려라."

이로써 8년 동안 병들어 몸이 마른 형은 어머니에게 슬피 울며 애원하였다. 그제야 둘째에게 저주를 그치라고 이른 덕분에 본디 모습을 찾았다(《오진[應神] 천황》 270~310).

──────────

이즈시오토메는 이스지신사의 보물을 다룬 무녀인 듯하다. 형의 이름 가운데 시타히[下氷]는 붉게 물든 나뭇잎을, 오토히[壯夫]는 남자의 뜻이므로 단풍으로 물든 산을 사람에 견준 것으로 보인다. 아우의 이름(春山之下壯夫)도 '봄 안개 낀 산'의 뜻이다. 이스지강은 이스지신사 서쪽으로 흐른다.

냇가의 돌을 소금에 버무린 것은 돌의 부정을 가시는 행위이고, 이를 부뚜막에 놓은 것은 돌 셋을 조신(竈神)으로 받드는 풍속과 연관이 있다. 둘째가 맏이를 제치고 성공한 것은 장자를 첫손에 꼽는 우리와 달리 태어난 순서에 관계없이 유능한 아들이 대를 잇고 아들이 없으면 사위가 대신하는 풍습에서 왔을 것이다.

③《고사기》 기사이다.

──────────

오호토시[大年]의 신은 아메치카루미즈히메[天知迦流美豆比賣]와 혼인하여 아들 오키쓰히코[娛津日子]와 딸 오키쓰히메[娛津比賣命]를 낳았다. 딸은 여러 사람이 받들어 모시는 조신(竈神)으로 오호헤히메[大戸比賣]라고도 한다(《오호쿠니누시[大國主神]의 국토건설》).

──────────

아메치카루미즈히메는 하늘의 주인이자 생명력 넘치는 태양의 여신이다. 둘의 이름 가운데 '오키[娭]'는 '오[燠]'로, 재 속에 묻어둔 불씨를 이른다. 따라서 아들은 불의 남신, 딸은 불의 여신이다. 그리고 부뚜막이나 아궁이를 나타내는 '헤[戶]'는 '위대한 부뚜막 여신'이라는 뜻이다.

한편, 같은 책에 오호토시·오키쓰히코·오키쓰히메들이 삼보황신(三寶荒神)으로 등장한다. 부뚜막이나 화덕에 깃든 삼보황신의 '삼보'는 기갈(飢渴)·탐욕·장애의 신이며, 삼독(三毒)은 삼덕(三德)을 가리킨다. 홍법대사(弘法大師 774~835) 전설에 따르면 삼(三)은 불교의 삼매(三昧)에서 온 것으로 삼보황신의 본체는 문수보살(文殊菩薩)이라 한다. 따라서 대공삼미(大空三昧)의 원에 따라 무상법신(無相法身)의 법을 써서 마음이 흔들리면 황신이, 가라앉으면 여래가 된다는 것이다. 이 밖에 부동명왕(不動明王)설, 화성환희천(火聖歡喜天)설도 있다. 이처럼 불과 연관이 깊은 까닭에 조신이 되어 부정을 쫓고 제액(諸厄)을 물리치는 신이 된 것이다.

〈사진 120〉은 황신을 모시는 감실이다.

삼보황신 신앙은 전국에 퍼졌으며 제례 때는 '삼보황신님, 8백 8황신님, 집안에 계시는 신님, 부디 흠향하소서' 읊조린다. 또 모 심을 때 '두 다발모[二把苗]' 또는 '세 다발모[三把]'라 하여 황신이나 조신에게 모를 바치기도 한다(사진 121). 동일본에서는 황신과 논의 신을 함께 다루며 서일본에서는 이 둘을 합친 조왕을 받든다. 규슈에서는 지금도 장님 중[盲僧]이 부뚜막 황신의 부정을 가시는 의례를 벌인다. 선반 위에 모신 황신에게 매달 그믐에 올리는 제사를 부정가시기, 이때 바치는 흰 가루 묻힌 소나무 가지를 황신공(荒神松), 부뚜막 청소용 비를 황신비라 부른다. 이 신의 이름이 적힌 부적을 신사에서 받으며(사진 122), 매달 28일·정월·5월·9월 28일에 제사 지내는 외에 9월에서 11월 사이에 풍년제도 올린다.

④ 히로시마[廣島]현에서는(新石郡 豊松村) 토공신(土公神) 외에 오행대신(木·火·土·金·水)과 불신(娛津彦神·娛津姬神·火産靈神)을 받든다. 정월에 신주(神主)를 불러 큰 솥 소댕 위에 조왕신들을 모시고 부정을 가시며 탕립신사[御湯立神事]도 이 솥에서 치른다(☞ 483쪽 사진 111, 488쪽 사진 113, 489쪽 사진 114·115).

부뚜막 쌓을 때 진혼제라 하여, 전날밤에 부른 신주(神主) 서넛이 바닥을 파고 거울·칼·옥 따위의 '삼종신기(三種神器)'를 묻는다. 곳에 따라 소금·씻은 쌀·신주(神酒) 따위로 흙의 부정을 없애고, 부뚜막 자리에 소금을 뿌리며 헐어낸 흙은 깨끗한 곳에 따로 모신다. 이 밖에 부뚜막 솥 앞 두 곳에 각기 소금 한 움큼씩 놓기도 한다.

삼종신기는 아마테라스 오
미카미[天照大神]의 손자 니니기노
미코토[瓊瓊杵尊]가 지상의 아시하
라노나카쓰쿠니[葦原の中國]를 다
스리려고 하늘에서 내려올 때 가
져왔다는 세 가지 보물 곧, 거울·
구슬[曲玉]·칼[神劍]을 가리킨다.
거울은 태양, 구슬은 왕권, 칼은
통치권의 상징이다. 이는 단군신
화에서 하느님[환인천제(桓因天帝)]
의 아들 환웅(桓雄)이 인간세상을
다스리려고 가져왔다는 천부인(天
符印) 세 개, 곧 풍백(風伯)·우사(雨
師)·운사(雲師)를 연상시킨다.

사진 120

사진 121

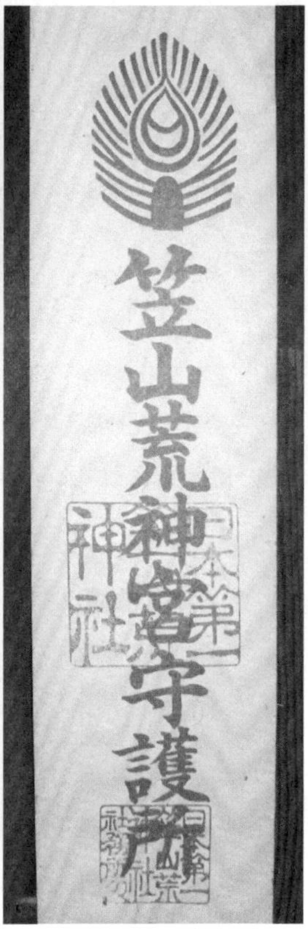

사진 122

2) 조신은 집지기[家神] 가
운데 으뜸이다.

1889년의 《언해(言海)》에 집
지기[家の神]를 택신(宅神)·집지기·조신으로 새기고, 1890년의 《대일본대사림(大日本辭林)》은 집
지기[宅神] 하나만 들고 '가신·조신'이라 하여 둘을 같은 존재로 다루었다. 이와 달리 1907년
의 《사림(辭林)》은 조신 대신 택신(宅神)을 들었지만, 《광사원(廣辭苑)》에는 가신·조신으로 적혔
고, 1976년의 《일본국어대사전》은 《광사원》의 새김을 따랐다. 조신이 가신의 대명사가 된 것
이다.

조신은 부뚜막부처·부뚜막님·황신·토공신(土公神)·불신[火の神] 따위로 부른다. 신체는
부뚜막 옆에 차린 작은 감실에 마련한 비쭈기나무나 소나무 또는 탈이나(사진 123) 나무 인
형이다. 이와 달리 화덕의 갈고리와 삼발이를 신이 깃든 신성한 장소로 여기기도 한다. 시고쿠
(四國 西祖谷山村五橋)에서는 송아지가 잘 자라면 갈고리 덕분이라 하여 감사의 뜻으로 신주(神
酒)를 부으며, 씻은 쌀·소금·말린 잡어(雜魚)·신주·비쭈기나무를 놓고 '큰 바다의 물님이여'
읊조리면서 소금물을 뿌린다.

주로 주부가 받드는 조신은 불신과 농신이라는 기본
성격 외에 어린이 신, 마소의 신, 가족신 등 일상생활 전반
에 걸치는 신이다. '큰 바다의 물님'이라는 이름이 신체를 가
리키는지 궁금하다.

사진 123

3) 부뚜막은 풍년을 상징한다.

① 설에 누에고치꼴로 구운 과자를 버드나무나 대나무에 잡아매고 부뚜막에 세워두면
누에가 잘 자란다. 또 모심기 철에는 모를, 가을에는 올벼를 바친다. 가고시마[鹿兒島]현에서는
정월 열나흗날, 소작인이 지주네 부뚜막 앞에서 '수수 잘 크거라, 벼 잘 자라라, 조 많이 달려
라, 심는 것은 무엇이든 풍작을 이루거라' 읊조린다.

미야기[宮城]현에서는 모내기에 앞서 모 세 줌을 부뚜막에 바쳤다가 제일 먼저 심는다(仙
台市 및 桃生郡). 이와테현에서는 여섯 줌을 올려놓으며, 이바라키[茨城]현에서는 모심는 날 외에
농사의 고비마다 제물을 바친다. 이는 한 가정의 생사를 관장하던 조신이 집이 생산적 공동
체로 확대됨에 따라 논의 신과 연관을 맺은 결과이다(黃川田啓子 1970 ; 22).

나가노[中野]현(北安曇郡)에서는 '부뚜막 나이 먹기'라 하여, 정월 초사흗날 밤 주먹밥 아
홉 덩이 안에 논밭에서 잡은 작은 물고기를 넣고 겨릅대 끝에 구부려 붙인 것 한 개씩 부엌
선반에 놓고 부뚜막을 바른다(鈴木棠三 1978 ; 106).

② 1921년 4월에 제정된 오사카시 시가(市歌)의 첫 구절이다.

高津の宮の昔より(고쓰궁이 있는 이곳은 예부터)

よよの栄を重ねきて(대 이어 거듭 번영하여)

民のかまどに立つ煙(백성의 부뚜막에서 연기 솟누나)

にぎわいまさる 大阪市(활기 넘치는 오사카시여)

にぎわいまさる 大阪市(뻗어나가는 오사카시여)

866년에 세운 고쓰궁(313~399)은 오사카시(中央区)에 있는 신사이며, 주신은 이곳으로
천도한 닌토쿠[仁德] 천황이다.

4) 부뚜막은 재복을 나타낸다.

---

① 미야기현 어느 집(登米郡 東和町)에서 나그네를 하룻밤 재웠더니 이튿날 꼼짝도 않았다. 밥을 먹고도 그대로였고 똥도 부뚜막 옆에서 누었다. 그가 오래 뭉그적거리다가 떠난 뒤, 똥이 황금으로 바뀌자 주인은 그의 형상을 받들었고 그 덕분에 부자가 되었다(飯島吉晴 1986 ; 17).

이를 닮은 이야기는 전국에 퍼져 있다. 우리도 흔히 똥을 황금에 견준다.

---

② 옛적 오삼하(娛三河) 타나베 이쓰지로[田辺逸次郎]네 부뚜막에 갓빠[河童]가 살았다. 그는 농사를 돕는 외에 손님이 올 때마다 산천어(山川漁) 두 마리를 잡아왔다. 하녀가 실수로 준 여뀌[蓼] 삶은 물을 마시고 몹시 괴로워하던 그는 천룡천(天龍川)으로 가서 자취를 감추었다. 이때 집 앞의 밭둑이 무너지더니 집도 망했다(飯島吉晴 1986 ; 23~24).

갓빠는 물속에 산다는 어린애를 닮은 상상의 동물이다. 여뀌는 물가에 자라는 풀로 타닌(tannin) 성분이 있어서 잎에서 맵고 떫은맛이 난다. 이것이 물고기의 아가미를 일시적으로 마비시키는 까닭에 물에 넣으면 물고기들이 떠오른다. 갓빠의 죽음도 이 때문이다.

---

③ 옛적 미야기현(大崎市 中鉢)의 부잣집에 못생긴 거지가 와서 마당에 쓰러진 비[箒]를 한쪽에 세우더니 머슴이 되겠다고 하였다. 그러나 여럿이 있는 데다가 딸도 병들어 물리치다가 거듭 조르는 바람에 불목하니로 삼았다. 딸이 그의 아내가 되겠다고 하자 아비도 집 안으로 들어올 때 비 치운 것을 떠올리고 사위로 들였다. 딸이 씻은 듯 낫고 집이 번창하자 주인은 그를 조신으로 삼았다(黃川田啓子 1970 ; 23).

---

5) 부뚜막을 해마다 덧바른다.

유복한 집에서는 새해맞이 행사로 섣달그믐날 전문가[左官]를 불러 부뚜막을 덧바른다. 17세기 말에는 '해마다 부뚜막을 바르는 것이 좋다. 흙을 아끼면 땔감이 엄청나게 많이 든다'는 노래도 떠돌았다. 특히 인색한 상인들이 돈을 많이 쓸수록 조신의 기분이 좋아져서 땔감을 줄여준다는 뜻이다(榮久庵憲司 1976 ; 137).

부뚜막을 덧바르면 부자가 된다는 중국이나 우리와 달리 인색한 상인을 등장시킨 것은 의문이다.

6) 신사 부뚜막에 한 해 동안 땔 나무를 바친다.

와카야마[和歌山]현(東牟婁郡)에서 해마다 12월 10일, 마을 청소년들이 쿠마자[熊野坐]신사에서 한 해 동안 신에게 바칠 음식을 끓이는 데 드는 부뚜막 나무를 바치는 제례[御竈木祭]를 벌인다(鈴木棠三 1978 ; 702).

7) 부뚜막은 집을 나타낸다.

옛적에 집[戶數]을 부뚜막으로 헤아렸다. 에도[江戶]시대(1600~1867)의 민정장부(民政帳簿)에 독립가구를 부뚜막 수로 나타낸 것이 좋은 보기이다. 모토오리 노리나가[本居宜長 1730~1801]의 말이다.

'이'는 복합어이자 발어(發語)로 의미가 없으며 '에'는 부뚜막과 관계가 있다. 부뚜막을 '해잇히' 또는 '햇히'라 부르기 때문이다. 따라서 '이'와 '해'가 합쳐서 '이에[家]'가 되었다. 부뚜막[竈]의 소릿값은 카마[加麻]이며, 카마도[加麻度]는 조왕[竈處], 곧 부뚜막을 가리킨다《고사기전(古事記傳)》.

1761년의 에치젠(越前 南條郡 合岐村) 기록에 인구와 호수를 '남녀 256명에, 부뚜막 51개'라고 적은 것이 있다. 각 집의 부역을 '부뚜막 역[竈役]'이라 부른 것도 이에서 왔다. 근래까지 거의 전국에서 어떤 집의 가문을 알려고 할 때 '그 집 부뚜막 내력이 어떤가?' 물었다(竹田聽洲 1976 ; 32).

《화한낭영집(和漢朗詠集)》 따위에 실린 닌토쿠 천황이 '높은 곳에 올라가 내려다보면 연기 오르니 / 백성의 부뚜막 활기 넘치네'라고 불렀다는 노래의 부뚜막도 백성의 집을 가리킨다 (佐藤健一郎·田村善次郎 1996 ; 146).

8) 부뚜막은 가족을 상징한다.

집의 중심인 부뚜막은 가족을 하나로 묶고 집과 집을 잇는 상징적 존재이다. 본가(本家)와 분가의 계보도 이를 바탕으로 헤아린다. 나가노현을 비롯한 여러 곳에서 부뚜막에 경칭 '오(御)'를 붙여서, 동족 집단의 본가를 가리키는 말로 쓰는 것이 그것이다. 본가의 부뚜막이 동족 집단을 하나로 묶는 핵심인 것이다.

해마다 섣달그믐에 상점 주인은 '한솥밥 먹기'라 하여 한데부엌을 짓고 음식을 익혀서 종업원은 물론, 평소 거래하는 사람도 불러서 함께 먹는다.

시집에 온 새색시는 먼저 봉당으로 가서 소금과 쌀을 차린 부뚜막에 인사하며, 시어미는 '새 며느리에게 부뚜막을 넘겨준다'고 중얼거린다. 새색시는 부뚜막 주위를 세 번 돌고 안으로 들어가거나 소댕 위에 차린 소금을 맛본다.

미야기현(名取市)에서는 새 며느리가 문에 이르면 그 앞에 피운 짚불 위로 넘어 들어오게 한 다음, 부뚜막 앞에서 삿갓을 씌우고 구기로 물을 떠먹임으로써 부정을 가시는 동시에 시집살이의 시작으로 삼는다(坂田泉 1984 ; 144).

9) 부뚜막은 세대를 나타낸다.

분가하는 아들은 본가 부뚜막의 재나, 여기서 붙인 불을 가져가서 새집의 불신으로 받든다. 신부가 결혼식 날 제 집에서 불신에게 알리고, 시가에 가서 역시 가족의 한 사람이 되었음을 보고하는 곳도 있다.

특히 노파가 죽으면 불신에게 알린 뒤, 향로의 재를 관에 넣어 부뚜막과 인연을 끊는 것으로 삼는다. 호주는 흔히 신체를 바꾸지만, 하루 동안 부뚜막을 쓰지 않거나 말[馬]을 바꾸는 것으로 대신한다. 부뚜막을 헐 때는 신관이 소금을 뿌리고 절을 올린다.

10) 부뚜막은 여성의 성인식을 나타낸다.

스즈키 도조[榮木棠三]의 설명이다.

백중[盆]에 한데부엌을 걸고 음식을 끓여서 함께 먹는 행사를 백중부뚜막[盆竈]·백중밥[盆飯]·
냇밥[川原飯]·아귀밥[餓鬼飯]이라 한다. 부뚜막은 해마다 일정한 곳, 이를테면 고치[高知]현은
냇가(土佐郡), 시즈오카[靜岡]현은 길가(田方郡), 나라현은 절 앞(吉野郡), 나가사키[長崎]현(南松
蒲郡)과 아오모리[靑森]현(西津輕郡)은 집 앞에 짓는다.

음식은 가지고 오거나, 집집에서 얻거나, 백중 잔치의 것을 모은다. 이를 크게 벌리는 시즈
오카현(田方郡)에서는 여덟 살에서 열네 살 사이의 소녀가 여러 집에서 거둔 쌀과 채소로 마련한
음식을 연장자가 모아서 각 가정의 정령에게 바친다. 그사이 소년들이 부뚜막을 부수러 돌아다
니며, 열세 살 아래의 소녀들은 막는다.

같은 현의 다른 곳(伊豆)에서는 여성의 성인식으로 삼으며, 열네 살 이상은 이날부터 허리
띠[腰卷]를 두른다. (…) 마을에서 거둔 재료로 한데부엌에서 끓여 정령에게 바침으로써 어른으
로 새로 태어난다는 뜻이다. 이를 3월의 어린이절 또는 백중 하루 전날 벌이기도 한다.

이 밖에 '백중걸립[盆勸進]'이라고 하여 집집에서 돈이나 쌀을 거두며, 그 쌀로 지은 밥[盆
飯]을 풀[ミカシタ]에 싸서 이웃에도 돌린다. 나라현(吉野郡)에서는 정월 보름날 남자들이 절 앞에
부뚜막을 짓고 즐긴다(1978 ; 520).

〈그림 31〉은 중이 백중밥을 가득 담은 그릇을 차린 가마를 메고 행진하는 모습이다. 옆
에서 풍악을 울린다.

이 밖에 이와테현 어떤 곳(上閉伊郡)에
서는 '부뚜막 태우기[竈こ燒]'라 하여, 3월 삼
짇날 17~18명의 청소년 동아리가 냇가에
부뚜막을 짓고 아침 일찍부터 부산을 떨며,
이때 다른 패거리들이 몰려와서 부뚜막을
허물고 장난친다. 같은 현 다른 곳(岩手郡)에
서는 7월 6일 아침, 소년들이 한데부엌을 지
으며 노인들의 도움을 받아 저녁에 떡국을
끓여 먹는다.

허리띠는 성인의 상징이다. 달거리가
시작되는 열세 살 무렵에 붉거나 흰 천을 두

그림 31

르고 '허리띠 축하[腰卷祝]' 의례를 벌인다. 이는 남성의 '들보 축하[褌祝]'와 같다.

11) 해마다 부뚜막의 부정을 가신다.

호리 이치로[屆一郞]의 설명이다.

섣달그믐날 밤, 새로 밝힌 불로 부정을 가시고 새해 운수를 점치는 의례를 '황신 부정가시기[荒神祓え]' 또는 '부뚜막 금줄'이라 한다. 부정 타기 쉬운 부뚜막 불을 황신이 지닌 강한 신령의 힘을 빌려서 새롭게 한다는 것이다.

　　17~19세기에는 전문 무녀나 수험도(受驗道)가 매달 그믐날 집집을 돌며 벌였다. 19세기 말 나가노현(松本)에서는 이른 봄, 무녀 이치이(イチイ)가 보자기에 싼 방울을 흔들며 다녔다. 황신 제(荒神祭)는 어악교(御嶽敎)의 행자(行者)가 오색 폐백을 꽂은 복숭아나무 가지 세 개를 상 위에 놓은 되에 세우고 벌인다. 가지에 신이 내리면 그 달 운수와 농작물의 흉풍을 점친다.

　　히로시마현이나 오카야마[岡山]현에서 13년, 또는 33년이 되는 해에 벌이는 황신신악(荒神神樂)에서도 신직(神職)이 화덕 가운데 묻은 질그릇을 새것으로 바꾸며 선반에 종이로 오린 도리이[鳥居]·돌계단[石段]·궁(宮)꼴 종이를 붙이고 토공신을 비롯한 신들을 모신다(1999 ; 392).

우리네 지신밟기를 닮았다. 신이 타고 내리는 복숭아나무 가지는 우리네 대나무와 같다.

12) 부뚜막에 주검을 묻는다.

---

① 한 가난한 남자가 돈 많은 여자와 살다가 잘못을 저지르고 갈라섰다. 거지가 된 남자는 키장 수로 나섰다. 부자와 재혼한 전처가 그를 우연히 만나 키를 모두 사주고 음식도 먹였다. 이를 안 그가 부끄러움을 못 견디고 그 자리에서 죽자 여자는 그 주검을 부뚜막 뒤에 묻고 지기로 받들었다(《신도집(神道集)》).

전처가 그를 왜 부뚜막에 묻고 조왕으로 받들었는지에 대한 설명이 필요하다. 부뚜막 뒤에 해골[死骸]를 묻고 조왕으로 받드는 이야기는 드문 일이 아닌 듯하다. 부끄러워 자살하는 남편은 일본에만 있다.

② 카노우 도시쓰구[狩野敏次]의 설명이다.

부뚜막에 해골을 묻는 일은 설화나 옛이야기에 그치지 않고 실제로 있었던 듯하다. 특히 어려서 죽은 아이나 영아의 주검을 부뚜막 뒤나 그 부근에 묻었다. 다키자와 자킨[瀧澤馬琴 1767~1848]의 《토대수병(兎大手柄)》에, 사로잡힌 너구리가 할아범이 집을 비운 사이 할멈을 죽여 국을 끓이고 돌아온 할아범에게 부뚜막 아래의 뼈를 보지 말라 이르고 달아났다는 내용이 있다. (…)

　　오리구치 노부오[折口信夫 1887~1953]도 떠돌다가 죽은 사람의 주검을 네거리·다리 옆·부뚜막 근처에 묻었다고 적었다. (…) 옛적에는 부뚜막에 주검을 묻는 풍습이 있었다. 이는 부뚜막이 이승과 저승의 경계라는 생각에서 왔으며, 영혼을 저세상으로 보낸다는 뜻이다. (…) 만담[落語]에도 부뚜막에서 유령이 나오는 대목이 보인다(2004 ; 4).

　　오키나와제도에서 아기 배냇저고리를 부뚜막 뒤에 묻는 것도 연관이 있을 것이다. 갓 태어나거나 어려서 죽은 아이를 부뚜막 뒤나 그 부근에 묻고, 사람이 죽으면 마당에 한데부엌을 짓는 풍습도 마찬가지이다.

13) 부뚜막지기는 산신(産神) 구실도 한다.

　　해산 때 불신에게 빌거나, 산통이 시작될 때 부뚜막 주위에 향 33개를 피우거나, 산모의 밥을 소댕 위에 놓으면 아기가 곧 나온다. 또 한이레 날 저녁에 아기 뺨에 붉은 점을 찍고 기저귀를 머리에 씌운 채 황신에게 팥밥을 바치고 절을 올린다. 우물지기와 뒷간지기에게도 같은 의례를 베푼다. 여아는 코에 검은 동그라미를 겹으로 그리며 밥·국·반찬 따위를 차린 상을 소댕 위에 놓고 부뚜막 앞에 앉아서 산신(産神)에게 바치는 것으로 삼는다. 태어나 11일째 되는 날에는 할머니가 아기를 안고 황신에게 소금을 뿌리고 향을 사른다. 엉덩이에 찍힌 푸른 점은 황신이 빨리 나가라고 꼬집은 자국이라 한다.

　　'뒤집어놓은' 소댕에 제물을 차린 것은 비정상이므로 이를 바로잡듯이 순산시켜 달라는 뜻이다. 엉덩이의 푸른 점은 몽골리언이 지닌 특징의 하나이다.

14) 부뚜막은 아기를 지킨다.

　　불신을 홀대하면 아기가 울음을 그치지 않거나 열이 난다. 대보름날 부뚜막에 바치는 누에고치처럼 빚은 떡을 꽂은 매화나무 가지를 지니고 있다가 아기가 울기 시작하면 어미가 들고 집을 세 번 돌면 울음을 멈춘다(☞ 307쪽 사진 64).

임산부는 부정하다는 생각에 한이레에서 세이레 동안 부뚜막을 새로 지어 따로 쓰며, 한이레는 산방(産房)에서 나오는 것도 막아서 부뚜막이나 화덕에 부정이 끼치는 것을 막는다. 갓 태어난 어린 아기를 부뚜막이나 뒷간에 데려가는 것도 마찬가지이다.

15) 부뚜막에 불조심 부적을 붙인다.

정월에 여섯 살 어린이가 '불조심'이라고 쓴 종이를 친척들에게 돌리고 집 안의 선반에도 붙인다. 또 열두 살짜리는 12월 20일, 종이에 '12월 12일 불조심'이라고 써서 부뚜막과 화덕 부근의 기둥이나 벽에 붙인다(佐佐木長生 1984 ; 225).

16) 부뚜막 금기

■ 본도

─────────

① 부뚜막에 칼을 놓거나 머리카락 따위를 떨어뜨리면 소금을 뿌리고 사죄한다.

② 부뚜막에 칼을 놓으면 곰보가 태어난다.

③ 부뚜막에 칼 따위를 놓으면 난산한다.

④ 부뚜막에 물건을 놓으면 코 낮은 아이가 태어난다.

⑤ 부뚜막에 발을 올려놓거나 걸터앉아도 마찬가지이다.

⑥ 부뚜막 앞에서 울고, 소리 내면서 국을 푸고, 솥을 두드리면 해롭다.

⑦ 부뚜막 앞에서 소리치거나 아이를 꾸짖으면 나쁘다.

⑧ 부뚜막 앞에서 다투면 집안이 기울어진다.

⑨ 아궁이에서 불평불만을 터뜨리거나 부부가 싸우면 해롭다.

⑩ 아궁이에 앞에서 노래하면 조신이 기뻐서 시집간 뒤에도 돌아오라고 부른다.

⑪ 몸 중의 아낙이 부뚜막 아궁이에 불을 때면 벌 받는다.

⑫ 부뚜막을 언제나 깨끗이 하고 땔감도 가려 쓰며 몸가짐도 단정히 한다.

⑬ 아궁이를 향해 가랑이를 벌리고 앉아 불을 때면 나쁘다.

⑭ 부뚜막을 자주 옮기면 주부가 병든다.

⑮ 부뚜막을 고치거나 깨뜨리면 언청이가 태어난다.

⑯ 임신 중에 부뚜막을 고치면 언청이가 태어난다.

⑰ 송아지가 태어날 때 부뚜막에 밥을 차리고 불을 밝혀서 안산을 빈다.

⑱ 부뚜막이 서쪽으로 향하면 난산한다.

⑲ 부뚜막이 밖에서 보이는 집은 돈이 모이지 않는다.

⑳ 헤엄치러 가는 아이가 부뚜막 검댕을 얼굴에 칠하면 물귀신이 달아난다.

㉑ 주인은 여행을 떠나기 전과 돌아온 뒤 반드시 부뚜막에 알린다.

㉒ 조신은 벙어리이므로 귀에 관한 나쁜 말을 하지 않는다.

㉓ 아궁이 재는 말[午]날 거둔다.

㉔ 아궁이를 부지깽이로 쑤시면 벌 받는다.

㉕ 아궁이 불을 대롱으로 둘이 불면 마지막까지 분 사람이 죽는다.

㉖ 아궁이 불을 둘이 대롱으로 불면 함께 죽는다.

---

①~⑤는 부뚜막 위에 놓은 칼이 떨어져서 다치는 것을 막는 외에, 부뚜막이 신령한 존재임을 강조한 것이다. 또 해산과 연관시킨 것은 앞에서 든 대로 부뚜막이 생명의 탄생을 주관한다는 생각에서 나왔다. ⑥~⑧에서처럼 부뚜막 앞에서 다투거나 소란을 피우지 않아야 하는 것은 당연하지만 이를 강조하려고 아궁이까지 들먹였다(⑨). 아궁이 앞에서 부르는 노래는 인간이 듣기에도 나쁘지 않지만(⑩), 시집간 뒤에도 돌아오라는 것은 부뚜막이 한 가족을 상징하는 데서 왔다.

⑪~⑫는 부정을 막고 위생을 지키며 아낙네의 몸가짐을 단속하려는 의도이고, ⑭~⑯은 신령스런 존재에 함부로 손대지 말라는 경고이다. ⑱은 서쪽이 음(陰)의 상징인 탓인가? ⑲는 아무라도 이렇게 생각할 것이다. ⑳은 부뚜막의 검댕조차 위력이 있다는 뜻이며, ㉑은 여행의 안전을 비는 동시에 따라온 잡귀를 물리치는 비방이다. 부뚜막지기가 벙어리라는 말은 의외이며(㉒), ㉓~㉔는 아궁이와 부뚜막이 한 몸임을 나타낸다. ㉕~㉖은 화재 예방을 위한 것이다.

■ 오키나와제도

---

① 부뚜막을 간(艮 북동) 또는 곤(坤 남서) 쪽에 두면 병자가 끊이지 않는다. 이때는 금신(金神)과

곤금신(坤金神)의 사당을 지어 모신다. 산에서 물을 끌어올 때도 간·곤 방향은 나쁘다.

② 부뚜막이 불단을 향하지 않도록 남 또는 동으로 앉힌다.

③ 임신 중에 부뚜막을 고치면 언청이가 태어난다.

④ 아이 낳고 세이레 동안 부뚜막 가까이 가지 않는다.

⑤ 달거리 중에는 소금을 뿌려서 부정을 가신 다음 부뚜막을 쓴다.

⑥ 부뚜막에 걸터앉거나 신 신은 발을 올려놓으면 나쁘다.

⑦ 부뚜막에서 새끼줄을 태우면 5월 못자리에 뱀이 가로 눕는다.

⑧ 부뚜막 헐어낸 흙은 사람이 가지 않는 곳에 버린다.

⑨ 조왕이 노하면 부정을 가시고 신주(神酒)를 바친다.

⑩ 아궁이에 더러운 것이나 무덤에 바쳤던 꽃을 넣지 않는다.

⑪ 대롱은 해산 때 모아서 산신(産神)으로 삼으므로 걸터앉지 않는다.

⑫ 부뚜막 오른쪽 정면에 있는 지름 3센티미터쯤의 ◎표를 무너뜨리거나 밟으면, 눈이 찌부러지거나 밥을 못 먹는다. 이는 부모의 눈이기 때문이다.

⑬ 어부의 뺨에 부뚜막 검댕을 칠하면 고기가 잘 잡힌다.

---

①의 금신은 도교나 음양도에서 섬기는 방위신으로 수리·이사·여행 따위에 영향을 끼친다고 한다. 이를테면 이 방위를 범하면 칠살(七殺)이라는 말 대로 가족 일곱이 죽으며, 일곱이 모자라면 이웃 사람이 대신 죽는다는 따위이다. 곤금신은 태고시대에 지상을 다스리는 권한을 누린 조물주이다. ②는 부뚜막 연기가 불단에 이르지 않게 하려는 뜻이고, ③~⑤는 부정을 피하려는 배려이다. ⑥~⑩은 부뚜막이 신령한 존재임을 나타내며, ⑪은 대롱이 해산과 연관이 있다는 뜻이다. 꺼지려는 불을 일으키는 일과 새 생명의 탄생을 연관시킨 결과이다. 이를 산신으로 여기는 것은 중국이나 우리에게 없는 일이다. ⑫는 ◎표 자체가 조신이므로 마땅하다. ⑬은 부뚜막의 신통력이 검댕에 깃든 사실을 알려준다.

5
—
속
담

중국

---

① 부뚜막을 나눈다.

: 아들이 살림을 따로 난다.

② 부뚜막을 새로 짓는다[另起爐竈].

: 일을 따로 벌인다.

③ 부뚜막이 넘어졌다.

: 집이 망했다.

④ 부뚜막 넘어온 밥이 맛있다[隔竈頭的飯好吃].

: 남의 집 밥이 맛있다.

⑤ 연기 없는 부뚜막이 어디 있나[誰家竈內無煙]?

: 누구에게나 자존심이 있고, 어느 집에나 다툼이 있다.

⑥ 부뚜막을 스스로 무너뜨리다.

: 스스로 악운을 부른다.

⑦ 열 집 가운데 아홉 집은 부뚜막이 다르다[十家鍋竈九不同].

: 사람의 형편이나 생각은 같지 않다.

⑧ 모두 제 부뚜막을 챙긴다[各人看着各人的竈火門].

: 제 욕심만 채운다.

⑨ 귀여운 강아지 부뚜막에 올라간다[嬌狗上灶].

: 자신의 처지를 모르고 함부로 행동한다.

⑩ 어미 닭이 부뚜막에 올라가면 병아리도 따라 올라간다[鷄婆子上竈鷄崽子也上竈].

: 남의 행동을 생각 없이 따른다.

⑪ 부뚜막에 앉으면 구들에 올라가고 싶다[得了鍋台上炕頭].

: 욕심이 끝없다.

⑫ 아궁이에서 부뚜막으로 옮긴다.

: 아주 쉬운 일이다.

⑬ 고양이가 부뚜막에 오른다.

: 아주 쉬운 일이다.

⑭ 뜨거운 부뚜막에는 불을 피워도 찬 부뚜막에는 장작을 넣지 않는다[在熱竈里燒火 不在 冷竈里添].

: 권좌에 있을 때는 서로 돕겠다고 나서지만 물러나면 찾지도 않는다.

⑮ 부뚜막이 뜨거울 때 따라붙어야 한다[趁熱竈].

: 일을 이루려면 좋은 시기를 잡아야 한다.

⑯ 찬 부뚜막을 데운다[燒竈].

: 가난한 사람을 열심히 돕는다.

⑰ 부뚜막이 차다[竈冷].

: 생활이 어렵다.

⑱ 부뚜막 굴뚝이 조용하다[竈突蕭然].

: 부뚜막에 올려놓을 것이 없다.

: 술안주가 없다.

⑲ 더운 부뚜막이나 찬 부뚜막이나 불을 지핀다[熱竈一把 冷灶一把].

: 사람을 차별해서는 안 된다.

⑳ 부뚜막이 작아도 두멍에 물이 많아야 한다[窮竈門 富水缸].

: 언제나 충분한 준비가 필요하다.

㉑ 부뚜막에서 왔다 갔다 하는 사람이다[鍋台轉的].

: 한집안의 주부나 딸이다.

㉒ 부뚜막 굴뚝이 검지 않다[竈突未黔].

: 갓 이사 왔다.

㉓ 새로운 곳에 가면 부뚜막·뒷간·우물이 어디 있는지 모른다[新來晚到 不知茅坑井竈].

: 환경이 바뀌면 모든 일이 서투르다.

㉔ 부뚜막에 앉아 주현(朱絃)을 그슬린다.

: 소용없는 짓을 한다.

①〜⑤는 부뚜막이 한집안의 살림이나 집 자체를, ⑥은 행운을, ⑦〜⑧은 사람의 형편이나 욕심과 연관된 것을 알려준다. 한편 ⑨〜⑩이 생각 없는 행동을, ⑫〜⑬이 쉬운 일을 상징하는 것은 뜻밖이다. 뜨거운 부뚜막은 권력이나⑭, 알맞은 때를⑮ 나타낸다. 찬 부뚜막이 가난을 이르는 것⑯〜⑰은 그럴듯하지만, 연기 끊긴 부뚜막을 술안주에 견준 것은 해학적이다⑱. 물두멍에 물이 차야 하고⑳, 부뚜막이 주부를 나타내는 것㉑은 우리나 일본과 같다.

한국

---

① 부뚜막 땜질 못하는 며느리 이마 털만 뽑는다.
: 일은 아무것도 못하면서 맵시만 내려든다.
② 개 못된 것이 부뚜막에 올라간다.
: 제 구실도 못하는 주제에 나쁜 짓만 골라 한다.
③ 점잖은 개가 부뚜막에 오른다.
: 겉으로 점잖은 체하는 사람이 엉뚱한 짓을 한다.
④ 제 코도 못 닦는 주제에 남의 부뚜막 걱정한다.
: 제 일은 젖혀두고 남의 일에 간섭한다.
⑤ 부뚜막이 헐면 흙댐을 하지만 사람 못난 것은 고치기 어렵다.
: 사람의 품성은 고치지 못한다.
⑥ 부뚜막의 소금도 넣어야 짜다.
: 아무리 기회가 좋아도 노력해야 한다.
: 실제 행동을 하지 않고 입으로 떠들기만 하면 소용없다.
⑦ 씨아방(시아버지)은 솥덕에 앉아도 씨아방 거동한다.
: 시아버지는 집안의 어른이다.
⑧ 씨어멍(시어머니)은 솥덕에 앉아도 호령한다.
: 시어머니가 며느리 머리에 서려고 한다.

우리가 중국과 달리 부뚜막을 부정적으로 보는 것은 의외이다(①~⑤).

일본

① 부뚜막이 크다.

: 부자이다.

② 부뚜막이 넉넉하다.

: 부자이다.

③ 부뚜막이 튼튼하다.

: 부자이다.

④ 부뚜막이 올라간다.

: 집이 번성한다.

⑤ 부뚜막을 일으킨다.

: 가운을 다시 일으킨다.

⑥ 부뚜막이 흥청거린다.

: 생활이 풍족하다.

⑦ 부뚜막이 쓰러진다.

: 집이 망한다.

⑧ 부뚜막을 엎었다.

: 파산하였다.

: 대가 끊겼다.

⑨ 부뚜막이 내려갔다.

: 파산하였다.

: 대가 끊겼다.

⑩ 부뚜막이 걸렸다.

: 가문의 존속이 위태롭다.

⑪ 부뚜막을 깬다.

: 가문의 존속이 위태롭다.

⑫ 부뚜막을 뒤집는다.

: 가문의 존속이 위태롭다.

⑬ 부뚜막이 없다.

: 아주 가난하다.

⑭ 부뚜막 불이 꺼졌다.

: 집이 망했다.

⑮ 부뚜막을 세웠다.

: 집을 장만했다.

⑯ 부뚜막을 나눈다.

: 살림을 따로 난다.

⑰ 부뚜막 주인이다.

: 집주인이다.

⑱ 집보다 부뚜막이다.

: 부뚜막지기를 잘 받들어야 복을 받는다.

⑲ 주인 앞보다 부뚜막 앞이다.

: 주인 앞에서 긴장하며 지내기보다 부뚜막 앞에서 불을 쬐며 사는 것이 더 낫다.

⑳ 부뚜막 장군이다.

: 집안에서만 위세를 부린다.

: 건방지게 권세를 휘두르는 여인이다.

㉑ 부뚜막 기둥이다.

: 조왕을 섬기는 부뚜막 뒤의 기둥은 움직이지 않는 데서, 기후[岐阜]현 일대에서는 노처녀에 빗댄다.

㉒ 부뚜막 냄비를 팔더라도 좋은 아내를 사야 한다.

: 어떤 희생을 치르더라도 좋은 아내를 얻는 것이 중요하다.

㉓ 부뚜막에 걸터앉는다.

: 아들이 아버지보다 뛰어나다.

㉔ 부뚜막 목수[竈木大工]이다.

: 땔감으로밖에 쓰지 못할 것이나 만드는 재주 없는 목수이다.

㉕ 부뚜막에서 콩 볶는다.

: 몹시 바쁘다.

㉖ 부뚜막 점을 친다.

: 아침밥 지을 때 부뚜막에서 타오르는 불꽃으로 하루 날씨를 안다.

㉗ 부뚜막 아래 재까지 들어내다.

: 집안의 재산을 모두 없앤다.

㉘ 부뚜막의 불을 꺼뜨리는 놈이다.

: 집안 망하게 할 놈이다.

①~⑥은 긍정적인 반면, ⑦~⑪이 부정을 나타내는 점은 우리와 대조적이다. 부뚜막을 솜씨 없는 목수에 견준 까닭이 궁금하다(⑫).

IV ─ 부엌

1
─
어
원

중국〔廚(주)〕- 콩 그릇

---

1) 《자통》의 설명이다.

주는 콩 담은 그릇을 손에 든 형상으로 음식을 만든다는 뜻이다.《설문》의 '부엌[庖室]을 닮았다' 는 말대로 조리 장소를 가리킨다. 요리사도 주인(廚人) 또는 포인(庖人)이라 한다. 서주(西周 전 11 세기~전 771)의 금석문에 보이는 선부(善夫)는 선부(膳夫)로, 뒤의 주사(廚司)에 해당한다. 이곳 (善夫克)의 기구는 모두 엄청나게 크며 '극'은 천자의 명을 내거나 들이는 중신이었다.

　　주는 궤(櫃) 따위도 이른다.《진서(晉書)》의 '고개지(顧愷之)는 언제나 책 한 궤[一廚]를 가지 고 환현(桓玄)의 집을 찾았다'는 기사가 그것이다《고개지전》.

주는 건물 엄(广)과 소릿값 주(尌)로 이 루어졌으며, 절인 채소를 담는 그릇을 든 형 상이기도 하여 음식을 익히는 부엌의 뜻을 지니게 되었다. 이 밖에 ㉠부엌, ㉡길가 음 식점, ㉢요리사[廚夫·廚子·廚下兒·廚士], ㉣인 자하고 은혜로운 인물이나 주인, ㉤화살 통, ㉥궤(櫃), ㉦나무 이름, ㉧성(姓) 따위도 가 리킨다.

　　주하(廚下)는 부엌, 주사(廚司)는 그곳 우두머리, 주리(廚吏)는 부엌 담당관, 주부 (廚府)는 밥통[胃], 주향(廚香)은 부엌의 향내,

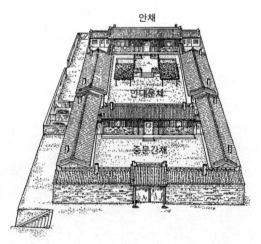

안채

안대운채

중문간채

그림 1

주낭(廚娘) 또는 주비(廚婢)는 여성 요리사, 주식전(廚食錢)은 송대에 관리에게 본봉 외에 준 선물비용, 주재(廚宰)는 부엌에서 음식 재료 삶는 이, 주구(廚廐)는 한대의 부엌과 마구 담당자, 주감(廚監)은 주방 감독관을 나타낸다.

부엌을 강남 일대에서는 조간(竈間), 항주(杭州)와 영파(寧波)에서는 조방(竈房), 강남 이북에서는 주방(廚房)이라 한다. 이곳의 우두머리는 주사(廚司), 사내종은 주노(廚奴), 식모는 주랑(廚娘)이다. 부엌과 부뚜막을 주조(廚竈)라고도 하지만 둘을 다 이르는 말로도 쓴다.

《예기》는 봄의 문[戶], 여름의 부엌[竈], 늦여름의 중류(中霤), 가을의 문(門), 겨울의 길[行] 제사를 오사(五祀)로 들었다(《곡례(曲禮)》). 우물[井] 제사는 겨울에도 지내며, 중류는 집 한가운데의 방 또는 당(堂)을 이른다.

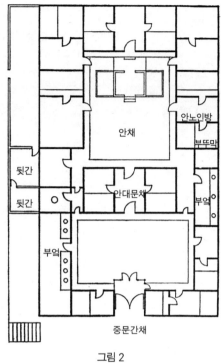

그림 2

〈그림 1〉은 산서성의 전형적인 사합원(四合院) 남향집으로 동서 18칸, 남북 35칸 가운데 중문 앞의 대문채는 뺐다. 솥 두 짝에 냄비 세 짝을 걸어놓은 부뚜막이 있는 주 부엌은 중문간채 왼쪽에, 솥 세 짝의 부뚜막을 갖춘 보조 부엌은 안대문채 오른쪽에 있다. 각 방의 아궁이에서도 조리를 하지만 방에 연기가 스며들어 보통 때는 쓰지 않는다(그림 2). 그러나 겨울에는 안노인 방의 부뚜막도 이용하고, 겨울을 제외한 계절에는 동쪽 부엌을 쓴다. 서쪽 부엌은 잔치[紅事]나 장례[白事]에 참례하는 수십에서 2백여 명에 이르는 손님 음식을 마련하며, 논밭 매기나 가을걷이 때 부리는 20~30명의 일꾼은 동쪽 부엌으로 충분하다. 이 밖에 붙박이 일꾼도 두세 명 있다(竹內實·羅漾明 1984 ; 203~206).

1) 부엌

① 《어원사전》 설명이다.

'부엌'의 '부'는 '불'을 가리키는 것으로서 옛말 '브섭'의 '븟'이 변한 것이 다.

　　　브섭 爲竈《훈민정음언해》

　　　廚 브섭 듀《훈몽자회》 (듀는 후에 '주'로 발음을 바꾸었다)

　　　'븟'은 불의 어원적인 단어로서 여러 가지 말마디들을 파생시켰다.

　　　븟－부시돌(ㅿ-ㅅ), 부지깽이(ㅿ-ㅈ), 부뚜막(ㅿ-ㄷ-ㄸ), 불갈구리(ㅿ-ㄹ), 부대기(ㅿ-ㅇ)

　　　'부엌'이란 말은 '부대기(불+대기)'와 같이 ㅿ-ㅇ으로 변한 형태로서 '브섭→브석→부억→브엌'(불+엌)으로 변하여 왔다.

　　　지방사투리들에서 '부엌'을 부섭·부석·부적·부어깨·비역·벅이라고 하는 것은 옛말 '브섭'이 각이하게 변한 것과 관련되어 있다.

　　　'부엌'의 '엌'은 장소를 나타내는 접미사 '억'이 변한 것이다. '억'은 '이어긔·그어긔'의 '어긔'와 같은 어원의 말이다.

　　　이어긔 이셔도《월인석보》

　　　그어긔 쇠 하아《월인석보》

　　　'어긔'는 '억'의 속격형태로서 장소의 뜻을 나타낸다. '부엌'이란 말은 본래부터 '불 때는 곳'을 나타내던 말이었으나, 지금은 '밥이나 음식을 만드는 칸'을 의미하게 되었다.

---

② 《국어어원사전》 설명이다.

브섭은 '븟'에 '업' 접미사가 붙은 것이다. '븟'이 부엌의 뜻을 지니는 어근이라 하겠다. '븟'의 고형은 '븓'이다. 이 '븓'의 발음 ㄷ이 ㅅ화하여 '븟'이 되었다. 부엌의 어원적 의미는 불[火]일 것이다.

(…)

　　브섭의 어근 '붗'은 불의 뜻을 지닌 말과 동원어라 하겠다. 부섭을 '브'와 '섭'의 합성어로 본다면 섭은 '불사르다'의 '사르다[燒]'의 어근 '살'과 동원어일 수 있다. 한편 '섭'을 땔나무로 볼 수도 있다.

――――――――

③《우리말 어원사전》설명이다.

――――――――

블(火)+섭[側, 傍]

　　변화

　　블섭 〉 브섭(《훈민정음해례 : 25》) 〉 브석(《두시언해》 22 : 50) 〉 브억(《신증유합》상 : 23) 〉 부억

　　'블섭'은 '불의 가장자리'란 의미이기 때문에 원래의 의미는 '불 때는 곳'이었으나 이것은 '아궁이'가 대신하고 '부엌'은 음식 만드는 곳으로 그 의미가 확장되었다.

　　《훈민정음》(《해례본》)·《구급간이방》(6 ; 42)·《훈몽자회》(초간본 중 ; 5) 따위의 브섭이《두시언해》에서 브석으로 바뀌었다가(초간본 22 ; 50〜51), 1576년의《신증유합》에서 브억, 1632년의《두시언해》중간본(8 ; 22)에서 브억, 60년쯤 뒤(1690)의《역어유해》에서 부엌으로 자리 잡았다.

――――――――

2) 정주

　　영·호남지방의 정지와 정제, 함경도의 정주는 겹집의 '정주간'에서 왔다. 방을 밭전(田)자꼴로 두는 겹집에서는 방 앞쪽(남향집에서는 동쪽)에 정주간과 부엌 그리고 외양간과 디딜방앗간을 붙인다. 부엌과 정주간은 터졌으며 정주간에 딸린 부뚜막에 솥을 걸고 부엌에서 불을 땐다(그림 3·사진 1). 따라서 부엌은 문에서 정주간으로 드나드는 통로 구실도 한다. 집의 중심 공간인 정주간에서 음식을 먹고 손님을 맞으며 혼례를 치르고 제사를 올리고 집지기도 모신다. 그리고 겨울밤에는 노인과 어린이들이 잠을 잔다(사진 2).

　　평안도 심마니들이 솥이나 밥 짓는 이를 정재라 이르는 것을 보면 '정지'는 '정주간'에서 음식을 익힌 데서 온 듯하다. 정지나 정주는 중국 동북부 흥안령산맥의 오로촌족[鄂倫春族] 말이다. 겔(둥근 천막)에서 사는 이들은 입구 맞은쪽의 화덕 부근을 말로 또는 말루, 오른쪽

을 정지뒤라 부른다. 말루에
남자가, 입구 쪽에 여자가 앉
고 밤에는 젊은 부부가 잔
다. 우리네 마루가 '말루'와
연관이 깊은 것처럼, 정주나
정지의 뿌리도 '정지뒤'로 생
각된다.《신증유합》에서 주
(廚)를 '졍듀 듀'로 새기고(상
: 23), 이보다 뒤에 나온(1608)
《언해태산집요(諺解泰山輯要)》
에는 정주로 올랐다(31). 박
대재는 鼎只·鼎廚·鼎竈 따
위를 들고 정주가 솥[鼎]에서
왔다고 하지만(2010 : 117), 한
자의 소릿값을 빌려 적은 것
에 지나지 않는다.

경상북도의 이름도 정
주간이다. 경주시 강동면 양
동리(良洞里) 이씨(李氏)부인
이 새색시 시절에 지은〈애
향곡(愛鄕曲)〉이다(부분).

생전쳐음 남에집에 범백사
(凡百事) 어에할듯
(생전 처음 남의 집에 왔으니
모든 일 어찌할까)
어리고 약한 소견 부모생
각 뿐이로다
(생각이 어리고 짧으니 부모

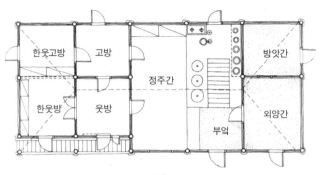

그림 3

사진 1

사진 2

한웃고방　고방
정주간　방앗간
한웃방　웃방
부엌　외양간

생각뿐이로다)

하해자에(河海慈愛) 우리어마 방안에 오시는듯

(자애로운 우리 엄마 방 안에 들어오시는 듯)

정쥬간에 드시는듯 이목이 암암쟁쟁(暗暗錚錚)

(부엌에 들어오시는 듯 눈앞 어둠 속에서 들리는듯)

《한국역대가사문학집성》

―――――――――

《한국언어지도》의 부엌과 정지 분포에 대한 간추린 설
명이다.

―――――――――

그림 4

'부엌'의 방언형은 부엌계와 정지계로 뚜렷이 갈린다. (…) 정지
계는 정주(鼎廚) 또는 정주간(鼎廚間)에서 왔다.

　　㉠ 부엌계 : 부엌·부엌·부엌·벅·벅·붴·붴·붴·복

　　㉡ 정지계 : 정지·정제·정재·정기·정게

　　부엌계와 정지계는 (…) 동북쪽에서 서남쪽을 잇는 선으로 나뉜다. 부엌계는 북서쪽, 정지
계는 남동쪽에 분포하며, 이들이 겹치는 데서는 둘을 함께 쓴다. (…)

　　부엌의 방언 가운데 중세국어의 '브《두시언해》 17:15)'나 '브《훈몽자회》 중 5)'의 'ᅀ'이 남은
곳, 곧 '부석' 같은 형이 보이지 않는 것은 ㅅ 지역이 부엌계 대신 정지계로 바뀌어 ㅅ이 아예 없어
진 탓이다. (…)

―――――――――

　　부엌계는 북서쪽, 정지계는 동남쪽이라 하였으나 중국 길림성 조선족자치주뿐 아니라
흑룡강성 및 요녕성 지역도 정지계이다. 이를테면 동북삼성의 '정지계' 분포는 조선시대 초기
의 육진(六鎭)개척에 따라 경상도 주민을 이주시킨 영향도 없지 않을 것이다(그림 4).

1) 다이도코로

①《생활용어 어원사전[暮らしのことば 語源辭典]》 설명이다.

다이도코로는 헤이안[平安]시대(8~12세기)에 궁중이나 귀족 집에서 음식 그릇을 올려놓는 발을 붙인 기구에서 왔다. 그러나 아낙네가 일하는 장소 또는 조리 공간을 이르는 다이반조[台盤所]의 준말이라는 설도 있다. 또 음식 담는 그릇이나 음식 자체를 다이[台]라고도 하였으므로, 이에서 다이도코로가 나왔을 가능성도 있다. 이 말은 13세기부터 썼다(그림 5).

---

②《일본어원대사전》 설명이다.

㉠ 다이반조[台盤所]의 약자이다《和訓栞》·《大言海》.

㉡ 대(台)를 마련하는 데[所]라는 뜻이다. 대는 밥[飯]을 가리킨다《貞丈雜記》·《筆の御靈》.

㉢ 다키도코로(タキドコロ 炊所·焚所)의 뜻인가《勇魚鳥》.

[참고]

㉠ 다이반조는 헤이안시대부터 있었으며 다이도코로가 된 것은 중세(12세기 말~16세기) 이후로 생각된다. 처음에는 궁궐[內裏]·상황(上皇)의 거처·섭정(攝政)·관백(關白)의 집

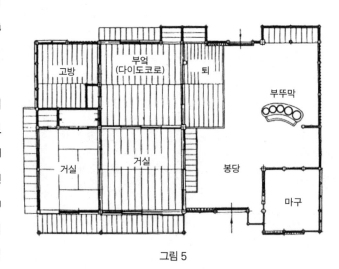

그림 5

에서 요리하는 여자들의 방을 가리켰으며, 중세에 무가(武家)의 집으로 퍼지면서 조리 공간으로 알려짐에 따라 널리 퍼졌다.

ⓛ 근세 이후 서민 집에도 생겨서 '돈 마련하는 데'라는 파생어도 나왔으며, 근대 이후 쿠리야[廚]·갓테[勝手] 따위의 유사어를 제치고 자리잡았다.

ⓒ 다이반조에 경칭[御]을 붙여서 사람을 나타냈으며 이곳의 관리자, 곧 안방마님도 이렇게 불렀다. 줄임말 '고타이도코로[御台所]'나 '고타이[御台]'는 중세 이후에 생겼다.

――――――――

다키도코로는 불을 때는 데라는 뜻이므로 그럴듯하다.

2) 갓테

① 《일본어원대사전》 설명이다.

――――――――

㉠ 활을 당기는 오른손도 갓테이다. 오른손이 쓰기 쉬운 데서 '형편이 좋다'·'마음먹은 대로 된다'는 뜻을 낳았다. 또 속사정을 잘 아는 덕분에 형편이 좋다고 이른 데서, 살림살이 방법을 가리키게 되었으며 '생계'의 뜻이 부엌의 의미로 바뀌었다(《小學館古語大辭典》).

ⓛ 갓테도코로(カッテドコロ 糧所)의 준말이다(《大言海》).

ⓒ 가데[糧]의 와전이다(《碩鼠漫筆》).

ⓔ 가데도코로(カデトコロ)에서 왔다. 갓테(カッテ 勝手)의 가츠(カツ 勝)는 곡물을 찧는다는 뜻의 '가츠(カツ)'로 식량 마련을 나타내며, '테(テ)'는 작업 공간을 이른다(《語源辭典-形容詞編》吉田金彦).

――――――――

② 《의식주 어원사전》 설명이다.

――――――――

갓테는 다이도코로[台所]나 츄보[廚房] 또는 그곳의 일꾼을 가리킨다. 오갓테[御勝手]는 여성 용어이다. 다이도코로가 있는 방향에서 보이는 뒷문과 거실도 이렇게 부르며, 생계나 가계(家計) 따위도 나타낸다.

어원은 《대언해(大言海)》의 설명이 그럴듯하다. 식량이나 비축미(備蓄米)를 가리키는 가리

테(ヵリテ 糧)가 갓테(ヵッテ) 또는 가테(ヵテ)로 바뀌고 이를 두는 다이도코로[台所]가 부엌의 뜻으로 바뀐 것이 어원이다. 다이도코로는 가계의 가장 중요한 곳이어서 점점 편리한 생활 방법을 이르게 되었다.

————

'갓테'는 '마음대로·형편이 좋은·사적인 것'을 가리키지만 가사(家事)에 관한 말에서는 '집안'을 이른다.

③《민속 건축대사전(民俗建築大事典)》 설명이다.

————

1634년에 나타난 가마야[釜屋]도 '부뚜막이 있는 부엌'이라는 뜻이며 지금도 여러 곳에 남아 있다. 부엌은 독채로 지었으며, 고훈[古墳]시대(3~6세기)의 어린이 흙 인형[埴輪]에 보이는 몸채를 뺀 네 채의 부속건물 가운데 하나가 부엌이라면 5세기에 선보인 셈이다. 몸채가 모두 마루인 까닭에 봉당[土間]이 필요한 부엌을 따로 지었을 것이다. 몸채에 봉당이 있으면 부뚜막을 짓고 거기서 음식을 익혔을 것임에 틀림없다. 연기를 피하거나 화재 예방을 위해서가 아니라, 본디부터 따로 지은 사실을 앞의 흙 인형은 말한다. (…)
　중국이나 미크로네시아연방의 뽀나베섬이나 얍부섬도 몸채와 부엌채를 따로 지었으며, 남방문화의 영향이라는 설은 이에서 나왔다.
　미야자키[宮崎]현 일부 및 가고시마[鹿兒島]현에서는 부엌에 방[居住部分]을 들인 건물을 '나카에(ナカェ)'라 한다. 부뚜막 외에 화덕이 있고 다다미[疊]를 깐 방이 딸린 덕분에 여기서도 생활이 가능하여 '나카에 살림'이라는 말이 나왔다(☞ 214쪽 그림 48·49).

————

④ 에쿠안 겐지[榮久庵憲司]의 설명이다.

————

부엌의 옛 이름은 카마모토(かまもと)이다. 효고[兵庫]현에서는 나베자(なべざ), 니가타[新潟]현에서는 밍자(ミンヂャ 水屋)라 한다. 물과 불에 연관된 점을 들어 부엌을 나타낸 것이다. 이는 부엌을 물과 불이 중요한 구실을 펼치는 무대로 여긴 데서 왔다(1975 ; 66).

————

2 — 구조

조리를 위한 중국

가. 부엌

1) 한대(206∼219)

〈그림 6〉은 사천성 성도(成都)에서 나온 2세기 무렵의 화상석(畵像石)의 저택 모습이다. 왼쪽의 대문간채·안대문채·몸채를 비롯해서 오른쪽의 부엌채와 망루로 구성되었으며 이들 사이에 담을 쳤다. 몸채 대청의 주인이 상대에게 술을 권하는 가운데 바깥마당에서는 닭싸움이 벌어지고 안마당에서는 학이 춤춘다. 이러한 정경은 태평성대로 비치지만 높직한 망루로도 모자라 사나운 개까지 먹이는 것은 여간 수상한 세월이 아닌 것을 알려준다.

부엌은 다섯 칸에 이르고 왼쪽에 물레우물까지 두었다. 이 우물은 한대 화상석에 자주 나타난다. 오른쪽 끝의 조리대에 음식이 널렸고, 가운데 아래쪽에 고기 따위를 걸어두는 갈고리가 보인다. 부뚜막은 조리대 건너쪽에 있다. 부엌채를 안채에서 떨어진 행랑채에 둔 것은 음식 냄새를 멀리하는 외에 화재 예방 목적도 있을 것이다.

〈그림 7〉은 산동성 임기현(臨沂縣) 백장(白莊)에서 나온 동한시대(25∼220) 화상석(가로 51.5센티미터에 세로 31.1센티미터)의 부엌채(왼쪽)와 푸줏간이다. 푸줏간은 건물이 번듯도 하거니와 기둥 위의 주두, 뚜렷한 지붕마루,

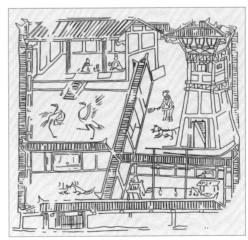

그림 6

그림 7

그림 8

그 위의 높은 적새 따위는 궁궐이나 귀족 집의 부속채임을 알려준다. 돼지머리·돼지 넓적다리·물고기·닭 따위를 걸었으며, 기둥에 묶인 개가 돼지고기를 먹으려고 다가서는 모습도 보인다. 자신이 제물이 될 줄을 꿈에도 모르는 것이다. 화덕의 솥에서 끓는 물로 닭을 데치려는 듯하다.

　까마귀의 등장도 이색적이다. 한 마리는 한 다리를 부엌채에, 다른 쪽을 푸줏간에 딛고 무엇인가 뜯고 있다. 부엌 지붕마루와 푸줏간 오른쪽 지붕마루에도 한 마리씩 보인다. 큰 제사에 올릴 제물을 마련하는 장소임을 강조하려고 악귀를 쫓는다는 성조(聖鳥)를 등장시킨 듯하다. 부뚜막 앞쪽에 작은 솥이 놓이고 그 뒤의 큰 솥에 시루를 얹었다. 한 사람은 떡이 익었는지 살피고, 다른 하나는 불땜을 고른다. 둘 사이의 천장에 걸린 것이 무엇인지 궁금하다. 부뚜막은 긴네모꼴이며 한 끝에 굴뚝을 세웠다.

　부엌채의 배흘림기둥, 주두와 두공, 모임지붕의 지붕마루와 골마루, 기왓골도 뚜렷하다. 지붕마루 좌우의 바래기기와와 내림마루 양쪽의 인물상도 인상적이다.

　〈그림 8〉은 산동성 가상현(嘉祥縣) 성동북(城東北) 오노와(五老窪)에서 나온 한대 부엌이

다. 부뚜막에 솥과 시루만 얹었으며 오리주둥이꼴 굴뚝은 높직하다. 천장에 걸린 물고기 두 마리는 훈제(燻製)일 것이다. 오른쪽에서 틀 위에 올려놓은 자백이 안의 술밥 주머니를 눌러서 아래쪽의 옹기로 흘려보내며 옆에서 돼지내장을 들어낸다. 돼지를 튀기려는가? 등 뒤의 솥에서 물이 끓는다.

그림 9

〈그림 9〉는 강소성 휴녕현(睢寧縣) 장우징집(張圩徵集)에서 나온 것으로 시기는 앞과 같다. 오른쪽 끝 도르래우물의 오지두레박은 좁고 길며, 높직한 우물 전에 칼을 교차시킨 그림을 그렸다. 부뚜막은 〈그림 7〉과 같다. 상차리기에 바쁜 세 사람 사이로 까마귀가 날아든다. 횃대에 물고기와 닭 따위를 걸었다.

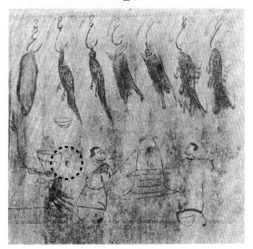
그림 10

〈그림 10〉은 내몽골자치주 화림격이(和林格爾)에서 나온 동한시대 부엌[廚炊壁畵]그림이다(가로 113센티미터에 세로 92센티미터). 아궁이 불이 훨훨 타오르는 가운데, 이만큼 떨어진 아낙은 도르래우물의 두레박을 끌어 올린다. 특이하게도 시루 옆에 '조(竈)'라고 썼다(○부분). 천장에 (왼쪽에서부터) 짐승고기·꿩 두 마리·토끼 두 마리·물고기 두 마리 따위를 걸고 연기를 쐬는 중이다.

그림 11

〈그림 11〉은 사천성 성도에서 나온 후한시대 부엌이다. 왼쪽의 무릎 꿇은 아낙은 긴 호롱으로 아궁이에 바람을 넣고, 오른쪽에서는 둘이 술을 거르며, 다른 한 사람은 묶은 개를 잡으려는 참이다. 뒤쪽 장대에 물고기 네 마리와 닭 두 마리를 걸었으며 무릎 꿇은 여인은 칼로 도마 위의 날짐승(학 또는 백로) 배를 가른

다. 성도 일대에 못이 많은 것
과도 연관이 있을 듯하다. 칼
은 오늘날의 것처럼 날이 매
우 너르다.

〈그림 12〉는 요녕성 요
양봉태자(遼陽奉台子) 1호분
의 후한시대 것으로 부엌세
간을 알리는 귀중한 자료이
다. 솥 두 짝을 걸은 긴네모
꼴 부뚜막의 오른쪽 여인은
개수통의 그릇을 씻는다. 집
꼴의 찬장에 단 두짝열개의
문은 세간이 많은 것을 나타
낸다. 네 다리 상과 세 다리
둥근 상을 쌓아놓았다. 《사
기》의 '장이(張耳)는 스스로
소반을 들어다가 밥을 먹었
다'는 기사(《장이전》)대로 필
요한 때마다 내려서 쓴 것이
다. 상들이 낮은 것은 음식
을 앉아서 먹은 것을 알려준
다. 아래쪽의 겹쳐놓은 네모
꼴 상자는 갸자이고(손잡이
가 보이지 않지만), 오른쪽 끝은
작은 접시 따위를 얹어두는
틀이며 옹기들은 물두멍일
터이다.

〈그림 13〉은 산동성 비
성현(肥城縣) 효당산(孝堂山)

그림 12

그림 13

그림 14

IV. 부엌

178

하석사(下石祠)에서 나온 후
한시대 부엌이다. 장대에 비
늘 벗기지 않은 물고기·토
끼·자라 외에 산 오리 두 마
리와 개 따위가 걸렸다. 왼쪽
아래 부뚜막 옆 아낙은 시루
를 살피고, 앉은 이는 불땜
을 고른다. 불이 너른 체로
술을 거르는 두 사람 뒤로
사발 다섯 개를 포개 얹은
그릇 상자와, 오른쪽 귀퉁이
의 사발 두 개를 얹은 낮은
상도 볼거리이다.

〈그림 14〉는 내몽골자
치구 화림격이에서 나온 후
한 후기(2세기 말)의 시장 그
림(需城圖) 속의 부엌채이다.
관공서 부엌인 듯 ㄷ자 건물
의 솟을대문에 공관문(共官
門)이라고 적은 현판을 걸었
다. 왼쪽 담 밖에 긴 창을 든
군인들이 둘러서고 마구에

그림 15

말 서너 마리가 들어선 까닭을 알 만하다. 안마당의 지붕 씌운 건물은 우물인가? 한 사람이
음식상을 쌓고, 다른 한 사람은 상을 안으로 나르며, 나머지는 식기와 음식물을 정리하느라 정
신이 없다.

와타베 다케시[渡辺 式]는 '벽화의 주인공은 호오환(護烏桓)의 교위를 지내다가 188년쯤
에 죽은 공기조(公綦調)로 추정되며, 한나라와 변경의 이민족 사이의 교류를 잘 묘사한 제1급
자료'라는 설명을 붙였다(1991 ; 230).

〈그림 15〉는 산동성 제성시(諸城市) 양대(凉臺)에서 나온 후한 말의 부엌으로 온갖 모습

이 들어찼다. 맨 위에 (왼쪽부터) 자라·꿩 두 마리·드렁허리[鱔]처럼 생긴 가늘고 긴 물고기 두 마리·잔고기 엮음·배 가른 토끼·소를 비롯한 집짐승의 간·돼지머리·돼지를 닮은 동물 밥통·앞과 같은 동물 내장 따위를 걸었다. 한 사람이 칼로 내장을 자르고, 그 아래 오른쪽에 물고기 두 마리를 얹은 그릇을 든 이와, 도마 위의 물고기를 손질하는 이가 보인다. 왼쪽의 둘은 날라온 음식을 차리려고 포개 얹은 상 일곱 개 가운데 맨 위의 것을 들어낸다. 오른쪽 끝에서는 부채로 불을 부쳐가며 꼬치를 굽고 아래에서는 고기를 꼬치에 꿰고, 도마 앞의 셋은 물고기 내장을 들어내는 듯하다. 유목민 특유의 꼬치고기가 이때 벌써 널리 퍼진 모양이다.

왼쪽의 도르래우물에서 물을 긷고 병아리와 오리들은 물그릇으로 모인다. 네모꼴 부뚜막에서는 시루를 살피고 불땀을 고른다. 오른쪽으로 음식 나르는 갸자와 그물에 갇힌 꿩 서너 마리가 있다. 바로 아래 오른쪽에 염소 뿔을 단단히 쥔 이 앞으로 백정이 다가간다. 한 명은 쇠꼬리에 잡아맨 끈을 당기고 다른 한 명은 메로 머리를 치려 든다. 다음은 돼지 차례이다. 앞발을 묶은 줄을 당기는 가운데, 한 명이 긴 칼을 들고 겨눈다. 이 밖에 도끼로 장작을 패고 술을 거르며, 개를 잡는 등 바쁘게 돌아간다. 오른쪽 아래의 항아리는 물두멍인가?

〈사진 3〉은 산동성 치박시(淄博市) 임치(臨淄)에서 나온 한대 요리사들이다[綠釉陶廚俑]. 왼쪽 젊은이는 소매를 걷어 붙이고 도마의 음식 재료를 칼로 썰며 무엇이 즐거운지 두 눈을 크게 뜨고 벙긋 웃는다. 소매를 걷은 오른쪽 노인도 마찬가지이다. 두 사람 앞의 오리는 목이 곧 잘릴 것이다. 〈사진 4〉의 눈을 부릅뜨고 이를 드러낸 채 사납게 짖는 개도 마찬가지이다(산동성박물관).

사진 3

사진 4

2) 위진(220~589)~청대(1616~1911)

〈그림 16〉은 감숙성 가욕관(嘉峪關) 패방량(牌坊梁)에서 나온 위진(魏晉)시대 부엌이다. 맛을 내려고 꼬치를 양념 단지에 넣는 여인, 꼬치 작대기를 든 어린이, 모자 쓴 조리사가 주인공이다. 오른쪽에 집짐승 세 마리를 걸었다.

다나카 탄[田中淡]은《제민요술(齊民要術)》의 기록을 들어 양념을 소금·된장·후추·생강으로 만들었다고 적었다(1985 ; 267·271). 이에 따르면 어린이가 든 것은 양념 꼬치이고, 고기는 지금도 서북지방에서 즐겨 먹는 양일 것이다. 그러나 이성우(李盛雨, 1928~1992)는 이를 우리네 맥적(貊炙)으로 보았다.

《예기》에 적(炙)은 꼬챙이에 꿴 고기를 불에 구운 고기로, 전 5세기쯤의 〈의례(儀禮)〉에 '적에는 장을 치지 않는다'고 적혔다. 미리 장으로 간을 맞추었으니 다시 찍어 먹을 필요가 없다는 뜻이다. 실제로 전통적인 중국 요리는 조리한 뒤에 장에 찍어 먹는다. 따라서 맥적은 오늘날 우리 불고기의 원조인 셈이다. 진(晉)대에 나온《수신기(搜神記)》에도 '맥적은 다른 민족의 음식인데 예부터 중국 사람들이 좋아하여 중요한 잔치에 차린다. 이는 그들이 중국을 침범한 사실을 알리는 증거'라고 적혔다(1992 ; 213).

같은 곳의 6호 무덤에서 세 줄로 꿴 꼬치를 굽는 그림과, 구도가 거의 같은 북위(北魏)시대(527) 부엌 그림도 나왔다.

그림 16

〈그림 17〉은 감숙성 가욕관 5호 무덤에서 선보인 앞과 같은 시기의 부엌이다. 여인 둘이 닭을 통째 삶거나 삶은 닭의 털을 뽑는 듯하다. 같은 그림이 신성(新城) 13호 무덤에서도 나온 것은 양뿐만 아니라 닭도 즐겨 먹

그림 17

| 그림 18 | 그림 19 |

은 것을 알려준다.

〈그림 18〉은 하남성 낙양망산(洛陽邙山)·영무석실(寧懋石室)의 북위시대 야외 장막에 마련한 한데부엌이다. 무릎 꿇은 여인은 긴네모꼴 부뚜막 아궁이에 불을 넣는다. 앞사람은 건너 쪽 여인이 '옹기에서 국자로 뜬 음식을 오른손을 넣어 맛본다'고 하였지만(1985 : 275), 불길이 거센 것을 보면 솥인 듯하다. 여인 둘은 맛이 어떤지 궁금한 모양이다. 아궁이 위의 네모 불막이벽은 한대의 것과 같다.

〈그림 19〉는 하남성 언사주류구(偃師酒流溝)에서 출토된 북송시대(960~1127) 부엌이다. 낮은 도마가 아닌 높직한 조리대 앞에 서서 한 여인이 물고기를 다루는 모습은 지금까지와 달리 입식 부엌이 등장한 것을 나타낸다.

다나카 탄의 음식 설명이다.

회를 치는 장면이다. 앞에서 물이 끓고, 오른쪽에 물고기 씻는 물그릇이 있다. (…) 회라고 해도 생짜가 아니라 약한 불에 끓인 물에 한 번 데쳐 먹었을 것이다. 북송 맹원로(孟元老)의 《동경몽화록(東京蒙華錄)》에 보이는 야시장 어물전에서 파는 수정(水晶)회도 뒷날의 《식경(食經)》에 따르면, 씻은 잉어를 끓는 물에 데친 뒤 초와 향료를 섞어 먹은 것으로 생각된다. (…) 물고기 도마는 오늘날 것과 같으며, 칼끝이 뾰족하고 조붓한 유인(柳刃)과 달리 날이 뒤로 젖혀졌지만 오늘날 회

칼을 닮은 것도 흥미롭다(1985 ; 278~279).

그림 20

북송 때 물고기 회를 먹은 것은 그다지 알려지지 않았으며 조리대 앞의 화로와 허리의 행주치마도 처음 선 보였다. 흙으로 빚은 화로는 깨지지 않도록 네모 틀 안에 앉혔고 냄비[鍋]는 오늘의 것과 같다.

〈그림 20〉은 사천성 광원(廣元) 및 임광세(林光世) 부부의 합장묘에서 나온 남송(1195)의 부엌이다. 솥이 아니라 냄비를 걸고, 질시루 대신 나무시루 여섯 개에 만두를 찐다. 거의 다 익은 듯, 느긋한 표정의 주인공은 담뱃대를 꼬나물었다. 오른쪽의 물장수도 첫선이다. 물을 쏟으려고 물두멍으로 가는지 물통이 흔들리는 것을 막으려고 멜대의 끈을 두 손으로 잡았다. 갈비가 드러나도록 앞가슴을 풀어헤친 것도 그럴듯하다. 이에 대해 다나카 탄은 '밀가루 음식을 찌는 대[蒸籠] 또는 나무시루를 적어도 송대에 쓴 것을 알리는 점에서 주목된다'고 하였다 (1985 ; 255).

그림 21

대나무시루는 4세기의 동진시대 벽화에도 등장한다. 우리는 삼국시대에 질시루를 썼으며, 경주 98호 무덤에서는 청동시루가 나왔다.

산서성 강현(絳縣) 배가보(裵家堡)에서 나온 〈그림 21〉은 금대(金代 1115~1223)의 부엌 내부를 알려주는 드문 자료이다(《급수취사도(汲水炊事圖)》).

물장수로 보이는 사나이가 물레우물에서 길은 물을 멜대로 나른다. 그릇들을 엎어놓은 삼단 찬장은 우리도 쓴 것이라 눈에 익다. 굴뚝을 붙인 네모반듯한 부뚜막에 솥 한 짝을 걸었다. 불기운이 없는 아궁이와 이만큼 떨어져 앉은 여인의 얼굴이 어두운 것은 연관이 있을 것

2 — 구조

이다. 큼직한 물두멍도 찬장 못 지않은 볼거리이다. 물레우물은 근래까지 산동성 일대에서도 썼다.

그림 22

〈그림 22〉는 유정년(劉廷年)이 1927년쯤에 그린 북경 대갓집 부엌이다(주방도廚房圖). 조리대 위에 들창을 붙이고 크고 높은 부뚜막 위에 2단 찬장을 벽 밖으로 달았다. 그 옆의 것은 기름에 튀긴 음식이나 삶은 국수 따위를 건지는 뜰채이다. 받침대에 올라선 조리사가 한쪽 주전자에 물을 끓이고 다른 냄비에 음식을 볶는다. 불길이 거센 것을 보면 석탄[煤球兒]을 때는 모양이다. 오른쪽 끝에 개수통과 받침대가, 부뚜막 왼쪽에 물두멍과 양념 단지들이 보인다. 앞쪽의 것은 겹쳐놓은 만두 시루이다. 한 떠꺼머리가 음식 그릇을 나르고 한 늙은이는 음식 그릇을 든 채 문틈 사이로 내려다본다. 부뚜막 건너편에도 조리대를 마련하였다.

3) 21세기

〈사진 5〉는 산동성 장구시(章丘市) 서민가옥의 독채 부엌이다. 우리와 달리 난방을 부엌에 의존하지 않는 까닭에 따로 세웠다. 굴뚝이 없는 것도 마찬가지이며 연기는 문 위와 창살 사이로 빠져나간다. 아래짝과 받침이 한몸을 이룬 오른쪽 앞의 대형 붙박이 맷돌을 백호(白虎)신으로 받든다(☞ 130쪽 사진 115).

〈사진 6〉도 같은 마을의 부엌이다. 문이 없으며 오른쪽 벽의 창에도 살을 먹이지 않았다. 오른쪽 계단은 마을길이다. 입구 왼쪽에 앉은뱅이 맷돌이, 왼쪽에 큼직한 돌물두멍이 보인다. 왼쪽은 몸채이다.

〈사진 7〉의 왼쪽 진흙으로 빚은 부뚜막 둘은 아궁이 턱이 길어서 섶나무를 때기 쉽다. 부뚜막 뒤와 입구 오른쪽에 땔감을 쌓았다. 냄비를 비롯한 부엌세간은 나무로 엉성하게 짠 틀에 올려놓았다. 부뚜막이 둘이지만 식구라야 홀몸의 안노인뿐이어서 잔치나 장례식 따위

사진 5

사진 6

사진 7

사진 8

의 큰일이 닥치지 않으면 하나만 쓴다. 이러한 사정은 마을 어느 집이나 마찬가지이다.

〈사진 8〉은 운남성 대요현(大姚縣) 계화(桂花)의 한 부잣집에서 대문 옆에 붙인 독채 부엌이다. 보기 드문 귀틀집에 규모는 세 칸에 이른다. 지붕도 높직하거니와 처마도 깊숙하다. 이 일대에서는 부엌뿐 아니라 몸채를 비롯한 곳간 따위의 부속 건물도 모두 귀틀로 짓는다. 부뚜막 반쪽에나마 타일을 붙인 덕분에 안이 훤하며 위에 냄비 두 짝을 걸었다(사진 9). 아궁이 앞에 작은 화덕을 꾸민 덕분에 찻물 따위를 끓일 수 있어 편리하다. 중·상류가옥에서는 부뚜막 외에 화덕도 갖춘다.

〈사진 10〉은 화덕 쪽에서 본 부엌 안이다. 왼쪽에 3단 찬장을 놓고 그 옆에 2단 창장을 걸었다. 마주 보이는 벽 오른쪽에 모(毛澤東 1893~1976) 주석(主席)과 그의 혁명군들을 그린 포

사진 9

사진 10

사진 11

사진 12

스터가 보인다. 운남·사천·귀주성 일대에서는 모 주석 사진을 집지기처럼 받드는 집이 적지
않다.

　　그 아래의 탁자와 왼쪽 벽 아래에 긴 의자는 마을을 찾는 관광객을 위한 것이다. 숙소는
따로 세웠으며, 식사 인원이 늘어도 부뚜막 하나로 해결되는 것이 중국 부엌의 장점이다. 그리
고 우리처럼 부엌세간을 줄줄이 늘어놓지 않는 것도 그럴듯하다. 일본도 이 나라를 닮았다.

　　〈사진 11〉은 광서성 용승현 한 농가의 부엌이다. 아궁이 둘짜리의 긴네모꼴 부뚜막에 냄
비 두 짝을 걸었으며 왼쪽에는 흔치 않은 알루미늄 소댕을 덮었다. 오른쪽으로도 크고 작은
냄비가 보인다. 일상의 음식은 주로 부뚜막 아래에 놓인 냄비를 얹은 화로·삼발이·양은솥을
올려놓은 화로 따위에 익힌다. 왼쪽은 물두멍이다. 이처럼 어지럽기 짝이 없는 부엌이지만 아
낙네가 들어서서 왔다 갔다 하는 사이에 믿기 어려울 정도의 먹을 만한 음식이 마련된다.

　　〈사진 12〉는 산동성 내무시(萊蕪市) 부근 한 농가의 부엌으로 한 귀퉁이에 냄비 한 짝만
걸어놓은 부뚜막과 물두멍을 놓았고, 왼쪽 벽에 조왕신상을 붙였다.

〈사진 13〉은 운남성 초웅(楚雄)시 교외 부엌채 지붕의 연기 구멍이다. 수키와 위에 턱을 짓고 기와를 용마루에 직각방향으로 비스듬히 세운 뒤 눈썹 채양을 걸어서 비가 들이치는 것을 막았다. 우리네 산간가옥의 까치구멍을 닮았다.

사진 13

강소성과 절강성 일대에서는 부엌 벽에 '불조심'이라고 쓰되, 불 '화(火)'를 거꾸로 쓴다. 불길이 아래로 향해서 화재가 나지 않는다는 것이다.

나. 푸줏간

〈그림 23〉은 후한시대 요녕성 요양봉태자(遼陽棒台子) 1호분의 푸줏간이다. 소를 잡으려는 백정과 각을 뜨려고 긴 칼을 들고 다가서는 푸주꾼이 보인다. 왼쪽에서는 기둥에 묶은 사슴(다나카 탄은 말이라고 하였다) 가죽을 벗기려고 발굽을 자르고, 아래 사람들은 허리를 깊이 굽히고 장대에 말릴 고기를 저민다. 유목민의 겨울채비인 듯하다. 전봇대를 닮은 장대에 걸린 것은 여러 동물의 고기와 내장이다. 갈고리로 거는 모습을 개가 침을 삼키며 올려다본다. 이른바 포(脯)·수(脩)·석(腊)을 만드는 장면이다. 앞 그림도 마찬가지이다.

《주례(周禮)》나 《예기(禮記)》에 집짐승·들짐승·날짐승·물고기 따위의 내장을 저미며 말린 고기는 포(脯), 고기에 생강이나 계피[肉桂]를 발라 말린 것은 석(腊)을 가리킨다고 적혔지만 이들을 흔히 포석이라 부른다. 또 큰 짐승의 고기를 얇게 저미며 조미하지 않고 말린 것은 포

그림 23

그림 24

그림 25

그림 28

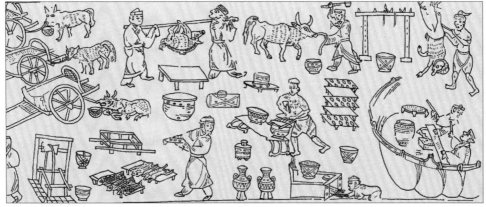

그림 26

이고, 수는 고기에 생강과 육계 따위를 발라서 말린 것이다. 이 밖에 닭이나 토끼처럼 작은 동물을 통째 말린 수(脩)도 있다. 《사기》에 '탁(濁)씨가 위포(胃脯)를 팔아서 부자가 되었다'고 적힌 것을 보면 당시 많이 먹은 것을 알 수 있다(《화식전》).

〈그림 24〉도 같은 곳, 같은 시기의 푸줏간이다. 자라·개 머리(?)·털 뽑은 거위·닭·작은 새·원숭이·짐승의 심장과 내장·작은 통돼지·물고기 따위를 걸었다. 한쪽에서는 그물로 잡은 오리를 도마에 놓고 목을 친다. 뭍짐승과 날짐승에 물고기까지 다 모은 것이다. 아래쪽에서 상에 올릴 음식을 찌고, 굽고, 삶느라 바쁘다. 갸자는 큰 잔치임을 알려준다.

〈그림 25〉는 요녕성 요양삼도호(遼陽三道壕) 제사요창(第四窯廠)의 후한 말 푸줏간이다. 장대에 돼지머리·돼지 어깨살·돼지 내장·토끼 두 마리·털 벗긴 꿩(?) 한 쌍·내장 들어낸 물고기·이들을 삶는 기구·물고기 따위를 걸었다. 아래 두 사람은 꼬치에 꿴 고기를 굽는다. 이 조

리법을 오(熬), 연기를 씌우
는 훈제법을 소(燒)라고 한다.

그림 27

　〈그림 26〉은 산동성 기
남현(沂南縣)에서 나온 후한
말의 푸줏간이다. 짐승을 나
르는 달구지 석 대, 도르래
우물, 갸자 따위를 보면 여
간 큰 푸줏간이 아니다.

　네 굽을 묶은 돼지를 멜대로 나르고, 고삐를 쥔 백정이 소를 잡으며, 이미 잡은 돼지를
거꾸로 매달고 가죽을 벗긴다. 옆의 도살 틀에서 잡은 듯하다. 아래에 피받이 그릇이 보인다.

　긴네모꼴의 굽다리 상에서 고기를 굽고 다섯 개 중에 새 개에 음식을 차렸다. 한 상에
여덟이 앉는다면 그만도 삼십여 명이 넘는다. 장군을 닮은 것은 술통일 터이다. 고기 찌는 부
뚜막 굴뚝에서 솟는 연기도 부산한 푸줏간의 분위기를 살리고 있다.

　〈그림 27〉은 감숙성 가곡관 신성 12호 무덤의 위진시대 푸줏간이다. 두루마기 허리를
단단히 여민 백정이 틀 위에 비스듬히 엎어놓은 돼지 등가죽을 벗기려는 참이다. 왼쪽에 피
받이 동이가 있다. 피는 식량 구실도 하였다.

　〈그림 28〉은 감숙성 돈황(敦煌) 막고굴(莫高窟) 85호의 10세기 초 푸줏간이다. 안에 고기
를 줄줄이 걸어놓고도, 밖의 백정이 잡은 개를 높직한 탁자에서 자른다. 이 무렵에는 푸줏간
에서도 서서 일한 것으로 보인다. 탁자 아래의 개도 명이 얼마 남지 않았다.

다. 잔치 모습

　〈그림 29〉는 산동성 가상현(嘉祥縣) 무씨(武氏) 사당에서 나온 후한시대 모습이다. 자리에
앉은 셋 앞에 둥근 음식상이 놓이고, 건너 사람은 삼발이에 얹은 옹기에서 음식을 덜어 그릇
에 나누는 듯하다. 그사이 안쪽의 두 사람은 육박(六博)을 친다.

　〈그림 30〉은 산동성 비성시(肥城市) 효당산(孝堂山) 석실에서 나온 앞과 같은 시기의 것이
다. 마주 앉은 네 사람 사이의 자리에 대접들과 겹쳐놓은 옹기가 보이고 왼쪽 낮은 상의 큰 그
릇에 구기를 걸쳐놓았다. 가운데 사람은 옹기의 음식을 뜬다. 오른쪽 위의 솔개는 저승임을
알리는 듯하다.

　〈그림 31〉은 산동성 제성현(諸城縣) 양태(涼台)의 후한 말 잔치 모습이다(부분). 자리가 좁

은 탓인지 상을 둥근 받침으
로 대신하고 음식 그릇마저
맨바닥에 놓았지만, 이와 대
조적으로 띄엄띄엄 보이는
음식 옹기는 낮은 상에 올
렸다.

그림 29

〈그림 32〉는 산동성 기
남현에서 나온 앞과 같은 시
기의 잔치 장면이다. 좁고 긴
낮은 상에 손잡이 달린 음
식 그릇을, 둥근 상에 물고
기를 차렸다. 이 밖에 대바
구니도 보인다.

그림 30

〈그림 33〉은 하남성 밀현(密縣) 타호정(打虎亭)에서 선보였다. 시기는 앞의 것과 같다. 장막
을 등진 주인공 앞에 낮은 둥근 상을 놓았다. 왼쪽 여인은 음식을 떠 올리고 오른쪽에서는 차
를 바치며 아래쪽에서도 상 위 화로의 음식을 떠낸다.

〈그림 34〉는 10세기 초의 잔치 그림으로, 감숙성 돈황 막고굴 437호의 벽화이다. 장막
가운데 다리 달린 긴네모꼴 식탁과 다리 붙인 의자가 놓였다. 이처럼 식당에서 식탁과 의자를
같이 쓰기 시작한 것은 당대부터이다. 이들의 등받이 없는 의자에 대해 다나카 탄은 '장탁(長
卓) 또는 장등(長凳)이라는 서역에서 나온 의좌식(椅坐式) 가구이다. (…) 756년에 고원규(高元
珪) 무덤에서도 나온 것을 보면 장안 부근에서도 성당기(盛唐期)에 이미 의자를 널리 쓴 것을
알 수 있다. 따라서 당시 한민족의 습속으로 이상할 것이 없으며, 그들이 의자에 앉아서 음식
을 먹기 시작한 초기 모습을 알 수 있는 보기'라고 적었다(1985 ; 293). 그때는 이를 호상(胡床)이
라 불렀다.

그것은 그렇거니와 양쪽에 여자 넷에 남자 셋이 마주 앉은 것과, 앞에 놓인 젓가락과 숟
가락은 볼거리이다. 우리와 달리 젓가락을 오른쪽에, 그리고 숟가락을 조금 떼어놓은 것은 역
시 젓가락을 더 자주 쓰는 것을 나타낸다. 왼쪽의 넷은 남자, 오른쪽의 팔짱을 낀 다섯은 여
자이다.

〈그림 35〉는 오대(五代 907~960)의 고굉중(顧宏中)이 그린 〈한희재 밤 잔치 그림[韓熙載夜宴

그림 31

그림 32

그림 33

그림 34

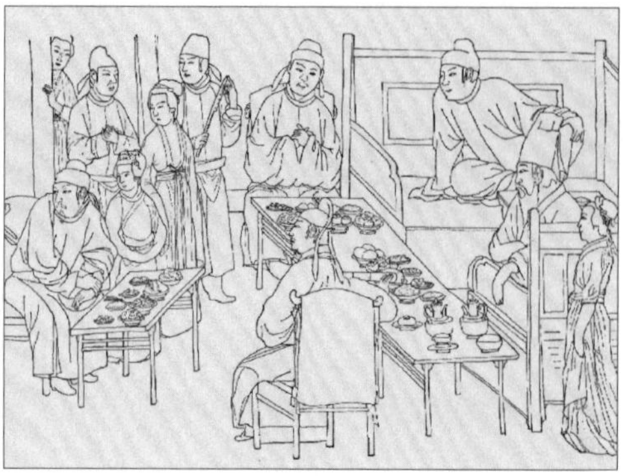

그림 35

그림 36

그림 37

圖])이다(부분). 오른쪽 ㄷ자꼴 공간에 두 사람이 앉은 자리는 탑상(榻上)을 닮았다. 나머지 셋은 등받이 의자에서 왼쪽 여인이 타는 가락을 듣는다. 의자 생활은 이 무렵에 퍼졌을 것이다. 탑상과 의자 앞 식탁에 술병과 잔 그리고 만두를 비롯한 여러 가지 점심거리가 보인다.

〈그림 36〉은 금대(1115~1234)의 산서성 강현 배가보(裵家堡)유적에서 나왔다. 높은 탁자와 의자에 앉은 주인 부부 앞 탁자에 술 주전자와 술잔 따위가 있다. 저승에서도 요긴한 가구임을 알리려고 의자와 탁자를 굵은 선으로 나타낸 것인가?

〈그림 37〉은 하남성 초작현(焦作縣)의 추복(鄒琭)무덤(1197)의 것으로 네모 화로에 세 사람이 둘러섰다. 빨리 데우려고 긴 주둥이가 달린 술 주전자를 화로에 기우려 세운 듯하다. 하나가 부채질을 하는 것도 마찬가지이다. 화로는 크기도 하거니와 위아래에 두른 쇠에 둥근 못을 박고 복숭아꼴 바람구멍을 냈다.

조리와 난방을 위한 한국

부엌에서 조리와 난방을 같이 하는 까닭에 부엌 바닥이 바깥 지면보다 50센티미터쯤 낮다. 이 때문에 불을 땔 때 반드시 쪼그려 앉고, 솥의 음식을 퍼 담으려면 허리를 굽히고, 음식상을 방이나 마루로 옮길 때는 턱을 딛고 문지방을 넘는 불편이 따른다. 부뚜막이 딸리지 않은 함실아궁이도 앉아서 불을 때는 것은 마찬가지이다. 또 흙이 날려서 음식에 들어가지 않도록 바닥을 단단히 굳히므로 그릇 따위를 썻은 개숫물을 조금이라도 흘리면 미끄러져서 다치기 십상이다. 굳은 바닥은 송편크기로 뭉쳐져서 요철을 이루며, 이를 복으로 여겨서 이사 때 거두어 가기도 한다.

〈사진 14〉는 경상북도 경주시 안강읍 옥산서원의 함실아궁이이고, 〈사진 15〉는 강원도 삼척시 도계읍 신리의 함실아궁이이다.

우리 부엌에 대한 가장 오랜 기록은 《삼국지》의 '(남향집의) 부엌이 모두 서쪽에 있다[竈皆在戶西]'는 기사이다(〈위서〉 변진전). 4세기의 황해도 안악군 유순리의 3호 무덤 벽화도 그러하거니와, 《증보산림경제》에도 '부엌은 서남쪽이 좋으며 서북쪽에 두면 나쁘다'고 적혔고 오늘날에도 '밥을 들이 퍼야 복이 나가지 않는다'는 믿음이 퍼져 있다. 중국의 서쪽 하늘을 지키는 백호가 부뚜막과 연관된 것도 염두에 둘 일이다. 특히 동북지방에서는 부뚜막의 백호가 들고날 때마다 사람을 해친다고 믿는다(☞ 130쪽 사진 115). 고고학계는 앞의 새김을 따르면서도(오승환 2009·이현숙 2006·이형주 2001) 경상도 일부 지역의 보기를 들며 '부뚜막[竈]이 모두 문 서쪽에 있다'고 하였다(박대재 2010·윤일이 1995).

사진 14

'호'에 문과 집의 뜻이 있지만 앞 기사는 큰 틀에서 읽어야 한다. 3세기에 그것도 중국 사람이 집 안을 들여다본 듯이 '문 안의 부뚜막' 운운하였을까 하는 의문이 드는 까닭이다. 박대재도 '지금의 경상남도 일대에서는 부뚜막을

사진 15

2 — 구조

집 안의 서쪽에 설치했다'면서도 '최근의 고고학적 조사에 의하면 부뚜막 위치의 정형성은 잘 확인되지 않는다'고 덧붙였다(2010 ; 113). 이어 '3~6세기 일본 주거지의 부뚜막은 입구의 오른쪽 즉 동쪽에 설치되는 특징이 나타나며, 오른쪽은 여성의 공간이고 왼쪽은 남성의 공간이라는 사실과도 연결된다고 이해되기도 한다. 그러나 일본 고대의 주거 가운데 왼쪽에 부뚜막이 설치된 경우도 많다. 일부일처제 가족제도였다는 뚜렷한 증거가 없는 상황에서 부뚜막 위치와 남녀 공간을 나누는 것은 어려움이 많다'고 얼버무렸다.《삼국지》〈마한·변진〉조에도 '변진은 마한과 섞여 살며 말과 법속이 닮았지만 조왕(竈神) 제사방식은 다르며 모두 문 서쪽에 모신다'고 적힌 것도 참고할 일이다. 뿐만 아니라 오키나와제도에서도 '남좌여우'의 원칙에 따라 부엌은 반드시 서쪽에 둔다.

사진 16

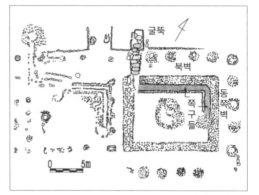
그림 38

한편, 고구려에서 부엌을 동쪽에 둔 것은 구들을 동쪽에서 북벽을 따라 놓았기 때문이다. 이를테면 철기시대 및 고구려 초기의 청천강 세죽리, 대동강 북창군, 독로강 노남리 남파동호, 압록강 토성리 등지의 유적이 대표적으로, 쪽구들은 모두 동 또는 동북

사진 17

쪽에서 ㄱ자꼴로 굽었다. 고구려의 길림성 집안시 동대자 건물터와 요녕성 무순시 고이산성을 비롯해서 서울 아차산(제4보루)과 구의동 것도 마찬가지로 아궁이는 동남쪽 끝에, 굴뚝은 대칭점인 서북쪽에 두었다. 흑룡강 북쪽의 극동 일대도 마찬가지이다

〈사진 16〉과 〈그림 38〉은 요녕성 집안시 동대자 건물터의 ㄱ자꼴 구들자리이고, 〈사진 17〉은 러시아 하바로프스크 민속박물관에 복원한 이 지방 서민가옥 부엌으로 오른쪽의 부

| 그림 39 | 그림 40 |

뚜막과 구들이 역시 ㄱ자로 구부러졌다. 이 유형은 신석기시대 움집에서 입구를 남쪽에 내는 대신 부뚜막을 비롯한 구들을 북쪽에 두어서 온기를 보존한 데서 왔을 것이다.

따라서 삼국시대에는 부엌을 서쪽에 둔 남부지역과 북쪽에 둔 북부지역의 두 유형이 존재한 셈이다. 김경복도 안악 3호 무덤을 비롯한 고구려 고분벽화의 귀족 저택에서 오른쪽 측실 앞 벽 왼쪽부터 시계 방향(동쪽)으로 방앗간·우물·부엌·푸줏간·수레간·마구 따위를 둔 점을 들고 앞의 유적과 방향이 닮았다고 하였다(2010 ; 19).

〈그림 39·40〉은 앞에서 든 안악 3호 무덤의 부엌 그림이다. 북한에서는 주인을 미천왕(美川王 300~331)으로 보지만 전연(前燕)의 모용황(慕容皝)을 따르다가 336년 고구려에 망명한 뒤, 357년(69세)에 죽은 동수(冬壽)라는 설도 있다. 세 칸의 부엌을 비롯해서 푸줏간·수레간·외양간 따위를 독채로 지은 점이 눈을 끈다. 서민들이 부엌에서 난방과 조리를 한 것과 달리, 귀족들은 부엌을 따로 짓고 난방은 구들과 화로에 의존한 것이다.

부엌의 맞배지붕 양 끝과 내림마루에 치미(鴟尾)를 올린 것을 보면 궁궐이나 대갓집 반빗간임에 틀림없다. 지붕마루 오른쪽 끝에 앉은 새는 고구려에서 신조(神鳥)로 여긴 까마귀일 것이다. 본디 까마귀는 솥처럼 검다고 하여 솥의 신으로 불렸으며, 고구려의 다른 무덤에서는 해를 상징하는 세 발 까마귀[三足烏] 그림도 나왔다.

잔치 마련인 듯, 아낙 셋이 부지런히 움직인다. 오른손에 떡 칼을 쥔 반빗아치는 왼손의 긴 젓가락으로 시루의 떡이 익었는지 살피고, 다른 이는 아궁이 앞에 쭈그려 앉아 불땀을 고

르며 나머지는 갈퀫발이 달린 상 위에 그
릇을 차곡차곡 쌓는다. 요즘도 그렇듯이 부
엌 강아지 두 마리가 행여 음식부스러기라
도 던져줄까 싶어 서성인다. 부뚜막은 긴네
모꼴로 한 끝에 오리주둥이를 닮은 굴뚝을
붙였다.

　　창덕궁의 반빗간(飯備間)도 이 내림이
다. 〈사진 18〉은 반빗간 바깥 모습이고 〈사
진 19〉는 안쪽의 건물이다. 국민대학교에서
도 서울시 장교동에 있던 한 채를 옮겨놓
았다.

　　푸줏간 갈고리에 개·양·토끼 따위를
걸었다. 4세기 말의 태성리 1호분, 5세기 전
반기의 팔청리 벽화분, 5세기 중엽의 마선
구 1호분에도 푸줏간이 있는 것을 보면 고
구려의 궁궐이나 귀족가옥에서 거의 모두
갖춘 듯하다. 농사 외에 사냥에도 의존하였
던 만큼 중국처럼 연기를 씌우고 겨우내 먹
었을 것이다.

　　〈사진 20〉은 중국 길림성 용정현(龍井
縣) 장재촌(長在村) 지신향(智新鄕)의 우리 겨
레네 부엌으로 옛 함경도의 것 그대로이다
(☞ 166쪽 그림 1). 부뚜막에 가마솥(오른쪽)

사진 18

사진 19

사진 20

과 중솥, 왼쪽 끝에 중국식 냄비[鍋]를 걸었다. 근래에는 부엌(아궁이) 위에 쪽널을 깔아서 한 공
간으로 쓰므로 여간 편리하지 않다.

　　부뚜막 앞의 정주간은 집 안의 중심 공간으로 손님을 맞고 제사 지내며 혼인식도 치르
고 식사도 한다. 문을 들어서면 정주간이 바로 눈에 띄는 까닭에 주부들은 북벽에 찬장을 붙
이고 세간을 늘어놓아서 잘 꾸미려고 여간 애쓰지 않는다(김광언 1996 ; 226~228). 한 끝에 펌프
가 보인다. 겨울이 길고 추위가 심해서 집 안에 들여놓았으며, 디딜방앗간이나 외양간도 마찬

가지이다.

　방들을 덥히려면 땔감도 많이 들지만, 무엇보다 굴뚝에서 연기를 잘 뽑아 올려야 한다. 이를 위한 것이 얼마큼 썩은 피나무 속을 파서 만든 구새굴뚝이다(☞ 243쪽 사진 125). 오늘날에는 나무도 귀하거니와 공력 또한 만만치 않아서 철사로 얽은 네 쪽의 널굴뚝으로 대신한다.

　〈사진 21〉은 인천광역시 옹진군 대청면 사탄동의 황해도 집(한국전쟁 이전에는 황해도 연백군에 딸렸었다) 부엌이다(그림 41). 부뚜막에 두 짝의 중솥과 가마솥 한 짝(오른쪽)을 걸었으며 아궁이 둘은 중솥에만 붙였다. 그 위에 3단 선반을 걸고 맨 아래에 식기, 둘째 단에 솥과 냄비, 위에 함지를 닮은 그릇 따위를 얹었다. 오른쪽은 구들로 드나드는 봉당이며 안쪽으로 구들의 외여닫이가 보인다. 〈사진 22〉는 입구에서 본 부엌 모습이다. 부뚜막 건너 2단 살강에 찬장을 얹었다. 왼쪽은 물두멍이고 벽에 체를 걸고 선반에 상을 엎어놓았다. 너무 춥거나 눈이 많이 쌓여서 밖에서 일하기 어려울 때 이용하려고 부엌을 너르게 잡았다(김광언 1988 ; 186). 이곳에서 도리깨질을 할 만큼 너른 부엌도 있다.

사진 21

사진 22

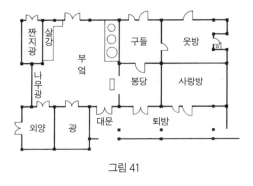
그림 41

　〈사진 23〉은 강원도 홍천군 내면 문암동의 귀틀집 부엌이다. 부뚜막이 다른 지역보다 높고 너르며 아궁이도 크다. 두 줄로 놓은 네 개의 방에 불을 넣으려면 이만해야 한다. 가마솥(왼쪽), 중솥, 작은 솥을 걸었다. 가마솥에 쇠죽, 중손에 밥, 작은 솥에 국 따위를 끓인다. 앞집과 달리 아궁이를 가마솥과 나머지 두 솥 사이에 마련하였다. 가마솥을 더 자주 쓰기 때문이다. 〈사진 24〉의 동쪽에 장작을 길이로 세워서 말린다. 왼쪽으로 찬장의 일부가 보인다.

사진 25

사진 26

사진 23

사진 24

사진 27

〈사진 25〉는 전라남도 구례군 산동면 좌사리의 살림집 부엌이다. 옛적에 나무가 흔한 산간지대에서는 굵은 통나무 한두 곳을 구유처럼 기름하게 파고 개수대로 썼으며 구멍과 구멍 사이는 도마나 그릇 받침대로 이용하였다(사진 26). 지리산 일대에서는 이를 물구수라 한다(구수는 '구유'의 전라도 사투리이다). 그릇 따위를 씻은 구정물은 바닥에 뚫은 구멍으로 빼어서 두엄에 붓는다.

〈사진 27〉은 전라북도 익산시 함라면 함열리 어느 집 부엌에서 상을 차리는 모습이다. 부뚜막에 중솥과 양은솥을 걸었다. 한때는 일제강점기에 들어온 양은솥을 왜솥이라 불렀다. 부뚜막 옆 벽에 연기 창을 뚫었다. 부뚜막 위로 나온 부분은 살림집의 전형적인 안방 벽장이

사진 28

사진 30

사진 29

그림 42

다. 상을 부엌 땅바닥에 놓는 일은 흔치 않다.

　〈사진 28〉은 전라남도 장성군 백하면 한 농가의 부엌으로 부뚜막에 중솥 하나만 걸렸다. 아궁이 쪽에 엎어놓은 바가지를 굵은 실로 꿰맨 것을 보면 주인 아낙네는 여간한 살림꾼이 아니다. 어디 그뿐인가? 새 조리를 두고도 헌 것을 살강 위 상인방에 걸어두었다. 곡식을 거두는 기물이라 함부로 내던지지 못한 것이다. 복을 거둔다고 하여 복조리라 불렀고 정월 대보름날 새로 살 때는 값을 깎지 않았다. 복이 그만큼 준다고 여긴 까닭이다. 솥 옆의 살강 아래의 자배기는 물두멍 구실도 한다. 넉넉지 못한 살림임에도 부엌을 저처럼 정갈하게 차리기는 쉽지 않다.

사진 31

사진 32

사진 33

사진 34

〈사진 29〉는 충청북도 문의면 중류가옥 부엌의 살강이다. 위의 두 단은 통 대나무 세 개 씩 가로지르고 셋째 단은 널을 걸었으며 마지막 단은 시멘트 바닥이다. 맨 위에 바구니, 그 아래에 바구니와 소쿠리, 알루미늄상, 플라스틱 그릇을, 그 아래에 식기와 양념 병 따위를, 맨 아래에 냄비·프라이팬·작은 주전자·양념 단지 따위를 얹었다. 오른쪽에 쌓은 솔가지를 보면 넉넉지는 않지만 모자랄 것이 없는 살림이다.

〈사진 30〉과 〈그림 42〉는 1917년에 세운 전라남도 나주시 남내동 박씨 집 안채로 전면 여덟 칸에 측면 세 칸이다(20.2미터×7.9미터). 부엌(정재라 부른다)도 전면이 세 칸으로 규모는 물론, 내부를 오밀조밀하게 꾸민 점에서도 온 나라를 통틀어 견줄 데가 없다.

본디 세 짝이었던 부뚜막의 솥은 둘만 남았다(사진 31). 큰 솥에 밥, 가운데 소갈솥에 국, 작은 솥에 물을 끓인다. 가운데에 턱을 붙이고 조왕을 모셨다. 〈사진 32〉처럼 아궁이 앞이 부엌 바닥보다 70센티미터쯤 낮은 것이 흠이다. 〈사진 33〉의 왼쪽과 〈사진 34〉의 오른쪽 퇴는

부엌 아낙들이 숨을 돌리거
나 음식을 먹는 자리이다. 정
재광에 벽을 쳐서 두 칸으로
나눈 것도 돋보인다. 남쪽 칸
에는 떡시루·밥통·바구니·
식혜동이 따위의 세간을, 서
쪽에는 콩이나 팥 따위의 잡
곡을 비롯하여 찹쌀 항아리
를 둔다. 정재 서벽 아래의 개
수대에서 나오는 구정물은
벽 밖으로 연결된 오지 홈으
로 내보내며(사진 34), 합각
벽에 겹집 까치구멍처럼 구
멍 두 개를 내어서 햇볕을 끌
어들이고 연기도 뺀다. 나머
지 두 칸은 나무청이고 나머
지 서쪽 앞 광에는 간단한 연
장을 둔다(김광언 2009 : 196~
200).

사진 35

사진 36

〈사진 35〉는 제주도 살
림집으로 왼쪽이 부엌이다. 지붕에 덮은 새[茅]가 바람에 날리지 않도록 새끼줄을 그물처럼 엮
어 덮었다. 기온은 따듯한 편이어서 부뚜막을 따로 걸지 않으며 솥을 세 개의 돌(이를 삼덕이라
한다) 위에 걸쳐놓고 음식을 끓인다. 따라서 굴뚝도 없으며 연기는 벽에 뚫은 구멍으로 빠져나
간다(사진 36). 천장에 들러붙은 그을음은 벌레가 꾀는 것을 막고 천장의 수명을 늘리는 구
실을 한다. 농사에, 물질에 눈코 뜰 새 없이 바쁜 때는 정지 바닥에 밥 낭푼(양푼)을 놓고 짚방
석을 깔고 둘러앉아 먹는다. 따라서 방석으로 식구의 수를 헤아렸다.

솥은 크기에 따라 서말치(서말들이)·두말치·외말치로 나눈다. 서말치나 두말치는 메를
짓거나 메주콩을 삶으며, 외말치는 밥을 끓인다(사진 37). 양은솥은 찬솥 또는 냄비라 부른
다. 타고 남은 검부러기나 재를 모으는 솥과 정지 벽 사이의 좁은 공간이 불치통으로 재의 사

투리 '불티'에서 왔다. 솥 뒤에 있다고 솥뒤
광·솥등얼·솥못이라고도 한다. 불티는 불
기가 완전히 없어질 때까지 그대로 두었다
가 똥에 버무려서 밭에 거름으로 준다. 이것
이 똥재이다. 옛적에는 닭똥을 거름으로 쓰
려고 불치통 위에 횃대를 걸고 닭을 재웠다.
불치통을 성소로 여겨서 조왕 제사 뒤 제물
의 일부를 이곳에 던진다.

　〈사진 38〉은 고춧가루·깨소금·설탕·
후춧가루 따위를 담는 양념 단지로 다섯을
붙여 구웠다. 말굽꼴의 굵은 손잡이도 눈을
끈다. 단지가 넷이면 네 성제단지, 셋이면 세
성제단지라 부르므로(김순이, 1996 ; 360), 이것
은 다섯 성제단지인 셈이다. '성제'는 '형제'
의 연음으로 한 형제처럼 오순도순 붙어 있
다는 뜻이다. 이를 닮은 단지는 내륙에서도

사진 37

썼으며, 단지도 쌍둥이, 세쌍
둥이, 네쌍둥이와 네쌍둥이
위에 큰 것을 올려붙인 다섯
쌍둥이짜리도 있다. 뚜껑도
달린 것과 그렇지 않은 것으
로 갈린다.

　〈사진 39〉는 몸과 덮개
가 하나인 쌍둥이이다. 낮게
붙인 손잡이도 앙증맞은 것
이, 부엌에서 쓰기는 아까운
예술품이다(일본민예관). 〈사
진 40〉은 손잡이를 꽈배기처
럼 틀어 올렸다(관동대박물관).

사진 38

사진 39

사진 40

사진 41

사진 43

사진 42

사진 44

〈사진 41〉은 손잡이 가운데를 손에 쥐기 편하라고 두툼하게 빚었다(거제민속박물관).

〈사진 42〉의 오른쪽 아래의 두멍솥은 부자가 아니면 갖추기 어려운 귀물이다. 자주 팔리지 않는 것이라 공장에 거푸집이 없어서 둥근 몸통과 굽은 아랫도리를 이어 붙였다. 다리가 넷이나 달린 '무쇠 두멍다리쇠'(〈흥보가〉)도 볼거리이다. 이 솥은 흔히 두꺼운 널을 반달꼴로 짜서 덮으며 필요에 따라 반쪽만 열 수 있어 편리하다.

〈사진 43〉은 앞의 것과 달리 배가 몹시 부른 대신 키가 작다. 두 줄의 테를 돌린 어깨 아래에 다시 두 줄을 두르고 세모꼴 무늬를 베풀었다. 네모로 짠 널을 받침대로 삼은 것도 차이점이다. 덮개 위에 베보자기로 덮은 개다리소반이 보인다. 보자기는 파리를 쫓는 구실도 하지만 성긴 올 사이로 공기가 통해서 음식이 쉬 상하지 않는다. 〈사진 44〉는 오지 물두멍이 양쪽에 쪽박귀를 붙이고 어깨에 물을 상징하는 구름무늬를 놓았다.

〈사진 45〉는 손풀무이다. '환선식선풍기(丸宣式選風機)'라는 일본 이름 가운데 '선(選)'은 '선(扇)'의 잘못이다. 그 아래에 김천(金泉)이라는 글자와 특허번호(1528)는 꽤 널리 퍼진 것을 알려준다. 〈사진 46〉의 왼쪽 아래 구멍으로 바람이 들어간다. 강원도 정선군 하장면 한소리의

2 — 구조

사진 45

사진 46

사진 47

사진 50

사진 48

사진 49

한 아낙이 소여물을 쑤는 아궁이에 손풀무로 바람을 넣는다(사진 47).

　〈사진 48〉은 충청북도 농가의 부엌 찬장이고 〈사진 49〉는 밖에서 본 모습이다.

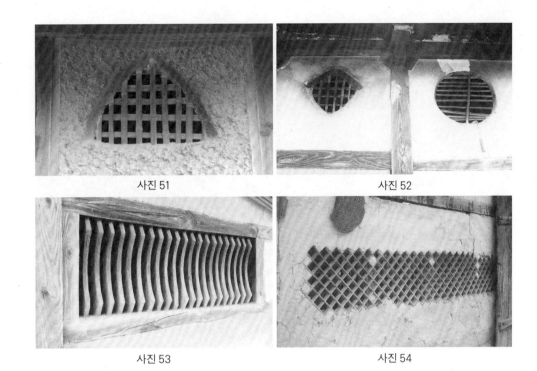

사진 51

사진 52

사진 53

사진 54

　〈사진 50〉은 소나무로 짠 개수통으로 일제강점기에 퍼졌다. 우리네 자배기·버치·옹배기 따위는 깨지기 쉬워서 근래까지 저마다 썼다. 둥글게 세운 쪽 널의 위·가운데·맨 아래 세 곳에 대오리로 엮은 테를 두르고 통 밑을 박은 다음, 얇게 저민 소나무 껍질을 곳곳에 끼워서 메운다. 하루 이틀 물을 담으면 나무가 불어나서 물이 새지 않는다. 양쪽에 붙인 손잡이를 통 젖이라 한다. 손에 쥐기 알맞다는 뜻인가? 부엌 개수대에 놓고 쓰지만, 설거지 그릇을 담아 우물에 가서 씻기도 한다. 오래되어 틈이 벌어져 물이 새면 통메료장수에게 맡겨서 바로잡는다.

　〈사진 51〉은 전라남도 해남군 농가 부엌의 연기 구멍이다. 바람이 불거나 해서 굴뚝으로 빠지지 않고 부엌에 남은 연기를 내보내기 위한 것이다. 특별할 것이 없는 소박한 모습에 눈길이 간다. 〈사진 52〉의 부엌 찬장 구멍도 마찬가지이다. 〈사진 53〉은 전라북도 정읍시 산외면 오공리 김씨네 부엌의 곧은 살창이고, 〈사진 54〉는 충청남도 아산시 송악면 외암리 이씨네의 격자 살창이다.

　〈사진 55〉는 강원도 삼척시 도계읍 신리 한 농가에서 입춘을 맞아 화재 예방 부적 삼아 부엌문 안쪽에 '해수(海水)'라고 쓴 쪽지를 거꾸로 붙인 모습이다. 불기운이 비치기라도 하면 하늘에서 바닷물이 쏟아져서 잡는다는 뜻이다. 이 집에서는 마구에도 마소가 탈 없이 자라

기를 바라는 입춘첩을 구유 위에 빈틈없이 붙인다. 왼쪽으로 둘둘 말아서 차곡차곡 달아맨 멍석들이 보인다.

〈사진 56〉은 전라남도 순천시 승주읍에 있는 선암사(仙巖寺) 공양간 상인방에 새긴 '해(海)'자와 '수(水)'자로 목적은 앞의 집과 같다. 부처의 보살핌을 의심해서가 아니라 여염의 풍속이 떠올랐던 것이리라. 불조심이야 하면 할수록 이로운 것이 아닌가? 이를 두고 어떤 이가 '불심이 바다에까지 미쳐서' 운운한 것은 상상력이 지나치다.

사진 55

사진 56

1) 홋카이도

〈사진 57〉은 홋카이도[北海道] 삿포로시[札幌市] 홋카이도 개척촌의 농가이다. 눈이 많은 계절에 물을 긷기 위해 입구 오른쪽에 도르래우물을 마련하고 지붕까지 씌워서 본채에 이어 놓았다. 〈사진 58〉의 입구 왼쪽이 부엌이다. 창 아래 개수대에 개수통 둘과 물두멍이 있다. 오른쪽의 여주인, 맞은쪽의 손님, 뒤통수만 보이는 주인이 마루에 앉아 화덕의 불을 쬐며 이야기를 나눈다.

〈사진 59〉는 같은 곳의 다른 집 부엌이다. 개수대 턱에 엎어놓은 개수통은 우리가 쓴 것과 같다. 아래에도 둘이 있고 물두멍 옆은 뒤주이다. 물두멍의 아랫도리가 워낙 좁아서 네모 틀 안에 넣고 새끼로 동였다. ㄱ자 선반에 냄비·양념 단지·가마솥 따위를 얹었다. 〈사진 60〉의 네모 부뚜막은 바닥이 마루인지라 청결유지와 화재 예방을 위해 나무틀 안에 앉혔다. 왼쪽이 냄비, 오른쪽은 양은솥이며 천장에 연결된 장대에도 냄비를 걸었다. 양은솥의 나무소댕은 두껍고 손잡이도 높직하다. 무거울수록 김이나 음식물

사진 57

사진 58

사진 59

사진 60

사진 61

사진 62

사진 63

사진 64

이 새지 않는다.

　〈사진 61〉의 큰 집 왼쪽 끝이 부엌이다(사진 62). 오른쪽이 개수대이고 안쪽에 냄비와
널 시루를 얹은 부뚜막이 있다. 아궁이 앞에 짧은 턱을 붙인 것은 앞집과 같거니와, 부뚜막의

사진 65

사진 66

그림 43

사진 67

모를 죽여서 분위기가 한결 부드럽다(사진 63). 이처럼 여유가 있으면 부엌을 크게 짓고 안에 우물도 마련한다(사진 64).

2) 동북지역

〈사진 65〉는 이와테[岩手]현 원야고향촌(遠野故鄕村)에 복원한 농가이다. 오른쪽의 몸채는 (왼쪽부터) 부엌과 차실(茶室), 거실과 침실, 다다미를 깐 손님방과 제단으로 구성되었으며 주인은 거실 북쪽 방, 여자들은 차실 왼쪽 방에서 잠잔다(그림 43). 끼니는 부엌 화덕에서 마련하며, 난방은 거실 화덕 몫이다. 부속채의 앞은 마구이고, 뒤쪽에 큰 부뚜막과 디딜방아가 있다(사진 66). 봉당의 큰 부뚜막 솥은 여물을 쑤거나 된장 콩을 삶는다. 말이 제 여물이 끓는 것을 보면 좋이 여긴다고 하여 부뚜막을 마구에서 보이는 곳에 두었다(사진 67). 겨울에는 밖에서 일하기 어려워 흔히 부뚜막과 함께 디딜방아를 놓는다. 같은 동북지방이라도 모리오카[盛岡] 일대에는 마구가 오른쪽에 있다.

2 — 구조

사진 68　　　　　사진 69　　　　　그림 44

사진 70　　　　　　　　사진 71

3) 긴키〔近畿〕지역

〈그림 44〉는 중·하류 무사네 부엌이다. 가운데 여인이 도마의 생선을 왼손의 젓가락으로 누른 채 오른손의 칼로 회를 치다가 뒤의 아낙과 말을 나눈다. 뒷산의 물을 통대로 끌어들인 덕분에 물통의 물이 철철 넘친다. 그리고 개수대 바닥에 통대를 깔아서 물은 아래로 떨어진다. 개수통의 채소를 씻는 여인도 구정물을 바닥에 쏟을 것이다. 왼쪽 찬장 위에 식기 바구니와 체를, 선반에 술병과 양념 단지를 놓았다.

〈사진 68〉은 언덕의 물을 부엌으로 끌어들이는 홈통이고, 〈사진 69〉는 물이 들어가는 부엌 널벽이며 나란히 뚫은 여덟 개의 긴네모꼴 구멍들은 살창이다. 부엌에서는 네모 돌확에 물을 받는다(사진 70). 앞에 크고 작은 물그릇이 보인다. 개숫물을 밖으로 빼는 홈통이 있고, 물이 이를 통해 텃밭으로 흘러들어가므로 일석이조의 효과를 얻는다(사진 71).

〈그림 45〉는 중류가옥 부엌이다. 봉당의 멍석에서 대머리 셋이 새끼를 꼬고 왼쪽의 아낙은 물레로 실을 잣는다. 오른쪽 화로 앞의 주인도 손에 무엇을 들었다. 들보에 연결된 대나무 장대에 걸린 화덕의 주전자는 유난히 크다. 화덕 위 선반에 둘둘 말아서 끈으로 동인 것은 숯인가? 솔가리 뒤의 아낙 둘은 맷돌질을 한다.

그림 45

오른쪽 큰 부뚜막에 걸어놓은 소댕 손잡이는 우리네 정자관을 닮았다. 양념절구공이는 허리가 유난히 잘록하며 마구간의 말은 무엇들을 하는가 싶은 듯 머리를 내밀었다. 마구 왼쪽 벽의 괭이와 망태기, 오른쪽의 똥통은 우리네와 다를 것이 없다.

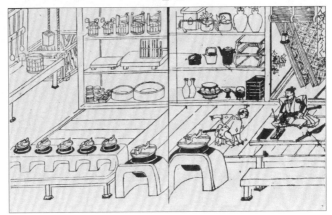

그림 46

〈그림 46〉은 상류 무가네 부엌이다. 솥 다섯 짝을 걸은 부뚜막을 나무틀에 앉힌 것이 눈에 띈다. 불은 봉당에서 때고, 조리는 마루에 앉아서 한다. 이 밖에 크고 작은 부뚜막 둘을 따로 두고 냄비를 걸었으며 소댕은 앞의 것들과 같다.

뒷벽 3단 찬장의 세간들도 예사롭지 않다. 왼쪽 맨 위의 크고 작은 물통 다섯 개, 가운데의 크고 작은 도마 둘과 벽에 꽂은 칼, 아랫단의 식기와 이들을 담아 나르는 함지 따위가 주인공이다. 오른쪽에도 이에 못지않게 상·술병·주전자·찬합 따위가 들어찼으며 왼쪽 귀퉁이로 도르래우물과 개수대가 보인다. 긴 칼을 차고 평상에 앉은 주인에게 무릎 꿇은 하인이 매우 다급한 일이 벌어진 듯, 왼손을 뒤로 젖히고 설명한다.

2 ─ 구조

〈사진 72〉는 나라대화 민속공원(奈良大和民俗公園)의 농가이다. 입구 왼쪽에 마구와 부뚜막이, 오른쪽에 거실과 방이 있다. 〈사진 73〉은 이 지역 특유의 초승달꼴 부뚜막으로 왼쪽의 큰 것이 밥 짓는 가마솥이고 나머지 둘은 된장국 따위를 끓이거나 반찬을 만드는 양은솥이다. 부뚜막 크기를 솥에 맞추는 우리와 달리 이곳의 부뚜막은 솥 크기에 따라 다르다. 주부는 아궁이 앞의 낮은 통나무에 앉아 불을 지핀다. 소댕 위의 대롱으로 아궁이에 입김을 불어넣어서 불을 일으킨다. 부뚜막 뒤에 개수대가 있다.

사진 72

사진 73

〈사진 74〉는 큰 집 몸채이며, 부뚜막 아궁이는 다섯이다(사진 75). 부뚜막을 크게 그리고 화려하게 짓는 것을 자랑으로 삼는 지역적 특징이 드러났다. 부뚜막에 검은 칠을 한 것도 마찬가지이다. 아낙 한 사람이 아궁이 다섯 개를 다룰 수 있어 편리하다. 〈사진 76〉은 옆모습이다. 암키와를 사람의 앞니처럼 나란히 땅에 박고 그 위에 수키와를 얹어서 만든 자리에 부삽이나 부지깽이 따위를 놓으며 재를 끌어내기도 한다.

〈사진 77〉은 아궁이의 온기를 가두는 덮개이다. 왼쪽에는 개운(開運), 메를 들고 큰 복(福) 자루를 멘 노인, 새끼 셋을 거느린 개 부부, 오른쪽에는 수(壽), 구름 위로 솟은 일본의 상징 후지[富士]산, 범과 두 마리의 새끼를 돋을새김하였다. 동물들은 자손의 번성을 바라는 뜻이다.

〈그림 47〉은 대여섯 개의 아궁이 불을 한 아낙이 지피는 모습이다.

사진 74

사진 76

사진 75

사진 77

그림 47

사진 78

〈사진 78〉은 물두멍이다. 바닥이 좁은 탓에 네모틀 안에 모셨다. 수도가 없던 시절에는 학교에서 돌아온 어린이가 물지게로 물을 날라 이것과 목욕통에 채우는 것이 일과였다.

사진 79

4) 가고시마(鹿兒島)현

더위가 심한 이곳과 미야자키(宮崎)현 그리고 오키나와제도에서는 흔히 부엌을 몸채 옆에 붙이거나 아예 따로 지으며, 몸채를 오모테(オモテ), 부엌채를 나카에(ナカエ), 이들의 통로를 테노마(テノマ)라 부른다(그림 48). 남성 중심 공간인 몸채에서는 손님을 맞거나 제사를 지내고 여성 위주의 부엌채에서는 음식 장만과 부뚜막제례 그리고 식사를 한다.

그림 48   그림 49

부뚜막도 세모꼴로 놓은 돌 세 개 주위에 진흙을 바른 간단한 구조이다. 5세기쯤 이루어진 이러한 구조는 봉당이 없는 몸채에 부뚜

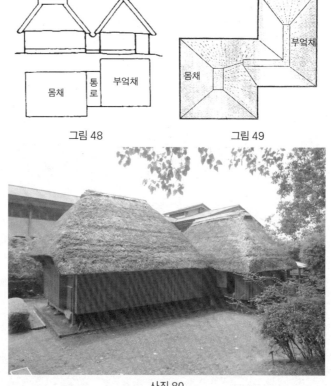
사진 80

막을 짓기 어려운 데서 온 듯하다. 큰 집에서는 부엌채를 '부뚜막집[竈屋]' 또는 '솥집[釜屋]'이라 부른다.

특히 가고시마현 남구 주시(知覽町) 일대에는 두 건물 사이에 지붕을 걸어서 연결시킨 독특한 유형(二ッ家)형이 있다(〈사진 79〉의 왼쪽이 몸채, 오른쪽이 부엌채이다). 본디 떨어져 있던 것을 불편을 덜기 위해 붙인 것이다(그림 49). 남자 현관(おとこ玄關)과 여자 현관을 따로 둔 것도 특징의 하나이다. 오구치시[大口市]에는 오모테·나카에·우스니와(ウスニワ) 세 채를 이어 붙인 집도 있다.

〈사진 80〉은 가고시마시 여명관(黎明館)에 복원한 농가이다. 왼쪽 몸채(사진 81)에 부엌채를 ㄱ자꼴로 붙였다. 개수대 위의 다리 셋 달린 개수통은 쪽나무를 두르고 대 테를 메웠다(사진 82). 구정물은 왼쪽 구멍으로 흘러나간다. 〈사진 83〉은 부엌 뒤의 살창과 개수물 구멍과 물받이이다. 101쪽의 〈사진 62·63·64·65〉가 부뚜막이다. 주둥이가 물구멍, 아래는 물받이이다.

사진 81

사진 82

사진 83

사진 84

사진 87

사진 85

사진 86

5) 오키나와[冲繩]제도

류큐[琉球] 왕조 때(1737~1889)는 몸채와 부엌채를 따로 짓고 신분에 따라 크기에 차등을 두었다. 평민의 몸채는 전면 세 칸에 측면 한 칸이고 부엌은 전면 두 칸에 측면 한 칸인 반면, 상류층은 몸채가 전면 네 칸에 측면 두 칸이고, 부엌은 전면 세 칸에 측면 두 칸 규모였으며 지붕은 모두 새[茅]를 덮었다. 그리고 몸채에 임산부가 온기를 쬐기 위한 화덕(지루 ジール)을 따로 갖추었다(☞ 36쪽 사진 52).

〈사진 84〉는 부엌채(왼쪽)와 몸채가 어깨를 나란히 한 류큐민속촌 농가이다. 지붕은 물론 벽도 새로 마감하였다. 입구 왼쪽의 항아리는 물두멍으로 제주도처럼 비가 여름철에 한꺼번에 내리는 까닭에 미리 모아둔다. 〈사진 85〉는 부엌 북서쪽의 부뚜막이다(가로 1.5미터 너비 1미터쯤). 막돌을 긴네모꼴로 두르고 중간에 돌을 놓아서 냄비를 괴었다. 큰 냄비는 풀로 짠 삿갓

소댕을 덮고 작은 것은 나무
소댕에 반달꼴 손잡이를 달
았다. 이들 뒤로 양은솥·주
전자·양념 단지와 물두멍의
일부가 보인다. 농가의 부엌
시설은 이것이 전부이다.

사진 88

습도가 워낙 높아서 부
엌 동쪽에 깔아놓은 통대
나무자리에서 음식을 먹고
잠도 잔다. 오른쪽은 몸채
로 들어가는 통로이며(사진
86), 몸채에도 같은 자리를
깔았다(사진 87).

〈사진 88〉은 기와지붕
에 벽을 널로 마감한 큰 집
이다. 왼쪽 부엌채 북벽에 네
모반듯한 부뚜막을 붙이고
크고 작은 냄비를 걸었다(사
진 89). 아궁이를 이중으로
꾸며서 불은 위 구멍에 때고
아래 구멍으로는 재를 긁어

사진 89

낸다. 왼쪽은 물두멍이다. 부뚜막 위에 높직한 선반을 매고 땔감과 소쿠리 따위를 얹었다.

〈사진 90〉도 앞과 같은 곳의 큰 집 부엌이다. 오른쪽의 큰 부뚜막을 위아래 두 단으로 쌓
고 가운데에 양은솥, 좌우 양쪽에 냄비를 걸었다. 아래 구멍으로 재를 긁어낸다. 오른쪽 나무
상자에 크고 작은 양념 단지를 놓았다. 벽에 낸 긴네모꼴 살창으로 빛이 들거니와 연기도 빠
진다.

왼쪽의 보조 부뚜막(사진 91)에도 양념 단지와 바구니들을 늘어놓았고 양념 단지 하나
는 끈에 매달았다. 간장이나 된장 따위의 장류들을 좁고 기름한 단지에 넣으며, 부뚜막이 좁
으면 이처럼 공중에 띄운다. 부뚜막 위에 선반을 걸었지만 동북지방처럼 음식에 연기를 씌우

지는 않는다. 〈사진 92〉는
양념 단지들이다(모로미민예관
[諸見民藝館]).

사진90

　〈사진 93〉은 아마미오
시마[奄美大島]박물관에 옮겨
지은 19세기 말의 농가이다
(그림 50). 몸채(오른쪽)와 부
엌채는 좁은 마루로 오가며,
이를 위해 처마 사이에 빗물
받이를 걸었다(사진 94). 이
곳이 태풍의 길목인 탓에 용
마루가 바람에 날리지 않도
록 대발을 덮는다. 널 바닥
에 꾸민 부뚜막은 나무 테
주위에 흙벽돌을 놓아서 불
이 번지는 것을 막는다.

　〈사진 95〉는 몸채와 부
엌채 사이의 통로이다. 빗물
이 잘 빠지도록 사이사이에
틈을 마련하였다. 굴뚝을 따
로 세우지 않았다.

사진 91

사진 92

　〈사진 96〉은 오키노에라부지마[沖永良部島] 향토자료관의 농가로(왼쪽이 부엌), 옮길 때 새
[茅]지붕을 함석으로 바꾸었다. 두 채 사이에 좁은 마루를 놓은 것은 앞집들과 같다. 부뚜막
삼면에 불똥이 튀지 않도록 볏짚 버무린 진흙을 높이 1.5미터로 두껍게 바르고 바닥에도 흙
을 깔았다(사진 97). 같은 두께의 흙을 깔아서 갑작스런 화재에 대비한 것이 돋보인다. 부뚜막
에 양은솥과 냄비를 걸고, 천장에 부뚜막 너비만큼의 잔 나무 선반을 달았다(사진 98).

　〈사진 99〉는 요론도[与論島] 한 농가의 부뚜막이다. 돌 셋 주위에 진흙을 말굽꼴로 둘러
서 냄비 셋을 걸 수 있다. 〈사진 100〉은 몸채와 부엌 사이의 통로이다.

　〈사진 101〉은 머리에 수건을 쓴 아낙이 새[茅]를 땔감 삼아 불을 지피는 모습이다. 새가

사진 93

사진 94

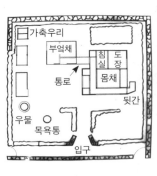

그림 50

사진 96

사진 95

사진 97

사진 98

사진 99

사진 100

사진 101

잘 자라기도 하거니와 난방을 따로 하지 않으므로 이것으로 충분하다.

제주도는 이와 딴판이다. 이곳의 새는 워낙 모자라는 탓에 마을에서 새 밭을 따로 일구고 날을 정해 공동으로 거둔다.

출세의 길 ― 중국

1) 부엌은 신령스럽다.

《유양잡조(酉陽雜俎)》 기사이다.

귀신을 섬기는 구진제국(俱振提國) 왕이 진주강(眞珠江) 건너 20리에서 봄가을 제사 지낼 때, 금은 기구가 신의 부엌[神廚]에서 나왔다가 마치면 사라졌다. 측천무후(則天武后 624~750)가 사람을 보냈지만 까닭을 알지 못하였다(권1 〈물이(物異)〉).

구진국은 신강 위글자치구에 있었다.

2) 부엌문에 지기[竈神]를 매단다.

연(燕)나라 태자 단(丹)과 진(秦)의 정(政)은 조나라에 볼모로 지내는 동안 가까웠으나 뒤에 왕이 된 정이 연을 짓밟았다. 단이 전 227년, 형가(荊軻)를 보내 죽이려다 실패하였다. 5년 뒤 연을 손에 넣은 정은 상대에게 '지는 해가 중천에서 다시 뜨고, 하늘이 곡식을 뿌리며, 까마귀가 희게 되고, 말머리에 뿔이 돋으며, 부엌문에 매단 나무 인형 장식에 발이 달리면 보내주마' 하였다(《태평광기》 3 〈형가〉).

사진 102

나무 인형은 단순한 장식이 아니라 악귀를 쫓는 부적

일 터이다. 지금도 광서성 일대의 소수민족들은 종이 인형을 문에 붙여서 악귀를 쫓는다(사진 102).

3) 물두멍은 풍요를 나타낸다.

《제경세시기승(帝京歲時記勝)》에 '2월 2일 문밖에서부터 재를 구불구불 뿌리며 부엌으로 와서 물두멍 주위를 도는 것을 '용머리 들기[龍擡頭]'라 한다는 기사가 있다(《훈충(薰蟲)》).

이는 물두멍이 마르지 않기를 바라는 풍속으로 용은 물을, 물은 풍요를 상징하는 데서 왔다. 재를 구불구불 뿌리는 것은 용의 힘찬 움직임을 나타낸다.

4) 두멍솥으로 불을 막는다.

북경시 자금성(紫禁城)과 이화원(梨花園) 등지에 화재 예방을 위한 우물 72군데와 금수하(金水河)를 마련하는 외에 곳곳에 308짝의 두멍솥을 두었다. 이를 길상항(吉祥缸)·태평항(太平缸)·태평수항(太平水缸)이라 한다. 명대의 무쇠솥을 청대에 구리솥으로 바꾸었으며, 겨울철에는 내시들이 불을 지펴서 물이 얼지 않게 하였다.

〈사진 103〉은 이화원 한 건물 앞에 마련한 두멍솥으로 둥근 돌 받침 위에 올려놓았다. 〈사진 104·105〉는 몸통 양쪽에 붙인 불을 잡아먹는다는 짐승 얼굴이다. 그리고 두멍솥 둘 사이에 놓인 해태상도 눈여겨볼 일이다. 우리도 경복궁 정문 양쪽에 불을 먹고 산다는 해태상을 세워서 관악산의 불기운을 막았다.

〈사진 106〉은 섬서성 서안시 장안구(長安區) 밖에 있는 관중(關中)민속예술박

사진 103

사진 104

사진 105

물원의 명대 가옥 두멍솥이다. 집으로 달려
드는 불귀신을 재빨리 잡으려고 부엌이 아
닌 마당에 두었다. 손잡이 고리 붙박이에 용
머리를 새기고도 아래에 비를 상징하는 구
름과 용무늬를 베풀고 위아래에 빗방울 나
타내는 둥근 돌기를 붙였다. 오른쪽과 발에
도 불을 먹는 눈 부릅뜬 짐승이 보인다.

사진 106

5) 갓 시집온 색시는 사흘 뒤 부엌에 들어간다.

왕건(王建 767?~831?)의 시 〈새색시[新嫁娘]〉이다.

三日入廚下(시집와 사흘 만에 부엌에서)

洗手作羹湯(손 씻고 국 끓였지만)

未諳姑食性(시어머니 식성 몰라)

先見小姑嘗(먼저 시누이에게 맛보였네)

《당시 삼백수(唐詩三百首)》

새색시의 생각 깊은 태도를 칭송한 것이다.

6) 연기 없는 부엌은 가난을 상징한다.

왕우칭(王禹偁 945~1001)의 시 〈감유망(感流亡)〉이다(부분).

謫居歲云(한 해 저무는 귀양 땅)

晨起廚無煙(새벽부터 부엌 연기 일지 않아)

賴有加愛日(바라느니 남녘 처마에 걸린)

懸在南榮邊(햇볕뿐이네)

《중국 시와 시인》

---

7) 요리사는 출세의 지름길이다.

전한 말, 왕망(王莽 전 45~23)을 내쫓은 유현(劉玄)이 장안(長安)에서 황제라 일컬으며 부엌의 선부(膳夫)와 포인(庖人)에게까지 벼슬을 주자 사람들이 '부엌에서 중랑장이 나온다[竈下養中郎將]'고 비꼬았다.

《후한서》에도 '관작(官爵)을 모두 장사치들이 받은 데다가 요리사[膳夫·庖人]까지 겸한 탓에 부뚜막 아래에서 중랑장(中郎將)을 기르고, 양(羊)의 위(胃)를 익히는 자[爛羊胃]가 기도위(騎都尉)가 되며, 머리 삶는 자[爛羊頭]는 관내후(關內侯)가 된다'고 비아냥댔다는 기사가 있다《유현전(劉玄傳)》.

소식(蘇軾 1037~1101)도 '스스로 술 속에 운치 있으니 한 말의 양주자사보다 낫네[自言酒中趣 一斗勝凉州]'라 읊조렸고《유장안이 설주의 일로정에 적어준 시에 화답함 설주는 술을 잘 마셨고 칠십이 되기 전에 관직에서 물러났다[和劉長安題薛周逸老亭 周最善飲酒 未七十而致仕]》), 이황(李滉 1502~1571)도 이를 본떠 '오직 때로 마음에 얻은 것 있다면[唯時意會葡萄] / 포도주로 얻은 고을 원보다 낫다[換得葡萄得州]'고 일렀다《퇴계시 풀이》 한가로이 지내며 조사경목과 구경서봉령·금순거팔원·권경수대기가 서로 화창해서 지은 시의 각운 자에 맞추어 지음[閒居 次趙士敬穆·具景瑞鳳齡·金舜擧八元·權景受大器相唱酬韻]).

조선시대 선부는 사옹원(司饔院) 종7품(從七品)의 잡직(雜織)이었으며, 문소전(文昭殿)과 대전(大殿) 식사를 감독하였다. 포인은 요리사이다.

연산군(燕山君 1476~1506)이 '벼슬 주는 권한을 쥔 내게 사람의 귀천이 달렸다'고 떠벌리자, 신하들이 앞 고사를 들어 꼬집었다《연산군일기》 3년(1497) 3월 19일].

8) 굴뚝은 영혼의 통로이다.

동북의 요양(遼陽) 일대에서 사람이 죽으면 영혼이 부뚜막에서 굴뚝을 통해 밖으로 나간다고 한다(永尾龍造 1942 ; 88~89).

---

9) 굴뚝으로 바쁜 형편을 나타낸다.

동한(東漢) 반고(班固)의 〈답빈희(答賓戲)〉에 '공자가 앉은 자리는 따스해질 틈이 없었고, 묵자네 굴뚝은 검게 그을린 적이 없었다[孔席不暖 墨突不黔]'는 대목이 있다《문선(文選)》 권23].

1) 부엌은 신령스럽다.

① 조선시대 원단(圓壇)에 올릴 제물 마련하는 부엌을 신주(神廚)라 불렀다.《태종실록》에 '서천군(西川君) 한상경(韓尙敬)이 원단에 신주와 재궁(齋宮)이 없고 송아지[犢]를 제물로 써야 함에도 늙은 소를 올리는 것은 예의가 아니라 하였다'는 기사가 있다[11년(1411) 1월 12일].

원단은 구단(丘壇) 또는 원구단이라고도 한다. 이는 천자(天子)가 하늘에 제사 드리는 제단이 둥근 데서 왔다. 천원지방(天圓地方)이라는 말대로 예부터 하늘 제사를 지내는 단은 둥글게, 땅 제사를 지내는 단은 모나게 쌓았다. 북경시에 있는 명대의 천단(天壇)도 마찬가지이다 (사진 107).

《고려사》의 '성종 2년(983) 정월, 왕이 원구단에 풍년기원제(豊年祈願祭)를 드렸다'는 내용이 첫 기록이지만 오래전부터 지내왔을 것이다.《조선왕조실록》에도 '태조 7년(1398) 4월, 가뭄이 심해 종묘·사직·원단과 여러 용추(龍湫)에서 비를 빌었다'고 적혔다. 원단은 지금의 한남동 부근에 있었다고 한다.

② 이덕무(李德懋 1741~1793)의 시 〈섣달 그믐날 석녀(錫汝)에게〉이다(부분).

年年逢除日(해마다 돌아오는 섣달그믐)

除日又今宵(또 그날의 오늘 저녁이로세)

祠神鼓鼕鼕(신을 위한 북소리 둥둥 울리고)

祭竈燈沼沼(조왕제사에 밝힌 등불 반짝이네)

[《청장관전서(靑莊館全書)》제1권 영처시고(嬰處詩稿) 2]

사진 107

③ 같은 사람의 시 〈정월 초하루 삼호(三湖)에서〉이다.

獵獵靈旗畫水神(펄럭이는 신령한 기의 물귀신 그림)

祠船祭竈鬧隣人(배와 부엌 제사로 온 이웃 부산 떨고)

挿花巫女翩翩舞(꽃 꽂은 무당들 날듯이 춤추자)

影赴紅燈匝錦茵(붉은 등불의 그림자 비단 요 감싸네)

'푸닥거리 북소리 둥둥 울리고 (…) 꽃 꽂은 무당들이 춤춘다'고 한 것으로 미루어, 대갓집 부엌제사임이 분명하다. 서울의 섣달그믐 제사가 매우 성대했던 것을 알 수 있다. 한편, 사선(祠船)은 배의 성주고사로 짐작되지만 조왕제사와 함께 다룬 까닭은 알 수 없다.

④《광해군일기》에 '별감 황응인(黃應仁) 등이 붉은 비단에 그린 을해생(乙亥生)과 병오생 눈에 바늘을 찔러 대군의 부엌에 묻고 (…) 화원(畫員) 김업수(金業守)가 그린 화상을 이의(李㼁)의 숙소 부엌에 묻었다'는 기사가 있다[5년(1613) 6월 17일].

인조 때 경기감사 김경징(金慶徵)도 '임금이 문서와 함께 내린 계집종이 옛 주인의 꼬임에 빠져 내 집안을 결판내려고 부엌·굴뚝·기둥·지붕에 흉한 물건을 묻은 탓에 (…) 어미의 병이 도졌다'고 하였다[10년(1632) 12월 1일].

영조 때 함평(咸平)의 임봉래(林鳳來)는 남의 집 부엌에 흉물을 미리 묻었다가 스스로 파내보이고 영검이 있다며 돈을 뜯은 탓에 망하거나 종을 죽인 자가 나왔고 (…) 사대부 집 부엌에 사람 뼈 따위를 몰래 묻으려다가 달아난 일도 있다《영조실록》7년(1731) 6월 4일]. 이는 모두 부엌의 신령스런 기운을 빌려서 남을 해코지 하려는 짓이다.

⑤ 김정희(金正喜 1786~1856) 시 〈초은체를 본떠 경언에게 보냄[仿招隱體 寄景言]〉이다.

獨坐千峰裏(뭇 봉우리 속에 홀로 앉으니)

窅夐人烟絶(아득하고 고요해 인연 끊겼네)

破竈虎夜嘯(부엌에선 범이 밤에 휘파람 불고)

休梁蛇晝挈(들보에는 뱀이 똬리를 트네)

《완당전집》제9권

'파조'는 《고산유고》·《동문선》·《사가집(四家集)》·《임하필기(林下筆記)》를 비롯한 여러 문헌에 등장하지만 특별한 의미는 없다. 어떤 이가 소식의 '텅 빈 부엌에서 산나물 삶고[空庖煮寒菜] / 헌 부뚜막에 젖은 갈대를 지핀다[破竈燒濕葦]'는 시 구에서 끌어온 것이 시초인 듯하다(趙士敬穆·具景瑞鳳齡·金舜擧八元·權景受大器相唱酬韻).

2) 부엌은 가난을 나타낸다.

① 지은이 모르는 부엌노래 〈사면수성(四面愁聲)〉이다(부분).

────────

못살겟네 못살겟네 廚下桂玉 다 盡ᄒᆞ야(못 살겟네 못 살겟네 장작개비 하나 없고)

甑上廳은 蕭條ᄒᆞ고 汚穢物만 堆積ᄒᆞ야(증상청 텅 비고 쓰레기는 쌓였으며)

惡毒臭가 만실ᄒᆞᄃᆡ 衛生費ᄂᆞᆫ(냄새만 가득한데 위생비 내라고)

督促ᄒᆞ야 星火ᄀᆞᆺ치 복거ᄂᆞ니(성화같이 독촉하며 볶아대니)

乾木生水어이ᄒᆞ나 各 坊曲의 愁聲이오(이를 어찌하나 곳곳마다 걱정이네)

《한국역대가사문학집성》

────────

'증상청'의 본뜻은 '떡을 찌는 마루'이지만, 큰 집 부뚜막 맞은쪽의 마루방[饌廳]인 듯하다. 이곳에서 상을 차리며 마른 반찬 따위도 갈무리한다. 장작을 계수나무 옥에 빗댄 것이 돋보인다. '건목생수'는 마른 나무에서 물이 난다는 뜻으로 아무것도 없는 사람에게 무엇을 내라고 무리하게 조르는 말이다. '위생비' 운운한 것을 보면 일제강점기에 집집마다 청소비 거둔 것을 가리킨다.

② 이곡(李穀 1298~1351)의 시 〈봄비[春雨]〉이다(부분).

────────

好雨時能至(반가운 비 계절 따라 내려도)

幽人夜不眠(외로운 사람 밤잠 못 이루네)

畝種膏土脈(땅 기름져 소출 많건만)

薪桂濕廚煙(땔감 귀해 부엌 굴뚝 젖었네)

《한국한시대관》 4)

────────

풍년을 거두었음에도 땔감을 걱정하는 신세 한탄이다.

③ 김종직(金宗直 1431~1492)은 장마로 물이 들어찬 '부엌에서 올챙이소리 들린다[竈下聞丁子聲]'고 읊조렸다(《점필재집》 제5권). 부엌 바닥이 낮은데다가 아궁이가 깊어서 개구리가 깃들기에 안성맞춤이었던 것이다. 이 같은 시는 매우 흔하다.

3) 부엌은 여성을 상징한다.

① 민씨(閔氏)를 세자 정빈(貞嬪)으로 삼은 정종(定宗 1357~1419)은 '세가(世家)에 태어난 그대는 군자의 배필이 되어 (…) 중궤(中饋)를 주장하며 (…) 언제나 정성껏 내조(內助)를 다하라'고 일렀다[《정종실록》 2년(1400) 3월 4일].

중궤는 부인, 부엌일, 여자의 일 따위를 이르며 주궤(主饋)라고도 한다.

② 아내를 부엌데기라 부른다.

김지하(金芝河 1941~)는 흔히 남편이 다른 사람 앞에서 제 아내를 '우리 집 부엌데기'라고 낮추어 부르는 잘못을 말하며, 이산가족 찾는 텔레비전에 등장한 이부엌순·김부엌순·박부엌네·서정지·한국쑨네·최국쑨네·밥푼네·주걱네·구들레·마당순·뒷방순·후방순 따위의 보기를 들었다(《김지하 전집》 제1권 철학사상 2 〈살림굿과 여자 지위〉). 어디 그뿐이랴?《조선왕조실록》에는 도야지(都也之)도 등장한다[세종 31년(1449) 4월 20일].

4) 시집와 사흘 만에 부엌에 들어간다.

① 가난한 선비네로 시집온 새색시 노래 〈효부가(孝婦歌)〉이다.

삼일이 지난후이 부엌혜 드러가니(시집와 사흘 뒤 부엌에 들어가니)
춘바람 스실흔디 질솟흐나 쑨이로다(찬바람 쓸쓸한데 질솥 한 짝뿐이네)
삼시이 부모봉양 무어스로 흐쥰말가(세 끼 부모봉양 무엇으로 하랴)
천황씨 셔방님은 글밧게 무엇알며(고귀한 서방님 글밖에 모르고)
딋사랑의 늘근싀부 다만망영 쑨이로다(큰 사랑의 늙은 시부 망령만 부리네)

《한국역대가사문학집성》

천황씨(天皇氏)는 중국 고대 전설에 등장하는 세 임금[三皇] 중의 하나이다.

② 같은 사정을 이른 대구 지방 민요이다.

시집온 지 사흘 만에
광단 치마 벗어놓고
행주치마 둘러치고
장치문을 얼떠리고
대청마루 대구르고
부엌으로 내리달아
큰솥 밥솥 열어보니
청동 녹이 앉았데나
광방문을 얼떠리고
쌀독이라 열어보니
암거미 줄 서렸네

얼떠리고는 '열어젖히다', 대구르고는 '구르듯이'이며, 장치문은 '장지문'의 잘못이다.

5) 부엌에 몸을 숨긴다.

① 도둑을 겁낸 황해감사 김극검(金克儉 1439~1499)이 후미진 데 숨어 몸을 겨우 보존하였다[竄匿隱處 僅保其身]'는 대사간 이평(李枰) 등의 보고에 대한 사관의 논평이다.

그는 강도 김일동(金一同)을 그대로 둔 채 어미와 아내만 잡고 장물(臟物)을 거두었다. 재령(載寧)에서 자던 날, 강도 무리가 방으로 화살을 날리고 칼로 문을 치며 '갇힌 사람과 재물을 돌려주지 않으면 죽인다'고 윽박지르자 부엌 아궁이로 들어가 상자로 구멍을 막았다[潛匿竈穴 以筒塞其穴]. 아전들은 명에 따라 '감사는 해주(海州)로 갔다' 둘러대고 장물을 모두 내주었다. (…) 이러한 처신을 비웃지 않은 사람이 없었다[《성종실록》20년(1489) 11월 24일].

─────────────

'아궁이에 숨었다니 부뚜막이 어지간히 컸던 모양이다. 조운사종사관(漕運使從事官)이던 그가 경상도 일대의 군량미 10만 석을 함경도로 옮기는 공을 세우고, 성종 초에는 목민관으로 뛰어난 치적을 보였으며 문장에 능하고 성품이 맑고 곧았다지만, 1492년 명에 정조사로 갈 때도 방물을 도둑맞았다. '물정을 모르는 데다가 속이 좁아서 위엄이 없었다'는 사관의 말이 옳을 것이다.

② 홍경래(洪景來 1771~1812) 난 때도, 가산(嘉山)과 박천(博川) 백성들이 피난을 핑계로 성으로 들어와 반역자 무리와 내통하는 가운데, 이만봉(李萬奉)이 칼을 품고 부엌에 숨었다는 기사가 있다[《순조실록》12년(1812) 1월 15일].

③《동학농민혁명 자료총서》인 〈피난록(避難錄)〉에도 주인공이 '달아날 궁리를 하다가 (…) 창 든 동적(東賊) 10여 명이 갑자기 마당으로 들어오자 (…) 대평(大平)댁 부엌에 숨었다'는 대목이 보인다.

동적은 동학농민군을 낮추어 부른 이름이다. 1894년 7월부터 아홉 달 동안 충청 서부 지역 동학농민군의 활동과 향촌의 움직임을 적은《대교김씨네 갑오피난록(大橋金氏家 甲午避亂錄)》에 실렸다.

6) 부엌 연기는 끼니를 상징한다.

① 이규보(李奎報 1168~1241)의 시 〈희 선사가 보낸 쌀에 대해 붓을 달려 사례함[朱筆謝希禪師惠米]〉이다(부분).

─────────────

嗟我落寒貧(슬프다 가난 탓에)

渾家皆食粥(식구들 죽으로 때우자니)

仁哉法師心(인자하신 법사님)

憐我無寸祿(녹 없는 나 가엽게 여기고)

惠然送白粲(은혜로이 흰 쌀 보내주어)

厨廖方暮炊(사방에서 저녁밥 짓는 중에)

寒廚烟始綠(찬 부엌에서도 연기 오르네)

[《동국이상국집》제7권 고율시(古律詩)]

그는 또 '통곡 소리 왜 저리 구슬픈가[哭聲何最悲] / 찬 부엌 연기 이레나 끊겼네[寒廚七日無煙綠]'라는 한탄도 남겼다(《동국이상국집》제1권 고율시). 자신의 말대로 재상을 두 번 지내고도 이처럼 끼니 걱정을 한 것은 가난한 세월 탓이라기보다 그만큼 깨끗했던 성품의 결과일 터이다. 또 다른 시 〈문 선로가 쌀과 솜을 보낸 것에 사례함[謝文禪老惠米與棉]〉에서 '썰렁한 부엌에 저녁밥 지으니[晚炊寒竈中] / 푸른 연기 이제야 솟는다[靑煙今生屋]'고 하여《동국이상국집》제10권 고율시) 쌀 보내준 사람에게 사례하는 시를 여러 편 남겼다. 같은 무렵의 다른 이들도 이런 시를 썼다. 지금으로서는 상상조차하기 어려운 선비 정신이다.

② 이색(李穡 1328~1396)의 시 〈견주로 가는 길에서[見州途中]〉이다.

截然三嶺揷靑天(잘린 듯한 봉우리 셋 하늘에 솟고)

岐路長氷馬不前(험한 길 얼어붙어 말 걷지 못하네)

落日孤村煙火絶(해 지는 외딴 마을 부엌 연기 끊기니)

箇中情興有誰傳(그사이의 정과 흥 뉘라서 전하랴)

《한국한시대관》9)

---

③ 이현일(李玄逸 1627~1704)의 시이다(부분).

荒廬頹而不修(허술한 오두막 그대로 두었더니)

廚竈冷兮寒煙沈(찬 부엌 아궁이 연기마저 끊겼네)

《갈암집(葛庵集)》별집 제4권 〈제문(祭文)〉

예조참판에서 대사헌을 거쳐 이조판서까지 지낸 이가 끼니를 걸렀다니 오히려 탄복할 일이다. 조선왕조가 5백년을 넘긴 것은 이처럼 굶기를 밥 먹듯 한 선비들 덕분이다.

7) 부엌은 속세에서 벗어난 생활을 나타낸다.

김시습(金時習 1435~1493)의 시 〈식물(食物)〉이다(부분).

共廚何所有(부엌에 무엇이 있나)

晚崧與甜萡(배추와 단 오이뿐)

床上何所有(상 위에 무엇이 있나)

博山添宿火(박산 화로의 묵은 불뿐)

而我在其間(나 그 가운데 있으니)

小室香煙鎖(작은 방에 향기 가득하네)

《한국한시대관》20)

박산향로는 향로 위에 전설적인 바다의 박산을 본떠 만들었다는 데서 왔다.

8) 부엌에서 목숨을 끊는다.

《영조실록》의 간추린 기사이다.

굶주림을 못 견딘 김제(金堤) 선비 고씨(高氏) 부부가 헤어질 때, 아내가 집에서 키운 개를 잡아 먹자고 하였다. 내 손으로 잡을 수 없다는 지아비 말에 그네는 내가 부엌 안에서 개 목에 줄을 걸 터이니 밖에서 당기라 일렀다. 그 뒤 남편이 부엌에 들어갔더니 개가 아니고 아내였다. 임금은 관찰사에게 그들이 편히 살게 도우라고 일렀다[(1년(1725) 11월 3일].

같은 해 11월 7일자 《비변사등록》에는 이와 달리 고씨가 굶주림을 못 참아 아내에게 헤어지자고 하자 스스로 부엌에서 목을 맸다고 적혔다. 너무나 끔찍해서 차마 바로 적지 못한 것인가? 그러나 아무리 '지아비를 속였다'지만 남편이 아내의 죽음을 몰랐다는 것은 믿기지 않는다. 임금이 관찰사에게 도우라 한 것은 손으로 바람을 잡는 일이 되고 말았다.

9) 계수나무를 땔감으로 쓴다.

① 최치원(崔致遠 857~?)은 '계수나무처럼 비싼 땔감을 마련하는 근심이 없어지고, 볶은

등자(橙子)처럼 맛있는 반찬을 실컷 먹게 되었다'고 적었다(《고운집》〈이 상공에게 관급 사양을 바라는 계문[上襄陽李相公讓館給啓]〉).

② 이승휴(李承休 1224~1300)의 시 〈김상국 구의 퇴조시에 차운함[次韻金相國諱坵朝退詩]〉이 다(부분).

鷄鳴趨朝鴉昏廻(새벽에 조정에 가서 어두운 저녁에 돌아오니)

煙絶寒廚薪貴桂(연기 끊긴 찬 부엌 땔감 계수만큼 귀하네)

妻啼兒呼勸歸耕(아내 울고 어린것 밥 달라 보채지만)

奮不顧生行古制(분연히 생업 돌보지 않고 옛 제도 따르네)

《한국한시대관》4)

고위 관료가 땔감 걱정을 할 만큼 가난에 시달리고 식구들조차 차라리 농사를 짓자고 함에도 벼슬을 놓지 않겠다는 각오는 한편으로는 대단하지만, 측은하고 딱한 측면도 있다.

'계수나무 땔감'은 중국의 시문에서도 자주 등장한다.

10) 물두멍은 신령스럽다.

① 불교노래 〈회심곡(回心曲·悔心曲)〉에 '물두멍에는 용녀부녀, 뒤란에는 터주님살, 굴뚝에는 굴대장군, 대청마루에 성주님살, 마루 밑에는 쥐구녕살인디'라는 구절이 있다. 용이 깃든 물두멍의 물이 마르면 재앙이 닥친다는 뜻이다. 이 때문에 우리는 예부터 물두멍 바닥이 드러나는 것을 꺼렸다. 제주

그림 51

도 조왕경문의 '용(龍) 오르게 말아줍서(부지런한 주부가 되게 하소서)'라는 대목도 마찬가지이다. 부녀는 부녀(婦女)로 용이 여성임을 나타낸다(그림 51). 이 노래는 조선 중기의 서산대사(西山大師)가 지었다고 한다.

② 서울 무당노래 〈황제풀이〉의 한 대목이다.

부엌으로 나리달어 적은솥에 큰솥에 전노구 통노구라 곱돌솥이 즐비하다. 물두멍은 어루쇠 받쳐 놓았으니 청류리라 황류리라, 룡왕각시가 대활례로 놀으소사.

국어사전은 어루쇠가 '구리 따위의 쇠붙이를 반들반들하게 갈고 닦아서 만든 거울'이라 하였지만 '반들거리는 쇠 받침'으로 보는 것이 자연스럽다(☞ 203쪽 사진 42).

아카마쓰 토모나리[赤松智城]가 청류리를 푸른 유리[靑琉璃], 황유리를 누른 유리[黃琉璃]라 하여, 유리 빛깔을 나타낸 것으로 새긴 것은 잘못이다. '청(靑)'과 '황(黃)'은 다섯 방향[五方] 가운데 동쪽과 중앙을 가리킨다. 그가 수집한 〈바리공쥬〉의 '동에는 청류리 쟝문이 서 있고'로 시작하여 '동에 청류리 쟝문, 서에 백류리 쟝문, 남에 홍류리 쟝문, 북에 흑류리 쟝문, 한 가운데는 정렬문이 서 있고'라는 대목이 좋은 보기이다. 류리가 유리(琉璃)라면 '흑류리'와 '황(黃)류리'는 설자리가 없다. 황의 방향을 '가운데'라 한 것도 증거이다. 또 하나, 쟝문을 '牆門'으로 옮기면(1937 ; 45) '류리 쟝문'은 '담장에 낸 유리문'이 되고 만다.

고려나 조선시대에도 유리가 없지 않았지만 일반에 퍼진 것은 1902년에 이용익(李容翊 1854~1907)이 러시아 기술자의 도움으로 국립 유리제조소를 세운 뒤부터이다. 따라서 '류리'는 투명한 화학제품이 아니라 크리스탈·진주·호박 따위의 보석으로 보는 것이 그럴듯하다. 이는 '룡왕각시'와도 걸맞지 않은가? '대활례로 놀으소사'는 마음껏 즐기라는 뜻이다.

〈황제풀이〉는 서울의 무당이 부르는 성주신(城主神)의 내력을 엮은 노래이다.

③ 〈지신밟기〉 한 대목이다.

중점은 두말찌 솥에는 서말찌
에이야루 지신아 조왕지신을 눌르자
서말찌 너말찌 닷말찌

이곳저곳 양 솥 안에 낱알만 꽉꽉 채워주소

은두무 놋두무 줄줄이도 앉았네

은바가치 놋바가치 줄줄이도 얹혔네

은따배이 놋따배이 줄줄이도 걸었네

조왕님요 조왕님요 사대봉추 점지하소

만대유지 눌리소 만대유지를 눌리소

───────────

두말찌는 곡식 두 말들이 솥, 서말찌는 서 말들이이며, 너말찌와 닷말찌도 마찬가지이다. 두무는 물두명의 사투리이고 은두무는 은으로 만든 두명솥, 놋두무는 두명솥이다. 은바가치, 놋바가치, 은때배이(은똬리), 놋따배이는 장차 부자가 되라는 덕담이다.

봉추(鳳雛)는 봉황의 새끼라는 말로 지략이 뛰어난 젊은이를 가리킨다. '만대유지'는 복락이 만대를 이어나가기 바라는 뜻이다.

④ 조선시대 궁궐에서는 두명솥으로 불귀신을 쫓았다.

창덕궁 인정전·대조전·선정전(현재는 없다)·선원전, 창경궁 통명전, 경복궁 근정전, 경운궁 중화전, 종묘 재궁의 것들이 그것이다. 흔히 월대(月臺) 양쪽에 놓지만 인정전·대조전·중화전에는 두 벌 월대 위아래 네 곳에 있다(재궁에는 한 짝뿐이다). 이들 가운데 근정전·중화전·재궁의 것은 무쇠, 나머지는 청동솥이다. 같은 청동솥도 형태가 다른 것을 보면 그때의 필요에 따

사진 108

사진 109

라 마련한 듯하다. 설명 패
에 불귀신이 왔다가 솥의 물
에 비친 흉악한 자신의 보고
놀라 달아난다고 적혔지만
물로 불길을 잡으려는 것이
본디 뜻이다.

조선왕조는 관악산이
화산이라는 풍수설에 따라
불을 잡으려고 남대문의 현
판을 세로로 달고, 이름(崇
禮門)에 오행에서 불을 나타
내는 예(禮)자를 넣으며, 광
화문 양쪽에 불을 먹는다는
해태 상을 놓았다. 앞의 두
명솥들도 마찬가지이다. 문
화재청의 궁궐 해설서에 배
가 부르고 입이 너른 큰 물
독을 가리키는 '드므'라 적
힌 것은 잘못이며, 근래 국
어사전에서 두무를 '깊고 물
을 많이 담아두고 쓰는 큰
가마나 독'으로 새긴 것도 문
제이다. 용례로 '쇠로 큰 두
명을 만들어 두 겹으로 포
개고 그 위에 상을 베풀었
다'는 최남선(崔南善 1890~
1957)의 글 《심춘순례(深春巡
禮)》을 들었지만, 그가 두명
솥이라는 낱말이 있는 줄 몰

사진 110   사진 111

사진 112

사진 113   사진 114

사진 115   사진 116

랐을 가능성이 높다.

〈사진 108〉은 인정전
(仁政殿) 동남쪽 아래 월대의
것으로, 네 곳에 놓았다. 〈사
진 109〉는 왼쪽이고, 〈사진
110〉은 위(동남쪽)의 것이다
(위 지름 81센티미터에 높이 51센
티미터). 입을 조금 벌리고 아
래로 가면서 조붓하게 다듬
었으며 바닥에 짧은 굽을 붙
여서 맵시를 살렸다. 복숭아
꼴의 두툼한 손잡이와 고리
도 볼거리이다. 〈사진 111〉의
아래 것은 앞의 것과 대조적
으로 입을 좁히고 어깨를 넓
혔으며(지름 61.5센티미터에 높이
43센티미터) 바닥에 굽을 달
았다. 네모꼴 손잡이도 한결
여유롭다.

사진 117

사진 119

대조전(大造殿)은 월대가 단벌임에도 네 짝을 놓았다(사진 112). 임금의 침전이라 화재
예방을 더 잘하려는 뜻인가? 안쪽의 것(사진 113)은 형태가 인정전 위의 것(지름 83센티미터에
높이 56)을 닮았음에도 손잡이는 아래 것(지름 60센티미터에 높이 40센티미터)을 본떴다. 이 건물은
1920년에 경복궁의 내전인 교태전(交泰殿)을 옮겨 지었으므로 본디부터 있던 것인지 새로 주
조했는지 알 수 없으나 현재 경봉궁 것이 무쇠이므로 본디 것일 가능성이 높다. 1405년에 지
은 인정전은 왜란 때 불에 타 1607년에 다시 지었고, 1803년에 또 재가 되어 1804년에 재건
하는 과정을 거치기는 하였지만 시대가 앞서므로 대조전의 것보다 원형에 더 가까울 것이다.
〈사진 114〉는 바깥쪽의 것이다.

한편, 1483년에 세웠다가 1616년에 다시 지은 명정전(明政殿)은 조선왕조 궁궐 가운데 나
이 가장 많은 건물로 손꼽히지만 두멍솥(지름 82센티미터에 높이 50센티미터)은 앞의 것들보다 격

사진 118

사진 120

사진 121

사진 122

사진 123

사진 124

이 떨어진다. 따라서 건조 연대와 형태를 함께 견주는 것이 옳은지 의문이 들기도 한다(사진 115·116).

근정전(勤政殿)은 인정전처럼 월대가 두 벌이지만 위 동서쪽에 솥, 아래에 두멍솥을 놓았다(사진 117). 크기는 높이 99.5센티미터에 몸통 높이 44센티미터이고, 지름 114센티미터에 두께 2.8센티미터이다(사진 118).

중화전에는 앞의 전각들과 달리 두멍솥을 〈사진 119〉처럼 측면 아래 양쪽 월대에 네 짝을 놓았다. 〈사진 120〉은 동남쪽의 것으로 몸통에 앞과 같은 줄 넷을 둘렀다. 위에 물 수(水)를 연상시키는 무늬, 아래 왼쪽에 '태평(泰平)', 다음(사진 121)에 '만(萬)'과 '세(歲?)'를 놓아서 나라의 태평과 임금의 장수를 바라는 뜻을 나타냈다. 〈사진 122〉는 서남쪽의 것이다. 〈사진 123〉 둘째 줄에 물방울로 보이는 동그라미, 그 아래에 '만세', 다음에 '만(萬)'과 '세(歲)'에 이어 희(囍)자가 보인다. 〈사진 124〉는 서남쪽의 것이다. 이들은 매우 거칠어서 나라의 명운이 다한 무렵(1902년)의 분위기를 물씬 풍긴다.

⑤ 경상북도 안동시 일대에서 다래끼가 났을 때 물두멍을 들여다보고 눈을 깜빡이면 다래끼가 아래로 빠진다고 한다(안혜경 2011 ; 271).

11) 물두멍에 사람을 가둔다.

① 소설 〈구마검〉의 한 대목이다.

(…) 함진해가 사랑으로 나간 후에, 최씨가 전취 부인들이 살아 곁에 있는 듯이 강짜가 나서

"할멈, 영감 말씀 좀 들어보게. 아무리 사내 양반이기로 생각이 어쩌면 그렇게 들어가나?"

"영감께서 신귀가 그렇게 어두시답니다. (…) 마님, 영감께서 돌아가신 두 마님과 금실이 아주 찰떡근원이시더랍니다."

"아무리 그러셨기로 누가 그 마님들을 〈옥추경〉이나 읽어 무쇠두멍에 가두었나?" (…)

"저년들 무서워 천금같이 귀한 자식을 기르며 두고두고 그 성화를 받을까? (…) 영감의 송산 산소 (…) 산역이 여러 날 걸리신다니 세차게 경 잘하는 장님 대여섯 불러오게. (…) 〈옥추경〉을 지독하게 읽어 움도 싹도 없게 가두어 버리겠네."《한국신소설대계》1편)

남편이 없는 사이 장님들에게 〈옥추경(玉樞經)〉을 읽혀서 죽은 전처들의 혼령을 물두멍에 가둔다는 말이다. 찰떡근원(-根源)은 아주 다정한 부부사이를 이르며 〈옥추경〉은 도교(道教) 경전으로 조선시대에 병굿이나 신굿과 같은 큰 굿에서 치병(治病)을 위해 읊었다. 송산(松山)은 경기도 양주시에 있으며, 산역(山役)은 주검을 묻거나 옮기는 일이다.

② 소설 〈은세계〉의 한 대목이다.

염라대왕을 부르시더니 정감사를 잡아다가 천근이나 되는 무쇠두멍을 씌워서 지옥에 집어넣고
우리 집에 나왔던 장차들은 금사망을 씌워서 구렁이가 되게 하고 옥황상제께서 날더러 하시는
말이 '너는 나가서 있으면, 내가 인간에 죄 지은 사람들을 다 살펴서 벌을 주겠다' 하십디다. (…)
극성을 부리던 사람들은 꼼짝을 못하게 되고, 백성들은 제 재물을 제가 먹고 살게 될 터이오(《한
국신소설대계》 1편).

지옥에서 죄인을 솥에 삶는 외에 두멍솥을 씌워서 가두는 형벌도 벌인 것이다. 장차(將
差)는 고을 원이나 감사(監司)의 심부름꾼이고, 금실로 얽은 금사망(金絲網)은 한 번 갇히면 벗
어날 수 없음을 나타낸다.

③ 소설 〈치악산(雉岳山)〉에도 '쇠두멍에 잔뜩 잡아넣어서 깊고 깊은 바닷물에나 텀벙 집
어넣을 터이야. 종로 상거지 상거지하더니 나 같은 종로 상거지가 또 어디 있을까? 만가하게
살던 재산을 고것 때문에 집안이라고는 불고 쓸어낸 것같이 되었으니' 하는 대목이 있다(《한
국신소설대계》 1편)).

자신의 재산을 말아먹은 상대를 두멍솥에 넣어 바다에 던져 죽이겠다고 벼른다. '만가
(滿家)하다'는 집에 재물이나 양식 따위가 많다는 뜻이고, '종로 상거지'는 서울 번화가의 첫째
가는 거지라는 말이다.

12) 물두멍에 물고기를 가둔다.

명당에 집을 짓고 넉넉하게 사는 형편을 읊조린 〈명당가(明堂歌)〉의 한 대목이다(지은이
모름).

빅곡을 거두어서 실거니 지거니 허여드려 압뒤노적에 갓갓지로 쓰아두고
(백곡을 거두어 싣고 지고 거두어들여 앞뒤 노적에 가득 쌓아두고)
비부로 후리질 낙시식켜 고기낙가 두멍에 치와두고 되올베로 슈를빗고
(여종의 지아비에게 후리질시켜 낚은 고기 두멍에 채워두고 올벼로 술 빚어)
지너머 김풍헌과 마루너머 최약정을 다청허여 좌정후에 계집종으로 잔부우고

(재 넘어 김풍헌과 산 넘어 최약정을 불러모아 계집종의 술잔 받으며)

남종으로 타령식기고 아희들노 쵸김불니오니 이아니 한가헌가

(남자 종 타령과 아이들 풀잎 피리소리 들으니 한없이 즐겁구나)

세상영욕을 몰나쓰니 셕슝에 부귀를 부러허며 곽분양의 빅ᄌ쳔손를 부러힐가

(세상영욕 이만하니 석숭의 부귀와 곽분양의 후손이 어찌 부러우랴?)

《역대가사문학전집》

―――――――――

잡은 고기를 두멍에 두는 것은 그럴듯한 착상이다. '후리질 낚시'는 후릿그물로 물고기를 잡는 것이고, 후릿그물은 강이나 바다에 둘러치고 여럿이 양 끝을 당겨서 갇힌 물고기를 거두는 큰 그물이다. 김풍헌(金風憲)의 풍헌(風憲)은 향촌(鄕村)의 풍속을 다잡는 소임을, 최약정의 약정(約正)은 향약(鄕約)단체의 우두머리를 가리킨다.

셕슝은 중국 진(晉)의 대부호 석숭(石崇 249~300)이며, 곽분양(郭汾陽 697~781)은 당의 명장 곽자의(郭子儀)로 분양왕(汾陽王)이 되어 온갖 부귀공명을 누렸다. '곽분양(郭汾陽) 팔자'라는 말은 이에서 나왔다.

13) 조선시대 궁궐 아궁이 하나에 땔감(燒木)이 한 해 114근(斤) 들었다.

《인조실록》 기사이다.

―――――――――

국가의 땔감 비용이 상상외로 많은 것은 함부로 낭비한 탓입니다. 함실아궁이[竈] 하나에 드는 땔감 114근을 반으로 줄여도 (⋯) 충분합니다[14년(1636) 8월 1일].

―――――――――

땔감 논의는 이어졌다. 《비변사등록》의 간추린 기사이다.

―――――――――

현종 3년(1662) 1월 19일 영의정 정태화(鄭太和)가 궁궐의 함실아궁이 하나를 줄이자고 한 것을 시작으로, 전에도 원자궁(元子宮)의 것을 하나 줄였으며, 금년은 흉년인 데다가 세자가 탄생하자마자 백성에게 역사를 시키는 것은 마땅치 않다는 말이 나오는 바람에 임금은 땔감을 대전(大殿)에 배정한 것에서 쓰고 원자궁의 4조 반(四竈 半)은 더 늘리지 말라고 일렀다.

숙종의 말에 따라 줄였던 대전(大殿) 등촉방(燈燭房)의 것 넷 가운데 셋을 우선 복구하였으나[10년(1684) 5월 29일], 이듬해 진휼청(賑恤廳) 당상(堂上) 박신규(朴信圭) 등이 금년에는 형편

이 어려우니 다시 줄이자는 바람에 셋 가운데 반(半)을 없앴다[숙종 11년(1685) 2월 27일].

─────────────

등촉방은 조선시대 궁궐에서 등불을 관리한 내관(內官)의 처소이며, 연산군 때는 장화(掌火)라 불렀다. '사조 반'의 '반'은 함실아궁이 네 개 반에 드는 양을 가리키는 듯하다.

14) 콩깍지를 땔감으로 쓴다.

이규보의 시 〈동각 오세문이 고원의 여러 학사에게 드린 삼백운의 시에 차운함[次韻吳東閣世文呈誥院諸學士三百韻詩]〉이다(부분).

─────────────

扼腕具相笑(손목 잡고 서로 웃다가도)

論情頗自悲(심정 논할 젠 홀로 슬퍼지네)

草堂初飲水(초당에서 비로소 물마시고)

塵釜晚烟萁(부엌에서 늦게야 콩깍지 지피네)

《동국이상국집》 제5권 고율시)

─────────────

15) 굴뚝은 신령스럽다.

① 장유(張維 1587~1638)의 《계곡집(谿谷集)》 기사이다.

─────────────

종이나 비첩(婢妾) 들은 새·짐승·해골·허수아비 따위를 담·지붕·굴뚝에 파묻고 술법을 부려서 상대가 몹쓸 병에 걸리게 한다. 급히 고치지 않으면 더러 죽거나, 폐병[尸疰病]처럼 다른 사람에게 옮겨 붙는다. 이로써 벌 받는 자들이 많음에도 좀체 줄지 않는다(《계곡만필》 제1권 저주[詛呪之事]).

─────────────

《심리록(審理錄)》에도 '간통 현장을 잡았더라도 굴뚝에서 나온 저주하는 물건은 분명한 증거가 아니라'는 기사가 있다(제17권 〈1787년 경상도 고성(固城) 마태붕(馬太朋)의 옥사)).

② 굴뚝지기를 굴대장군·굴뚝장군·구대장군 따위로 부른다. 그는 열흘에 한 번 연기를

타고 하늘에 올라가 옥황상제에게 그 집에서 일어난 일을 보고한다(김지욱 2011 ; 63). 이 때문에 안택고사나 시월상달 고사 때 반드시 굴뚝 앞에도 상을 차리고 무사태평을 빈다. 굴뚝을 함부로 부수면 벌을 받는다고 하여 좀체 건드리지 않으며, 새로 쌓거나 박은 뒤에는 반드시 제물을 올리고 축원한다.

경기도 고양시 일대에서는 신행에서 돌아온 신랑(新郞)이 발을 안방 굴뚝에 올려놓고 국수를 세 번 떠먹고 들어오며, 산모의 남는 젖은 짜서 굴뚝이나 장독에 버린다.

〈사진 125〉는 중국 길림성 조선족 자치구 한 농가의 구새굴뚝이다. 구새는 주로 속이 썩은 피나무 속을 파낸 다음 개자리 쪽에 박는다.

16) 연줄에 따라 벼슬 주는 것을 굴뚝 제수라 한다.

《고려사절요》 기사이다.

지윤(池奫 ?~1377)이 문하찬성사, 윤방언(尹邦彦)이 밀직제학, 정양생(鄭良生 ?~1392)이 대사헌이 되는 등 이날 벼슬을 받은 재신과 추신이 59명에 이르렀다. 이인임(李仁任 ?~1388)과 지윤의 패거리인 대간·장수·수령은 말할 것도 없고 시정배·공인·장인에 이르기까지 연줄에 따라 모두 벼슬을 받자 사람들이 '굴뚝 제수(煙戶政)'라 일컬었다[제30권 신우 2년(1376) 12월].

우왕(禑王) 때, 권력자가 높은 벼슬을 하찮은 사람들에게 연줄에 따라 나누어주었다는 '연호정'은 어디서 왔는지 알 수 없다.

사진 125

1) 부엌은 아내를 상징한다.

에쿠안 겐지[榮久庵憲司]의 말이다.

────────────

현재의 '부엌' 개념은 겨우 중세(12세기 말~16세기)에 생겼다. 이는 특수한 조리 기능을 위한 건축공간과 조리를 맡은 주부가 나타난 결과이다. (…) 부뚜막은 중세 지배자인 무가(武家) 건축양식(書院造り)에 따라 집 안으로 들어왔다. 몸채가 아닌 복도로 잇는 곳에 중요 공간으로 등장한 것이다. 이로써 조리는 봉당[土間]의 부뚜막과 실내의 화덕 두 곳에서 이루어졌다. (…) (☞ 172쪽 그림 5)

　　가내제도로서의 부엌은 주부의 권한에 따라 굳어졌다. 고대의 귀족이 남녀 모두 조리와 거리가 멀었던 것과 대조적으로, 무가에서는 하인이 적은 탓에 주부나 딸이 도맡은 것이다. 이에 따라 장군 아내는 '부엌님[御台所]', 제후 아내는 '오쿠사마[娛樣]'로 불렸다. 서민들도 부엌일을 자연히 여성이 맡았지만 무가에서도 주인은 바깥일을, 주부는 안살림을 맡는 특유의 분업이 이루어졌으며 뒤에 사회 규범이 되었다.

　　무로마치[室町]시대(1392~1573)에는 본처가 첩에게 앙갚음하는 '우와나리우치(うわなりうち)' 관습이 있었다. 하녀와 친구들을 이끌고 상대의 부엌으로 가서 솥과 냄비를 동강내고 부뚜막을 부순 것이다. 이는 무가의 남녀분업과 솥·냄비·부뚜막이 여성에 딸린 사실을 알리는 보기이다(1975 ; 116~119).

────────────

4
—
속
담

중국

---

① 부엌이 가까우면 먹을 것을 얻는다[近廚房有得吃].

: 권력자에게 빌붙으면 이득이 있다.

② 부엌이 가까우면 먹을 것을 얻고, 백성과 친하면 힘을 얻는다[近廚得食 近民得力].

: 백성에 대한 사랑이 통치의 근본이다.

③ 임금의 부엌이 허술하다[大庖不盈].

: 중요한 조건이 갖추어지지 않았다.

④ 솥과 부엌이 깨끗하면 병에 걸리지 않는다[鍋竈淨 少生病].

: 부엌이 깨끗해야 건강하다.

⑤ 한 사람이 부엌 아궁이 앞에 앉아 불을 쬐면 뒷사람은 그 불빛을 보지 못한다[煬竈].

: 권신(權臣)이 군주(君主)의 눈과 귀를 가린다.

①·②는 부엌이 조리 공간임을, ③은 집 안의 중요 공간임을 나타낸다.

한국

---

① 부엌에 가면 더 먹을까, 방에 가면 더 먹을까?

: 어느 쪽이 더 나을까 저울질한다.

② 사촌네 집도 부엌 먼저 들여다본다.

: 아무리 친한 사람도 주기만 바란다.

③ 부엌 빌려주자 마루까지 빌리라 한다.

: 욕심이 끝이 없다.

④ 부엌에서 숟가락 얻었다.

: 대단치 않은 일을 큰일이나 한 듯이 뻐긴다.

⑤ 반반한 숫돌은 부엌에 두어도 얽은 망은 방 안에 둔다.

: 잘나거나 못나거나 자리가 따로 있다. 망은 맷돌의 북한 사투리이다.

⑥ 안방에 가면 시어미 말이 옳고 부엌에 가면 며느리 말이 옳다.

: 모두 그럴듯해서 시비를 가리기 어렵다.

⑦ 낙동강 잉어가 뛰니까 부엌 부지깽이도 뛴다.

: 생각 없이 남의 흉내를 낸다.

⑧ 불타는 집 마루의 제비가 부엌 제비 걱정한다.

: 제 앞가림도 못하면서 남 걱정한다.

⑨ 부엌 아궁이와 추녀를 나란히 한다.

: 이웃과 가까이 지낸다.

①～④는 이익이나 욕심을, ⑤·⑥은 원칙이나 주장을, ⑦·⑧은 얕은 생각을, ⑨는 친숙함을 나타낸다.

일본

---

① 부엌을 안다[勝手を知る].

: 내부 사정이나 그 장소를 잘 알다.

② 부엌의 바탕[勝手元·勝手許]이다.

: 생계비이다.

①·②는 부엌이 집 안의 중요 공간임을 알린다.

V 조왕

1
중국

한족- 신체 신위·신상

 《예기》에 장문중(臧文仲)이 공자에게 예를 묻자 '노나라 종백(宗伯) 하보불기(夏父弗綦)가 불을 지펴서 조왕제사를 지냈음에도 막지 않았으니 그는 현부(賢夫)가 아니다. 여자가 올리는 제물은 그릇에 놓고, 술은 병에 담아 바치는 것으로 충분하다' 일렀다는 기사(《예기(禮器)편》)가 있다. 이로써 전 5세기 무렵 불신[火神]과 조왕을 따로 받든 것을 알 수 있다. 그러나 선진(先秦) 때(전 334~전 394) 합쳤다가 다시 나뉘면서 불신은 오사(五祀)의 하나가 되어 여름에 받드는 축융(祝融)과 격이 같아졌지만, 조왕은 집안 구석에서 여자가 받드는 신으로 낮아졌다.

 이는 전 3~2세기에 퍼진 오행사상 영향이 크다. 《회남자(淮南子)》는 '불을 발명한 염제(炎帝)가 죽어 조왕이 되었다' 하였고(《범륜훈(氾倫訓)》 하), 《회남홍렬해(淮南鴻烈解)》에도 '염제는 신농(神農)으로 화덕왕(火德王)이 되어 천하를 다스리다가 죽은 뒤 조왕이 되어 제사를 받는다'고 적혔다(권20의 주). 그러나 일반에서는 축융 또는 화덕진군(火德眞君)이라 부르며 따로 받들었다. 《옥갑기(玉匣記)》에서 '남방화신성탄(南方火神聖誕)'이라고 한 대로, 백성들은 음력 6월 23일을 생일로 쇠었고, 이 신앙은 청대까지 이어 내렸다.

 〈그림 1〉은 20세기 초반 북경의 상류 가옥에서 조왕제를 지내는 모습이다. 제단 위 감실에 모신 신상 앞에 여러 가지 제물을 차리고 부자로 보이는 남자 둘이 절을 올린다. 여성은 참여할 수 없는 까닭에 들어서지도 못하고 문 뒤에서 쳐다보고만 있다.

그림 1

가. 유래

《후한서》기사이다.

선제(宣帝 전 73~전 49) 때, 남양(南陽)의 부지런한 효자 음자방(陰子方)이 12월 8일 아침을 지을 무렵, 조왕이 나타나자 절을 올리고 황양(黃羊)을 바쳤다. 그 뒤 갑자기 부자가 되어 밭이 7백 경(頃)에 이르고 가마·말·하인·종 따위가 황제 못지않게 늘어났다. 또 '내 자손은 반드시 위대하게 된다'더니 손자 대에 큰 벼슬아치가 나왔다. 이로써 해마다 섣달그믐에 조왕을 받들며 황양을 바치는 풍속이 생겼다(열전 22 〈음식전(陰識傳)〉).

황양은 양이 아니라 개라는 설도 있다. 《형초세시기(荊楚歲時記)》에 '《예기》의 조(竈)는 할멈이 올리는 제사이다. 병(瓶)을 채우고 항아리에 담는다는 말은 병으로 술통을 삼고 항아리에 음식을 채운다는 뜻이다. (…) 음자방이 올린 누렁이[黃犬]는 황양'이라고 적혔다. 《고금주》에도 누렁이가 등장하며, 산동성에서는 지금도 개고기를 이렇게 부른다.

그러나 복날 개를 잡고 섣달그믐에 양을 올린 진한(秦漢)대의 풍속을 계절에 맞춘 결과인 듯하다(소방 2006 ; 351). 왕유(王維 699?~759)의 시 〈양주교외유망(涼州郊外遊望)〉에도 다음 구절이 있다(부분).

婆娑依里社(사람들 덩실덩실 춤추며 사당으로 가서)

簫鼓賽田神(통소 불고 북치며 땅지기에 제사 올리네)

灑酒澆芻狗(짚으로 엮은 개에 술 붓고)

焚香拜木人(향 피워 목각 신령에게 절 올리네)

《왕유 시전집》

당대 이후에는 돼지머리를 썼다.

나. 이름

조왕은 하늘의 최고신 옥황상제가 인간의 집에서 일어나는 일을 살피라고 보낸 심부름꾼이다. 북방천제 전욱(顓頊)의 자손이라고도 하는 그의 이름은 곳에 따라 다르다. 북경 및 상해 등지에서는 조왕야(竈王爺)(사진 1) 또는 조군(竈君)(사진 2), 아내는 조내내(竈奶奶)이다. 조

사진 1   사진 2   사진 3

왕야는 조왕이 남자라는 뜻이다. 절강성 소흥(紹興)의 조사보살(竈司菩薩)과 항주(杭州)의 조군
보살(竈君菩薩) 가운데의 보살은 깨달음이나 지혜를 가리키는 산스크리트 말이다. 남경(南京)에
서는 정복신(定福神)인 조왕이 천제로부터 일가의 운명을 받아온다며 신상 이마에 정복궁(定
福宮)이라고 적은 쪽지를 붙인다.

　　이 밖에 사명조군(司命竈君)·정복조군(定福竈君)·동주사명(東廚司命)·정복진군(定福眞君)·
증복진군(增福眞君)·조군야(竈君爺)·조군공(竈君公)·조왕보살(竈王菩薩)·조신(竈神)·가주사명(家
主司命)·호택천존(護宅天尊)·정복신군(定福神君)·궁선(窮蟬)으로도 불린다. 천진시 상류가옥에
서는 감실(사진 3)에 동주사명구황조군(東廚司命九皇竈君)과 호국유민증복재신(護國裕民增福財
神)이라고 쓴 신위를 모신다(사진 4·5).

　　사명조군의 '사명'은 북두칠성 위에 있는 문창궁(文昌宮) 여섯 별 가운데 넷째로 인간의
목숨을 맡은 천신이다. 호택천존의 천존은 부처의 다른 이름이고, 궁선은 부뚜막 주위에 자
주 깃들이는 붉은 매미를 닮은 데서 왔으며 '부뚜막 말[竈馬]' 또는 '바퀴벌레'라고도 부른다.
조군은 전국시대에, 사명은 한대에 나왔다. 도교에서는 이들이 인간의 수명을 적은 장부를 가
지고 조왕의 보고에 따라 줄이거나 늘인다고 한다.

　　북경시 일대에서는 구천동주사명 구천원황조군 감응천전(九天東廚司命 九天元皇竈君 感應天
奠) 또는 남천호복성군 이제진경 동주사명 만화천전(南天護福星君 利濟眞卿 東廚司命 萬化天奠)이라
하여, 아내(竈奶奶)를 거느린 도교 이름으로 부르며, 남부 농촌에서는 지금도 대청에 본문종조
(本門宗祖) 동주사명이라고 쓴 신위를 받든다.

한편, 《예기》에 '본인은
소길리(蘇吉利), 아내는 왕박
협(王搏頰)'이라고 적힌 반면,
《잡오행서》에서는 이름은 선
(禪), 자는 자곽(子郭)이라 하
였고, 《유양잡조(酉陽雜俎)》
와 《경조전서(敬竈全書)》 따위
에는 장(張)씨에, 휘는 단(單),
자는 자곽으로 올랐다. 이처
럼 귀신에게 자나 휘를 붙여
서 인간으로 삼은 것은 현실
적이고 구체적인 것을 좋아

사진 4   사진 5

하는 심성에서 나왔다. '조
왕'은 당(唐)대에 나온 듯하다(《유양잡조》 권14 〈낙고기상(諾皐記上)〉).

〈조왕경(竈王經)〉의 일부이다.

조왕은 곤륜산(崑崙山)의 홀 할멈[老母]이다. (…) 집마다 부뚜막 금기를 지키되, 어기면 벌을 내
린다. 그네 이름은 종화노모원군(種火老母元君), 동방청제조군(東方靑帝竈君), 남방적제조군(南
方赤帝竈君), 서방백제조군(西方白帝竈君), 북방흑제조군(北方黑帝竈君), 중앙황제조군(中央黃帝
竈君), 오방오제조군부인(五方五帝竈君夫人), 천주영조신군(天廚靈竈神君), 지주신조신군(地廚神
竈神君), 증조조조신군(曾竈祖竈神君), 조공조모신군(竈公竈母神君), 조부조부신군(竈夫竈婦神
君), 조자조손신군(竈子竈孫神君), 조가자매식부춘속신군(竈家姉妹媳婦春屬神君), 오방유혁신군
(五方游奕神君), 조하취도신녀(竈下炊濤神女), 운화좌우장군(運火左右將軍), 진화신모(進火神母),
유화동자(游火童子), 천제교남(天帝嬌男), 천제교녀(天帝嬌女), 중동자동남동녀(中童子童男童女)
따위이다. 이름은 많지만 각 집의 향화(香火)를 받고 평안을 지키며 선악에 따른 공과를 헤아린
다. 도교의 조왕은 이처럼 지나치게 복잡해서 민간에서 모두 섬기지 못한다.

곤륜산은 고대 전설에 등장하는 성산(聖山)으로 황하의 발원지이자 보옥(寶玉)의 명산지
로 알려졌다. 불사(不死)의 물이 흐르는 이곳에 서왕모(西王母)가 산다고 하여 팔선(八仙)의 선

251   1 — 중국

계(仙界)라고도 한다. 22개에 이르는 버젓한 이름을 두고 '홀 할멈'이라고 둘러댄 것은 의문이다. 오죽 많으면 '백성들이 다 섬기지 못한다'고 일렀겠는가? 증조에서 조손까지 들먹인 것도 그렇거니와 남자 이름이 섞인 것도 흥미롭다. 《산해경》은 그녀가 표범 꼬리에 범의 이를 지니고 산발머리를 옥으로 꾸몄으며 질병과 형벌을 주관하는 기괴한 신이라 하였고, 《유양잡조》에는 '성은 양(揚), 휘는 회(回)로 곤륜 서북쪽을 다스리다가 정축(丁丑)일에 죽었다'고 적혔다(권14〈낙고기상(諾皐記上)〉).

다. 구실

사람들의 선악을 적었다가 옥황상제에게 알린다. 정현(鄭玄 127~200)은 《예기》에 '2세기에 널리 퍼진 것이 분명하다. 하늘은 인간의 언동을 살피고 그에 걸맞은 화복을 주며, 한 가정의 생활이 부뚜막을 중심으로 이루어지므로 조왕이 맡았다'는 주를 달았다(《제법편(祭法編)》).

그의 보고는 시대에 따라 다르다. 전 2세기에는 선악을 모두 알렸으나 전한대에는 악행만 다루었다. 유안(劉安 전 179~전 122)이 쓴 《회남만필술(淮南万畢術)》의 '매달 그믐에 올라가 인간의 죄를 보고한다'는 기사가 그것이다. 이는 도교의 신들이 인간에게 자비를 베풀기보다 잘못에 대해 벌을 주는 신이라는 관념에서 나왔다. 그러나 특히 당대 이후에는 선악을 가리지 않는 것으로 바뀌었다. 육구몽(陸龜蒙 ?~881)은 공과를 천신에게 알리는 까닭에 복과 행운을 빈다고 적었고(《보리선생문집(甫理先生文集)》 제18권 〈축조해(祝竈解)〉), 《오잡조(五雜组)》에도 '이날 하늘에 올라가 일가의 선악을 이른다'는 내용이 있다.

《유양잡조》 기사이다.

조왕은 외(隗)라는 미녀이다. 이름은 장단(張單), 자는 자곽(子郭)이라고도 한다. 남편의 자는 경기(卿忌), 딸 여섯은 모두 채치(蔡治)이다.

매달 그믐에 하늘에 올라가 알리는 죄상에 따라 천신이 무거우면 기(紀 300일), 가벼우면 산(算 100일)을 줄인다. 이에 따라 천제의 심부름꾼[督使]이 되어 하계에 내려와 땅의 정(精)이 되었다. 기축(己丑)일 묘시(오전 6시)에 하늘로 갔다가, 우중(禺中 오전 10시)에 하계로 내려와 살핀다. 이날 제사를 올리면 복을 받는다.

천제의 교손(嬌孫)·천제의 대부·천제의 도위(都尉)·천제의 맏형[長兄]·형상동자(硎上童子)·돌상자관군(突上紫官君)·태화군(太和君)·옥지부인(玉池夫人) 따위는 그의 동료들이다. 양자(壤子)라는 이름도 있다(권14〈낙고기상〉).

조왕이 딸 여섯을 둔 미녀에 죄가 무거우면 수명 300일을 뺏는다는 대목은 갈홍(葛洪 283~343)의 《포박자(抱朴子)》에도 있다〈내편(內篇) 미지(微旨) 권제6〉. 앞의 동료들은 그의 권위를 높여주려고 덧붙였을 것이다.

조왕이 '가정의 주인[一家之主]'이 되어 행복을 좌우한 것은 청대부터이다(그림 2). 신령이 바라는 대로 선행을 쌓으면 장수를 누리고 자손들까지 번영한다는 내용이 《조군보권(竈君寶券)》이나 《경조전서(敬竈全書)》에 보이며, 〈동주사명 통천정복진군 권선문(東廚司命 通天定福眞君 勸善文)〉에도 '나 동주사명은 온 가족의 건강을 돌본다'고 적혔다. 조왕이 가족지기가 된 것이다. 〈그림 2〉에도 '일가지주'라고 쓴 오른쪽에 '인간세계에 평안

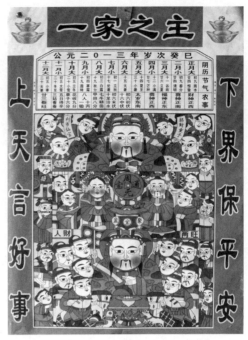

그림 2

을 주시고[下界保平安], 왼쪽에 '하늘에는 좋은 일만 알리소서[上天言好事]'라고 썼다. 이 밖에 아들이 태어나기를 바라는 기린송자(麒麟送子), 가족의 화합을 바라는 합가환락(合家歡樂), 부자가 되기를 바라는 발부생재(發富生財) 따위를 적기도 한다.

《연경세시기(燕京歲時記)》에 '12월 23일 궁정에서 고대의 풍속에 따라 황양을 바쳤고 근래에도 썼다지만, (…) 민간에서는 남당(南糖)·관동당(關東糖)·꿀떡[糖餠]·물·풀·볶은 콩 따위를 올렸으며 제사 뒤 신상을 천장지(千張紙)나 원보(元寶)와 함께 태웠다'는 기사가 보인다〈12월 제조(祭竈)〉. 궁중에서 이때까지 황양을 바친 것이다.

천장지는 저승의 혼령에게 보내는 돈으로 부처·보살·해와 달·북두칠성 따위를 그린 종이이다(사진 6). 명대에 나온 《완서잡기(宛署雜記)》에 '종이를 뚫어 만든 묶음으로 저승으로 가는 노자(路資)'라고 적혔다. 이 밖에 좁고 긴 종이 양 끝에 칼집을 넣어서 당기면 이어 나오게 만든, 도박의 제목을 적은 종이쪽[條紙]을 닮았다는 설과 하늘로 올라갈 때 굴뚝 연기 대신 이용하는 사다리로 상제(上帝)라 부른다는 설이 있다.

관동 엿에 대해 나오에 히로지[直江廣治]는 '산해관(山海關) 동쪽이 관동이므로 동북지방(만주)에서 들어왔다'고 하였지만, 나가오 류조[永尾龍造]가 조당(竈糖)이라고 적은 것을 보면 두

1—중국

가지를 다 쓴 듯하다(窪德忠 1974 ; 498). 이것은 찐 잡곡에 싹 튼 밀을 버무려서 단맛이 나게 한 것으로, 형태는 네모이고 빛은 희며 산해관에서 나왔다고 한다. 능숙한 장사꾼은 수 박·집오리·표주박으로도 만들지만, 제사에는 네모꼴만 놓 는다(羅信耀 1988 ; 385~386).

사진 6

옥황상제는 조왕의 보고만 받는 것이 아니라 인간세 계로 내려와 사실여부를 살핀다.《제경경물략(帝京景物略)》의 '25일 밤 12시에 향을 피워서 맞이한다. 이날 옥황이 오므 로 아낙은 말조심하라'는 기사가 그것이다(권2).《제경세시기승(帝京歲時紀勝)》에도 '23일 조왕 이 올라가 보고하면 25일에 상제가 내려와 여부를 헤아리고 알맞은 복이나 벌을 준다. 따라 서 이날 일찍 일어나 언행을 삼가며 어린이를 꾸짖지 말라'는 기사가 있다(《적선악》). 이를 '접옥 황(接玉皇)'이라 한다.

1990년대 산동성 안구현(安丘縣)의 조왕신앙이다.

장랑(張郞)의 아내 곽정향(郭丁香)은 착하고 부지런하였으나 헌 것을 싫어하고 새것을 지나치게 좋아하여 남편이 내쫓고 왕해당(王海棠)을 새로 맞았다. 그러나 그네는 또 너무 게을러서 장랑은 마침내 눈먼 거지가 되었다. 밥을 빌어먹던 어느 해 12월 23일 우연히 전처 집으로 갔더니 국수 를 먹이고 부뚜막 앞에 재웠다.

이튿날 정향은 이름을 묻는 상대에게 머리털을 잘라 주었고 사실을 안 상대는 부끄러움을 못 이겨 부뚜막에 머리를 찧어 죽었다. 옛정을 생각한 그네는 해마다 12월 23일, 남편 얼굴을 부 뚜막에 그려 붙이고 맛있는 음식을 바쳤다. 신이 된 장랑이 그네를 큰 부자로 만들자, 사람들이 다투어 상을 붙이고 조왕으로 받들었다. 그의 본디 이름은 장운방(張雲芳)이며 납월(臘月)이라고 도 한다. 이 뒤부터 해당화(海棠花)와 정향화(丁香花)를 한 꽃병에 꽂지 않는다(金丸良子 1991 ; 73~74).

무능하기 짝이 없는 그가 신이 된 것은 부뚜막이 재생의 터인 것을 알려준다. 이름 납월 은 섣달에 제사를 받드는 데서 왔을 것이다. 닮은 고사는 일본에도 있으며, 우리네 제주도 조 왕 유래담과도 연관이 있다.

같은 성의 다른 유래담이다.

장씨 늙은이가 노름에 빠져 집이 거덜나고 아내마저 달아났다. 그가 옥황상제에게 일을 달라고 애원하자 인간 세상의 부뚜막을 맡겼다. 이로써 해마다 12월 23일 하늘에 올라가 집집의 사정을 알리는 조사보살(調査菩薩)이 되었다. 신상에 보이는 적지 않은 아이들과 과부는 그가 구해주었다고 한다. 가는귀가 먹은 탓에 옥황상제에게 보고를 잘못해서 사람들이 고통을 받는다는 원망도 듣는다(淺川滋男 1994 ; 175).

조사보살이라는 이름은 자못 현실적이며, 본디 노름꾼에 가는귀가 먹어서 실수를 저지른다는 대목은 흥미롭다. 제주도의 조왕을 연상시키는 까닭이다.

당(唐)대의 지식인들은 조왕제사를 탐탁지 않게 여겼다. 육구몽이 제사 자체는 불을 숭상한 고대의 풍속이며 조왕이 인간세계의 이모저모를 살피고 꾸짖거나, 공과를 적어서 하늘에 보고하여 화복을 내린다는 내용은 한 무제(武帝 전 141~전 87) 때 방술사(方術士)가 퍼뜨린 허풍이라고 적은 것이 좋은 보기이다[사조해(祀竈解)].

큰 절집에서 평생 국을 끓인 갱두(羹頭)가 물러날 때는 먼저 조왕에게 퇴직신청을 해서 허락을 얻으며, 새 갱두는 조왕에게 음식맛이 나게 해달라는 축원을 바친다.

라. 성

조왕은 여성이다. '부엌에 조왕이 있다[竈有髻]'는 《장자》의 기사(〈達生〉)에 대해 사마표(司馬彪)는 붉은 옷차림의 미녀라고 덧붙였고, 정현도 집안의 주부가 받드는 조왕은 염제나 축융보다 격이 낮은 여성이라 하였다. 도교의 장규(張奎)도 '붉은 옷차림의 조왕은 곤륜산의 홀 할멈이자 불씨 어머니 천존(天奠)이다. 위로 하늘에 통하고 아래로 오행을 합쳐서 신명(神明)이 된 까닭에 하늘에서는 천제(天帝), 땅에서는 사명이라 부른다. 또 북두칠성의 심부름꾼이자 오제(五帝)의 조군이 되어 집을 지킨다'고 적었다(《경설(經說)》).

조왕이 여성에서 남성으로 바뀐 것은 모계사회가 부계사회로 바뀐 전한 무렵이다. 《태평어람(太平御覽)》의 저자는 《회남자》 기사를 인용, 부뚜막을 만든 황제(黃帝)가 죽어 조왕이 되었다 하였고(186권), 동한의 고유(高誘)는 조왕의 전신은 불로 천하를 다스린 염제와 신농이라는 주를 달았다. 허신(許愼 55~125?)도 《오경기문(五經異文)》에 '여러 설이 있지만 조왕은 위대한 남성으로 격이 높은 신'이라 하였다. 〈조왕축원[祭竈詞]〉에도 '남자는 잔을 올리고 여자는 숨는다'는 구절이 있다.

북경시 일대에서도 예부터 '남자는 달을 받들지 않고 여자는 조왕을 섬기지 않는다'고 일렀으며, 《연경세시기》의 '부녀는 제사를 지내지 않는다'는 기사는 이를 가리킨다(《祭竈》). 《제경경물략》도 '옛적에는 부뚜막을 할멈[老婦]이 섬겼으나 지금은 남자가 받들며 여자는 쳐다보지도 않는다' 하였다(권2 〈춘장(春場)〉). 심지어 조왕이 호색한이어서 뒷물하는 여성을 엿보려고 부엌에 자리잡았다는 말도 있지만, 그에게 아내가 딸리고 오늘날에도 산동성 태안(泰安)·곡부(曲阜)·임구(臨朐)현 등지에서 주부가 받드는 반면, 대만에서는 남녀를 가리지 않는 것을 보면 헛소리는 아닌 듯하다.

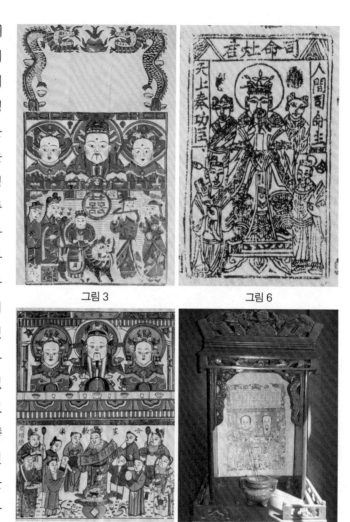

그림 3

그림 6

그림 4

그림 5

근래 신상의 대부분은 위에 마누라 둘을 거느린 남신과 아래에 남신을 그린 것이 대부분이지만(그림 3), 아래에 여성상을 덧붙인 것도 더러 보이며(그림 4), 부부상도 있다(그림 5).

마. 제일

《예기》에 주(周)의 천자가 받든 다섯 제사 가운데 가장 중요한 조왕제사를 여름[孟夏至月]에 올렸다고 적혔지만(《월령》), 앞에서 든 대로 음자방은 12월 8일 새벽에 지냈다. 한편, 《태평어람(太平御覽)》을 인용한 《만필술(万畢術)》의 '매월 그믐날 조왕이 하늘로 가서 인간의 죄상을 알린다'는 기사는 한대에 이날 제사 지낸 것을 알려준다. 《포박자(《내편》 권6)》와 《유양잡조》에도 같은 대목이 있다. 따라서 음자방 이전에는 매달 그믐이었을 가능성도 있다.

2세기 무렵에는 오두미도(五斗米道)의 3대 교주 장로(張魯)가 춘분과 추분으로 정하였으며 《형초세시기》의 기사도 마찬가지이다. 그러나 10세기 이후 12월 23일과 24일로 굳었고 현재 화북에서는 23일, 화남에서는 24일을 지킨다.

〈그림 6〉은 사명조군(司命竈君)의 신상으로 오른쪽에 '인간의 사명주[人間司命主]', 맞은쪽에 '하늘에 공을 알리는 신[天上奏功神]'이라고 적었다. 좌우에 아내 둘, 아래에 하인 둘을 거느렸다.

북송(960~1126)의 개봉(開封)풍속을 적은 《동경몽화록(東京夢華錄)》 기사이다.

12월 24일은 교년절(交年節)이다. 밤에 중이나 도사에게 경을 읽히고, 술과 과일로 신을 보낸다.
종이돈을 태우는 외에 부뚜막에 (새) 신상을 붙이고 아궁이에도 술지게미를 바른다. 취사명(醉
司命)인 그를 밤에는 조허모(照虛耗)라 부르며, 침상 밑에 불을 밝힌다(권10 〈12월〉).

취사명은 사명(조왕)이 술지게미를 먹고 취했다는 뜻이다. 이처럼 조왕이 23일이나 24일 하늘에 올라갈 때 신상을 사르고, 그믐에 내려오면 새것으로 바꾸고 간단한 제물을 차려서 맞이한다. 뿐만 아니라 《몽양록(夢粱錄)》에도 '24일 부자와 가난뱅이 모두 푸른 채소·엿·콩을 차리고 제사 지낸다. 이날 시장과 거리는 시끌벅적거리고, 빛이 각기 다른 쌀·꽃·과일·물엿·콩 따위를 사들인다. 밤에는 각 침상 아래에 불을 밝히고 조허모라 부른다'고 적었다.

바. 제례

초기에는 술과 안주 한두 가지뿐이었으나 전 1세기에 음자방 고사대로 황양을 바쳤다. 4세기 이후 술과 돼지고기를 썼고, 10세기에 들어서면서 물고기·돼지머리·콩·경단 따위를 비롯하여 신마(神馬)·수레·수레꾼 따위를 바치고 종이돈도 태웠다.

《오행서(五行書)》 기사이다.

조왕[竈君]의 이름은 선(禪), 자는 자곽(子郭)으로 누른 옷차림에 머리를 풀어헤치고 부뚜막에서
나오며 이름을 알고 부르면 액운을 면한다. 가씨(賈氏)가 죽은 것은 이를 모른 탓이다. 부뚜막에
돼지 간과 복룡간(伏龍肝)을 섞어 바르는 며느리는 효부가 되지만, 그가 죽은 임자일(壬子日)에

부뚜막을 고치면 해롭다. 또 5월 진일(辰日)에 아낙이 돼지머리로 제사 지내면 살림살이가 배로 늘지만, 닭털을 부뚜막에 넣으면 뜻밖의 재앙이 닥치고, 개 뼈를 넣으면 미친 아기를 낳는다. 누에치는 집에서는 정월 기축일(己丑日)에 흰 닭을 바치고 제사를 올려서 잘 자라기를 바란다. 5월 기축일도 좋으며, 4월의 정사일(丁巳日)은 이득이 백배로 늘어난다.

제사 때 누른 옷에 머리를 풀어헤치고 나오며 돼지 간을 바르면 효부가 된다는 말은 비현실적이고 이름을 모르면 목숨을 잃는다는 대목은 위협적이다. 조왕 죽은 날은 처음 알려졌다. 복룡간은 아궁이 바닥에서 오랫동안 불기운을 받아 누렇게 된 흙으로 습증·부종·번울(煩鬱)·대하(帶下)·해수(咳嗽)·산후 불순(不順) 따위에 약재로 쓴다.

《조군재기(竈君齋期)》 기사이다.

㉠ 매일 아침저녁 향을 사르고 부뚜막 앞을 깨끗이 한다.

㉡ 매달 초하루 보름에 등을 밝히고 부뚜막을 물로 닦는다.

㉢ 매달 초이레·17일·23일·27일, 부엌 청소와 함께 부뚜막 냄비를 깨끗이 씻고 아궁이 안에 등잔불, 부뚜막에 등불을 놓는다. (…) 이들에 식물 기름을 가득 채워서 밤새 밝히면 북두칠성이 감응하여 큰 복을 내린다.

㉣ 매달 그믐에 조왕이 올라가 보고하는 술시(오후 7~9시)와 해시(밤 9~11시) 사이에 온 가족이 절을 올리면 무사태평을 누린다.

㉤ 성탄(聖誕)인 8월 초사흘에 향을 사르고 꽃을 바친다.

범성대(范成大 1126~1193)의 〈조왕축원〉이다.

古云臘月二十四日(옛 말씀대로 12월 24일)

竈君朝天欲言事(조왕님 하늘에가 한 해 일 알리려)

雲車風馬小留連(구름수레 바람 말 타고 오르시네)

家有杯盤豊典祀(제물 가득 차렸으니 풍성하구나)

猪頭爛熟雙魚鮮(돼지머리 잘 익고 물고기 신선하며)

豆沙甘鬆粉餌團(콩 둔 경단 맛도 좋을시고)

男兒酌獻女兒避(남자는 잔 올리고 여자는 숨으며)

醬酒燒錢竈君喜(술 붓고 종이돈 태우자 좋아하시네)

婢子鬪爭君莫聞(종년들의 다툼 듣지 마시고)

猫犬觸穢君莫嗔(개 고양이 싸움도 참으시며)

送君醉飽登天門(많이 드시고 거나히 취하소서)

杓長杓短勿復云(궂은일 부디 감추고)

乞取利市歸來分(복 가져오소서)

종의 다툼이나 개 고양이 싸움을 들먹인 것은 그다운 해학이다. 여러 제물 외에 뇌물이 담긴 붉은 주머니로 조왕의 입을 막아서 복을 얻으려 하였고, 부뚜막에 말[竈馬] 그림을 붙이고 술지게미도 발랐다.

이와 달리 명대에는 식구들이 고기를 먹지 않았다.

《오잡조》 기사이다.

조왕이 하늘에 올라가 천제에게 선악을 알리는 12월 24일, 아낙이나 딸들은 고기를 먹지 않는다. 내가 무자년(1588) 12월 25일 소주(蘇州)에 있을 때, 집집마다 종이돈을 태우고 남녀 모두 정진(精進)요리를 먹었다. 간밤에 조왕이 선악을 보고하러 하늘로 갔으며 오늘은 천상에서 그 내용을 살피러 온다기에 나는 '예부터 조왕을 섬기면서 선행을 않고 하루 고기를 먹지 않는 것으로 속겠느냐?' 웃었다.

　　복건성에서는 무엇이든지 감추지 않고 바로 말하는 사람을 '조공(竈公)'이라 한다(권2 천부(天部) 2].

선행을 베풀지 않으면 무슨 짓을 해도 소용이 없다는 말은 진리이다. 조왕이 바른말을 한다는 것은 술지게미를 먹이고 뇌물을 바치는 따위의 세태에 대한 풍자이다.

명대에는 조왕이 타는 말을 바쳤다.

《제경경물략》 기사이다.

24일 엿을 넣어 찐 떡[糖劑餅]·수수떡[黍糕]·대추·밤·호도·볶은 콩 따위를 차리고 조군의 말에게도 여물을 준다. 이튿날 하늘에 가서 한 해 일을 알릴 때 '좋은 말은 많이 하고 나쁜 말은 조금 하시오' 읊조린다. 문헌에 조군제사는 노부인들이 지냈다고 적혔지만 지금은 남자들이 맡으

며 부녀자들은 보지도 못한다. 제물 가운데 사탕과 과일은 기름진 음식을 먹을 때 입 주위가 검어진다고 하여 어린 여아들에게는 주지 않는다. 25일 밤중[五更]에 인간세계를 살피러 오는 옥황상제를 위해 향초·종이돈·말[竈馬] 따위를 태우며 맞는다. (…) 30일 밤중에 향과 종이돈을 사르며 보내고 인간세계로 내려오는 새 조군을 맞는다(《12월》).

아궁이에 엿[關東糖]을 바르는 풍속은 청대에 나왔다.
《연경세시기》 기사이다.

23일 제사에 옛적에는 황양(黃羊)을 올렸고 근래 궁정에서도 썼다지만, 민간에서는 남당(南糖 남방에서 여러 가지를 넣어 곤 엿)·관동엿·꿀떡·정화수·볶은 콩 따위를 차릴 뿐이다. 정화수와 볶은 콩은 신마(神馬) 몫이다. 제사 뒤 신상을 천장(千張) 및 원보(元寶)와 함께 태운다. 섣달그믐의 신맞이 때도 제례를 치른다. 이날 폭죽을 터뜨리는 사람들이 많아서 흔히 작은설[少年下]이라 부른다. (…) 오직 남성객호(南省客戶)에서는 (…) 24일에 지낸다(《조왕제사》).

시대가 지나면서 제물도 늘어나고 작은설이라 할 정도로 번잡해졌다. 남성객호의 남성은 중국 남부의 여러 성을, 객호는 다른 곳에서 이주해온 사람을 가리킨다. 이들은 4세기 초와 12세기 초 황하 유역에서 남쪽으로 내려왔으며 광동·복건·광서·강서·호남성 및 대만 등지에 산다.

절강성 소주(蘇州) 일대에서는 조왕탄생일(8월 3일)에 천왕당(天王堂)이나 복제관(福濟觀)에 참배하는 일을 조군소(竈君素), 하남성에서 12월 23일 조왕에게 떡 두 개를 바치는 일을 조화소(竈火燒)라 한다.
《유양잡조》 기사이다.

《제경경물략》에는 기장떡[黍糕]·대추·밤·호도·볶은 콩 따위를 올리고 신마에게 여물을 준다고 적혔다. 귀뚜라미를 닮은 말은 조금 크며 다리가 없고 부뚜막 옆의 굴에서 살기 좋아하며 이것이 깃들면 풍년이 든다고 한다(권17 〈조마(竈馬)〉·권70 〈광동식지이(廣動植之二)〉).

〈사진 7〉은 천진시 상류가옥 조왕 상의 수수깡으로 만든 신마이고, 〈사진 8〉은 제물로 바친 과일과 떡이다.

청대 초기의 《태상감응편(太上感應編)》을 주석한 《태상
보벌도설(太上寶筏圖說)》에도 조왕 덕분에 아들 둘이 과거에
급제하고 부부가 장생하여 손자녀까지 보았다는 실화가 실
렸다(〈조신〉). 또 1965년에 재간된 《조군명선진경(竈君明善眞
經)》에도 같은 기사가 있어 20세기까지 이어 내린 듯하다(窪
德忠 1981 ; 334~335).

세월의 흐름과 더불어 조왕에 대한 관심도 엷어졌다.
1901년 2월 11일, 스무 살의 노신(魯迅 1881~1936)이 몰락한
강남 사대부의 형편을 읊은 시에 잘 드러나 있다.

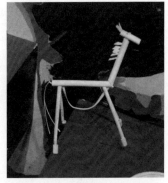

사진 7

사진 8

> 隻溪膠牙糖(닭 한 마리와 사탕을)
> 典衣供瓣香(옷가지 전당 잡혀 마련한 탓에)
> 家中無長物(집 안 텅 비었으니)
> 豈獨少黃羊(어찌 황양만 없다 하랴)

20세기 산동성 창읍현(昌邑縣)의 풍속이다.

해마다 12월 23일 저녁, 폭죽을 터뜨리고 '하늘에 올라가 좋은 일을 말하고, 내려올 때 복을 가
져오라'는 글귀를 적은 새 신상을 부뚜막 앞 벽에 붙인다. 제물로 엿[糖瓜]과 국수[麵湯]를 쓰는
것은 입이 달아서 좋은 것만 알리고, 잘 먹고 기분이 좋아져서 복을 가져오라는 뜻이다. 신상의
입술에 엿을 발라서 아예 입을 막기도 한다.

동북쪽에서는 바늘로 혀를 찌르거나 아궁이에 술을 바른다. 혀가 아파 말을 못 꺼내고 술
에 취해 횡설수설하라는 뜻이다. 조왕이 떠나는 연말에는 여관이나 식당이 드물다며 구운 빵[燒
餠]을 놓는다. 이와 달리 치박(淄博)시에서는 조왕이 떠나면 '귀신이 나갔다'고 좋아하며 평소에
못한 혼인식 따위를 치른다. 감시자가 없어 무슨 일을 벌여도 탈이 나지 않는다는 것이다. 절강성
소주 일대에서는 이 혼례를 진난세(趁亂歲)라 부른다(소방 2006 ; 357).

앞 지역에 대한 다른 사람의 보고이다.

조왕은 해마다 12월 23일 천궁(天宮)에 가서 선악덕행(善惡德行)을 알리고 정월 초하루에 돌아오며 그 사이 임시로 새 조왕을 받든다. (…) 엿[糖瓜]은 입이 달아서 좋은 말만 하고, 긴 국수를 한 해 한 번 먹어도 만족하여 복을 가져온다고 여긴다. 연말에는 여관도 식당도 문을 닫으므로 도중에 먹으라고 구운 떡[燒餠]을 바친다. (…)

사진 9

사진 11

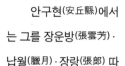

사진 10

사진 12

안구현(安丘縣)에서는 그를 장운방(張雲芳)·납월(臘月)·장랑(張郞) 따위로 부른다. 임구현(臨朐縣)에서는 22일 저녁 아낙이 신상 앞에 사탕과 물만두를 놓고 향을 사르며 '배부르게 자시고 천상에 가서 좋은 일만 알리고 돌아올 때 복을 가져오소서' 읊조린다. 이어 남자 주인을 제외한 가족 하나가 이마를 땅에 대고 절한 뒤 신상을 불사르며 새 화상은 그가 돌아오는 섣달그믐날 붙인다. (…) 청명절에도 논밭 가에서 거둔 노공화(老供花)를 버들가지로 엮은 바구니에 담아 조왕 앞에 달아놓는다(金丸良子 1991 ; 23~24·114).

조왕제사를 아낙네가 받든다는 대목은 의외이다. 앞에서 든 문헌들과 달리 (일부) 농촌에서는 예대로 여성이 치른 듯하다. 청명에 제물을 바치는 것도 다른 데 없는 풍속이다.

20세기 북경시의 보기이다.

부엌에 마련한 감실(龕室)에 동주사명주(東廚司命主)·인간감사신(人間監査神)·일가지주 따위를 적은 신상을 모신다. (…) 신마에게 줄 관동(關東) 엿·물 한 대접·수수·조 이삭 따위를 한 움큼 놓고, 중이 조왕 입 주위에 엿을 바르며 '좋은 일은 많이 말하고, 나쁜 일은 입을 다무시오' 읊조린다. 신상과 여물을 아궁이에 태우면서 함께 놓은 물을 뿌린다. 조왕이 굴뚝 연기를 타고 하늘로 가기 때문이다. 마당에서 참깨 대·솔가지·종이 오라기 따위와 신상을 태우는 집도 있다(直江廣治 1967 : 105~107).

사진 13

사진 14

사진 15

강소성 의휘현(儀徽縣)에서는 섣달그믐날 밤 절에서 향을 사르고 절을 올리며 조왕을 모신다. 초하룻날 새벽 집으로 가면 옷갓을 바로 한 주인이 맞아들이고 신상을 감실에 붙여서 전달 23일 옥황상제에게 간 전임자와의 임무교대로 삼는다. 이를 '접조(接竈)'라 한다.

오늘날에도 산동성 내무시(萊蕪市) 일대에서는 엄지 굵기의 나무(사진 9) 끝을 네모로 파고(사진 10) 가운데에 구멍을 낸 도장(길이 15센티미터쯤)을 흰 종이에 찍어서(사진 11) 종이돈[紙錢] 삼아 바친 뒤, 향을 사르고(사진 12) 절을 올린다.

북경시에 있는(西城區 地安門 內外大街) 화덕진군묘(火德眞君廟)에도 사람이 끊이지 않고 모여들어 무사태평과 복락을 빈다. 당 정관 6년(632)에 건립된 이곳은 옛적 황실의 도교사원이자 화신묘였던 까닭에 국가의 안녕과 번영을 빌기도 한다. 입구의 현판에 칙령에 따라 지었다는 글(勅建火德眞君廟)이 있으며(사진 13), 정전(熒惑寶殿) 안에 남방화덕 형혹집법성군(南方火德 熒惑執法聖君)(사진 14)과 태을심성 시왕천존(太乙尋聲 十方天尊)의 목상(사진 15)을 모셨다.

〈사진 16〉도 북경시의 조군묘(灶君廟) 입구이며, 〈사진 17〉은 조왕부부의 목각상이다. 신상이 아닌 목각상을 신체로 삼은 것은 아주 드물다.《연경세시기》에 '조군묘는 숭문문(崇文門) 밖에 있으며 해마다 조군 탄생일인 8월 초하루부터 사흘 동안 열어둔다'는 기사가 있다(《조군묘》).

아직도 여러 곳에서 이처럼 조왕을 받드는 것은 놀라운 일이다.

사. 신체

앞에서 든 대로 붉은 종이에 그린 그림에 이름이나 일가지주라고 써서 부뚜막 주변이나 부엌 벽에 붙이며 부뚜막 벽을 파서 지은 감실(龕室)에 모시기도 한다. 조사당(竈司堂)·조사당(竈師堂)·정복궁 따위가 그것이다.

조왕이 여성에서 남성으로 바뀜에 따라 신상도 달라졌다. 초기의 붉은 옷의 미녀[著赤衣 狀如美女]나 누른 옷차림에 머리 긴 여자[衣黃衣 披髮]가 너른 얼굴과 큰 귀 그리고 긴 수염 세 가닥을 지니고 한대의 관복과 관모 차림을 한 관원이나 도사로 바뀐 것이다. 남성이 여성보다 낫다는 유교의 영향으로

사진 16

사진 17

사진 18

집주인[一家之主]이 되는 외에, 중앙집권적 관료제도와 이에서 비롯한 복잡한 인간관계와 사회계층이 반영된 셈이다. 뿐만 아니라 조왕이 옥황의 사자가 되어 한집안의 행동거지를 살피고 그 결과에 따라 복이나 재앙을 내린다는 것도 지극히 관료적이다.

사진 20

산동성의 신상은 색채 목판으로 찍은 조왕야 그림 위쪽에 24절기와 대월(大月) 및 소월(小月), 아래에 천왕야(天王爺)·조왕야(竈王爺)·동전 따위와 함께 일가의 단란한 모습을 덧붙인 것이 많다. 절강성 호주(湖州)에서는 부엌문 구석에 보살신위를 걸고 그 위에 신상을 붙인다. 산수도·잉어 따위의 그림과 함께 복록수희(福祿壽喜)·생재유도(生財有道)·근로치부(勤勞致富)·오곡풍등(五穀豊登)·인재양왕(人財兩旺) 따위의 글귀도 쓴다. 그러나 농촌에서는 흔히 신상을 갖추지 않고 굴뚝에 향을 꽂는 것으로 대신한다.

산동성 장구시(章丘市) 일대에서 〈사진 18〉처럼 부뚜막 선반에 놓은 작은 단지의 물을 신체(神體)로 삼는 것은 우리 풍속과 같아서 흥미롭다.

사진 19

〈사진 19〉는 광동성 혜주시(惠州市) 고급 아파트 주방에 모신 신위로 '오룡조군지신위(五龍竈君之神位)'라고 적고 아래에 향을 사르는 턱을 붙였다. 주부는 매달 초하루와 보름에 향을 사르며 식구들의 안녕을 기원한다(사진 20). '용'은 화재 예방을 위한 것이며 '오'는 신성하다는 뜻이다. 고구려 〈주몽신화〉에도 해모수의 수레를 끄는 다섯 용이 등장한다.

6세기 무렵 조왕신앙이 도교로 들어가면서 《태상감응편(太上感應編)》을 비롯한 조왕신앙 권장서가 나왔다. 특히 1840년에 나온 《경조전서》는 중국뿐 아니라 우리와 일본에도 큰 영향을 끼쳤다.

아. 민속

1) 조왕은 신령스럽다.

①《논어》에 위나라 대부 왕손가(王孫賈)가 '오신(娛神)에게 잘 보이려 애쓰느니 조왕[竈神]의 미쁨을 받는 것이 낫다는 말이 무슨 뜻입니까?' 공자에게 묻자 '그렇지 않소. 하늘에 죄를 얻으면 빌 데조차 없소' 하였다는 대목이 있다(《팔일무(八佾舞)》).

이에 대한 《집주(集註)》의 설명이다.

오는 실(室)의 서남쪽 귀퉁이이며, 조는 다섯 제사[五祀] 가운데 하나로 여름에 지낸다. (…) 하늘은 곧 이치이므로 오나 조왕에 견줄 수 없고 이를 어기면 하늘에 죄를 얻어 오신과 조왕신에게 정성껏 빌어도 벗어날 길이 없다는 뜻이다.

이는 공자가 벼슬을 바라고 위(衛)나라에 머물 때, 권신(權臣) 왕손가가 '임금보다 내게 잘 보이는 것이 낫다'고 하자 '아첨해서 자리 얻기보다 의롭게 사는 것이 하늘의 도리'라고 꼬집은 것을 가리킨다. 뒤에는 권력자에게 빌붙어 벼슬 얻는 자를 비웃는 뜻으로 쓰였다. 앞글의 '오'는 우리네 아랫목을 가리킨다.

고려 이곡(李穀 1298~1351)도 이렇게 읊조렸다.

監奴一拜衆賓驚(종의 절 한 번에 빈객들 놀라더니)

明日凉州刺史行(맹타는 이튿날 양주자사로 떠났네)

此計來從媚於竈(조왕에 잘 보이려 꾀를 냈으니)

伯郎眞箇小人情(백랑은 참으로 소인이로세)

《가정집(稼亭集)》 제15권 율시 〈영사(詠史) 맹타(孟佗)〉

백랑(伯郎)은 후한 말의 맹타(孟佗·孟陀)로, 한 고조 유방(劉邦)의 공신 장량(張良 ?~전 186)의 종들에게 자주 뇌물을 주었다. 그들이 무엇을 바라느냐 묻자 절을 한 번 해달라고 일렀다. 장량을 만나려는 수레가 늘 수천 대나 밀려서 사람들이 못 들어가던 중에, 종의 우두머리가 무리들과 길바닥에서 절을 올린 덕분에 맹타는 안으로 들어갔다. 이를 본 빈객들은 그가 장

량과 친한 줄 알고 진귀한 물건을 건넸고, 맹타는 그 가운데 포도주 한 말을 장량에게 바쳐서 양주자사가 되었다는 것이다. '한 말 술에 양주자사[一斛涼州]'라는 말은 이에서 나왔다.

②《국어(國語)》의 기사이다.

신령이 내려와도 어떤 때는 융성을, 어떤 때는 패망을 보입니다. 처음 하나라가 일어날 때 화관 (火官)의 신령인 축융이 숭산(崇山)에 내려왔고, 망할 때는 조왕 회록(回祿)이 연이어 이틀 동안 금수(黔隧)에 나타났습니다.

숭산(1600미터)은 하남성 정주(鄭州) 남서쪽에 있는 명산으로 오악(五嶽)의 하나로 꼽힌다. 금수의 위치는 모른다.

③《동경몽화록》기사이다.

섣달그믐날 대궐의 대나(大儺) 때 교방(敎坊)에서 종규(鍾馗)·소매(小妹)·땅지기·조왕 따위로 분장한 사람들이 대궐의 악운을 쫓는다며 남훈문(南薰門) 밖을 돌아 나와 용만(龍灣)으로 간다. 이를 이수(利祟)라 한다(〈제석〉).

대나는 민간과 궁중에서 묵은해의 잡귀를 쫓고 새해의 무사태평을 비는 의례이다. 소매 는 종규의 여동생으로, 당 중기 이후 나례의례 때 방상시(方相氏)를 대신해서 주역을 맡았다. 방상시는 금빛 나는 네 눈에 방울 달린 곰 가죽을 씌운 큰 탈을 쓰며, 붉은 옷에 검은 치마를 입고 창과 방패를 지닌다. 고려왕조에서도 대나를 베풀었으며 조선시대에는 구나(驅儺)라 불 렀다. (☞ V. 조왕 2. 한국)

④ 나가오 류조[永尾龍造]의 설명이다.

동북지방에서 정월 초닷새 이전에 아낙이 조왕신에게 향을 사르거나, 밥 지을 때 부뚜막 앞에 쪼 그려 앉아 불을 때면 곡식이나 나무가 자라지 않는다고 한다. 또 음식 끓일 때 수수깡을 무릎에 대고 꺾어 아궁이에 넣으면 수수가 자라다가 꼬부라져 시든다며 몹시 꺼린다(1940 ; 615).

아낙네가 부뚜막 앞에 쪼그려 앉거나 같은 자세로 무릎을 세우고 수수깡을 꺾는 것은 사람이 보기에도 썩 좋지 않은데 하물며 신령임에랴? '정월 초닷새 이전' 운운은 귀신을 찾기에 앞서 가족이 새해를 맞은 기쁨을 누리고 화목을 다지는 시기라는 뜻일 터이다.

2) 조왕은 아기의 수호신이다.

① 가나마루 요시코[金丸良子]의 설명이다.

산동성 창읍현에서 아기가 갑자기 정신을 놓으면 할멈[老太太]이 부뚜막이나 아기 놀던 곳에서 혼을 부른다. 신발을 부뚜막에 놓고 손으로 땅바닥을 쓸며 이름을 부르며 '돌아오라'고 세 번 읊조린다. 이로써 신발을 아기 베개 앞에 놓으면 되돌아온다(1991 ; 189~190).

---

② 같은 성 태안현에서 조왕을 위해 달마다 초하루와 보름날 밤 향 한 개비를 사른다. 아이가 아프거나 경기를 일으키면 세 개비를 꽂고 아침저녁으로 절을 올리며 혼을 불러달라고 축원한다.

이 밖에 붉은 실에 꿴 두 개의 문전(文錢)을 아기 목에 걸어서 무병장수를 빌고(사진 21) 이듬해에는 조왕신상 옆에 매단다. 또 해가 거듭 될 때마다 문전을 두 개씩 덧 붙여서 효과를 높이는 곳도 있다. 예부터 돈이 악귀를 쫓는다고 여겼고 특히 훌륭한 군주가 태평성대를 이룬 시기에 나온 것은 효과가 더 높다고 하였다. 이를 전쇄(錢鎖)라고도 한다(永尾龍造 1942 ; 623).

③ 강소성에서는 네 살 안짝의 아기가 병들면 외할머니가 사람을 보내 사돈네 조왕에 제사를 올린다. 초·채소·과일·떡 따위의 제물 가운데 떡을 개에게 주어서 병귀를 쫓는다. 이로써 병이 개에게 옮아간다는 것이다.

④ 절강성 장흥현(長興縣)에서 쌍둥이가 태어나면 곧 땅지기와 조왕에 알려서 수명장수를 빈다. 땅지기는 그 지

사진 21

역의 영계(靈界)를 관장하고, 조왕은 집지기인 까닭이다(永尾龍造 1942 ; 258).

3) 조왕은 풍어의 신이다.

복건성 홍건(洪塅)에서 섣달그믐날 밤 아낙네들이 부뚜막을 비롯하여 문 앞과 곳간에 '바다에서 많은 고기를 잡은 덕분에 집집마다 기쁘다'고 적은 춘련(春聯)을 붙이며 선장 및 선원도 배에도 이같이 한다(구환흥 2002 ; 429).

4) 조왕제사 뒤 이웃과 잔치를 벌인다.

소식(蘇軾 1030~1101)의 시 〈항주에 막 도착하여 자유에게 보냄[初到杭州寄子由二絶]〉에 '아우야 그대 언덕에서 이쪽 바라보려고 애쓰지 말라[莫上岡頭苦相望] / 나는 이제 조왕제사 지내고 이웃과 잔치 벌인다[吳方祭竈請比隣]'는 구절이 있다《소식시집》).

자. 조왕에 대한 불경(不敬)

조왕을 언제 어디서나 떠받들기만 하는 것은 아니다. 조왕이 먹보라고 여기는 강소성에서는 설이 지나면 아이가 신상의 입을 막거나 아예 신상을 떼어서 음식 훔쳐먹는 것을 막는다. 아내까지 팔아먹은 지독한 노름꾼, 가는귀를 먹은 늙은이라는 데가 있는가 하면, 앞에서 든 대로 산동성에서는 두 아내가 싸운 탓에 해당화와 정향화를 한 병에 꽂지 않는다. 사천성에는 본명 정복신(定福神) 외에 기름도둑 할매[偸油婆]라는 별명도 붙었다. 또 다른 데서는 봄에 가정에 분란이 일어나면 섣달 제사를 중지하고 조왕이 멋대로 하게 내버려둔다. 이 밖에 대만의 여러 곳에서는 호색한으로 등장한다. 입에 엿을 바르고 술지게미를 먹이는 것 또한 존경과는 거리가 멀다. 이에 대해 차석륜(車錫倫)은 '조왕을 통치 계급의 상징으로 여긴 나머지 그들에 대한 불평불만이 반영된 것이라' 하였다[淺川滋男 1994 ; 171쪽에서 (재인용)].

차. 금기

《포박자》의 '부뚜막에 걸터앉으면 나쁘다'는 기사는(권6) 3세기 말 여러 가지 금기를 지킨 사실을 일러준다. 11세기 초에는 머리카락·개똥·손톱·집짐승의 털 따위를 화덕에 태우면 조왕이 불꽃을 퉁겨서 눈이나 손등에 상처를 입고, 음식이 익는 것을 막으며, 음식 맛을 바꾸는 외에 여러 잡귀를 불러와 해를 입힌다는 따위의 금기가 퍼졌다.

《태상감응편》에도 부뚜막을 넘고, 앞에서 노래 부르며, 울고, 부뚜막 불을 향에 붙이며,

더러운 땔감 아궁이에 넣으면 사명신이 경중에 따라 인간의 생명을 뺏는다고 적혔다.

《경조전서》의 금기이다.

부뚜막에 칼 놓기·부뚜막 두드리기·냄비[鍋]에 옷 빨기·글 쓴 종이 태우기·아궁이에 쓰레기 넣기·닭털 태우기·더러운 것 늘어놓기·크게 웃기·남 저주하기·벌거벗기·똥오줌 누기·여자가 가랑이 벌리고 앉아 불때기·산부나 몸중의 여자가 걸터앉기·아이 꾸짖기·큰 소리 지르기·부부 싸움·목욕하기·여자가 머리 감기·여자가 머리 빗지 않고 앉기·젓가락이나 채찍으로 두드리기(窪德忠 1981 ; 339)

이 밖에 부뚜막을 밟아서 부서뜨리면 두창(痘瘡)을 앓고, 달걀껍질을 밟으면 백전풍(白癲風)에 걸리며《유양잡조》 속집 권10 〈일문(逸文)〉), 임산부가 칼을 올려놓으면 조왕의 노여움을 받아 아이가 죽어서 나온다고도 한다(永尾龍造 1942 ; 320).

부뚜막 수리는 진(辰)·사(巳)·계(癸)·해(亥)일에 하며 임(壬)·계(癸)·경(庚)·신(辛)·혈지일(血支日)·구공일(九空日)·혈기일(血忌日)·파일(破日)·위일(危日)·개일(開日)·건일(建日)·인일(寅日)은 피한다. 이때 좋은 술 한 되를 진흙과 섞어 쓰되, 나머지를 우물에 바르거나 우물에 바르고 남은 것을 부뚜막에 바르면 해롭다.

소수민족- 신체 돌 셋

가. 유래담

사천성 이족(彝族)의 어느 집 식구들이 신령스런 물을 마시고 하늘로 올라갔다. 집에 돌아온 머슴이 먹을 것이 없어 두리번거리던 중에 자신을 위해 남긴 물을 보고 바닥에 뿌렸더니 물에 젖은 모든 것이 사라졌다. 자책감을 못이긴 그는 부뚜막에 머리를 찧어 죽었고 옥제(玉帝)는 그를 조왕으로 삼았다.

한 가족이 물을 마시고 승천하고 머슴이 그 물을 뿌리자 모든 것이 사라진 전반은 소수

민족 설화 그대로이지만, 부뚜막에 머리를 찧어 죽고 옥황이 조왕으로 삼은 후반은 한족의 영향을 받은 결과이다. 앞뒤가 동떨어진 것도 그렇거니와, 물에 젖은 것이 없어지고 부뚜막에 머리를 찧어 죽은 것도 마찬가지이다.

나. 제례

《부뚜막과 조왕[灶与灶神]》 기사이다.

사천성 장족(藏族)은 부뚜막[鍋臺] 위 벽을 조왕의 감실로 여겨서 사람이 먹기 전 우유·차·음식 따위를 조금 뿌린다. 청해(靑海)성 투족[土族]은 해마다 12월 24일 저녁, 부뚜막(길이 70센티미터에 너비 30센티미터)에 진흙을 덧바르고 회칠을 하거나 세모꼴 점을 촘촘히 찍고 가운데에 조왕을 상징하는 황표(黃表)를 붙인다. 이로써 조왕의 새 옷(회칠)을 본 옥황상제가 부지런하다며 복을 준다는 것이다. 그가 하늘로 갈 때는 주부가 회칠 자리를 지우고 갈대로 엮은 말을 불사르며, 다시 오는 섣달그믐날 환영의 표시로 다시 회를 바르고 흰 점을 찍는 외에 마당에 화톳불을 피워서 새로 모시는 의식으로 삼는다(楊福泉 1994 ; 89·106).

부뚜막 덧바르기는 우리네 풍속을 연상시키며, 점찍기는 일본 오키나와[沖繩]제도 일대의 신앙을 닮았다.

귀주성에서는 자정 뒤 여러 신과 내려오는 조왕을 집집마다 폭죽을 터뜨리며 경쟁적으로 맞는다. 빠를수록 복을 많이 받으며 뒤처지면 얼굴에 마마자국을 지닌 조왕만 남아서 이듬해 해를 끼친다고 믿는다.

운남성 바이족[白族]은 섣달 23일의 제사에 육류는 쓰지 않으며 조왕이 타고 가는 말의 여물로 누에콩을 놓는다. 그믐에는 신상을 태우고 새 신상을 붙인 뒤 남자들만 조왕을 맞는다. 떠날 때는 향을 사르고 황표지(黃表紙)를 태우며 사탕을 바친다. 어느 집 조왕경문이다.

조왕님께 아룁니다.

한마음 한뜻으로 인사드립니다.

12월 23일, 조왕님은 북두지신(北斗之神)의 명을 받아 다섯 제사를 받는 제주[五祀之君]가 되어 부뚜막을 돌보시며 또 구령지도(九靈之道)를 갖추셨습니다. 조왕님은 하늘의 눈과 귀가 되어 인간 세상의 길흉을 살피시고 공과를 적으시며, 이로써 사람의 선악을 가리십니다. 조왕님은 우리에게 꼭 필요한 물과 불로 화복(禍福)을 주관하여 상벌을 주십니다. 저희가 바치는 여섯 가지 곡식과 돈을 받으시고 한 해 동안 좋은 일이 생기며, 여덟 절기에 걸쳐 복을 누리게 도우소서. 대자대비하신 조왕님 이시여.

공원(公元) 1997년 세재(歲載) 정축(丁丑) 구월 이십육일

제자(弟子) 동문규(董文奎)

구령은 유도(儒道)의 삼령, 불도(佛道)의 삼령, 선도(仙道)의 삼령을 합친 것이다. 이들이 궁(宮)에 한 번 모이면 하늘 문이 열리고, 두 번째는 땅 문이 열리며, 세 번째는 사람의 몸에 들어와 기를 터서 건강을 누린다고 한다. 여덟 절기는 입춘·춘분·입하·하지·입추·추분·입동·동지이다.

다음은 소수민족의 제례를 표로 꾸민 것이다.

민족	지역	내용	특징
와족(佤族)	운남	일상 음식과 제물 바침	
나시족[納西族]	운남	차 마시기 전 화덕에 뿌림	
다이족[傣族]	운남	섣달그믐날 부뚜막 덧바름	조왕 새 옷 입기
만족(滿族)	흑룡강	섣달그믐날 마당에 큰 불 일으키고 조왕 맞음	
드롱족[獨龍族]	운남	끼니마다 음식 바침	
투족	청해	등불 밝히고 음식 바치며 섣달 24일 부뚜막 덧바름	
이족	운남	제사 지내며 경문[祭火詞] 읊조림	
부랑족[布朗族]	운남	때때로 제사 지냄	
장족	사천	우유나 차를 벽에 뿌리고 음식 바침	

다. 신체

운남성 동남쪽 미얀마 국경지대의 와족은 화덕을 본가 몸채에 둘, 분가에 하나 마련한다. 본가의 것 가운데 조왕을 모신 위의 것을 '신의 화덕'이라 부르며 신체는 왼쪽의 재에 묻은 돌 셋[郭莊石]이다. 사천성의 나시족은 이 돌에 집지기 상을 그린다.

이와 달리 사천성 면녕현(冕寧縣)의 소수민족(納木依人·拍木依人)은 솥 괴는 돌 셋에 각기 상을 그린다. 해남도(海南島) 이족은 이들을 삼석조(三石竈) 또는 삼족조(三足竈)라 부르며(☞ 313쪽 사진 69), 좌우의 기름하고 평평한 것은 좌석(座石), 앞쪽의 둥근 것은 주석(走石)이라

한다. 큰 냄비를 걸 때는 주석을 바깥쪽으로, 작은 것은 앞쪽으로 옮긴다. 운남성의 이족은 화덕 뒷벽 감실에 붙인 불꽃 그림을 신상으로 받든다(사진 22).

사진 22

동북의 만족은 제사 때 돌 셋[神石]을 받쳐놓고 위에 앉힌 솥에 고기를 삶으며 제사를 마치면 돌들을 높은 산으로 가져간다. 이들은 집지기 탁록마발(卓祿瑪發)·불신 돌 모마(突姆媽)·생육신 다활곽(多闊霍)으로, 악귀를 쫓고 복을 부르다고 하여 소중히 다루며 함부로 버리지 않는다(김선자 2011 ; 251~254).

길림성 일대의 벌목꾼들도 움[地窨子]을 지을 때, 평소대로 움 옆에 널이나 돌 세 개를 쌓아서 감실을 마련한다. 가운데는 범신(虎神)이고 좌우 양쪽은 재난을 막는 오도신(五道神)과 토지신이다. 돌이나 널이 없으면 도끼로 찍은 나무로 '쇼'자꼴을 만들고 산신의 무덤으로 삼는다. 관솔불 두 개를 촛불로, 풀 한 움큼을 향불로 삼아 묘에 꽂은 뒤 찐빵·떡·술·나물 따위의 제물을 갖추어 절을 올리고 축사를 읊조린다(구환흥 2002 ; 143).

요녕성 및 길림성 남부지역에서는 부뚜막 선반의 감실에 남녀 신상을 붙이며 아래에 소나무 분재를 놓는 외에 떡을 놓고 향을 사른다. 12월 23일 밤의 제례 때는 정월의 기운이 이날부터 시작된다고 하여 돼지를 잡는다. 정월을 대년(大年)이라 부르는 것과 대조적으로 이날을 소년(小年) 또는 소과년(小過年)이라고 한다. 이날 하늘로 간 조왕부부는 한 이레 만인 그믐날 돌아온다. 신상 위에는 '부와 귀가 차고 넘친다[富貴有餘]'고 쓴 종이를 걸어둔다.

사천성 창족[羌族]은 서북 초원지대에서 내려올

사진 23

사진 24

때 뒤쫓아 온 적군에게 잡힐 듯하자 천녀(天女) 목저주(木姐珠)와 조상 목길탁(木吉卓)이 하늘에서 던진 흰 돌 세 개가 설산(雪山)으로 바뀌어서 막아주었다고 믿는다(김선자 2011 ; 251~254).

삼발이[鐵三脚]는 돌 세 개의 후신이다(사진 23·24). 사천성의 일부 창족은 다리 셋을 불의 신·남자조상·여자조상으로 받들며 여러 대가 지나도 버리지 않는다.

다음은 소수민족의 신체를 표로 꾸민 것이다.

민족	지역	신체	특징
와족	운남	화덕의 돌 셋	남성
나시족	운남	불·화덕·돌 셋·삼발이	부뚜막을 집의 심장으로 여김
창족	운남	화덕 위의 흰 돌 셋이나 삼발이	
	사천	삼발이	불신·남조상·여조상
장족	운남	불꽃 좌우에 해와 달 그린 신상	
	사천 서남쪽	화덕의 돌 셋[郭莊石]	부모 죽으면 돌에 동그라미 그림
부랑족	운남	화덕 또는 불신	삼발이 발 하나는 불신, 나머지 둘은 남·여신
드롱족	운남	화덕	집안의 가장 높은 할아범
이족	운남	화덕	부뚜막 왼쪽의 곽장돌은 남성, 오른쪽은 여성
	해남	돌 셋	삼석조(三石竈) 또는 삼족조(三足竈)라 부름
다이족	운남	화덕	
바이족	운남	삼발이	
푸미족[普米族]	운남	돌 셋	
흘로족[仡佬族]	운남		벼락신이 귀머거리로 만듦
카자흐족[哈薩克族]	신강	불신 또는 화덕	
투족	청해	부뚜막 벽에 찍은 흰 점 서너 개	
허저족[赫哲族]	흑룡강	화덕	
오로촌족[鄂倫春族]	흑룡강	화덕의 불길	할멈
만족	흑룡강	화덕의 불길	섣달그믐 마당에 큰 불 일으켜 조왕 맞음
오원커족[顎溫克族]	흑룡강	화덕의 불길	
몽골족(蒙古族)	내몽골	화덕	

라. 구실

조왕은 가족의 건강과 재물을 지킨다. 나시족 《동바경(東巴經)》에도 짐승이나 물고기 잡이와 방목을 위해 조왕의 도움을 청하는 대목이 있다. 다이족은 생명신으로 여기며, 병들거나 화를 당하면 조왕에게 잡귀를 쫓아달라는 제사를 올린다.

마. 민속

1) 곡식을 흘리면 벌 받는다.

운남성 흘로족의 한 며느리가 쌀을 씻다가 낟알 몇 알을 물독에 떨어뜨렸다. 조왕의 보고를 들은 옥제는 비바람과 함께 벼락을 치라는 명을 내렸다. 그러나 옆의 하늘신이 벼락신을 보내 사실을 살피자고 미룬 뒤, 그네의 꿈에 나타나 낟알을 빨리 꺼내라고 일렀다. 조왕의 보고가 거짓이라고 잘못 안 벼락신은 조왕의 뺨을 쳐서 귀머거리를 만들고, 보고를 섣달 24일 한 번으로 줄였다.

곡식을 소중히 여기라는 교훈담이다. 앞과 달리 소수민족과 한족의 조왕신 설화가 뒤섞였다. 벼락신이 조왕을 귀머거리로 만든 것은 조왕에 대한 공포에서 나왔다. 사탕이나 술지게미로 환심을 사는 한족과 달리, 아예 귀머거리로 만든 것은 소수민족의 직선적인 사고방식을 나타낸다.

2) 인간이 조왕이 된다.

나시족 민담이다.

운남성 나시족 어느 집 형제자매 열 명이 섣달그믐에 소나무 두 그루를 세우고 제사를 올리자 용 두 마리가 둥지를 틀었다. 그들은 용을 타고 하늘로 올라가 조왕이 되었으며 매월 초하루에 내려와 인간 세상을 살피고 24일 하늘에 가서 보고한다.

나시족 자신이 조왕이 된 것은 조왕이 옥제의 심부름꾼이라는 한족과 다르다. 소나무를 숭상하는 운남성에서는 지금도 정초에 소나무를 세우고 신년 제사를 지내고(사진 25), 집안 곳곳에도 솔잎을 뿌리고 심지어 음식점에서는 방바닥과 상에도 깔아둔다(사진 26).

우리도 강원도 화천군 일대에서 새해 들어 밭을 처음 가는 날 밭갈애비가 아침 일찍 산에 가서 소나무 가지를 꺾어서 대문 양쪽에 걸며 이를 '송침한다'고 이른다. 이로 써 부정이 끼지 않아 보습이 부러지지 않는 다고 믿는다(김광언 2010 ; 290).

3) 조왕은 고자질쟁이이다.

동족(侗族) 민담이다.

사진 25

옛적 한 마을에 각기 재주를 지닌 장비수(長臂手)·장퇴각(長腿脚)·순풍이(順風耳)·천리안(千里眼) 네 형제가 있었다. 어머니 병에 뇌공(雷公)의 쓸개가 좋다는 말을 듣고 잡으려는 중에, 한 나그네가 천왕이 오곡을 함부로 버린다는 보고를 들으면 곧 뇌공을 보낸다고 일러주었다.

장비수와 장퇴각은 미끄러운 식물의 껍질을 산에서 거두어 지붕에 깔고 물을 뿌린 뒤, 황반화(黃斑花)를 띄운 물에 불린 찹쌀로 노란 밥을 지었다. 둘이 똥통을 휘저어 냄새

사진 26

를 풍기자 조왕이 나타나더니 오곡을 함부로 버렸다며 천왕에게 알렸다. 벌을 주려고 내려온 뇌공은 지붕에서 미끄러져 잡히고 말았다.

조왕을 귀머거리로 만든 것으로도 모자라 벌을 주러오는 뇌공까지 잡아 죽인 것이다.

2
한국

신체 물·신위·신상

《삼국지》에 '귀신을 받드는 방법은 다르지만 문 서쪽 부뚜막에 지기[竈神]를 모신다'고 적힌 것을 보면 그 이전부터 받든 것이 분명하다(위서 동이전 〈변진〉).

박대재는 전 1세기의 서울 하남 미사리, 경남 거창 대여리, 전남 보성 대곡리 등지의 유적에서 부뚜막을 서북쪽 벽에 붙여 짓고 조왕 신체를 모시려고 양쪽 또는 한쪽 위에 토기 한 점 올려놓을 만한 크기의 진흙 턱을 발견하였다며, 미사리 유적의 목 짧은 단지와 전남 곡성 오지리 유적(2~3세기)의 종발(지름 12.6센티미터에 높이 4.9센티미터)은 오늘날의 조왕단지와 같다고 하였다(2009 ; 518). 따라서 전 1세기 무렵에 부뚜막을 지으면서 조왕도 받든 셈이다.

고려 때는 조왕제사를 국가에서 지냈다.《고려사》기사이다.

中國을 본떠 봄에 사명신과 호신(戶神), 여름에 조왕신, 6월에 중류신(中霤神), 가을에 문신과 여신(厲神), 겨울에 행신(行神) 따위의 일곱 신위를 태묘(太廟) 뜰 서쪽에서 동쪽을 향해 차린다. 앞에 자리를 펴고 위판(位板)을 신좌(神座) 첫머리에 마련한 다음 제례를 올린다. 섣달그믐에는 이들 모두에게 지낸다(제61권지 제15 예3 〈태묘〉).

《예기》에 등장하는 사명은 궁중의 소신문(小神門), 호는 출입, 행은 여행, 여는 후사 없는 제후, 중류는 각 방에 깃들인 지기들이다.

조선시대도 마찬가지였다.《용재총화(慵齋叢話)》기사이다.

관상감(觀象監)에서 주관하는 구나(驅儺)는 섣달그믐 전날 밤, 창덕궁과 창경궁 뜰에서 벌인다. 악공 하나는 붉은 옷에 탈을 쓰고, 방상시 넷은 황금빛 눈 넷을 붙이며 (…) 창을 잡고 딱따기를

그림 7   사진 27

친다. 지군(指軍) 다섯은 붉은 옷에 탈과 화립(畵笠) 차림을 하고, 판관 다섯은 녹색 옷에 탈을 쓰고, 청포(靑袍)를 입은 조왕신 넷은 복두(幞頭)와 탈을 쓰고 지팡이를 짚는다. 여자 탈의 소매(小梅) 서넛은 녹의홍상(綠衣紅裳)에 긴 간당(竿幢)을 잡으며, 십이신(十二神)도 각기 탈을 쓴다. (…) 악공 열 명쯤은 복숭아나무 가지와 갈대 이삭을 잡고 따른다. 붉은 옷에 주건(朱巾)과 탈을 쓴 어린이 수십 명은 아이초라니[侲子]가 된다. 창수(倡帥)가 꾸짖으면 초라니들은 '예' 하고 머리를 조아려 죄를 받은 다음 여럿이 노래하고 징을 칠 때 달아난다.

〈그림 7〉은 20세기 초에 활약한 김준근(金俊根)의 것이고, 〈사진 27〉은 구한말 귀족 장례식 수레인 방상시이다. 《순자》에 '외면보다 마음이라며 공자의 얼굴도 방상시 같았다'는 대목이 있다(《비상(非相)》).

《오례의(五禮儀)》에 '섣달, 도성의 여러 문에서도 올렸다'고 적혔다. 이어 인조 원년(1623) 호조판서 이서(李曙)의 반대로 없앴다가 정조 때 되살렸으며 뒤에 탈춤의 일부가 되었다.

《여지승람》의 '가마솥 뒤에 모르는 문자나 부호를 그린 부적을 붙인다'는 대목은 이것이 신체임을 알려준다.

가. 이름

세 갈래가 있다.

① 조왕 계열
조왕 : 전북·충남·영남·서울·제주

주왕 : 전북·충남

조왕님네 : 충청

조왕할매 : 충북·제주

조왕대감 : 충북·제주

주왕각시 : 경기·서울·경북

② 화덕 계열

화덕장군(火德將軍) : 충남

화신대장·화덕사천군 : 충북

화덕씨(火德氏)·화덕새 : 전북

화덕씨(화덕새)·화덕진군·화신대장 : 제주

이들은 중국의 영향을 받은 것으로 생각된다. 분포 지역이 서해 및 제주도에 한정되는 점도 증거의 하나이다.

③ 기타

부엌신 : 경기·경상·충남·전북

부뚜막신 : 강원·서울

정지각시 : 경북

조상대감 : 충북

삼덕할망 : 제주

솥덕 : 제주

인천광역시 연평도에서 부엌 쪽 들보를 불왕보라 부르는 것을 보면, 부뚜막을 불왕[火王]이라 부른 듯하다. 불왕이 한자 표기에 따라 조왕으로 자리잡은 것인가?

나. 신체

부뚜막 뒤(사진 28)나 뒷벽에 붙인 턱에 올려놓은 단지의 물이다(사진 29). 주부는 새벽마다 깨끗한 물을 조왕 종발(전남에서는 조왕보새기라 한다)에 붓고 그날 하루 온 가족의 안녕과 행복을 빌며(사진 30) 헌 물은 부뚜막·아궁이·소댕·물두멍 따위에 고루 나눈다. 곳에 따라 초하루와 보름 또는 명절에만 바꾸기도 한다.

사진 28

사진 30

사진 29

사진 31

　　신체는 각각이다. 경기도에서는 부엌 시렁 위 바가지에 걸쳐놓은 삼베 조각이나 한쪽 벽
에 붙인 백지 또는 헝겊 조각 따위를, 강원도 영동지방에서는 쌀 단지를, 영서의 인제군 용대
리에서는 부뚜막 위 기둥에 매단 숯 한 개와 소금 한 줌을 섬긴다(장주근 2013 ; 271).

　　경상남도 영산의 조왕은 가마솥으로 임산부가 진통을 시작하면 시어미가 그 앞에서 '제
왕님네 한 배기(자배기) 물 쏟듯이 펄썩 순산시켜 주이소' 축원한다. 경상북도에서는 소댕에
메·떡·나물 따위의 제물을 차리고 빌 뿐이며, 전라남도 진도의 씻김굿에서는 조왕굿 뒤에
마루의 성주굿과 안방의 삼신굿으로 들어간다.

　　제주도에서는 솥을 괴는 돌 셋을 '삼덕'으로 받들며(사진 31) 제물도 세 개씩 차린다. 본
디 부뚜막이 없었던 탓에 삼덕이 조왕 자리를 차지한 것이다. 삼덕은 '어귀 돌로 솥덕 앉히지
않는다'는 말대로 바다·산의 무덤·뒷간의 돌은 쓰지 않으며, 바다의 돌은 죽은 사람의 원혼
이 깃들였다고 하여 삼간다. 새로 놓을 때는 일시를 따로 잡고, 사정이 생기면 밥을 사먹어 가

면서 기다리기도 한다. 새 삼덕에서 지은 밥은 이웃과 친척들에게 돌리고 주인 음식은 이 뒤에 끓인다. 이사 때도 반드시 가져가서 먼저 집에서 누리던 복을 이어 누리는 것으로 여긴다.

무당노래(《초감제》)의 한 대목이다.

삼덕에 올라 제조왕(諸竈王) 살려읍서. 초흐를(초하루) 초덕, 초이틀 이덕, 초사을 삼덕, 검은덕 화덕조왕(火德竈王), 동은 청제(靑帝)조왕, 서읜 벅제(白帝)조왕, 낭긘(남에는) 청제(靑帝)조왕, 북은 흑제조왕, 중앙 황제조왕 팔만ᄉ천대조왕(八萬四千大竈王)님덜 지국성 하전(下傳)흡서(현용준 1980 ; 71).

경기도 오산시 일대의 〈조왕동토경(竈王動土經)〉에 보이는 조왕 이름이다.

재나무 재나무 병부왕(兵府王)의 부는 대대장군(大大將軍),

병부왕의 모는 음양(陰陽)부인이라.

흙 고르고 돌 고르고 장목(長木)을 다룬 탓으로 동토법(動土法)이라.

동방토신(東方土神) 동토경·남방토신 동토경·

서방토신 동토경·북방토신 동토경·

중앙토신 동토경·동방토신 동토경·

남방목신(木神) 동토경·서방목신 동토경

북방목신 동토경·중앙목신 동토경·

동방대세(大勢) 동토경·남방대세 동토경·

서방대세 동토경·북방대세 동토경·

중앙대세 동토경 상계(上界)조왕 동토경·

중계(中界)조왕 동토경·하계(下界)조왕 동토경

갑오생(甲午生)님 동토경·을해생님 동토경·

능홈생님(?) 동토경·구홈생님(?) 동토경·

호늠생님 동토경 대세왕의 부선군(父先君),

수업함한(受業含恨) 구인왕천부인(九人王千夫人),

병부왕 불명(佛明)부인 동토지신, 명월목동오작조소(明月牧童烏鵲造巢),

부지(不知) 동서남북 외열하지(外裂下支),

부지 동서남북어명(御命) 급급여율령(急急如律令) 사바하

(赤松智城·秋葉隆 1937 ; 577~578)

그림 8

땅지기가 땅을 파거나 돌이나 나무 따위를 함부로 다루는 것에 화가 나서 해코지하는 일을 흔히 '동티난다'고 한다. 건드리지 말 것을 건드려서 잘못됐을 때도 이렇게 부른다.

흙·돌·나무 따위에 깃들인 부정을 쫓기 위해 병부왕의 아버지 대대장군과 어머니 음양부인의 힘을 빌린다면서 오방의 토신과 목신, 같은 곳의 대세왕, 삼계(三界)의 조왕을 들먹였다. '갑오…호늠' 운운한 부분은 식구의 생년이다. 대세왕의 아버지 선군, 구인왕의 천부인, 병부왕의 불명부인이 사방에서 아랫도리를 찢는 동시에 어명까지 떨어질 터이니 어서 빨리 달아나라는 뜻이다. '급급여율령'은 도교에서 온 말로, 장님이 잡귀를 쫓는 주문(呪文) 끝에 외운다. 중국에서 한나라 때는 몹시 급한 공문에 이렇게 적었다. '달 밝은 밤에 목동이 까마귀와 까치의 둥지를 짓는다'는 부분은 뜻을 알 수 없는 선문(禪文)이다. 〈그림 8〉은 조왕의 동토를 막는 부적이다.

〈회심곡〉의 한 대목이다.

대문깐에는 수분양살이요, 우마깐에는 마귀살, 마당을 씰어서 덤불살이요, 지붕말랑에 유공천
살, 부엌으로 접어들어 내금신 조왕살, 외금신 조왕살, 팔만사천리 조왕살, 살강 밑에는 댕그랑
살이냐, 수채구녘은 홀림살, 물두멍에는 용녀부녀, 뒷곁에는 터주님살

외금신(外禁神)은 밖에서 들어오는 악귀를 막는 신, 내금신(內禁神)은 안의 것을 막는 신이며, '팔만사천리조왕살' 불교에서 왔다.

다. 제례
매달 초하루·초사흘·보름이나 유두·백중·한가위·섣달그믐 따위의 명절과 부모 제사, 가족 생일에도 제사를 올리며 집안에 걱정이 생기면 무당을 불러 소댕을 반쯤 열고 주걱이나 식구들의 숟가락을 꽂고 소댕 위에 광목을 걸쳐놓는다(신영순 2011 ; 613).

전라북도 남원시 일대에서는 솥을 깨
끗이 닦고 그날 처음 길은 물을 부으며 불을
때기 전 가족의 무병장수를 빈다(사진 32).
소댕을 여닫을 때도 소리를 죽여서 조왕이
놀라지 않게 한다. 봄에는 일찍 핀 진달래
를, 가을에는 올벼 이삭을 바치고 풍년치성
을 올린다.

　　이 밖에 군대에 간 아들이나 집 떠난
식구를 위해 끼니마다 겨울에는 놋주발, 여
름에는 흰 사기주발에 밥을 퍼서 조왕을 위
한다. 밥그릇이 예 있으니 굶지 말고 잘 있다
가 돌아오라는 뜻이다.

　　윤휴(尹鑴 1617~1680)가 말하는 조왕제
사 과정이다.

사진 32

────────────

조왕신위는 사당문(廟門) 동쪽에서 서쪽을
향해 놓는다. 조왕신 앞 탁자에 위판(位版)을 놓고 향안(香案)을 설치하며 새[茅] 묶음을 위판 앞
에 꽂는다. 주인은 사당문 바깥방[外室] 동쪽 자리에서 신을 청하며 분향 및 재배한 뒤 술을 붓고
재배한다. 위판을 안석 위에 놓고 사당 안에서처럼 제물을 차린 뒤 주인은 동계(東階)로 올라와
참신(參神)을 올리고 참석자들도 재배한다. (…) 주인은 꿇어앉아 술을 새 묶음에 조금씩 세 번
붓고 적(炙)을 올리며 메기장·찰기장·생고기[牲肉] 따위를 곁들이기도 한다. 축관이 축문을 읽
으면 주인은 재배하고 물러나와 동계 아래에서 서쪽으로 선다. 조왕신의 흠향을 기다렸다가 주
인이 재배하고 조왕을 배웅한다. 참석자들이 모두 두 번 절하면 축관이 위판과 축문을 거두어 불
사르고 조왕신위도 거둔다《백호전서(白湖全書)》제18권 고유문(告由文) 〈조왕제사[祭竈儀]〉.

────────────

유교식 사당제례를 연상시킨다. 대사헌과 판서를 거쳐 우찬성까지 지내고, 속리산 복천
암(福泉岩)에서 만난 당대의 석학 송시열(宋時烈)이 '36년 동안의 내 독서가 참으로 가소롭다'
고 찬탄할 정도로 학문이 깊었던 그가 조왕제문을 지은 것은 참으로 의외의 일이다. 지금까
지 알려진 유일한 것으로 자신이 창안하였을 것이다. 새 묶음은 신령이 오가는 길을 나타낸

듯하다.

한 세대 뒤의 영조(英祖 1694~1776)는 이를 막았다.

구닥다리 나례(儺禮)·춘번(春幡)·애용(艾俑) 따위와 세말(歲末)의 정료(庭燎)를 없애라. 교년
(交年)과 경신(庚申)도 (…) 조왕에게 잘 보이려는 것이다. 늘 조심하면 신에게 빌 것이 무엇인가?
(…) 앞으로는 경신과 교년행사를 그만두고 떳떳한 도리를 지키는 뜻을 보이라[《국조보감(國朝寶
鑑)》제64권 영조 35년(1759) 12월].

모두 옳은 말이다.

송시열도 '이것이 하늘에서 떨어지고 땅에서 솟았더라도 실용에 무익하면 그칠 일이고
더구나 모두 유사(有司)에서 경비를 내는 것이니 막아야 한다'고 적었다[《송자대전》제13권 소(疏)
〈차(箚)〉]. 춘번은 입춘날 사대부 집에서 세우는 채색 깃발이다. 애용은 단옷날 악귀를 쫓으려
고 문에 거는 쑥 인형이며, 정료는 큰일 때 밤중에 입궐하는 신하를 위해 대궐 뜰에 피운 화
톳불이다. 교년은 묵은해를 보내고 새해를 맞는 행사이며, 경신은 60일마다 돌아오는 경신일
에 사람 몸의 삼시(三尸) 또는 삼시충(三尸蟲)이 주인이 잠든 사이에 상제(上帝)에게 그동안의 죄
과를 낱낱이 알려서 수명을 줄이므로 깨어 있으면 장수를 누린다는 도교 신앙이다.

강준흠(1768~?)은《삼명시화(三溟詩話)》에 '서울 풍속 가운데 적을 것이 많고 (…) 그중 강
박(姜樸 1690~1742)과 강필신(姜必愼)의 기속시(紀俗詩)는《형초세시기》와 견줄 만하다'며 조왕
제사 광경을 읊조린 강박의 시 〈원조기속(元朝紀俗)〉을 들었다.

中堂次第命燈張(대청에 차례대로 등 밝히고)

一盞明心又竈王(등잔 심지 돋우어 조왕에도 올리네)

終歲喜憂將聽此(올 길흉 이로써 점치나니)

曉來看到大家忙(새벽에 살피느라 부산떠네)

서울 대갓집에 조왕을 열심히 받든 것이 분명하다.

전라남도 나주시 박씨네 풍속이다.

조앙(왕)물 떠놓고. 아침에 막 일어나면 이 닦고 손 씻고 주앙물 떠놓고 했어요. 인자 시어머니 때

부터 하는 거 같은데, 우리 시어머니부터. 3대 할아버지 때는 그때는 안 봤으니까 모르죠 인자. 우리 시어머니가 하셨으니까 대를 물려서 인제. 나는 시집와서 바로 그냥 했어요. 한 번도 안 빠지죠. 병이 나서 일어날 수 없으면 그럴 때는 인자 다른 사람이 하죠. 조왕에 있던 헌 물들은 그냥 가서 가만히 부서브러요(부어버려요). 먼지도 나고 했으니까. 부서서 시쳐브러요, 글로.

사진 33

인자 오늘 하루 잘 도와주시고 재수 좋게 하시라고 빌죠. 오늘은 어디를 가니까 '다녀올랍니다' 하고, 먼 길 가는 날에도 빕니다. 그러고 몇 마디만 하고 인자 나와요. 지금은 인자 며느리가 해요. 며느리가 시집올 때부터 다 대물림을 해요(김광언 2009 ; 283〜284).

이 집에서는 정월 대보름에도 제물을 갖추어 제사를 올린 다음(사진 33) 집안 곳곳의 귀신들에게 제물을 풀어 먹인다(사진 34).

제주도의 조왕축원이다.

사진 34

삼덕조왕에서 남청문 밖의 불리(뿌리) 없는 염내꼿(화재) 때문에 삼유옷(세 이웃)에 운동홀 일(소동날 일)을 막아줍서. 놈의 엑년(厄緣) 놈질 지게(남의 액이나 죄를 대신 받지 않게 하소서) 놈의 구설(口舌)도 막아줍서. 삼덕조왕으로 살기(殺氣)살성도 막아줍서. 조왕으로 상게(上蟻)염지 중게염지 질 나게 말아줍서(개미가 줄지어 다니지 않게 막아주소서). 초하루 초덕(솥을 바치는 돌), 초이틀 이덕, 초사흘 삼덕, 조왕할마님께서 대말치(쌀 한 말들이 큰 솥), 소말치(작은 솥), 대독(大甕), 소독, 은기(銀器), 놋기(銅器) 신나숩고, 수황(水缸)에 용(龍) 오르게 말아줍서(물두멍이 마르지 않게, 곧 주부가 부지런하게 해주시오). 조왕깐(竈王間)으로 솟두껑 장단소리 나게 말아줍서(화가 나서 소댕을 세게 여닫지 않게 해주시오). 조왕할마님은 불붙던 헹기 치매(행주치마)로 모진 일(악한 일)랑 담아 내치곡(담아 버리고), 좋은 수액(數厄)이랑 삼덕으로 나수와 줍서(물리쳐 주소서)(현용준 1980 ; 431〜432).

복을 빌기보다 남의 탓으로 해를 입지 않게 해달라는 대목은 고단했던 이곳 사람들의 삶을 이르는 듯하다. 또 물을 상징하는 용이 날아가지 않도록 막아달라는 것은 물이 귀한 제주도의 사정을 나타낸다. 악운을 행주치마에 담아 버리라는 말도 다른 데 없으며 삼덕을 초하루·초이틀·초사흘에 견주어 일덕·이덕·삼덕이라 부르는 것도 특별하다.

삼덕신앙은 중국 서남부의 소수민족과 일본 오키나와제도의 민속을 연상시킨다.

이곳의 조왕제사이다.

매일 아침에 집 떠난 가족의 평안을 빌며, 정초에는 심방(무당)이나 중 또는 독경장이를 불러서 집안의 무사태평과 사업 번창을 비는 조왕제를 지낸다. 초저녁에 밥솥·백지·떡·채소·과일·쌀·실·돈·물 따위를 차리며, 소댕을 반쯤 열고 밥에 십(十)자를 그은 뒤 밥자(밥주걱)를 꽂으며 소댕에 광목을 걸쳐놓는다.

심방은 정화수를 마당과 부엌 구석에 뿌려서 잡귀를 쫓고 〈문전본풀이〉를 읊조리며 소지를 올리고 상 위의 쌀을 집어서 그 수로 길흉을 가린다. 길하면 주부가 씹어 삼키고, 흉하면 예방책을 일러준다.

독경 때는 물을 반쯤 담은 단지에 달걀껍질을 띄우고 기름을 부은 뒤 불을 붙여서 백지를 덮으면 연기가 종이에 형상을 나타낸다. 이어 밥과 술을 울타리 밖으로 던져서 잡귀를 먹인다. 독경은 사흘 또는 한 이레 계속한다(좌동렬 1979 ; 107~116).

소지를 올리고 길흉을 점치며, 불교의 중, 무교의 심방, 도교의 독경장이가 등장하는 것은 특이하다. 밥에 십자를 긋는 까닭은 모른다.

라. 유래담

무당노래 〈문전본풀이〉에 실린 간추린 내력담이다.

남선고을의 남선비와 여산고을의 여산부인은 가난한 살림에도 자식을 일곱이나 두었다. 오동나라로 곡식장사를 떠난 남편은 그곳 노일제대귀일의 딸과 내기 장기를 둔 끝에 지닌 것을 다 털리고 그네의 기둥서방이 되었다가 눈까지 멀었다. 기다리다가 찾아간 아내가 움막 옆에서 겨죽 단지를 품은 채 조는 그에게 이밥을 주자 '본처와 살 때 이런 밥을 먹었다'고 한탄하였다. 상대가 전처임을 안 그가 고향으로 돌아갈 마음을 먹자, 첩은 목욕하던 여산부인을 물속에 떠밀어 죽이고 남선고을로 돌아와 큰마누라 행세를 하였다. 아들 일곱 가운데 막내는 의심이 들었다.

그네의 병을 고치려고 남선비가 점치러 가는 사이, 당사자는 샛길을 타고 앞질러 가서 '일곱 아들의 간을 먹어야 낫는다'고 하였다. 아들은 또 낳으면 된다고 여긴 그는 칼을 갈았다. 이를 알아차린 막내가 형제들의 간을 가져온다며 산으로 갔다가 잠깐 조는 사이, 어머니가 꿈에 나타나 노루의 간을 쓰라고 일러주었다. 그가 노루 간 일곱 덩이를 내놓자 계모는 먹는 체하며 자리 밑에 감추었다가 들통이 난 끝에 목숨을 끊어 뒷간의 칙도부인이 되고, 체면 잃은 아비는 밖으로 달아나다가 정낭에 걸려 죽어 정살지신으로 앉았다.

아들들은 서천(西天) 꽃밭에서 환생 꽃을 가져와 어머니를 되살리고 '춘하추동 물속에서 지내셨으니 얼마나 추우셨습니까? 삼덕조왕이 되어 따뜻한 불을 쬐며 하루 세끼 편히 자십시오' 하였다.

이 뒤 오형제는 오방지신(동방청대장군·서방백대장군·남방적대장군·북방 흑대장군·중앙황대장군)이 되고 여섯째는 뒷문전, 막내는 일문전(상방)지기로 자리잡았다.

———————

전국을 통틀어 유일한 내력담이다. 등장인물의 이름과 사는 곳이 구체적이고 노루의 간을 둘러싼 복잡한 과정은 중국의 영향으로 보인다. 첩의 이름을 오동고을의 노일제대귀일의 딸이라고 얼버무린 것이나, 그네를 뒷간귀신으로 만든 것은 첩에 대한 증오가 낳은 결과이며 그네에게 빠진 무능한 아비가 달아나다가 죽어 정살지신이 되고, 본처가 죽었다가 되살아나서 조왕이 된 것은 인과응보 그대로이다. 여러 신 가운데 조왕이 으뜸 자리를 차지한 것도 제주도다운 설정이다.

《바리공주》의 일곱째 막내딸이 죽은 부모를 살리고 여산부인의 일곱째 막내아들이 같은 공을 세우는 공통점이 눈에 띈다. 제사 때 물고기를 제물로 쓰지 않는 것은 못에 빠진 여산부인의 몸을 5년간 갈기갈기 찢은 탓이다. 이 때문에 삼덕에 물고기를 구우면 벌을 받는다.

마. 절집 조왕

절집에서도 부뚜막 위에 신상이나 신위를 모시고 아침저녁으로 조왕에 공양을 올린다. 충청남도 갑사와 이웃의 동학사 그리고 경상남도 통도사가 대표적이다. 다음은 통도사에서 2013년 6월 6일 오전 10시 40분부터 15분 동안 점심 공양을 올리는 과정이다.

〈사진 35〉는 입구에서 본 공양간이다. 부뚜막이 워낙 크고 높아서 2단 층계를 붙였다. 조왕은 오른쪽 기둥에 모셨다. 〈사진 36〉은 긴 수염을 늘인 관복 차림의 조왕이다. 오른쪽에 합장한 동자를 세우고, 아래쪽에 만(卍)자 무늬를 둘렀다. 옥 주발에 아침마다 정화수를 붓는

<table>
<tr><td>사진 35</td><td>사진 36</td></tr>
<tr><td>사진 37</td><td>사진 38</td><td>사진 39</td></tr>
</table>

다. 공양주는 17개소에 올릴 공양을 퍼 담는다(사진 37). 창 아래에 행여 빠질레라 장소를 쓴 종이를 붙였다.

　　셋이 손을 모으고 선 가운데 공양주가 촛불을 밝히고 공양을 올린 다음(사진 38), 두 손을 모으고《마하반야바라밀다심경(摩訶般若波羅蜜多心經)》을 읊조린다(사진 39). 이 경이 불교의 요체를 갖춘 데다가 짧기도 한 까닭이다.

　　〈사진 40〉은 전라남도 곡성군 죽곡면 동리산 태안사(泰安寺) 신위이다. 가운데에 나무팔만사천조왕대신(南無八萬四千竃王大神), 오른쪽에 우보처조식취모(右補處造食炊母), 왼쪽에 좌보처담시역사(左補處擔柴力士)라고 적었다. 오른쪽에서 음식 마련하는 어미가, 왼쪽에서 섶나무를 대는 장사가 돕는다는 뜻이다.

사진 40

사진 41

사진 42

사진 43

사진 44

　'팔만사천조왕대신'의 팔만사천은 아주 많다는 뜻이다. 불교에서 중생의 망상이 이 같다고 이르며, 여기서 나타나는 악마도, 이를 다스리는 법문도 팔만사천이라고 한다. 선반에 조왕 종발·향로·촛대·꽃병을 놓았다. 전라북도 김제시 금산사와 인천광역시 옹진군 석모도 보문사(普門寺)의 신위도 같다.

　〈사진 41〉은 앞의 것을 닮은 충청남도 공주시 반포면 학봉리 동학사(東鶴寺) 신상이다. 공양 시간을 알리려고 공중에 매단 큰 목탁도 볼거리이다. 나무소댕은 여닫기 쉽도록 두 짝으로 짰다. 왼쪽은 잡곡 뒤주이다(사진 42).

충청남도 공주시 계룡면(鷄龍面) 중장리(中壯里) 갑사(甲寺)의 신상은 정자관을 쓰고 수염을 팔(八)자로 비틀어 올린 모습에 높직한 교의에 앉은 것이 조선시대 재상을 연상시킨다(사진 43).

경상남도 청도군 운문면 신원리 운문사(雲門寺)의 조왕이 앞의 것과 꼭 닮은

사진 45   사진 46

것을 보면 한 사람이 그린 것이 분명하다. 한 비구니가 부뚜막 위에 올라앉아 막대기로 가마솥의 국을 휘젓고, 또 하나는 장대로 불땀을 고른다(사진 44).

〈사진 45〉는 전라북도 부안군 진서면 내소사 신위이다. 가운데에 나무팔만사천 조왕대신, 왼쪽에 몽피화상타야파군사섭복현위령(蒙被和尙墮也破群邪攝伏現威靈), 오른쪽에 영산미회수진기서원홍심위중생(靈山未會受眞記誓願弘心爲衆生)이라고 썼다. 몽피화상(누구인지 모름)이 삿된 무리를 누르고 위대한 영령이 나타나기를 빌며, 영산에서 받은 진리로 말미암아 널리 중생 구하기를 맹서한다는 의미이다. 부뚜막과 이 글 사이에 걸어놓은 선반에 촛대와 조왕 중발을 마련하였다.

이와 대조적으로 전라남도 순천시 승주군 선암사의 신위는 〈나무조왕위(南無竈王位)〉라고 적었을 뿐이다(사진 46).

백석(白石 1912~?)의 절집 조왕 시 〈고사(古寺)〉이다(부분).

부뚜막이 두 길이다

이 부뚜막에 놓인 사닥다리로 자박수염난 공양주는 성궁미를 지고 오른다

한말 밥을 한다는 크나큰 솥이

외면하고 가부를 틀고 앉아서 염주도 세일만 하다

화라지송침이 단채로 들어간다는 아궁지

이 험상궂은 아궁지도 조앙님은 무서운가보다

재 안 드는 밤은 불도 없이 캄캄한 까막나라에서
조앙님은 무서운 이야기나 하면
모두들 죽은 듯이 엎데였다 잠이 들 것이다
《백석시전집》

자박수염은 다박나룻의 북한 사투리로, 끝이 잦혀진 함부로 난 수염이다. 성궁미는 신불에게 바치는 쌀이며, 화라지송침의 화라지는 옆으로 벋은 나뭇가지를 꺾어 말린 것이고, 송침도 아궁이에 넣으려고 말린 소나무 가지이다.

바. 민속

1) 조왕은 가정의 무사태평을 지킨다.

전라남도 구례군 토지면 오미리 유씨 집[雲鳥樓]에서 해마다 정월 대보름의 조왕제 때 읊조리는 경문이다.

유세차 경술 정월 병오 13일 무오, 집주인 참봉 아무개는 감히 조왕 대성신(大星辰)님께 고하나이다. 새로 정월을 맞이하여 좋은 날을 가려 여러 음식을 정갈하게 준비하고 목욕재계하여 이같이 잘 차려놓고 우리 집이 편안하기를 정성 다해 머리 조아려 공손히 절을 올리고 돌아보니, 엄숙함에 지신(地神)이 삼가고 두려워하니 오셔서 흠향하소서.

조왕을 하늘(별)에 견주고 땅지기를 들먹여서 천지가 화합하여 돌보아주기를 바란다는 뜻이다.

2) 조왕은 복을 가져온다.

호남지방의 조왕축원이다.

아무개 씨 가(家) 중에 질 줄 모르는 공사가 있으며, 조왕 모르는 공덕이 있으리까? 오방신장과 팔보지신과 구토신령님과 성주 조왕과 당산 철룡의 터주신이 감동하셔서 지성으로 받으십사.

아무개 씨 가문에 이 정성을 디릴진대는 동에는 청제(靑帝)조왕, 서에는 백제(白帝)조왕, 중앙의 황제(黃帝)조왕, 팔만사천제대(諸大)조왕님네가 지성으로 감동하셔서 지성정성을 받으시고 지성이면 감천이요, 우주지면(?) 어뜸(으뜸)이나, 공든 탑이 무너지면 심근 남기가 꺾어질 수가 없습니다.

지성정성을 구천으(九天에) 사무차게(사무치게) 받으시고, 오늘 저녁에 이 정성을 디리고 나서 앞으로 좋은 경사가 들어와서 재수 있고 소망 있어서 수만금 억수만금 뒤를 내서 이 가증으(家中에) 앞으로 희망을 불러주기를 지성으로 바래고 있습니다.

오방신장과 팔보지신명당 구토신령명당께서 질겁게 받으시고, 모든 잡신과 집안의 조물이 침체하는 것은 일시로 소멸시켜 주시고, 안을 복 받을 복 가장지기며 노비전답(奴婢田畓)을 가지러(가지가지) 돌려주소서. 집안의 어떠한 손해와 어떠한 작해(作害)와 어떠한 우환 근심과 잘한 자책과 냉미 제악을 일시로 소멸을 시켜주시고, 가진(갖은) 복록을 점지해 주시기를 지성으로 바래옵니다.

———————

절집의 '팔만사천조왕'이 끼어들었다. '팔보지신·구토신령·팔보지신명당·구토지신명당'은 집의 터지기이다. 조왕 가운데 남과 북의 조왕을 섬기지 않은 까닭도 궁금하고 '공든 탑' 운운한 부분도 앞뒤가 어긋났다. '공든 탑이 무너져도 심은 나무는 꺾이지 않는다'는 뜻의 잘못으로 보인다. '잘한 자책'도 마찬가지이다.

3) 조왕은 저승길을 안내한다.

제주도 무당노래((시왕맞이))에서 저승으로 가던 강님 일행이 지쳐 졸고 있을 때, 삼덕조왕 할마님이 꿈에 나타나 '강님의 큰 부인아, 어찌 무정눈[無情眼]에 좀(잠)을 자겠느냐? 어서 바삐 머릴 들러(들어)나고 보라. 천앙독[天皇鷄]이 즈지반반(고요한 밤의 닭울음소리) 울게 됐다. 강님의 저승 챙차길[行次路]이 바빠시니 뿔(빨)리 강님이 저승으로 내여노라'고 한다(현용준 1980 ; 245).

천황닭은 〈천지왕본풀이〉에서 우주 창조에 큰 구실을 한다. 그 한 부분이다.

———————

이때 천황닭이 목을 들고, 지황닭[地皇鷄]이 날개를 치고, 인황닭[人皇鷄]이 꼬리를 쳐 크게 우니 갑을동방(甲乙東方)에서 먼동이 트기 시작했고, 옥황상제 천지왕(天地王)이 해 둘, 달 둘을 내보내자 천지가 활짝 개벽하였다.

———————

4) 조왕은 신령스럽다.

시집가 얼마 되지 않아 떠나버린 남편을 그리며 홀로 지내는 심정을 그린 노래 〈공규이별가(空閨離別歌)〉의 한 대목이다.

군자두고 홀로잇어 구곤간장 싸인말씀(남편 두고 홀로 지내느라 가슴에 쌓인 사연)

누를대해 설화할고 가슴인지 발동인지(누구에게 말할까? 가슴이 뛰는구나)

황토로 기우하고 왼새끼로 금색하여(황토로 부정 쫓고 왼새끼 금줄 매고)

노주객귀 청했던지 비러보세 비러보세[노주객귀(路主客鬼)에게 빌고 또 비네]

칠성불러 제사하고 가신임을 배올적에(칠성에 제사 지내고 떠난 임 만났더니)

조왕선조 비러두고 막아주소 막아주소(조왕님께 빌어서 막아 달라 청하네)

노중객귀 막아주소 새물여서 청해다가[노중객귀(路中客鬼) 막아주소 새물여서(?) 불러다가]

숙박칠기 다아놓고 동서남북 허다길을[숙박칠기(?) 다아놓고(?) 동서남북 많은 길을]

육갑으로 막아주니[육갑(六甲)으로 막아주니]

《한국역대가사문학집성》

남편을 만나려고 황토와 왼새끼로 부정을 가시고 칠성에게 빌었더니 겨우 나타난 남편이 조왕에게 빌어 객귀를 쫓아달라고 하여 그대로 따랐다는 내용이다.

구곤간장은 구곡간장(九曲肝腸)의 잘못이며, 객귀(客鬼)는 객지에서 죽은 떠돌이 귀신이다. 승천하지 못하고 원귀가 되어 가족이나 친척을 괴롭힌다고 한다.

5) 조왕은 무능하다.

제주도 무당노래 〈시왕맞이〉의 한 대목이다.

(인간 세상에 내려온 저승의) 체스(差使)님이 (…) 조왕으로 들저ᄒ니(들어가려 하니) 조왕할망 씨여지여(힘이 세어서) 조왕으로 못내 들어 벌떼 ᄀᆞ뜬(같은) 강님체스 지붕상상(上上) 조추ᄆᆞ를(상마룻대를) 상구먹(上구멍)을 똘롸난(뚫어놓아) 조왕깐을 바레여보난(바라보니) 조왕할망 소닥소닥(꾸벅꾸벅) 삼덕앚아(삼덕에 엉덩이 붙이고 다리를 구부려 세우고) 졸암더니(졸더니) 강님체스 욮에(옆에) 찬 홍사(紅絲)줄을 내여 놓고 조왕할망 절박(結縛)시켜 ᄒᆞᆫ 발로 볼롸가난(밟아가니) 조왕할망 말을 ᄒᆞ뒈

'흔 배코만(밧줄 코 하나만) 누겨(늘여)줍서. 〈나은 선설 아무가이〉 누운 방을 일르리다(알리

겠습니다). 조왕할망이 조단조단(자세히) 일러가니 벌떼 Ɂ뜬 체스님은 누운 방안 올아(열어)놓고

우뤠(우레) Ɂ뜬 소리 벌떼 Ɂ찌(처럼) 울린다(현용준 1980 ; 216~217).

_____

부엌에서 졸다가 저승사자의 밧줄에 묶여서 발에 채이던 조왕할망이 포승을 조금 느슨

히 해달라고 애원한 끝에 정보를 털어놓는 대목이다. 상제의 심부름꾼을 저승사자가 잡아가

다니 다른 지역에서는 상상조차 어렵다. 사자가 지붕을 뚫고 들고나는 대목도 이례적이다.

6) 조왕에 아첨하여 벼슬을 얻는다.

《난중잡록》 기사이다.

_____

신충원(辛忠元)은 (…) 조왕에 한 번 아첨하고 벼슬을 받아 수문장(守門將)이 되는 바람에 수군이

패하여 호서(湖西)의 인심이 떨어져 나갔습니다. 이익은 자신에게 돌리고 환란은 나라에 끼쳐서

혼란이 끊이지 않습니다. 자기 생각만 고집해서 나랏일을 그르치고 백성을 병들게 한 죄는 송의

왕안석(王安石 1021~1086)이라도 이보다 더할 수 없으며, 재물 탐내는 꼴도 마찬가지입니다[3

선조 31년(1598) 10월 22일].

_____

임란 때 남원 의병장 조경남(趙慶男)이 선조 15년(1585)부터 인조 15년(1637)까지 57년간

중요한 사실을 적은 일기의 한 부분이다.

'조왕에 한 번 아첨해서 벼슬을 얻었다'는 대목은 천민 출신임에도 유성룡(柳成龍 1542~

1607)의 천거로 충주지역 의병장이 된 것을 이른다. 그러나 그는 조정 결정에 앞서 새재[鳥嶺]

에 단독으로 중성(中城 제2관문)을 쌓아서 많은 사람을 구하였다. 유성룡의 말이다.

_____

신충원은 새재에서 적의 목을 벤 공으로 수문장이 되었다. 그곳의 길을 잘 안다며 가겠다기에

(…) 공명첩(空名帖) 수십 장을 주고 매봉(鷹巖)에 성을 쌓은 뒤, 떠도는 백성을 모아 충주 인근에

둔전을 마련해서 길을 트라고 일렀다. 그가 모은 사람 중에 공사천(公私賤)이 많아 벼슬아치와 주

인들이 자주 헐뜯었지만 그 자신도 잘못이 없지 않았다. 형을 백여 차례 받고 사면되었음에도 풀

리지 않은 것도 이 때문이다.

그러나 정유재란 때(1597) (…) 전라·충청에서 그 성으로 들어가 목숨을 구한 자가 아주

많았고 그들은 모두 신충원이 쌓은 성 덕분이라고 칭송하였다. '관의 일을 잘하면 오히려 재앙을 부른다'는 옛말이 어찌 그에게만 해당할 것이랴《서애선생 별집》제4권 〈잡저(雜著)〉.

———————

한 인물에 대한 평가가 이처럼 다르기도 어렵거니와, 유성룡을 조왕에 견준 것은 지나치다. 관가의 일을 잘한 탓에 오히려 해를 입는다는 한탄은 지금도 다르지 않다.

공명첩은 이름뿐인 관직 임명장이어서 누구든지 돈으로 샀다. 이른바 매관매직(賣官賣職)이지만 나라에 돈을 내거나, 흉년에 곡식 내는 사람에게 주는 등 공익에 맞는 점도 있었다. 유성룡이 준 공명첩도 성을 열심히 쌓은 사람에게 주었을 것이다.

7) 조왕과 터주로 무속을 물리친다.

이식(李植 1584~1647)의 말이다.

———————

조상제사로 충분함에도 조왕을 받드는 것은 무속이 성한 탓이다. 예서(禮書)에도 땅지기와 조왕 의례가 있어서 선유(先儒)들도 따른 만큼, 정성을 기울이면 오히려 무속이 사라질 것이다. 따라서 질병이나 걱정이 있을 때 사당 외에 이 두 신에게 비는 것도 좋다《택당집》제16 〈가계(家戒)〉.

———————

대사헌·형조판서·이조판서를 두루 거친 한문학 대가의 말이라고 믿기 어려운 정도의 내용이다. 이로써 조선 중기에 무속이 널리 퍼진 사실과 일부 상류층에서도 터지기와 조왕을 받든 것을 알 수 있다.

《지봉유설》에도 같은 내용이 있다.

———————

송의 범지능(范至能)은 〈제조사(祭竈詞)〉에 '남자는 잔을 올리고 여자는 피한다'고 적었다.《패사(稗史)》에도 '조왕제사 때 반드시 부인이 숨는다. 조왕은 매달 그믐에 하늘에 올라가 사람의 죄상을 아뢰고, 기축일(己丑日) 묘시(卯時)에도 가므로 이날 제사를 지내면 복을 받는다'는 기사가 있다. 중국에서 모두 지내는 까닭에 주자(朱子)도 《가례(家禮)》에 제문을 실었다. 마땅히 본받을 일이다[권17 인사부(人事部) 〈범지능제조사(范至能祭竈詞)〉].

———————

《패사》는 중국에서 패관(稗官)이 민간에서 이야기를 모은 소설풍의 역사서이고, 《가례》는 가정의 관혼상제(冠婚喪祭)에 대한 예법을 설명한 책이다.

8) 조왕으로 남을 해코지한다.

《일성록》 기사이다.

살옥 죄인 복덕(福德)의 (…) 세 가지 죄목 곧, 만두에 독을 넣고, 조왕에 절 올리며 축원하고, 여덟 곳에 주물(呪物)을 묻었다는 것은 잘못이다. (…)

    조왕에 절한 것은 지극히 간특하지만, 아무리 어리석어도 깜깜한 밤에 무릎 꿇고 빌었다면 모를까? 김 여인이 보고 듣는 앞이라는 것은 이치에 맞지 않는다. 또 비단과 돈에 대해 의심 받은 것에 화가 나서 범인의 즉사(卽死)를 빈 것은 천한 비첩(婢妾)의 행동으로 이상할 것이 없다. 따라서 모두 꾸민 것이 분명하다(〈정조 8년(1784) 윤3월 25일 경외(京外)의 살옥(殺獄)에 대한 형조의 의계에 대한 판결〉).

'지극히 간특하다'는 말이 조왕에 저주한 것을 가리키는지 또는 조왕신앙 자체가 그렇다는 뜻인지 분명치 않다. 뒤의 경우라면 불과 100여 년 사이에 큰 변화가 일어난 셈이다.

9) 조왕경

19세기에 들어와 중국의 영향으로 조왕경이 널리 퍼졌다. 다음에 몇 가지가 대표적이다.

① 가경(嘉慶) 24년(1819) 기묘 팔월중 한보산 김세침 경찬
(〈천사부발 동주사명 조군신도〉와 〈서〉의 간추린 내용)

사명조군 성은 장씨요, 휘는 단이요, 자는 곽이요, 팔월 초삼일부터 12월 24일까지 자시(子時)에 상천하여 아뢰시니 23일 정성껏 배송하고 30일 돌아올 때 공경으로 영접하라. 조왕[竈神]은 한 집의 주장이니 매월 30일이면 한 집에서 행한 바를 기록하여 하늘에 알려서 그에 따라 재앙이나 복을 내린다. 따라서 조석으로 부뚜막에 향을 피우고 초하루와 보름에 등불을 밝히며 매월 30일 정성으로 모시면 복을 받는다.

    부엌에서 가마솥을 두드리고, 글씨 쓴 종이를 태우며, 몹쓸 말로 사람 꾸짖고 욕하며, 생강·파·마늘을 썰며, 닭털과 짐승 뼈 태우고, 더러운 나무로 음식 익히며, 신발과 옷을 말리고, 부엌문(문지방)을 밟으며, 칼과 도끼를 두고, 부엌 쪽으로 비질을 하며, 소와 개고기를 먹고, 벗은 몸으로 악담을 하며, 조군(竈君) 승천하는 날 가마(솥) 긁기를 삼가라.

이는 중국의 조왕신앙 그대로이다.

② 도광(道光) 5년(1825) 세차 을유(乙酉) 추일(秋日)에 유당 축방산은 기록하노라.

────────────

주군이 내게 권선문(勸善文)을 쓰라고 하시다. 이를 두어 번 외우고, 외우는 대로 따라 적어서 모든 사람이 보니 진실로 보배 같은 교훈이다. 사명(司命)의 가르침을 잘 따르면 복을 받는다. 가르침 내용을 새겨서 널리 보급하면 자손이 부귀영화를 누린다고 하여 즉시 5백 권을 새겨서 시주하자 병이 다 나았다.

────────────

'주군'이 누구인지 궁금하다. 조왕경 5백 권을 새겨서 바친 덕분에 병마에서 벗어났다는 내용이다.

③ 도광(道光) 6년(1826) 세차 병술 추일에 보산제사 정응성은 목욕하고 백배 근서 하노라.

────────────

영험한 사적이라.

　　장사(長沙)의 한 효자가 더러운 그릇과 피 묻은 옷을 늘 부엌에 두더니 어느 날 아침 세수하다가 벼락 맞아 죽었다. 남의 재물을 수 없이 훔친 복주(福州)의 우진희는 어미의 꾸짖음도 듣지 않더니 이튿날 네거리에 결박당한 모습으로 꿇어앉아 스스로 뺨을 치고 혀를 뽑아 땅에 던지고 죽었다.

　　본디 왕자였던 식안선사가 중이 되자 가는 곳마다 광채가 났다. 절에서 죽을 쑬 때 부엌문을 밟자 밤에 조신이 현몽하여 '너는 귀양 온 신선이라 일월성신이 보살펴주었으나 감히 내 앞에서 잘못을 저질렀으니 모든 신령이 떠나리라' 하더니 과연 광채가 사라졌다.

　　어린 하간이 외조부 설봉장의 집에 갔더니 종이 늘 더러운 것을 쓸어서 아궁이에 넣었다. 꿈에 검은 옷 입은 사람이 와서 종의 뺨을 치자 곧 부어서 주먹크기의 종기가 되더니 고름이 목안으로 넘어갔다. 이에 정성껏 빌자 겨우 나았다. 장사현의 한 여인이 항상 부엌에서 중얼거리며 목욕 세수하더니 어느 날 풀어놓은 띠가 뱀이 되어 허리를 감는 바람에 죽었다. 아이 없는 나이 50의 강남주가 조신에게 빌자 신명이 나타나 '늘 부엌 앞에서 꾸짖고 중얼거리는 아내 탓이라' 하였다. 경문(經文) 천 벌을 새겨 나누어주자 그해 가을에 아들을 얻었다.

　　회군 땅의 한 여종이 그믐날 술에 취해 자신을 겁탈하려는 주인을 막았다. 사경(四更)에 그의 처가 갑자기 일어나더니 '꿈에 검은 옷차림의 조신이 나타나 문서에 무엇을 적고 사라졌소' 하였다. 그가 조신인 것을 안 선비는 종을 좋은 곳으로 시집보내고 아내에게 사실을 털어놓았다.

———————

중국의 조왕경 그대로이다. 복주는 중국 복건성(福建省)의 성도(省都)이다. 이어 같은 성 천주부 웅안현, 송나라 문헌, 원나라 말, 호북(성) 한천현, 안휘(성) 번창현, 한나라 음자방, 호남(성) 영명부, 강서(성) 분의현, 사천(성) 공주 대읍현, 귀주(성) 도균부 등지의 중국 관계 기사가 이어진다.

《경신록언석(敬神錄諺釋)》에도 명 가정(嘉靖) 연간(1522~1566)에 강서성 유정의가 겪었다는 닮은 기사가 있다(《유정의공 우조신기(兪淨意公遇竈神記)》).

④ 조왕과 그 아내의 내력담이다.

———————

조왕의 성은 장씨요 휘는 단자요 자는 자곽이니 8월 30일 보탄하시고 부인 이씨는 8월 24일 보탄하시니 마땅히 먼저 재계하고 이튿날 오경에 절을 올리며 수를 빌라. 매월 30일 자시에 하늘에 올라 인간의 선악을 적어 아뢰시니 29일에 주인은 등잔이나 촛불을 밝히고 종이돈으로 재배하며 적은 달에는 28일 밤 지전을 찢어서 다섯 시나 일곱 시에 바꾸라. 초하룻날 자시에 돌아오시니 마땅히 재배하고 맞으라. (…)

———————

이어 여러 사람이 조왕서를 개간해서 바친 내용을 적었으며, 이 가운데 대표적인《경신록언석(敬信錄諺釋)》은《경신록》을 1880년에 한글로 옮긴 목판본이다. 이 책 〈경조편(敬竈篇)〉 내용이다.

———————

사명조군의 성은 장이요, 휘는 단이요, 자는 자곽이요, 8월 3일 보탄이시라. 조군은 일가에 사명하는 임자이니 감응함이 지극히 영(靈)하시며 매월 30일이면 한집안이 한 바 선악을 기록하여 천조에 아뢰어 터럭만치도 은휘치 아니하여 복과 앙화를 내림에 (…) 화는 악을 쌓은 결과요 복은 착함을 인연함이라. (…) 부엌을 늘 정결히 하며 삭망에 등 밝히며 매월 그믐날 밤 정성으로 예경(禮敬)하여 신안가왕이라 아뢰라.

　　부엌에서 금하는 것이라. 솥 두드리고 긁으면서 지짐질하고, 옷 벗어 몸 들어내며, 사나운 말로 꾸짖고, 글자 쓴 종이 태우며, 노래 부르거나 울고, 사람을 저주하여 꾸짖으며, 생강·파·마늘 다지고, 닭털과 짐승 뼈 부엌에 두며, 더러운 나무로 밥 짓고, 신과 의복 말리며, 부엌문 밟고, 칼과 도끼 부뚜막에 두며, 부엌 쪽으로 비질하고, 소나 개 머리고기[牛犬頭] 먹는 것이라. 이 여러 가지를 경계하면 (…) 재앙이 사라지고 복이 모여서 가문이 청길(淸吉)하리라《韓國語學資料叢書》第二輯).

────────

⑤ 〈죠군령적지(竈君靈蹟誌)〉

최인학은 1881년에 나왔다고 하였으나(《문헌자료소개 죠군령적지》《비교민속학》5집), 〈서〉에 '기묘(1939년) 중추 후학 원촌 김진은 근서'라 하였고, 각 장마다 끝에 간행연도와 쓴 사람의 이름이 적힌 것을 보면 여러 책의 내용을 뽑아 모은 것이 분명하다

한편, 1880년(光緒六年庚辰季春刊印)에 나온 이본은 고종의 명에 따라 1880년에 최성환(崔瑆煥)이 한글로 옮겼다(1권 1책 84장의 목판본). 내용은 〈태상감응편(太上感應篇)〉·〈문창제군음즐문(文昌帝君陰騭文)〉·〈문창제군권경자지문(文昌帝君勸敬字紙文)〉·〈동악대제회생보훈(東嶽大帝回生寶訓)〉·〈원료범선생입명편(袁了凡先生立命篇)〉·〈유정의공우조신기(俞淨意公遇竈神記)〉·〈감응편치복영험(感應篇致福靈驗)〉·〈음즐문영험(陰騭文靈驗)〉·〈인시경신록영험(印施敬信錄靈驗)〉·〈행불귀전공응례(行不貴錢功應例)〉·〈공과격찬요(功過格纂要)〉 따위이다. 귀전(貴錢)은 귀천(貴賤)의 잘못일 터이다.

〈서〉의 간추린 내용이다.

────────

집집마다 사명(司命)하는 조신을 잘 받들어야 한다. 그는 착하고 악한 것과 숨기고 드러냄을 다 기록하여 매달 그믐날마다 하늘에 올라가 아뢰어 착한 사람이 복을 받게 한다. 착한 벗이 있어 조군영첨을 보이자 심히 기뻐한 나머지 〈죠군령적지〉를 만들어 새겨서 널리 알리게 되었다(《韓國語學資料叢書》第二輯).

────────

3
—
일
본

본도- 신체 목상

가. 이름

간토[關東] 및 동북지방의 이름은 주로 솥님[御釜樣 オカマサマ], 긴키[近畿] 일대는 삼보황신(三宝荒神), 그 서쪽은 도구우사마(ドクウサマ) 또는 록쿠우산(ロックウサン)이다. 이 밖에 도쿠시마[德島]현에서는 황신(荒神)·삼보(三寶)황신·삼보대황신, 고치[高知]현에서는 솥황신·부뚜막[クド]황신·로쿠(ローク)황신·부뚜막신님[カマド神さん]·어머님[オカ-サン]·솥님[オカマサマ]·조신(竈神)·불신님[火の神さん]·수신(水神)님·부뚜막사자[竈獅]·불사나이[火男]·솥사나이[釜男]라 부른다.

삼보황신은 수험자(修驗者)나 일련종(日蓮宗) 신도들이 삼보(仏·法·僧)지기로 받드는 데서, 도구우사마는 음양도(陰陽道)의 토공신(土公神)에서 나왔다. 오로지 주부가 받드는 솥님은 농가에서 연중행사의 하나로 모 심을 때 채소와 생선 따위를 섞어서 지은 밥[五目飯]을 바치는 점에서 집지기이자 농신이기도 하다.

〈사진 47〉은 삼보황신 목이다(기메동양박물관).

많은 곳에서 황신님 또는 부뚜막님이라 부르지만, 황신님을 불신으로 삼아 따로 모시는 곳도 있다. 신사에서 나누어준 신상에 글씨를 곁들인 종이를 부뚜막 가까운 기둥에 붙이거나(그림 9) 작은 감실(龕室)에 모신다(사진 48). 화덕의 장대 끝에 달린 갈고리도 흔히 부뚜막님이 된다. 사이타마[埼玉]현에서는 부뚜막 주위의 불신과 화덕 부근의 황신을 받들면서도 갈고리를 부뚜막님이라 이르고(都幾川村), 군마[群馬]현에서는 화덕에 차를 바치며 '부뚜막님에게 올립니다' 읊조린다. 솥님은 부뚜막의 가장 중요한 기물이고 솥사나이나 불사나이는 동북지방의 신이 남자인 것과 연관이 깊다. 한

사진 47

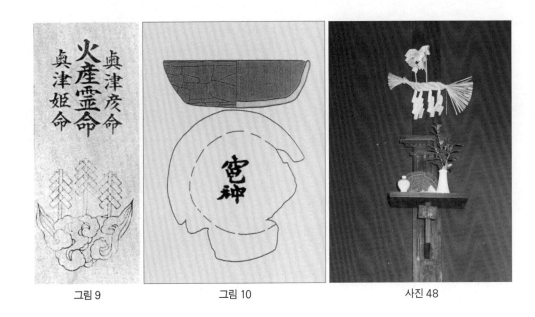

| 그림 9 | 그림 10 | 사진 48 |

편, 일본에 본디 없는 사자를 들먹인 것은 그의 용맹을 빌려서 악귀를 쫓는다는 뜻일 터이다. 어머님은 가장 그럴듯한 이름이다.

8세기 중엽의 치바현 압작(壓作)유적에서 나온 토기의 조신(竈神)이라고 적은 묵서명은 조왕신앙이 이때 이미 퍼져 있었던 것을 알려준다(그림 10).

나. 신체

부뚜막 뒷벽 작은 선반에 말 그림[繪馬]·팻말·예물[幣束] 따위를 바치고 금줄[年繩]도 두른다(사진 49). 금줄을 해마다 덧걸어서 그 숫자로 거주 햇수나 부뚜막 나이를 헤아리는 곳에서는 부뚜막님의 부끄러움을 감추는 눈가리개로 삼거나 장자(長者)가 되는 표지로 여긴다. 그러나 불행이 일어난 해에는 걸지 않는다(사진 50). 줄은 세 가닥이나 일곱 가닥으로 꼬며 콩깍지나 솔잎을 끼워넣는다. 줄이 두꺼우면 아낙의 엉덩이가 무거워지고, 느슨하면 게을러지며, 팽팽하면 아들을, 엉

사진 49

성하면 딸을 낳는다고 여긴다. 곳에 따라 말
그림을 붙이고(사진 51), 없으면 마(馬)라고
쓴 종이로 대신한다. 사람의 음식뿐 아니라
마소의 여물도 끓이는 까닭이다.

흰색 폐백은 금줄에 꽂거나 두르며 팻
말은 가까운 신사에서 받는다. 아침마다 밥
과 물을 바치고 매달 초하루와 보름에 술을
올리는 외에 비쭈기나무 가지나 솔잎을 곁
들인다. 또 정월에 소나무를 바치고 한 해 동
안 두는 곳도 있다.

후지누마 쿠니겐[藤沼邦言]의 설명이다.

사진 50

사진 51

미야기[宮城]현 북부에서 이와테[岩手]현 남
부 일대에서는 농가 부뚜막 옆 기둥에 봉당
입구 쪽으로 눈을 뚫지 않은 큰 탈을 걸어놓
는다. 흔히 조신(竈神 カマカミサマ)이라 부르
지만, 미야기현에서는 부뚜막사나이[竈男]·
카마즌쓰안(カマズンツアン), 이와테현에서는
카마다이고쿠(カマダイコク)·카마벳토우(カマ
ベットウ)라 한다. 표정이 매우 험상궂지만(사
진 52), 이와테현에는 대흑천(大黑天)처럼 미
소를 띤 것도 있다.

사진 52

감은 나무나 흙이다. 나무탈은 목수가
집 짓고 남은 것으로 깎으며, 흙탈은 미장이
가 벽을 치고 남은 것으로 빚는다. 눈[眼]이나 이[齒]로 전복껍데기나 사기조각을 박아서 밝은 곳
에서 어슴푸레한 부엌으로 들어가면 안쪽 기둥의 조왕 눈에서 뿜어 나오는 흰빛에 놀라게 된다
(사진 53·54).

시기는 알 수 없지만 1768년, 미야기현(石巻市) 부근을 둘러본 스가에 마스미[菅江眞澄]
는 '부뚜막 기둥에 걸어놓은 사기 눈 박은 성낸 사람의 흙탈을 부뚜막사나이라 부른다'고 적었

다《續·はしわの若葉》. 가장 오래된 나무탈은 1814년에 나왔다(1997 ; 132~133).

흙탈은 이와테현(陸前高田市)의 하다카카베(《ハダカカベ 1865~1933)가 처음 빚었다

사진 53

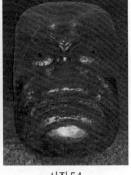
사진 54

고 한다. 눈으로 박은 잔[盃]에 동자는 먹으로 그려넣고 뺨·귀·턱·눈썹·이마에 흙으로 빚은 끈을 달았다. 무명으로 윗수염과 이마를 나타내고, 널에 감은 새끼에 죽곶(竹串)을 꽂은 점 따위가 특징이다. 이와 달리 니가타[新潟]현과 나가노[長野]현에서는(下水內郡) 정월에 깎은 남녀 신상(길이 11~50센티미터에 지름 2~7센티미터쯤)을 해마다 새로 깎아 바치며(瀧澤秀一 1982 ; 331~335), 효고[兵庫]현(南淡町)에서는 에비스[惠比壽]신과 대흑천의 목상을 섬긴다.

다. 제례

동북지방에서는 해마다 섣달그믐에 금줄을 두르고 예물(幣束)을 바치며 설에 술[神酒]과 떡으로 제사 지내는 외에 명절에는 팥밥 따위를 차린다. 눈이 더러우면 눈병이 난다고 하여, 섣달그믐에 깨끗이 닦고 눈동자를 새로 그려넣는다. 어른들은 아이들에게 '불신님이 보시니까 나쁜 짓을 말라'거나 '집지기이니까 겁내지 말라'고 타이른다.

이바라키[茨城]현(東茨城郡)에서는 거실 선반에 모신 세덕신(歲德神)과 불과 농사를 맡은 불신에게 매일 아침 절을 올리고 물과 밥을 놓는다(사진 55). 세덕신은 한 해의 길흉화복을 주관한다는 음양도(陰陽道)의 신이다.

불신을 헛간[納戶]에 모시는 곳(眞壁郡)에서는 해산 때 다다미 아래에 깔아놓은 대발을 거두고 그 안의 더러운 것을 처마 아래로 흘려보내며, 9월 19일 지기를 모신 산방(産房) 천장에 금줄을 두른 다음 팥밥·기장·감주를 올린다(嶋田尚 1984 ; 190~196). 이 지기는 전국의 8백만 신들이 이즈모대사[出雲大社]에 모일 때도 떠나지 않고 자리를 지킨다. 그들의 대부분이 신사의 공적 신이지만 조왕은 저들보다 오래된 사적인 집지기인 까닭이다.

도쿄도 일대에서는 매달 28일이나 1월·5월·9월의 그믐날과 섣달그믐날 베푸는 '부뚜

사진 55

사진 58

사진 57

사진 56

사진 59

막 부정가시기[竈祓]'를 황신가시기[荒神祓] 또는 부뚜막금줄[竈注連]이라 부른다. 무녀로 꾸민 수험도(修驗道) 차림의 아낙이 집마다 찾아가 방울과 부채를 들고 축원을 읊조린다. 그네는 돈을 받는 외에 더러 몸도 팔았다.

　〈사진 56〉은 가와사키시[川崎市] 일본민가원의 불신이다. 부뚜막 왼쪽 기둥 위에 봉삼보황신(奉三寶荒神)이라고 적은 널을 붙박았으며 폐백을 끼운 대나무 세 개는 '삼보'의 '삼'을 나타낸다(사진 57). 부뚜막 위 널벽에 뚫은 구멍은 불 땔 때는 주부가 누가 들어오는지 살피기 위한

| 사진 60 | 사진 61 | 사진 62 |

것이다. 〈사진 58〉의 짙은 눈썹, 부릅뜬 눈, 좌우로 뻗쳐 올라간 수염, 굵은 귀고리, 턱 밑에서 타오르는 불길 따위는 불신이라기보다 화재 예방 포스터를 연상시킨다.

〈사진 59〉는 부뚜막 뒤 선반의 삼보황신이다. 신체는 꽃병에 꽂은 얇게 깎은 불꽃 모양의 나무이며 좌우에 흰 비쭈기나무 잎을 꽂은 화병을 놓았다. 벽에 붙박은 대롱에 예물로 바친 종이 오라기도 보인다.

〈사진 60〉은 1970년대 중반의 불신으로 부뚜막 네 귀에 생 대나무를 박고 종이 오라기를 늘어뜨린 금줄을 둘렀다. 감실은 가운데 대나무 뒤의 기둥에 걸렸다. 〈사진 61〉은 40여 년이 지난 2012년 10월의 모습이다. 두 그루의 대나무가 섰을 뿐 금줄도 폐백도 보이지 않는 대신, 정자관을 연상시키는 우람한 손잡이가 달린 소댕과 촛대가 새로 생겼다(사진 62).

불신 의례를 긴키에서는 현무(縣巫)가, 쓰시마[對馬島]에서는 장님이 맡는다. 곳에 따라 12월 8일 부뚜막을 새로 바르며 교토(京都) 부근에서는 정월의 태신악(太神樂)을 부뚜막 앞에서 펼친다(鈴木棠三 1978 ; 303~304). 태신악은 태태신악(太太神樂)의 준말로 정초에 집집을 찾아다니며 풍악을 울리고 사자춤을 추면서 재주를 보이고 잡담도 나누는 점에서 우리네 지신밟기를 연상시킨다.

10세기 중기의 귀족 후지와라노 미치나가[藤原道長]의 자손들이 대를 이어 살아온 공가(公家)인 교토시 냉천가(冷泉家)에서는 부엌문 상방에 기원제(祇園祭) 때 긴 칼 끝[長刀鉾]에 달았던 짚 다발(샤구마 しゃぐま)로 악귀를 물리치는 부적으로 삼는다(사진 63).

간토(關東)에서는 대보름에 가위다리 꼴로 벌어진 길이 30센티미터의 붉나무가지 셋을 십자꼴로 벌려서 죽 젓가락으로 삼고 팥죽을 묻혀서 꽃 삼아 바친다. 볍씨 뿌릴 때 모판 주위에 꽂으면 풍년이 들고, 처음 번개가 치는 날 불을 붙여 마당에 세우면 곧 멈추며, 치통이 날 때 짚으로 십자꼴로 묶어 바치면 곧 낫는다고 한다.

사진 63

정월 11일의 '괭이 넣기[鍬入れ]' 행사 때 주인은 동쪽 세 곳을 괭이로 파고 불신에 바쳤던 소나무 두 그루를 심고, 대보름에는 쌀가루로 빚은 고치떡 36개를 흔히 매화나무 가지에 꽂아서 바친다(사진 64). 이 숫자는 아이 34명에 부모 둘을 합친 것으로, 16세기의 교겐[狂言]집《율소(栗燒)》에도 '우리들 불신 34명의 부모'라는 구절이 있다(津山正幹 1984 ; 35~58).

사이타마[埼玉]현에서는 정월 첫 말날[午日] 잡신이 화덕의 연기를 타고 내려온다고 하며, 이달 황신에게 바친 소나무를 제일 먼저 태운다. 또 벼 벤 낫을 잘 씻어서 떡과 함께 바치거나 모를 화덕의 재에 심으면 풍년을 거둔다고 믿는다. 부뚜막 아궁이는 반드시 홀수로 한다.

고치[高知]현에서는 해마다 불신이 깃든 나무통의 쌀을 햇보리와 바꾼 뒤 묵은해의 보리를 꺼내고 올벼를 넣는다. 통 위에 오뚜기 소법사(小法師)를 해마다 새로 얹지만 여러 대를 이어 모시기도 한다(飯島吉晴 1989 ; 36~37).

주고쿠[中國]지방에서는 감실의 신체에 아침마다 먼저 뜬 밥을 바친다. 연말이나 정월 또는 일정한 날 신관(神官)을 불러 부정을 가시며, 부뚜막 주위에 금줄을 두르고 가까운 곳에 선반도 맨다. 또 부뚜막 옆에 연중행사나 고사 때 쓰는 큰 부뚜막을 따로 붙이고, 소나무[荒神松]를 세워서 불신의 선반으로 삼는다.

이 밖에 모 심을 때 마지막 남은 봇도랑의 모 석 줌을 잘 씻어서 꽃이 핀 것처럼 쌀이나 국수가루를 뿌린 뒤 여성이 풍년가를 부르며 바쳤다가 이듬해 대보름에 태우거나 말에게 먹인다. 가을걷이 때도 이삭이 달린 줄기 한 줌을 씻어 올리고 10월 10일 밤에는 나락 옆에 술을 곁들인다. 목에 가시가 걸렸을 때 이를 삼키면 바로 내려간다.

규슈[九州] 남부에서는 부엌이나 차방(茶の間, 가족이 음식을 먹거나 차를 마시는 공간) 한 구석에 붙인 선반에 꽃병이나 찻잔을 놓고 불신으로 섬기며, 자른 종이 오라기나 사람꼴로 오린 종이를 대나무에 꽂아서 바친다.

〈사진 65〉는 규슈 나가사키[長崎]시 숭복사(崇福寺) 공양간의 신위이다. '사명(司命)' 오른쪽 아래에 정복조군(定福竈君), 왼쪽에 증수부인(增壽夫人)'이라 쓰고 위아래에 '본가(本家)'와 '향위(香位)'를 덧붙였다. 아래의 턱은 향로나 물그릇 자리이다. 이곳에서는 개인 집에서도 같은 것을 신상으로 삼는다. 이는 중국의 영향을 받은 것으로 우리네 절집과 같다.

사진 64   사진 65

나가사키현 쓰시마에서 가운데 솥 옆의 '바닷물 담는 돌[潮汲み石]'에 매월 초하루와 보름날 바닷물을, 부엌 입구의 돌에 초하루·보름·스무여드레마다 바닷물을 붓는다. 이것으로 우물·화덕·부뚜막을 깨끗이 하는 곳도 있다(櫻井德太郎 1988 ; 514~515). 오키나와제도의 아마미[奄美] 본섬(三方村)에서는 돌 세 개에 매일 아침에 향을 사르고 물을 바치며 시집간 딸이 친정에 올 때도 이곳을 찾는다.

물을 신체로 여기고 부뚜막에 모시는 것은 우리와 닮았다.

라. 성

화남(火男)이라는 이름처럼 남신으로 여기지만, 여신으로 받들기도 한다. 오키나와제도도 마찬가지이다. 이 밖에 산신(山神)과 같다는 설, 다르다는 설, 뒷간지기와 형제라는 설이 있다.

〈사진 66〉은 이와테현 기타카미[北上] 시립박물관의 조왕 목상이다. 눈을 크게 떴지만 입가에는 잔잔한 미소가 감돌아서 친근한 느낌을 준다. 뭉툭한 코, 두터운 입술, 머리에 동인 수건 따위는 옛적 우리네 상머슴 그대로이다.

마. 구실

집지기 가운데 제일 먼저 섬기는 불신은 12월 24일 한 해 동안 일어난 일을 하늘에 알리고, 1월 4일 내려와 상제(上帝)의 뜻을 전한다. 아궁이를 관리하면서 잉태·출산·육아 따위를 맡으며 가장과 자녀들에게 명과 복을 주고 객지로 나간 가족의 안전도 돌본다. 이 밖에 집안의 운수를 돕고 잡귀를 쫓으며 질병을 다스린다. 또 인연(因緣)의 신이자 빈집지기[留守神]이며 양잠의 신이기도 하다.

이이지마 요시하루[飯島吉晴]의 설명이다.

사진 66

사람의 생사나 행복, 작물의 풍요를 주관하는 생활 전반의 신이다. 많은 곳에서 더러움을 싫어한다며 황신(荒神)이라 부르듯이, 노여움을 잘 타는 두려운 신으로 알려졌다. 더구나 못 생기고, 변덕이 심하며, 외다리에 눈이 어둡고, 가는귀를 먹은 불구에 인색하다는 전승도 있다.

이처럼 부정적인 이미지를 지녔지만, 집의 성쇠와 사람의 행복 및 수명을 관장하며 여러 가지 은혜도 베푼다. 따라서 부정과 긍정이 상반하는 이면성(二面性)을 지닌 양의적(兩義的) 신이어서 이승과 저승을 잇기도 한다(1986 ; 12·20).

바. 유래담

1) 미야기현

가난함에도 자식을 여섯이나 둔 부부가 헤어진 뒤, 아내는 부자네 후처로 들어가고 남편은 거지가 되었다. 어느 날 남편이 전처 집에 가서 밥을 빌자, 돈을 넣은 주먹밥을 주었다. 몹시 배가 고팠던 그는 허겁지겁 삼키다가 목이 막혀 죽었다. 이 뒤부터 주먹밥에 무엇이 들었는지 알려고 짚 인형을 꽂는다.

가난뱅이에 자식이 많고 전처와 헤어졌다가 다시 만나 밥을 얻어먹는 과정은 제주도 조왕을 닮았지만, 그녀가 밥에 동전을 넣어서 원수를 갚는 대목은 일본인의 민족성을 보여주는 듯하다. 이 뒤부터 주먹밥에 무엇이 들었는지 살핀다는 내용도 마찬가지이다.

2) 미야기현(栗原郡 花山村宿)

먼 찬기국(讚岐國 가가와[香川]현)의 번창하던 큰 술집이 기울어져 문을 닫았으나, 하인이 주인을 부추겨서 다시 일으켜 세웠다. 주인은 은혜 보답으로 그의 상을 지기로 받들었으며 이것이 뒤에 불신이 되었다(飯島吉請 1986 ; 19).

조왕 유래담으로는 썩 어울리지 않는다.

3) 이와테현(江刺郡)

풀 베러 간 할아범이 큰 굴의 마귀[魔物]를 보고 풀[芝]로 막으려다 석 달이 걸리는 바람에 풀이 바닥나자, 그곳에서 나온 미녀가 은혜를 갚는다며 어린아이를 주었다. 못생긴 데다가 배꼽만 만지작거려서 마음에 썩 내키지 않았지만 하는 수 없이 데려왔다.

　화덕 옆에서 배꼽 만지는 것을 본 할아범이 화가 터져 부적가락으로 배를 찔렀더니 금가루가 나왔다. 그러나 욕심쟁이 할멈이 더 나오라고 쑤셔댄 바람에 죽고 말았다. 슬픔에 잠긴 할아범 꿈에 나타난 어린이는 자신을 닮은 탈을 눈에 잘 띄는 곳에 걸면 다시 부자가 되리라 하였다. 이 뒤부터 부뚜막 옆에 걸어두는 못생긴 탈을 그의 이름대로 효도쿠[火男]라 부르며 섬겼다.

마귀를 풀로 막으려 하고, 미녀가 보답으로 어린이를 주며, 그의 배꼽에서 금가루가 나오고, 늙은 내외가 부젓가락으로 찌른 악행은 이해하기 어렵다. 떠구나 천벌을 받아야 할 그들을 아이가 부자로 만든 것은 권선징악을 내세우는 불신 성격에도 맞지 않는다.

　〈사진 67〉은 조왕 목상이다. 앞의 것과 대조적으로 이제라도 쳐다보는 사람을 집어삼키려는 듯한 흉악한 표정이

사진 67

다(오사카 민족학박물관).

4) 가고시마[鹿兒島]현

동장자(東長者)와 서장자가 바다에서 낚시하다가 동장자가 나무를 베고 잠 들었다. 꿈에 나타난 용궁신이 '나무여, 둘의 집에 아기가 태어났소. 벼슬을 주러갑시다' 소리치자, 나무는 인간이 나를 베고 잠들었다며 대신 가라고 일렀다. 신은 동장자 딸에게 소금 한 되, 서장자 아들에게 대나무 한 그루를 주었다. (…)

둘은 이들을 짝채웠다. 5월 보리 수확제 때 아내가 신에게 밥을 바친 뒤 남편에게 '보리 한 섬을 찧어 한 말을, 이를 다시 한 되로 만들었습니다. 오늘 풍년제 날이니 자시오' 하였다. 그러나 상대는 '이밥이나 먹는 내가 보리밥을 어찌 먹느냐?'며 상을 엎었다. 집 떠난 그네는 (…) '우리도 마음씨 곱고 부지런한 대북(大北)의 숯장수 고로[五郎]에게 가자'는 신의 말을 듣고 먼저 가서 재워달라고 하였다. (…) 둘은 부부가 되었고 숯가마에서 황금이 나와 부자로 살았다.

바구니장수로 떠돌던 전 남편이 아내를 못 알아보다가 (…) 옛적의 보리 밥그릇을 보고 부끄러움을 못 이겨 죽자, 그네는 부뚜막 아래에 묻으며 일렀다.

"다른 것은 못해도 보리밥만은 지어줄 터이니 싫다 좋다 말고 자시오."

주검을 부뚜막 근처에 묻은 것은 죽은 이에게 친근감을 느낀 나머지 영혼과 함께 사는 것을 나타낸다. 이는 불신과 조령신이 상통한다는 생각에서 나왔다.

사. 민속

1) 불신은 해마다 나들이한다.

불신 나들이 유형은 곳에 따라 ① 해마다 음력 10월에 이즈모[出雲]로 떠났다가 10월 31일 돌아오는 지역(이바라키·사이타마현·도쿄) ② 그렇지 않은 지역(군마·치바·사이타마현 일부) ③ 이와 무관한 지역(도치기·가나가와현)의 셋이 있다.

①에서는 떠나는 날 술·등명(燈明)·타고 갈 새 회마(繪馬)를 비롯하여 경단·떡·팥밥·국화·솔잎 따위를 바치고 부엌문을 열어두었다가 돌아오면 제물을 바치고 축하한다. 이와 달리 ②에서는 아이가 많아서 떠나지 못한다며 10월 6일·16일·26일에 떡과 팥밥 따위를 차리고

제사를 지낸다.

2) 불신은 인연의 신이다.

앞의 ①지역에서는 불신이 좋은 인연을 맺어주기 위해 떠난다고 한다. 특히 여성의 인연을 주선한다며 딸을 둔 집에서 열심히 받든다. 따라서 떠난 뒤에는 혼인식을 올리지 않으며, 좋은 사위가 들어오면 감사 제례를 치른다. 제물 가운데 어떤 것을 빼놓으면 시집 못 간다거나, 젊은이가 정월 열나흘 날 고치떡을 바치면 혼담이 깨진다고도 한다.

오키나와제도- 신체 돌 셋

조왕신앙은 18세기 초 중국 복건성에서 들어왔으며 본도와 달리 조왕이라 부르는 까닭도 이에 있다. 1713년의 《류큐국유래기(琉球國由來記)》에 '엿·술지게미·창포를 마련하여 조왕과 조상에게 제사를 지낸다'는 기사가 있고, 1721년 중국의 서광보(徐葆光)가 낸 《중산전신록(中山傳信錄)》에도 '12월 24일 조왕을 보내고 이듬해 정월 초닷새에 맞는다. 매달 초하루와 보름에 아낙네들이 단지(瓶罌)를 가지고 포대(砲台)로 가서 들물을 길어다가 조왕에 바친다'고 적혔다. '중산'은 류큐의 별명이다.

가. 이름

흔히 히누칸(ヒヌカン)·다누칸(ダヌカン)·오미쓰몬(オミツモン)이라 부른다. 히누칸의 '히'는 불, 오미쓰몬은 솥을 괴는 돌 셋이다. 다누칸의 '다'는 집, 곧 집지기[家神]라는 뜻이며 이는 중국의 일가지주(一家之主)를 연상시킨다. 이 밖에 오하마(オハマ)·오카마(オカマ)·가마토(カマト) 따위도 있다. 오하마나 오카마는 솥, 가마토는 부뚜막이다.

히누칸은 오키나와 본도와 인근 도서(薩滿·奄美·八重山)에, 우카마는 본도와 미야코지마[宮古島]에, 미치문은 본도와 부근 섬에 분포한다. 이 가운데 히누칸계가 본도의 슈리[首里]와 나하[那覇]를 뺀 전 지역에 퍼진 것을 보면 옛적에 널리 불린 것을 알 수 있다.

쿠메지마[久米島]와 이시가키[石垣]시에서는 돌 셋 가운데 뒤쪽을 우분가나시(ウブンガナシ)신, 향해서 오른쪽을 아하아린가나시(アハアリンガナシ)신, 왼쪽을 요-텐가나시(ヨ-テンガナシ)신

이라 부른다. '우분'은 궁 또는 사람을 돌보는 일(人養), '요텐'은 태양, 아하아린은 아름다움 또는 이상을 상징한다.

이 밖에 세상·나라·산·바다·들의 신으로 여기기도 한다. 탄생일은 모른다.

나. 신체

1) 다마키 요리히코(玉木順彦)의 설명이다.

신체는 부뚜막 뒤의 돌 셋이나 향로이다. 옛적에 부뚜막 자체를 불신으로 여긴 까닭에 신체로 삼은 듯하다. 부뚜막 두세 개가 있는 집에서는 제사를 부뚜막에 올린다. (…) 제례의 대상이 돌에서 향로로 바뀐 것은 부뚜막 개량에 따른 결과이다. (…) 돌이 깨지거나 가족이 죽거나 살림을 따로 나면 흔히 남자가 새벽에 남몰래 바닷가 특정 지역에서 가져오지만 냇가·산·'좋은 방향'에서 줍기도 한다. 한 번 손에 들었던 돌은 버리지 않으며, 오다가 사람을 만나도 말을 나누지 않는다. 버리는 곳은 줍는 곳과 같으며 무덤 따위의 부정한 데는 피한다(1982 : 59).

〈사진 68〉은 야에야마[八重山]제도 쿠로시마[黑島]의 상류가옥 조왕이다. 세모꼴로 놓은 돌 셋이 조왕이며 그 앞에 향로를 차렸다.

2) 구보 노리타다(窪德忠)의 설명이다.

돌은 원뿔형으로(높이 20∼30센티미터에 바닥지름 15센티미터쯤), 냄비를 걸도록 세모꼴로 놓는다. 이 밖에 부뚜막 지을 때 넣는 기름한 돌(마이시 マイシ) 한 개나 원뿔꼴 진흙덩이를 모시기도 한다. 따라서 본디 흙이었다가 돌로 바뀌었을 것이다. 제사 때는 돌 사이에 쌓인 재를 모으고 향을 사른다. 근래에는 돌 사이를 진흙을 두텁게 덧발라 막으며 이를 야마토부뚜막[大和竈]이라 부른다. 신체가 셋이어서 향로나 제물도 셋씩 마련한다(窪德忠 1974 ; 526).

〈사진 69〉는 오키노에라부지마[沖永良部島] 농가의 야마토부뚜막이다. 말굽꼴 앞쪽에 그린 겹동그라미가 조왕 신체이다. 이와 달리 점 셋을 세모꼴로 찍거나(사진 70), 동그라미 셋을 그리기도 한다.

사진 68

사진 69

사진 70

사진 71

〈사진 71〉은 이시가키[石垣]시의 히누칸을 모신 신사이다.
제물을 세 곳에 바치는 것은 제주도와 같다.

3) 마키시마 토모코〔牧島知子〕의 설명이다.

아마미[奄美]제도(諸島)에서는(俵部落) 새벽에 내나 바다로 나가서 돌 셋을 주운 뒤 사람이 자주
다니지 않는 길을 타고 집으로 와서 진흙에 버무려 부뚜막을 짓는다. 집에 불행이 있으면 부뚜막
을 깨어 바다에 버리며 새것은 49일 뒤나 이듬해 정월에 빚는다. 주부는 매일 아침 향을 사르고
가족의 행운을 빈다(1983 ; 52~62).

신체를 바닷가에서 고르는 것은 불신이 바다에서 들어왔다고 여기는 까닭이다. 이때, 소금 한 움큼을 제물로 바친다. 돌이나 진흙덩이를 삼신[御三物] 또는 솥님[御釜]이라 부른다.

4) 오키나와 본도의 신체는 단지에 담은 물이다.

〈사진 72〉는 류큐촌 상류가옥 부뚜막으로 냄비 뒤의 블록 벽돌에 '봉재조삼주대신(奉齋灶三柱大神)'이라고 적은 신위를 놓고 오른쪽에 단지, 왼쪽에 비쭈기나무 잎을 바쳤다. 〈사진 73〉은 나하시박물관 부뚜막이다. 양은솥 뒤 낮은 단에 단지와 꽃병이 보인다. 〈사진 74〉도 같은 곳의 부뚜막으로 화재 방지를 위해 쌓은 턱 위에 물 단지가 있다.

이처럼 물을 신체로 삼은 것은 중국은 물론, 본도와도 다른 독자적인 모습임에도 학자들이 거의 언급하지 않은 까닭이 궁금하다.

돌 셋을 신체로 삼는 풍속은 본도에도 있었다. 가노우 토시쓰구[狩野敏次]의 설명이다.

모리[森 隆男]씨는 오사카[大阪]에서(熊取町) 볍씨를 뿌린 뒤, 어린이들이 집집에서 거둔 땔감과 볶은 올벼를 절구에 찧어서 제 집으로 가져가면, 부모는 수키와에 돌 셋을 얹어서 엉성한 부뚜막을 짓고 작은 냄비에 고사리 따위와 함께 끓인다고 보고하였으며, 야나기타 쿠니오[柳田國男]의 논고(〈矢立杉の話〉)에도 돌 셋 부뚜막이 등장한다. (…)

　미야타[宮田 登]씨도 시즈오카[靜岡]현에서(遠江地方) 아기 낳는 집[産屋] 가운데에 주먹돌 셋을 놓는다 하였고, 쓰보타[坪田 洋文]씨는 후쿠이[福井]현(敦賀市)에서 집 뜰에 임시로 지은 아기 낳는 집[産屋] 안에 주먹돌 세 개를 부뚜막꼴로 놓으며, 산후 사흘 째 되는 날 저녁에 밥과 비웃 두 마리를 차린 상을 돌 위에 얹는다고 일렀다. 이는 산신(産神)에게 바치는 산반(産飯)이다. 이곳에는 산탕(産湯) 풍속이 없지만, 돌 셋을 신으로 여기는 것은 앞 지역과 같다. 나가노현(上伊郡郡)에서는 산실(産室)에 세운 짚 두 줌 앞에 돌 셋·술 소금 따위를 놓으며, (…) 기후[岐阜]현에서는(惠郡郡 中津町) 냇가에서 주워온 '잘 생긴 돌 세 개'를 쟁반에 놓고 산신(産神)으로 받든다.

　아기 낳는 집[産屋]에 지르토(ジルト)라 불리는 특별한 화덕을 짓고, 그 안에 놓은 돌 셋 위에 냄비를 걸고 산탕(産湯)을 끓이는 곳도 있다(2004 ; 103~105).

산옥은 외딴 곳에 짓는 임시 거처로 출산을 앞둔 산모가 아기를 낳을 때까지 지내며, 곳에 따라 집안의 창고를 개조해 쓰기도 한다. 불을 따로 쓰므로 부정이 끼치지 않는다는 것이다. 고기잡이나 동제를 지낼 때 몸 중의 여자도 여기서 지낸다.

우리는 이를 해막(解幕)이라 불렀으며
전라북도 어청도, 충청북도 외연도·원산도·
장고도·안면도와 서산군 부석면 식리 등지
에서 1940년대 무렵까지 이용하였다. 규모
는 방 두 칸에 정지 한 칸으로 막지기가 기
거하며 해산을 도왔고, 아기 낳은 집에서 쌀
한 말, 마을에서 보리 한 말을 주었다(김광언
1976 ; 83).

사진 72

　　해막이 일본에서 건너왔는지 우리 것
이 저쪽으로 건너갔는지 알 수 없지만, 일부
지역에 한정되는 것으로 미루어 일본의 영
향을 받았을 가능성이 있다.

사진 73

다. 제례

　　불신은 12월 24일, 한 해의 일을 적은
수첩을 가지고 하늘에 가서 천제에게 보고
하고, 정월 초나흘에 공과에 따른 화복을
받아 돌아오며 농사의 흉풍도 알려준다. 승
천일을 전혀 모르기도 하며, 셋이 모두 간
다는 곳, 하나만 간다는 곳, 둘이 가고 나머
지는 집을 지킨다는 데도 있다. 둘은 고유의
불신신앙 그대로이지만, 하나는 중국 조왕
의 영향이며 하늘로 가는 신도 마찬가지이
다. 집지기로 남는 신은 재래의 불신이다. 그

사진 74

가 돌아오는 이듬해 정월 초나흘 아침, 사람의 자취가 없는 곳의 모래를 문 앞에 한 줄로 뿌리
고 나머지는 향로에 넣으며, 부뚜막 연기 구멍에 집안에서 일어난 악행이 깃들어 있다고 하여
청소도 한다.

　　몸채와 부엌채를 따로 짓는 북부지역에서는 신체를 흔히 널[札]로 짠 두짝열개의 감실[白
木祠]에 두고 선반에 놓거나 부뚜막 뒤 기둥에 붙인다. 섣달에 신궁(神宮)에서 받아온 감실에

달마다 일정한 날 제물을 바치고 향을 사르
며 제사를 지낸다. 손뼉을 두세 번 치고 '삼
보황신님, 팔백팔 황신님, 집안 여러 신들이
여 받아주소서' 읊조린다. 또 소가 잘 자라
면 화덕 덕분이라고 하여 소를 판 날, 갈고리
에 신주·소금·썻은 쌀·마른 어물 따위를 바
친다.

사진 75

　　이와 대조적으로 남서쪽 여러 섬에서
는 부뚜막을 새로 쌓고 불신을 위한 정월 제사 때도 금줄을 드리우고, 봄철의 모[苗]나 가을
의 올벼를 바친다. 본도에서는 매달 초하루와 보름에 주부가 가족의 건강을 빌지만, 매달 초
하루·이레·보름·17일·27일에 향을 사르며 기원하는 곳도 있다.

　　아마미제도 가케로마지마[加計呂麻島]에서는 부엌 한 구석에 손에 쥘 만한 작은 부뚜막
꼴의 히냐한가나시를 받든다. (…) 일자는 음력 8월부터 10월 사이의 길일이나 병(丙)일을 꼽
지만 9월 9일에 올리는 집이 더 많다. 준비는 사흘 전부터 시작한다. 먼저 쌀가루와 생 사탕
수수에서 짠 액체를 발효시켜 만든 히냐한미샤쿠(ヒニャハンミシャク)와 달걀 모양의 떡을 세 그
릇에 담고 부추 세 다발도 놓는다.

　　마키시마 토모코의 보고이다.

────────

조왕제사는 무녀가 주관한다(사진 75). 향을 사르는 외에 소금을 세 곳에 놓고 제물을 차리며,
술을 부뚜막에 붓거나 술잔을 옆에 놓는다. 실물보다 작게 만든 히냐한(ヒニャハン)에 눈과 입을
그려넣는다. 옛적에는 실물에도 부지깽이로 이들을 그렸다. 주부는 이렇게 읊조린다.

　　아침에 정성을 다해 아룁니다.

　　운도 옷도 몸도

　　강하게 해주십시오.

　　집 안팎이 밤에도 낮에도

　　무사태평 이루도록

　　해주십시오.

　　새가 집으로 날아들면 흉조라 하여 가족이 지붕이 보이지 않는 곳으로 가서 밤을 지낸다.

　　새는 흔히 아침에 날아오므로 그날 오후 세 시쯤 바닷가의 소금 굽는 막으로 간다. 친척이 무당

에게 이튿날 아침 이들을 맞으러 갈 사람을 묻고 새가 들어온 원인도 알아본다. 이튿날 지목된 이가 해안에서 식구들을 데려와 부뚜막에 술잔을 세 번 올린다. 무당이 지정한 또 다른 이가 새벽에 바다에서 가져온 돌로 먼저 것을 바꾸되, 제일 먼저 주운 것은 오른쪽, 두 번째는 가운데, 세 번째는 왼쪽에 놓는다. 이어 무당이 간단히 읊조린 뒤 잔치를 벌인다. 이를 토리마데(トリマデ)라 한다.

불신이 일가의 생명을 지킨다고 믿는 다름 섬[喜界島]의 어부들은 고기를 잡으면 반드시 그 앞에 벌여 놓는다. 다른 곳[志戸桶]에서는 매달 초하루와 보름 그리고 명절에 주부가 술을 따르고 향을 사른다. 불신은 화덕 오른쪽에 모시며 머리에 밀가루 경단을 놓되, 그날 중 쥐가 다 먹으면 행운이 온다고 여긴다. 그러나 다른 마을[阿傳]에서는 경단을 사흘 동안 두었다가 고기를 잡으러 가는 남자에게 주어서 무사태평을 바란다. 또 바다에서 귀신에게 쫓길 때, 화덕 앞에서 소댕을 머리에 쓰고 숨으면 무사하다.

도쿠노시마[德之島]에서는 불신을 농신 및 조상신과 함께 삼위일체 신으로 섬긴다. 아침의 첫 차(茶)는 조상신보다 높은 불신에게 먼저 바쳤다가 선반의 조상신에게 올리고 사람들은 뒤에 마신다. 이 섬의 다른 데[井之泉]에서는 부뚜막 오른쪽 어깨에 동그라미 세 개를 그린다. 이는 초기에 산호초 세 개로 지기의 형상을 꾸민 데서 온 듯하다. 불신 앞에서 아낙이 주문을 읊조리면 주력(呪力)이 곧 상대에게 끼친다고 하여 남자들도 몹시 꺼린다. 또 여성을 우나리신(ウナリ神)이라 하여 특히 해상 안전의 수호신으로 받드는 곳도 있다.

제례는 마을 단위가 아니라 집안 자손들끼리 올린다. 제단은 제장(祭場) 한쪽의 굴에 차리거나, 하마오리야도리(ハマオリヤドリ)라는 막[小屋]을 짓고 돌 셋으로 이루어진 부뚜막 위에 짚으로 꼰 똬리(カシリ)를 놓는다. 이어 각기 가져온 술과 안주 그리고 햅쌀밥을 차리고 연장자가 '내년에도 논농사 풍년들게 해주소서' 읊조린다.

오키노에라부지마에서는 아침 일찍 바다로 가서 병에 물 두 홉을 담고, 사람의 자취가 없는 큰 바위 아래의 모래 5홉과 같은 크기의 돌 세 개를 가져온다. 제례 때 모래를 부뚜막 앞에 쌓고 그 위에 돌을 세운 뒤 바닷물을 뿌린다. 이어 쌀과 소금 접시를 놓고 향 세 개를 사르며 '화재를 막아주고 밤낮으로 지켜주소서' 읊조린다(1983 ; 217~222).

라. 성

대부분 여성이지만 남성인 탓에 여자가 올리는 제사를 좋아한다는 곳도 적지 않다. 중국에도 옥황상제의 셋째 아들인 조왕이 여자를 탐낸 까닭에 하는 수 없이 부뚜막으로 보내 만나게 하였다는 민담이 있다. 본디 여성이 맡던 제사를 남성이 대신하게 된 것도 중국 영향일 터이다.

마. 제물

거의 전 지역에서 어육(魚肉) 대신 쌀[花米]과 술을 바치지만, 불신이 소 해[丑歲] 태생이라는 곳에서는 돌 셋 위에 큰 마늘·소금·쇠간이나 육포를 놓고 부뚜막에는 밥·씻은 쌀·소금·등명(燈明)·술·차·꽃 따위를 마련한다.

바. 유래담

———————

① 어느 곳의 부자와 가난뱅이 아내 둘이 아이를 뱄다. 낚시하던 남편들이 담배를 피우려고 동굴에 들어갔다가 잠이 들자, 부자 꿈에 나타난 신이 너는 아들, 이웃은 딸을 낳는다며 네 자식은 바구니장수, 딸은 부자가 되리라 하였다. 둘은 아들과 딸을 짝 채웠다. 사치에 길든 신랑은 절약에 익은 아내와 달라서 끼니 때마다 투정을 부렸다. 집을 나온 아내가 산속 오두막 문을 두드리자 검댕을 뒤집어쓴 숯쟁이가 나왔다. 부뚜막에서 번쩍이는 것을 돌로 여긴 사내에게 여자는 금이라고 일러주었다. 둘은 부부가 되어 부자로 살았다.

바구니장수가 우연히 왔을 때, 여자가 음식을 주며 사실을 밝히자 부끄러워 젓가락을 입에 물고 죽었다. 그의 주검을 부뚜막 주위에 묻은 뒤 공을 기리려고 높이 쌓았더니 더 큰 부자가 되었고, 이를 본 다른 집에서도 모두 부뚜막을 마련하였다.

———————

앞에서 든 가고시마현의 유래담을 빼 닮았다. 남자가 젓가락을 입에 물고 죽은 것은 젓가락 위주의 식사 관행에서 왔다. '죽은 남편의 공' 운운한 부분은 이치에 어긋난다. 둘이 부자가 된 것은 그와 연관이 전혀 없기 때문이다. 이와 달리 새 남편이 알게 될 것을 두려워한 여자가 앞으로 올벼를 바칠 터이니 신이 되어 달라며 부뚜막 주위에 묻었고, 이때부터 불신에게 제사를 지내게 되었다는 고장도 있다.

② 요나쿠니쵸[與那國町]에는 여자의 환대를 받은 장님이 상대가 헤어진 아내임을 알고

부끄러워 자살하였고, 이를 가엽게 여긴 상제(上帝)가 조왕을 삼았다고 한다. 이는 대만의 민담을 연상시킨다. 주검을 부뚜막에 묻은 것은 의문이다.

　　이이지마 요시하루[飯島吉晴]는 뒷간신이나 우물신과 같이 집안 어두운 곳에 깃든 탓에 황신(荒神)이라 하여 공포의 대상으로 여겼으며, 못생긴 신[醜神]·미친 신·외눈박이·귀머거리라는 부정적 이미지와, 집의 융성, 농사의 풍년, 가운의 번창을 북돋우는 복신(福神)이라는 긍정적 이미지를 두루 갖춘 양면신으로, 이는 집 전면에서 남자들이 받드는 공적인 문신과 집안 어두운 데서 여자들이 섬기는 사적인 조왕이 대조를 이루는 점과도 연관이 있다고 하였다(1986 ; 19~61).

4
—
속
담

중국

---

① 조왕신이 솥 속에 떨어졌다.

: 활기가 넘친다.

② 조왕신이 손을 뻗는다.

: 일 처리에 자신이 있다.

③ 조왕신 버리고 산신(山神) 찾는다.

: 쉬운 방법이 있음에도 어려운 방법을 찾는다.

④ 조왕신이 방귀 뀐다.

: 거드름을 피우며 우쭐댄다.

⑤ 조왕신이 하늘로 올라간다.

: 바른말을 한다.

⑥ 빈말은 조왕제사 때나 하라.

: 거짓말은 아무 쓸모가 없다.

⑦ 조왕신을 장딴지에 붙인다[竈王爺貼在腿肚].

: 집 없이 홀로 사는 사람은 가는 데가 곧 집이다.

①~⑤가 매우 긍정적인 반면, ⑥~⑦은 부정적이다.

① 터주에 붙이고 조왕에 붙인다.

: 적은 것을 여럿이 나누면 남는 것이 없다.

② 조왕 할망은 소도리 초관이다.

: 조왕은 고자질쟁이이다[소도리는 말을 이리저리 옮기는 말전주를 이르는 제주도 말이고, 초관(哨官)은 조선시대에 한 초를 거느린 종9품의 무관직 벼슬이다].

③ 조왕 그물을 둘러쓴다.

: 갖은 곤욕을 치른다(제주도 무당노래 〈문전본풀이〉에서 조왕은 시앗이 물에 빠뜨린 탓에 5년 동안 고기 떼가 육신을 뜯어 먹는 고통을 겪는다).

모두 부정적이다.

VI — 세간

1
어
원

중국〔皿(명)·器(기)〕- 음식 담는 기구

---

1) 명

《설문》에서 '음식을 담는 그릇'으로 새겼다.

2) 기

《설문》에서 '기는 그릇[皿]이며, 여(呂)는 이를 지키는 개의 입'이라 하였지만, 〈단주(段注)〉는 '명은 음식을 담는 그릇[用器]이므로 식기로만 쓰며 기는 모든 그릇의 이름'이라고 덧붙였다. 《설문》의 '여' 설명은 글자 자체에 얽매인 것으로 〈단주〉의 새김이 합리적이다.

한편, 개[犬]와 네 개의 입[口]을 들어 ①개가 여름에 입 벌리고 숨을 쉬어서 더위를 뱉는다는 설, ②개가 그릇을 지킨다는 설, ③개고기를 가득 담은 그릇이라는 설 따위가 있다. ③은 옛적에 개고기를 늘 먹고 또 제물로 쓴 것을 가리키므로 셋 가운데 가장 그럴듯하다.

그릇의 구실이 '비어서 무엇을 담는' 데 있는 것을 생각하면 '물건을 가운데에 담는 모든 것을 기라 이른다[凡虛中而受物者皆謂之器]'는 《소문(素問)》의 주가 옳은 셈이다. 식기(食器)·용기(容器)·기구(器具)·기관(器官)·기용(器用)·기재(器才)·기량(器量)·대기(大器) 따위는 이에서 왔다. '종묘지기(宗廟之器)'처럼 신에게 바치는 기물이나 국가 의식에 쓰는 기구도 마찬가지이다.

이 밖에 황정견(黃庭堅 1045~1105)의 '옥그릇의 맛난 술[美酒玉東西]'이라는 시구의 '동서'는 부엌세간뿐 아니라 '가사(家事)'의 뜻으로도 쓴다. '성품이 거칠고 사나운 남송의 여조겸(呂祖謙 1137~1181)이 음식이 마음에 들지 않으면 가사(家事)를 때려 부수었다'는 말이 이것이다.

한편, 두예(杜預 222~284)는 《춘추좌씨전》 주에서 '기는 수레와 옷(관복)을 가리킨다[성공(成公) 2년]'고 하여, 음식과 연관이 없는 단순한 기물로 다루었다.

《지봉유설》 설명이다.

모든 그릇[器用]을 집물(什物)이라 한다. (⋯)《사기》에 '순(舜)이 집기(什器)를 구웠다'고 적혔으며, 주에서 '집(什)이 여러 가지[數]를 가리키는 것은 집에서 늘 쓰는 그릇이 한 가지가 아닌 까닭'이라 하였다. 이것이 집물(什物)이다.

　　한자(韓子)는 '순은 식기를 구워 검은 칠을 하고, 우(禹)는 제기를 굽고 붉은 그림을 그렸다'고 일렀다.《사기》의 '순이 수산(壽山)에서 대그릇을 깎았다'는 기사는 대체로 이때 대나무 그릇이 나온 것을 알려준다. 풍속이 소박해서 모든 그릇에 칠을 하지 않은 것이다[器用].

'순이 식기를, 우가 제기를' 운운한 부분은 그만큼 오래고 신령스럽다는 뜻이다. 아닌 게 아니라 우리도 집의 온갖 세간을 가장집물(家藏什物), 집이나 사무실의 것을 집기라 부른다. 늘 쓰는 기구와 가구류에 대한 일본 이름도 마찬가지이다.

《소학(小學)》의 '왕제(王制)에 이른 대로, 대부(大夫)는 제기를 빌려 쓰지 않는다. 이것이 없음에도 연기(燕器)를 만들면 안 된다'는 기사(《제2 명륜(明倫)》)는 가장 중요한 제기를 먼저 갖춘 뒤에 다른 그릇을 장만하라는 뜻이다. 연기는 평소에 쓰는 그릇이다.

사람의 성품은 기우(器宇)·기관(器觀), 타고난 재주와 성품은 기성(器性), 재능과 도량은 기국(器局), 국량(局量)이 큰 유용한 인물은 기용(器用), 기량이 아주 뛰어난 것은 기이(器異), 뛰어난 솜씨에 고귀한 품위를 갖춘 것은 기운(器韻), 남다른 재능은 기행(器行)·기간(器幹)·기채(器彩)·기능(器能), 저마다 갖춘 재량은 기분(器分)이라 한다. 또 인재에 대한 존경은 기경(器敬), 재능과 학문을 갖춘 이는 기업(器業), 기량과 견식은 기식(器識), 기량과 재질은 기질(器質), 재빠르게 부리는 슬기는 기묘(器妙), 자신의 재능에 알맞은 지위를 누리면 안전한 것을 기수(器受)라 일컫는다.

악기로 연주하는 음악은 기악(器樂), 훌륭한 인간에 걸맞은 예우는 기우(器遇), 이에 대한 마음은 기회(器懷)이다. 불교에서는 국토를 기계(器界), 일체중생이 국토에 사는 기간을 기세한(器世閑)이라 한다. 기계(器械)는 예기(禮器)를 가리키지만 무구·무기·연장 따위도 이른다. 종묘의 그릇이나 재질은 기공(器貢), 예기(禮器)와 옥금(玉帛)은 기폐(器幣)이다.

기애(器愛)는 재능을 인정해서 사랑하는 것을, 기우(器宇)나 기관(器觀)은 인품을, 기사(器使)와 기임(器任)은 사람을 재능에 맞는 분야에 쓰는 것을, 기이불함(器二不匱)은 같은 그릇 둘을 두루 쓰는 것을, 장기어신(藏器於身)은 평소에 닦은 선도(善道)를 필요한 때 잘 쓰도록 갖추는 것을 가리킨다.

《논어》의 '군자는 한 곳에만 쓰는 그릇이 아니라[君子不器]'는 기사(《위정편》)에 대해 《집주(集註)》에서 '기는 각기 쓰는 데가 다르므로 두루 통하지 않지만, 덕을 갖춘 선비는 체(體)를 모두 갖춘 만큼 무슨 일이든지 다룬다. 오직 한 가지 기예(技藝)만이 아니라는 뜻'이라고 풀었다. 또 자공(子貢)이 스승에게 '저는 어떤 인물입니까?' 묻자 '너는 그릇이라' 하였고 '어떤 그릇입니까?' 되묻자 '호련(瑚璉)이라' 일렀다는 기사도 있다. 이에 대한 선진(先進) 《사서집주》의 설명이다.

기는 쓸모 있는 재질을 가리키며 하(夏)에서 호(瑚), 상(商)에서 연(璉), 주(周)에서 보궤(簠簋)라 불렀다. 이는 종묘의 서직(黍稷)을 담는 옥 장식 그릇 가운데 귀중하면서도 화려하고 아름다운 것이다. 자천(子賤)이 군자를 닮았다는 공자의 말에, 자공이 자신은 어떠냐? 묻자, 비록 '군자불기(君子不器)'의 경지에는 못 들었지만 역시 그릇 가운데 귀한 존재라 이른 것이다.

《예기》의 '대도불기(大道不器)'도 같은 말이다(《학기편(學記篇)》). 보궤의 '보'는 겉은 네모에 안은 둥글며 '궤'는 밖은 둥글고 안은 네모난 그릇이다. 도주작성(陶鑄作成)의 '도주'는 질그릇과 쇠그릇을 굽는다는 뜻으로 인재 양성을 가리키며, '작성'도 인재를 훌륭하게 키우는 것을 이른다.

김정희(金正喜 1786~1856)도 죽은 이에 대해 '너무도 아까워라 호련의 그릇[甐見瑚璉器] / 속절없이 시든 풀에 던지다니[空委荒草根]'라고 읊조렸다(《완당전집》 제9권).

한국(그릇)- 모름

---

1) 어원은 모른다.

《훈몽자회》에서 기(器)를 '그릇 긔'로 새긴 뒤 '그릇'으로 바뀌었다가 '그릇'으로 굳었다. 《원각경》의 '똥 칠 그릇 잡고'와 《동국신속삼강행실》의 '뒤 본 그릇슬 다 친히 자바 흐니'라는 기사는 요강 따위도 그릇이라 부른 것을 알려준다.

그릇은 음식이나 물건 따위를 담는 기구를 통틀어 이른다. 옛 분네들은 이를 그릇벼·그릇붙이·그릇가지라 하여 부엌세간의 바탕으로 삼았다. '벼'는 '따위'처럼 여러 가지를 나타내는 옛말로 '귀'라고도 한다. 정철(鄭澈 1536~1593)의 〈관동별곡〉에 '이바 이 집 사름아 이 셰간 엇디 살리 솟 벼 다 싸리고 족박 귀 다 업괴야(18)'라는 구절이 있다. 18세기 말에 나온《번역 노걸대 언해》의 '쏘 사발와 그릇 벼돌 사져(또 사발과 세간을 사서)'라는 용례는 19세기에도 일상 용어로 쓴 사실을 알려준다.

그릇붙이의 '붙이'도 같은 말이다. 이를테면 '옆집에서 이사를 오는지 그릇붙이며 옷가 지를 싼 짐 꾸러미들이 집 앞에 쌓여 있다'고 이른다. 또 '일가'나 '겨레'에 붙여서 같은 족속의 뜻으로도 쓴다. 그릇가지는 그릇붙이의 북한 사투리이다.

음식을 담는 기명(器皿)의 '명'은 밥그릇을 가리키지만, 수저나 술병은 물론 여러 가지 물 품도 함께 이른다. 조선 태종 때 의정부에서 품계에 따라 은을 거두어 중국에 보낼 기명을 만 들자고 한 것이 좋은 보기이다[《태종실록》6년(1406) 윤7월 18일]. 《문종실록》에도 '영의정부사 심 온(沈溫 1375?~1418)의 무덤에 쓸 구리향로[古銅香爐]·놋향합[鍮香合]·놋접시[鍮楪]·놋잔[鍮盞]· 놋소반[鍮鐥]·놋병[鍮甁] 따위의 기명을 공조에서 만들었다'는 기사가 있다[1년(1451) 8월 11일].

사기그릇도 기명이라 불렀다. 세종 때 공조에서 중국 사신 접대에 쓰는 평안도의 기명이 매우 더러움에도 옹기장이가 없어 바꾸지 못하니 충청도 장인 둘을 보내 굽는 법을 가르치자 고 하였다[《세종실록》6년(1424) 8월 18일].

고려에 사신으로 온 서긍(徐兢 1091~1153)의 《고려도경(高麗圖經)》 기사이다.

───────────

옛 역사서에 '동이(東夷)는 제사 때 제물 놓는 그릇[俎]을 쓴다' 이른 대로, 고려는 지금도 이를 지 킨다. 기명은 예스럽고 소박하면서도 자못 아름다우며, 다른 식기들도 더러 준이(尊彝)와 보궤를 닮았다(제30권 〈기명〉 1).

───────────

준이는 중국 고대의 술을 담은 예기(禮器)인 육준(六尊)과 육이(育彝)를 가리킨다. 육준은 희준(犧尊)·상준(象尊)·호준(壺尊)·저준(著尊)·태준(太尊)·산준(山尊)을, 육이는 계이(鷄彝)·조이 (鳥彝)·황이(黃彝)·호이(虎彝)·유이(蜼彝)·두이(斝彝) 따위이다.

뛰어난 인물을 국기(國器)라 한다.

《고운집》에 당 태종이 돌아가는 신라 무열왕(武烈王 604~661)의 뒷모습을 눈으로 송별하 며 국기라고 높혀 불렀다는 기사가 있다(제2권 〈무염화상비명병서(無染和尙碑銘幷序)〉).

《계곡집(谿谷集)》에도 '선배들이 나라를 일으킨 인재를 논할 때는 언제나 공을 국기라 칭 송하였다'고 적혔다[제11권 수(首) 금계군 박공 묘지명(錦溪君朴公墓誌銘)].

《규합총서(閨閤叢書)》에 '구리그릇은 풀에서 섞여 나오는 붉은 쇳가루로 닦으면 빛나고, 놋주석그릇은 팽이밥(괴승아)으로 닦으면 은빛 같고, 놋그릇을 연 줄기나 잎으로 닦으면 은빛 같고, (…) 유리그릇은 끓인 장으로 씻으면 때가 빠진다'는 대목이 있다(《규완진보뉴》).

그러나 명절을 앞둔 일반 가정에서는 흔히 기와 가루를 수세미에 묻혀서 닦았다.

일본[うつわ(우쓰와)]- 음식 담는 기구

1) 《일본어원대사전》 설명이다.

㉠ 우쓰하(ウツハ 空葉)의 뜻이다. 하(ハ)는 옛 노래에 '네모상자[箱]에 담는 밥을 싸는 메밀잣밤나무[椎木] 잎'이라 하였다(《兩京俚言考》).

㉡ 우쓰하는 안[內容]이 비어서 물건을 담는다는 뜻이다. 아니면 우쓰호(ウツホ)가 바뀐 것인가(大島正健:《國語の語根とその分類》).

㉢ 우쓰호리(ウツホリ 空鑿)의 약전(約轉)이다(《名言通》).

㉣ 우쓰하리(ウツハリ 空張)의 뜻이다(林甕臣《日本語源學》).

㉤ 우쓰하니(ウツハニ 空埴)의 약(約)인가(《菊池俗言考》).

㉥ 우쓰케(ウツケ)·우쓰호(ウツホ)와 동어관계(同語關係)이다(《關秘錄》).

㉡의 '안이 비어서 물건을 담는다'는 새김은 중국과 같다.

'명(皿)'은 흔히 바닥이 얕고 위가 평평한 그릇을 가리키지만 모든 용기(容器)의 대명사이기도 하다. 이를테면 주발[碗]·잔[杯]·바리때[鉢]·대야[盥な] 따위가 그것이다. 설거지를 '그릇 닦기[皿洗い]'라 부르는 것도 이에서 왔다.

2
민
속

천지의 도- 중국

---

1) 그릇은 천지의 도를 상징한다.

《공자가어(孔子家語)》 기사이다.

───────────

환공(桓公)의 사당을 찾은 공자가 유치(宥巵)라는 그릇[敧器]을 보고 '행운이로구나. 여기서 보다니' 하며 제자들에게 물을 떠오라 일렀다. 물을 반쯤 붓자 바로 서고 가득 채웠더니 뒤집어졌다. 그가 얼굴색을 바꾸며 말하였다.

"가득 차는 것을 지킬 줄 아니 좋구나."

자공(子貢)이 물었다.

"그 법을 알고 싶습니다."

"차면 더는 것이다."

"그것이 무슨 뜻입니까?"

"사물은 커졌다가 줄어들고 더할 수 없이 큰 즐거움도 슬픔으로 바뀐다. 해도 중천에 이르면 기울고 달도 차면 이운다. 그러므로 슬기로운 사람은 어리석은 체, 많이 알고 말 잘하는 사람은 어눌한 체, 힘세고 용감한 사람은 두려워하는 체, 참으로 부귀한 사람은 검소한 체, 온 세상에 덕을 베푸는 사람은 겸손한 체한다. 선왕들은 이 다섯으로 천하를 이어 지켰으며, 거스른 사람치고 위태롭지 않은 이가 없었다.

노자도 이 도를 따르는 사람은 '가득 차려 하지 않는다. 이로써 낡아도 새로워지려 하지 않는다'고 하였다(권2 〈삼서(三恕)〉).

───────────

《순자》의 기사는 조금 다르다.

'이것이 무슨 그릇인가?' 묻는 공자에게 사당지기가 '좌우에 놓고 깨우치는 것입니다' 하자 '이러한 그릇은 안이 비면 기울고, 알맞으면 바로 서며, 가득 차면 뒤집힌다'고 일렀다. 이어 제자들이 물을 붓는 데 따라 알맞으면 바로 서고, 가득 차면 뒤집히고, 비면 기우는 것을 보고 공자는 '아, 가득 차면서도 뒤집히지 않는 것이 어디 있는가?' 슬피 탄식하였다는 것이다(제28 〈유좌 기기(宥坐敧器)〉).

사진 1

조선 중종도 흠경각(欽敬閣)에 이 내용을 적어두자는 정원(政院)의 말에 '자신을 돌아보기에 가장 좋다'며 따랐다 [《중종실록》 38년(1543) 11월 2일].

《성호전집》 기사이다.

사진 2

삼황오제(三皇五帝) 때 만든 가장 오랜 이 기물이 노(魯)나라 태묘에서 나오자 공자도 놀랐다. 그 내용이 글로 남았지만 실물은 없어졌다. 비록 글이 있어도 뜻을 모르면 아주 잊히지 않을까 걱정이더니 미수(眉叟) 허 선생(許穆 1595~1682)이 전자(篆字)로 남긴 것이 내 손에 들어와 보물로 삼았다. 나라 서서(西序)에 두어 대훈(大訓)과 홍벽(弘璧)에 대신했으면 좋겠다(제55권 〈의기첩발문[敧器帖跋]〉).

서서는 나라의 보물창고이다. 대훈은 선조의 글로 문왕과 무왕의 가르침을 이르기도 하며, 홍벽은 큰 벽옥으로 국가의 귀중한 보물을 나타낸다.

〈사진 1〉은 유치 틀, 〈사진 2〉는 유치이다(산동성박물관).

2) 그릇은 신령스럽다.

송대 《비각한담(秘閣閑談)》 기사이다.

호북성 파동현(巴東縣) 하암원(下岩院)의 주지가 길에서 얻은 청자그릇에 꽃을 꽂아 불상 앞에 놓았더니 꽃이 활짝 피었고, 쌀을 담으면 하룻밤 사이에 가득 찼다. 돈이나 금도 마찬가지여서 절집 살림이 넉넉해졌다.

어느 날 강을 건너던 주지가 그릇을 강에 던지며 제자들에게 일렀다.

"내가 죽은 뒤에도 지금처럼 근신하며 살겠느냐? 너희 죄업을 줄이려고 버린 것이다[지낭

(智囊)]."

---

3) 그릇은 군자의 지혜를 나타낸다.

① 《주역》에 '군자는 때가 오지 않으면 슬기를 몸에 감추고 함부로 쓰지 않으며 때를 만나야 비로소 행동에 옮긴다[君子藏器於身 待時而動]'는 대목이 보인다(《계사전(繫辭傳)》하).

② 《세설신어》에 조신들과 술 마시던 동진의 왕공(王公 276~339)이 유리그릇을 들고 주백인(周伯仁)에게 '속이 텅 빈 이것을 왜 보기(寶器)라 합니까?' 묻자 '아름답고 맑은 까닭'이라 대답하였다는 기사가 있다(《배조(排調)》제25).

왕공의 질문은 주백인의 무능을 비꼰 것이다.

③ 이규보(李奎報 1168~1241)는 '공자는 아이 적부터 벌써 제사그릇 늘어놓는 놀이를 즐기더니 과연 문화와 교육을 일으켜 만대의 스승이 되었다. 그러나 이것은 성인의 일이고 보통 사람을 두고 말할 수는 없다'고 적었다(《동국이상국집》제22권 잡문 〈사마온공의 독을 깬 그림에 씀[書司馬溫公擊甕圖後]〉).

4) 기명은 지위를 상징한다.

춘추시대(전 770~전 403) 위(魏)왕이 자신의 공을 내세워 제후들과 같은 기명과 말 치례를 쓰겠다는 대부 중숙우해(仲叔于奚)의 말을 들어준 것에 대해 공자는 '읍(邑)을 더 주는 것만 같지 못하다'고 꼬집었다(《춘추좌씨전》성공 2년). 명분에 어긋난다는 뜻이다.

옛적에 종묘의 제기를 태자가 주관한 까닭에 그릇이 그의 대명사가 되고 국가 의식에 쓰는 기물도 상징하였으며, 국가의 귀중한 기물 지키는 일을 수기(守器)라 일렀다. 이때의 기는 제기·수레·의복 따위의 군권(君權)도 가리킨다.

5) 그릇은 여러 가지 덕을 상징한다.

그릇을 사람에 견주어서 하찮은 일에 만족하는 소인을 '그릇이 작으면 쉽게 찬다[器小易盈]'고 한다. 공자도 '관중은 그릇이 작다[管仲之器小哉]' 하였고《논어》〈팔일(八佾)편〉), 소동파(蘇東坡 1036~1101)는 '스스로 몸을 닦고 집안을 다잡아[修身正家] 나라에 보탬이 되면 그 근본이 깊거니와 영향도 크다. 이를 큰 그릇이라 한다'고 적었다.

《예기》의 '예의로 그릇을 삼아[禮義以爲器] 평가의 잣대로 삼는다'는 대목은《예운(藝運)》) 바뀌지 않는 크기와 구조를 나타낸다. '예는 그릇[器]인 까닭에 크게 갖추며 이는 성대한 덕을 이른다'는 기사도 보인다《예기(禮器)》).

또 한 대목이다.

하늘은 그 도를 아끼지 않으며, 땅은 그 보배를 아끼지 않으며, 사람은 그 정을 아끼지 않는다. 따라서 하늘은 작물 키우는 이슬을 내리며, 땅에서 단 샘[醴泉]이 솟으며, 산에서 그릇 싣는 수레를 닮은 가지 달린 나무[器車]가 나오며 (…) 이는 곧 탈이 없음이다《예운(禮運)》).

6) 그릇은 의로움을 상징한다.
《세설신어》 기사이다.

왕승상(王丞相)이 처음 강남에 가서 오(吳)의 도움을 얻으려고 육태위(陸太尉)와 혼사를 맺으려 하였다. 이에 상대는 '송백(松柏)은 작은 언덕에서 자라지 않고, 향초(香草)와 취초(臭草)는 한 그릇[同器]에 담지 않습니다. 나는 보잘것없지만 질서를 어지럽히는 혼사는 결코 맺을 생각이 없습니다' 일렀다《방정(方正)》 제5).

《공자가어》에도 '훈유(薰猶)는 같은 그릇에 담을 수 없다[薰猶不同器]'는 구절이 있다《치사편(致思篇)》). '훈'은 향초, '유'는 취초이다.

7) 그릇은 벼슬을 나타낸다.
왕유(王維 699?~ 759)의 시 〈헌시흥공(獻詩興公)〉이다(부분).

側聞大君子(어렴풋이 듣건대 대 군자께서는)

安問黨與讎(사람을 어찌 당파에 따라 쓰느냐며)

所不賣公器(결코 나라의 벼슬을 팔지 않으시고)

動爲蒼生謀(늘 백성을 위해 애쓰신다 하더이다)

《왕유 시전집》

이는 당 현종 때의 재상이자 유명 시인 장구령(張九齡)에게 보낸 것이다. 《구당서》에도 '관직과 직위는 천하의 공기[官爵者 天下之公器]'라는 대목이 있다(《장구령전》).

〈사진 3〉은 섬서성 서안시에서 나온 당대의 원앙연판문금주발[鴛鴦蓮瓣紋金碗]이고, 〈사진 4〉는 바닥 무늬이다(섬서 역사박물관).

8) 구리그릇을 모래로 닦는다.

《설문》의 '상(甋)은 때를 벗기는 기왓장'이라는 대목은 그 가루로 닦는다는 말이다. 고대에는 구리그릇을 모래로 닦았다[沙擦銅器]. 《시화총귀(詩話總龜)》에 북송의 왕안석(王安石 1021~1086)이 한 늙은 병사가 구리그릇을 모래로 문지르는 것을 보고 방태초(龐太初)에게 시를 지으라 일렀다는 기사가 있다.

사진 3

9) 그릇을 깨뜨려서 스트레스를 날린다.

북경 시내 번화가인 중관촌(中關村)에 2007년 여름, 그릇을 벽에 던져서 스트레스를 푸는 식당(《発泄餐庁》)이 생겼다. 한 개 10원(우리 돈 1,700원쯤)짜리 그릇[皿]에서부터 천 원짜리 스테레오 스피커까지 다양하며, 주인은 휴대전화는 물론 컴퓨터도 갖출 것이라 하였다.

사진 4

가. 종류

우리 그릇에 관한 가장 오랜 기록은 《후한서》에 보인다. '예(濊)나라는 도둑이 없어 문을 잠그지 않고, 여성은 정숙하고 진실하며, 음식은 각기 변두로 먹는다[其人終不相盜 無門戶之閉 婦人貞信 飮食以籩豆]'는 내용이다(동이열전 〈예〉). 변은 대나무그릇, 두는 나무그릇을 가리킨다.

최치원(崔致遠 857~?)도 '들에 새참을 내갈 때도 변두를 갖추었다'고 적었다(《고운집》〈양위표(讓位表)〉).

그릇은 감에 따라 나무그릇·대그릇·버들그릇·오지그릇·사(기)그릇·놋그릇·은그릇·옥그릇·양은그릇·양철그릇·쇠그릇·플라스틱그릇 따위로 나눈다. 이를 헤아리는 잣대는 개·벌·죽 따위이다. 벌은 두 개 또는 여러 개가 모여 갖춘 모두를, 죽은 열 벌을 이른다.

가장 먼저 나온 나무그릇 가운데 첫손에 꼽는 것이 바리때이다(사진 5). 이는 산스크리트말 파트라(patra)에서 온 것으로 밥·국·김치·나물 따위를 담는다. 옛적에는 여자 밥그릇이었으며 작은 것부터 큰 것에 이르는 다섯에서 아홉 개가 한 벌이다. 중은 한 벌씩 가지고 음식을 먹는다. 사승(師僧)이 죽을 때 수제자에게 도를 전하는 징표로 자신의 가사와 바리때를 준 데서, 후배가 학문이나 관직을 이어받는 일도 의발(衣鉢)에 견준다. 세종이 중 행호(行乎)에게 주옥(珠玉)과 비단으로 지은 법의(法衣)와 금은으로 만든 바리때·숟가락·젓가락·염주 따위를 주자 신하들이 들고 일어났었다[《세종실록》 21년(1439) 4월 18일].

제주도 무당노래(《삼공본풀이》)에 거지 부부가 낳은 세 딸 가운데 동네사람들이 은그릇에 밥을 준 맏이는 은장아기, 놋그릇에 준 둘째는 놋장아기, 납박새기에 준 셋째는 감은장아기가 되었다는 내용이 있다. 납박새기는 나무바가지이다.

놋그릇은 구리에 주석을 섞어서 구우며 이에 꼭 필요한 쇠가 '마련'이다. 이를테면 장인들은 '주발대접 한 벌 마련이 구리하고 상납(주석)하고 섞어서 두 근쯤'이라고 한다(설호정 1977 ; 220). 어떤 일을 위해 무엇을 갖추는 '마련하다'의 마련은 이에서 온 듯하다.

사진 5

질그릇보다 놋그릇이 더 튼튼한 데서, 대단치 않은 것을 잃고 그보다 더 좋은 것을 가지게 된 것을 '질그릇 깨고 놋동이 얻었다' 이른다. 서유구(徐有榘 1764~1845)의 《임원경제십육지(林園經濟十六志)》의 '놋그릇을 옛적에는 서울 부자들만 썼지만 지금은 가난한 오막살이에도 으레 서너 개가 있다. 곳곳의 유기장이들이 대장간에서 굽는 덕분이다. 호남의 구례 것이 가장 이름 높고, 개성 것은 버금가며, 경기도 안성 및 평안도 정주와 납천 것도 쳐준다. 경기도 안성·용인·장호원 등지의 장에도 안성 제품이 많이 나돈다'는 기사가 있다. 조선 후기에 부쩍 많이 쓴 것이다.

후기에는 관청의 놋그릇 값이 들쭉날쭉인 데다가 몰래 구워 팔기도 하는 등 폐단이 많았다.《목민심서》기사이다.

유기점이 있는 고을의 그릇 값이 고르지 않거나, 공방의 종[吏奴]이 관의 이름을 팔아 몰래 굽거나, 주위에서 원에게 부탁해 사사롭게 구우면 원망을 사게 마련이다.

현지에 부임하면 곧 장인들을 불러 반드시 인첩을 박게 하라.

첫째 줄에 구운 해·달·일 / 둘째 줄에 놋주발 무게 열 냥(兩) 닷 전(錢) / 셋째 줄에 놋대접 무게 여덟 냥 / 넷째 줄에 놋접시 다섯, 무게 각 두 냥 / 다섯째 줄에 수노(首奴) 이름(得孫)을 적고 가운데에 도장을 찍는다. 완성되면 장인[김익철(金益喆)]은 제 이름과 값을 적는다.

가마솥·괭이·가래·옹기·질그릇·가죽신·가죽언치·버들고리 따위도 마찬가지이다(권5 공전(工典) 육조(六條) 제6장 〈장작(匠作)〉).

전은 무게의 잣대로, 10전이 한 냥, 열엿 냥이 한 근(斤), 100냥이 한 관(貫)이다. 따라서 한 관은 6.25근이다. 언치는 마소 안장이나 길마 밑에 깔아서 등을 덮는 방석이나 담요이다.

19세기의 《경도잡지(京都雜誌)》에도 '놋그릇을 중히 여겨서 밥·탕·나물 따위의 식탁에 올리는 모든 음식을 담으며, 심지어 놋 세숫대야나 요강도 있다'고 적혔다(풍속 〈기집(器什)〉). 아닌 게 아니라 뒤의 둘은 근래까지 중요 혼수품의 하나였다.

밥사발·반찬그릇·물그릇·떡그릇·바느질그릇 따위는 안에 담는 물질에 따른 이름이다. 밥그릇에는 반드시 뚜껑이 딸리며 위에 흔히 수(壽)·복(福)·강(康)·녕(寧) 따위의 길상문을 넣는다. 겨울에는 놋쇠나 백통제품을, 여름에는 사기제품을 쓰며 대·중·소 셋 가운데 큰 것은 어른, 가장 작은 것은 돌쟁이용이다. 제2차 세계대전 말기의 일제는 쇠붙이가 모자란다며 집집의 놋주발은 물론이고 놋젓가락마저 거두었으며 심지어 도둑의 침입을 막는 창틀까지 떼

사진 6

사진 7

갔다. 그리고 이에 보답한답시고 비행기와 포탄 그림 사이에 '보국공출사발[供出報國沙鉢]'이라고 찍은 사발(높이 8.5센티미터에 입 지름 15센티미터 바닥지름 6.6센티미터)을 나누어주었다.

〈사진 6〉은 청화길상문주발[青花吉祥文碗]이고(지름 16.7센티미터), 〈사진 7〉의 왼쪽은 안에 넣은 목숨 수(壽)자이다(고려미술관).

무교에서는 쌀 담은 대접에 촛불 꽂은 것을 액 그릇이라 한다. 제석거리에서 무당이 액막이노래를 부르며 쌀을 사방에 뿌려서 악귀를 쫓는 것으로 삼는다(이경엽 2008 ; 34).

놋밥그릇은 신라 때 일본으로 건너갔다. 일본 이름 '사하리'는 경상도 사투리 '사바리'가 뿌리이다. 저들은 이를 너무나 귀중하게 여긴 나머지 밥을 담지 않고 혼령을 위해 불경을 외우고 나서 '땡'하고 치는 불구(佛具)로 썼다.

〈사진 8·9〉는 일본 정창원에 보관된 신라 놋대접이다.

《증보산림경제》에 실린 부엌세간이다.

---

① 큰솥[大鼎] ② 중솥[中鼎] ③ 작은 솥[小鼎] ④ 큰 가마솥[大釜] ⑤ 노구솥[鑪口] ⑥ 놋쇠솥[鍮鐺] ⑦ 놋양푼[鍮量分] ⑧ 자장기[煮醬器] ⑨ 주전자 ⑩ 놋복자[鍮卜子] ⑪ 구기[匊伊] ⑫ 식칼 ⑬ 회칼 ⑭ 발우(飯盂) ⑮ 탕기(湯器) ⑯ 대접 ⑰ 소접(小楪) ⑱ 숟가락 ⑲ 젓가락 ⑳ 보시기[甫兒] ㉑ 종지 ㉒ 개수통 ㉓ 주걱 ㉔ 동이 ㉕ 소라(所羅) ㉖ 자배기 ㉗ 큰항아리 ㉘ 중항아리 ㉙ 작은 항아리 ㉚ 단지 ㉛ 병 ㉜ 대야 ㉝ 큰독 ㉞ 중독 ㉟ 작은독 ㊱ 큰 대야 ㊲ 작은 대야 ㊳ 고아리(羔兒里) ㊴ 술주자[酒槽] ㊵ 지웅(地雄) ㊶ 나무절구 ㊷ 절구공이 ㊸ 표주박 ㊹ 도(淘) ㊺ 이남박[齒瓠] ㊻ 숫돌 ㊼ 교마(膠磨) ㊽ 필(篳) ㊾ 솔 ㊿ 사랑(沙郎) (51)

사진 8

사진 9

맷돌 ⑤ 매통 ⑤ 평미레 ⑤ 말 ⑤ 되 ⑤ 곡(斛) ⑤ 찬장 ⑤ 뒤주 ⑤ 자루바가지[木耳朴] ⑥ 용수 ⑥ 키 ⑥ 체 ⑥ 대체(竹篩) ⑥ 고리짝 ⑥ 행담(行擔) ⑥ 석쇠 ⑥ 설금이(鐥金伊) ⑥ 부젓가락 ⑥ 질화로 ⑦ 질화로 ⑦ 돌솥 ⑦ 돌항아리[石罐] ⑦ 쇠공이 ⑦ 소반 ⑦ 사철나무 소반[柚骨盤] ⑦ 사철나무 소쿠리[柚骨籠] ⑦ 시루

이들 가운데 ⑧자장기는 장 끓이는 그릇, ⑩놋복자는 기름 뜨는 구기, ⑪구기는 국자보다 큰 것, ⑭발우는 밥그릇, ⑮탕기는 국그릇, ⑳보시기는 사발보다 작은 국물그릇, ㉕소라는 주발보다 큰 밥그릇, ㊹도는 칼, ㊽필은 솥솔(?), ㋕행담은 작은 고리짝을 가리킨다. ㊳고아리·㊵지웅·㊼교마·㋔사랑·㋗설금이 따위는 알 수 없다. 오늘날의 50대 주부는 이들의 반도 알지 못할 것이다.

국이나 숭늉을 담는 대접에는 놋쇠·은·사기 제품이 많다. 보통 것보다 한 배 반이 넘는 어른의 국대접은 연잎대접이라 한다. 반찬그릇에는 김치나 깍두기를 담는 보시기, 동치미용 옹파리, 여러 가지 찬품을 담는 쟁첩과 접시, 양념을 넣는 종지 따위가 있다. 보시기는 속이 깊으며 옹파리는 바리때를 닮았다. 운두가 낮은 접시와 쟁첩은 뚜껑을 덮지만 바닥이 평평한 접시에는 쓰지 않는다. 흔히 초나 간장 따위를 담아 상에 올리는 종지는 속이 우묵한 작은 그릇이다. 보시기와 쟁첩은 사기·놋쇠·은으로, 옹파리와 종지는 사기로 굽는다.

〈사진 10〉은 놋주발과 놋대접이다.

그릇에 무엇을 담는 데서 어떤 일을 해나갈 능력이나 도량, 또는 그것을 지닌 사람에 견주어 '그릇이 큰 인물이다', '그만한 그릇이면 난국을 헤쳐나갈 수 있다'고 이른다. '사람과 그릇은 많을수록 좋다'는 쓸모가 크다는 뜻이며 '사람과 그릇은 있으면 쓰고 없으면 못 쓴다'는 말도 마찬가지이다. 최립(崔岦 1539~1612)도 윤두수(尹斗壽 1533~1601)의 신도비명(神道碑銘)에 '하늘이 큰 재상 내릴 때[天生碩輔] / 반드시 그 그릇 조화롭게 마련하시니[必利其器] / 이는 우리 윤공 보면[于我尹公] / 환히 알 수 있네 [宜考始終]'라고 적었다《오음유고》2007 ; 253~254).

또 '귀한 그릇은 쉬 깨진다'고 하여, 재주 있는 사람이 세상을 일찍 떠난 아쉬움을, 보람 없는 헛수고를 '깨진 그릇의 이를 맞춘다' 또는 '마전(麻田) 염색 그릇 닦기'라 한다.

사진 10

조상의 혼령을 저승으로 인도하는 저승사자에게 주는 밥과 국은 일부러 금이 가거나 한 쪽이 깨진 그릇에 담아서 원망의 뜻으로 삼는다.

《한서(漢書)》에 '조선은 풍속이 맑아서 도둑이 없고 질그릇에 밥을 먹으므로 군자의 나라라 이를 만하다. 중국과 통하면서부터 벼슬아치가 비로소 목기[杯圈]에 담아 먹었다. 또 놋쇠와 구리로 만든 주발(酒鉢)이 나오자 도둑이 많아졌다'는 기사가 있다《송남잡지(松南雜識)》19 〈집물류(什物類)〉 식기(食器)].

이덕무(李德懋 1741~1793)는《사소절(四小節)》에 '안에서 쓰는 그릇은 크거나 작거나, 온전하거나 깨졌거나 반드시 둔 데를 적어서 잘 보관하라'고 적었다(제2장 〈부녀자의 살림살이〉).

그릇 닦는 방법에 대한《규합총서(閨閤叢書)》기사이다.

구리그릇과 주석그릇에 슨 푸른 녹은 초를 발라 밤새 닦는다. 구리그릇은 풀무에서 섞여 나오는 붉은 쇳가루로 닦으면 빛이 나고 놋 주석그릇은 괴승아(酸漿草 팽이밥)로 닦으면 은빛 같고 놋그릇은 연의 줄기나 잎으로 닦으면 은빛 같고 (…) 유리그릇은 장을 끓여 씻으면 때가 지고 (…) 그릇이 불(에) 타서 검은 것은 불에 다시 쬐어 문질러 모래와 돌 없는 땅에 묻었다가 내면 옛날과 같아진다(《긔완진보뉴》).

흔히 그릇으로 음식이나 물건 뒤에 붙여서 수량을 나타낸다. 물 한 그릇·떡 두 그릇·설렁탕 세 그릇 따위가 그것이다. '냉면 그릇이나 비우는 셈이지' 또는 '밥그릇이나 축내겠군' 처럼, 음식 낱말 다음에 붙여서 몇몇 그릇을 이르기도 한다. '그릇'을 한 번 더 붙이면 있는 대로의 여러 개를 가리킨다. '그릇그릇에 물을 담아둔다'거나 '음식을 그릇그릇에 담아 보낸다'는 따위이다. 배가 부를 만큼 넉넉하게 담은 밥은 '한 그릇 밥'이다. '그릇 개비'는 보잘것없는 그릇을, '그릇 어치'는 그 값에 걸맞은 만큼의 그릇을 이른다.

나. 상징

1) 기명은 사치를 나타낸다.
조선 태조 때 금주령을 내리자는 상소 가운데 한 대목이다.

고려 말 기강이 무너져 (…) 사대부들이 모두 옛 진(晉)의 풍류를 따른 탓에 (…) 서민들도 본떠

지금껏 그대로 내려옵니다. 손님 대접을 위해 기명이 상에 가득 차도록 여러 날 준비하니 재물만 허비하는 것이 아닙니다[《태조실록》 4년(1395) 4월 25일].

태조도 즉위 교서에서 '사치를 버리는 것이 (…) 정치의 근본이다. 궁중의 의장(儀仗)·의복·기명을 검소히 하라. (…) 어기면 죄를 묻겠다'고 일렀다[《태조실록》 7년(1398) 9월 12일]. 이어 태종도 금은제 기명은 궁내 및 국가에만 두고 다른 데서는 사기와 칠기제품을 쓰라 하였다[《태종실록》 7년(1407) 1월 19일]. 세종이 쇠붙이 기명을 사고파는 것조차 막았음에도[《세종실록》 11년(1429) 2월 5일], 3년 뒤 어긴 장인에게 매를 백 대 친 것을 보면 잘 지켜지지 않은 듯하다. 이 뒤에도 기명 사치를 막아야 한다는 말이 그치지 않았다. 선조(宣祖 1552~1608)의 탄식이다.

내가 중국 물품을 좋아하는 하지만, 그쪽 장수(將帥)가 베푼 잔치의 찬품(饌品)은 아주 조촐하고 기명은 정교하면서도 작으며 예절은 번거롭지 않았다. (…) 그러나 우리 것을 보면 콧등에 주름이 잡힌다. 중국처럼 만들어 궁중에서 늘 쓰게 하라[《선조실록》 34년(1601) 11월 24일].

오죽했으면 임금조차 이렇게 일렀겠는가?

2) 그릇은 신령스럽다.

① 《삼국유사》 기사이다.

당 황실의 공주가 병들어 고종(高宗 649~683)이 신라의 삼장(三藏)에게 도움을 청하자 혜통(惠通)을 대신 보냈다. 황제의 교지를 받은 그가 흰 콩 한 말을 은그릇에 넣고 주문을 외우자, 콩들이 흰 갑옷의 신병(神兵)이 되어 병마를 쫓으려다가 끝내 못 이겼다. 이에 검은 콩 한 말을 금 그릇에 넣고 읊조리자 검은 갑옷의 신병이 나왔다. 두 빛깔의 신병이 병귀를 쫓자 갑자기 교룡(蛟龍)이 달아나고 이어 공주가 나았다(권제5 신주제육(神呪第六) 〈혜통항룡(惠通降龍)〉).

은보다 금그릇이, 흰 콩보다 검은 콩이 더 신령스럽다는 뜻인가?

② 이숭인(李崇仁 1347~1392) 시 〈가을밤의 회포[秋夜感懷]〉이다(부분).

2 — 민속

聖人製名器(성인이 뛰어난 그릇 빚은 것은)

本以待有德(본디 적임자에게 주려 함이니)

我在要自修(나 스스로 닦을 뿐)

彼豈徼倖得(어찌 요행을 바라리오)

《한국한시대관》7

③《규합총서》 기사이다.

사기그릇이 절로 깨져서 아래 위가 떨어져 나간, 밑 없는 사발[無底碗]이 되면 대길하다. 깨진 위에 길한 덕담을 써 두고 가운데는 동녘 벽에 매달고 상서(祥瑞)라 일컬으면 3년 안에 크게 부귀해진다(《괴완진보뉴》).

바닥 떨어진 그릇이 대길하다는 것은 그만큼 귀중하게 여기라는 뜻일 터이다. 덕담을 쓰고 동쪽 벽에 걸어두라는 대목도 마찬가지이다.

3) 그릇은 국가를 상징한다.

《농암집(農巖集)》 기사이다.

재주 있는 목수가 집 지을 때는 반드시 그 잣대[規矩]를 바로잡고, 큰 대장장이가 그릇 구울 때는 반드시 그 틀을 바로잡아야 합니다. (…) 바른 틀이라야 쟁반·주발·쇠북·솥 따위가 형체를 이루는 법입니다. (…) 그렇지 못하면 아무리 좋은 금·은·구리·쇠를 가졌더라도 재주를 부려볼 도리가 없습니다. 더구나 큰 그릇인 천하국가[天下國家之爲大器]를 다스리는 일에야 더 말할 것이 없습니다(별집 제1권 〈시책(試策)〉).

4) 그릇과 수레는 고른 잣대를 상징한다.

김정희의 시 〈서서차운(西螃次韻)〉이다(부분).

五色本無定(오색은 본디 일정치 않아)

烏白而鵠黔(가마귀 희고 고니 검기도 한다네)

器車叶繩尺(그릇과 수레 잣대에 맞아야 하니)

委曲棄中林(그렇지 않으면 숲에 버릴 것이라)

《완당전집》제9권

그릇이나 수레는 표준 규격에 따라 굽거나 지어야 한다는 뜻이다. 중국에서는 수레 크기를 규격에 맞추는 일을 천하통일에 견주었다.

5) 그릇은 맏아들을 나타낸다.

이규보는 태자책봉교서(太子封册敎書)에서 《주역》의 '중요한 그릇으로 맏이[長子]만 한 것이 없다'는 기사를 들며 (⋯) 왕이 '태자가 천하 대본(大本)이라는 말은 바로 이를 가리킨 것이다. 짐은 훌륭한 덕이 없지만 (⋯) 태자는 덕이 넉넉해서 조종의 기업(基業)을 잘 이어갈 것이라' 하였다고 덧붙였다(《동국이상국집》제25권 기 잡저 〈화엄률장소 강습모임에 관한 글〉).

6) 그릇에 부정이 낀다.

이해조(李海朝 1869~1927)가 쓴 〈구마검(驅魔劍)〉의 한 대목이다.

어허 괘심ᄒ다 최씨계쥬야 네죄를 네모를가

(어허 괘씸하다. 최씨 계주야 네 죄를 네가 모르느냐?)

별성힝ᄎ를 몰나보고 물로드러슈살부정

[별성행차(別星行次)를 몰라보고 물로 들어 수살(水煞)부정]

불로드러화살부정 거리거리 성황부정 아침져녁쥬왕부정

[불로 들어 화살(火煞)부정 거리마다 성황(城隍)부정 아침저녁 조왕부정]

사롬쥭어상문부정 그릇ᄭᅵ져악살부정

[사람 죽어 상문(喪門)부정 그릇 깨져 악살부정]

쇠털갓치슛흔 부정을 안이범ᄒ것이 업고나

(쇠털 같이 숱한 부정을 범하지 않은 것이 없구나)

별성행차는 임금의 명을 받아 외국으로 가는 사신행차로 자신이 특별한 존재임을 강조하는 말이다. 수살은 물귀신, 화살은 불귀신이며, 악살부정의 '악살'은 '박살'과 같은 뜻으로 부정 때문에 귀한 그릇이 깨졌다는 뜻이다.

7) 그릇을 형식에 견준다.

① 이규보의 말이다.

달단(韃靼)은 (…) 불상뿐 아니라 범서(梵書)도 모두 불살랐으며, 부인사(符仁寺) 경판본도 이들의 마수에 걸려 하나도 남지 않았습니다. (…)

그러나 부처 말씀에는 본디 성(成)과 훼(毁)가 없으며, 잠시 처소로 삼으신 그릇일 따름입니다. 그릇의 성과 훼는 자연의 도리요, 깨지면 고치는 것이 또한 순리입니다. 더구나 나라에서 불법을 받드는 만큼 서두르는 것이 마땅합니다《동국이상국집》제25권 기, 잡저 〈대장경판을 새기며 군신이 부처에게 기도하며 올리는 글[大藏刻板君臣祈告文]〉).

② 임화(林和 1908~1953)의 말이다.

(…) 물 담는 그릇과 가루 담는 그릇과 기체 담는 그릇이 다르듯이 형식은 그 내용에 따라 결정된다. 가루그릇은 가루가 새지 않게 만든 것이므로 물을 담으면 샌다. 또 물그릇은 밑이 꼭 막혔어도 위는 너르게 뚫려야 쓰기 편하다. 기체그릇은 위가 꼭 막히고 밑도 물그릇보다 훨씬 단단해야 한다. (…) 문학도 정도의 차이는 있으나 형식이 내용에 따라 결정되는 제약을 받는 것이 사실이다《임화문학예술전집 번역문》문학의 논리 제7부 〈언어의 현실성〉).

8) 그릇을 마음에 견준다.
요세(了世 1163~1245)가 선법(禪法)을 닦으라고 선사에게 준 게(偈)이다.

波亂月難顯(물결 어지러워 달뜨기 어렵고)

室深燈更光(방 깊으니 등불 더욱 빛나네)

勸君整心器(그대 마음 그릇 가지런히 하여)

勿傾甘露漿(감로장 쏟지 않기 바라네)

[《국역 해동문헌총록 본문》석가 삼대부절요(三大部節要)〈요세〉]

감로장은 사람의 고통을 물리치고 장생을 누리는 힘을 지닌 음료를 가리키지만 이 글에서는 부처의 가르침을 깨달은 경지에 견주었다.

9) 그릇은 남에게 빌려주지 않는다.

공민왕이 19년(1370) 4월, 연복사(演福寺) 문수회(文殊會) 때 먼저 가는 신돈(辛旽 ?~1371)에게 승선(承宣)과 위사(衛士)들을 붙여주자 한 신하가 그 부당함을 꼬집었다는《동국통감(東國通鑑)》기사이다.

수레나 옷처럼 작위(爵位)에 따른 기명은 다른 사람에게 빌려주지 못함에도 왕이 내신(內臣)과 위사를 역적 신돈에게 베푼 것은 한 나라에 임금 둘이 있는 것과 같습니다. (…) 왕이 명기(名器)를 아끼지 않으면 역심을 품은 그의 마음을 막을 길이 없습니다(권49〈고려기(高麗紀)〉).

세종 때 모든 관원이 대궐 안에서 밥을 먹고 남은 것을 따르는 자[從者]에게 준 탓에 그릇이 없어질 뿐 아니라, 주인과 종이 같은 그릇에 먹는 것은 마땅치 않다는 말이 나왔다[《세종실록》4년(1422) 1월 18일]. 세조도 예조판서에게 '명분을 굳게 지키라. 어제 사옹원(司饔院) 진선(進膳) 때 세자의 기명을 함께 쓴 것은 큰 잘못이다. 이는 아비와 아들이, 임금과 신하가, 주인과 종이 같은 그릇을 쓴 것과 같다. 명분이 무너지면 야인(野人)들과 무엇이 다른가? (…) 사옹원 별좌의 죄가 큰 만큼 단단히 일러서 바로잡으라'는 명을 내렸다[《세조실록》8년(1462) 11월 30일].

10) 그릇은 음식을 상징한다.

① 태종에게 의정부에서 지나치게 검소한 음식은 건강에 나쁘다고 하자 '내가 평소에도

성찬(盛饌)을 즐기지 않아서 오직 먹을 만한 것 한 그릇만 올리라 일렀다[但進可慊之味一器]'며, 성품이 본디 좋아하는 것만 찾는 탓이지 상례(喪禮) 때문이 아니라'고 둘러댔다《태종실록》8년 (1408) 8월 21일].

같은 해 5월에 죽은 태조를 그려서 임금이 음식을 잘 들지 않는 것으로 여긴 신하들의 염려에 대한 답이다.

② 태종이 베푼 잔치를 사신 조천보(曹天寶)는 시뜻하게 여겼다. 엄(儼)이 마시기를 권하 였음에도 '상에 가득한 일흔두 그릇 가운데 먹을 만한 것이 없다[滿案七十二器 無可食者]'는 불평 을 늘어놓았다. (…) 마침내 엄은 '국왕께서 성심으로 자네를 대접하는데 이런 말을 하니 견마 (犬馬)와 다를 것이 없다'고 나무랐다《태종실록》3년(1403) 4월 26일].

중국 사신들의 무례가 이만저만이 아니다. 오죽했으면 동료조차 개와 다름없다고 꼬집 었겠는가?

11) 조선시대에는 혼인에 드는 기명을 신부 집에서 맡았다.

세종이 김종서(金宗瑞 1390~1453)에게 친영(親迎)하지 않는 까닭을 묻자 '우리는 오래전부 터 남자가 여자 집으로 간 까닭에 생활에 필요한 노비·의복·기명 따위를 모두 신부 집에서 갖추었습니다. 친영을 하려면 비용을 남자 집에서 대야 하므로 가난한 집에서 (…) 혼인을 꺼 린 탓입니다' 하였다《세종실록》12년(1430) 12월 22일].

그러나 성종에게 예조에서《속육전(續六典)》의 혼인 조목을 들어 '신랑 집에서 채단과 금 은 기명을 함[函籠]에 담아 먼저 가져가며 (…) 시부모에게 인사드리는 잔치도 신랑 집에서 마 련하므로 (…) 가난 때문에 시기를 넘기는 자가 있다'고 한 것을 보면[3년(1472) 1월 22일], 40여 년 사이에 혼인 풍속이 바뀐 듯하다. 세종이 종서에게 물은 것도 친영이 마땅하다는 뜻이다. 이는 '건(걸어놓은) 가매(가마)에 당개(장가)든다'는 북한 사투리 그대로이다. 나이 많은 남녀가 혼 인할 때, 여자 쪽에서 집이며 가재도구를 장만하고 남편 맞는 일을 남자 쪽에서 일컫는 말이다.

12) 기명을 보면 죽은 이가 떠오른다.

순조(純祖 1790~1834)의 교서 한 대목이다.

___

어느새 거상(居喪)이 끝나 종묘에서 제사를 받든다. (…) 태모(太母)의 큰 덕과 훌륭한 말씀은 전대의 명철한 후비보다 뛰어났다. (…) 배봉산(拜峰山)에 장례를 모셔서 훌륭한 가르침이 들리는 듯하다. 갱장(羹墻)을 보아도 생각이 나 밤을 지새웠으며, 쓰시던 기명에도 서러움이 일어서 큰 슬픔에 잠겼다[《순조실록》 23년(1823) 5월 2일].

태모는 임금의 할머니이며, 배봉산(106미터)은 서울특별시 동대문구 전농동과 휘경동 사이에 있다. 갱장은 국과 담을 가리키는 말로 깊은 추모(追慕)의 뜻을 나타낸다. 《후한서(後漢書)》에 요(堯)임금이 죽은 뒤, 순(舜)임금이 3년 동안이나 사모한 나머지 앉았을 때는 담(장)에서, 밥 먹을 때는 국(갱)에서 보았다는 기사에서 왔다(《이고전(李固傳)》).

13) 물이 가득 찬 그릇은 조심스럽다.

이적(李勣 1162~1225)은 벼슬을 사양하며 '물이 그릇에 가득 차면 기우는 법인데 사람이 분수에 지나치게 큰 소리로 부르짖었으니 높은 하늘에까지 들렸을 것입니다' 하였다(《동국이상국집》 제29권 표문 〈추밀양관표(樞密讓官表)〉).

이규보는 벼슬에서 물러나겠다며 '밤낮을 이어 공무를 처리하는 날에도 항상 그릇의 물이 넘쳐서 엎지를까 조마조마하였습니다' 아뢰고(앞 책 제29권 〈두 번째 표문〉), 종실(宗室)사람 면(沔)에게 후(侯)를 내린 것을 사례하는 글에서 '얕은 그릇은 쉽게 차기 마련이어서 강을 들어 마신 듯한 과분한 은혜를 입어 두렵기만 하고 (…) 부끄러워 땀이 흐를 뿐입니다' 적었다(앞 책 권29 표문 〈중사(中謝)〉).

강세황(姜世晃 1713~1791)도 '할아버지 문정공(文貞公)이 평생토록 몸가짐 조심하시기를 깊은 못 앞에 서듯, 얇은 얼음 밟듯, 옥그릇 다루듯, 가득 찬 물그릇 받들 듯하셨다'는 글을 남겼다[《정조 15 산문전집》 제발(題跋) 〈옥하만록 아래에 삼가 쓰다[敬書玉河漫錄下]〉].

14) 질그릇은 인간의 허망한 삶을 나타낸다.

오세영(吳世榮 1942~)의 시 〈모순의 흙〉이다(부분).

흙이 되기 위하여
흙으로 빚어진 그릇
언제인가 접시는 깨진다
생애의 영광을 잔치하는

순간에

바싹 깨지는 그릇

인간은 한 번

죽는다

흙이 되기 위하여

흙으로 빚어진 모순의 흙, 그릇

───────────

15) 그릇으로 화풀이한다.

《한국희곡전집》 기사이다.

───────────

잘한다 잘해, 오오 이 년 깨뜨려만 봐라, 저 년이 저 시집 안 보내준다고 저 지랄이지. 오뉴월엔 방석도 옮겨놓지 말라는데 저 년이 가을 타작이 참기 싫어서 저 지랄이야. 이 년아 글쎄 가을만 되면 시집보내 준다는밖에. 그 새를 못 참아서 하루에 두셋씩 그릇을 깨뜨리고 생트집이냐?

───────────

딸에게 퍼붓는 어머니의 탄식이다.

16) 며느리가 그릇을 깨뜨리면 값을 물렀다.

〈그릇 깬 며느리 노래〉이다(부분).

───────────

시집가는 3일 만에 들깨 서 말 참깨 서 말(시집가서 사흘 만에 들깨 서 말 참깨 서 말)

양동가매 볶으라길래 장작불모아(양동 가마솥에 볶으라기에 잉걸불 모아서)

볶으다가 양동가매를 깨었고나(볶다가 가마솥을 깨뜨렸구나)

시금시금 시아바니 아가아가(시금시금 시아버지 아가아가)

엊그저께오는 새메늘아가(엊그제 온 새 며늘아기야)

느거집에 어서가서 양동가매를 물오내라(네 집에 얼른 가서 솥 값 가져오너라)

분통같은 요내몸을 금쪽같은 요내몸을(분통같은 이 내 몸을 금쪽같은 이 내 몸을)

괴발같은 당신아들 큰손으로(당신 아들이 게 발처럼 거친 손으로)

아실살살 만질제는 천냥도 싸고 만냥도 싸네(아실아실 만질 때는 천 냥도 만 냥도 싸다더니)

양동가매 물오란말이 웬말이요(양동솥 값 가져오란 말 웬 말이요)

시금시금 시아바니 아가아가 메늘아가(시금시금 시아버지 아가아가 며늘아기야)

앞멧논을 너를주랴 뒷멧논을 너를 주랴(앞산 논 너를 주랴 뒷산 논 너를 주랴)

앞멧논도 내사싫소 뒷멧논도 내사 싫소(앞산 논도 나는 싫고 뒷산 논도 나는 싫소)

지똥같은 헐어낸 요내몸만 물오내면(지똥같이 헐은 이 내 몸만 물어낸다면)

양동가매 아니라 더한것이라도 물오리까(양동가마보다 더한 것도 물어내지요)

(서영숙 2010 ; 170~171)

──────────────

'지똥같은 헐어낸 요내몸만'은 '급하게 내갈기는 똥처럼 망가뜨린 내 몸'이라는 뜻인가? 가마 구운 데를 이르는 '양동가매'의 양동은 어디인지 모른다.

시집간 새색시가 사흘 만에 깨를 볶다가 솥을 깨뜨리자 친정에 가서 돈을 가져와 물어 내라는 1부와, 당신 아들이 분통같고 금쪽같은 내 몸을 게 발 같은 손으로 더듬었으니 그 값 을 내라는 2부, 앞·뒤 산의 논을 다 줄 터이니 그만두자고 항복하는 3부, 내 몸 헐어낸 값을 내면 그보다 더한 것이라도 물어주마고 덤벼드는 4부로 구성되었다.

이러한 유형의 노래가 36편에 이르는 것을 보면 사실인 듯하다. 유형을 보면 앞과 같은 항의형이 69.5퍼센트, 항의 끝에 시집을 떠나는 형이 25퍼센트이며, 변상형, 살해시도형, 남편 의 항의형 따위도 있다(서영숙 2010 ; 165).

17) 임금은 그릇을 신하들에게 주었다.

《고려사》의 간추린 내용이다.

태조(918~943)는 일등공신들에게 금은그릇·비단옷·비단이부자리·비단 따위를(제92권 열전 제5 〈홍유〉), 정종(定宗 945~949)은 왕규(王規 ?~945)의 음모를 알린 최지몽(崔知夢 907~987)에 게 노비·안마·은그릇을, 경종(景宗 975~981)은 은그릇·비단·이부자리·휘장·의복·말·복두· 서대(犀帶) 따위를(제92권 열전 제5 〈최지몽〉), 숙종(肅宗 1095~1105)은 아들 낳은 연덕궁주(延德宮主) 에게 은그릇·비단·포목·곡식·안마(鞍馬) 따위를 주었다(제88권 열전 제1 후비 1 〈명의 태후 유씨〉).

또 광종이 내린 금 술그릇을 받지 않은 서필(徐弼 901~965)이 '신하가 금그릇을 사용하면 임금은 무슨 그릇을 써야합니까?' 묻자, 왕은 '그대는 보물을 보물로 여기지 않으나 나는 그대 의 말을 보물로 여기리라' 하였다(제93권 열전 제6 〈서필〉).

한편, 송의 신종(神宗 1067~85)은 황태후에게 토산물을 보낸 고려 문종(文宗 1046~1083)에게 의복과 은그릇으로 답례하였다[《고려사》제9권 문종 3년(1080)]. 그릇을 국제간에 선물로 쓴 것이다.

18) 그릇 굽기는 천한 일이다.

《북학의》서문이다.

___

학문의 길에는 방법이 따로 없다. 모르면 길가는 사람이라도 잡고 묻는 것이 옳다. (…) 자신이 남과 같지 못한 것을 부끄러이 여겨서 자기보다 나은 사람에게 묻지 않으면 일생 동안 낡고 무식한 테두리에 자신을 가두고 만다.

　　순(舜)은 밭 갈고, 질그릇 굽고, 물고기 잡는 데서부터 임금이 되기까지 남의 잘하는 것을 배우지 않은 것이 없다. 공자도 '나는 젊었을 때 천하게 지내서 더러운 일 가운데 잘하는 것이 많다' 하였다. 그의 더러운 일은 역시 밭 갈고, 질그릇 굽고, 물고기 잡는 일 따위이다.

___

실학자로 이름난 박제가(朴齊家 1750~1805)의 글이라고 믿기 어려운 내용이다. 순과 공자의 말은 반드시 익혀야 할 중요한 일로 여겼다는 뜻으로 풀어야 한다.

19) 바리때(鉢)는 신령스럽다.

《삼국사기》기사이다.

___

궁예(弓裔 ?~918)는 나이 들자 승려 계율에 매이지 않았으며, 몸도 헌칠하고 담력이 뛰어났다. 일찍이 재(齋)에 가는 길에 까마귀가 입에 물었던 것을 바리때에 떨어뜨렸고, 그 안의 상아(象牙) 점대에 '왕(王)'자가 쓰여 있었다. 이를 아무에게도 알리지 않고 마음으로만 자랑스레 여겼다(권 제50 열전 제10 〈궁예〉).

___

20) 적벽부주발(赤壁賦周鉢)도 돌았다.

강세황(姜世晃 1713~1792)의 글 〈적벽부그릇[赤壁賦器]〉이다.

___

우리네 적벽구주발(赤壁口周鉢)의 '구(口)'는 '부(賦)'의 잘못이다. 중국에서 사기그릇 주둥이를 밖

사진 11

사진 12

으로 벌리고 적벽부 전문을 쓴 다음 그림을 그려 구웠다(사진 11·12). 우리도 본떠 놋주발을 그 모양으로 만들고 그냥 적벽부발(赤壁賦鉢)이라 불렀으며 뒤에 부가 구로 바뀌었다. 소설《금병매(金瓶梅)》에도 들어 있다(《표암유고(豹菴遺稿)》).

글이나 그림 없이 꼴만 본떠 구웠고 어느새 이름조차 바뀌었다는 것이다.

신비의 존재- 일본

그릇을 인간 됨됨이에 견주는 것은 우리나 중국과 같다. 그릇은 무엇을 담는 데서 보지를 이른다. 여성의 능숙한 성행위를 명기(名器)에 빗대는 것도 마찬가지이다.

그릇에 대한 관념이 우리는 밥을 비롯한 음식에 쏠리는 반면, 중국은 사람의 품격을 앞세우는 경향이 뚜렷하다. 명분을 으뜸으로 삼는 중국의 민족성과 연관이 있을 것이다. 일본은 중국에 가까운 편이다. 이들을 우리와 일본에서 같은 의미로 쓰는 것은 세 나라가 한자 문화권에 딸린 까닭이다. 대기만성(大器晚成) 따위가 대표적이다.

놋주발 따위의 그릇은 한국에서 들어갔다.《정창원전(正倉院展)》기사이다.

사하리제(佐波里製) 식기는 모두 고급품으로, 우리나라에서는 나라[奈良]시대(710~784)에 주로 궁정이나 사원에서 썼다. 사하리제 식기를 쓰는 생활 습관은 특히 조선반도에서 발달하였고, 정창원에 보관된 많은 사하리제 식기도 반도에서 들어온 것으로 보인다(正倉院 事務局 監修,《正

倉院展》, 1993?)(☞ 336쪽 사진 8·9).

---

1) 그릇은 신령스럽다.

① 1741년에 나온《파주명옥부(播州皿屋敷)》에 '한 귀족의 집에서 대를 이어 보물처럼 여겨온 그릇[皿]을 깬 하녀가 괴로운 나머지 우물에 몸을 던졌고, 그 뒤부터 우물에서 매일밤 그릇 세는 소리가 들렸다'는 기사가 있다.

② 고치[高知]현 어떤 곳(幡多郡)의 하녀 오롱(お瀧)이 주인이 아끼는 그릇 열 개 가운데 한 개를 잃어버려서(깨뜨려서) 야단을 맞고 근처 폭포에 몸을 던졌다. 그 원령(怨靈)이 매일밤에 와서 그릇을 헤아리다가 아홉 번째에 이르면 우는 탓에 주인이 열이라고 대답하였고 그 뒤부터 그쳤다.

③ 나가사키[長崎]현 어떤 곳(福江市)에서 하녀가 가보(家寶)로 여기는 그릇을 깨뜨린 탓에 주인이 목욕탕에서 죽었다. 그 뒤부터 그네는 매일밤 그릇을 세다가 열이 되면 꺼이꺼이 울었다. 집을 사서 이사한 사람이 목욕탕을 고쳤더니 집 곳곳에 유령이 나타났다.

이들 세 기사는 그릇을 깨뜨린 하녀가 얼마나 큰 학대와 고통을 겪었는지를 알려주는 보기이다.

④ 옛적 오사카에 선대부터 가보로 여겨온 청자접시를 가진 부자가 있었다. 친구 셋과 유명 요리 집에 갔더니 자신의 것과 똑같은 그릇에 음식을 내왔다. 그는 주인에게 30냥(우리 돈 2천5백만 원)에 팔라고 하였으나 듣지 않자 큰 금화 세 개를 주고 손에 들더니 산산조각을 냈다. 세상에 자기네 가보와 똑같은 것이 있으면 명예가 떨어진다는 것이었다. 그날 밤 늘 하던 대로 오동나무 상

사진 13

자에서 그릇을 꺼내 살펴보려던 그는 놀라 쓰러졌다. 그릇이 조각났을 뿐 아니라 바닥에 큰 금화 세 개가 있었던 것이다.

물건에 지나치게 집착하면 벌 받는다는 교훈담이다.

〈사진 13〉이 그 청자접시라고 한다.

⑤ 19세기 말에 나온《파주명옥부실록(播州皿屋敷実録)》의 간추린 기사이다.

1519년, 충신 기누가사 모토노부[衣笠元信]는 히메지[姫路]성 제9대 성주(小寺則職)를 한 가신(家臣)이 죽이려는 것을 알고 첩 기쿠[お菊]를 하녀로 들여보냈다. 뜻을 못 이룬 가신은 비밀이 샌 것을 알고 조사 끝에 그네를 찾았다. 전부터 그네를 좋아한 그의 부하가 첩으로 삼으려다가 듣지 않자, 열 개 한 묶음의 보물 그릇[こもがえの具足皿] 가운데 하나를 감추고 누명을 씌워 죽인 뒤 오래된 우물에 던졌다.

이 뒤부터 매일밤 우물에서 기쿠의 그릇 헤아리는 소리가 들렸고, 반역자를 죽인 성주는 무사히 성으로 돌아왔다. 그네의 가여운 죽음을 안 성주는 12신사 가운데 한 곳에서 대명신(大明神)으로 받들게 하였다. 300년 뒤 성 아래에서 이상한 형태의 벌레가 들끓자 사람들은 기쿠가 돌아왔다고 하였다.

이 내용은 가부키[歌舞伎]를 비롯해서《浄瑠璃》), 연극과 만담으로 꾸며졌으며 '그릇집[皿屋敷]' 민담도 전국 각지에 퍼졌다. 지금도 히메지성의 우물을 기쿠우물[お菊井]이라 부른다(사진 14).

다음은《고전 라쿠고 대계[古典落語大系]》의 한 대목이다.

마을의 젊은이들이 기쿠의 유령(그림 1)을 보려고 반초사라야시키[番町皿屋

사진 14

敷]에 갔다. 그에 앞서 기쿠가 헛간[隱居]에서 그릇 세는 소리를 아홉까지 들으면 죽으므로 여섯까지 셀 때 돌아서기로 하였다. 그들은 '여섯'이라는 소리를 듣고 되짚어 나왔으며, 그네가 아주 착한 여자였던 까닭에 이튿날에도 겁 없이 다시 갔다.

며칠 뒤 사람들 사이에 소문이 퍼지더니 구경꾼이 백 명에 이르렀다. 이 때문에 많은 사람이 여섯 째 때 달아나지 못하고 열까지 듣고 말았다. 그럼에도 죽는 사람은 없었다. 그들이 그 소리에 귀를 잔뜩 기울였더니 열여덟까지 센 뒤, 이로써 다 마쳤다며 다시 우물로 들어가려 하였다. 이에 구경꾼 중 하나가 '기쿠의 그릇은 아홉 개 뿐인데 어째서 열여덟까지 헤아리느냐?'고 묻자 이렇게 대답하였다.

그림 1

"내일은 쉬는 날이므로 이틀 분을 세었습니다(제8권 〈お菊の皿〉)."

---

⑥ 요괴(妖怪)이자 전설의 동물 갓빠[河童]는 몸은 어린이만 하고 몸은 푸르거나 붉으며 정수리에 그릇을 올려놓고 지낸다. 이것이 깨지면 죽거나 힘을 잃어서 신통력이 없어진다.

⑦ 학을 구해준 젊은 사냥꾼에게 여자가 찾아와 아내가 되고, 베틀에서 비단 짜는 모습을 보지 말라는 말을 어긴 탓에 그네는 학이 되어 날아갔다. 그때 물그릇에 띄운 바늘을 보고 중에게 묻자 파마국명지(播磨國皿池)라고 일러주어 찾아가서 다시 만났다는 민담도 있다(《학아내[鶴女房]》).

⑧ 히로시마[廣島]현의 민담 〈의붓자식과 우물[繼子と井戸]〉이다.

사진 15　　　　　　　　　　　　　사진 16

한 의붓어미가 의붓딸에게 매일 부엌일을 시켰다. 하루는 그릇을 우물에 빠뜨리자 들어가서 건져오라 하였다. 집 떠난 아이가 너른 평야에 있는 한 집에 들어가자 할멈이 어깨와 허리를 주무르라 일렀고 그 보답으로 허리띠·옷·금 따위를 받아왔다.

　　의붓어미가 제 딸을 그 집에 보냈지만 할멈은 주무르는 솜씨가 서툴다고 타박하였고, 돌아오는 길에 비를 만나 얼굴은 진흙투성이로 바뀌었다. 의붓딸은 좋은 곳으로 시집갔지만 제 딸은 아무도 데려가지 않았다.

---

⑨ 거의 전국에 분포하는 〈그릇 빌리기[椀貸] 전설〉은 손님 접대에 쓸 그릇이 모자랄 때 폭포나 못 근처 동굴에 가서 빌면 반드시 필요한 만큼의 양이 마련되며, 그 자리에 돌려놓지 않으면 벌을 받는다는 것이 중요 내용이다. 이를 어기면 다시 빌리지 못한다. 이 밖에 가구나 돈을 빌려주는 곳도 있다. 장소로 무덤이나 신사도 등장하며 그릇 주인은 용신·뱀·용녀 따위의 수신이다.

　　〈사진 15〉는 효고[兵庫]현에 있는(佐用郡 佐用町 宗行) 그릇 빌리는 바위이고, 〈사진 16〉은 그 유래를 새긴 비석이다(1994년 6월 15일 건립). 간추린 내용이다.

이 일대의 주민들은 예부터 몹시 가난해서 관혼상례 때 많은 손님이 오면 음식 담을 그릇이 없어 애를 먹었다.

　　어느 때 한 사람이 이 바위 앞에 와서 '내일 손님에게 낼 음식 그릇을 사람 수대로 마련해 주십시오' 기도하고 이튿날 아침에 갔더니 바라는 만큼의 그릇이 바위 위에 있었다. 이 뒤부터 주민들은 손님 치를 그릇 걱정 없이 지냈다. 그러나 어느 때 한 사람이 제가 쓰려고 한 사람 분을 가무리자 그 뒤부터 다시 나오지 않았다.

───────────

이에 대해 미야타 노보루[宮田 쫄]는 '수신은 산에서 그릇 깎는 목기장이며, 평지에 사는 농민들은 그가 내를 거슬러 올라간 깊은 산속에 산다고 여긴 나머지 그를 만나려면 별천지의 입구인 동굴로 들어가야 한다는 생각이 싹텄고 그 결과 상대를 큰 뱀·용신·폭포의 여신 따위의 마성(魔性)을 지닌 존재로 알았다'고 하였다(1997 ; 150~151).

2) 그릇과 이름을 남에게 빌려주지 않는다.

'그릇[器]'은 기명[調度類]을, '이름[名]'은 작호(爵號)를 가리킨다. 이는 군주가 기명 쓰는 자격을 정하고 작호 주는 일을 쥔 데서 왔다. 따라서 두 가지를 신하에게 함부로 주면 신분질서가 무너져서 국정을 해친다는 것이다.

3) 그릇으로 아내감을 고른다.

나가노[長野]현 민담이다.

───────────

의붓딸(언니)과 제 딸을 둔 여자가 남편이 없는 사이 물을 떠오라며 제 딸에게는 온 바가지, 의붓딸에게는 깨진 바가지를 주었다. 둘을 본 성주(城主)가 언니를 아내로 삼으려 들자, 어미는 제 딸을 고르라며 듣지 않았다. 하는 수 없이 성주는 동이[盆]·그릇·소금·소나무 네 가지로 노래 시험을 보였다. 동생은 곧 '동이 위에 그릇, 그릇 위에 소금, 소금 위에 소나무'라 불렀다. 오래 생각한 언니는 '동이와 그릇에 눈 가득 쌓이고, 이에 뿌리 내린 소나무 자라네'라 불러서 이겼다. 화가 난 어미가 그네에게 절구를 씌워서 굴린 탓에 눈이 빠져 우렁이가 되고 말았다.

───────────

우리네 팥쥐 어미보다 더 잔혹하다. 이 민담은 아오모리[靑森]현에서부터 가고시마현에 이르기까지 널리 분포한다.

3 — 속담

중국

① 그릇이 작다.

: 능력이나 재능이 모자란다.

② 쥐를 잡고 싶어도 그릇 깰까 두렵다[欲投鼠而忌器].

: 계획대로 하고 싶지만 더 중요한 일을 그르칠까 망설인다.

③ 밥그릇에 모래 뿌린다[飯椀撒沙].

: 거세게 반대한다.

④ 황금 밥그릇 들고 밥 빌어먹는다[捧着金碗討飯吃].

: 훌륭한 재질을 썩힌다.

⑤ 젊은이는 옷과 밥그릇을 지니고 태어난다[年輕人自有他們的衣飯碗].

: 누구든지 밥은 먹고 살 수 있다.

⑥ 옥도 다듬지 않으면 그릇이 되지 않는다[玉不琢 不成器].

: 부지런히 노력해야 성과를 거둔다.

①~④는 부정, ⑥은 긍정이다. ⑤는 우리도 쓰지만 옷이나 그릇이 아니라 숟가락을 든다.

한국

① 밥그릇 싸움한다.

: 이권을 차지하려고 다툰다.

② 밥그릇이 높으니까 생일만큼 여긴다.

: 어쩌다가 한 일에 지나치게 우쭐거린다.

③ 밥그릇 앞에서 굶어 죽을 놈이다.

: 몹시 게으르다.

④ 사흘 동안 죽 한 그릇도 못 먹었다.

: 몹시 가난하다.

⑤ 그릇 깨겠다.

: 여자가 덜렁댄다.

⑥ 그릇도 차면 넘친다.

: 세상의 모든 것은 한 번 성하면 다시 이운다.

⑦ 빈말은 냉수 한 그릇만 못하다.

: 말만 번지르하다.

⑧ 밥 한 그릇에 두 술 없다.

: 한 몸으로 한꺼번에 두 가지 일 못한다.

⑨ 냉수 한 그릇 떠놓고 제사 지내도 제 정성이다.

: 무슨 일에든 성의가 중요하다.

⑩ 열이 어울려 밥 한 그릇이다.

: 여럿이 힘을 합치면 큰 도움이 된다.

⑪ 진주가 열 그릇이라도 꿰어야 구슬이다.

: 재주가 아무리 많아도 갈고 닦아야 쓸모가 있다.

⑫ 매부 밥그릇이 더 커 보인다.

: 사위가 처가에서 큰 대접 받는다.

⑬ 커도 한 그릇, 작아도 한 그릇이다.

: 겉보기에 닮았어도 내용은 크게 다르다.

⑭ 흉년의 죽은 어른도 한 그릇 아이도 한 그릇이다.

: 먹을 것이 적어서 어른이나 아이가 똑같이 먹는다.

⑮ 촌놈은 밥그릇 높은 것만 좋아한다.

: 음식의 질보다 배부른 것을 첫손에 꼽는다.

⑯ 기우는 그릇 엎어놓는다.

: 도와주지는 못할망정 해코지를 한다.

①～⑧은 부정적이며, ⑤는 그릇을 주로 여성이 다루는 데서 왔다. 이에 견주어 긍정적인 것은 ⑨～⑪뿐이다. 부정이 많은 것은 가난이 원인인 듯하다. ⑫～⑭도 마찬가지이다.

일본

① 훈유(薰蕕)는 한 그릇에 담지 않는다.

: 군자는 쓸모없는 인간과 어울리지 않는다.

② 물은 그릇꼴에 따라 바뀐다.

: 사람의 성품은 친구나 환경에 따라 갈린다.

③ 훌륭한 사람을 쓰려면 예부터 잘 아는 이가 좋지만, 오래된 그릇은 깨지기 쉽다.

: 사람과 달리 제도는 새로 바꾸는 것이 좋다.

④ 인간은 병의 그릇이다.

: 병에 걸리지 않도록 끊임없이 노력하라.

⑤ 그릇을 던져 쥐를 잡고 싶지만 그릇 깰까 두려워 참는다.

: 간신배를 몰아내고 싶지만 주군에게 해가 미칠까 두려워 멈칫거린다.

⑥ 네모그릇에 둥근 뚜껑이다.

: 서로 어울리지 않는다.

⑦ 밥을 먹으려면 그릇이 필요하다.

: 어떤 일에나 준비가 필요하다.

⑧ 눈을 그릇으로 삼는다.

: 놀라거나 물건을 찾거나 할 때 눈을 크게 뜬다.

우리나 중국과 달리 긍정적인 것이 훨씬 많다. 그릇을 사람의 성품에 연관시킨 점도 마찬가지이다. ⑤는 중국의 ②와 같다.

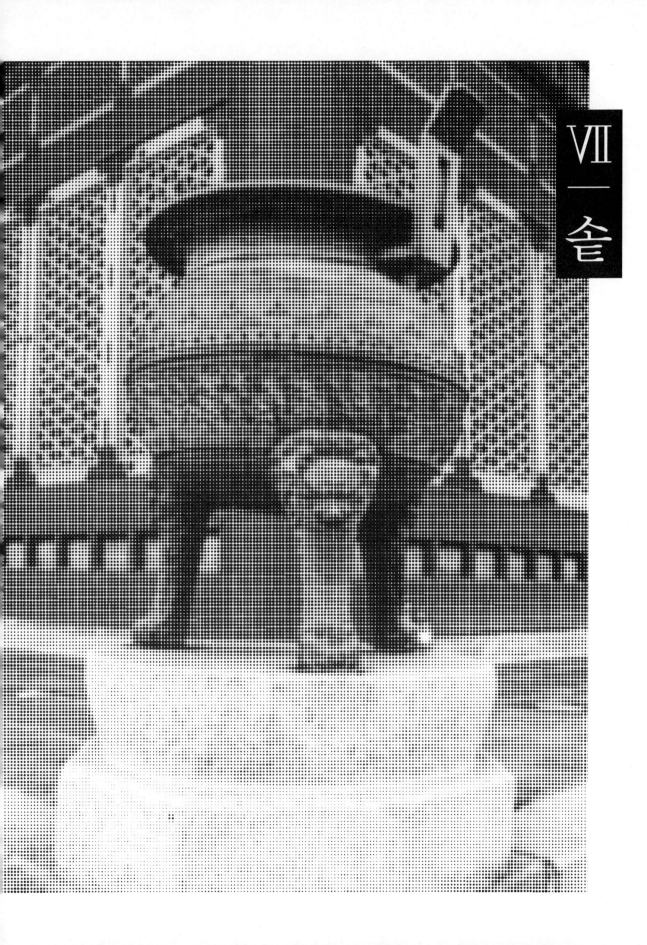

VII
—
솥

1
어원

음식을 끓이고, 익히고, 삶고, 찌고, 튀기는 기구에 발 달린 정(鼎), 발 없는 솥[釜], 바닥이 평평한 냄비[鍋] 세 종류가 있다. 형태에 따라 정에 불을 직접 때지만 솥이나 냄비는 반드시 부뚜막에 걸고 아궁이에 불을 지핀다. 또 정은 상징성이 강한 반면, 솥과 냄비는 실용성이 앞선다. 솥을 발명한 중국에 냄비가 주류를 이룬 것과 달리, 한국은 솥 위주며 냄비는 보조용에 지나지 않는다. 이에 견주어 일본은 솥과 냄비를 쓰는 지역이 뚜렷이 갈린다. 곧 난방을 화덕에 의존하는 동일본은 냄비, 부뚜막을 이용하는 서일본은 솥의 고장이다. 동일본에서도 더러 부뚜막에 솥을 걸지만 마소의 여물이나 된장 담을 콩을 익힐 뿐이다.

중국[鼎(정)·釜(부)·鍋(과)]- 솥의 발

가. 정

1)《자통(字通)》의 설명이다.

《설문》에 '다리 셋에 귀 둘이 달렸으며 다섯 가지 맛[五味]을 고루 내는 보물[寶器]이다. 옛적에 우(禹)가 구목(九牧)의 쇠를 모아 형산(荊山) 기슭에서 솥[鼎]을 굽자 백성들이 산림천택(山林川澤)에 들어가도 온갖 도깨비[魑魅魍魎]가 감히 다가오지 못하였다. 이로써 하늘의 뜻을 따랐다'고 적혔다. (…)

구목은 구주(九州)의 장관(長官)을 가리키며, 하(夏)·상(商 전 1600쯤~전 1050쯤)·주(周 전 1050쯤~전 771)시대의 지명인 구주는 뒤에 '중국'의 대명사가 되었다. 우가 구운 솥이 하도 신령

스러워 아무리 험한 데 들어가도 도깨비 따위가 해를 끼치지 못하였다는 말이다. 이 뒤부터 백성에게 미리 악귀의 형태를 알리는 것을 '솥을 구워서 먼 곳의 물상을 새긴다[鑄鼎象物]'고 일렀다. 발 셋은 정직(正直)·굳셈[剛]·부드러움[柔]의 덕을 나타낸다.

사진 1   사진 2

한편, 박지원(朴趾源 1737~1805)은 솥의 발을 나타낸 것이 '정'이라고 하였다《연암집》.

〈사진 1〉은 상대의 솥[乳釘雷紋鼎]으로 둥근 몸에 발 셋을 지녔다. 이름대로 입술 주위에 구름과 번개무늬를, 아래쪽에 젖꼭지를 닮은 돌기를 붙였지만 대체로 소박한 분위기를 풍긴다. 양쪽에 붙인 귀의 구멍에 작대기를 꿰어 날랐을 것이다(사진 2). 발은 긴 편이다[대당서시(大唐西市) 박물관].

정과 달리 아주 크되 다리가 달리지 않은 것은 확(鑊)이며 이들을 흔히 정확(鼎鑊)이라 부른다.

2)《사기》의 기사이다.

우임금은 구주의 쇠붙이를 모아 솥 아홉 짝을 구운 뒤, 갖가지 제물을 삶아서 귀신에게 바쳤다. 성세(聖世)를 만나 나타난 솥은 하와 상에 전하였으나 주의 덕이 시들고, 송의 사직이 무너지자 황하에 잠기고 묻혀서 다시 나타나지 않았다. (…) 지금 감천궁(甘泉宮)에 있는 보정(寶鼎)은 광채와 윤이 번쩍이는 것이 용이 꿈틀거리는 듯하며, 복과 은혜가 끝없이 이어지는 것을 알려준다. (…) 솥은 조상의 묘당에 바쳐야 하며 황제의 궁정에 소중히 보관해서 신명(神命)의 상서로움에 따르는 것이 마땅하다《본기》.

실제로 아홉 짝을 구웠는지는 알 수 없다. 최초의 솥이 나라가 망하는 바람에 자취를 감추자 뒤에 다시 구워서 감천궁에 두었다는 것이다. 이 궁은 진(秦)의 시황제가 전 220년, 수도 함양(咸陽) 서북쪽 감천산(甘泉山)에 지은 이궁(離宮)이다.

3)《춘추좌씨전》기사이다.

정(鼎)에 따라 정복(貞卜)을 쳤다. 정복·정문(貞問)의 초기 모양
은 정(鼎)자 위에 복(卜)을 더한 것이다. 탐탕(探湯)처럼 신의 판
단을 얻는 형식이었는지, 솥 안의 제물 상태에 따라 점 쳤는지
분명치 않지만, 어떻든 신성한 이기(彝器)로서 신의 뜻을 묻는
그릇으로 썼을 것이다. 초의 장왕(莊王 전 614~전 591)이 육혼
(陸渾)의 군대를 치고 낙양 부근에 이르렀을 때, 병사를 국경에
주둔시키고 솥의 무게를 물었다는 이야기는 널리 알려졌다. 이
는 남의 실력을 떠볼 때 쓰는 말이다[선공(宣公) 3년].

사진 3

《주례》에도 솥을 제물[牲] 그릇 뜻으로 쓴다는 기사가
있다《추관》.

정복은 갑골문자의 다른 이름으로, 이로써 하늘의 뜻
을 점쳤다는 뜻이다. 맹신탐탕(盟神探湯)의 준말인 탐탕은 사
람의 죄를 신명(神明)의 판단에 맡기는 주술 재판으로, 그
솥에 죄인을 쪄 죽이기도 하였으며 뒤에 국가 상징물이 되
었다. 갑골문 출토지인 하남성 안양시(安陽市)에서 나온 사
모무정(司母戊鼎)은 무게가 900여 킬로그램에 이른다.

사진 4

〈사진 3〉은 강서성 신간현(新干縣)에서 나온 상대의 솥
[夔足鼎]이다. 이름 가운데 '기'는 전설의 짐승이다.《설문》에
'용(龍)을 닮은 외발의 신령한 도깨비[神魅]'라고 적힌 대로
솥의 신비스러움을 강조하려고 붙인 것이다. 상말부터 서주
(西周) 때 만든 청동기에 자주 나타나며 이를 기룡문(夔龍紋)
이라 한다(사진 4). 제왕들이 천명을 받아 등극하면 반드시
하늘과 땅에 제사 지냈고, 이때 중요한 제물을 삶는 데 꼭
필요한 것이 솥이었다. 이에 따라 실용적인 기능보다 신을

사진 5

모실 때 쓰는 의식용으로 바뀌었다.

솥의 크기로 나라의 위상을 잰 까닭에 왕위를 정조(鼎祚 천자의 자리), 나라의 운명을 정운(鼎運)이라 일렀다. 장원 급제자는 정괴(鼎魁), 번성한 가문은 정족(鼎族), 높이 쭉쭉 뻗거나 성대한 모양은 정정(鼎鼎), 천하의 난리는 정비(鼎沸), 권력의 정치적 조정은 정내(鼎鼐)이다. 정내는 고대에 음식을 끓인 두 가지 청동솥이며 '요리 솥을 젓는다[調和鼎鼐]'는 말은 이를 가리킨다. '정식(鼎食)'은 많은 산해진미, '정신(鼎新)'은 옛 제도를 새로 바꾸는 일, '강정(扛鼎)'은 뛰어난 문장력, '정성(鼎盛)'은 한창때의 나이를 일컫는다.

〈사진 5〉는 섬서성 서안(西安) 시내 한 음식점 계산대 앞에 놓인 방정(方鼎)이다. 가운데에 운이 늘 힘차게 뻗어나가기를 바라는 '정성' 두 글자를 넣고, 받침대에도 '솥은 천고를 이룬다[鼎成千古]'고 새겼다.

나. 부(釜)

1) 《자통》의 설명이다.

《설문》에 '정자(正字)는 부(鬴)이며, 입이 오므라든 솥[鍑]류'라 하고, 중문(重文)으로 부(釜)를 들었다. 금문(金文)에 자화자부(子禾子釜)·진 순부(陳 純釜)라 하여 모두 기명(器皿)을 부라 하였는데, 釜가 처음이고 鬴는 뒤에 나온 듯하다. 《춘추좌씨전》에 양을 재는 그릇으로 두(豆)·구(區)·부(釜)·종(鍾) 따위의 이름이 있으며[소공(昭公) 3년], 제기(齊器)의 제부(諸釜)도 모두 양을 재는 그릇이다. 《주례》나 《한서》에는 부(鬴)로 적혔다. 바닥이 평평하며 발이 없고 배가 부르다.

그림 1

사진 6

〈그림 1〉은 사천성 팽현(彭縣)에서 나온 화상석(길이 25센티미터에 너비 44.5센티미터)에 보이는 쇠솥[鐵釜]이다. 앞의 설명대로 입이 오므라들었으며 몸통의 가운데가 불룩 튀어나오고 다리는 셋이다. 한 사람이 불길을 일으키려고 꿇어앉아 부채질을 한다. 〈사진 6〉은 섬서 역사박물관에 걸린 목각품의 일부이다. 앞의 것과 대조적으로 입이 쩍 벌어진 솥에 음식을 끓이면서 눌어붙지 않도록 작대기로 젓는다.

2) 《춘추좌씨전》 기사이다.

솥으로 양을 잰다.

제(齊)에 본디 양곡을 되는 네 가지 잣대가 있다. 한 두(됴)는 넉 되[升], 사두(四됴)인 한 구(區)는 한 말 엿 되, 4구(區)인 한 부(釜)는 엿 말 넉 되, 10부(釜)인 한 종(種)은 엿 섬[石] 너 말이다. 넉 되가 한 두가 되어 차례로 네 배씩 더해서 한 부가 되고, 한 부의 열 배는 한 종이 된다.

진(陳)씨가 두·구·부 세 잣대에 하나씩 더 붙여서 5승을 1두, 5두를 1구, 5구를 1부로 잡은 까닭에 1종의 양이 공적(公的) 양보다 훨씬 많았다. 그는 이것으로 곡식을 빌려주었다가 거둘 때는 공가(公家)의 잣대를 썼다(소공 3년).

《장자(莊子)》의 주석에 '엿 말 넉 되를 부(釜)라 한다'는 기사가 있다. 《봉씨문견록(封氏聞見錄)》에도 '청주(靑州)의 절에 있는 큰 솥 둘 가운데 하나는 마흔 섬, 다른 하나는 서른 섬들이이다. 예부터 맹상군(孟嘗君 ?~전 279?)이 살던 그 절에서 밥을 지어 객(客)을 공양하였다'고 적혔다.

이처럼 말이나 되 따위의 도량형을 부라 한 것은 형태가 닮았기 때문이다. 〈사진 7〉은 한대의 한 말(2,040리터)들이 용기이다. 왼쪽 귀는 한 되, 오른쪽의 위는 한 홉, 아래는 한 약(龠)이 들어가게 만들어서 세 가지로 썼다.

당시에는 솥 위에 시루를 얹어서 음식을 익혔다. 오카자키 다카시[岡崎 敬]는 영원[永元] 5년(93) 2월 빈민에게 솥과 시루를 주고(《후한서》 권4 〈화제기(和帝紀)〉), 백성들이 솥과 시루를 지고 양산을 넘으며(《태평어람(太平御覽)》 〈도응훈(道應訓)〉), 황제의 부장품 목록에도 들어 있는 점 따위를 들어(《후한서》 〈예의지(禮儀志)〉), 한대부터 육조(六朝 3~4세기) 때는 궁궐은 물론, 백성들도 이 두 가지를 썼다고 하였다(1955 ; 110).

사진 7

한편, 송응성(宋應星 1587~1648)이 '솥[釜]은 물을 붓고 불을 때는 것으로 끼니마다 쓴다. 생철(生鐵)이나 깨진 무쇠로 입 지름 두 척에 두께 두 푼으로 굽는다'고 적었지만《천공개물(天工開物)》8 〈주조(鑄造)〉, 이는 솥이 아니라 냄비[鍋]다. 다만 앞 글 뒤에 '큰 절에서 천승과(千僧鍋)에 쌀 두 섬을 넣고 죽을 끓인다'고 한 것을 보면 두 글자를 같이 쓴 듯하다. 《명사(明史)》에도 냄비가 솥으로 올랐다《예지(禮志)》.

사진 8

그가 '처음에 생철로 구우면 자주 손을 보아야 하나 깨진 솥을 녹여서 구우면 새지 않는다. 조선에서는 깨진 솥은 반드시 산에 버리고 다시 녹이지 않는다'고 한 것도 잘못이다. 우리는 쇠붙이가 워낙 귀해서 깨지거나 헌 것을 모아 두었다가 쟁기 보습이나 솥을 다시 구웠으며 옛적에는 마을마다 이를 위한 대장간이 있었다.

사진 9

다. 과

1)《자통》의 설명이다.

사진 10

성부(聲符)는 화(咼)이다. 화는 둥글고 가운데가 우묵하다는 뜻인 까닭에 기름 치는 기구·사람·냄비 따위를 가리키게 되었다. 볶음밥을 과저반(鍋底飯), 바닥이 우묵한 못을 과저지(鍋底池)라 한다.

사진 11

냄비의 역사도 솥만큼이나 길다. 〈사진 8〉의 상대의 청동냄비가 그것이다. 오늘날의 것과 달리 몸통 가운데에 붙인 손잡이 끝을 위로 구부렸다.

삼국시대부터 남북조와 수대를 거치면서 시루가 점점 사라지고 당(唐)대에 들어와 냄비가 퍼졌다.《당회요(唐會要)》에 군사들이 냄비를 지녔다는 기사가 그것이다(72〈병부〉). 지금까지의 밥 중심의 찌는[蒸] 요리법이, 밀가루가 퍼지면서 익히고[炊], 삶고, 부치고, 볶는[炒] 쪽으로 바뀐 탓이다. 양자강 하류지역에는 냄비 여러 짝을 거는 배[船]꼴 부뚜막이 퍼져나갔지만, 화북 및 서북지역에는 여전히 긴네모꼴이 주류였다. 질시루도 나무시루로 바뀌었으며 오늘날처럼 만두 따위를 쪄 먹었다.

〈사진 9〉는 같은 시대의 은냄비(素面雙耳銀鍋)로 손잡이를 직각으로 붙였다(섬서 역사박물관).

현재 중국에서는 솥 자리를 냄비가 차지하고, 일본에서는 둘을 다 쓰는 반면, 우리 부뚜막에는 냄비가 보이지 않는다. 동지사(冬至使)의 서장관(書狀官)이던 이해응(李海應)이 1804년에 '밥을 모두 밑이 평평한 부(釜)에 지으며 솥[鼎]과 노구[鐺] 따위는 전혀 없다'고 적었지만《계산기정(薊山紀程)》제5권 부록 〈기용(器用)〉), 부는 솥이 아니라 냄비이다. 오늘날에도 어디서나 거의 모두 이것으로 삶고(사진 10), 볶고(사진 11), 튀긴다. 부뚜막의 세 짝 가운데 중간 것은 밥을 짓거나 채소를 찌고 바깥쪽의 작은 것은 볶으며 안쪽의 큰 솥은 잔치 때 쓴다. 송대에는 소금도 구운 까닭에 소금 굽는 이를 과호(鍋戶)라 불렀다.

부뚜막은 과조(鍋竈)·과대(鍋臺), 행군하는 병사의 냄비와 천막은 과장(鍋帳), 누룽지는 과파(鍋巴)·과저반이라 한다(볶음밥의 과저반이 누룽지를 가리키는 말로 바뀌었는지는 알 수 없다). 또 냄비의 물[水]과 냄비 아래의 불[火]을 이르는 '과상과화(鍋上鍋下)'는 인생에 가장 긴요한 물품을 가리킨다.

라. 질솥[陶鼎]

〈사진 12〉는 산동성 치박시 임치구(臨緇區)의 신북(辛北)문화유적(전 7500~전 6100)에서 나왔다. 배가 조금 부르고 옆으로 퍼진 데다가 다리도 굵어서 든든한 느낌을 준다. 밖으로 젖혀진 입술은 얇고 다리는 뾰족한 편이다(산동성박물관).

〈사진 13〉의 홍도절복정(紅陶折腹鼎)은 황하 유역에 퍼진 신석기문화(전 5300~전 4100) 유적인 산동성 태안(泰安) 대

사진 12

사진 13

사진 14

사진 15

문구(大汶口)의 것이다. 이름대로 배 한가운데의 꺾인 부분은 따로 빚은 위아래를 붙인 자국이다. 굵은 다리 셋과 두터운 입술은 안정감을 주지만 입에 견주어 바닥이 지나치게 좁고 깊다(산동성박물관).

사진 16

〈사진 14〉는 용산(龍山)문화(전 4600~전 4000) 유적의 서오사(西吳寺) 유지(遺址)에서 나왔다[흑도오족정(黑陶烏足鼎)]. 세모꼴 발 위 좌우에 구멍을 뚫고 그 사이에 콧날을 붙여서 이름대로 까마귀 얼굴을 만들었다. 위아래를 따로 빚어서 붙인 자취가 남았다(산동성박물관).

사진 17

〈사진 15〉는 절강성(浙江省) 영파시(寧波市) 하모도촌(河姆渡村)의 신석기시대(전 5000) 유적의 것으로 석탄가루를 섞은 흙으로 구운 까닭에 협탄흑도(夾炭黑陶)라 부른다. 형태가 오늘날의 솥을 닮은 것은 이곳에서 벼를 기른 자취와 이를 갈무리한 다락곳간이 나온 것과 연관이 깊다. 높이 21센티미터에 입 지름 19.2센티미터로 쌀을 익히는 데 썼을 것이다. 입술이 조금 벌어졌으며 육각흑도부(六角黑陶釜)라는 이름은 허리에 여섯 모의 전을 두른 데서 왔다. 입술과 전 사이에 선을 나란히 새기고 그 사이 위아래 두 곳에 좁은 빗살문을 둘러서 변화를 꾀하였다.

사진 18

〈사진 16〉도 앞과 같은 곳에서 나왔으며 형태도 닮았다. 다른 점은 입술 주위에 18개의 모를 내고 벼 이삭꼴의 무늬를 새겼으며, 허리에 비스듬히 두른 띠에 빗살, 동그라미, 톱날 무늬 따위를 놓은 점이다. 이 띠는 솥을 부뚜막에 걸쳐놓는 구실도 한다.

〈사진 17〉은 산동성 장도(長島)의 대문구 유적 출토품이다. 입술이 조금 벌어졌으며 발은 개다리를 연상시킨다. 가운데의 빗살문을 닮은 띠는 위아래를 이어 붙인 자취로 보인다.

사진 19

마. 청동솥

〈사진 18〉은 섬서성 화현(華縣)에서 나온 상 말기의 도
철문당정(饕餮紋擋鼎)이다. 이름 가운데 도철은 은대 청동 기
물에 자주 나타나는 신화의 동물로, 소 또는 양의 몸에 굽
은 뿔이 달리고 호랑이 이빨에 사람 얼굴과 손톱을 지녔다
고 한다. 이 무늬를 솥에 놓은 것은 두말할 것도 없이 신령
스러움을 강조하기 위해서이다(섬서 역사박물관).

사진 20

〈사진 19〉는 동주(東周, 전 976~전 876)의 봉조명문동정
(鳳鳥銘紋銅鼎)이다. 이름대로 몸통 위에 두 마리의 봉황 무늬
를 놓았다. 은나라 갑골문에 봉황이 하늘[上帝]의 명을 받
아 땅에 내려왔다는 말이 있다. 우리도 조선시대에 임금에
견주었고 오늘날에는 대통령 문장(紋章)으로 쓴다. 솥의 봉
황은 신비한 힘을 빌어서 악귀를 쫓기 위한 것이다(함양시
박물관).

사진 21

〈사진 20〉은 춘추시대(전 770~전 403)의 절곡문동정(竊
曲紋銅鼎)이다. 절곡의 절은 쌀[米]이 구멍[穴]에서 나오듯이
도둑이 안에서 나온다는 뜻이며, 이에 곡(曲)이 붙어서 구
불구불 끝없이 이어나가는 것을 나타낸다(사진 21).

사진 22

실제로 양 끝에서 갈고리 또는 S자꼴로 이어나가는
이 무늬는 앞의 도철문의 뒤를 밟아 춘추전국시대에 퍼졌
다. 몸통뿐 아니라 발에도 무늬를 베풀었다(함양시 박물관).

〈사진 22〉도 앞과 같은 시기의 반리문정(蟠螭紋鼎)이다.
반리의 반은 '서리다', 리는 '뿔 없는 용'의 뜻이다. 흔히 여러
마리의 기룡(夔龍)이 머리와 꼬리를 꿈틀거려서 서로 얽힌
모양을 이루며 춘추전국시대에 퍼졌다. 밖으로 휜 손잡이와
다리에 놓은 무늬가 그것이다. 무늬도 무늬려니와 소댕 네
곳에 앉은 네 마리의 사슴도 볼거리이다. 꾸밈 외에 손잡이
구실도 하였을 것이다. 둥근 몸통은 넉넉한 여유를 보인다(대당 서시박물관).

사진 23

〈사진 23〉은 섬서성 함양시 전국시대 무덤에서 나왔다. 금과 은의 번개와 구름무늬를

가득 채운[錯金銀銅鼎] 희귀품으로, 몸 양쪽에 긴네모꼴 귀를 붙이고 소댕 세 곳에 꼭지 달린 고리를 달았다. 소댕이 이처럼 제 모습대로 나온 일은 아주 드물다. 다리 위에 악귀를 제압하는 짐승 머리를 붙였다. 소댕이 귀보다 높은 것으로 미루어 옮길 때는 소댕을 벗기고 귀 양쪽에 작대기를 질러서 들거나 메었을 터이지만, 실용품이 아닌 의기(儀器)로서 소댕과 몸이 언제나 한 몸을 이루었을 가능성이 더 높다.

사진 24

〈사진 24〉는 매우 드문 전국시대 솥이다. 대당 서시 박물관에서 새 소댕 병[鳥盖瓠壺]이라고 적은 것은 어울리지 않는다. 주둥이 구실을 하는 닭이 소댕이 아닌 몸통 위에 달리고 형태도 입이 큰 솥[鍑]을 연상시키며, 고구려 유적에서 나온 것[鐵製鍑]과 아주 닮은 까닭이다(☞ 440쪽 사진 58). 소댕에 고리를 붙이고 고리를 걸어서 몸체에서 떨어지지 않도록 한 것이나, 손잡이가 지나칠 정도로 굵은 것도 돋보인다. 배가 부른 데다가 다리가 짧고 굵어서 더할 수 없는 안정감을 준다.

사진 25

〈사진 25〉는 호남성 장사시(長沙市) 교외 마왕퇴(馬王堆)의 한대 무덤에서 나온 운문칠정(雲紋漆鼎)이다. 칠 위에 덧놓은 구름무늬는 눈을 떼기 어려울 만큼 현란하다. 겉은 흑칠, 안은 홍칠, 다리는 주칠을 베풀었으며 둥근 공을 연상시키는 몸체 양쪽에 달린 귀(손잡이)는 위로 솟았다. 소댕에 회오리 모양의 구름무늬를 뒤덮고, 입술 아래에 마름[菱]무늬를 놓았지만 대체적인 형태는 앞의 것을 닮았다. 다리에 보이는 짐승 얼굴의 두 눈·콧마루·콧구멍은 사람을 닮았다(그림 2).

〈사진 26〉은 산동성 장구시(章口市) 낙장(洛庄)의 서한 시대(전 202~전 9) 무덤 출토품으로[靑銅鉉汶鼎] 귀

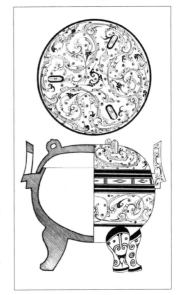

그림 2

가 앞의 것들처럼 위로 붙었다. 주걱을 연상시키는 발은 안정감이 넘친다. 배에 붙은 작은 전은 위아래 짝을 이어 붙인 자취일 터이다(산동성박물관).

〈사진 27〉은 섬서성 보계시(寶鷄市)에서 나온 서주(西周 전 11세기~전 771) 초기의 네모솥[伯方鼎]이다. 양쪽에 기름한 귀를 붙이고 아래에 짐승 발을 달았으며 사면에 기룡문(夔龍紋)을 베푼 명작이다.

사진 26

사진 27

한국(가마솥)- 검은 쇠

1)《어원사전》설명이다.

'가마'는 '검다'의 변종인 '감다'의 어간 'ㄱᄆ'에 어원을 둔 단어로 원래 '검은 것'이라는 뜻을 가지고 있었다. 15세기에 나온《용비어천가》에서 웅진(熊津)을 '고마ᄂᆞᄅ'라 하였고, 삼국시대에는 '고마'의 표기를 '금마(金馬)·고마(古馬)'라 하였는데 '가마'나 '고마'는 다 'ㄱᄆ'에서 온 것으로 '검은 것'이라는 뜻이다. 결국 밥 짓는 도구를 이르는 가마란 말은 그 색깔에 의해 붙은 이름이다.

'가마'를 '솥'이라고도 하는데《훈몽자회》에는 이 두 말이 다 쓰이고 있다. 이 책의 '솥(솓 鼎뎡)'은 쇠의 옛날 말 '소'와 같은 말인데 합성어를 이루는 과정에서 'ㄷ'이 끼어든 것이다. '쇠시랑'을《훈몽자회》에서는 '쇼시랑'이라 하였다.

결국 '솥'이란 말은 '쇠'에 어원을 둔 단어로서 그것이 만들어진 재료에 의해 붙은 이름이다. '솥뚜껑'을 사투리들에서 '소더깨·소둥깨·소두껑'이라고 하는데 이것들은 '솥덮개'란 말이 변한 것이다.

작은 솥을 '노구솥'이라고 하는 것은 이것이 본래 놋쇠로 만들어진 데로부터 붙은 이름이기 때문이다. 큰 솥을 '지비기'라고 하는데 이것은 '자배기'란 말에서 온 것이다. 자배기란 아가리가 쩍 벌어지고 둥글넓적한 질그릇의 하나이다. 일부 지방에서 크게 생긴 솥을 지비기라고 하는데 이것은 솥을 먼 옛날에는 자배기와 같은 질그릇으로 만들었다는 것을 말해준다. 그 후 청동기시

| 사진 28 | 사진 29 | 사진 30 |

기에 놋으로 만들어졌기 때문에 오늘 '노구솥·가마·지비기'란 말이 다 쓰이는 것이다. 전이 없는 솥을 '다갈솥'이라고 하는데 이것은 다갈망치처럼 동그스름한 데로부터 불린 이름이다. 오늘날 사투리에서 솥 일반을 '다가리'라고 하는 것은 옛날에 솥이 닭알처럼 동그스름하게 생긴 데서 불린 것이다(1989 ; 3~5).

'가마'가 '검다'는 말에서 왔는지 의문이지만, 솥의 뿌리가 쇠라는 말은 그럴듯하다(사진 28).

그러나 '솥뚜껑' 운운한 대목은 잘못이다. 솥뚜껑을 이르는 '소댕'이라는 말이 있는 줄 모른 것이다. 소더께·소둥깨·소두껑이라는 사투리도 마찬가지이다. 혼인 따위의 큰일 때는 〈사진 29〉처럼 소댕을 잦혀놓고 번철(燔鐵) 삼아 빈대떡이나 전유어 따위를 부쳤으며 이를 '소댕질'이라 한다. 강원도 화전놀이 노래(〈태장봉 화전가고〉)에 '더듬더듬 태장봉을 올라가서, 소두뱅이 높이 걸고 맑은 기름 쏟아 붇고 꽃 적을 지질 적에'라는 대목이 있다. 소두뱅이는 소댕의 강원도 사투리이며, 적(炙)은 고기 따위를 굽는 것을 가리킨다.

〈사진 30〉은 소댕을 화로에 그대로 올려놓고 삼겹살 따위의 돼지고기를 굽는 모습이다. 기름이 소댕 어깨를 타고 아래로 흘러내려서 아주 편리하다.

2) 가마의 용례이다.

---

① 쏘 難陀 ᄃᆞ려다가 地獄ᄋᆞᆯ 뵈시니 가마돌해 사ᄅᆞᄆᆞᆯ 녀허 두고 글효ᄃᆡ ᄒᆞᆫ 가마애 뷘 므를 글히더니(《월인석보》 7 ; 13)

371

1 — 어원

(또 난타를 데려다가 지옥을 보이시니 가마들에 사람을 넣고 이르되 한 가마에 물을 끓이라더니)

———————

지옥에서 죄인을 솥에 삶아 죽이는 형벌에 관한 기사이다.

———————

② 블근 약대의 고기롤 프른 가마애 술마내오[紫駝之峰出翠釜] 《두시언해》초 11 ; 17)
(붉은 약대고기를 푸른 가마에 삶아내오)

———————

원문의 '취부(翠釜)'는 '비취색 솥'이라기보다 귀한 솥이라는 뜻인 듯하다.

———————

③ 가마 싯긇고 가마예 블디더 덥거든[刷了鍋着 燒的鍋熱時] 《노걸대번역》상 ; 21)
(가마를 씻고 불을 때서 뜨거워지면)

———————

중국처럼 솥을 양을 재는 잣대로 쓴 보기이다.

———————

④ 金 흔 가매 나니[見黃金一釜] 《삼강오륜행실도》효 ; 12)
(금이 한 가마 나오니)

———————

솥의 기능에 대한 설명이다.

———————

⑤ 鑊 솥확 又 가마 확 釜 가마 부 鍋 가마 과 漢俗時用 鶯 가마 심 錡 가마 긔 《훈몽자회》초 중 ; 6)
(확 솥 확 또 가마 확 부 가마 부 과 가마 과 중국에서 쓰는 심 가마 심 기 가마 기)

———————

이 책이 중국어 교습서인 까닭에 부(釜) 대신 과(鍋)로 적었다. '가마 과(鍋)'는 바닥이 동 글납작한 데서 우리 옛 분네들은 흔히 노구솥으로 새겼다. '가매'는 17세기에도 썼다. 《음식디 미방》에 '혹 가매거나 큰 소치어나'라는 말이 그것이다(〈양숙[牛肉鉼]〉).

질솥을 질가마라고도 일렀다.

김광욱(金光煜 1580~1656)의 시조이다.

질가마 좋이 씻고 바위 아래 샘물 길어

팥죽 달게 쓰고 저리지이 끄어내니

세상에 이 두 맛이야 남이 알까 하노라

《고시조 대전》2012 ; 967)

조선 태종 때는 임금 사냥터의 조리사를 화정(火鼎)이라 불렀다.

일본[鼎[카마]·釜[카마]·鍋[나베]]- 한국어

---

1) 카마[鼎]

사토 겐이치로[佐藤健一郎]와 타무라 센지로[田村善次郎]의 설명이다.

934년의 《왜명유취초(倭名類取抄)》는 '釜 和名 賀奈部[카나헤] 一云 末路[마로]賀奈部'라 하여 카마로 읽지 않았다. '카나헤' 또는 '마로카나헤(まろかなへ)'인 것이다. 카나헤는 鼎, 마로카나헤는 환정(丸鼎)일 것이다. 정은 일반적으로 다리가 셋 달린 삶는 기구를 가리킨다. 앞 책의 정(鼎) 항에 '和名 阿之賀奈閉, 三足兩耳'라고 적혔다. 일부러 '아시카나헤'라 하고 또 '三足兩耳[다리 셋에 귀 둘]'라는 주를 붙인 것으로 미루어, 일본말 카나헤는 다리 셋 달린 이른바 정(鼎)만 가리키는 듯하다.

　　앞 책의 카마는 조(竈)이다. 같은 책 '조' 항에 '和名 加萬[카마]'라고 새겼다. 부(釜)와 조(竈)는 형태가 닮고, 둘을 분간하기 어려워서 같이 부르게 되었을 것이다(1996 ; 142).

마로카나헤라는 환정은 발이 없으며 바닥이 얕고 둥글넓적한 냄비[鍋]를 가리킨다(☞ 375쪽 사진 33).

1 — 어원

2) 카마 [釜]

① 아라이 하쿠세키[新井白石 1657~1725]의 설명이다.

사진 31

옛적에 부뚜막을 카마라 하다가 뒤에 솥도 같이 불렀으며, 결국 부뚜막이 카마도가 되었다. (…) 솥을 카마라 이르는 것은 한어(韓語)의 사투리에서 왔다. 지금도 조선에서는 솥을 카마라 부른다[정대성(鄭大聲) 1992 ; 19 (재인용)].

가마가 우리네 사투리라는 대목은 잘못이지만, 그의 말대로 가마는 우리 이름이다. 이밖에 아오모리[青森]현에서는 테지빈(テジビン 鐵甁), 아키타[秋田]현에서는 테지가마(テジガマ 鐵甁)라고도 한다. 간사이[關西]에서는 주위에 전이 달린 솥을 하가마[羽釜·齒釜]라 부른다(사진 31).

② 《사물기원사전》 기사이다.

'카마'는 고대한국에서 쓰던 대로 《연희식》에 카라카마[韓竈]라는 말이 있고[권5 신기(神祇) 5], 천평문서(天平文書)인 《조사소공문(造寺所公文)》에 '조호(竈戶) 한 구[一口]에 6문(文)씩 쳐서 카라카마를 24문에 샀다'고 적혔다. 이 책 와고쿠[和國]의 조(調)에 관한 기사 가운데 '지토사조(贄土師竈) 28짝, 카마토[竈子] 34짝' 운운한 부분은[권24 주계(主計) 상] 와고쿠에 토사솥(土師釜)을 굽는 공인이 많이 산 것을 알리는 듯하다.

쇠솥은 다리 셋 달린 정(鼎)의 발전형이라고 하므로 중국대륙에서 들어온 것은 의심의 여지가 없다. 연대는 잘 모르지만 나라[奈良]시대(710~784)에 널리 퍼졌다(2001 ; 77~78).

《연희식》의 카라카마를 들며 중국대륙에서 온 것이 틀림없다고 한 것은 옳지 않다. 그는 카라카마를 한데부엌으로 본 듯하나, 발 달린 솥도 한국에서 들어갔다. '와고쿠의 토사솥쟁이'는 바로 일본에서 건너간 우리 겨레이다. '천평문서'의 천평은 729년이다.

3) 나베

①《일본어원사전》설명이다.

안주[肴]를 익히는 질그릇[瓮]으로 먹거리를 찌거나 볶는다. 대체로 둥글며 바닥이 솥보다 얇고 소댕 외에 손잡이[把手]와 반달꼴 손잡이[鉉]가 달렸다.

　　㉠ 나베[ナベ 魚瓮·어채옹(魚菜瓮)]의 뜻이다《箋注和名抄》·《雅言考》·《名言通》·《和訓栞》·《大言海》).

　　㉡ 나헤(ナヘ 肴瓮)의 뜻이다《岩波古語辭典》).

　　㉢ 카나헤(カナヘ 金鍋·鼎)의 상략(上略)이다《日本釋名》·《祝詞考》·《語源私臆抄》).

　　㉣ 카나나헤(カナナヘ 鐵堝)의 약이다《言元梯》).

　　㉤ 나(ナ)는 가운데, 헤(ヘ)는 격(隔)의 뜻으로, 가운데에 담은 것을 다른 것과 나누는 기구인 데서 왔다《東雅》).

　　㉥ 니헤(ニヘ 煮瓶)의 뜻이다《言元梯》).

냄비는 생김에 따라 큰냄비[大鍋]·중간냄비[中鍋]·작은냄비[小鍋]·깊은냄비[深鍋]·얕은냄비[淺鍋]·귀냄비[鉉付鍋]·안귀냄비[內耳鍋]라 부르며, 쓰임에 따라 중국냄비[中華鍋]·국물냄비[汁跨]·죽냄비[粥鍋]·칭기즈칸(ジンギスカン)냄비·전골냄비[スキヤキ鍋]로 나누고, 만든 재료에 따라 쇠냄비[鐵鍋]·놋냄비[眞鍮鍋]·알루미늄냄비·호로[ホーロ-]냄비·유리냄비·질냄비[土鍋]·종이냄비[紙鍋]라 한다.

사진 32

이 밖에 사람 이름에서 온 유키후라냄비[行平鍋 설평(雪平)이라고도 한다]는(長井亞弓 2014 ; 172), 곱돌처럼 천천히 달아오르는 대신 온기가 오래도록 남아서 죽이나 미음을 끓이기 알맞다. 이 냄비(소댕·손잡이·입이 달렸다)는 가인(歌人)이자 공경(公卿)인 아리카라노 유키후라[在原行平 818~893]가 스마[須磨]에서 소금 굽는 해녀와 가까이 지낸 고사에서 왔다.

동북지방에서는 끓이는 음식 양에 따라 이인분냄비[ニンマイ鍋]·삼인분냄비[ゴンマイ鍋]라 한다. 한편, 반달꼴 쇠줄

사진 33

손잡이가 달린 것은 손잡이냄비[쓰루쓰키나베 つるつきなべ](사진 32), 음식을 볶는 데 쓰는 바닥이 얇고 평평한 것은 지짐냄비[いりなべ]라 이른다(사진 33).

② 카노우 도시쓰구[狩野敏次]의 설명이다.

《화명유취초》에 '부(釜)는 카나헤[賀名閉] 또는 마로카나헤[末路賀奈倍]라 한다'고 적혀서, 당시 솥을 카나헤[賀名閉] 또는 마로카나헤[末路賀奈倍]라 부른 것을 알 수 있다. '카나'는 쇠, 마로는 '둥글다[丸]'의 고형이다. 따라서 카나헤는 쇠 '헤[瓮]', 마로카나헤는 '둥근 쇠 헤'라는 뜻이다.

또 나베[鍋 ナベ]를 카나나헤[賀奈奈閉]라 한다. 이는 '나(ナ)'를 넣는 '쇠 헤[瓮]'라는 의미이며 '나'는 생선·고기·야채 따위의 부식물 전체를 가리키므로 카나나헤는 '부식물을 넣는 쇠 그릇'이 된다. 따라서 '헤'는 솥[釜]과 냄비[鍋]를 포함하는 용기 일반을 일컫는다. 카마도(부뚜막)도 옛적에는 '헤'라 불렀으며 소릿값도 같았다(2002 ; 123).

냄비는 부뚜막에 붙박는 솥[釜]과 달리 들어 옮길 수 있어 화덕·화로·풍로 따위에도 얹으며 부뚜막에서도 더러 쓴다. 한 부뚜막에 둘을 거는 경우 밥은 솥에 끓이고 냄비에는 남새를 볶는다. 오키나와제도에 오직 냄비만 있는 것은 부뚜막 시설이 발달하지 않는 탓이다.

동성연애자들의 남자 상대도 솥[おかま]이라 부른다. 그 모습이 둥근 데서 엉덩이를 가리키게 되었고 이에서 남색의 남자나 그 상대의 대명사로 굳어졌다.

왕권의 상징- 중국

부뚜막의 솥 구멍을 눈[眼]에 비겨서 하나짜리는 한눈박이[單眼竈], 둘은 두눈박이[兩眼竈], 셋은 세눈박이[三眼竈]라 한다. 하나짜리는 외눈박이[獨眼] 또는 외눈부뚜막[獨眼竈]이라고도 부른다. 오키나와제도에도 비슷한 말이 있다.

고대에는 쌀을 솥에 삶지 않고 쪄 먹었다.《세설신어(世說新語)》 기사이다.

진태구(陳太丘)집에 손님이 묵자 두 아들이 밥 지을 준비를 하였다. 손님과 아비의 담론을 엿듣던 둘은 솥 바닥에 발 까는 것을 잊고 쌀을 쏟아 부었다. 밥이 아니라 죽이 된 것을 본 아비가 까닭을 묻자 사실을 털어놓았다. '우리 이야기를 알아들었느냐?'는 물음에 '어렴풋이 알았습니다' 하였고, 둘의 말에 빠진 것이 하나도 없는 것을 안 아비는 '죽도 좋다. 꼭 밥을 먹어야 할 까닭이 무엇이냐'며 칭찬을 늘어놓았다(《숙혜(夙慧)》 제12).

솥 바닥에 발을 깔지 않아서 쌀이 모두 물에 잠긴 탓에 죽이 되었다는 뜻이다.

섬서성 고원의 편마암(片麻巖) 분포 지역에서는 돌[板石]소댕을 쓴다. 구환흥의 보고이다.

돌널 광산이 인근에 있는 데다가 마을에서 모두 돌을 다루는 덕분에 항아리 뚜껑도 돌널이다. 따라서 방에서 놀던 아이가 부뚜막에 올라가 솥에 빠질 염려가 없다. 돌이 나지 않는 고장에서 부뚜막 주변에 나무 울[炕圈子] 치는 것을 보면 아이가 자주 다치는 것이 분명하다. 또 돌소댕은 솥의 열을 받아 뜨거워지므로 마른 두부나 얇게 썬 감자를 익히고 젖은 옷도 말린다. 열 때는 들어 올리지 못하고 옆으로 밀어서 부뚜막 선반 옆에 걸쳐둔다(2002 ; 26~27).

사고를 막으려고 울을 친다는 말은 처음이며 옛 기록에도 없는 점에서 특정 지역의 일인 듯하다. 오늘날 우리 음식점에서 돼지 삼겹살을 소댕에 굽듯이 두부나 감자를 익혔다니 매우 편리하다.

소댕은 쇠붙이가 대부분이다. 〈사진 34〉의 전국시대 소댕 형태는 아주 특이하다. 소댕은 한 끝이 굽어서 거의 반드시 솥 어깨를 감싸 안게 마련임에도 이것은 바닥이 평평해서 우물 뚜껑처럼 보인다. 손잡이 고리

사진 34

넷을 마름모꼴로 세운 것도 예사 소댕과 전혀 다르다. 유례를 찾기 어려운 귀한 소댕이다(섬서 역사박물관). 솥이 워낙 크면 우리처럼 반달꼴로 짠 널소댕으로 덮는다.

1) 솥(鼎)은 신령스럽다.

① 《중국신화전설》 기사이다.

황제(黃帝)는 사람들이 캐 온 수산(首山)의 구리를 형산(荊山)으로 옮겨서 높이 한 길 세 치에, 곡식 열 섬이 더 들어가는 큰 솥(寶鼎)을 구웠다. 이때 범과 표범을 비롯하여, 하늘의 날짐승이 모여들어 풀무와 불꽃을 지켰다. 솥 둘레에 구름을 뚫고 날아오르는 용과 온갖 동물들을 새겼으며, 황제가 베푼 잔치에 하늘의 신들과 사방의 백성들이 모여들었다(권3 〈황염편〉).

이에 대한 《사기》의 기사이다.

솥을 구운 황제는 턱수염(胡髥)을 드리우며 자신을 맞으러온 용을 타고 여러 신하 및 후궁 70여명과 하늘로 올라갔다. 따라 오르려던 남은 소신(小臣)들이 용의 턱수염을 당기는 바람에 뽑히면서 황제의 활과 함께 땅에 떨어졌다. 황제가 이미 하늘에 오른 것을 안 백성들은 활과 턱수염을 안고 울부짖었으며, 뒤에 그곳을 정호(鼎湖), 활을 오호(烏號)라 불렀다(권28 〈봉선서(封禪書)〉).

황제가 신하들과 함께 용을 타고 하늘에 오른 것은 솥 굽는 큰일을 마치고 자신의 고장으로 돌아간 것을 가리키며, 백성들이 그의 턱수염과 활을 안고 울부짖은 것은 그가 끼친 큰 덕을 사모한 것을 알려준다.

고려 이제현(李齊賢 1287~1367)은 이를 두고 '황제가 선약 달였다는 이곳[見說軒黃茶鍛鍊] / 용 타고 떠난 뒤 소식 끊겼네[乘龍一去杳難登] / 정호의 물 맑고 한가로운데[鼎湖流水自淸閑] / 부질없이 그가 남긴 활 당겨 보네[空把遺弓號地上]'라고 하여(《황제가 구은 솥[黃帝鑄鼎原]》) 세상사의 덧없음을 한탄하였다.

한편 황제를 장사 지낸 교산(橋山)에서 나온 관에 오직 칼만 들어 있었던 데서, 뒤에는 임금의 갑작스런 죽음을 정호라 불렀다. 조선 세조(1417~1468)를 위한 애책문(哀册文)에도 같은 말이 들어 있다.

아아! 슬프옵니다. (…) 정호에 활을 버리고 교산에서 빛을 거둔 듯합니다. 상고(喪考)를 슬퍼하여 수레를 붙들고 호곡(號哭)하옵고, 유곡(孺哭)을 애통하여 오열(嗚咽)하옵니다. (…) 백운(白雲)을 타시고 제향(帝鄉)으로 가시옵니까?[《세조실록》 14년(1468) 11월 28일]

---

②《중국신화전설》 기사이다.

천자 우는 구주의 주목(州牧)들이 바친 구리와 쇠를 모아 황제처럼 형산에서 큰 솥 아홉 짝을 구웠다. 매우 무거워서 9만 명이 들어야 겨우 움직일 정도였다. 솥에 구주 여러 곳의 사나운 짐승·귀신·요괴를 새긴 덕분에 숲이나 늪지대에서 돌의 정령이나 악귀들이 나그네에게 다가서지 않았다(권6 〈예우편〉).

앞의 황제 기사와 닮았다. 하의 우가 솥을 마련한 목적은 솥에 백성에게 해를 끼칠

사진 35

동물들을 새겨서 위험을 없애려는 데 있었지만 장식 효과도 거두었다.

〈사진 35〉는 하남성 석천(淅川)에서 나온 주나라(전 10세기쯤~전 256) 솥으로, 앞에서 든 구정(九鼎) 가운데 하나로 알려졌다. 이를 열정(列鼎)이라고 부르는 것은 권력이나 사회계층에 따라 솥을 늘어놓고 음식을 먹는 수를 제한한 데서 왔다. 〈그림 3〉(섬서 역사박물관)과 〈표 1〉이 그 내용이다.

그림 3

표 1

계급	솥의 수	음식
주천자(周天子)	아홉	소·양·애저(乳猪)·물고기·말린 고기·위[腹]·돼지고기·생선·신선하게 말린 고기
제후	일곱	소·양·애저·물고기·말린 고기·위·돼지고기
경대부(卿大夫)	다섯	양·애저·물고기·말린 고기·위
고급 관리	셋	애저·물고기·말린 고기
하급 관리	하나	말린 고기

③《수신기(搜神記)》 기사이다.

한(漢) 무제(전 142~전 87)가 (…) 여강군(廬江郡) 곽산(霍山)에서 제사 지낼 때 물이 없었다. 마침 사당에 40곡(斛)들이의 다리 없는 솥 네 짝이 보였다. 이에 저절로 물이 가득 차더니 제사가 끝나자 다시 텅 비었다. 흙먼지나 가랑잎 따위도 솥을 더럽히지 못하였다. 이 뒤부터 50년 동안 한 해 네 차례 제사를 받들다가 세 번으로 줄이자, 솥 하나가 저절로 깨졌다(권13 〈곽산사확〉).

제사를 한 번 거르자 솥 한 짝이 부서진 것은 솥 자체가 제사를 상징한 물건인 데서 왔다. 솥 한 짝은 곧 제사 한 번을 나타낸다. 그때의 한 곡은 열 말들이이므로 40곡이면 엄청나게 큰 솥이다.

④ 한 무제가 보정(寶鼎)이 나온 해의 연호를 원정(元鼎)으로 바꾸고 원봉(元封) 첫해로 삼았다.

사진 36

그해 가을 어떤 별이 동정(東井)에서 어지럽게 빛나더니, 열흘 뒤 다른 별이 삼능(三能)에서 크게 반짝였다. (…) 관원의 말이다.

"폐하께서 우리 왕조의 봉선(封禪)의식을 창시하신 까닭에 하늘이 덕성(德星)으로 보답하신 것입니다《사기》."

솥의 신령스러움을 알리는 내용이다. 봉선은 제위에 오른 자가 천신과 땅지기[地神]에게 사실을 알리는 제사로, 진(秦)의 시황제(始皇帝)가 전 219년, 산동성 태산(泰山 1532미터)에서 지낸 것이 처음이다. 본디 도교의 불로장생을 기원하는 의식이었으나 무제 때부터 정치적인

사진 37

큰 행사로 바뀐 까닭에 '창시'라 한 것이다. '봉(封)'은 원문(願文)을 적은 옥판을 돌 상자에 넣어 천신에게 바치는 일이고, '선(禪)'은 토단(土壇)을 쌓고 지기에게 비는 것을 가리킨다.

　〈사진 36〉은 태산 꼭대기의 바위에 새긴 황제를 비롯한 여러 사람들의 글씨이다. 이 산은 오늘날에도 신성한 산으로 여겨서 많은 사람들이 올라와 저마다의 소원을 빈다. 〈사진 37〉의 돌문에 '하늘거리[天街]'라고 새겼다.

　《사기》에 태호복희씨(太昊伏羲氏) 대제(大帝)가 구운 보정에 천지만물이 하나로 모이는 통일의 뜻이 들어 있으며, 황제께서 보정 세 짝을 구운 것은 하늘·땅·사람을 나타낸 것이라는 기사가 있다(권28 〈봉선서〉). 태호복희씨는 삼황오제(三皇五帝)의 하나로, 팔괘(八卦)를 처음 내고 여와[女媧]가 창조한 인간에게 문명을 가르쳤다고 한다.

　⑤ 반맹견(班孟堅 32~92)의 시(《寶鼎詩》)이다.

　岳修貢兮川效珍(산악은 공물 키우고 내는 진귀한 보배 바치니)

　吐金景兮歊浮雲(황금빛 솟고 상서로운 구름 피어오르네)

　寶鼎見兮色紛緼(보정 나타나자 오색 아롱지고)

　文煥其炳兮被龍(빛 또한 찬란하여 용무늬 가득 퍼졌도다)

　登祖廟兮享聖神(보정을 종묘에 바쳐 성신께 제사 올리니)

　昭靈德兮彌億年(조상의 훌륭한 덕 억만년까지 빛나리라)

　《완당전집》

'보정을 종묘에 바친 것'은 이에 제물을 담아 선조에게 제사를 지낸다는 뜻이다.

　⑥ 조식(曹植 192~232)의 시 〈세 솥[三鼎贊]〉이다.

　鼎質文精(정교한 솥의 무늬)

　古之神器(옛적 신령한 그릇일세)

　黃帝是鑄(황제께서 구울 때)

　以像太一(천신(天神) 본떴네)

　能輕能重(가볍고 무거움으로)

知凶識吉(길흉 알리다가)

世衰則隱(세상 기울면 사라지고)

世和則出(화평하면 되나오네)

《조자건집(曹子建集)》 권6 〈찬(贊)〉

---

⑦ 《태평광기》 기사이다.

오(吳)왕 부차(夫差 ?~전 473)는 검둥개 세 마리가 이리저리 뛰는 중에 밥 짓는 부뚜막에서 연기가 나지 않는 꿈을 꾸었다. 그의 부름을 받은 공손성(公孫聖)은 아내에게 '악몽 때문에 나를 불렀으니 틀림없이 내 목을 벨 것이오' 하였다. 그의 해몽이다.

"개가 짖은 것은 종묘에 주인이 없고, 연기가 나지 않은 것은 먹지 못한다는 뜻이므로 왕께서 나라를 잃을 것입니다."

오는 마침내 월(越)에 망했다(12 〈오부차〉).

⑧ 《태평광기》 기사이다.

위(魏) 안평태수(安平太守) 왕기(王基)는 집에서 여러 가지 이상할 일이 벌어지자 점쟁이 관로(管輅)를 찾았다. 그의 말이다.

"미천한 여인의 갓난아이가 부엌 아궁이에서 타 죽은 괘가 나왔습니다. (…) 이는 아이가 스스로 걸어간 것이 아니라 불의 정령이 낀 탓입니다. (…) 은(殷)의 무정(武丁 전 1250쯤~전 1192쯤)이 제사에 쓴 솥은 꿩이 날아와 울 데가 아니며, 중종 태무(太戊)가 나랏일을 본 조정의 섬돌은 뽕나무 자랄 곳이 아닙니다. 그러나 꿩이 한 번 울자 무정은 현명한 군주 고종으로 바뀌었고, 섬돌에서 뽕나무가 자란 덕분에 나라가 크게 일어났습니다."(8 〈왕기〉)

제22대 황제 무정은 기울어진 나라를 바로잡으려 하였지만 주위에 인물이 없어 즉위 후 3년 동안 입을 다물었다. 어느 날 밤 꿈에 나타난 사람이 '나 같은 사람을 만나면 뜻을 이루리라' 하였다. 사람을 놓아 찾던 중에 길 닦는 일꾼을 만나 이야기를 나누었더니 바로 그가 성인 부열(傅說)이었다. 그의 보좌에 힘입어 나라가 다시 일어났다. 무정이 제사 지낸 솥에 꿩이 앉은 것은 왕이 그를 찾은 경사를 가리킨다.

갓난아기가 스스로 아궁이로 가서 타 죽었다는 대목은 '불의 정령'보다 부뚜막의 영험을 나타내는 듯하다. 운남성의 소수민족은 아기가 태어나면 솥을 떼고 아기를 그 구멍에 넣어서 아궁이로 꺼내는 의례를 치른다.

사진 38

⑨ 위(魏) 문제(文帝 220~226)가 《전론(典論)》에 《묵자》의 기사를 옮긴 대목이다.

옛적에 비렴(飛廉)이 우(禹)의 아들 하후계(夏后啓)의 명을 받아 금을 캐러갔다가 갖은 정성을 다한 끝에 곤오산(昆吾山)에서 솥을 구웠다. 옹을(翁乙)에게 거북이를 땔감으로 쓰라고 이르자 다리 넷 달린 네모반듯한 솥[方鼎]이 나왔다. 불을 때지 않아도 저절로 끓고, 불을 끄지 않아도 저절로 식으며, 들지 않아도 저절로 움직였다.

방정은 주로 은을 거쳐 서주(西周) 전기 사이에 퍼졌다. 네모 몸통에 다리 넷과 귀가 달린 솥으로 특히 은에서는 이기(彝器) 가운데 첫손에 꼽았다. 하남성 정주(鄭州)에서 나온 은대 중기의 도철백유문방정(饕餮白乳紋方鼎)과 안양무관촌(安陽武官村)의 사모무정 따위는 높이 1미터에 이른다. 옮길 때는 두 귀 사이에 작대기를 꿰고 들거나 메었다.

〈사진 38〉은 섬서성 기산현(岐山縣)에서 나온 서주(西周) 말기(전 11세기~전 10세기)의 외숙정(外叔鼎)이다. '외숙'은 솥 안에 새긴 구운 사람의 이름이다(안쪽 위로 글자의 일부가 보인다). 그는 꽤나 유능한 장인이었던 모양으로 그의 외숙정은 여러 곳에 남아 있다. 솥 몸통 위에 기(夔)의 얼굴을, 아래쪽에 둥근 돌기를 붙이고 다리에 악귀 쫓는 짐승 얼굴을 새겼다(섬서 역사박물관).

《맹자》에 주공이 무왕을 도와 주(紂)를 죽이고, 은나라 정벌 3년 만에 임금의 목을 베고 비렴을 바닷가로 내몰아 죽였다는 기사가 있다(〈등문공(滕文公)〉 하).

⑩ 《태평광기》 기사이다.

전진(前秦) 왕 부견(苻堅) 건원(建元) 5년(369) 장안의 한 나무꾼이 성 남쪽에서 발견한 황금솥

을 바쳤다. 그러나 사람들이 솥을 싣고 도성에 이르자 구리솥으로 바뀌었다(16〈부견〉).

부견은 370년 전연(前燕)과 업(鄴)을 치고 연왕(燕王)과 선비족(鮮卑族) 4만 호(戶)를 장안으로 끌어왔으며, 전량(前凉)은 물론 내몽골 남부까지 손에 넣었다. 또 여광(呂光)이 타림분지 서역의 여러 나라를 아우른 덕분에 위세가 고구려에서 타림 남서부의 호탄까지 울렸다. 이어 372년 순도(順道)를 고구려에 보내 불교를 전한 공적도 쌓았지만, 385년 후진(後秦)의 요장(姚萇)에게 잡혀 목숨을 잃었다.

앞 기사의 황금솥은 전반의 성공을 나타내고, 구리솥은 그의 죽음을 예고한 셈이다.

⑪ 당 손유지(孫柔之)의 《응서도(應瑞圖)》 기사이다.

신정(神鼎)은 문(文)과 무(武)의 정수이다. 그것은 길흉과 존망을 알며, 무겁고 가벼움, 쉼과 움직임이 자유롭다. 불을 때지 않아도 스스로 끓고, 물을 붓지 않아도 스스로 차며, 다섯 가지 맛이 그 안에서 우러난다. 왕도가 성하면 나타나고 쇠하면 사라진다.

솥이 지닌 신령스러움을 알리는 외에 이것이 국운과 직결된 사실을 일깨운다.

⑫ 《오잡조》 기사이다.

송 숭령(崇寧) 연간(1102~1106)에 많은 황금과 구주의 물과 흙을 모아 구정(九鼎)을 구워 구성궁[九成宮 섬서성 보계시(寶鷄市) 인유현(麟游縣)]에 두고 천자가 절을 올렸다. 그러나 북방의 보정(寶鼎)이 있는 곳으로 가져가자 갑자기 물이 샜다.

유병류(劉炳謬)는 '진북(眞北)은 연산(燕山 북경)의 방각(方角)에 해당함에도 물과 흙을 웅주(雄州 하북성 보정시 웅현)의 경계에서 가져온 탓이라' 하였다. 과연 북방에서 난리가 터졌다(권4〈지부(地部)〉2).

사진 39

송대에도 구정을 구웠고 여전히 신령스럽게 여긴 사실

을 알려준다. 제왕의 운명이나 국운 따위를 정운(鼎運), 제왕의 지위를 정조(鼎祚) 또는 정명(鼎命), 도읍 정하기를 정정(定鼎)이라 한다.

〈사진 39〉는 섬서성 미현(眉縣)에서 나온 서주 말기의 솥으로 안쪽에 글자 280개를 새겼다. 주왕의 책봉을 기리는 동시에 그의 미덕을 찬양하고 나아가 하늘로 떠난 조상의 위대한 영혼을 읊조린 내용이다. 몸통은 물론이고 발에도 기룡문을 가득 베풀었다(섬서 역사박물관).

⑬《태평광기》기사이다.

송 원휘(元徽) 연간(473~477)에 등경직(滕景直)의 하녀가 밥 지을 때 가마솥에서 천둥소리가

나서 그가 식구들과 다가갔더니 소리가 더 커졌다. 소댕을 열자 그 안에 핀 꽃 수십 송이가 점점

커지며 붉은 연꽃을 이루다가 곧 시들었다. 열흘 뒤 그는 병들어 죽었다(6〈등경직〉).

솥에서 천둥소리가 난 것이나 그 안의 연꽃이 순식간에 시든 것 따위는 불길한 징조이지만, 솥에서 난 큰 소리는 이와 연관이 없는 자연현상일 뿐이다.

⑭《태평광기》기사이다.

광주(廣州) 칠층사(七層寺)에 있던 등경정(滕景貞)이 당 영휘(永徽) 연간(650~655)에 벼슬이 떨

어졌다. 여종이 밥 짓는 중에 솥에서 갑자기 천둥소리가 나더니 쌀알이 부글부글 끓어올랐다. 그

가 다가가자 소리가 더 커지면서 시루 위로 연꽃 모양의 적금(赤金)처럼 붉은 꽃 수십 송이가 피

었다가 곧 시들었다.

　　그는 열흘 뒤 죽었다(15〈등경정〉).

시대만 다를 뿐 나머지는 앞의 ⑬과 거의 같다. 같은 사람이 겪은 내용을 거듭 적은 듯하다. 무슨 까닭인지《유양잡조》에는 그가 죽었다는 대목이 없다(권10〈물이(物異)〉).

⑮《태평광기》기사이다.

북제(北齊)의 고환(高歡 496~547)을 죽이려던 동위(東魏) 임주(任胄)의 목이 잘렸다. 난데없이

그의 머리가 밥솥 위에 얹힌 것을 본 아내가 사람을 부르자 사라졌다. 식구들은 얼마 뒤 그의 죽음을 알았다(14〈임주〉).

밥솥 위의 머리가 사라진 것은 비정상적인 일인 데서, 남편의 죽음을 예고한 것이다.

⑯《태평광기》 기사이다.

당 문종(文宗 827~840)이 조야에서 불법(佛法) 퍼뜨리는 종을 내치라고 한 날, 주방 상식(尙食)이 수라에 올릴 달걀을 솥에 삶았다. 갑자기 속에서 소리가 나서 다가섰더니 달걀들이 호소하듯 애절하게 〈관세음보살〉을 읊조렸다. 이를 들은 황제는 부처의 힘이 이처럼 큰 줄 몰랐다며 여러 군국의 정사(精舍)에 관세음보살상을 마련하라 일렀다(5〈달걀〉).

상식은 진(秦)대부터 황제의 식사를 맡은 벼슬아치이다. 고려에도 있었으며(女官), 조선에서는 종5품(從五品)의 여관을 이렇게 불렀다. 솥이 우는 자연현상을 달걀이 관세음보살을 읊조린다고 잘못 안 것이다.

⑰《태평광기》 기사이다.

당의 병부상서 이강(李岡)이 갑자기 죽었다가 사흘 만에 되살아났다.
"꿈에 대장군에게 끌려갔더니 문서를 살핀 끝에 잘못이라 하였습니다. 얼마 뒤 옥졸이 쇠구슬 여러 개가 놓인 쟁반을 가져오고, 다시 솥을 들고 와 마당에 놓자마자 저절로 불이 일고 그 안에서 구리물이 펄펄 끓었습니다." (…) (5〈이강〉)

솥의 구리물이 펄펄 끓는 곳은 지옥이다. 불교에서는 죄인을 지옥의 솥에 삶는다고 일깨운다.

⑱《태평광기》 기사이다.

당의 양숭의(梁崇義)가 양주(襄州)에서 난리를 겪기 전, 소장(小將) 손함(孫咸)이 갑자기 죽었다

가 이틀 뒤 살아났다.

　　"지옥문에 이르자 불꽃이 거세게 타오르고 천둥이 울리며 번개가 쳐서 겁이 났습니다. 또 가마솥을 들여다보는 중에 물방울이 왼쪽 정강이로 튀어 뼈 속까지 아팠습니다. 지장왕(地藏王)은 나를 돌려보내며 저승 일을 입에 올리지 말라고 일렀습니다(5 〈손함〉).

이 또한 지옥의 죄인 형벌이다.

⑲《태평광기》기사이다.

당 고종(650~683)의 사촌 거주자사(渠州刺史) 이황(李黃)은 쥐구멍에서 나온 키 10센티미터쯤의 난쟁이가 비로 구멍 앞을 쓸다가 되들어가는 것을 보았다. 이번에는 같은 사람들이 솥에 밥 지을 때, 야차(夜叉)가 나타나 작살로 찍었다. 자주색 도포를 걸치고 상아홀을 든 야차는 바로 이황 자신이었다. 야차가 꾸짖으며 옷을 벗기고 솥에 넣었더니 난쟁이는 다시 나와 옷을 입고 쥐구멍으로 들어갔다.

　　악주(岳州)에 사는 그의 첩도 불속에서 같은 과정을 거쳤다. (…) 같은 일이 며칠 이어져서 겁난 이황이 첩의 소식을 물었지만 탈이 없었다. 그네는 서너 해 뒤, 그는 십여 년 뒤 죽었다(15 〈이황〉).

　　당 고종(650~683) 때 그의 사촌 이완(李綬) 및 이황 형제가 죄를 얻어 신라로 왔다. 이완의 세 아들[지춘(枝春)·엽춘(葉春)·화춘(花春)]이 왜구를 무찌른 공로를 세우자 경문왕(861~875)은 안성(安姓)이라는 성을 주고 죽산군(竹山君) 및 광주군(廣州君)에 봉하였다. 이들은 이름을 방준(邦俊)·방걸(邦傑)·방협(邦俠)으로 바꾸었으며, 광주군 안방협은 광주 안씨의 시조가 되었고, 순흥 안씨 시조 안자미(安子美)도 그의 후손이다. 한편, 이황의 후손도 고성 이씨 일가를 이루었다고 한다. 광주 안씨 족보의 기사이다.

⑳《태평광기》기사이다.

　　당 초주(楚州) 백전현(白田縣)의 무당 설이랑(薛二娘)은 금천대왕(金天大王)을 모셨다. 요괴에게 홀린 심(沈)씨 딸이 불 위를 걷고 물속으로 드나들더니 배가 점점 불렀다. 설이랑은 그네를 벌겋

게 달군 부뚜막 옆에 눕히고 신을 부른 뒤 그 안으로 들어갔다가 나와서 솥을 뒤집어쓰고 춤추며 칼로 겁을 주자 털어놓았다.

"저는 회수(淮水)의 늙은 수달입니다. 제가 새끼를 낳은 뒤 돌려주시면 다시 오지 않겠습니다." (…) (19 〈설이랑〉)

_____

심씨의 딸을 뜨거운 부뚜막 옆에 눕힌 것은 부뚜막의 신통력을 빌어서 혼을 부르기 위함이고, 설이랑이 솥을 뒤집어쓴 것은 솥의 영험을 빌어 잡귀를 쫓기 위한 방편이다.

㉑《태평어람》 기사이다.

_____

초(楚)왕이 미간적(眉間赤)의 머리를 솥에 넣고 사흘 낮밤 불을 지폈음에도 오히려 여러 번 뛰어나와 눈을 부릅뜬 채 굴러다녔다. (…) 한 남자가 '아직도 사악한 기운이 남은 탓입니다. 대왕이 다가가서 들여다보면 위엄에 놀라 달아날 것입니다' 꾀었다.

그가 마지못해 솥 안을 들여다보는 순간, 번개처럼 나타난 검은 옷의 사내가 칼을 휘두른 바람에 목이 잘려 솥으로 떨어졌다. 미간적의 머리가 솟구치더니 왕의 머리를 물어뜯고 왕도 상대의 코를 물고 늘어졌다. (…) 검은 옷의 남자가 자기 목을 치자 그 또한 안으로 들어가 미간적과 함께 왕 머리에 달려들었다. 솥의 물이 석자 높이로 튀어오르며 (…) 불꽃 튀는 싸움이 이레나 이어진 뒤, 머리 셋이 물처럼 퍼졌다. 사람들은 국과 살점 달린 뼈를 셋으로 나누어 묻고 삼왕묘(三王墓)라 불렀다(권364).

_____

㉒ 1100년 무렵 목암선경(睦庵善卿)이 낸《운문록(雲門錄)》에 주석을 붙인《조정사원(祖庭事苑)》의 간추린 기사이다(〈효자전〉).

_____

여름 날 쇠기둥을 껴안았던 초왕의 아내가 임신하여 무쇠 덩이를 낳자 왕이 간장(干將 벼슬이름)에게 칼을 벼르라 일렀다. 3년 만에 암수 두 자루를 얻었으나 수놈은 감추고 나머지만 바쳤다. 왕이 칼집에 넣었더니 밤낮을 가리지 않고 슬피 울었다. 수놈이 그립다는 대답이었다. 잡힐 것을 안 간장은 칼을 집 기둥 안에 감추고 아내[莫耶]에게 이렇게 일렀다.

出戶望(북창에서 해 떠오르자)

南山松生石上(남산의 소나무가 돌 낳으니)

劍在其背(칼 그 뒤에 있구나)

　　뒤에 태어난 아들 미간적이 15세에 아버지 행방을 물은 뒤 칼을 찾아 복수를 결심하였고, 초왕도 그를 잡으려고 현상금을 걸었다. 증산(甑山)의 한 남자가 돕겠다며 미간적의 머리와 칼을 받아서 왕에게 바치고 기름 솥에 삶으라 하였다(《벽암록(碧巖錄)》제100칙 〈파릉 취모검(巴陵吹毛劍)〉에서 재인용).

──────────

　　미간적이 싸움에 질 것을 염려한 남자가 스스로 뛰어들어 도운 덕분에 원수를 갚기는 하였지만, 세 사람의 머리는 물이 되고 말았다는 것이다. 대부분의 복수극은 주인공의 승리로 끝남에도 여기서는 승자, 패자, 가담자 모두가 허공 속으로 사라지고 말았다. 유교에서 강조하는 효심도 마찬가지이다. 불교의 설화답지만 섬뜩한 피비린내가 코끝을 쏘는 듯하다.

　　《태평환우기(太平寰宇記)》는 '현 서남쪽 30리에 있는 큰 못 번확지(飜鑊池)는 미간적의 머리를 삶은 곳으로 가마솥이 뒤집혀서 못이 되었으며 아직도 기름기가 뜬다'는 《군국지(郡國志)》의 기사를 옮겨 실었다(권43 〈임분현(臨汾縣)〉).

　　㉓《태평광기》 기사이다.

──────────

　　명대에 석불사(石佛寺)에서 공부하던 조주(潮州)의 장우(張羽)가 거문고를 타자 동해 용왕의 딸 경련(瓊蓮)이 찾아왔다. 그네는 불에 타지도, 물에 젖지도 않는 손수건을 주며 한가위에 용궁에 와서 구혼하라 일렀다. 그날 파도가 너무 높아 신불에게 기도하였더니 화산(華山)의 모녀선고(毛女仙姑)가 은냄비[銀鍋]·금전(金錢)·쇠국자[鐵杓]를 주며 은냄비에 금전을 넣고 쇠국자로 바닷물을 떠서 끓이되, 한 푼(分) 증발하면 바닷물이 열 길 내려가리라 하였다. 바닷물이 끓어 용궁에 불길이 솟자 왕이 사위로 삼았다.

──────────

　　화가이자 시인 장우(1333~1385)는 1371년 태상시승(太常侍丞)에 올라 한림원동장문연각사(翰林院同掌文淵閣事)를 겸하다가 한 사건에 연루되어 영남(嶺南)으로 쫓겨 가던 중, 복직된 사실을 모르고 용강[龍江 광서성 의산(宜山)현 부근]에 몸을 던졌다. 이는 그의 원혼을 달래려고 지은 듯하다. 화산의 모녀선고가 은냄비와 쇠국자를 준 것은 이들이 신령스럽다는 뜻인가?

㉔《태평광기》 기사이다.

단양(丹陽) 도사 사비(謝非)는 쇠솥을 가지고 집으로 오다가 날이 저물어 산중의 사당으로 가서 '나, 천제의 사자가 하룻밤 묵겠노라' 크게 외쳤다. 그러나 솥을 잃을 것 같아 잠을 이루지 못했다. 이경(二更)에 어떤 이가 '하동(何銅)' 하고 부르더니 물었다.

"사당에서 사람 냄새가 나는데 누구인가?"

"천제의 사자라고 하데."

둘이 돌아간 뒤 또 다른 이가 하동을 불렀고, 앞에서처럼 주고받다가 탄식하며 사라졌다. 이번에는 사비가 하동에게 앞서 온 자들이 누구냐? 묻자, 개울가 굴속의 흰 악어이고 자신은 사당 북쪽 굴의 거북이라 하였다.

그는 주민들에게 사당에 신이 없으며 제물은 모두 거북과 악어들이 먹었으니 가래를 가지고 오라고 소리쳤다. 과연 그들이 잡혀 죽은 뒤 사당도 무너졌지만 탈이 없었다(9〈사비〉).

보통 사람이 아닌 도사가 거북과 악어를 죽이고 사당을 쳐부순 것은 솥이 지닌 영력(靈力) 덕분이라는 뜻이다. 은의 백성들이 7년 동안의 가뭄으로 큰 어려움을 겪을 때 탕(湯)임금이 뽕나무 숲에 세발솥을 놓고 빌자 비가 쏟아졌다고도 한다.

㉕《태평광기》 기사이다.

시어사(侍御史) 부풍(扶風) 장중영(臧仲英) 집에서 밥 짓는 중에 밥에 먼지가 앉고 익은 뒤 솥이 사라졌으며 활을 비롯한 무기들이 걸어 다녔다. 옷상자에 불이 붙어도 안의 옷은 말짱하였고, 한꺼번에 없어졌던 아들·며느리·여종·하인들의 거울이 며칠 뒤 정원으로 떨어지며 '거울을 돌려준다'는 소리가 들렸다. 또 며칠 동안 자취를 감추었던 네 살짜리 손녀가 뒷간 똥통에서 우는 변괴도 일어났다. 이는 마부 개희(蓋喜)와 그의 개가 부린 조화였다(16〈장중영〉).

밥이 익은 뒤 솥이 사라진 것은 여러 가지 괴변이 일어날 조짐이다.

㉖《태평광기》 기사이다.

동래군(東萊郡) 진(陳)씨네는 식구가 백여 명이 넘었다. 어느 날 하인이 솥에 불을 아무리 때도 밥이 끓지 않아 소댕을 열었더니 백발노인이 나왔다. 무당의 말이다.

　　"요물임에 틀림없소. 이로써 화를 입을 터이니 틀에 화살을 꽂아 문 옆 담장에 잔뜩 세우고 문을 단단히 잠근 뒤 밖으로 나오지 마시오."

　　백여 개의 틀을 문 아래에 놓은 뒤, 한 장수가 와서 문을 두드리다가 대답이 없자 군졸들에게 부수라 일렀다. 틀이 있다는 말에 서두르지 않으면 하나도 못 잡아간다며 부추겼다. 부하들이 머뭇거리는 것을 본 그는 '할 수 없다. 북쪽 80리 떨어진 집의 식구 103명을 대신 잡아가자' 하더니 열흘 안에 모두 죽었다. 그 집도 진씨네였다(13〈동래진씨〉).

솥에서 나온 백발노인이 요물이라니 뜻밖이다.

㉗《태평광기》기사이다.

소의종사(昭義從事) 위침(韋琛)이 어릴 적, 학교에서 돌아오자 부뚜막에서 기름이 끓었다. 조금 뒤 솥이 서너 척 크기로 커졌다가 본디 모습으로 바뀌기를 거듭하였다. 바깥채에서 제사 지내던 식구들은 그의 이야기를 믿지 않았다.

　　이번에는 여종이 밥을 짓다가 업고 있던 아이를 솥에 빠뜨렸고 기름이 넘치는 바람에 불길이 솟았다. 모두 불을 잡으려들었지만 더 거세질 뿐이었다. 불이 꺼진 뒤 까맣게 그을린 아이를 본 어미는 곧 죽었다. 이 때문에 그의 집에서는 동지(冬至)를 쇠지 않는다(15〈위침〉).

아기를 등에 업고 부엌에서 일하면 위험하다는 경고이지만, 동지를 쇠지 않는 까닭은 무엇인가?

㉘《태평광기》기사이다.

광주(廣州)의 활 명인이 산에서 번개에 놀라 한 사당으로 들어갔다. 따라 들어온 번개가 불꽃으로 몸을 세 번 감싸는 바람에 무릎 꿇고 빌자, 조금 물러나다가 다시 오더니 또 나갔다. 그제야 그는 신이 자신을 부리려는 것을 알았다.

소리 나는 산 아래에서 번개가 큰 나무를 치고 있었다. 속에서 붉은 옷의 여자가 나오면 멀리 떨어졌다가 그네가 나무로 들어가면 뒤따랐다. 그가 독화살을 날려서 여자를 맞추자 번개는 나무를 뽑아버렸다.

한편, 그의 집 식구들은 번개가 방까지 들어와 괴롭혔으나 큰 탈은 없었고, 솥이 뒤집히면서 바닥에 뜻 모르는 붉은 글씨가 드러났다. 번개 글[雷文]을 아는 도사는 '신을 도운 공을 살려 목숨을 12년 늘려준다'는 내용이라 하였다(5 〈장조〉).

신이 솥을 자신의 뜻을 알리는 기구로 쓴 것이다.

㉙《태평광기》기사이다.

태원(太原)의 장서기(掌書記) 요강성(姚康成)이 견롱(汧隴)에 갔을 때 마침 절도사가 갈리는 참이어서 형군아(刑君牙) 네 방을 빌렸다. 어느 날 잠들었다가 2경에 깨어 밖에서 거닌 뒤 돌아왔더니 사랑채에서 술 마시며 시 짓는 소리가 들렸다. 그가 뛰어난 구절에 놀라 문을 열자 모두 사라졌다. 요괴라 여기고 그럴 만한 곳을 뒤진 결과, 못 쓰는 기장수수 비·쟁개비[鐵銚子]·망가진 피리 따위가 나와서 땅에 묻었다(15 〈요강성〉).

빗자루가 도깨비가 되어 장난치는 일은 우리도 흔하지만 쟁개비에 관한 것은 없다.

㉚《유양잡조》기사이다.

괵주(虢州 하남성 영보현 남쪽) 석성강(石城崗)에 있는 나이 먹은 솥[鑊] 안에서 둘레 여러 길의 나무가 자란다(권10 〈물이〉).

솥의 생명력을 이른 것이다. 확(鑊)은 다리가 달리지 않은 큰 솥으로 팽형(烹刑)을 집행하는 형구로도 썼다. 진의 상앙(商鞅 ?~전 338)이 처음 시작하였다는 말이 있다.

㉛ 조선 순조 때 동지사 서장보(徐長輔)를 따라 연경(燕京)에 간 사람이 남긴 《계산기정(薊山紀程)》기사이다.

사진 40

풍윤(豊潤)의 태학(太學)은 성 동쪽에 있다. 강당 안의 솥은 사묘(寺廟)의 무쇠 화로처럼 크며 귀가 달렸다. 주이존(朱彝尊 1629~1709)은 《일하구문(日下舊聞)》에 '풍윤현 현치(縣治)의 옛 솥은 홍치(弘治) 연간(1488~1505)에 농부가 우물을 파다가 얻었다. 무게 500근으로 배는 둥글며 소댕도 딸렸다. 네 개의 발 위는 소머리이고, 아래는 발굽으로 관지(款識)가 아주 예스럽다. 상대(商代) 것이라고도 한다'고 적었다.

솥 모양은 맞지만 다리는 셋이다. 소댕에 새긴 고전(古篆) 40자의 뜻은 모른다. 진교유(陳敎諭)는 '명대에 우물에서 나온 것으로 다른 곳으로 옮기려다가 너무 무거워 그대로 두었다가 성묘(聖廟)로 보내려 하자 땅에서 떨어졌다는 말이 돈다'고 적었다[제2권 도만(渡灣) 〈풍윤학궁상솥(豊潤學宮商鼎)〉 순조 3년(1803) 12월(4일~24일)].

솥의 신통력을 알리는 기사이다. 풍윤현은 하북성에 있으며 주이존은 17세기 초의 문학자이다. '소댕에 새긴 고전 40자'라는 말은 이해하기 어렵다. 지금까지 출토된 보기가 없기 때문이다. 소댕에 가까운 몸통 위를 가리키는 것이 아닐까?

〈사진 40〉은 운남성 초웅시(楚雄市) 일대의 이족(彝族)이 쓰는 널소댕이다. 따로 깎은 2단 손잡이를 가운데 박고 빠지지 않도록 굵은 쇠못을 가로질렀다. 두 줄의 굵은 철사도 손잡이를 붙박는 구실을 한다.

㉜ 운남성 야오족[瑤族]은 혼인식 날, 대문턱에 냄비를 걸고 기름을 펄펄 끓이다가 신부가 들어오는 순간 술을 조금 부어서 큰 소리를 낸다. 이로써 악귀를 쫓는다는 것이다. 신부는 기름 냄비 옆으로 뛰어넘어 들어온다.

이는 냄비의 영력을 빌려서 신부를 따라온 잡귀를 쫓는 외에, 신부 자신도 뛰어넘음으로써 시집 식구가 되는 징표로 삼는 것이다.

㉝ 동북지역에서 신을 맞을 때, 만두 찌는 냄비 바닥에 엽전 서너 닢을 두었다가 닷새나 보름 뒤에 꺼낸다. 냄비는 보물 그릇[聚寶盆]이므로, 이로써 그해 부자가 된다고 한다(永尾龍造 1940 ; 100).

음식 익히는 냄비가 부자를 만들어준다는 생각은 아주 자연스럽다.

___

㉞ 동북지역에서 정초에 큰 냄비에 음식을 끓이면 그해 곡물의 싹이 누렇게 뜬다며 삼간다. 매일 쓰는 그릇이나 젓가락 따위도 식사 때 외에는 동이나 냄비에 넣는다. 정월에 이들을 씻다가 마구리에 부딪히면 봄철 논밭 갈 때 괭이 날이 부러진다고 여긴다(永尾龍造 1940 ; 614~616).

___

농사를 시작하는 정월이므로 그릇 따위를 조심해서 다루라는 경고이다. 괭이를 많이 쓰는 까닭에 날을 들었다. 우리라면 쟁기 보습을 들었을 것이다.

2) 솥의 발은 신령스럽다.

① 《태평광기》 기사이다.

___

북제(北齊) 무성제(武成帝 561~564) 때, 안양현(安陽縣)의 부자 황씨에게 무당이 재물을 잘 간수하지 않으면 곧 가난뱅이가 된다고 일렀다. 밤마다 지키는 중에 누른 옷차림의 기병대는 북문으로, 흰 옷차림 무리는 서문으로, 푸른 옷차림은 동문으로 나가며 '조우(趙虞)의 집이 얼마나 떨어졌느냐?' 물었다. 무당의 말을 잊었던 식구들은 이들이 금·은·돈인 줄을 뒤늦게 깨달았다. 한참 뒤 땔감을 지고 온 절뚝발이가 또 조우의 집을 묻자 종들이 두들겨 팬 뒤 살펴보았더니 집에서 쓰던 다리 부러진 솥이었다. 이 뒤 황씨네는 가난뱅이가 되고 식구들도 모두 죽었다(15 〈안양황씨〉).

___

조우는 진(晉)나라 무제 사마염(司馬炎 236~290)의 첫 부인 무원황후 양씨(武元皇后 楊氏) 외삼촌으로 저능아 황후의 아들을 태자로 세운 인물이다. 앞의 군사들이 그의 집 위치를 물은 것은 잡아 죽이려는 것인가? 군사들이 재물이라는 말도 이치에 닿지 않는다. 절뚝발이와 다리 부러진 솥은 한 쌍으로 이 때문에 집이 망한 것이다.

② 《태평광기》 기사이다.

___

당의 반역자 이사도(李師道)는 자신의 군사가 관군을 연달아 이기자 더욱 교만해졌다. 어느 날

걸상 앞의 은솥들이 서로 부딪더니 솥 한 짝의 귀와 발이 떨어졌다. 한 달 뒤 부하 유오(劉悟)가 그를 베고 난을 가라앉혔다(6〈이사도〉).

———————

이사도는 고구려 유민 출신 이정기(李正己)의 고손이다. 정기의 아들 납은 782년 11월 운주[산동성 치우(蚩尤)천자의 능이 있는 동평지역]에 대제국 제(齊)를 세웠다. 앞 기사는 그가 당의 행정수도 낙양을 손에 넣은 것을 가리킨다. 정기·납·사고(師古)·사도 4대가 765년부터 819년에 걸치는 55년 동안, 산동반도를 제압하자 신라 헌덕왕은 819년, 김웅원(金雄元)에게 갑병 3만을 주며 치라고 일렀다(《삼국사기》〈신라본기〉). 우리 역사상 첫 해외파병이 이렇게 된 것은 참으로 아쉬운 일이다.

솥들이 서로 부딪고 귀와 발이 떨어진 것은 누가 보아도 멸망의 징조이다.

③《태평광기》기사이다.

———————

당 현종(712~756) 때, 귀족 이적지(李適之)는 늘 솥을 정원에 걸어놓고 음식을 끓였다. 어느 날 아침 솥들이 위로 뛰어올라 싸운다는 하인[家僮]의 말을 듣고 땅에 술을 부으며 축원해도 그치지 않더니 솥의 귀와 발이 모두 떨어졌다.

　　이튿날 그는 지정사(知政事)에서 태자소보(太子少保)로 밀려났고 그 뒤로도 재앙이 그치지 않았다. 이임보(李林甫)의 모함으로 의춘태수(宜春太守)로 갈렸다가 임지에 이르자마자 죽고, 아들 이삽(李霅)마저 파릉군별가(巴陵郡別駕)로 밀렸다가 하남부(河南府)에서 목숨을 잃었다. 이임보가 자신을 술자리에 부르지 않은 그에게 앙심을 먹은 탓이다(15〈이적지〉).

———————

솥들이 싸우고 귀와 솥이 부러진 것은 흉조이다. 솥을 정원에 걸었다는 것은 그만큼 호화롭게 지냈다는 뜻이다. 두보(杜甫 712~770) 시에 실린 그의 음주 모습이다(《음중팔선가(飲中八仙歌)》부분).

———————

左相日興費萬錢(좌승상 이적지 하루 만 냥을 쓰고)

飲如長鯨吸百川(마실 때는 큰고래 강물 들이키듯 하며)

銜杯樂聖稱避賢(청주만 찾고 탁주는 돌아보지도 않네)

《두보》

———————

④《태평광기》기사이다.

──────────

당 양무후(陽武侯) 정인(鄭絪 752~829)이 동생 정온(鄭縕)과 소국리(昭國里)에서 살 때, 부뚜막에서 어떤 물체가 가마솥을 들어 올리더니 한 척 높이에 떠 있었다. 음식 끓이는 솥 십여 짝도 손잡이가 천천히 흔들리고, 공중의 솥이 걸어가서 부뚜막 위에 멈추고, 냄비[鍋] 세 짝은 가마솥 한 짝씩 업고 부엌 밖으로 나갔다. 바닥의 다리 부러진 솥들도 절름거리며 따라갔다.

동쪽 도랑에서 다리 부러진 솥이 건너지 못하자 한 아이가 '다리 부러졌다고 못 건너느냐?' 소리쳤다. 냄비들이 등에 업은 가마솥을 뜰에 놓고 되돌아가더니 그중 두 짝이 다리 부러진 솥을 업고 건넜다. 정온의 정원으로 들어간 솥들은 크기대로 몸채에 늘어섰다. 이어 공중에서 집이 무너지는 듯한 소리가 나더니 냄비와 가마솥이 시커먼 그을음과 먼지로 바뀌었다가 제 모습으로 돌아갔다.

며칠 뒤 형제가 모두 죽었다(15〈정인〉).

──────────

가마솥과 냄비들의 난장판이 눈에 보이는 듯하다. 흉조도 이만저만이 아니거니와, 한 부뚜막에 냄비와 솥을 함께 걸고 쓴 것을 알려주기도 한다.

⑤《태평광기》기사이다.

──────────

명 태상협률(太常協律) 위생(韋生)의 용감한 형이 일부러 요괴를 찾아다니자, 친구가 시험하려고 연강리(延康里) 마진(馬鎭)의 집으로 데려갔다. 한밤중 잠에서 깬 그에게 키 한 자쯤의 얼굴 검은 아이가 소리쳤다.

"누워 있는 이 못생긴 것은 어째서 나를 보러 왔느냐?"

침상으로 올라오는 아이의 몸이 쇠처럼 차가웠다. 덮치려들 때 두 손으로 단단히 잡았더니 다리 하나 부러진 낡은 솥이었다. 침상 다리에 묶고 날이 밝기를 기다렸다가 사람들이 모였을 때 절굿공이로 솥을 두드렸더니 핏빛으로 물들었다(15〈위협률형〉).

──────────

다리 떨어진 낡은 솥은 요괴가 될 수밖에 없다.

3) 솥은 왕권을 나타낸다.

① 《춘추좌씨전》 기사이다.

주 성왕(成王 전 1115~전 1079)이 구정(九鼎)을 겹욕(郟鄏), 곧 낙읍(洛邑)으로 옮기고 왕조의 수
명을 점쳤더니 햇수 700년에, 30세대라는 괘가 나왔다. 실제로 주는 867년 동안 36명이 다스
렸다(선공 3년).

구정의 신령스러움은 앞에서 설명한 그대로이다. 성왕이 구정이 드나든 남문을 정정문
(定鼎門)이라 불렀고 이때부터 정문은 남문을 가리키게 되었다.
〈사진 41〉은 섬서성 서안시 미앙구(未央區) 상림(上林)에서 나온 서한시대(전 25~206)의 솥
이다. 상림은 진대에 만든 황제의 사냥터로 주위가 무려 400여 리이며 70여 개소에 이궁(離
宮)이 있었다. 몸통 위에 새긴 명문(사진 42) 가운데 '무게 19근 엿 냥에 신수(神壽) 3천 년을
누린다'는 내용이 들어 있다. 소댕 세 곳에 붙인 꼭지 달린 말굽꼴 손잡이와 몸통의 귀 형태
는 매우 독특하다(사진 43)(섬서 역사박물관).

② 《부휴자담론(浮休子談論)》 기사이다.

진(秦)·제(齊)·초(楚) 세
나라가 주의 구정을 빼
앗으려 하자 혜왕(惠王
전 676~전 652)은 안
솥(顔率)을 제와 초에 보
내 길이 멀고 워낙 무거
워 나르지 못한다는 구
실을 붙여서 욕심을 꺾었
다. 그러나 주범(周犯)은
보물 아끼기보다, 나라를
위해 차라리 내주자고 하

사진 41   사진 43

사진 42

였다. 왕은 '주의 보물 가운데 이보다 더한 것은 없다. (…) 하(夏)의 걸(桀)이 덕을 잃어 은으로 갔고, 은의 주(紂)가 포악을 부려 우리에게 왔다. 성왕(成王)께서 구정 자리를 겹욕에 잡고 왕업의 무궁을 빌었으니, 이는 하늘의 명'이라며 듣지 않았다. 주범의 말이다.

"우리는 재보(財寶)를 끌어모은 까닭에 쪼그라들었지만, 무왕(武王)은 나눠준 덕분에 일어났습니다. 사람에게 이로운 술이나 곡식 따위도 쌓아두면 해롭거늘, 하물며 생활에 보탬이 없는 구정이야 더 이를 것이 없습니다. 우는 구정을 구웠지만 처음부터 보배로 여기지 않았고, 온갖 사물의 형상을 새겨서 요망한 잡귀 따위를 막았을 뿐입니다. 무왕이 낙읍(洛邑)으로 옮긴 것도 종묘를 아름답게 꾸미기 위해서였습니다. 우리 힘이 빠지자 초 장왕(莊王)이 구정의 대소와 경중을 물으며 앗아들고 지금은 진·제·초가 노립니다. 지금 우리 땅은 진의 성(城) 하나만도 못하여 (…) 실제로는 필부나 다름없습니다. (…) 나라가 망하는 것도 못 막으면서 어찌 구정 따위를 아끼십니까? 둘 가운데 어느 것이 더 소중합니까?"

마침내 장사들이 밤중에 구정을 깨뜨려 사수(泗水)에 던졌다. 이듬해 진(秦)이 많은 군사를 보내 수도[雍 섬서성 봉상현(鳳翔縣)]로 옮기려들자 그가 다시 말하였다.

"한(韓)·위(魏)·조(趙)가 제후국이 되던 해 구정이 종묘에서 만 마리의 소처럼 울더니, 태구(太丘)의 송이 망하자 사수로 굴러 들어갔습니다. 이는 하늘이 우리를 미워하여 구정을 버린 것으로, 신물(神物) 구정이 욕을 피하려고 달아난 탓에 자취를 모릅니다(권6 보언(補言)14 〈주 혜왕과 주범〉)."

구정은 사람에게 이로움이 없으니 차라리 버려서 나라를 구하자는 의견은 자못 현실적이다. 또 솥이 덕이 있는 곳에 나타나고, 나라가 망하자 스스로 물속으로 굴러 들어갔다는 대목도 솥의 신령스러움을 나타낸 것이다(☞ 401쪽 그림 4).

사수는 산동성에서 흐르는 강이지만, 태구는 어디인지 모른다.

③《사기》의 기사이다.

주 현왕(顯王 전 368~전 320) 42년, 나라의 아홉 고을을 상징하는 솥 아홉 짝이 사연(泗淵)에 빠졌다. 진시황 때 솥이 나타나자 자신의 덕이 삼대(三代)에 걸맞다고 생각한 나머지 수천 명을 부려서 줄에 걸어 끌어 올리려 하였으나 용이 이빨로 줄을 씹는 바람에 실패하였다(《봉선서(封禪書)》).

시황의 덕이 모자라 용이 구정을 다시 빠뜨린 것이다. 삼대는 전설상의 3황(三皇)·5제(五帝)를 거쳐 이어 내린 하·상·주 세 나라를 가리킨다.

④《춘추좌씨전》기사이다.

전 606년 봄, 초 장왕이 (⋯) 주를 치고 왕실 경내에서 군사 시위를 벌인 뒤, 구정의 크기와 무게를 묻자 대부 왕손만(王孫滿)이 나섰다.

"천자 되기는 덕행에 있으며 솥의 크기나 무게와 무관합니다. 옛적 하(夏)나라가 덕행을 펼치자 먼 나라와 (⋯) 구주 장관들이 금(구리)을 보냈습니다. 이것으로 솥을 구워 여러 물상(物象)을 새긴 덕분에 백성들이 신물(神物)과 괴물(怪物)을 깨달았습니다. (⋯) 그러나 걸(桀)왕 때 덕이 무너지자 구정이 상(商)으로 갔고, 그 뒤 6백 년 만에 포학을 떨어 다시 주로 넘어왔습니다. 덕이 밝으면 솥이 비록 작아도 무거워 옮기지 못하며, 덕이 무너지면 아무리 무거워도 옮기기 쉬운 법입니다. (⋯) 주의 덕이 비록 희미하지만 천명은 아직 남았습니다. 무게를 묻지 마소서(선공 3년)."

장왕은 돌아갔고 이 뒤부터 '솥의 무게를 묻는다[問鼎輕重]'는 말은 상대의 능력이나 역량을 의심한 나머지 지위를 빼앗거나, 상대의 권위를 뻔뻔스레 묻는 일을 가리키게 되었다. '솥은 비록 작지만 왕자의 보물이므로 무겁다[鼎之爲器雖小而重]'는 말도 왕자의 지위는 건드리지 못한다는 뜻이다. 마침내 주는 구정 덕분에 나라를 지켰다.

은의 탕(湯)이 하의 걸을 무찌르고 가져간 솥을 주의 무왕이 은의 주왕을 치고 주나라로 옮겼으며 주공(周公)은 성왕 즉위 때 구정을 낙양(雒邑)에 두고 새 도읍지로 정하였다. 이때부터 천도를 '솥을 정한다'고 이른다. 또 '구정대려(九鼎大呂)'는 귀중한 물건, 중요한 지위, 명성 따위를 가리킨다. 대려는 주나라 대묘에 있던 큰 종이다.

주에서 구정을 37대에 걸쳐 보존하는 동안, 이를 차지해야 천자라는 인식이 퍼졌다. 솥이 사수에 빠지자 주를 친 진(秦)이 옥새를 새로 파서 제왕의 상징으로 삼은 까닭이 이것이다. 한편, 주의 도가 무너져서 구정이 복선산[覆船山 상해 청포구(靑浦區)의 원시 유적지]의 물속으로 가라앉았으며, 물이 맑은 덕분에 이따금 보인다고도 하지만, 하와 상에 이어 내렸다는 설, 견융(犬戎)에게 쫓긴 서주(西周)가 도읍을 호경(鎬京)에서 낙양으로 옮길 때 낙수(洛水)에 빠뜨렸다는 설, 동주 말의 혼란 때 잃어버렸다는 설 따위가 나돈다. 또 앞에서 든 대로 산서성 분수(汾水) 기슭에서 솥을 찾은 한 무제가 전 113년, 연호를 소급해서 원정(元鼎)으로 고치고 스스로 분음현(汾陰縣)의 땅지기(后土神)에게 제사를 지냈다지만 실물인지는 알 수 없다.

　　이처럼 솥이 왕권의 상징으로 등장한 것은 고대의 신권(神權)정치와 관련이 있다. 제왕이 천명을 받아 나라를 세우고 제사를 통해 신의 뜻을 받아서 백성을 다스린 제정일치(祭政一致) 시대였던 것이다.

　　천하를 셋이 나누어 차지한 것을 삼분정립(三分鼎立) 또는 삼국정립(三國鼎立)이라고 한다. 촉·위·오의 삼분지계와 고구려·신라·백제의 삼국정립이 그것이다.

　　⑤《중국신화전설》기사이다.

───────────

전국시대 말 서주(西周)를 친 진(秦) 소양왕(昭襄王 전 306~전 251)은 초 장왕이 탐낸 구정을 빼앗아 가던 중, 갑자기 한 짝이 공중으로 날아올라 동쪽의 사수(泗水)에 빠졌다. 그 뒤 6국을 통일해서 황제가 된 그의 증손 진시황이 동해의 신선을 찾아갔다가 돌아오는 길에 건지려다 뜻을 못 이루었다. 그 뒤 나머지 여덟 짝도 사라졌다(9 〈주진편〉).

───────────

　　산동성 가상현(嘉祥縣) 무량사(武梁祠)에서 나온 화상석에 사수교(泗水橋) 아래에서 보정을 건지는 모습이 보인다(그림 4). 솥이 떠오르자 갑자기 나타난 신룡(神龍)이 줄을 물어뜯는 바람에 사람들이 빠지면서 다시 잠기는 장면이다. 이는 진시황이 왕권을 얻으려다가 잃는 뜻을 나타낸 것이다.

　　이 솥을 왕위 계승의 보기(寶器)로 삼아 하·은·주·진에 이어 내린 까닭에 왕위나 제업(帝業)을 이르게 되었다. 역대 왕조가 모든 제물을 쪄서 신[上帝鬼神]에게 바친 것도 이 때문이다.

　　장화(張華 232~300)는 《박물지(博物志)》에 '비룡(飛

그림 4

龍)을 타고 하늘로 오르는 점괘를 얻은 하의 임금 계(啓)가 고요(皋陶)에게 묻자, 좋은 꿈이라며 구정이 옮아간다더니 그대로 되었다'고 적었다.

⑥《한비자》 기사이다.

노(魯)를 친 제나라가 참정(讒鼎)을 내라고 하자 가짜를 가져갔다. 이를 알고 튕겼지만 노는 진짜라고 우겼다(齊伐魯 索讒鼎 魯以其鴈往 齊人曰 鴈也 魯人曰眞也). 이 뒤부터 가짜를 '안정(鴈鼎)'이라 한다(《설림하(說林下)》).

참정은 옛적 솥 이름으로 '거짓(讒)을 걱정하는 솥'이라는 뜻이다.《예기(禮記)》〈명당위(明堂位)〉의 숭정(崇鼎)이 그것이다. 그러나 참은 지명이며 우(禹)가 솥을 감참(甘讒)에서 구운 데서 왔다는 설과, 음식 탐내는 것을 경계하는 숭정[食崇鼎]의 뜻이라는 설이 있다.

⑦《전국책》 기사이다.

주 난왕(赧王) 4년(전 311) 장의(張儀)가 조(趙) 무령왕(武靈王)에게 진을 위한 연횡(連橫)책을 말하며 '진나라는 대왕의 힘을 빌려 서쪽으로 파촉을 치고 한중을 아울렀습니다. 이어 동쪽으로 양주(兩周)를 손에 넣은 뒤 구정을 서쪽으로 옮기고 백마진(白馬津)을 먹을 생각입니다' 하였다(권23 〈위책〉).

---

⑧《세설신어》 기사이다.

처음 도읍을 강남으로 옮긴 전한의 원제(元帝 전 76~전 33)가 고표기(顧驃騎 顧榮)에게 남의 땅에 얹혀 있으려니 마음이 언제나 부끄럽다고 하자, 이렇게 일렀다.
　　"왕자는 천하가 집입니다. 그러므로 은나라는 경(耿)이나 박(亳)으로 옮겼고 구정도 낙읍으로 가져갔습니다. 지금의 천도를 조금도 염려 마소서(《언어》 제2)."

---

4) 솥은 하늘의 덕을 나타낸다.

《설원(說苑)》의 기사이다.

분음(汾陰) 사람이 동진(東晉) 효무제(孝武帝 373~396)에게 보정(寶鼎)을 바쳤다. 신하들이 그의 만수무강을 읊조리며 주의 솥을 얻었다고 기뻐하자 시중(侍中) 오구수왕(吳丘壽王)은 고개를 저었다.

"문왕과 무왕 대에 이루어진 주의 덕은 주공(周公) 때 천하에 드러났습니다. 덕정(德政)이 위로는 하늘에 닿고 아래로는 삼천(三泉 세 겹으로 둘린 깊은 샘)으로 흘러든 덕분에 하늘이 응답하여 내린 것입니다.

주를 이은 우리 한(漢)이 덕정을 크게 베풀어 천지와 동서남북[六合]이 성한 까닭에 솥이 하늘의 상서로움과 더불어 나타난 것입니다. 옛 진시황은 스스로 팽성(彭城)까지 갔지만 못 구했습니다. 하늘이 덕을 지닌 군주를 천하에 드러낼 때, 신령스런 보물이 나오는 법입니다. 따라서 이는 한의 솥이며 주의 솥이 아닙니다(권11 〈선설(善說)〉)."

왕가(王嘉 ?~전 2)는 《습유기(拾遺記)》에 '주 말기에 덕이 사라져서 나라가 크게 흔들리자, 구정이 천지(天池)로 날아가 자취를 감추었다'고 적었다. 《말세서론(末世書論)》에도 '솥이 사수로 들어갔으며 그때 소리가 이상하게 바뀌었다'는 기사가 있다.

5) 솥에 공덕을 새긴다.

① 《예기》의 기사이다.

솥의 명문(銘文)은 선조의 아름다움을 후세에 널리 알리기 위한 것이다. 아름답지 않은 선조가 없듯이 사나운 선조도 없지 않지만, 아름다움만 일컫고 사나움은 감춘다. 이는 효자와 효손의 마음으로 어진 사람이 할 일이다(〈제통(祭統)〉).

선조의 잘못은 감추고 아름다움만 드러내는 것이 효도라는 말은 그럴듯하다.

〈사진 44〉는 섬서성 서안시 장안구에서 나온 서주 말기의 솥으로[多友鼎], 높이 51.5센티미터에 입 지름 50센티미터이다. 배 안에 279자를 20줄로 새겼다(사진 45). 서주 여왕(厲王)

| 사진 44 | 사진 45 |

때, 장군 다우(多友)가 침략군 흉노를 물리친 것을 찬양하는 내용이다(섬서 역사박물관).

---

② 전 513년, 진(晉)은 형법조항을 새긴 발 셋 달린 큰 솥을 구워서 범선자(范宣子)의 법을 알렸다
《춘추좌씨전》〈소공(昭公) 29년〉.

범선자는 춘추시대 진나라 사람으로 평공(平公 전 557~전 532) 3년, 제(齊)를 치고 이듬해 국정을 손에 넣었으며, 5년에 제정한 형서(刑書)를 솥에 새겨서 공포하였다. 이를 형정(刑鼎)이라 한다.

③ 《춘추좌씨전》 기사이다.

공자의 선조이자 송의 대부 정고보(正考父)는 소공(昭公) 7년 상공(相公)이 되자 솥에 '대부가 되면 고개를 수그리며[一命而僂], 하경(下卿)이면 등을 구부리고[再命而傴], 상경이면 몸을 구부린다[三命而俯]'고 새겼다. 이를 삼명자익공(三明兹益共)이라 한다. '공(共)'은 '공(供)'의 뜻이다.

정보고가 솥을 겸손의 대상으로 삼은 것은 아주 드문 일이다. 이는 솥을 국가나 황제로 여긴 데서 왔을 것이다.

④ 춘추시대 위(衛)의 대부 공회(孔悝)가 이룬 공도 뒷사람들이 솥에 새겨서 기렸으며, 왕중보(王仲寶 452~498)도 '위나라 솥의 명문을 생각하고 진(晉)나라 종에 남은 이치를 돌아본다'고 적었다《저연비문병서(褚淵碑文並書)》. 왕중보의 말은 솥을 역사를 돌아보는 거울로 삼은 것을 이른다.

⑤《문선(文選)》의 기사이다.

유효표(劉孝標 462~521)는 (…) '이들의 마음은 금(琴)이나 슬(瑟)을 닮아서 말이 난초나 구리 때기보다 향기로우며, 도는 아교풀과 옻칠처럼 잘 어울려서 뜻이 훈(壎)이나 지(箎)처럼 아름다운 조화를 이루었다. 성현들께서 이 이치를 (…) 옥첩(玉牒)에 쓰고 종(鍾)이나 솥에 아로새겼다'고 썼다《광절교론(廣絶交論)》[2010 ; 111(9)].

---

⑥ 소식(蘇軾 1037~1101)의 시《노회당을 노래한 태자소사 구양수 시에 화답하여 차운함[和歐陽少師會老堂次韻]》에도 '좀 쏜 오랜 책 상자 스스로 볕에 쬐고[蠹魚自灑閑箱篋] / 언제나 헌 솥과 종의 과두문자 모으시네[科斗長收古鼎鐘]'라는 시구가 있다《소식시집(蘇軾詩集)》.

과두문자는 황제(黃帝) 때 창힐(蒼頡)이 만들었다는 올챙이꼴 글자로 구양수가 수집하였다.

〈사진 46〉은 종에 새긴 글이다[비림(碑林)박물관].

6) 솥은 부귀영화를 상징한다.

①《한서》에 '솥 다섯 짝에 소·양·돼지·물고기·고라니고기 따위를 담아놓고 먹

사진 46

으며 부유함을 뽐낸다'는 기사가 보인다[오정(五鼎)]. 이는 다섯 가지 맛좋은 음식을 가리키기도 한다.

②《한서》에 '대장부가 살아서 다섯 솥의 음식을 먹지 못하면 죽을 때 다섯 솥에 쪄져서 목숨을 잃는다[大丈夫生不鼎五食 死則五鼎烹耳]'고 적혔다(《주보언전(主父偃傳)》).

생전에 다섯 솥의 음식을 먹는 호사를 부리면 죽은 뒤 지옥에서 자신을 그 솥에 찌는 형벌을 받는다는 뜻인가? 앞에서 든 대로 주나라에서는 경대부가 다섯 짝의 솥을 늘어놓고 음식을 먹었다(☞ 380쪽 그림 3).

③《사기》에 '연지(臙脂) 파는 것은 부끄럽지만 옹백(雍伯)은 이로써 천금을 얻었으며, 술장사는 하찮지만 장씨(張氏)는 천만금을 벌었고, 칼갈이는 보잘것없지만 질씨(郅氏)는 제후들처럼 반찬 솥을 죽 늘어놓고 먹는 부자가 되었다'는 대목이 있다[〈열전(列傳)〉 권129 화식열전(貨殖列傳)].

저승에서야 어떻든지 이승에서 잘 먹고 잘 사는 것이 으뜸이라는 현실적인 말이다.

④《서경잡기(西京雜記)》 기사이다.

차조밥을 먹고 거친 베 이부자리를 덮고 지내던 전한의 공손홍(公孫弘 전 200~전 121)이 재상이 되고도 예대로 살자, 고하(高賀)는 친구가 부귀해져도 소용없다며 깐죽였다.

　　"안에서 초선(貂蟬)의 값진 옷 입고 밖에서는 마시(麻枲)의 거친 옷 걸치며, 부엌에서 솥 자섯 짝의 맛난 음식을 먹으며 밖에서는 반찬 한 가지만 먹는 듯 꾸미는 자가 어찌 천하의 본보기가 되리오?"

　　온 조정의 의심을 받은 그는 '차라리 못된 친구를 만날지언정 이런 자는 없는 것이 낫다'고 중얼거렸다[권2 오후정(五侯鯖)].

초선은 담비 꼬리와 매미 날개로 지은 가볍고도 따뜻한 고급 옷이고, 마시는 베와 모시이다. 그의 말이 옳다.

⑤ 제(齊)의 사현휘(謝玄暉)도 '어찌 솥 늘어놓고 먹는 호화생활 바라랴[誰規鼎食盛] / 태수

내놓고 수레 몰아 요동의 밭으로 가리라[言稅遼東田]'는 시구《군내등망(郡內登望)》를 남겼다《문선(文選)》).

⑥《설원》의 기사이다.

***

공자의 제자 자로(子路 전 542~전 480)는 '어버이 돌아가신 뒤 내가 초나라에서 성공하여 따르는 수레 백 승(乘)에, 쌓인 곡식이 만종(萬鍾)이고 자리를 겹깔며 솥을 나란히 걸고 밥 먹지만, 양친을 위해 명아주잎과 콩잎[藜藿]을 먹으며 쌀 짊어지는 일을 하고 싶어도 되돌리지 못한다'는 탄식을 늘어놓았다(《건본편(建本篇)》).

***

승은 전차(戰車)를 헤아리는 잣대로, 한 승에 말 네 바리, 귀족 군사(軍士) 열 명, 잡역부 30~72명이 딸려서 청동 무기를 지녔다. 한 종은 곡식 엿 섬 너 말쯤이다.
솥을 늘어놓고 식사를 하며 종을 치고 주악을 울리는 귀족을 격종정식(擊鐘鼎食)·정귀(鼎貴)·종명정식지가(鐘鳴鼎食之家) 따위로 부르는 것은 이에서 왔다.

⑦《세설신어》 기사이다.

***

진(晉) 무제(武帝 265~289)의 외숙 왕개(王愷)는 엿기름과 마른 밥[乾飯]으로 솥을 닦고[米台糒澳釜], 문인 석숭(石崇 249~300)은 밀랍초로 불을 지펴 밥을 지었다. 또 왕개가 40리나 되는 푸른 무늬 비단으로 안을 댄 자줏빛 명주 베 보장(步障)을 만들자, 석숭은 50리의 비단 보장을 지었다(《태치(汰侈)》 제30).

***

이 두 사람은 유례없는 재산 경쟁을 벌인 것으로 유명하다.
왕개가 무제에게 받은 두 자 높이의 산호수(珊瑚樹)를 석숭에게 보이자 쇠방망이로 산산조각 냈다. 그는 화를 내는 상대에게 똑같은 것으로 갚아준다며, 집의 것을 모두 가져와 보였다. 그 가운데 높이 서너 자짜리 예닐곱에, 왕개의 것과 같은 것도 적지 않았다고 한다.

⑧ 주희(朱熹 1130~1200)의 시 〈차계통운증범강후(次季通韻贈范康侯)〉이다(부분).

年來身老大(이 몸 나이 들어 늙어 가노니)

甘此跨下辱(다리 아래로 기는 욕 달게 받으리)

永謝五鼎烹(다섯 솥에 삶은 고기 생각 않고)

聊寄一瓢足(오직 한 바가지 물로 만족하리라)

《주자시선》

'다리 아래' 운운은 전한(前漢)의 뛰어난 장수 한신(韓信 ?~전 196)이 불우했던 젊은 시절, 그의 칼 찬 모습을 본 동네 불량배가 자신의 다리 밑으로 지나가라고 하자 분을 꾹 참고 그대로 따랐다는 고사를 가리킨다.

7) 솥이나 냄비는 풍요를 상징한다.

① 북경의 중·상류가정에서 정월 초하룻날 냄비를 비우지 않으며 '냄비 채우는 원보[押鍋的元寶]'라는 원보은정(元寶銀錠 마제은)꼴로 빚은 밀가루 반죽 두 개를 넣는다.

솥을 비우지 않는 것은 그렇거니와, 불을 밝히는 것은 독특하다. 식기 따위를 엎어두지 않는 것은 수저를 반드시 잦혀두는 우리네 풍속을 닮았다.

② 운남성에서는 냄비를 재신으로 받든다. 신상의 남신은 재백천자(財帛天子), 여신은 과룡낭랑(鍋龍娘娘) 또는 재백낭랑(財帛娘娘)이다. 갑주 차림의 남신은 등에 기를 꽂으며 여신도 무장을 갖춘다. 이들 옆에 병사 다섯이 군마와 함께 서고, 여신 주위에도 무장 여군 다섯이 있다.

신상은 마을사람에게 그려 받거나 인쇄물을 사서 날을 받아 중당(中堂)에 모시고 무당을 불러 신상 눈동자에 닭 피를 찍는 개안식(開眼式)을 치른다. 이 뒤부터 매일 아침 향을 사르고 절을 올리며 저녁에 정화수를 바친다. 또 매달 초하루와 보름에 기문(忌門)이라 하여, 외부 사람의 출입을 막아서 두 신의 신기(神氣)가 흩어지는 것을 막는다(永尾龍造 1941 ; 115~116).

동북지방에서는 이날 칼로 냄비를 두드리면 파산하고 사람도 죽는다고 믿는다. 또 정월에 물두멍의 물을 주발로 뜨지 않으며, 사발에 물을 부으면 그해 불이 난다고 여긴다. 닭 피를 찍는 개안식은 특이하다. 정화수를 저녁에 올리는 것은 새벽에 갈아 붓는 우리와 다르다.

〈사진 47〉은 삼국시대의 솥이다. 이름(六耳鐵鍋)대로 어깨 아래에 여섯 개의 토막 전을 붙인 매우 희귀한 보기이다. 형태는 우리네 솥 그대로이다(산동성박물관).

사진 47

8) 솥으로 지나친 기교를 경계한다.
《회남자》 기사이다.

말에 뜻[宗旨]이, 일에 바탕이 있다. 이들을 잃으면 기술과 재주가 아무리 뛰어나도 적은 것만 못하다. 이 때문에 선대의 왕들은 주나라 솥에 자신의 손가락 깨무는 수(倕)의 모습을 새겨서 지나치는 기교를 경계하였다(제8편 〈본경(本經)〉).

'말에 뜻이, 일에 바탕이 있다'는 표현은 《노자》에서 왔다(70장). 수는 공수(工倕) 또는 수씨(倕氏)로도 불린다. 전설에 나오는 원고(遠古) 때 사람으로, 요임금 때 공사(工師)가 되었고, 순임금은 그에게 백공(百工)의 일을 맡겼다고 한다.

9) 솥은 재상을 상징한다.
재상이 맡은 나랏일을 '매정(梅鼎)'에 견준다. 매실과 같은 조미료를 넣어 국 맛을 내는 솥이라는 뜻이다. 이는 은의 고종(高宗)이 부열(傅說)을 재상으로 삼으며 '내가 술이나 단술을 담글 때 그대가 누룩이 되고, 내가 솥에 국을 끓일 때 소금과 매실이 되어주오[若作酒醴 爾惟麴蘗 若作和羹 爾惟鹽梅]'한 데서 왔다(《서경》〈열명(說命)〉 하).

솥의 발이 셋인 데서 삼공(三公)의 대명사로 쓴다. '정석(鼎席)'이나 '정위(鼎位)'는 대신의 자리나 대신 자체를, '정현(鼎鉉)'은 그 지위를 가리킨다. 솥을 들 때 솥귀를 잡듯이, 임금의 덕도 공경들이 밝게 드러낸다고 여기는 까닭이다. '정려(鼎呂)'는 구정대신(九鼎大臣)의 약자이다.

이와 대조적으로 '솥의 다리가 부러져서 군왕의 음식이 쏟아지는 것[鼎餗]'은 대신이 보좌를 잘못한 탓에 나라가 뒤집힌 것을 가리킨다. '다리 부러진 솥[鼎折足]'도 같은 뜻이다. 이는 《주역》의 '솥의 다리가 부러져서 수라상의 음식이 쏟아진 바람에 얼굴에서 땀이 비 오듯 하는 것은 흉조[鼎折足 覆公餗 其形渥凶]'라는 말에서 왔다(《정괘(鼎卦) 구사효(九四爻)》). '정보(鼎輔)'도 마찬가지이다.

솥의 귀[鉉]를 삼공(三公)에도 견준다.

10) 솥은 귀물이다.

① 유종원(柳宗元 773~819)이 경정(景晶)의 《시권(詩卷)》에 붙인 서문이다.

───────────

경정스님이 (…) 나를 먼저 찾아와 시축(詩軸)에 서문을 써 달라고 하였다. 이는 유씨(柳氏)의 '오정(吳鼎)은 뒤로 돌리고 승위(乘韋)를 앞세운다'는 말과 같아서 사양하지 않았다.

　옛적에는 반드시 귀중한 것에 앞서 평범한 예물을 건넸다. 이에 따라 정(鄭)의 상인도 군사들에게 승위를 먼저 주었고, 노나라 제후가 선물을 줄 때도 오정을 뒤로 돌렸다고 한다. 스님을 위한 이 전별시들은 모두 오정이므로 내가 승위처럼 먼저 써야 할 것이다.

───────────

오정은 오나라의 진귀한 솥이라는 뜻이다. 《춘추좌씨전》의 '노(魯) 양공(襄公)이 진(晉) 순언(荀偃)에게, 오나라 임금 수몽이 보낸 진귀한 솥을 선물로 주기에 앞서 비단·구슬·말 네 바리를 건넸다[賄荀偃束錦加璧乘馬 先吳壽夢之鼎]'는 기사에서 왔다(《양공 19년》). 승위는 무두질한 소가죽 넉 장이다.

《국어》에도 조나라에서 쫓겨난 연(燕)의 채택(蔡澤)이 한과 위나라를 떠돌다가, 솥[釜鬲]까지 빼앗겼다는 기사가 있다.

② 《지낭(智囊)》의 기사이다.

───────────

서안(西安)의 유복자 악중(樂仲)은 불교도 어머니 영향으로 술과 고기를 멀리하였으나 성인이 되면서 먹고 마시고 모친에게도 권하였다. 이를 마다하던 그네가 죽음을 앞두고 고기를 찾자 자신의 허벅다리 살을 저미어 드렸다. 어머니가 죽은 뒤 불상을 버리고 신주를 모시며 영정을 향해 슬피 울더니 남녀가 한 이부자리에서 자는 것도 더럽다며 아내도 돌려보냈다. 그는 솥이 없는 탓에 딸을 시집 못 보내는 마을 사람에게 제 것을 주었으며, 자신은 남의 것을 빌려서 밥을 지었다.

───────────────

11) 셋으로 나뉜 지역을 솥발에 견준다.

① 《박물지》 기사이다.

───────────────

주나라는 배꼽[中樞] 자리이다. 서는 효산과 함곡관(函谷關)으로 막히고, 동은 형산(衡山)을 바라보며, 남은 소실산(少室山)과 마주하고 북에 태악산(太嶽山)이 있으며 삼하(三河)가 나뉜다. (…) 은(殷)을 친 무왕(武王)은 세발솥을 놓듯이 겹욕(郟鄏)을 동도(東都)로 삼았다(권1 1~7).

───────────────

② 《태평광기》 기사이다.

───────────────

진주(辰州 호남성 부근) 동쪽의 산 셋은 솥발처럼 수천 발(丈)씩 솟았다. 이는 태양과 경주하던 등 과보(鄧夸父)가 밥 지을 때 솥 걸은 자취라 한다(16 〈과보산〉).

《박물지》에 '해와 함께 달린 박보국(博父國) 서쪽의 과보는 목이 말라 하수(河水)와 위수(渭水)를 마시고, 그것으로 모자라 북쪽의 대택(大澤)마저 삼키러 가다가 목이 타 죽었으며 그가 버린 지팡이는 등림(鄧林)숲이 되었다'는 기사가 있다(권7 〈과보축일[夸父逐日]〉).

우리와 일본에서도 산봉우리 셋을 삼발이에 견준다.

③ 유우석(劉禹錫 772~842)의 시(〈촉 선주 묘[蜀先主廟]〉)이다.

───────────────

天地英雄氣(천지에 가득했던 영웅의 기개)

千秋尙凜然(천 년 뒤에도 뚜렷하나니)

勢分三足鼎(세발솥 형세 이루고)

業復五銖錢(오수전 회복의 공적 쌓았네)

得相能開國(제갈량 만나 나라 일으켰지만)

生兒不象賢(그 아들 잇지 못하였으니)

淒涼蜀故妓(슬프다, 촉의 옛 기녀들)

來舞魏宮前(위나라 궁중에서 춤추는 모습)

《당시삼백수(唐詩三百首)》

'세분삼족정'은 위·촉·오 세 나라가 겨룬 것을, '업복오수전'은 후한 시조 광무제(光武帝 전 5~57)가 오수전을 다시 찍듯이 나라를 일으키려 하였다는 뜻이다. 나라가 셋으로 나뉜 것은 정분(鼎分), 셋이 나누는 대화는 정담(鼎談)이다.

〈사진 48〉은 산동성 제남시 울지경덕공(蔚遲敬德公) 사당 앞의 솥으로 발 셋에 험악한 짐승 얼굴을 새겼다. 그는 수나라 양제 대업(605~617) 연간 말, 종군하여 조산대부(朝散大夫)가 되고 이후 진숙보(秦叔寶)와 더불어 당나라 건국에 큰 공을 세웠다. 그를 아낀 태종은 악국(鄂國)에 봉했다. 민간에서는 정월에 이 두 사람이 잡귀를 쫓는 신통력을 지녔다고 하여 문 양쪽에 상을 붙인다.

12) 솥은 효도를 상징한다.

《이십사효(二十四孝)》 기사이다.

한(漢)의 가난뱅이 곽거(郭巨)는 홀어미가 가뜩이나 모자라는 음식을 세 살배기 손자에게 나누어주는 것을 보고 아내에게 '음식을 아들놈에게 주시니 안 되겠소. 아이는 또 낳지만 어머니는 그렇지 않으니 땅에 묻읍시다' 하였다. 아이를 데리고 산으로 간 아비가 울며 땅을 조금 파자 '효자 곽거에게 하늘이 내린 것이니 다른 이는 가져가지 말라'고 적힌 황금솥이 나왔다. 둘은 어머니를 더 정성껏 받들었다.

사진 48

곽거는 후한의 하서(河西) 융려(隆慮)사람으로, 24효(孝) 가운데 하나로 꼽는다. 우리에게도 닮은 설화가 전한다.

13) 솥을 황제의 몸을 잣대로 삼아 굽는다.

고려 예종 9년(1114), 송에 갔던 안직숭(安稷崇)이 받아온 휘종(徽宗 1101~1125)의 조서를 간추린 내용이다.

선왕의 덕이 무딘 탓에 예가 없어지고 악(樂)이 사라져서 주(周) 뒤부터 오늘에 이르기까지 다시 세우지 못하였다. 나는 여러 선왕의 법을 잇고 거룩한 덕화와 업적을 생각하며 (…) 내 몸을 잣대로 삼아 솥을 굽고 악기를 만들어 천지와 종묘에 바쳤다. (…) 사신 편에 신악(新樂)을 보내노라

《고려사》제70권 지 제24 악 〈송에서 보낸 새 악기〉).

'내 몸' 운운한 부분은 자신의 엄지손가락 마디 하나를 일 촌(寸)으로 삼았다는 뜻이다. '하늘이 낸 황제의 몸'이라 만물의 잣대로 쓴 것이다. '마디 촌'이라는 말은 이에서 왔다. 우리도 본떴을 것이다.

14) 솥은 아버지를 상징한다.

《송남잡지(松南雜識)》기사이다.

《주역(周易)》의 '가족 중에 엄한 군주가 있다[家人有嚴君焉]'는 말(〈가인(家人)〉)은 우물과 부뚜막[井竈]을 가리킨다. 아버지를 '정조(井竈)'에 견주는 까닭이 이것이다. 또 부뚜막에 솥 거는 것에 견주어 아들이 아버지보다 나은 것을 과조(跨竈)라 하며, 이는 뒤에 '안개 속에 솟은 높은 누각도 쳐부순다[撞破煙樓]'는 뜻으로 바뀌었다. 소식(蘇軾)이 진계상(陳季常)에게 보낸 편지에 '후생들의 기발한 생각을 채찍 삼아 한 번 휘두르면 누각도 쓰러진다'고 적은 것이 계기였다[25 계고류(稽古類)].

---

15) 솥을 깨는 것은 결사항전 나타낸다.

① 《춘추좌씨전》기사이다.

춘추시대 진(晉)의 원수(元帥) 순언(荀偃 ?~전 554)은 군사들에게 '내일 새벽닭이 울면 말을 전
차에 매고, 우물을 메우며, 부뚜막을 헐고 오직 내 말 머리가 향하는 곳을 보라[雞鳴而駕 塞井夷
竈 唯余馬首是瞻]'고 일렀다(《양공(襄公)》 14년).

이 뒤부터 '유여마수시첨(唯余馬首是瞻)'은 한 사람의 지휘에 따라 조금도 흐트러지지 않
고 움직이는 것을 이른다. 춘추시대의 손무(孫武)와 전국시대의 손빈(孫臏)이 엮은 《손자(孫子)》
에서는 이를 분주파부(焚舟破釜)라 불렀다. 배[舟]를 불태우고[焚] 솥[釜]을 깨뜨려서[破] 얻는
효과, 곧 군사들을 더 이상 어찌할 수 곳에 두면 죽음을 무릅쓰고 싸운다는 뜻이다.

② 《사기》 기사이다.

항우(項羽 전 232~전 202)가 경자관군(卿子冠軍) 송의(宋義)를 죽이자 위세가 초나라에 떨치고
명성은 제후들에게까지 미쳤다. (…) 진(秦)과 싸우던 진여(陳余 ?~전 205)가 병력을 늘려달라고
하자 항우는 군대를 모두 이끌고 장하를 건넌 뒤, 배를 모두 가라앉히고 솥과 시루를 깨뜨렸으며
막사에 불을 지르고 군사들은 사흘치 군량만 지니게 하였다. 이로써 살아 돌아올 마음이 없음을
보인 것이다(권7 〈항우본기〉).

1592년의 임란 때, 삼도순변사(三道巡邊使) 신립(申砬 1545~1592)이 천혜의 요새 새재[鳥嶺]
를 버리고 남한강변의 충주시 탄금대에 배수진을 쳤다가 8천여 명의 군사를 모두 죽인 일이
떠오른다.

16) 솥을 들어 힘을 뽐낸다.

① 항우는 세발솥을 번쩍 들어 올리는 힘을 지녔다(力能扛鼎)(《사기》 〈항우본기〉).

② 한의 회남왕(淮南王) 유안(劉安 전 179~전 122)은 솥을 마음대로 들어 올리고 호랑이도 때려
잡았다(《태평광기》 1 〈유안〉).

③ 전한의 추양(鄒陽 전 206~전 129)은 〈상서오왕(上書吳王)〉에 '조(趙)에 솥을 드는 용맹한 정사(鼎士)가 떼를 이루고, 총대(叢臺) 아래 모인 자들이 하루아침에 저자를 이루었지만, 주의 유왕(幽王 전 781~전 771)이 갇혀 죽는 큰 재앙을 못 막았다'고 적었다《문선》).

힘센 군사가 아무리 많아도 사람의 불행은 막지 못한다는 뜻이다. 총대는 높은 전각이다.

④ 진(秦) 무왕(武王 전 310~전 307) 때 장사 오획(烏獲)이 솥을 들었으며,《맹자》에도 3만 근[千鈞]을 옮겼다고 적혔다(제2장). 솥을 단번에 팽성(彭城)으로 옮긴 항우에 대해《사기》는 '키가 여덟 자가 넘으며 다리 셋에 귀 둘 달린 솥을 들어 올린 장사'라 하였다(《열전》).

이러한 사람을 정사(鼎士), 힘겨루기를 정력(鼎力)이라 한다. 한 균(鈞)은 서른 근(斤)이다. 고기나 한약재는 600그램, 과일이나 채소는 375그램이 한 근이다.

한유(韓愈 768~824)도 남의 글재주를 이에 견주며 '백 곡들이 용무늬 세발솥을[龍文百斛鼎] / 글재주로 들어 올릴 만하네[筆力可獨扛]'라고 읊조렸다(《병중에 장십팔에게 준 시[病中贈張十八]》). 한 곡은 열 말이다.

한편,《논어》의 '공자는 괴상함[怪]·폭력[力]·어지러움[亂]·귀신[神] 따위를 말하지 않았다'는 기사(《술이(述而) 편》)에 대해, 전한의 공안국(孔安國)은 '오(奡)가 배를 땅 위에서 젓고, 오획이 3만 근을 들어 올린 것을 이른다' 하였으나, 정약용(丁若鏞 1762~1836)은 이와 달리 '돌이 말을 하고, 나무가 일어서며, 새의 말을 알아듣고, 칼을 물거나 불을 내뿜는 것을 가리킨다'고 새겼다.

⑤《사기》의 기사이다.

전 307년 8월, 보정(寶鼎)이 있는 대묘에서 솥을 살피던 진 무왕은 진을 상징하는 옹(雍)자 솥을 보고 '누가 들겠느냐?' 물었다. 장사 맹분(孟賁)은 혀를 내밀었고, 임비(任鄙)는 천 근이 넘는다며 물러섰다. 임금의 눈초리를 본 맹분은 양쪽에 쌓은 벽돌 위 받침대에 올라서서 줄을 어깨에 메고 힘을 썼다. 솥이 15센티미터쯤 들렸을 때 눈의 실핏줄이 터지고 어깨뼈마저 빠졌다.

무왕은 '경이 반자쯤 올렸으니 과인은 한 발 옮기겠다'며 웃었다. 솥의 한쪽이 받침대에 이르자 한 발자국 떼려던 그는 미끄러져 정강이뼈가 부러지면서 솥이 덮친 탓에 그날 밤 죽었다(권5〈진(秦)본기》).

'솥 들다가 정강이 부러뜨린다[擧鼎絶臏]'는 말은 이에서 나왔다. 만용을 부리면 몸을 다친다는 뜻이다.

윤선도(尹善道 1587~1671)는 '용문의 백 말들이 큰 솥[龍門百斛鼎] / 한 손으로 드는 것 다시 보네[復見一手擡]'라고 읊조려서 남자의 큰 포부에 견주었다(《고산유고》〈장수재에게 줌[贈張秀才]〉부분).

⑥ 전한(전 206~8) 환관(桓寬)의 《염철론(鹽鐵論)》 기사이다.

요즈음은 세상이 어지러워 관리를 선거로 뽑지 않는다. 부자는 재물로 사고, 용맹한 자는 목숨을 걸고 공명을 얻으며, 수레를 잘 몰거나 솥을 들어 힘을 뽐내는 자들까지 모두 관직을 받고 공로와 햇수를 쌓아 경상(卿相)에 이른다(《좁은 길 넓힘[除狹]》).

11세기 중반의 《신당서(新唐書)》에 '선거는 고대에 천거(薦擧)로 관리를 뽑은 제도'라는 기사가 있다(《선거지(選擧志)》). 현령(縣令)의 추천을 받아 문무백관을 삼았다는 말이다. 이 때문에 공로와 햇수를 쌓아 재상에 오르는 것조차 비리라고 한 것이다.

⑦ 《대한계년사(大韓季年史)》 기사이다.

인조 21년(1643) 8월, 오랑캐 추장 황태극(皇太極 태종)이 죽자 (…) 아홉째 아들 복림(福臨)이 여섯 살에 등극하며 연호를 순치(順治)로 바꾸었다. (…) 어미가 복주(復州) 사냥꾼 왕고(王杲)와 몰래 정을 통해 낳은 아들임에도 아주 똑똑하여 여섯 살에 책을 즐겨 읽었고 일곱 살에는 50근의 돌솥을 들어 올렸다.

앞에서 이른 대로 이 뒤부터 근력(筋力)이 한창 좋은 때를 정성(鼎盛)이라 불렀다.

17) 뜨거운 솥에 물 붓기는 아주 급한 상황을 나타낸다.

《사기》의 기사이다.

제(齊)와 초(楚)의 울타리인 조(趙)는 이(齒)의 입술과 같다. 입술이 없으면 이가 시릴 터이니, 오

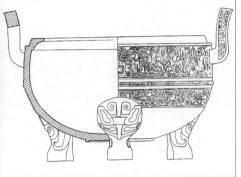

사진 49　　　　　　　　　　　　그림 5

늘 조가 망하면 내일은 제와 초가 화를 입는다. 따라서 항아리에서 새는 물을 뜨겁게 달군 가마 솥에 붓듯이 급히 도와야 한다[且趙之於齊楚捍蔽也 猶齒之有脣也 脣亡則齒寒 今日亡趙 明日患及 齊楚 且救趙之務 宜若奉漏瓮沃焦釜也](권46〈전경중완세가(田敬仲完世家)〉).

'새는 항아리의 물을 뜨겁게 달군 가마솥에 붓는 것'으로는 효과를 거두기 어렵지만 그 렇더라도 빨리 나서자는 뜻이다. 이보다 더 시급한 위기는 없을 것이다.

〈사진 49〉는 하남성 남양시 신야현(新野縣)에서 나온 서한 말기의 청동솥(높이 61센티미터 에 입 지름 65.5센티미터이며 무게 212근)이다. 몸통 위에 반리문(蟠螭紋)을, 아래에 반리문과 봉황문 을, 다리에 짐승 머리를 새겼다(그림 5).

18) 노구솥 옆에서 시절의 변화를 느낀다.

원중랑(袁中郎 1568~1610)의 시 〈서재에서 우연히 지음[齋中偶題]〉이다(부분).

山水情多長愛畫(산수에 정 많아 늘 산 그림 들추니)
旃蘭氣少亦淸人(전란의 향기 적어도 정신 맑아지네)
鎧罍側畔觀時變(노구솥과 대야 곁에서 시절 살피며)
冠帶場中看偶新(관대 갖춘 조신 중에 새 인물 보네)
《원중랑집》 제14권 시

노구솥과 대야는 선비의 조출한 삶을 이르는 듯하다.

19) 솥은 형벌을 상징한다.

고대의 송(宋)·제(斉)·초(楚)·진(晋)·진(秦)에서 죄인을 솥[형(亨)·팽(烹)·정(鼎)·확(鑊)]에 삶아 죽이는 여러 형벌을 썼으며 이를 흔히 팽형이라 한다.

①《국어》의 기사이다.

주 양왕(襄王) 22년(전 630), 진 문공(文公)은 정(鄭)나라 망명시절 문공이 저지른 무례를 떠올리고, 그의 부하 숙첨(叔詹)이 왔을 때 솥에 삶아 죽이라 하였다[烹殺]. 스스로 물이 펄펄 끓는 솥으로 가던 숙첨은 솥 귀[鼎耳]를 잡고 '앞으로 충성을 다해 군주를 섬기는 자들은 나처럼 될 것이다' 소리쳤다.

　　이에 문공은 그를 두터운 예절로 대접하여 돌려보냈고, 정에서는 장군으로 삼아 그의 장한 뜻을 기렸다(권10 〈진어〉).

②《설원》의 기사이다.

전 490년, 범씨(范氏)의 가신 불힐(佛肸)은 범씨와 중행씨(中行氏)를 친 조간자(趙簡子)가 중모(中牟)를 둘러싸자 공자에게 도와달라고 하였다. 이때 녹읍(祿邑) 적은 푯말과 솥을 나란히 놓고 선비들에게 '내 편에 들면 주지만, 그렇지 않으면 솥에 삶아 죽인다'고 윽박질렀다.(《입절편(立節篇)》)

공자는 이 협박에 넘어가지 않았을 것이다.

③《회남자》 기사이다.

전국시대 중기 전제(田齊)의 위왕(威王)은 무염(無鹽)의 수령에게 '그대에 대한 칭찬을 날마다 들었건만 정작 농토는 거칠고 곳간은 비었으며 감옥은 죄수들로 가득 찼으니 나를 속였다'며 뜰에 솥을 걸고 삶아 죽였다.

그 뒤 32년 동안 제의 백성들은 길에 떨어진 물건도 줍지 않았다. 형벌을 줄이면서 간사한 자를 막은 좋은 보기이다〈〈범론(氾論)〉〉.

《사기》에도 닮은 기사가 있다[권46 전경중완세가(田敬仲完世家)]. 이를 아정(阿鼎)이라 한다.

④《설원》의 기사이다.

위의 사경(師經)이 거문고를 타자 문후(文侯 ?~전 396)가 춤추며 '내가 무슨 말을 하든지 어기지 말라'는 부(賦)를 지었다. 말이 끝나기 무섭게 사경이 거문고로 그를 쳤지만 바로 맞지 않고 관(冠)의 술만 떨어뜨렸다. 문후가 '신하가 임금을 치면 무슨 죄에 해당하는가?' 묻자 모두 팽형감이라 하였다.

이에 사경은 '요와 순은 자신의 말에 반대할 사람이 없을 것을 걱정하였지만, 걸과 주는 거스를 것을 염려하였소. 나는 바로 걸주를 쳤을 뿐, 내가 모시는 임금을 친 것이 아니오' 소리쳤다. 문후는 '내 잘못이니 풀어주고 거문고는 성문에 걸어서 내 잘못을 고치는 부(符)로, 부서진 관의 유(旒)도 그대로 두어 내 잘못을 고치는 계(戒)로 삼겠다'고 하였다〈〈군도편(君道篇)〉〉.

고대에는 선비의 기개가 이처럼 서릿발 같았으며 도량이 이처럼 깊고 넓은 군주도 있었다.

⑤《전국책》 기사이다.

주 위열왕(威烈王) 18년(전 408) 위(魏) 문후(文侯)의 장수 낙양(樂羊)이 중산국(中山國)을 칠 때 아들이 거기 있었다. 상대가 그를 인질로 삼았음에도 물러서지 않자 죽여서 국을 끓여 보냈더니 태연히 마셨다. 왕이 칭송하자 도사찬(堵師贊)은 반대로 '자식의 고기를 먹는 사람이 누구인들 먹지 않겠습니까?' 하였다.

그가 돌아오자 문후는 그의 공을 높이면서도 속을 의심하였다.

한비자(韓非子 280~233쯤)의 '교묘한 속임수는 어수룩한 진실만 못하다[巧詐不如拙誠]'는 말은 이를 빗댄 것이다.

그러나 도사찬의 말이 일리가 없는 것은 아니지만, 아들의 국을 삼키는 고통을 참고 충성을 다한 사람에게 비난만 퍼붓는 것은 지나치다고 아니할 수 없다. 낙양이 중산을 치고 돌아왔을 때 문후가 믿는다는 뜻으로 그를 비방한 사람들의 글[謗書] 한 바구니를 보여준 것도 이와 연관이 있을 것이다. 또 유향 자신도 '전국시대의 낙양은 아들을 먹어서[食子] 대의를 위한 구국의 의지를 다잡았다[自信]'고 하였다《설원》.

풍몽룡(馮夢龍)도 한(漢)·초(楚)가 다툴 때 항우가 유방의 아버지 태공을 솥에 삶겠다고 하자, 유방은 국물 한 숟가락을 보내라 일렀다고 적었다《지낭》.

고려 김부식(金富軾 1075~1151)의 시 〈군막에서 우연히 읊조림[軍幕偶吟]〉에도 이 내용이 들어 있다.

誰道朝廷好用兵(나라가 군사 부리기 즐긴다지만)

只因臣妾變豺狼(신하가 승냥이로 변한 탓이네)

君王英斷超唐憲(임금의 영단 당 헌종보다 뛰어나시니)

遮莫時人謗樂羊(세상의 낙양 비방이야 꺼릴 것 없네)

《동문선》

중산국은 전국시대의 선우부(鮮虞部)가 하북성 중남부에 세운 제후국이다.

⑥《사기》의 기사이다.

서의 관중(關中)을 차지하고도 패업(霸業)을 닦지 않고 동으로 돌아가려는 항우에게 한생(韓生)이 '초나라 사람들은 원숭이에게 갓 씌운 듯하다[猴冠]더니 과연 그렇다'고 빈정대다가 팽형을 당했다(권7 〈항우본기〉).

한생의 말도 지나쳤지만 항우의 행위는 더 잔혹하다.

⑦《한서(漢書)》의 기사이다.

진(秦)은 상앙(商鞅 전 390~전 338)을 앞세워 연좌법(連坐法)으로 백성을 옭아매고 참혹한 벌을 주었다. 몸에 상처를 내는 형벌이 퍼지더니 사형이 늘어나고 마침내 정수리에 구멍을 뚫어서 갈

비뼈를 뽑고 가마솥에 삶는 극형까지 나왔다
(〈형법지(刑法志)〉).

그림 6

반고(班固 32~92)의 아버지 반숙피(班叔皮)도 〈왕명론(王命論)〉에 '한신(韓信)이나 경포(黑京布)처럼 용감하고, 항량(項梁)이나 항적(項籍)처럼 힘이 세며, 왕망(王莽)처럼 일을 해내도 결국 솥에 삶아서 허리가 잘리는 형벌을 받고 익은 고기는 찢겨져 젓갈이 될 것'이라고 적었다《문선》.

⑧ 후한의 서영(徐榮 ?~192)은 190년, 동탁(董卓)에 대항하는 세력과의 싸움에서 사로잡은 영천태수(潁川太守) 이민(李旻)을 솥에 삶아 죽였다.

이에서 '솥에 삶아 도마에서 토막낸다[不免於鼎俎]'는 말이 나왔다.

⑨《태평광기》기사이다.

송의 북다보사(北多寶寺) 중 도지(道志)는 '우둔한 저는 저승이 없다고 여긴 탓에 살아서 모진 고초를 당하고, 죽어서도 칼에 잘려 끓는 가마솥에 들어가는 벌을 받습니다. 용서해 주십시오' 빌었다(5 〈승 도지〉).

중이 지옥의 기름 가마를 몰랐다니 참으로 바보이다(그림 6).

⑩《태평광기》기사이다.

진(晉) 함강(咸康) 2년(926)에 죽었다가 깨어난 장응(張應)은 '쇠갈고리에 걸려서 물이 펄펄 끓는 가마솥과 도산검수(刀山劍樹)와 여럿이 몽둥이를 들고 기다리는 북쪽 언덕으로 끌려갔다'고 하였다(4 〈장응〉).

같은 책의 '장응이 함화(咸和) 8년(333) 갑자기 정신을 잃고 물이 끓는 가마솥과 칼과 회초리 따위의 기구가 늘어선 지옥으로 끌려갔다가 며칠 뒤 깨어났다'는 내용(《태평광기》5〈장응〉)은 저자의 착각일 터이다.

도산검수는 칼과 산이 숲처럼 둘러선 지옥이다.《보살처태경(菩薩處胎經)》에 '바르지 못한 음행을 저지르면 죽어서 칼과 산이 숲을 이룬 지옥으로 들어가 불붙은 수레와 석탄불의 뜨거움을 견뎌야 한다[淫爲穢惡 死入惡道 刀山劍樹 火車爐炭]'는 구절이 있다(《행정정품(行定定品)》).

⑪ 다음 기사도 닮았다.

무속에 빠져서 온갖 잡신을 섬긴 장응이 집을 옮기자 아내가 병들어 좀처럼 낫지 않았다. 무속을 버리고 부처에게 빌라는 그네 말에 따라 절에 가 법문을 듣고 불자가 되면서 병에 차도가 나타났다.

　　어느 때 소금을 사가지고 오다가 갯가에서 잠들었다. 꿈에 세 사람이 갈고리로 끌기에 '부처 제자인 나를 놓아주면 술 한 되 사겠다'고 빌자, 그들은 뒤에 오는 사람이 잡아갈 것이라 하였다. 아닌 게 아니라 얼마 뒤 앞의 일이 벌어진 것이다.

　　이어 갈고리 대신 금강저(金剛杵)를 든 사람이 와서 '네 수명이 끝났다. 집에 가서 지장보살 츰부다라니와 명호(名號)를 외우면 사흘 뒤 죽었다가 천상에 태어날 것'이라더니 과연 그대로 되었다.

'츰부'는 뜻이 없는 후렴의 한 가지이다.《태평광기》에는 926년으로 적혔지만, 불교 관계 설화집에는 진(秦)대 사람으로 올랐다.

⑫《태평광기》기사이다.

영남 절도사가 기생 양창(楊娟)을 사랑하자 본처가 몽둥이 든 하녀 수십 명을 마당에 둘러 세운 가운데 기름 솥을 시뻘겋게 달구고 상대를 기다렸다(20〈양창전(楊娟傳)〉).

애첩에 대한 그리움으로 병든 절도사가 감군사(監軍使)에게 방법을 묻자, 그는 본처에게 자기 계집종이 달인 약을 먹으면 나을 것이라 속이고 양창을 보냈다. 그러나 정체가 드러나 절도사는 애첩을 빼돌린 뒤 열흘 만에 죽고, 홍주(洪州)에서 비보를 들은 그네도 자기 탓이라

며 목숨을 끊었다.

본처가 시앗을 기름 솥에 넣기도 하였던 모양이다.

⑬《태평광기》기사이다.

수(隋)의 방탕자 두자춘(杜子春)이 저승으로 갔더니 창 든 옥리(獄吏)가 물이 펄펄 끓는 가마솥 앞에서 성과 이름을 바로 대라고 겁을 주었다. 입을 다물자 아내를 데려와 사실을 말하면 풀어주마고 꾀었다. 이번에도 듣지 않았더니 둘을 솥에 삶아서 디딜방아로 빻고 도끼로 찍었다(1〈두자춘〉).

죄인을 솥에 삶아 죽이는 형벌이 정확(鼎鑊)이다. 불교에서는 이를 확탕(鑊湯)이라며 18지옥의 하나로 꼽는다.

⑭ 다음은 지옥에서 죄인을 다루는 내용이다.

한 곳에서 솥에 죄인을 삶자 몸과 머리가 떨어진 뒤, 끓는 물을 따라 옮겨 다녔다. 이어 작살을 든 귀신이 지키는 가운데 300~400명이 차례로 가마솥으로 들어가면서 서로 끌어안고 슬피 울었다(《태평광기》16〈조퇴〉).

---

⑮ 문천상(文天祥 1236~1282)의 시〈정기가(正氣歌)〉이다(부분).

楚人纓其冠(초의 죄수처럼 관 질끈 동이고)

傳車送窮北(수레에 실려 북쪽 끝으로 끌려왔네)

鼎鑊甘如飴(가마솥에 삶아져도 좋으련만)

求之不可得(그 조차 마음대로 안 되네)

《중국 시와 시인》

---

⑯《전등삼종(剪燈三種)》기사이다.

하사명(何思明)이 징계장람지문(懲戒藏濫之門)으로 들어가자 십여 명을 벗겨놓고 험악하게 생긴 야차(夜叉) 여럿이 쇠줄로 아귀(餓鬼) 십여 명을 끌고 와 칼로 죄인들의 가슴과 다리에서 저민 고기를 솥에 익혀 먹는 바람에 마침내 뼈만 남았다(《하사명의 지옥 구경[何思明遊酆都錄]》).

20) 갓난아기를 솥에 넣는다.

호인(胡寅 1098~1157)은 호안국(胡安國)의 조카로 그의 양자가 되었으며 북송(北宋) 고종 때 금(金)이 침입하자 주전론(主戰論)을 주장하였다. 그가 태어나자 어미가 기르지 않으려고 가마솥에 넣었다. 호안국의 아내가 꿈에 큰 물고기가 가마솥에서 뛰는 것을 보고 데려다 키웠다.

그가 뒤에 생모를 위해 기년복을 입자 비판이 일었고 마침내 진회(秦檜 1090~1155)가 탄핵하였다. 양자가 임금이 되면 생부모에 대한 의리를 버리듯이, 의붓어미를 높이고 낳은 어머니에 대한 예는 낮추어야 마땅하다는 뜻이다.

21) 솥으로 죄를 가린다.

《태평어람》에 '부남왕(扶南王) 범도(范導)는 죄인을 범에게 던졌다가 물지 않으면 놓아주고, (…) 물이 끓는 솥의 금가락지를 맨손으로 집게 하였다. 죄인은 손이 문드러지나 깨끗한 사람은 말짱하다'는 기사가 있다(권892 〈수부(獸部) 4〉).

이것이 맹신탕탕이다. 《논어》에서도 '훌륭한 것을 보면 미치지 못할 것을 걱정하고, 그렇지 못한 것을 보면 끓는 물에 손 집어넣듯 하라'고 일렀다(《계씨편(季氏篇)》).

〈사진 50〉은 운남성 맹련현(孟連縣 南雅村)의 와족(佤族)이 끓는 물의 달걀을 손으로 집어내어 심판을 받는 장면을 재현하는 모습이다. 본디는 심판은 손에 물집이 잡히면 유죄, 말짱하면 유죄로 삼았다.

사진 50

22) 솥을 상으로 준다.

---

① 진(晉) 평공(平公)은 거(莒)나라에서 구운 솥[莒鼎]을 자산(子產 ?~전 522)에게 상으로 주었다(《국어》 권14 〈진어(晉語)〉 8).

사진 51

선진시대 산동성에 있던 거의 솥이 등장한 까닭은 알 수 없으나 꽤나 유명했던 모양이다.《춘추좌씨전》에 진후(晉侯) 증경(曾經)이 자산에게 방정(方鼎) 두 짝을 주었다고 적혔다(《소공(昭公)》 7년). 방정도 거정이다.

〈사진 51〉의 방정은 내몽골 자치구 적봉시(赤峰市) 영성현(寧城縣)의 전국시대(403~221) 동호(東胡) 무덤에서 나왔다(입 지름 12.8센티미터에 높이 19센티미터). 양쪽에 귀를 붙이고 아래에 짐승 발을 달았으며 사면에 기룡문(夔龍紋)을 베풀었다. 앞의 두짝열개의 문 가운데 오른쪽에 발뒤꿈치를 베는 형벌(刖刑)을 받는 노예 모습이 보인다.

사진 52

방정에 대한 신앙심은 끊이지 않고 이어 내렸다. 〈사진 52〉는 섬서성 남전현(藍田縣)에서 나온 금대(1115~1234)의 청백옥유방정(靑白玉釉方鼎)이고(섬서 역사박물관), 〈사진 53〉은 섬서성 수덕현(綏德縣)에서 나온 명대(1368~1644)의 두채도철문방정(豆彩饕餮紋方鼎)이다(섬서 역사박물관).

자산은 춘추시대 정(鄭)나라 목공(穆公)의 손자이다. 평공이 윤하(尹河)에게 시험 삼아 고을을 맡기려 하자, 그는 옷 짓는 일이 서툰 사람에게 비단을 맡기면 감을 버리듯이, 백성 다스리기 서툰 사람에게 맡기면 해롭다며 말렸다.

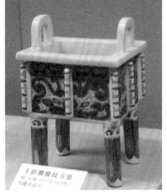

사진 53

송응성(宋應星 1587~1648?)도《천공개물(天工開物)》에 '가까이 있는 솥의 거푸집도 만져보지 않고 옛 거정에 대해 시끄럽게 떠든다'고 적었다(《서문》). 거정이 후대에도 사람의 입에 자주 오르내린 것이다.

②《춘추좌씨전》기사이다.

―――――――――

위 상공(殤公 전 558~전 547)을 죽이고 정과 화친한 송의 화보독(華父督)이 노(魯) 환공(桓公)에게 고(郜)나라 큰 솥[大鼎]을 뇌물로 주었다. 이를 태묘에 바치자 대부 장애백(臧哀伯)이 나섰다.

　　"은을 이긴 무왕이 구정(九鼎)을 낙읍으로 옮길 때, 의사(義士)들이 나무랐습니다. 하물며 환란을 일으킨 무도한 자의 뇌물을 태묘에 바치고 장차 무엇을 바라겠습니까(환공 2년)?"

―――――――――

이 뒤부터 고의 큰 솥은 부정한 뇌물의 대명사가 되었다.

서거정(徐居正 1420~1488)의 《동국통감(東國通鑑)》에도 '고구려 연개소문(淵蓋蘇文 ?~665?)이 당에 백금(白金)을 바치자 저수량(褚遂良)이 임금을 죽인 그는 구이(九夷)에서도 용서받지 못한다며, 장차 치려는 마당에 백금을 받는 것은 고정(郜鼎)과 같다며 막았다'는 기사가 있다(권6 〈삼국기(三國紀)〉 644년 가을 9월).

이 기사는 연개소문이 영류왕(營留王)을 죽이고 그의 동생 장(臧)을 보장왕(寶藏王)으로 삼은 변란을 가리킨다. 구이는 상고시대 동방에 있던 이민족 아홉으로 견이(畎夷)·우이(于夷)·방이(方夷)·황이(黃夷)·백이(白夷)·적이(赤夷)·원이(元夷)·풍이(風夷)·양이(陽夷) 따위이다.

23) 솥에 보배를 감춘다.

《낙양가람기》기사이다.

―――――――――

돈황(燉煌)의 송운(宋雲)이 《대승범문경전(大乘梵文經典)》을 얻으러 서역으로 가다가 (…) 건타라성(乾陀羅城)에서 서역 탑 중 첫손에 꼽는 작리탑(雀離塔)을 보았다. (…) 모두 금과 옥으로 만든 탑 안의 불물(佛物)들은 아침 해가 떠오를 적마다 번쩍번쩍 빛나고 미풍이 일면 보탁(寶鐸)도 함께 울렸다.

　　왕은 자신이 죽은 뒤 (…) 잃을 것을 염려한 나머지 구리가마솥에 넣어 탑에서 백 걸음 떨어진 곳에 묻었으며, 그 자리에 심은 보리수(菩提樹)는 하늘을 가렸다(〈문의리[聞義里]〉).

―――――――――

송운은 북위(北魏) 효명제(孝明帝 515~528) 때 사람으로, 호태후(胡太后)의 명을 받아 서역 오장국(烏場國)에서 《대승범문경전》 170부(部)를 가져왔다.

24) 솥에 비를 빈다.

《중국신화전설》 기사이다.

은의 탕왕(湯王 전 1783~전 1754)은 허름한 옷차림에 머리를 풀어 헤치고 불이 잘 붙는 흰 띠[茅]를 허리에 감은 채 백마가 끄는 흰색 수레에 올라 사당이 있는 상림(桑林)으로 갔다. 발 셋 달린 솥을 짊어진 채 깃발 든 이들이 앞서고 뒤의 무사(巫師)들은 비를 비는 축원을 올렸다(7 〈하은편〉).

왕의 흰 띠, 흰 말, 흰색 수레는 음양오행설에서 음(陰) 곧, 비를 나타낸다. 또 솥에 불을 지필 때 피어오르는 연기는 비를 머금은 구름이고, 솥에 새긴 용은 비를 상징한다.

25) 솥은 굶주림을 나타낸다.

《중국신화전설》 기사이다.

주 유왕(幽王 전 781~전 771) 때 권력을 쥔 윤(尹)씨네는 여러 대가 지나도 모두 한집에서 산 탓에 식구가 수천 명에 이르렀으며 밥도 한 부엌에서 지었다. 가뭄으로 곡식이 모자라자 모든 냄비와 가마솥에 죽을 끓였고 먹는 소리는 수십 리 밖에서도 들렸다. 어느 날 삼십 여 명이 보이지 않더니, 죽 솥 안에서 호미와 삽으로 바닥의 죽을 긁고 있었다(7 〈하은편〉).

솥에 삼십여 명이 들어갔다는 것은 과장이다. 우리도 솥 바닥을 주걱으로 박박 긁는 것을 굶주림의 상징으로 여겼다.

26) 솥은 아내를 상징한다.

《태광광기》 기사이다.

장사꾼 장첨(張瞻)이 고향으로 가기 전 절구에 밥 짓는 꿈을 꾸자, 왕생(王生)이 '아내를 못 만납니다. 절구에 밥 짓는 것은 솥이 없어서입니다' 하였다. 과연 아내는 여러 달 전에 죽었다(12 〈장첨〉).

이는 부[釜]와 부[婦]의 소릿값이 같은 데서 왔다.

27) 솥을 저승에서도 쓴다.

《오월춘추(吳越春秋)》 기사이다.

오자서(伍子胥 ?~전 484)의 충동을 받은 오의 합려(闔閭)가 초를 치려들었다. 그 무렵 밥 먹던 합려가 반쯤 남은 생선을 딸[등옥(騰玉)]에게 주었더니 분하다며 방으로 들어가 목을 맸다. (…) 그는 대궐 밖에 못을 파서 큰 무덤을 짓고 안에 금 솥·옥 술잔·은 술동이·옥구슬 옷 따위를 넣었다. 살 때처럼 먹고 마시고 입으라는 뜻이다《합려내전(闔閭內傳)》.

특히 한·중·일 세 나라 옛 무덤에서 나오는 명기들은 모두 같은 뜻을 지녔다.

28) 솥의 음식으로 내우외환(內憂外患)을 안다.

《관자(管子)》의 기사이다.

제 환공(桓公 전 685~전 643)이 제사를 크게 지내려 하자 중침제자(中寢諸子)가 나인에게 '환공께서 거둥하실 터인데 왜 가만히 있느냐?' 물었다. 그네가 서두르는 것을 본 환공은 '거둥 않는다. 누가 그러더냐?' 하였다. 중침제자의 말이다.

"선인(先人)께서 제후가 밖에서 묵으며 솥의 음식을 들지 않으면 외환이 일고, 안에서 솥의 음식을 먹으면 내우(內憂)가 생긴다고 하셨습니다."

"말하고 싶지 않지만 하는 수 없다. 내가 제후들을 불러도 오지 않으면 어찌하랴?"

"저희도 군주를 잘 모시지 않으면 옷감[布織]이 없어 옷을 못 짓습니다. 마찬가지로 제후들에게 은혜를 베풀지 않으면 성인이라도 어떻게 부리겠습니까?"(제26편 〈계(戒)〉).

환공은 포숙아(鮑叔牙)의 진언을 받아 관중(管仲)을 재상으로 삼은 덕분에 밖으로 산융(山戎)을 쳐서 연(燕)을 구하고, 노(魯)의 내란을 잠재웠으며, 오랑캐 침입을 받은 형(邢)을 이의(夷儀 산동성)로, 위(衛)를 초구(楚丘 산동성)로 옮겨 다시 세웠다.

29) 큰 뜻을 품은 사람은 솥을 지고 따른다.

《신어역해(新語譯解)》 기사이다.

천하에 큰 공을 세운 사람은 먼저 마음과 몸을 닦고, 만세에 위대한 이름을 드리운 사람은 반드시 작은 일부터 시작합니다. 이윤(伊尹)도 솥을 걸머지고 유신씨(有莘氏) 들녘에 묵으며 초가에서 덕을 닦았습니다. 또 스스로 농사지으며 제왕의 도에 뜻을 두었고, 몸은 누추한 형문(荆門) 안에 있었으나 뜻은 팔방의 통치를 꿈꾸며 솥단지를 걸머지고 요리사로 따르다가 천자의 보좌가 되어 하(夏)를 치고 상(商)을 세웠습니다(1부 〈상권〉 1).

유신씨의 종 이윤은 은의 탕(湯)이 어질고 의롭다는 말을 듣고 마음이 쏠렸다. 그는 상전의 딸이 탕의 집으로 시집갈 때 따라가서 그를 섬겼다. 요리사였던 그는 탕에게 요리를 보기로 들어 천하정세를 설명하며 하를 쳐서 백성을 구하라고 부추겼다. 뒤에 탕이 갈·위·고·곤오 따위와 하를 쓰러뜨리고 은 왕조를 세운 것은 이 덕분이다.

《한비자》에 일흔 번 넘게 탕을 설득했다고 적힌 것을 보면 인내심이 여간 아니었던 모양이다. 《사기》에도 그가 솥과 도마를 메고 왕이 다니는 길목에 섰다가 맛을 알려주마 한 끝에 뽑혔다고 적혔다(권3 〈은본기(殷本紀)〉). 앞글의 솥은 정(鼎)이 아니라 부(釜)라야 어울린다.

30) 솥은 신분을 나타낸다.

《맹자(孟子)》의 기사이다.

노(魯)의 군주 평공(平公)이 떠날 때, 신하 장창(臧倉)이 '다른 날은 가시는 곳을 유사에게 꼭 알리시더니 오늘은 그가 멍에를 얹고도 모르니 까닭을 알려주십시오' 물었다. 맹자를 만난다는 말에 '예와 의는 어진 이에서 나오는데 맹자는 뒤의 상례를 앞의 것보다 후하게 치렀습니다. 안 됩니다' 막았다.

이를 따르려는 평공에게 낙정자(樂正子)가 나섰다.

"뛰어넘었다는 말씀은 무슨 뜻입니까? 먼저는 선비의 신분으로, 뒤에는 대부의 신분으로 한 것입니까? 아니면 먼저 삼정(三鼎)을, 뒤에 오정(五鼎) 쓴 것을 가리킵니까?(〈양혜왕장구〉 하)"

낙정자는 맹자의 처사가 예의에 어긋난다는 장창의 말에 대해, 전보다 잘 살게 되면 부모 상례를 더 크게 치르고 싶은 것이 사람의 마음임을 내세운 것이다.

31) 솥의 다리를 학문에 견준다.

___

다리 셋 달린 솥은 온전한 학문과 같다. 인(仁)이 하나요, 의(義)가 하나요, 병(兵)이 하나이다. 다리가 하나 잘리면 둘만으로는 서지 못하여 쓰러지고 만다(《잠서(潛書)》).

___

군자에게도 병술이 필요함을 일깨운 말이다.

32) 솥의 그을음은 신령스럽다.

___

동북의 요양(遼陽)지방에서 아기가 태어나면 솥 바닥의 그을음에 자국을 남겨서 뒤에 저승으로 갈 때 길잡이로 삼는다. 이와 달리 그을음을 보고 악귀가 따라오는 것을 막기 위해 미리 없애는 것이라고도 한다. 그을음의 별명 흑화미자(黑化迷子)의 '미자'는 소릿값이 '매자(煤子)와 닮았기 때문이다(永尾龍造 1942 ; 88~89).

___

33) 발 없는 솥은 배(船)를 나타낸다.
《주역》의 기사이다.

사진 54

___

제나라에 간 자공(子貢)의 소식이 없자 공자가 걱정되어 《역경(易經)》을 펼치고 점을 쳤더니 솥의 다리가 부러진[鼎折足] 괘가 나왔다. 자공이 못 돌아온다는 말에 모두 고개를 끄덕였지만, 안회는 오히려 빙긋 웃었다. 그는 까닭을 묻는 스승에게 대답하였다.

　　"발 없는 솥은 배를 가리킵니다. 그는 배로 옵니다."
　　과연 그대로 되었다(50 〈화풍정(火風鼎)〉).

___

사진 55

발 없는 솥이 배를 연상시키는 데서 나온 듯하다. 황하 유역의 양가죽 배도 이를 닮았다.
　〈사진 54·55〉는 삼국시대(221~280)의 냄비(銅雙耳鍋)로 바닥이 평퍼짐한 것이 하릴없이 배를 닮았다(산동성박물관).

34) 깨진 솥은 요괴가 된다.

①《태평광기》 기사이다.

당 보응(寶應) 연간(762~763), 유양(維揚)에 간 원무유(元無有)는 날이 저물어 길가 빈집으로 들어갔다. 얼마 뒤 특이한 의관 차림의 사람들이 나타나 시를 읊조렸다. 그들은 자연스러웠고 자신도 마찬가지였다. 날이 밝자 그 자리에 낡은 두레박·다듬이 방망이·등잔대·깨진 솥 따위가 널려 있었다(15〈원무유〉).

유양은 강소성 양주(揚州)에 있는 구(區)이다. 손때 먹은 물건들이 장난치는 이야기는 우리에게도 흔하다.

②《태평광기》 기사이다.

당 정원(貞元) 연간(785~804) 초, 담력 센 정주(鄭州)의 왕간(王幹)이 밭에서 일하던 중에 천둥이 치고 폭우가 쏟아져 잠실(蠶室)로 들어갔다. 조금 뒤 번개가 따라 들어오면서 검은 구름마저 잔뜩 끼어 어두워지자 그는 들고 있던 호미를 쉬지 않고 휘둘렀다. 점점 작아지던 구름이 땅으로 떨어지더니 다리 부러진 작은 솥과 반 토막 난 칼로 바뀌었다(16〈왕간〉).

---

35) 솥은 조화를 상징한다.

물과 불은 상극이지만 이들 사이에 솥이 놓이면 온갖 맛이 우러난다. 그러나 사랑하는 피붙이끼리 힐뜯으면 부자(父子)라도 위태롭다(《회남자》〈설림(說林)〉).

권력을 잡으려고 아들이 아버지를, 아버지가 아들을 죽인 일은 드물지 않다.

36) 솥은 여러 가지 미덕을 지녔다.
《태평광기》 기사이다.

원화(元和) 7년(812), 태백산에서 노닐던 유사복(劉師覆)은 형산(荊山)과 상수(湘水)에서 90년쯤 지낸 도술가 헌원미명(軒轅彌明)을 집으로 데려왔다. 어느 날 시로 이름난 교서랑(校書郎) 후희(候喜)가 찾아와 유사복의 시를 따졌다. 헌원미명이 오래된 세 발 돌솥을 가리키며 후희에게 시로 겨루자 하였다. 유사복이 읊었다.

奇匠琢山骨(재주 좋은 장인 기산의 돌로)
刳中事煎烹(속 파내더니 끓이고 삶네)

후희가 이었다.

外苞乾蘇文(겉에 마른 무늬 뒤덮이고)
中有暗浪驚(안에서 검은 물결 이네)

헌원미명은 코웃음 치며 이렇게 지었다.

龍頭縮菌蠢(용머리 장식 쭈그러든 영지이고)
豕腹膨脹亨(돼지 배 닮은 몸통 잔뜩 불렀네)

놀란 둘은 상대를 몰아붙이려 들었다. 유사복이 두 구절로 후희를 도왔다.

大若烈士膽(크기는 열사의 담력만 하고)
圓女載馬纓(둘레는 말 가슴걸이 같구나)

후희가 이었다.

在冷足自安(차가울 때 발 셋 느긋하더니)
遭焚義彌貞(불길 만나 그 뜻 더 굳어지네)

다시 유사복의 시이다.

磨礱去圭角(모서리 갈아 없애고)
浮潤著光精(문지르자 광채나네)

끙끙거리던 후희는 이렇게 마감하였다.

旁有雙耳穿(주위에 귀 둘 달렸어도)
上有孤髻撑(외로운 소댕만 상투 버티네)

둘이 말렸지만 헌원미명은 반드시 마치자며 유사복에게 붓을 들렸다.

何當出灰烑(재와 불똥 어찌 벗어날꼬)
無計離瓶罌(항아리 신세 면할 길 없네)
謬居鼎鼐間(가마솥 사이에 잘못 놓여)
長使水火爭(오래도록 물과 불 세례 받네)
形模婦如笑(웃는 아낙 닮았지만)
度量兒童輕(도량은 아이일세)
徒爾堅貞性(하릴없이 바른 성질 고집해도)
不過升合盛(겨우 한 되나 채울 뿐)
寧依煖熱廠(여전히 뜨거운 불길에 타며)
不與寒凉幷(왜 서늘함과 짝짓지 않나)
忽權翻溢衍心(갑자기 잘못 엎었지만)
實負任使誠(끝까지 구실 다 하리라)
陋質荷斟酌(허술한 재질에 음식 담기니)
狹中愧提擎(너무 작아 들어 올리기 부끄럽네)
豈能煮仙藥(어찌 선약 달이기 바라랴만)
但未汚羊羹(양고기 끓는 수모 면하였네)
區區徒自效(하잘것없지만 스스로 뻐기고)

433

瑣瑣安足豆(모자라도 스스로 뿌듯이 여기네)

難比俎豆用(조나 두 같은 제기 아니라도)

不爲手所撥(손으로 들어 옮기지 못하니)

願君勿嘲誚(그대 비웃지 말게나)

此物方施行(이 솥 곧 쓰일 터이니)

헌원미명은 코를 골며 자다가 새벽에 자취를 감추었다.

　　한유(韓愈 768~824)는 두 사람이 가져온《창려집(昌黎集)》의 시〈석정연구시서(石鼎聯句 詩序)〉에 서문을 지어주었다(3〈헌원미명〉).

―――――――

이 글에 대해 한유가 가상인물을 등장시켜 미명도사를 자신에 비유했다는 설과, 세 사 람이 실제 인물이라는 설이 있다. 조선의 이익(李瀷 1681~1763)은 뒤의 설을 따라 실제로 일어 난 일로 보았다.

37) 솥으로 물길을 다스린다.

《양주화방록(揚州畵舫錄)》기사이다.

―――――――

엎어놓은 솥처럼 둥근 소금산[鹽山] 주위에 물이 둘렸다. 원근 10리 안에 모두 쇠솥[鐵鑊]을 묻 어놓고 옛적에 물길 다스리던 이들이 물을 조절하였다. 이를 '이왕 냄비[李王鍋]'라 부른다. (…) (권1〈초하록(草河錄)〉상)

―――――――

《양주화방록》은 이두(李斗)가 18세기 말~19세기 초에 번영을 누린 양주 모습을 그린 백 과사전이다(3권). 솥으로 물을 조절하였다는 것은 믿기지 않는다.

38) 솥으로 가난을 나타낸다.

①《후한서》의 기사이다.

―――――――

후한(後漢) 환제(桓帝 147~167) 때, 내무(萊蕪)의 수령 범단(范丹)은 가난하면서도 낯빛을 바꾸지 않아 사람들이 '범사운의 시루에서 먼지만 일고[甑中生塵范史雲], 범내무의 가마솥에서 물고기 헤엄친다[釜中生魚范萊蕪]'는 노래를 불렀다(권81 〈독행열전(獨行列傳)〉 범염).

'사운(史雲)'은 범염의 자(字)이다. '가마솥의 물고기'는 맹물을 마시고 사는 선비의 삶을 가리킨다. 내무시는 산동성 태안시(泰安市) 동쪽에 있다.

② 대복고(戴復古 1167~?)의 시 〈경자천기(更子薦饑)〉이다(부분).

杵臼成虛設(절구 텅 비고)

蛛絲網釜鸞(솥에 거미줄 쳤네)

啼饑食草木(배고파 울다 나무껍질 먹으려)

嘯聚斫山林(소리쳐 불러 나무 베러 가네)

《중국 시와 시인》

우리는 굶주리는 사정을 '목구멍에 거미줄 쳤다'고 하는 반면, 중국은 이를 솥의 거미줄에 견주었다.

③《전등삼종》기사이다.

복건성 장주(漳州)의 제중화(齊仲和)는 본디 부자였으나 홍건적의 난으로 가난뱅이가 되어 항자견(項子堅)의 집 훈장이 되었다. 명 홍무(洪武) 5년(1372) 항자견이 죽자 무덤 옆에 웅장한 귀전암(歸全庵)을 지었으며 제중화가 항씨네로 오갈 때는 그곳에 머물렀다.

孔聖絶糧寧敢慍(공자께서 양식 없다 어찌 화내고)

范丹乏米豈辭饑(범단에게 쌀 없은들 어찌 주린다 하랴)

當年墮地無須顧(당시의 쇠락한 처지 돌아볼 것 없고)

此日生塵不可炊(오늘 솥에 먼지 생겨도 불 못 지피니)

榾柮煙消灰塵(땔감 연기 사라지고 재도 식어 차가운데)

蒸蒸跨竈欲下爲(무럭무럭 김나는 부엌 무슨 소용이랴)

(하 〈무평의 밤에 만난 요괴[武平靈怪錄]〉)

---

39) 솥으로 조국애를 나타낸다.

《시경》의 시 〈바람 탓 아니다[匪風]〉이다(부분).

匪風飄兮(바람 몰아친 탓 아니고)

匪車口票兮(수레 흔들린 탓도 아니다)

顧瞻周道(주나라 가는 길 바라보다가)

誰能烹魚(그 누가 물고기 삶으려)

漑之釜鷺(용가마에 물 부을까)

誰將西歸(그 누가 서쪽에 가서)

懷之好音(반가운 소식 가져올거나)

----

40) 헌 솥은 인생의 허무를 나타낸다.

소식의 시 〈감로사(甘露寺)〉이다(부분).

蕭公古鐵鑊(옛적 양 무제 구운 솥)

相對公團團(텅 빈 채 둥글게 마주 보네)

陂陀受百斛(바닥 우묵한 백 섬들이 가마솥)

積雨生微瀾(빗물 고여 잔물결 이누나)

泗水逸周井(주의 보정 사수에 잠기고)

渭城辭漢盤(한의 승로반 위성 떠나)

山川失古態(산천 옛 모습 잃었음에도)

怪此能獨完(이것만 온전한 것 이상하구나)

《소식시집》

감로사는 강소성 진강(鎭江) 북고산(北固山)에 있다. 한반은 감로수를 받는 한나라의 쟁반이다.

41) 솥으로 앙갚음을 한다.

매요신(梅堯臣 1002~1060)의 시 〈잡흥(雜興)〉이다(부분).

主人有十客(주인이 손님 열과)

公食一鼎珍(한솥밥 먹는 중에)

一客不得食(한 손 먹지 못하자)

覆鼎傷家賓(솥 엎어 여럿 다쳤네)

誰云九客沮(아홉이 하나 못 막느냐 말라)

未足一客嗔(하나 성 내니만 못하였으니)

이 시는 감진주원(監進奏院) 소순흠(蘇舜欽 1008~1048)이 제사[賽神]에 여럿을 부르면서 이
중사(李中舍)를 뺀 것에 앙심을 품고 그가 일으킨 사건을 읊은 것이다《매요신 시선》.

42) 솥 바닥을 긁어서 솥이 빈 것을 나타낸다.

《성호사설》 기사이다.

한 고조(전 247~전 195)의 형제 넷 가운데 맏이 백(伯)은 일찍 죽었다. 고조가 미천할 때 친구와

밥을 자주 먹으러 오는 것을 꺼린 형수는 국을 달라면 국솥 바닥을 긁어 들렸다. 뒤에 국이 있는

것을 본 고조는 속이 끓었다.

　　임금이 된 그가 형제들을 다 제후에 봉(封)했지만 장조카는 그대로 두었다. 태상황(太上

皇)이 묻자, 제가 잊은 것이 아니라 그 어미가 키우지 않은 탓이라며 갱알후[羹頡侯]로 삼았다(제

26권 경사문(經史門) 〈고조대도(高祖大度)〉).

갱알후는 국솥 바닥을 긁는 제후라는 뜻이다. 이익은 이 기사를《사기》에서 끌어왔다
《초원왕세가(楚元王世家)》.

　　이규보(李奎報 1168~1241)도 앞의 고사를 인용, '두어 섬을 심어서 천여 섬을 거두거니[數
斛播收千斛滿] / 한 집 토란 잘 된 것 여러 집 덕 보네[幾家仰賴一家成] / 이 늙은이 먹을 때 가마
솥에 차거니[箇翁要喫宜盈釜] / 손님들 자주 와도 국솥 긁지 말라[外客頻來莫頡羹]'고 읊조렸다
《동국이상국집》 제7권 〈고율시〉). 밥솥이 아닌 국솥을 긁은 것은 그 소리가 더 큰 데서 온 것인가?

43) 솥으로 인색한 부자를 골탕 먹인다.

신강성 위글족[維吾爾族] 민담이다.

───────────

납스열정은 몹시 인색한 부자에게 큰 솥 한 짝을 빌렸다. 부자는 세를 받을 속셈이었다. 며칠 뒤 찾아온 그는 솥이 아들을 낳았다며, 믿지 않는 상대에게 자루에서 옹솥 한 짝을 보였다. 한몫 보려는 부자는 '과연 내 큰 솥이 아들을 낳았다'며 기쁜 체하였다. 그가 옹솥을 주고 돌아서자 '앞으로 아들을 더 낳을 터이니 잘 보살피게' 덧붙였다

며칠 뒤 납스열정이 큰 솥이 죽었다며 부고를 내밀자, 솥이 어떻게 죽느냐? 되물었다. 아들까지 낳았는데 왜 죽지 않느냐?는 말에 부자가 시체만이라도 가져오라 일렀더니 대장간 숯불에 묻었다고 둘러댔다. 화난 부자가 내 솥을 가로채려느냐? 따지자, 내 옹솥을 채간 사람은 바로 당신이라고 대들었다. 사람들에게 알려질 것이 겁이 난 부자가 입을 다물면 큰 솥을 주마 하였지만 듣지 않고 소문을 퍼뜨렸다(《세계민담전집》18).

───────────

인색한 부자는 아마도 중국인일 것이다.

44) 소댕은 신령스럽다.

《여씨춘추》 기사이다.

───────────

제 민왕(湣王)의 종기(腫氣)를 보러온 송의 문지(文摯)는 태자에게 화를 일으켜야 고치지만 이로써 나는 죽는다고 하였다. 이에 상대는 낫기만 하면 '저와 어머니가 죽음으로써 말리겠다'는 다짐을 두었다. 그가 약속을 세 번이나 어긴 탓에 왕의 화가 끓는 중에, 신을 신은 채 침상에 올라가서 왕의 옷을 밟자 더 참지 못하고 소리치는 바람에 병이 나았다. 그러나 왕은 태자와 왕후의 만류를 뿌리치고 산 채로 솥에 삶으라고 일렀다. 불을 지피고 사흘 낮밤이 지났지만 그는 얼굴빛을 바꾸지 않다가 '왜 소댕을 덮어서 음양의 기운을 끊지 않느냐?' 소리쳤다. 이로써 그의 숨이 끊겼다(《중동기(仲冬紀)》제11).

사진 56

───────────

솥에 소댕을 덮으면 음양이 끊긴다는 말은 무슨 뜻인가?

〈사진 56〉은 진대(전 221~전 206) 유적에서 나온 솥이다. 고대 유적에서 온전한 모습으로 나온 소댕은 아주 적다. 고리 셋을 세모꼴로 붙였으며 귀도 같은 모양이다(함양시박물관).

행운을 부르는 한국

가. 고대

〈사진 57〉은 고구려 유적에서 나온 세 발 청동솥이다(지름 40센티미터에 높이 38.4센티미터). 몸통 가운데에 전이 달리고, 귀는 위로 솟았으며 소댕에 고리손잡이를 세모꼴로 붙였다. 이러한 점들은 중국 솥을 연상시킨다(☞ 369쪽 사진 25). 이것은 나라 제사에 썼을 것이다.

〈사진 58〉은 삼국시대 구리솥[鍑]이다(높이 17.3센티미터). 앞의 것처럼 몸통의 전은 위 아래짝을 이어 붙인 자취일 터이다. 가장 눈에 띄는 것은 왼쪽에 붙인 닭 머리이다. 눈을 크게 뜨고 입을 벌린 것을 보면 새벽을 알리는 듯하다. 볏 또한 크고 두툼하다. 다리 굽의 짐승 얼굴은 잡귀를 쫓는 구실을 할 것이다. 꽹과리를 연상시키는 꼭지 달린 소댕 또한 특별하다. 소댕과 몸통 두 곳에 두 줄의 선을 둘러서 꾸몄다. 형태는 〈사진 24〉를 닮았다.

〈사진 59〉는 서울시 구의동 고구려 유적의 무쇠솥으로 배가 부르고 발은 달리지 않았다. 몸통 세 곳과 입술 옆에 붙인 고리는 천장에 연결된 줄에 매달아 놓고 쓴 것을 말한다(높이 30센티미터). 솥보다 위에 얹은 시루가 더 크다ᄂ. 손잡이가 아래쪽으로 굽어서 들어 나르기 편하다(서울대박물관).

〈사진 60〉도 앞과 같은 곳의 무쇠솥(높이 45.5센티미터)이며 시루 구멍은 일곱 개이다. 앞의 것에 견주어 몸통 아랫도리가 지나치게 좁아서 열전도율이 그만 못할 것이다. 고리 대신 짧은 전을 붙였다. 입술을 안쪽으로 굽었다(서울대박물관).

〈사진 61〉은 경기도 용인시 언남리 출토품으로 10세기 무렵의 것이다. 짧은 전이 달린 것은 앞의 것들과 같지만 발은 개다리를 연상시킨다. 상투를 닮은 손잡이 달린 소댕이 돋보인다. 가운데에 두른 선은 오늘날의 소댕이 이때 꼴이 잡힌 것을 알려준다.

〈사진 62〉는 경주시 황남동 5~6세기 초의 천마총(天馬冢)에서 나왔다. 전이 달리고 둥근 귀를 밖으로 조금 휘어서 위쪽으로 붙인 솜씨가 눈에 띈다. 입을 완전히 덮은 소댕 가운데에 손잡이 고리를 달았다. 발은 길고 두툼하며 끝이 앞으로 뻗어서 안정감을 준다.

사진 57

사진 58

사진 59

사진 60

사진 62

사진 63

사진 61

사진 64

〈사진 63〉은 삼국시대 청동솥이다(높이 18.2센티미터에 너비 18센티미터). 입술 주위의 둥글고 두툼한 손잡이, 소댕의 손잡이, 몸통 가운데의 전, 뭉툭한 발끝은 앞의 것을 빼닮았다.

소장처(한독의약박물관)에서는 솥 안에 남았던 약을 짠 것으로 보이는 베 헝겊을 들어 약솥(약탕기)이라 하였다.

〈사진 64〉는 충청남도 익산시 금마면 7세기 미륵사지(彌勒寺址) 출토품이다. 속이 깊으며 두툼한 전을 조금 올려붙였다. 오늘날의 것 그대로이다.

정종태는 무쇠솥이 고구려 4세기 중반, 백제 5세기, 신라 4세기 후반에 나왔으며 신라에서는 7세기에도 질솥을 썼다고 하였다. 삼국시대 유적에서 질솥 15점, 쇠솥 10점이 선보였다(2005 ; 41~69).

나. 종류

우리네 부뚜막(높이 50센티미터에 너비 1미터쯤)에는 흔히 부엌 안쪽에서부터 가마솥·중솥·옹솥·노구솥 따위를 건다. 그리고 물을 담아두고 쓰는 두멍솥은 부뚜막 바깥쪽에 놓는다. 큰음식점에서 한꺼번에 많은 것을 삶거나 끓이는 큰 솥을 용가마라고도 한다.

가마솥이나 용가마는 입이 워낙 커서 소댕도 널을 반달꼴로 짠 두 쪽으로 여닫는다(사진 65·66). 가마솥은 마소의 여물을 쑤는 데서 여물솥·죽가마·큰태백이라는 별명이 붙었다.

이 밖에 사랑채 부뚜막에 따로 걸기도 한다(사진 67). 이 솥은 잔치 따위의 큰일 때밥을 지으며, 소댕이 워낙 무거워서 좀체 김이 새거나 끓어 넘치지 않아 밥이 차지고 윤기도 흐른다. 소댕은 쪽널로 짜며 그 위에 각목을 덧대고 손잡이로 삼는다. 주로 밥을 짓는 중솥은 부뚜막에 걸기 쉽도록 허리에 전을 돌리거나(사진 68) 서너 개의 토막 턱을 붙인다(사진 69).

무쇠소댕은 가운데에 상투꼴 손잡이가 달리며 형편이 어려우면 나무소댕으로 대신한다(사진 70).《목민심서》의 '나무소댕과 짚소댕은 마땅히 깨끗해야 한다'는 기사[권6 제11부 진황(賑荒) 육조(六條) 제4장 설시(設施)]는 짚으로 뜬 소댕도 있었던 것을 알려준다. 오늘날의 두트레방석을 닮았을 것이다. 국 따위를 끓이는 작고 오목한 솥은 옹솥 또는 옹달솥이다. 이보다 가볍고 빨리 끓는 양은(洋銀)솥은 일제강점기에 퍼진 까닭에 왜솥이라 불렀다(사진 71).

무쇠솥의 형태는 두 가지이다. 하나는 솥 둘레가 안으로 둥그스름하게 휘고 소댕도 굽은 중부지방 것이고(사진 69), 다른 하나는 전이 너르고 둘레가 곧으며 입이 조금 퍼진 남부지역 것이다(사진 68). 소댕은 크고 평평하다.

무쇠솥은 두들겨서 항아리처럼 맑은 소리가 나는 것이 좋으며, 둔하면 쇠가 나쁘거나상한 데가 있기 마련이다. 새 솥은 쓰기 전 물을 가득 붓고 뭉근한 불에 두세 번 데워서 쇳내와 대장간의 잡티를 뺀다. 이어 돼지비계 덩이를 넣고 삶으면 기름기가 속으로 스며들어 매끄럽고, 비계로 전과 소댕을 문질러서 기름을 먹인 뒤 물을 두어 번 더 끓이면 깨끗해진다. 이튿날 아침 짓고 나서도 아궁이와 솥 바닥에 묻은 검댕을 긁어 전과 소댕에 문지르고 기름 수건으로 닦으면 반들반들 빛이 난다.

사진 65

사진 67

사진 66

사진 68

사진 69

사진 70

사진 71

　솥은 감에 따라 새옹·노구솥·놋새옹·질솥·곱돌솥 따위로 나눈다. 질솥 가운데 작은
것(사진 72)은 옛적 등짐장수들이 지게가지 끝에 매달고 다니다가 밥을 지어 먹었으며(사진
73), 더러 작은 무쇠솥도 이용하였다(사진 74).

사진 72

사진 74

사진 75

부지런한 주부는 평소에도 솥에서 윤기가 흐르도록 갖은 정성을 다한다(사진 75).

다. 옛 기록의 솥

《고려사》에 충혜왕(忠惠王 1330~1332)이 각 도의 구리와 쇠를 거두어 정확(鼎鑊)과 기부(錡釜)를 구워 신궁에 들여놓은 탓에 백성들이 원망하였다는 기사가 있다[권124 〈열전〉 37 폐행(嬖行)]. 이 글의 정은 발이 셋 달린 솥, 확은 발이 없는 큰 솥, 기는 발 셋 달린 가마솥, 부는 보통 크기의 가마솥을 가리킨다. 솥 네 개를 구은 것이 아니라 정확과 기부 둘을 마련하였을 것이다.

서유구(徐有榘 1764~1845)는 《임원경제십육지(林園經濟十六志)》에 '옛적에 다리가 달린 것은 기(錡), 없는 것은 부(釜), 입이 크면 확(鑊), 작으면 보(鍑)라 불렀다'고 적었다[〈섬용지〉 취류팽식약제기편(炊饂烹食龠諸器篇)].

《산림경제》 기사이다(권1 〈복거〉).

사진 73

솥은 저녁에 반드시 깨끗이 씻고 물을 가득 채워서 마르지 않게 한다. 비워두면 주인의 마음이 초조해진다《거가필용》).

솥이 우는 것은 빈 시루[甑]에 기운이 찬 탓이므로 이상할 것이 없다. 소댕을 열면 곧 그친다《거가필용》).

솥이 우는 것은 재앙이 아니다. 남편이 아내에게 절하거나 아내가 남편에게 절하면 곧 그친다. 또 파녀(婆女)만 불러도 재앙이 물러가고 오히려 이로운 일이 생긴다(《거가필용》).

___

지은이가 인용한 《거가필용》은 원(元)대의 요리서이지만 우리도 음식을 끓일 때 솥에서 나는 소리를 괴이하게 여긴 것이 사실이다. 부부가 맞절한다는 대목은 우습다. 솥에 물을 채운 것은 빈 솥이 가난을 상징하는 데서 왔다. 파녀는 귀신 이름이다.

라. 솥 굽기

예용해(芮庸海 1929~1995)가 쓴 경상북도 청도군의 솥 굽는 과정을 간추린 내용이다.

___

무쇠솥은 익부리와 생부리가 있다. 앞의 것은 전통 기법을, 뒤의 것은 주철 기법을 쓴 것이다. 질은 익부리 쪽이 뛰어나서 세월이 갈수록 바닥이 옻칠을 한 듯 윤이 나고 녹이 잘 슬지 않으며 밥맛도 좋아서, 여러 대 물릴수록 값이 더 나간다. 그러나 생부리는 세월이 갈수록 값이 떨어진다. 익부리 만들기를 '점질한다' 또는 '점일한다' 이르며, 점질하는 자리는 적집자리라 부른다. 굽는 일은 거푸집(바숨)을 짓는 도래질편수, 용광로를 돌보는 골편수, 불을 보는 불편수가 맡는다. (…)
　　가을에 먼저 기와흙처럼 성질이 강한 점흙을 나른다. 경상북도 청도군 운문면 방음동과 제주도 남제주군 인덕면 덕수리가 산지이다. 황토를 닮은 이것으로 거푸집을 짓는 외에 토둑(용광로)도 쌓으므로 점질의 바탕이 되는 셈이다.
　　도래질편수의 거푸집 짓기가 '바숨내기'이다. 그는 안수종꾼, 목대치기꾼, 질물 개는 이, 허드레꾼, 바숨 깨는 이들과 함께 음력 7월쯤에서 음력 9월쯤 사이에 솥 50짝을 만드는 '점질 한 부리'의 바숨내기를 끝낸다. 이를 위해 점흙과 깔매를 마련한다. (…)
　　솥의 몸(거푸집)은 점흙 위에 도래를 대고 돌려서 원본(냉이)과 안본(고딩이)을 만들어 세우고, 솥전(이파리)을 붙인 다음 고딩이에 굵은 새끼를 감는다. 이것이 목새끼이고, 도래를 돌려서 바깥본(거름)을 만들어 붙이는 것이 '거름 안기기'이다. (…) 소댕의 거푸집은 메를 돌려서 원본(메짝)과 (…) 바깥본(우금)을 만들어 말린 뒤 (…) 우금과 메 사이에 쇳물 구멍(무섭)을 낸다. 이는 도래질편수 몫이다.
　　장두바숨이 마련되면 한 짝씩 잰다. '점질 한 부리'에 장두바숨 스물대여섯 짝씩을 두 줄로 나란히 재며 그곳을 적집자리라 일컫는다. 이에 (…) 장두바숨을 두 줄로 길게 잰 뒤 적딩이를 쌓아올려 굴을 만든다. 적딩이는 점질하는 사이에 벽돌처럼 구워진 흙덩이이다. 이때 아궁이와 굴뚝을 내고 굴 위에 적딩이가 부서진 흙을 덮어서 (…) 마무리하는 것이 '무적치기'이다. 장두바숨

을 적집자리에 재어 무적
친 것이 '장두바숨 가두기'
이다. 이는 불편수 일이다.
(…) 쇠 녹이는 토둑은 높
이 8자, 너비 5자로 양쪽에
벽을 쌓고 앞에 창을 붙여
바숨흙으로 발라올리고
(…) 옆에 풀무바람이 들
어가는 골구멍을 내고 (…)
불을 지핀다. 토둑을 사이
에 두고 장정 여덟이 네 명
씩 패를 갈라 발풀무의 손
잡이를 잡고 풀무채를 엇
바꾸며 밟는다. (…)

그림 7

더운 바람이 위로만 치우쳐 토둑 아래로 녹아내리면 쇠가 설고, 아래로 몰려 쇳물이 이글대
면 곱게 되며 이것으로 떠낸 솥은 못쓴다. 쇳물이 설면 바숨 속에 제대로 골고루 돌아들지 않고,
고우면 그 속에서 끓어서 솥이 잘 되지 않기 때문이다.

웬만한 허드렛일은 수종꾼(둑수리)이 맡지만 토둑 바닥과 골구멍내기 및 쇳물이 설었는지
살피는 것은 골편수 몫이다. (…)

불편수의 우두머리(원불편수)가 수종꾼 뒷불편수를 부리며 불이 맞았을 때 토둑의 불을 지
켜보는 골편수에게 '불매 올려라', '솥 내어라'고 소리친다. 이때 토둑의 쇳물과 장두바숨을 익히
는 불의 온도가 같아야 온전한 익부리를 만들 수 있으므로 도래질, 불, 골의 세 편수의 호흡이 같
아야 한다. (…) (1963 ; 283~292).

〈그림 7〉은 20세기 초 김준근(金俊根)이 그린 '가마점' 모습이다. 왼쪽의 네 사람이 발 풀
무를 밟는 데 따라 흙가마에서 불길이 솟으며, 그 앞에서 쇳물을 따른다. 오른쪽 앞의 둘은 쇳
물을 거푸집에 붓는 중이다. 장인은 모두 여덟이다.

솥은 솥전에서 팔았다. 어효선(魚孝善 1925~2004)의 서울 솥전 설명이다.

종로 네거리로 도로 올라오다 보면, 파고다 공원 바로 건너편에 솥전이 있었다. 솥이나 냄비, 그 밖의 부뚜막에서 쓰이는 쇠붙이를 파는 가게이다. 솥은 무쇠로 부어 만든 것인데, 그때는 양은이 나오기 전이라, 냄비도 무쇠였다. 화로도 무쇠로 만들었다. 화로의 양쪽 전에 걸쳐놓고 그 위에 그릇을 올려놓게 된 쇠를 걸쇠, 화로에 담긴 재 속에 박게 된 발 셋 달린 동그란 쇠인 삼발이도 솥 전에서 팔았다.

솥의 크기는 대, 중, 소에다 아주 큰 가마솥이 있는데, 이 솥은 엎어서 포개어 쌓아놓았다. 누가 사자고 해서 하나 내주면 가지고 가는 게 아니고, 바닥이 깨끗한가, 군살이 붙지나 않았나, 금이 가지나 않았나 하고, 이리저리 살피느라고, 서너 개를 벌여놓고 고르게 된다.

솥은 연탄처럼 만지기만 하면 검정이 묻고, 쇳가루가 날려서, 주인이고 점원이고 손이며 얼 굴이며 옷이 까맣다. 그런데 이 솥은 한국사람 소용인데도, 만들기는 중국인이 만들었다. 종로 5가 기독교 방송국 못 미쳐서 주물 공장이 있었다.

이 공장 사람들이 점심때면 길에 나와 담 밑에서 쉬는데, 모두 깜둥이였다(1990 ; 74).

〈사진 76〉에서 장날에 솥을 길가에 늘어놓은 솥 장수가 손님과 흥정한다. 솥들을 통나 무에 받쳐놓았다.

〈사진 77〉은 떠돌이 땜장이가 바닥을 때우는 모습이다. 앞에 이때 쓰려고 모은 쇳조각 이 보인다. 왼쪽 뒤에 손풀무와 석탄이 있다. 땜장이는 봄에 각 마을로 돌아다니며 솥이나 농 기구를 손보고 공전은 가을에 곡식으로 받았다.

다음 사설시조에도 이 내용이 들어 있다.

창밖에 가마솥 막히라는 장사 이별 나는 구멍도 막히는가
장사의 대답하는 말이 진시황 한 무제는 영행천지(令行天地)하되 위엄으로 못 막고 제갈량은 경
천위지지재(經天緯地之才)로도 막단 말 못 듣고 하물며 서초패왕(西楚覇王)의 힘으로도 능히 못
막았느니 이 구멍 막히란 말이 아마도 하 우스워라
진실로 장사의 말 같을진대 장이별인가 하노라
《고시조 대전》 2012 ; 976)

초장에서 이별의 아픔을 겪는 이가 지나는 가마솥 땜장이에게 이별의 구멍도 막느냐 묻

| 사진 76 | 사진 77 |

고, 중장에서 천하에 없는 힘이나 재주로도 불가능하다 이르며, 종장에서 그렇다면 내 이별이 오랠 것이라 단념한다.

마. 민속

1) 솥은 나라를 상징한다.

① 원천석(元天錫 1330~?)의 시 〈옛 가마솥[古鼎]〉이다.

> 九金之鑄特非常(아홉 고을 쇠로 구운 특별한 솥)
> 三代遷移爲聖王(삼대 잇는 동안 뛰어난 군주 나왔네)
> 洪武聖君歌四海(온 천하에서 홍무 성군 노래하니)
> 不應汾右固深藏(음분 서쪽으로 사라지지 않으리)
> 《한국한시대관》8)

'분우' 운운한 부분은 한 무제가 분음에서 주나라 보정(寶鼎)을 얻은 상서로운 일을 가리킨다. 그 이름이 분정(汾鼎)이다.

박세무(朴世茂 1487~1564)는 《동몽선습(童蒙先習)》에 조선왕조의 건국을 '조선왕조가 한양에 솥을 놓았다[國號曰朝鮮 定鼎于漢陽]'고 썼다. 숙종(肅宗 1661~1720)이 홍복산(弘福山 460미터)과 삼각산 성 쌓는 일에 대해 '도성은 바로 솥 두는[定鼎] 곳이며 적을 막는 곳이 아니라' 한 것도 마찬가지이다《숙종실록》36년(1710) 10월 16일].

홍복산은 경기도 양주시 백석읍 복지리와 의정부시 경계에 있다. 널리 복을 끼치는 서울의 주산(主山)이라는 뜻이다.

② 조선 중기 이목(李穆)의 〈홍문관부(弘文館賦)〉 한 대목이다.

若稽古昔(옛일 돌이켜보니)

我先王之偃武修文也(선왕 싸움 멈추고 글월 닦자)

塵淸於外(국경 밖 티끌 사라지고)

獸還於農(마소도 논밭으로 왔네)

爰定鼎于華陽兮(화양에 솥 둔 덕분에)

鬱瑞氣之蔥籠(상서로운 기운 넘치누나)

《속동문선》 제2권

화양은 화산(華山) 남쪽, 곧 주나라 무왕(武王)이 은의 주(紂)를 친 공을 알리고 화산에서 해산한 고사에서 왔으며, 조선시대에는 서울의 대명사로도 썼다.

③ 이승소(李承召 1422~1484)의 시 〈예종 만사(睿宗輓詞)〉이다(부분).

扶持周鼎安(주나라 솥 잘 간수해 안정시켰고)

整頓杞天傾(기울어진 기의 하늘 바로잡았네)

《삼탄집(三灘集)》 제5권

예종(1468~1469)이 조선왕조의 바탕을 다잡았다는 뜻이다.

'기의 하늘'은 《열자》의 '기나라 백성 하나가 하늘과 땅이 무너지면 몸을 피해 갈 곳이 없음을 걱정하여 침식을 잊었다'는 대목(《천서(天瑞)》)에서 왔다.

④ 최립(崔岦 1539~1612)의 시 〈약포(藥圃) 노형(老兄)의 시에 차운함〉이다.

人如過鳥事如煙(인물과 업적 가뭇없이 사라지고)

鼎入周家二百年(구정 차지한 주나라 어언 2백 년)

開府猶成一柱國(개성부 고려의 도읍이었건만)

昨經兵火入蕭然(병화 만나 빈 자취만 남았네)

《간이집(簡易集)》제7권 〈송도록(松都錄)〉》

'구정(九鼎) 차지한 주나라'는 고려의 뒤를 이어 조선왕조가 들어선 뒤 2백 년이 흘렀다는 말이다.

⑤ 경복궁 근정전(사진 78)과 경운궁 중화전(사진 79) 월대(月臺) 좌우에 놓인 솥도 중국의 구정처럼 왕권을 나타내는 동시에 백성의 태평을 하늘에 빌기 위한 것이다. 이들 네 짝 가운데 경운궁의 것(높이 57센티미터에 지름 97센티미터)을 들어 설명한다.

〈사진 80〉은 여덟 모(높이 20센티미터)와 원형(높이 20센티미터에 지름 86센티미터)의 이중 받침대 위에 놓인 솥이다. 〈사진 81〉의 귀에 긴 네모꼴 구멍(길이 26센티미터에 너비 11.5센티미터)을 뚫었으며 위쪽을 밖으로 구부리고 구름무늬를 돋을새김하였다(사진 82). 전 주위에 팔괘, 아래에 구름무늬(사진 83), 몸통 위에 구름과 빗방울(사진 84), 아래에 빗방울과 머리 숙인 벼 이삭이 물결치는 모습이 보인다(사진 85). 백성의 풍년과 나라의 태평을 바라는 뜻일 터이다.

〈사진 86·87〉은 부릅뜬 눈, 위로 뻗친 눈썹, 벌름거리는 코, 뺨으로 뻗쳐나간 수염, 날카로운 발톱을 지닌 신령스런 짐승이다. 이로써 기울어지는 나라의 명운을 지키려 한 것인가?

이 솥들이 군신 조회 때 향을 사른 향로라는 설도 있지만 크기나 형태, 그리고 중국의 보기를 떠올리면 왕권을 상징하는 솥으로 보는 것이 더 그럴듯하다.

사진 78

사진 79

사진 80

사진 81

사진 83

사진 84

사진 85

2) 솥은 신령한 기물이다.

───────

① 부여를 치러 가던 고구려 대무신왕(大武神王 18～44)이 18년(35) 12월, 비류수(沸流水) 근처에서 솥을 지닌 여인을 보고 다가가자 그네는 사라지고 솥만 남았다. 불을 때기도 전에 밥이 익어 군사들이 배를 불렸다. 이때 나타난 건장한 사나이가 '우리 솥을 누이가 잃었습니다. 왕이 얻으셨으니 제가 지고 따르겠습니다' 하였다. 왕은 그에게 부정씨(負鼎氏) 성을 주었다《삼국사기》〈고

| 사진 82 | 사진 86 | 사진 87 |

구려 본기〉2).

솥을 얻은 것은 이만저만한 행운이 아니며, 더구나 불 때기도 전에 밥이 익은 것은 신령스런 솥임을 나타낸다. 성을 받은 그가 따른 것은 왕이 강성한 부족을 손에 넣은 것을 말한다. 이는 중국 은나라 이윤(李尹) 고사를 닮았다(☞ 429쪽).

이날 이물림(利勿林)에서 하늘이 내린 금 도장과 병기를 얻는 외에, 북명(北溟)의 괴유(怪由)와 적곡(赤谷)의 마로(麻盧)를 만난 것도 솥 덕분이다. 키 9척쯤에 눈에서 광채 나는 괴유는 (…) 부여왕의 머리를 베겠다고 나섰고, 마로도 길라잡이를 자청하였다.

그러나 이듬해 2월의 전투에서 솥을 잃은 탓에 굶주린 군사들은 짐승을 잡아먹었다.

②《세조실록》에 '잠저(潛邸)의 가마솥이 스스로 울었다. 걱정하는 이들에게 세조는 오히려 옛 글 대로 잔치 베풀 징조라며 웃었다. 대군께서 39세에 등극하신다는 무당 비파(琵琶)의 말을 들은 대왕대비가 더 묻고 싶었지만 곧 가버렸다'고 적혔다(1권 〈총서〉).

솥이 운 덕분에 세조가 임금이 되었다지만 이는 자연현상에 지나지 않는다. 솥이 우는 드문 일을 그때 길조로 여겼거나, 사관이 세조의 등극을 역사적 사건으로 부풀리려고 지어낸 듯하다.

이와 달리 함경남도에서는 집안의 솥이 울면 호주가 죽는다고 믿었다(村山智順 1934 ; 418).

③《인조실록》에 '사직대제(社稷大祭) 때 제물로 바친 소가 솥에서 뛰어나와 제관을 떠받았고 다른 소[貳牛]도 마찬가지였으며, 가마솥에서 우레 같은 소리가 나는 이변이 일어났다'는 기사가 있다[13년(1635) 2월 6일].

제물로 쓰려고 삶던 솥 안의 소들이 김이 폭발하는 바람에 튕겨 나와서 제관을 덮쳤다니 보기에 따라서는 이만저만한 변괴가 아니다. 그러나 단지 '이변'이라고 적은 것을 보면 자연의 섭리를 알고 있었던 듯도 하다.

④《동문선》기사이다.

당의 두목(杜牧 803~853)이 죽기 전, 밥 시루가 깨지자 낙심하였다지만 내 생각은 다르다. 불땀이 지나치거나 물기가 없으면 일어나기 때문이다. 그의 죽음은 명이므로 조금도 이상할 것이 없다. 지난해 9월, 내 집에서 솥 위의 시루가 불 때는 중에 탁 소리를 내며 깨졌고, (…) 올 2월에도 시루에서 소 영각 켜는 소리가 나더니 칼로 쪼갠 듯 갈라졌다. (…) 아내가 신에게 빌어서 악귀를 쫓아야 주인이 해를 입지 않는다는 술인(術人)의 말을 따르려 하자 이렇게 말렸다.

"죽고 살기는 명에 달렸소. 그때가 되면 빌어도 소용없고, 그렇지 않다면 깨진 시루가 나를 어쩌겠소."

과연 나는 지금껏 살아 있다[제107권 잡저(雜著)〈두목전(杜牧傳)의 시루 깨진 기사를 논박함[杜牧傳甑裂事駁]〉].

⑤《오주연문장전산고(五洲衍文長箋散稿)》기사이다.

솥이 날거나 울고, 시루도 운다는 괴담이 있다. 《물리소(物理所)》에도 '소 쓸개를 바르면 솥이 울고, 아낙의 속옷을 덮으면 날아간다'고 적혔다. 또 '솥에 불을 때도 끓지 않는 것은 돼지같이 생긴 것이 붙은 까닭이며, 솥이 울며 날려고 할 때 남편은 아내에게, 아내는 남편에게 절하면 멈춘다'는 대목이 있다.

그러나 방중통(方中通 1634~1698)은 '솥이 불을 받으면 붉어지면서 화체(火體)가 되고 위로 오르는 성질에 따라 하늘로 날지만 쇠의 성분은 아직 남았으며, 얇은 쇠는 강한 불에 견디지 못하므로 날면서 떨리듯이 징징 소리가 난다'고 하였다. 왕훤(王暄 1438~1488)도 '시루 위를 막고 불을 때면 기(氣)가 틈을 뚫고 나오면서 울고, 부뚜막도 땅의 틈[地郤]에 가까운 까닭에 기가 뚫고 나오면 그렇게 된다'고 적었다.

선조 때(1589) 주원(廚院 조선시대 궁중 음식을 담당한 부서)의 놋쇠시루에서 소가 울부짖는 소리가 났다고 한다. 내가 1849년 충청남도 서천군(舒川郡) 봉암리(鳳岩里) 조형순(趙亨淳) 집에 머물 적에 떡 찌는 질솥에서 갑자기 소처럼 크게 우는 소리가 나더니 한참 만에야 그쳤다. 나는 사람들에게 '시루 바닥 틈으로 찬 기운이 들어가고 이것과 뜨거운 기운이 서로 부딪쳐서 나는 것이므로 문제없다'고 일렀다[〈경사편〉 4 사적잡설(史籍雜說)].

《물리소(物理所)》는 청의 왕선(王宣 1734~1812)이 낸 책으로 내용은 근거가 없다. 방중통은 천문학자, 왕훤은 정치가이다. 《오주연문장전산고》를 쓴 이규경(李圭景 1788~1856)의 말이 옳다.

⑥ 《추강집(秋江集)》 기사이다.

천왕바위 뒤로 높이 솟은 바위가 수미대(須彌臺)이고 위에 관음바위, 아래에 감로천(甘露泉)이 있다. (…) 그 아래 솥을 닮은 둥근 바위 안쪽에 관음을 공양하는 솥이 있다고 일러온다. 어느 때 원설송(元雪松)이라는 자가 모두 거짓이라며 돌로 깨뜨리자 실제로 솥이 나왔으며, 그는 집에 돌아가자마자 눈이 멀고 식구들도 돌림병으로 죽었다(제4권).

---

⑦ 우리네 솥 가운데 가장 큰 것은 충청남도 논산시 연산면 개태사(開泰寺)에 있다(사진

88). 지름 3미터에 둘레 9.3미터, 깊이 1미터짜리로 한꺼번에 5백여 명의 밥을 짓는다. 고려 태조가 삼국통일 기념으로 절을 세우고 솥을 바쳤다고 한다. 신영순의 보고이다.

솥 덕분에 큰 홍수 때 불상을 구하였고, 둑을 쌓으면 무너지지 않아 풍년을 거두었으며, 임진왜란 때 군사들이 이 솥에 밥을 지어 먹은 덕분에 왜병을 물리쳤고, 그들이 일본으로 가져가려다가 천둥번개가 쳐서 손을 들었다.

솥이 대홍수를 만나 연산면 고양리 다리 부근으로 떠내려가 흙속에 묻히자 중들에게 원성(怨聲)살이 생기고, 마을에도 흉사가 잇는 바람에 일제강점기에 파서 연산(連山)공원에 두었다가 이 자리로 가져왔다. 고을 원이 백성을 괴롭히면 소댕에서도 소 울음소리가 났다고 한다. 솥과 함께 떠내려가 '둠벙배미'에 묻힌 소댕을 찾으려고 땅을 팠지만 나타나지 않았다(1993 ; 36).

이 밖에 1935년에 일본으로 가져가려고 부산에서 배에 실을 때 솥에서 큰 소리가 나서 포기하였고, 총독부박물관으로 옮기자 마을에 재앙이 끊이지 않아 여러 번 진정해서 되가져왔으며, 1944년에 일제가 무기를 만들려고 솥을 깨뜨리다가 사람들이 무더기로 죽었다는 말도 있다.

《송남잡지(松南雜識)》의 '연산 대둔산(大芚山) 아래에 열 섬들이 솥 한 짝이 있다. 옛 절에 있던 것으로 울면 곧 비가 내린다고 한다(19 〈집물류(什物類)〉)'는 기사는 이를 가리킨다.

충청북도 보은군 속리산면 법주사(法住寺)에도 높이 120센티미터에 지름 270센티미터, 두께 10센티미터의 큰 솥[鐵鑊]이 있다. 본디 강원(講院) 옆 공양간에 있던 것으로 3천 명의 장국을 끓였다고 한다(사진 89·90).

⑧ 제주도 성산면 하천리 송씨 집 할멈이 물질하다가 소댕 없는 솥을 얻었다. 하루 종일 불 때도 물이 끓지 않더니, 꿈에 나타난 노파가 자기를 위하면 부자가 되고 벼슬도 주마 하였다. 과연 자손 중에 서귀진(西歸陳) 조방장과 명월만호 시의원에 이어 대정원(大靜院)을 지낸 이가 나왔다. 이 뒤 솥을 고방에 안칠

사진 88

사진 89　　　　　　　　　　　　　　　　사진 90

성으로 모시고 명절 때마다 제물을 바쳤다(문화재관리국 1970 ; 83).

바다에서 흘러들어 온 물건에 원혼이 깃들였다고 하여 몹시 꺼리는 제주도 관행과 달리 할멈이 솥을 집으로 가져온 것은 의외이다. '소댕 없는 솥'에도 사연이 있을 터이나, 재운과 연관된 사실 외에는 짐작되는 것이 없다.

재물을 관장하는 안칠성은 고방(庫房)에 모시는 여신으로 뱀의 화신이라고도 한다. 남신인 밧(밧)칠성은 집 뒤 정갈한 곳에 두며 신체는 기왓장 위에 놓은 오곡이다. 비가 스미지 않도록 덮는 주저리를 해마다 덧덮어서 그 높이를 불어나는 재운의 상징으로 삼는다.

솥을 안칠성으로 받든 것은 풍요의 신이라는 뜻이다.

표선면의 강선달이 바닷가에서 주운 솥이 끓지 않아 고팡에 던졌고 꿈에 나타난 솥할망의 원대로 제사 때마다 밥을 바치자 부자가 되었다는 말도 있다. 솥할망은 딸이 시집갈 때 따라가는 까닭에 굿판에서 '솥할망굿'을 놀게 되었다고 한다(진성기 1976 ; 25).

솥이 솥할망이라는 이름의 조왕이 된 것은 제주도의 다른 지역 유래담과 전혀 다르다. 널리 알려진 노일제대귀일담이 중국과 연관된 점에서, 솥할망이 그보다 더 오랜 자생의 조왕이고 앞의 것은 뒤에 밖에서 들어왔을 가능성이 높다. 그리고 그네가 딸의 시집으로 따라가는 것은 솥할망의 전파과정을 설명한 것으로 보인다.

솥할망굿은 앞에서 든 〈문전풀이〉를 가리키는 듯하다.

⑨ 물건을 잃으면 의심되는 사람을 모아놓고 각기 자신의 놋주발을 솥에 엎어놓게 하고 물을 부어 끓인 뒤 꺼내 살피되, 안에 물이 있는 주발의 주인공을 범인으로 여기는 풍속(村山智順 1934 ; 418)은 중국이나 일본의 심탕(深湯)을 연상시킨다.

가뭄이 들면 아들을 많이 낳은 아낙을 불에 달군 소댕에 세우고 물을 끼얹으면 비가 내린다고도 한다. 이때 소댕에서 피어오르는 김이 비를 부른다는 유감주술(類感呪術)이다.

⑩《송자대전(宋子大全)》 기사이다.

김범갑(金范甲) 등의 상소에 따라 도봉서원(道峯書院)에서 출향(黜享)한 선생(송시열)의 위패를 유생 홍윤보(洪允輔) 등이 서원 뒤 깨끗한 땅에 묻고 통곡하였다. 홍윤보의 일기이다.

　　"천지가 음산하더니 우박이 내리고, 서원의 부엌 솥이 엎어지는 변고가 있었다. 또 동중(洞中)의 언덕에서 무성하게 자란 소나무 두 그루 가운데 하나의 가지가 마르고 잎이 떨어지며 시들었다[부록 제12권 〈연보〉 11 숭정(崇禎) 96년(1723년) 계묘]."

조선 후기의 정치계와 사상계를 주물렀던 송시열(宋時烈 1607~1689)의 위패가 서원에서 마저 퇴출되자 이변이 일어났다는 것이다. 서울특별시 도봉구 도봉동에 있는 이 서원은 선조 6년(1573) 조광조(趙光祖 1482~1519)의 학문과 덕행을 추모하려고 세웠으며 창건과 동시에 왕이 '道峯(도봉)'이라는 현판을 내렸다. 송시열은 1696년에 배향하였다.

3) 솥은 풍년을 나타낸다.

경상남도에서는 솥으로 농사의 흉풍을 점친다. 섣달그믐날 길이로 쪼갠 수숫대에 열두 달을 상징하는 콩 열두 알을 넣고 맞붙여 가마솥에 넣었다가 이튿날 아침 꺼내 살피되, 콩이 불은 달에 비가 많이 내린다는 것이다. 정월 대보름날 아침, 소가 소반에 엎어놓은 소댕 위의 밥·나물·목화씨 따위 가운데 먼저 먹는 쪽의 곡식이 잘 여문다는 곳도 있다.

함경도에서는 정월 대보름날 솥에 물을 부어 숭늉을 만들면 논에 물이 많이 괸다고 여기며, 솥 바닥의 검댕을 짓이겨서 젖에 무늬를 그리면 아이를 많이 낳는다고 한다.

해마다 입춘에 보리 뿌리를 뽑아 농사 흉풍을 가릴 때 솥에도 오곡 씨앗을 넣고 볶을 때 맨 먼저 밖으로 튀어나오는 곡식이 잘된다고 믿는다. 이것이 볶음점이다.

4) 솥은 가난을 나타낸다.

① 장유(張維 1587~1638)의 시 〈새소리 듣고 우스개로 지음[戱作四禽語]〉이다.

鼎小鼎小(솥이 작아 너무 작아)

飯多炊不了(밥 많이 못 짓네)

今年米貴苦艱食(올 쌀 귀해 먹기 어렵나니)

不患鼎小患無粟(솥보다 곡식 걱정 더 크네)

但令盎中有餘粮(독에 양식 넉넉하다면야)

乘熱再炊猶可足(솥 단 김에 또 지으련만)

《계곡집(谿谷集)》 제26권 칠언고시 47수)

'정소(鼎小) 정소(鼎小)'는 소쩍새의 울음을 나타낸 것이다.

② 다음의 사설시조 두 편에도 이 내용이 들어 있다.

산 밑에 살자 하니 두견이도 부끄럽다

내 집을 굽어보며 솥 적다고 우짖는고

두어라 군자는 안빈(安貧)이니 그도 큰가 하노라

《고시조 대전》 2012 ; 495)

뒷산의 두견이가 솥 적다고 울지만 가난을 부끄러이 여기지 않는 군자야말로 큰 도를 깨친 사람이라는 뜻이다.

솥 적다 솥 적다커늘 그 새 말을 곧이 듣고

작은 솥 침쳐추고 큰 솥 사 걸었더니

지금에 풍년을 못 만나니 그 새 날 속였나 하노라

《고시조 대전》 2012 ; 587)

'솥 적다'는 새소리 듣고 큰 솥으로 바꾸었더니 흉년 들어 쓸모가 없다는 한탄이고, '침쳐추고'는 값을 더 주고 좋은 것과 바꾼다는 말이다.

이 밖에 '새가 소쩍적소쩍적 울면 풍년, 솥텡솥텡 울면 흉년 든다는 말도 있다(최승범

1996 ; 255~256).

한 과부 집에 묵은 도승이 보답으로 준 솥에 쌀이 가득하였고 퍼내도 다시 찼으며, 정욕을 못이긴 이웃의 과부가 그를 밤새 괴롭힌 탓에 솥에 자지가 쌓였고 아무리 없애도 줄지 않았다는 민담도 있다.

③ 장만영(張萬榮 1914~1977)의 시 〈소쩍새〉이다(부분).

────────

소쩍새가 저렇게 많이 우는 해는
풍년이 든다고
어머니가 나에게 일러주시는 그사이에도
소쩍소쩍, 솥이 작다고
소쩍새들은 목이 닳도록 울어댄다

────────

학대를 받아 죽은 며느리의 혼이 소쩍새가 되어 운다는 슬픈 전설을 승화시켜서, 작은 솥이 넘칠 만큼 풍년이 들기는 바라는 뜻을 나타냈다.

④ 이승휴(李承休 1224~1300)의 시 〈서와 함께 공부에 지쳐 지음[病課詩 並序]〉이다(부분).

────────

門外跡如掃(문밖에 인기척 끊겼으니)
破竈何曾爨(무너진 부뚜막에 어찌 불 지피랴)
滿釜飜科斗(솥에 번뜩이는 올챙이뿐)
繞鬢雷飛蚊(귀밑머리에서 우는 모기 소리)
《한국한시대관》4)

────────

솥에 올챙이가 찬 것은 장마로 부엌이 물에 잠겼다는 뜻이다.

⑤ 이승휴의 시 〈눈 속에 봉암상국께서 백옥의 쌀 보내주심에 사례함[雪中謝蓬庵相國惠玉粲]〉이다(부분).

矜誇說向主人翁(큰 소리로 늙은 주인 불러)

急呼赤脚府新炭(하인 시켜 새로 불 지피니)

蛛塵釜甑便生光(거미줄 친 가마솥에 빛이 돌고)

炊不待熟濃香滿(익기도 전에 짙은 향 넘치누나)

《한국한시대관》 4)

끼니를 잇지 못하다가 곡식이 생기는 바람에 가마솥에 불을 피우자 익기도 전에 밥 향기가 코에 스민다고 하여, 모처럼 굶주린 배를 채우는 일에 대한 기대가 하늘처럼 높은 것을 나타냈다.

5) 다리 부러진 솥은 청빈한 삶을 나타낸다.

① 신라 말의 법사 진정(眞定)은 속세 때 재산이 다리 부러진 솥 한 짝뿐이어서 장가도 못 갔다. (…) 어느 날 중이 절 지을 쇠붙이를 구하자 어미가 솥을 바쳤다. (…) 이에 그는 웃으며 '불사(佛事) 시주야 얼마나 좋습니까? 없어도 괜찮습니다' 하고, 음식을 질그릇[瓦盆]에 익혀서 봉양하였다(《삼국유사》 제5권 〈효선(孝善)〉 제9).

② 혜심(慧諶 1178~1234)의 시 〈전물암에서 지내며[寓居轉物庵]〉이다(부분).

缺脣椀折脚鐺(이 빠진 찻잔 다리 부러진 솥)

煎粥煎茶聊遣日(죽 끓이고 차 달이며 나날 보낸다)

踈慵不掃復不芟(게을러서 쓸거나 베지 않으니)

庭草女雲深沒膝(뜰의 풀 구름 같아 무릎 깊이 빠지네)

《한국한시대관》 12)

③ 혜근(慧勤 1320~1376)의 시 〈산에 살며[山居]〉이다(부분).

松窓盡日無塵鬪市(소나무 창에 해 다 가도록 고요하고)

石槽常平野水淸(돌확 늘 평평해서 담긴 물 맑구나)

折脚鐺中滋味足(다리 부러진 솥에도 좋은 맛 넉넉하니)

豈求名利求榮(어찌 명리 구하고 영화 바라랴)

《한국한시대관》12

---

④ 정총(鄭摠 1358~1397)의 시 〈용두사 도생 승통을 보내며[送龍頭道生僧統]〉이다(부분).

師也不羈人(매인 데 없는 스님)

意氣何容與(장한 뜻 한없네)

煮飯折脚鐺(다리 부러진 솥에 밥 짓고)

到處度寒暑(늘 더위와 추위 견디시네)

《한국한시대관》6

송(宋)의 오사문(吳沙門) 도언(道彦)이 석가여래의 법맥(法脈)을 정리하면서 법어(法語)를 적은 《전등록(傳燈錄)》에 '샛집 돌방에서 32년이 지나도록 다리 부러진 솥에 밥을 지어도 (…) 인간사를 모두 잊고 바위산으로 자취를 감추었다[茅茨石室 向絶脚鐺裏煮飯 過三十二年 大忘人世 隱跡 巖叢]'는 기사가 있다.

6) 솥은 살림살이를 상징한다.

집을 새로 짓거나 이사하면 먼저 부뚜막에 솥을 걸어서 살림살이 시작으로 삼으며, 미리 받은 날 옮기지 못하더라도 솥만 걸어서 들어간 것으로 여긴다. 맏이가 솥이나 불씨 담은 화로를 먼저 들고 들어가는 것도 마찬가지이다. 조강지처가 첩에게 '시앗 솥'을 따로 준 것도 한식구로 여기지 않는다는 뜻이다.

7) 솥으로 죄를 물었다.

①《조선왕조실록》의 죄인을 솥에 삶는 형벌(烹刑) 기사 37건 가운데 실행된 것은 없다.

영조가 사간(司諫) 조태언(趙泰彦 1686~?)의 목을 치려다가 관료들의 반대에 부딪히자 '대신(臺臣)이라고 못 치면 돈화문에서 팽형(烹刑)에 처하겠다. 와서(瓦署)에서 빨리 큰 가마솥을 구워 바치라' 이른 것이 고작이다[13년(1737) 8월 13일].《증보문헌비고》에 그가 '사람 삶는[烹阿] 솥이 왜 우리나라[東國]에만 없느냐?' 한탄하였다는 기사도 있다(제170권 〈시적고〉 8 진휼 2).

근대까지 서울 종로의 큰 부뚜막에 가마솥을 걸고 썩은 관리에게 이른바 '솥 찜질'을 하였다. 군막을 둘러치고 꾸민 재판정에서 포도대장이 죄인을 가마솥 소댕에 묶어 앉혀서 형 집행으로 삼은 것이다. 이 뒤부터 죄인은 죽은 사람이 되어 아내가 아기를 낳으면 귀신의 아이라고 손가락질하였다.

이에 관련된《조선왕조실록》의 기사는 영조 16건, 숙종 6건, 중종 4건, 정조 3건이고, 단종·명종·선조·광해·인조·헌종·경종·순조는 한 건씩이다.

② 일제는 만주 일대에서 죄 없는 우리 겨레를 솥에 쪄 죽였다.
박은식(朴殷植 1859~1925)이 쓴《한국독립운동지혈사》한 대목이다.

(…) 우리 겨레라면 남녀노소를 가리지 않고 총으로 쏴 죽이고, 칼로 찔러 죽이고, 몽둥이나 주먹으로 때려 죽인다. 산채로 땅에 묻기도 하고 불에 태우고 가마솥에 넣어 삶기도 하였다. 코를 뚫고 갈빗대를 꿰며 목을 자르고 눈을 도려내고, 껍질을 벗기고 허리를 자르며, 사지에 못을 박고 손발을 끊었다. 사람의 눈으로는 차마 볼 수 없는 짓을 그들은 무슨 재미나는 일이나 하는 것처럼 벌였다[이상룡(李相龍)의《서간도 벌판에 독립운동기지의 푯대를 세우고》에서 재인용].

---

③ 경허 성우(鏡虛惺牛 1849~1912)의 지옥 솥 노래 〈가가가음(可歌可吟)〉이다(부분).

世上(세상)사람 들어보소 들어보소 仔細(자세)듯소
그 아니 慘酷(참혹)한가 비록 善心(선심) 좋은지라 天上人間(천상인간) 快樂(쾌락)하나 有漏(유루) 因果(인과) 無常(무상)하야

六道輪廻(육도윤회) 못免(면)하니 그런 故(고)로 祖師(조사) 말슴 曾向天帝殿(증향천제전) 中遊(중유) 타가 也向閻公(야향염공) 鍋裏煮(과리자)라 分明(분명)히 일럿으니 그 아니 取信(취신)할가

그림 8

유루는 번뇌, 육도는 인간이 죽어서 머무는 여섯 곳(지옥도·아귀도·축생도·수라도·인간도·천상도)이다. '증향천제전중유'는 일찍이 천제의 궁전에서 노닐었다는 말이고 '야향염공과리자'는 염라대왕이 솥에 찐다는 뜻이다.

〈그림 8〉은 전라남도 화순군 쌍봉사(雙峰寺) 지장전 벽의 지옥도이다.

④ 19세기에 서울 효자동의 보살 정대월화(鄭大月華)가 충남 아산군 봉곡사(鳳谷寺)에서 받은 〈영암화상토굴가(靈巖和尙土窟歌)〉의 한 대목이다.

주인공아 꿈을 깨소 꿈을 깨어 정신 차려 이 내 말씀 들어보소. (…) 업경대(業鏡臺)가 분명하니 추호를 속일손가. 평생에 지은 죄악 낱낱이 나타나서 지옥으로 내려가니 우두나찰(牛頭羅刹) 마두나찰(馬頭羅刹) 나는 듯 달려들어 창끝에 꿰어 들고 확탕지옥(鑊湯地獄) 끓는 물에 넣었다가 꺼내니 전신에 유혈이요 혼비백산 절로 된다. 하룻밤 하룻날 만 번 죽고 만 번 살며 만 번 고통 받을 제 후회한들 무엇하랴《한국불교가사전집》).

업경대는 염라대왕이 중생의 죄를 비추는 거울로 명경대라고도 한다. 우두나찰은 소머리를 닮은 지옥의 옥졸(獄卒), 나찰은 범어 raksasa의 소릿값으로 신통력을 부려서 사람을 잡아먹는 악귀(惡鬼), 마두나찰(馬頭羅刹)은 말머리꼴의 옥졸, 확탕지옥은 끓는 솥에서 고통을 받는 지옥이다. 넓이 40유순(由旬)의 큰 솥 18짝에 5백 나찰(羅刹)들이 불을 때면 솥 안에서 끓는 쇳물이 불꽃이 되어 튀고, 이것이 화륜(火輪)이 되어 다시 솥으로 들어간다. 유순은 소달구지가 하루에 가는 거리를 나타내는 인도의 잣대이다. 80리의 대유순, 60리의 중유순, 40리의 소유순이 있다.

8) 솥에 공로를 새겨서 기린다.

---

①《고려사》에 '문종(文宗 1046~1083)이 태조의 건국을 도운 여섯 공신의 공덕을 종과 솥[鍾鼎]에 새기고, 그들의 증손과 현손 중에 중이 되거나 벼슬 없는 자에게 벼슬을 내리고, 있는 자는 등급을 높였다'는 기사가 있다(제75권 3 전주).

여섯 공신은 배현경·신숭겸·복지겸·홍유·김락·김철 등이다.

② 권근(權近 1352~1409)의 〈주종명(鑄鍾銘)〉 서문이다.

예부터 국가를 세운 자는 반드시 큰 공과 업(業)을 종(鐘)과 솥[鼎]에 새겼으며, 이로써 아름다운 소리가 크게 울려 뒷사람의 귀와 눈이 놀라 움직였다. 또 도시[通都]와 읍[大邑]에서 새벽과 저녁에 종을 쳐 백성이 자고 일어나는 때를 알리므로 쓸모도 크다[《태조실록》7년(1398) 4월 4일].

공과 업을 솥에도 새긴 것은 이를 신령스럽게 여긴 데서 왔다.

③《연산실록》 기사이다.

연산군은 '예부터 공덕이 있는 자를 이정(彝鼎)에 새겼다. 중궁(中宮)도 그만한 덕이 있으니 황금 천 냥으로 금솥[金鼎]을 굽고 해·달·별과 산의 형상을 갖추되, 용(龍) 두 마리가 서로 허리를 감고 머리를 맞댄 모양으로 하라'고 일렀다. 국고[國儲]가 빈 탓에 관리들은 장사꾼의 금을 뒤졌고, 유사(有司)의 독촉과 매질에 목매 죽는 사람도 나왔다[11년(1505) 7월 9·15·21일].

이정은 종묘 제향에 쓰는 솥과 술동이로 국가에 공훈을 끼친 사람들의 사적을 새겼다. 뒤에 연산을 내쫓은 중종은 금값을 못 받은 이들에게 그 무게만큼 깨진 솥 조각을 돌려주었다(《중종실록》1년 12월 25일). 솥을 깨뜨려버린 것이다.

④ 이현일(李玄逸 1627~1704)은 신익황(申益愰)의 인품을 이렇게 읊었다.

一代推山斗(당대에 태산북두처럼 솟으니)

千秋按鼎彝(영원히 정이에 새길 만하네)

《갈암집(葛庵集)》부록 제5권

정이는 앞의 이정과 같다.

최치원(崔致遠 857~?)은 '나는 종정의 공을 아직 드러내지 못했다'며 스스로를 낮추었다
《계원필경집》제9권 〈별지절서 주보 사공에게 보냄[浙西周寶司公]〉).

9) 솥에 주검을 담는다.

《고려사절요》기사이다.

이의민(李義旼 ?~1196)의 무리가 의종(毅宗 1146~1170)을 끌고 곤원사(坤元寺) 북쪽 못가에 이르자 (…) 의민이 등뼈를 부러뜨리고 (…) 큰 소리로 웃었다. 박존위(朴存威)는 요(褥)에 싼 주검을 가마솥 두 개를 마주 붙여넣고 못에 던졌다. 이때 갑자기 회오리바람이 일어나 티끌과 모래가 날리자 사람들은 울부짖으며 흩어졌다.

절의 헤엄 잘 치는 중이 들어가 가마솥만 건져가고 주검은 버렸다. 이것이 물가에 떠올랐지만 며칠이 지나도 물고기·자라·까마귀·솔개 따위가 감히 가까이 가지 않았다. 전 부호장(副戶長) 필인(弼仁) 등이 몰래 관(棺)에 넣어 그곳에 묻었다[제12권 명종(明宗) 3년(1173)].

절집의 중이 왕의 주검을 버려두고 솥만 가져갔다니 참으로 개탄할 일이다.

10) 솥으로 사람의 마음을 하나로 묶는다.

충청북도 괴산군에서 2005년 7월, 4만 군민의 마음을 하나로 묶는 '한솥밥 먹기'를 위해 2억여 원을 들여 큰 솥을 마련하였다(사진 91). 지름 5.68미터에 높이 2.2미터, 둘레 17.85미터에 무게 30톤이며 소댕 무게만 13.5톤이다. 둘레에 용과 군의 상징을, 소댕 12방향에 거북이와 무궁화를 돋을새김하고 손잡이에 용머리 둘을 붙였다(사진 92·93). 부뚜막 아궁이를 12방향으로 내는 외에 군내 11개 읍과 면 이름 하나씩 새긴 화덕 12개도 만들었다(사진 91 아래)(송민헌 2011 ; 182).

그러나 전 군민이 먹을 밥을 지으려면 물 끓이는 데만 여섯 시간이 걸리고 가스 값이 2백만 원이나 든다는 사실이 뒤늦게 밝혀지는 바람에, 하는 수 없이 8월에는 옥수수, 10월에는 감자를 삶고, 12월에 동지팥죽을 쑤어 나누었다. 이듬해 6월과 8월, 그리고 2007년 7월에는 옥수수를 쪘다. 소댕이 하도 무거워서 사람들이 치성을 드릴 때마다 기중기로 들어 올리며, 5년여 동안 그들이 솥에 넣은 12만여 원은 이웃 돕기에 썼다.

사진 91

사진 92

11) 솥으로 힘을 잰다.

고구려 고국천왕(故國川王 331~371)은 키 아홉 척에 엄장이 크며, 솥을 드는 힘을 지녔다고 적혔다《삼국사기》권16〈고구려본기〉4 고국천왕).

고려 이색(李穡 1328~1396)도 '흥이 나면 깃발 따라 춤추고[興逸幡隨動] / 힘이 솟으면 솥도 들 만하다[才雄鼎可杠]'고 읊조렸다《목은집(牧隱集)》).

사진 93

조선 초에는 말보다 빠르고 솥 드는 자를 군졸로 뽑았으며 완력이 남보다 뛰어나서 네 사람을 이기면 상등, 세 사람은 중등으로 삼았다(《태종실록》9년(1409) 2월 17일).

이황(李滉 1502~1571)은 '호음 선생의 글은 구정을 들어 올린다[湖陰筆力杠九鼎]'고 하여(동지부사로 가시는 규암 송미수에게 삼가 올림[奉贈圭庵宋眉叟以冬至副使赴京]), 정사룡(鄭士龍 1491~1570)의 뛰어난 문장을 칭송하였다(《퇴계선생문집》권1).

윤선도는 '용문의 백 말들이 큰 솥[龍門百斛鼎] / 한 손으로 드는 것 다시 보네[復見一手擡]'라고 읊조려서 남자의 큰 포부에 견주었다(《고산유고》〈장수재에게 줌[贈張秀才]〉부분).

한편, 이덕무(李德懋)·박제가(朴齊家)·백동수(白東脩) 등이 1790년에 낸《무예도보통지(武藝圖譜通志)》의 '솥 드는 자세는 곧 솥을 들어 올리는 재주[擧鼎勢者卽擧鼎格也]'라는 기사〈예도보(銳刀譜)〉는 농촌의 들돌 풍속처럼 솥 들기로 힘자랑 삼은 것을 알려준다.

12) 국가 제례에 특별한 솥을 쓴다.

세종 때 나온《오례의(五禮儀)》에 '석전(釋奠)에 소·양·돼지 삶는 솥을 따로 썼으며, 모두 소댕이 딸렸고 양쪽에 옥으로 깎은 손잡이를 붙였다'는 기사가 있다.

성종 때 노사신(盧思愼 1427~1498) 등이 종묘 각 실에 있는 우정(牛鼎)·양정(羊鼎)·시정(豕鼎)이 영녕전(永寧殿)에만 없어서 소·양·돼지를 각기 포대에 담아 한 솥에 삶는다며 근본에 어긋난다고 하자 바로잡았다(《성종실록》21년(1490) 8월 13일). 영녕전은 종묘의 정전 서쪽에 따로 세운 사당이다. 조선 태조 이성계의 아버지·할아버지·증조할아버지·고조할아버지를 비롯하여 광해군이나 연산군처럼 잊힌 임금의 신주를 모셨다.

일반에서도 더러 이를 따랐다.《오주연문장전산고》에서 인용한《금관지(金官志)》의 '허원동(許原仝)의 아내[性伊]가 아침저녁 제사에 솥 한 짝을 따로 마련해두고 썼다'는 기사가 그것이다(《별치일정(別置一鼎)》).

13) 솥은 신분을 나타낸다.

성종에게 제기도감(祭器都監)에서 《예문》에 천자의 우정(牛鼎)은 황금으로, 제후는 백금으로 그린다 하였습니다. 옛적의 천자와 제후는 우정(牛鼎)을, 대부는 양정(羊鼎)을, 선비[士]는 시정(豕鼎)을 썼으며 그 뒤의 임금은 셋을 다 썼습니다. 지금까지 이어 내린 옛 우정은 은(銀)으로 그렸지만 무슨 까닭인지 양정과 시정에는 그림이 없습니다'고 하자 '셋 모두 백금으로 그리고 나머지는 그대로 하라'고 일렀다《성종실록》21년(1490) 11월 22일].

《예문》은 중국 풍속을 다룬《주자가례(朱子家禮)》를 우리 실정에 맞게 새로 고쳐 쓴 것으로 이재(李縡 1680~1746)의 《사례편람(四禮便覽)》이 대표적이다. 앞의《예문》은 누구의 것인지 알 수 없다.

우정은 발을 소머리로 꾸민 솥이다. 마찬가지로 양정에는 양을, 시정에는 돼지를 꾸몄다. 앞글에 나타난 대로 우리는 중국 예법을 따랐다.

〈그림 9〉는 신숙주(申叔舟 1417~1475) 등이 오례의 예법과 절차 따위를 적은 책《국조오례의(國朝五禮儀)》에 실린 우정·양정·시정이다.

그림 9

14) 솥은 재상을 나타낸다.

고려 창왕(昌王 1388~1389)은 이성계(李成桂 1335~1408)에게 '조정에서는 정현(鼎鉉)에 참여하고 외직에 나가서는 장군이 되라'는 교서를 내렸다《고려사》권137〈열전〉50 신우왕]. 솥[鼎]에 '존귀하다'는 뜻이 들어 있으며 현(鉉)은 삼공의 지위를 나타낸다.

이규보의 시〈정월 7일 녹 받고[正月七日受祿]〉이다(부분).

曩者居鼎司(지난날 정승 자리에 있을 때)

猶懼覆公餗(솥의 곰국 엎을까 두려웠네)

平生無片功(평생 작은 공도 못 이루며)

受祿歲幾斛(받은 녹 한 해 몇 섬이었나)

《한국한시대관》2

정사는 영상·좌상·우상의 세 정승을 가리키며, 복공소는 솥의 다리가 부러지면 솥 안의 곰국이 쏟아진다는 뜻으로 재상의 구실을 다하지 못하는 것을 이른다.

기대승(奇大升 1527~1572)도 '힘 다하자니 다리 부러질까 염려로다[陳力自憐將折足]'을조렸다《고봉전서》〈고봉속집〉제1권).

15) 가운데가 움푹한 봉우리를 솥에 견준다.

김정(金淨 1486~1521)은 '한라산 봉우리는 모두 솥처럼 움푹 들어간 탓에[峰凹如鑊] 머리 없는 산[無頭岳]이라 한다'고 적었다《충암집(冲庵集)》권4 〈제주풍토록〉). 제주도 각 곳의 오름을 가리킨 말이다.

16) 솥의 발을 삼국·삼교(敎) 또는 셋의 대화에 견준다.

①《삼국사기》에 '신라 박혁거세가 나라를 세우고 20년 뒤 주몽이 고구려를, 다시 20년 뒤 온조가 백제를 세워서 (…) 세발솥의 형세를 이루었다'고 적혔다《서(序)》).

② 개금(盖金)은 고구려 보장왕(642~668)에게 '솥발 셋처럼 나라에도 세 가지 가르침이 필요함에도 불교와 유교뿐, 도교가 없어 나라가 위태롭다'고 하였다《삼국유사》권2 기이 제2 〈보장봉노(寶藏奉老) 보덕이암(普德移庵)〉).

세 사람이 나누는 대화를 정화(鼎話)라 한다.

한편, 최치원은 유(儒)·불(佛)·도(道) 셋을 정교(鼎敎)라 하였다《고운집(孤雲集)》제2권 〈진담화상비명(眞監和尙碑銘)〉).

17) 솥은 부귀를 상징한다.

① 원천석(元天錫 1330~?)은 〈환희당두 시운에 차운함[次歡喜堂頭詩韻]〉에서 '천 섬 곡식 가마솥 귀하다지만[千鍾鼎貴] / 어찌 구름 속에 누운 사람만 하랴[那似臥雲人]'고 읊었다《한국한시대관》8).

속세에서 부자로 살기보다 거기서 벗어나 자연에서 자유로운 삶을 누리겠다는 뜻이다.

② 최립의 글이다.

───────────

세상에 태어나 80까지 살고 동지중추부사(同知中樞府事)를 지냈으면 임금의 남다른 은혜를 입은 것이다. 어버이에 대한 효성으로 볼 때 쌀을 멀리서 등에 져 나르거나[負米], 솥을 늘어놓고[列鼎] 진수성찬을 먹거나 간에 (…) 어버이가 장수하고 높은 벼슬에 오르기 바라지 않는 자가 어디 있는가《간이집》제3권 〈신 동추의 경수도에 쓴 시서[申同樞慶壽圖詩序]〉).

───────────

③ 이색은 〈물 끓는 소리 들으며[聞煎水聲]〉에서 '솥이 한 길인 제후 대가도[侯家列鼎誰方丈] / 몸과 마음 한가함 못 누리네[未心身摠得閑]'을조렸고《한국한시대관》11), 김시습(金時習 1435~1493)도 〈동와(紫瓜)〉에서 '맛좋은 음식 다섯 가마솥에 익혀 먹는 부자라도[人間夥蓁五鼎烹] / 그 영화 끝내 굴욕을 당하고 만다[終然屢被寵辱驚]'고 하였다《한국한시대관》19).

〈사진 94〉는 경북 문경시의 한 음식점에서 광고를 위해 솥 열한 짝을 쌓아놓은 모습이다.

18) 솥은 임금의 죽음을 나타낸다.

최립의 시 〈의주(義州)에서 조정으로 가는 동갑내기 태의(太醫) 허양평군(許陽平君)을 전송함〉이다(부분).

───────────

鼎水丹成馭未攀(정수의 단약 지을 때 어가 못 따랐지만)

誰期白首謫江關(백발의 몸 강관으로 쫓길 줄 어이 알았으리)

名良古不須三世(삼세 거치지 않아도 뛰어난 우리 명의)

寵數今宜第一班(첫 반열에 올라 은총 받는 일 마땅하네)

《간이집》제8권 〈휴가록(休假錄)〉

───────────

'정수의 (…) 알았으리'는 세상 떠난 선조(宣祖 1552~ 1608)를 수의(首醫) 허준(許浚 1539~1615)이 함께 하늘로 가서 보살피지 못한 죄를 묻는다는 말이다. 이는 상고시대의 황제(黃帝)가 정호(鼎湖)에서 솥을 굽고 연단(鍊丹)한 끝에 신하들과 용을 타고 하늘로 올랐다는 전설에서 왔으며 뒤에는 임금의 죽음을 이르게 되었다. 강관은 중국 강남의 형문(荊門)과 강북의 호아(虎牙) 두 산 사이에 있는 험한 유배지를 가리킨다.

사진 94

19) 타는 솥은 목마름을 나타낸다.

권근(權近 1352~1409)의 시 〈회탕지갈(灰湯止渴)〉이다(부분).

肺渴喉乾苦未瘥(폐와 목의 마름 병 낫지 않아)

夜來茶鼎繼山泉(밤마다 차 솥에 샘물 길어 붓네)

急如漏甕沃焦釜(목마름이 타는 솥의 물 졸 듯하여)

似飲長鯨吸百泉(고래 물 들이켜듯 하네)

《양촌집》제9권 시)

---

20) 솥을 끊임없는 노력에 견준다.

이규보의 시 〈벗이 화답한 시에 다시 차운함[友人見和復次韻]〉이다.

努力事文字(힘써 글 많이 지으시게)

休嫌秩未高(벼슬 높지 못한 한탄 말고)

須知三足鼎(잊지 마시게 세발 달린 큰 솥도)

鑄自一錐毫(쇳조각 모아 구은 것을)

---

21) 솥의 발은 재상의 소임을 상징한다.

《광해조일기》기사이다.

좌의정 정인홍(鄭仁弘 1535~1623)은 광해에게 '신은 굼뜬 데다가 속이 좁아 계책을 갖추어 올
리지 못하고, 늙고 쇠약해서 조석도 보전 못하므로 솥의 발이 부러져서 수라를 뒤엎는[覆餗] 잘
못을 거듭 저지를 것입니다' 하였다[6년(1614) 9월 13일].

솥의 발이 부러져서 재상의 소임을 못한다는 말은 그 직분을 정속(鼎餗)이라 부른 데서
왔다.《주역(周易)》의 '솥의 발이 부러져 수라상 음식이 엎어졌다[鼎折足 覆公餗]'는 대목[〈정괘(鼎
卦)〉 구사(九四)]에서 따온 것으로, 재상의 잘못으로 나랏일이 그르치게 됨을 경계한 것이다.

---

22) 솥의 발은 잘 부러진다.

이규보의 시 〈발 부러진 솥을 조롱하여[嘲折足鐺]〉이다(부분).

───────────

我家有一鐺(우리 세발솥 한 짝)

久在煎敖裏(오래 불에 그을더니)

去年折一足(지난해 다리 하나 부러지고)

今年折一趾(올 들어 또 떨어져)

唯有一脚存(이제 하나뿐이라)

遇物好憑倚(음식 끓일 때 괴어야 하네)

嗟爾本何由(너 무슨 까닭으로)

至此大蹇倚(절름발이 되었느냐)

家無金鼎用(다른 쇠솥 없어)

爐火未放爾(화로도 못 쓰네)

支持備炮烹(받치고 괴어 끓이다가)

往往覆鹽豉(자주 된장국 엎네)

冶工固吳欺(대장장이에 속았을 뿐)

是豈汝之恥(이 어찌 네 잘못이랴)

《동국이상국집》 제11권 〈고율시〉

───────────

23) 빈 솥은 가난을 나타낸다.

이규보의 시 〈서와 함께 임평장께 올림[上任平章 幷書]〉이다(부분).

───────────

三十無官客(서른에 벼슬 없이)

東西浪跡人(떠도는 나그네)

顔瓢空有水(안자의 바가지엔 맹물뿐)

范釜久生塵(범려의 솥 먼지 오래 쌓였네)

鍛鍊誰成器(누가 쇠 불려 그릇 이룰까)

傳停尙問津(더듬거리며 앞 길 묻네)

24) 음식이 저절로 익는 솥은 더 바랄 것 없는 삶을 상징한다.

① 《고시조 대전》에 실린 지은이 모르는 사설시조이다.

불 아니 때일지라도 절로 익는 솥과 여물죽 아니 먹어도 크고 살져 한 걷는 말과

길쌈하는 여기첩(女妓妾)과 술 샘난 주전자와 앙부루 낳는 검은 암소 두고

평생에 이 다섯 가졌으면 부를 것이 있으랴

(2012 ; 463)

'한 걷는 말'은 잘 걷는 말이고, '앙부루'는 뛰어난 품종의 망아지이다.

② 지은이 모르는 또 다른 사설시조이다.

오곡이 절로 나는 땅에 불 아니 넣어도 절로 익는 가마솥 걸고

바느질 길쌈 잘하는 아름다운 첩과 여물죽 콩 아니 먹고 크고 살지고 한 걷는 말 술 나는 주전자와

약포육 낳는 검은 암소 다 가지고

일생을 주색에 잠겨 늙을 뉘를 모르고저

《고시조 대전》 2012 ; 714)

25) 소댕은 신령스럽다.

① 〈성주굿〉에서 무당은 볶은 오곡을 중솥 소댕에 담아 집안 여러 곳으로 다니며 뿌려서 잡귀를 쫓는다.

② 전라남도 진도 〈씻김굿〉의 씻김거리에서 무당은 소댕의 물기를 닦으며 이렇게 읊조린다.

금일 망재씨, 아무개씨 아부지, 아무개씨 어머니

　　어쩌든지 자손들 명과 복을 많이 주고, 맘먹고 뜻 먹은 대로 일 년 널두 달 긁어들이고, 쓸어들이고, 모아들이고, 불러들여서 어쩌든지 맘먹고 뜻 먹은 대로 잘 해결해 주십쇼.

　　이어 쌀을 집어 소댕 위로 뿌리면서 소리를 이어가다가 신칼로 소댕을 두드리다가 손에 들고 같은 의미의 말을 거듭한다(나경수 외 2008 ; 278).

죽은 이들이 저승에 가서도 자손들의 명·복·행운을 빌어달라는 뜻이다.

③ 가뭄이 들면 아들 많이 낳은 집 맏며느리를 뜨거운 소댕 위에 세우고 키로 물을 뿌려서 비 내리기를 빈다. 가뭄을 상징하는 뜨거운 소댕에 물을 뿌림으로써 대지가 식어 비가 내린다는 유감주술이다. 소댕에서 피어오르는 김은 비 자체이고 '아들 많이 낳은 맏며느리'는 음기의 상징이기도 하다.

④ 시집에 처음 온 새색시는 소댕을 밟고 들어간다. 그네가 신행에 나설 때도 소댕을 세 번 들었다가 놓으면 아무 탈이 없다(신영순 1993 ; 39).

궁궐의 간택(揀擇)에서도 같은 과정을 거쳤다.

신부가 처음으로 시가에 올 때 소댕을 밟고 들어오는 것을 필자도 어릴 때 서울에서 목도한 적이 있다. 궁중에서 간택 때 여러 처녀들에게 일제히 적용시키는 것이 이채롭다.

　　조선조 중후기 이후 창덕궁(昌德宮)을 본당으로 삼던 시절의 간택 장소는 중희당(中熙堂) 넓은 대청이었고 처녀들의 출입문은 단봉문(丹鳳門)이었다. 이때 궁 안쪽으로 문지방 바로 앞에 큼직한 소댕을 엎어놓았다. 처녀들은 한 사람 한 사람 그 소댕을 딛고 대궐 문지방을 딛고 넘어들어 갔다고 한다(김용숙 1987 ; 274).

이는 소댕의 힘을 빌려 잡귀를 쫓는 주술이다. 단봉문은 창덕궁 돈화문(敦化門) 동쪽에 있으며 조정의 신하들이 드나들었다.

⑤ 최운철이 고성군 구만면 주평리 소대촌에 집터를 닦을 때 한 중이 '명당이니 상량시

간을 잘 맞추면 아들 둘이 태어나 이름을 나라에 떨칠 것이요. 내일 쇠 갓 쓴 계집애가 남쪽에서 오기를 기다리시오' 하였다. 이튿날 소댕을 머리에 인 소녀가 다가오자 마룻대를 올렸고 뒤에 두 아들이 태어났다. 임란 때 경상남도 고성과 사천 등지에서 왜군을 크게 무찌른 의민공 최균(崔均 1537~1616)과 의숙공 최강(崔堈 1559~1641)이 그들이다. 경상남도 진주시 옥봉동에 최강의 전적비가 있다.

'쇠 갓'은 소댕이 갓을 닮았다고 여긴 데서 왔다.

⑥ 성대중(成大中 1732~1812)의《청성잡기(靑城雜記)》기사이다.

송도(松都) 부잣집에 도깨비가 자주 나타났다. 밤에 술동이가 깨지고 술 쏟아지는 소리가 들려서 살펴보면 말짱하였다. 저녁에 부엌 여종이 잠시 자리를 비우면 솥이 뒤집어지고 소댕이 솥 안으로 들어갔다. (…) 주문을 읊조리고 꾸짖던 소경이 '도깨비가 여기 있다' 소리쳤으나 화분에 심은 복숭아나무였다. (…) 그는 열네 살 먹은 부엌 종에게서 도깨비 냄새가 난다며 내쫓으라 하였다. 이에 따르자 이상한 일이 없어졌다[제3권 성언(醒言) 〈도깨비도 무서워한 김홍도(金弘道) 그림〉].

소댕이 솥 안으로 들어간 것은 이변이다. 장님이 잡귀 쫓는 영험을 지닌 복숭아나무를 도깨비로 본 것은 이만저만한 실수가 아님에도 도깨비가 사라졌다니 앞뒤가 맞지 않는다.

26) 소댕은 살림살이를 나타낸다.

혼인 때 신부가 타고 온 가마채를 안방 문턱에 걸어두면, 새색시는 내리면서 그 앞에 엎어놓은 중솥 소댕을 왼발로 딛는다. 무쇠처럼 튼튼해서 탈이 나지 말라는 뜻도 있거니와 평생 함께 할 솥과의 상견례이기도 하다.

경기도 서해안 일대에서는 색시가 소댕 뒤에 놓은 누룩 한 장을 밟는다. 술 담그기도 중요한 몫을 차지하였던 까닭이다. 신혼 초의 며느리가 소댕을 깨뜨리면 친정으로 돌려보내고, 남편이 첩을 두면 본처가 시앗을 불에 달군 중솥 소댕 위에 맨발로 세운 것도 연관이 있을 듯하다.

27) 소댕은 송별을 상징한다.

충청북도 제천시 수산면 오티마을의 시집가는 색시는 그에 앞서 부엌의 소댕을 세 번 들었다가 놓아서 그동안 보살펴준 조왕에 대한 인사로 삼는다. 이와 대조적으로 신부를 맞을 때는 가마를 문 앞에 피운 짚불 위로 넘기고 그네가 안방으로 들어가면 가마에 깔았던 짚방석을 지붕에 던진다(이창식 2001 ; 185).

사진 95

가마를 짚불 위로 넘기는 것은 함께 묻어왔을지도 모르는 잡귀를 물리치는 의식이고, 짚방석을 지붕 위로 던지는 것은 시집 식구가 되었으니 친정으로 돌아갈 생각을 말라는 뜻이다.

〈사진 95〉는 솥을 화분으로 삼은 모습이다. 아무리 낡았기로서니 음식 끓이던 솥을 이렇게 다루는 것은 참으로 한탄스런 일이다. 어찌 그뿐이랴? 솥만큼이나 신령했던 소댕도 오늘날에는 항아리 덮개 신세가 되고 말았다(사진 96).

사진 96

28) 크고 두꺼운 손을 소댕에 견준다.

판소리 〈심청가〉의 한 대목이다.

그 동네 뺑덕어미는 (…) 말총 같은 머리털이 하늘을 가리키고, 됫박이마 횃눈썹에 움푹눈 주먹코요, 대주볼 송곳턱에 써렛니 드문드문 (…) 혀는 짚신짝 같고, 어깨는 키를 거꾸로 세워논 듯, 손길은 소댕을 엎어논 듯하다.

---

29) 솥의 검댕은 아기를 보호한다.

제주도에서 '솥 쓰기'라 하여 아기가 태어나 서너 달 뒤 처음 집 밖으로 나갈 때 어미는 솥을 머리에 쓰고 아기 이마와 콧등에 솥의 검댕을 바른다. 이로써 검댕에 쏠린 사람들이 아기에게 부정한 말을 않는다지만, 솥의 신통력을 비는 외에 악귀가 더럽다고 여겨서 비켜간다는 생각에서 나왔다.

2 ─ 민속

《산림경제》에도 아기가 거꾸로 나오면 장가락으로 거둔 솥 검댕으로 아기 발바닥에 십(十)자를 그으면[交劃] 탈이 없다는 기사가 있다(권3 구급 〈난산〉). 저자가 인용한 《윤방(尹方)》은 17세기 중기부터 18세기 초 사이, 해평 윤씨네가 여러 의원들의 경험방(經驗方)을 모아 엮은 의서(醫書)이다.

30) 명필의 글씨를 솥에 견준다.

서거정은 《동문선》에 고려 후기의 중 구곡(龜谷)의 도행을 숭상한 공민왕이 그를 위해 쓴 '구곡각운(龜谷覺雲)' 넉 자가 '웅심 깊고 듬직한 맛이 몇만 근의 큰 가마솥을 대하는 듯하다'고 적었다.

왕은 〈달마절로도강도(達磨折蘆渡江圖)〉와 〈보현육아백상도(普賢六牙白象圖)〉를 그려주는 외에 대조계종사 선교도총섭 숭신진승근수지도도 대선사(大曹溪宗師 禪敎都摠攝 崇信眞乘勤修至道都 大禪師)의 법호도 내렸다.

31) 솥과 소댕은 귀한 물건이었다.

① 솥

서거정(徐居正 1420~88)의 《필원잡기(筆苑雜記)》에 솥 두 짝 가운데 큰 것이 제 것이라고 우기는 형제에게 전라감사가 '잘게 부수어 반씩 나누어주마'고 하자 다툼을 그쳤다는 대목이 있다(《형제쟁부(兄弟爭釜)》).

② 소댕

《영조실록》 기사이다.

칠원(漆原 경상남도 함안)의 주재성(周宰成 1681~1743)이 김해(金海)의 군기(軍器) 가운데 밥솥[炊釜]에 소댕이 없는 것을 보고 4백 짝을 바쳤으나 병사(兵使)가 받지 않았다. 감사 김재로(金在魯 1682~1759)가 받으려 하였지만 임금이 듣지 않다가 그가 다시 경연에서 말을 꺼낸 뒤에야 비로소 받았다. 의논하는 자들이 매우 애석하게 여겼다[11년(1735) 윤4월 28일].

이 기사에 의문이 있다.

첫째, 개인이 많은 재물을 들여서 바친 소댕 4백 짝을 받지 않은 까닭이 무엇인가 하는 점이다. 병사나 감사는 뇌물로 비칠 것을 꺼리고, 임금은 국가의 체면이 구긴다고 여긴 것인 가? 그것은 배부른 흥정이고 가엾은 것은 군사들이다. 소댕도 없이 밥을 지어 먹었을 터이니 말이다. 오죽했으면 백성이 바쳤겠는가? 다른 지역의 군사들도 다르지 않았을 것이다.

둘째, 경연에 참석한 고급 관료(의논하는 자들)가 왜 깊이 애석하게 여겼는지도 궁금하다. 받지 말 것을 받았으니 잘못이라는 뜻인가? 진작 받아야 할 것을 뒤늦게 받았다는 후회인가?

한편, 김해 군기고의 솥 4백 짝은 정부가 주었을 것이다. 조선 초기에 동원된 군사들이 제 솥과 식량을 스스로 마련했던 점에 견주면 큰 진전이다.

③ 솥값

지규식(池圭植)은 1892년 윤 6월 16일 '똥 친 사람 술값 3전이요, 화경 술값 3전이다. 중 솥 한 짝을 45냥 2전에 샀으며《하재일기(荷齋日記)》' 4년 뒤 '솥솔 두 개를 두 냥에 샀다(3월 14일)'고 적었다.

이때 삼베 한 필에 44냥이었다.

〈사진 97〉은 솥을 가시는 솥솔이다. 볏과에 딸린 솔새뿌리를 솔뿌리로 단단히 묶는다. 솔뿌리는 껍질을 벗긴 안의 심이며, 아주 질 겨서 잘게 쪼갠 뒤 나무그릇의 터진 데를 메 우거나 풀칠하는 솔을 동인다. 소나무 한 그 루로 솔뿌리를 매려면 하루 품이 좋이 든다.

사진 97

〈사진 98〉은 청미래덩굴로 엮은 것이 다. 한 올도 빠지지 않도록 챙챙 동인 솜씨 가 야무지기 그지없다.

이 밖에 농촌에서는 가는 새끼를 돌돌 말아서 묶은 수세미나 수세미외(瓜) 열매 속 으로 만든 것으로 가셨다. 최승범은 수세미 는 '수월렁수월렁', 수세미외는 '쏘왈랑쏘왈 랑' 소리가 난다고 하였다(1996 ; 56).

사진 98

　　3~6세기에는 모두 질솥을 썼으며(사진 99) 쇠솥은 나라[奈良]시대(710~784) 뒤에 나왔다. 솥의 종류는 다리 달린 솥[足釜](사진 100), 전 달린 솥[懸釜](사진 101), 입이 벌어지고 바닥이 둥그스름한 냄비[鍋](사진 102) 따위가 있다. 이 가운데 냄비를 가장 많이 썼으며 앞에서 든 대로 헤이안[平安]시대(8~12세기)에는 마로카나헤(まろかなへ)라 불렸다. 의례를 치를 때만 쓴 다리 달린 솥은 좀체 찾아보기도 어려우며, 전 달린 솥이 퍼진 것은 쌀 생산이 크게 늘어난 18세기 중반 이후로, 뒤에 솥의 대명사가 되었다(우리네 양은솥이 이것이다). 주로 밥을 지으며, 밥물이 넘치지 않도록 느티나무 따위의 무거운 나무로 짠 소댕을 덮는다(사진 103). 반찬은 냄비에 익힌다.

　　솥에 관한 첫 기록은 《일본서기》 인교[允恭]천황 4년(415) 9월, 성씨를 바로잡으려고 맹신탐탕을 벌였다는 기사이며(☞ 488쪽 사진 113), 이는 나라시대 법륭사(法隆寺)와 대안사(大安寺) 〈자재장(資財帳)〉에도 보인다.

　　삼발이의 처음 이름은 산본아시(サンボンアシ 세발 다리)·산도쿠(サンドク)였으며 뒤에 카나와[かなわ 鐵輪]로 바뀌었다. 18세기 중반의 《정장잡기(貞丈雜記)》에 '음식 끓이는 솥을 얹는 카나와는 쇠테 아래에 발이

사진 99

사진 101

사진 100

사진 102

셋 달렸다. 17세기에 고토쿠 (ゴトク 五德)라 불렸지만 교토와 오사카 일대에서는 지금도 카나와라 한다'고 적혔다. '고'는 존칭, '덕'은 이로움이 많다는 뜻이지만 오(五)는 알 수 없다.

《일본어원대사전》에 12세기 말, 미나모토노 요시토모[賴朝]가 후지산[富士山]에서 사냥할 때 삼발이가 쓰러져 모래에 묻히자 '그대 어정(御錠)처럼(ゴトク[如])' 바로잡으라고 한 데서 왔다는 기사가 있지만 의문이다.

우리네 것처럼 발만 달

사진 103

사진 104

사진 105

린 것과 안쪽 중간에 턱을 붙인 것(사진 104), 다리 넷 달린 것 따위가 있다. 이 밖에 다리가 위로 향하도록 거꾸로 놓고 솥이나 냄비 따위를 얹기도 하며(사진 105), 이를 도안하여 가문(家紋)으로도 삼는다.

에쿠안 겐지[榮久庵憲司]의 설명이다.

움집의 화덕을 다시 쓴 것은 조리구가 솥[釜]에서 냄비[鍋]로 바뀐 것이 가장 큰 원인이다. 부뚜막·솥·시루는 곡물을 찌는 조리법이지만, 화덕·냄비·삼발이[五德]는 익히는 조리법으로 뒤의 것은 중세(12세기 말~16세기)에 퍼졌다. 이에 따라 종래의 지에밥은 부드럽게 푹 익은 밥으로 바뀌었다. 중국도 마찬가지이다. 한대에는 솥 위에 시루를 얹었으나 당대에 들어와 냄비가 대신하였으며 일본은 200년쯤 뒤 냄비가 중심을 이루었다. 그러나 중국이나 조선에는 화덕이 없으며 이는 일본만의 특징이다(1975 ; 51).

---

2 — 민속

성종(成宗) 때 류큐[琉球]로 떠내려갔던 제주도 김비의(金非衣)는 '가마·솥·숟가락·젓가락·소반·밥그릇·자기(磁器)·와기(瓦器)는 없고, 질솥에 짚불을 피워서 밥을 짓는데 대엿새면 터져버립니다. 그러나 멱고시마(覓高是麿)에서는 류큐국에서 들여온 가마처럼 생긴 발 없는 쇠솥[鐵鼎]에 밥을 짓습니다' 하였다(《성종실록》 10년(1479) 6월 10일). '발 없는 쇠솥'은 냄비[鍋]로, 오키나와제도에서 15세기 후반에도 질솥과 냄비를 함께 쓴 것을 알려준다.

사진 106

오키노에라부지마[沖永良部島]에서는 부뚜막에 밥 짓고 마소 여물 끓이는 가마솥 두 짝, 중간 크기의 반찬용 두 짝, 물 끓이는 작은 것 한 짝을 걸어둔다. 가마솥은 호주나 주부가 죽으면 바꾸며 이를 '대(代)를 바꾼다' 또는 '은거(隱居)시킨다'고 이른다. 집 떠날 때, 새색시 맞을 때 등에 '소댕 씌우기' 의식을 치르며, 어린 아기가 밖으로 나갈 때는 반드시 뺨에 검댕 칠을 해서 불신의 보호를 구한다(牧島知子 1983 ; 217~222).

사진 107

오키나와제도에서는 참억새나 대오리 또는 짚으로 엮은 세모꼴 소댕을 덮으며, 이것은 눈 사이로 김이 새나와 온도가 자동적으로 조절되는 효과가 있다. 본도에서는 신타

사진 108

(シンタ), 타네가시마[種子島]에서는 슈우타(シュウタ), 요론토(與論島) 일대에서는 카만타(カマンタ) 또는 하만타(ハマンタ)라 부른다(사진 106·107·108).

작은 솥 소댕이나 큰 솥 소댕은 모시 따위의 뿌리 달린 식물이나 야채 삶을 때 덮으며, 모시는 소댕을 손으로 잡은 채 뒤집어서 물기를 뺀다. 시루 소댕은 곡물이나 밀가루 따위를 찔 때 시루 사이에 깐다(下野敏見 1991 ; 116~117).

가. 민속

1) 솥을 신으로 받든다.

솥을 신체로 받드는 신사는 전국에 십여 개소가 넘으며 이 가운데 한국에서 건너간 솥을 받드는 시마네[島根]현 이즈모시[出雲市] 이즈모신사(사진 109)에 딸린 한조(韓竈)신사가 대표적이다(☞ 123쪽 사진 103).

① 733년에 나온《이즈모풍토기(出雲国風土記)》에 칸카마샤[韓銍社], 927년의《연희식신명장(延喜式神名帳)》에 가라카마신사[韓釜神社]로 올랐다. 칸카마나 가라카마는 두말할 것도 없이 한국에서 들어간 솥을 가리킨다. 제신(祭神) 스사노미코토[素盞嗚尊]가 아들과 함께 신라에서 철기문화를 가져왔다는 신화도 증거의 하나이다. 앞에서 든 대로 신사 경내 한쪽에 '한국신사(韓國神社)' 현판이 남아 있고(☞ 124쪽 사진 105), 신을 맞이하는 도리이[鳥居]가 한반도의 포항 쪽을 향한 것도 마찬가지이다(사진 110).

사진 109

사진 110

② 같은 현 마쓰에시 [松江市 大庭] 신귀[神魂]신사에서 해마다 12월 13일 솥신사[お釜神事]를 벌인다. 이

신사는 오쿠니누시[大國主神]에게 나라를 양보하라는 하늘의 명을 전하려고 하늘에서 내려온 아메노호히(天之若卑命 ; 出雲国의 시조)가 창건하였다니 고대부터 있었을 터임에도 《이즈모국풍토기》에는 보이지 않는다. 솥신사는 그가 솥을 타고 하늘에서 내려왔다는 전승에 따라 시작되었다.

2) 솥은 신령스럽다.

① 《신비의 도구[神秘の道具]》 기사이다.

물웅덩이·못(淵)·용소(龍沼)·샘·산속·바닷가 웅덩이 따위를 여러 곳에서 '솥'이라 부르는 것은 그것이 지닌 신성한 힘을 믿는 데서 왔다. 또 이들 지역의 천둥신[雷神]·용신·뱀신·용궁에 관한 전설도 저승과 통하는 신성한 곳이라는 뜻이다. 이 밖에 화산의 분화구나 물이 들어찬 화구호(火口湖)도 자연의 놀라운 에너지를 나타내는 신성한 장소라 하여 '큰 솥'이라 이른다(2001 ; 71).

민담이나 전설에 등장하는 '솥못[釜池]'은 잘못을 저지른 사람이 솥의 못에 빠지거나, 못의 주인이 귀신이 되어 사람을 끌어들이는 내용이 들어 있다.

② 고치[高知]현(土佐)에서는 부뚜막 네 귀에 대를 세우고 금줄을 두른 뒤 솥을 걸고 불을 지펴서 물이 끓으면 쌀을 조금 넣는다. 이어 신직(神職)이 종이오라기로 물을 젓되, 바닥에 쌀알갱이가 모이면 불신[火神]이 내린 것으로 여긴다. 이와 달리 흩어지면 기도를 올리고 계속 저은 뒤 이 물로 집안의 부정을 가신다.

③ 니가타[新潟]현과 나가노[中野]현에서는 정월 솥신 제사 때 남녀 인형을 바치며, 니가타현(長岡市)에서는 초닷새에 밤나무 따위로 엮은 남녀 인형을 솥 위에 올린다(鈴木棠三 1978 ; 86~87).

나가사키[長崎]현(壹岐島)에서는 입춘 전 날 둥글게 썬 무를 무떡[大根餅]이라 하여 황신님[荒神樣]에게 셋, 세덕신(歲德神)과 태신궁(太神宮)에 두 개씩 바친다. 이 밖에 정월 대보름에 황신님과 솥지기[お釜樣]에게 죽과 떡을 바치는 곳도 있다(鈴木棠三 1987 ; 328). 야마가타[山形]현(新壓市)에서는 11월 15일에 '솥 축하[釜祝い]'라 하여, 솥을 잘 씻고 햅쌀로 빚은 떡을 신불에게 바치고 나서 먹는다.

미야기[宮城]현(塩竈市) 솥신사[御釜神社]의 솥 네 짝은 한 번도 물이 마른 적이 없으며, 한 해 한 번씩 물을 갈아서 깨끗이 보존한다(사진 111).

사진 111

④ 오카야마[岡山]현 기비쓰[吉備津]신사에서는 솥 울음으로 길흉을 가리는 의례를 벌인다[鳴釜神事]. 경내 솥전(御釜殿)의 솥에 물을 붓고 불을 지펴서 증기를 가득 채운 뒤, 소댕 위에 놓은 시루에 현미를 담는다. 이때 발생하는 공명음의 크기와 시간에 따라 길흉화복을 판단하는 것이다.

이 행사 유래담이다.

스이닌[垂仁] 천황(전 69~70) 때 기비쓰(吉備國 岡山縣)에 온 백제의 우라(溫羅)왕자가 사람들을 솥에 쪄 먹는 악행을 저지른 탓에 야마토[大和] 조정에서 간 (…) 기비쓰히코노미코토[吉備津彦命]가 죽였다. 그의 목을 신사의 신당 아궁이에 묻었더니 13년 동안이나 큰 울음소리가 그치지 않았다. 놀란 기비쓰히코노미코토가 걱정하는 중에 왕자가 꿈에 나와 '나를 위해 제사를 지내면 그동안의 악행에 대한 보상으로 솥 울음을 내어 길흉을 알려주마' 하였다.

우라왕자는 이곳으로 와서 지배자가 되어 제철기술을 퍼뜨렸다고 한다. 앞의 이야기는 도가니를 처음 본 사람들이 겁에 질려 지어낸 말일 것이다.

이에 대한 17~19세기의 괴담집《雨月物語り》기사이다.

옛적 기비쓰(吉備津 賀夜郡 庭妹)의 이자와 쇼다유[井澤庄太夫]는 여색에 빠진 외아들 쇼타로[庄太郎]를 신사 신관(神官)의 딸 이소라[磯良]와 짝 채웠다. 혼인식 날, 신관들이 앞날에 대한 솥점을 쳤더니 작은 벌레소리조차 들리지 않았다. 예부터 물이 끓는 가마솥에서 큰 소리가 나면 길조, 조용하면 흉조로 여겼지만 제관들의 재계(齋戒)가 모자란 탓으로 돌렸다. 못된 아들은 노는 계집 소데[神]와 달아났고 이소라는 속이 썩어 죽었다.

이들이 이소라의 사촌 히코로쿠[彦六]에게 가자마자 여자가 원령(怨靈)이 씌워 죽었다. 쇼타로가 그네 무덤에서 한탄하는 사이, 옆에 생긴 무덤에 한 여자가 자주 와서 울었다. 슬픔을 같이 나누자며 집으로 데려간 여자가 이소라인 것을 안 쇼타로는 정신을 잃었다. 음양사(陰陽師)는 온몸에 주문을 써준 뒤, 42일 동안 집안에서 신령과 부처에게 빌라고 일렀다. 매일 원혼에게 시달리던 그는 42일째 되는 날 새벽, 근신이 끝난 줄 알고 밖으로 나왔다. 한참 뒤 히코로쿠는 주검 대신 처마에 매달린 쇼타로의 상투만 찾았다.

사진 112

〈사진 112〉는 이소라신사의 도리이이다.

솥에 얹은 시루에 쌀을 담고 소댕을 덮은 뒤, 불을 지펴서 나는 소리의 크기로도 점을 친다. 여장(女裝) 신관(神官)이 벌이기도 한 것을 보면 처음에는 무당이 맡았을 가능성이 높다. 기비쓰신사의 첫 행사는 1568년 5월 16일에 있었다. 이 밖에 솥에 음식을 찌거나 끓일 때 '봉 봉' 김 새는 소리가 나면 '솥이 운다'며, 그날 간지에 따라 길흉을 점치는 일도 이렇게 부른다.

에도시대(1600~1867)에는 솥의 물빛이 바뀌면 이변이 일어난다고 믿어서 번(藩)에 알렸고, 번주는 대리인을 보내 기도를 올렸다. 4대 번주(伊達綱村) 때(1682) 한 번, 정형(貞享) 연간(1684~1687)에 일곱 번, 원록(元禄) 때(1688~1703) 네 번 바뀌었으며 그때마다 번주가 죽거나 하는 일이 일어났다.

출산한 뒤에 태가 나오지 않으면 솥 위에 도마와 칼을 놓고 경신님[庚申樣]에게 '태를 빼주십시오' 읊조린다. 상가(喪家)에서 쓴 냄비는 '다른 냄비[別鍋]'라 하여, 한동안 음식을 끓이지 않는다.

⑤《백귀야행회권(百鬼夜行繪卷)》에 적힌 솥의 요괴는 내버린 헌 솥이 도깨비정령(精靈)이 된 결과이다. 이 솥(鳴釜妖怪)에 깃들인 귀녀(鬼女) 이름을 부르면 악운을 물리치고 복을 받는다고 한다. 그녀의 이미지는 기비쓰신사 솥 아래에 묻혔다는 귀신의 원령(怨靈) 우라(溫羅)를 닮았다. 솥의 울음이 신의 목소리라기보다 귀신의 울음을 연상시키는 점과 연관이 있을 것

이다(그림 10).

⑥ 솥 도깨비로 너구리가 바뀌었다는 분부쿠차가마[文福茶釜]가 유명하며, 전국의 여러 절에서 보물로 여긴다. 그 유래담이다.

그림 10

㉠ 한 가난뱅이가 덫에 걸린 너구리를 풀어주었더니 그날 밤 나타나 자신이 차 솥으로 바뀔 터이니 팔라고 하였다. 솥을 산 화상(和尙)이 절에서 물을 붓고 끓이자 뜨거움을 못 견딘 너구리가 윗몸을 드러내고 남자의 집으로 달아났다. 이번에는 너구리가 '줄 타는 차 솥'이라는 연극을 벌여서 그를 부자로 만들고 자신도 즐겁게 지냈다.

㉡ 이와테[岩手]현의 가난한 할아범이 산에 나무하러 가다가 어린이들에게 잡힌 여우를 보고 한 아이마다 백 문(文)씩 주고 사서 풀어주었다. 이튿날 나타난 여우는 솥으로 바뀔 터이니 절에 가서 팔라고 하여 석 냥을 벌었다. (…) 밤에 절에서 나온 여우가 미인이 되어 백 냥을 받았다. 이듬해는 여우가 말이 되어 백 냥에 팔았고, 사람과 짐을 나르던 말이 지쳐 쓰러지자 주인이 버렸다. 부자가 된 할아범은 집 안에 당을 짓고 여우를 받들었다.

㉢ 응영(應永) 연간(1394~1428)에 이와테현 무림사(茂林寺)의 너구리가 변한 노승 모리쓰루[守鶴]가 있었다. 그가 늘 쓰는 차 솥은 한 번 물을 담으면 아무리 퍼내도 줄지 않고, 한 번 끓으면 57일 동안 부글거렸다. 그러나 그의 정체가 드러나는 바람에 절을 떠나고 말았다.

이와테현 미즈자와[水沢]시의 정법사(正法寺)에 언제 것인지 모르는 분부쿠차가마가 있다(높이 30센티미터에 입 지름 21센티미터). '분부쿠'는 물이 끓을 때 나는 소리를 글자를 빌려 나타낸 것이다. 이 솥은 절의 일곱 가지 불가사의(不可思議)의 하나로 꼽힌다.

⑦ 전국시대 오슈[娛州]의 다이묘[大名] 이자 에도 센다이번[江戸 仙台藩]의 시조 다테마사무네[伊達政宗 1567~1636]가 백탕(白湯)을 솥에 아무리 부어도 차지 않는다며 화를 낸 적이 있다. 백탕은 끓인 물을 10분쯤 식힌 것으로, 인도 철학자들은 기본적인 음료로 삼는다.

절에 불이 나자 솥은 연못으로, 소댕은 군마[群馬]현 관림시(館林市)의 무림사(茂林寺)로 날아갔다고 한다. 〈그림 11〉의 왼쪽에 보인다.

그림 11

⑧ 후쿠이[福井]현 민담이다.

후쿠이현(鯖江市 上河端) 상락사(常樂寺)에 서는 지금의 카마 못[釜淵]의 물을 부처에게 바쳤다. 설거지를 하던 동자승이 귀찮은 생각에 솥을 물에 넣고 씻으려 하였더니 솥이 크게 운 데서 절 이름이 생겼다(松浪久子 1994 ; 224).

이와테현(紫波郡)에 큰 솥으로 바뀐 연못 주인이 사람을 끌어들여 죽이는 민담도 있다.

⑨ 나가노·돗토리[鳥取]·가가와[香川]·나가사키·가고시마[鹿兒島]현 일대의 민담이다.

반 강제로 시집온 며느리의 음식 솜씨가 매우 뛰어나서 이상히 여긴 남편이 부엌을 들여다보자 그네가 냄비에 걸터앉아 오줌을 누었다. 화가 난 남편이 내쫓은 뒤 뒤를 밟았더니 조개로 바뀌어 달아났다.

아이누 민담(《挑の子太郎》)에서는 떠내려 온 냄비에서 아이가 나온다.

⑩ 시즈오카현 민담이다.

한 중이 의붓자식을 괴롭힌다는 소문이 도는 집으로 갔다. 솥에 음식을 볶는 의붓어미에게 무엇이냐? 물었더니 메주콩이라 하였다. 절로 돌아오던 그는 되짚어가서 '메주콩은 3리(里)를 갔다가도 다시 와 먹는다니 맛 좀 봅시다' 일렀다. 소댕을 열자 빨갛게 쪄진 아들이 있었다(丸山久子 1994 ; 876).

⑪ 야마나시[山梨]현에는 아들이 몸에 지닌 신불(神佛)의 부적 덕분에 솥에서 목숨을 건지는 이야기가 있다.

3) 솥이나 냄비는 풍요를 상징한다.

〈학마누라[鶴女房]〉 민담에 솥에 쌀 한 톨을 볶았더니 다 먹을 수 없을 만큼 불었다는 내용이 보인다. 〈지장정토(地藏淨土)〉에는 원하는 것은 무엇이든지 나오는 솥이 등장한다.

시즈오카[静岡]현 어떤 곳(磐田郡)에 사는 착한 산할멈[山姥]은 나무껍질로 지은 옷을 입고 지냈다. 그네가 이웃에서 빌린 솥에 쌀 두 홉을 넣고 끓이면 밥이 솥에 가득 찼고, 솥을 처마에 매달면 방바닥이 쿵쿵 울렸다.

4) 솥으로 죄를 가린다.

① 《일본서기》 기사이다.

인교 천황은 '내가 등극하여 4년이 지났음에도 위아래가 서로 다투어 백성들이 불안하다. (⋯) 누구는 천황의 후손이라 하고, 누구는 하늘에서 내려왔다고 뽐낸다. (⋯) 여러 성씨들은 목욕재계하고 맹신탐탕을 하라'는 명을 내렸다. 미강구(味橿丘) 한 곳에 탐탕 솥을 걸고 '진실한 자는 까딱없지만 거짓된 자는 반드시 상처가 나리라' 하였다(이를 쿠카타치[區訶陀智]라 한다. 혹은 잔돌을 솥에 넣고 물을 끓인 뒤 소매를 걷고 그 안의 진흙을 더듬어 찾거나 불에 달군 도끼를 손바닥에 올려놓게 한다). 사람들이 목면(木棉) 끈을 매고 탐탕하였다. 진실한 이는 안전하고 그렇지 못한 자는 모두 상처를 입었으며 (…) 일부러 성을 속인 자는 겁을 먹고 뒤로 빠졌다. 이 뒤부터 씨성(氏姓)이 저절로 바로잡혀 속이는 자가 없었다 [4년(415) 9월].

사진 113

목면은 껍질을 벗긴 닥나무를 찐 다음 물에 넣고 찧어서 꼰 실로 신사(神事)에 쓴다.

〈사진 113〉은 나가노현(下伊郡 郡上村)의 탐탕 모습이다.

② 앞 책 기사이다.

오진[應神] 천황은 다케노우치노스쿠네[武内宿禰]를 축자(筑紫)로 보내 백성을 살피라 일렀다. 이때 동생 우마시우치노스쿠네[甘美内宿禰]가 형을 없애려고 '그는 늘 천하를 차지하려듭니다. 지금 축자를 분열시키고 삼한(三韓)을 끌어들여 나를 따르면 천하를 얻는다고 몰래 말합니다' 일러바쳤다. 천황이 보낸 사람이 죽이려 하자 그는 '한마음으로 충성을 바쳤거늘 이 무슨 재앙인가? 내가 죽어야 하다니' 한탄하였다. (…)

천황은 시비를 가리기 위해 탐탕 명을 내렸다. 기성천(磯城川)에서 벌인 결과 형이 이겼다. 그가 칼로 동생을 죽이려 하자 천황은 기이직(紀伊直) 등의 선조에게 넘기라고 일렀다[《応神天皇 9년(278) 4월》].

③ 앞 책 기사이다.
임나(任那)에 다녀온 사신의 보고이다.

케나노오미[毛野臣]는 구사모라(久斯牟羅)에 집 지은 뒤 2년이 지났음에도 정사를 게을리합니다. 임나인과 일본인 사이에 아이를 차지하려는 싸움이 자주 일지만 판단이 어려워 자주 서탕(誓湯)을 설치하고 '진실한 자는 데지 않고 거짓된 자는 반드시 다친다'며 끓는 물속으로 던지는 바람에 데어 죽는 자가 많습니다[〈継体天皇〉 24년(530) 9월].

앞에서와 달리 서탕이라고 한 것이 눈을 끈다. 전용신이 이 대목을 '일본인과 임나인 사이에 자주 아이가 생겨나는 것은 소송으로 해결하기 어렵다'고 옮긴 것은 잘못이다(1989 ; 301). 《수서(隋書)》에도 '살인강도나 강간범은 끓는 물에 넣은 작은 돌을 찾게 하며, 잘못이 있는 자는 곧 손이 문드러진다. 또 독에 든 뱀을 꺼내는 경우, 죄인은 곧 물린다'는 기사가 있다(〈왜국전〉).

16세기에는 이를 탕기청(湯起請)이라 불렀으며, 아시카가 요시노리[足利義教 1394~1441]는 정치적 재판에 이용하였다. 근래에는 신전 참배를 앞두고 몸을 깨끗이 하려고 끓이는 물의 의미로 바뀌었다. 솥에 끓인 물을 조릿대 잎 따위에 묻혀서 뿌리는 탕립(湯立)이나 탕기청 따위의 신사(神事)는 맹신삼탕에서 온 것이다.

아이누족의 사이몬(サイモン)도 같은 의례이다.

사진 114

〈사진 114〉는 교토시 하치다이[八大] 신사(1294년 건립)의 무쇠로 구운 한데부엌이다(1294년 건립). 이곳은 교토시 서북쪽인 귀문(鬼門)에 있다고 하여 황거(皇居)를 지키는 12신사의 하나로 손꼽힌다. 종이에 탕립제(湯立祭)라고 쓴 글이 보인다. 오늘날에는 무녀가 펄펄 끓는 솥의 물을 조릿대[笹] 잎에 적신 뒤 자신과 참배객 몸에 뿌려서 신탁을

사진 115

| 사진 116 | 사진 117 |

얻으며 여름과 가을 두 차례 벌인다.

군마현(群勢郡 赤松村)에서는 1980년에도 1월 12일에 솥울음 신사[釜鳴神事]를 치렀다(사진 115). 가마솥의 끓는 물을 사람에게 끼얹었거나, 솥 안의 콩을 손으로 꺼냈다(都丸十九一 1999 ; 149).

〈사진 116〉은 가고시마현 가고시마시 지람정(知覽町) 무가촌(武家屋敷) 어떤 집의 탕립솥이다. 주인은 2차대전 중, 마을에 불상사가 나서 탐탕의례를 치렀다고 한다.

5) 솥도 나이를 먹는다.

후쿠시마[福島]현 회진(會津) 서부지역에서는 정월 대보름에 '솥 나이 먹기[釜物年取]'라 하여 부뚜막에 떡을 바치고 냄비나 솥 바닥의 검댕을 씻는다. 이날 농기구 따위의 연장들과 함께 조왕도 나이를 먹는다(佐佐木 長生 1984 ; 223~225).

나가노현(言取訪郡)에서는 정월 초하루의 '솥지기 나이 먹기[釜神の年取り]' 때, 소댕이나 냄비 뚜껑에 주먹 밥 세 개를 바친다(사진 117). 같은 현 다른 곳(北安曇郡)에서는 초이튿날 이같이 한다.

나가노 및 니가타현에서는 정월 초사흗날, 조밥으로 빚은 주먹밥 여섯 개를 뒤집은 소댕에 담아 부뚜막에 바친다. 세 개는 '베로베로(ベロベロ)'라는 새[茅] 줄기의 가운데를 접어서 꽂고 나머지는 곧은 줄기에 꽂는다.

추부(中部) 및 간토[關東]지역의 솥지기는 자식이 많은 가난뱅이로 성질이 고약하며, 한 해 내내 조밥만 먹는 탓에 보통 사람과 달리 초사흗날에야 나이를 먹는다고 이른다. 손님[お釜

様]은 여성이어서 정월 대보름날 오배자나
무[五倍子木]로 깎은 자지를 바치면 좋아한다
는 곳도 있다. 이는 조왕을 닮았다.

6) 솥으로 벌을 준다.

그림 12

① 사람들이 가장 무서워하는 솥은 저
승의 지옥 솥이다. 염라대왕이 생전의 죄업
에 따라 지옥에 떨어진 망자를 솥에 넣고 찌
는 벌을 주는 까닭이다. '솥에 볶는다'는 말
은 전국시대(1467~1567)에 죄인을 큰 솥의 끓
는 기름이나 물에 넣어 죽인 데서 왔다.

1039년에 가스카[春日]신사에 바친《춘
일권현험기(春日權現驗記)》에 사람들을 지옥
의 큰 가마솥에서 찌는 장면이 있다. 이들은
현세에서 저지른 악업 탓에 영원히 솥에서
나오지 못한다(그림 12).

② 도요토미 히데요시[豊臣秀吉 1536~
1598]는 아내가 달아나자 아들과 유모를 교
토시 삼조대교(三条大橋) 옆에서 직접 삶아
죽였다《時慶卿記》.

이곳의 유명한 도적 이시카와 고에몽
[石川五右衛門]은 1594년 8월 24일, 가족 15명

그림 13

과 함께 기름 솥에서 죽었으며, 숨이 끊어질 때까지 아들을 머리 위로 들어 올렸다고 한다(그
림 13). 이 뒤부터 목욕 솥을 '고에몽카마[五右衛門風呂]'라 부른다.

후쿠시마현(会津)의 무장 카모 우지사토[蒲生氏郷 1556~1595]는 죄인에게 굽 높은 나막신
을 신겨서 큰 솥에 넣고 천천히 삶다가 기름을 뿌려 뻘겋게 태워 죽였다《土津靈神言行録》.

7) 솥으로 화합을 다진다.

거의 전국에서 7월 14일이나 15일 '봉카마[盆釜]'라 하여, 사람들이 야외에 솥을 걸고 음식을 끓여 먹는다. 기후(岐阜)현의 십반(什飯)과 소두도(小豆島)의 아귀반(餓鬼飯), 시즈오카·아이치[愛知]·니가타현의 천원반(川原飯), 와카야마[和歌山]현(日高部)의 문반(門飯), 도쿠시마[德島]현(那賀郡)의 본노마마고토(ボンノママゴト), 시즈오카현(濱名郡)의 정령반(精靈飯) 따위도 마찬가지이다.

삼월 삼짇날 전국 각지의 야외에서 함께 음식을 끓여 먹는 바닷가 놀이[磯遊び]나 산놀이[山遊び] 행사도 닮았다. 이로써 같은 신을 모시는 공동체라는 믿음을 다진다(佐藤健一郎·田村善次郎 1996 ; 146).

8) 정월 열나흘·대보름·열엿새 사흘은 '솥 쉬는 날[鍋釜休み]'로 쉰다.

농가에서 풍년을 바라는 의례를 치르며, 특히 대보름날 아침에 남자 어린이들이 자지꼴로 깎은 몽둥[祝木]이나 벼 이삭을 들고 먼저 새 며느리가 들어온 집으로 가서 그네 엉덩이를 친다. 아이를 빨리 낳으라는 뜻이다. 특히 모두 쉬는 열엿새에 며느리나 고용원은 고향으로 가며 도쿄 일대에서는 이를 '숲으로 간다'고 이른다. 도회지에서 숲을 농촌으로 여긴 까닭이다. 이날 밤 제비뽑기나 화투를 치기도 한다(宮田 登 1997 ; 79).

9) 솥에 사람을 쪄 죽인다.

《금석물어집(今昔物語集)》 기사이다.

한 의붓어미가 전실 자식 하쿠라(ハクラ)를 미워한 나머지 뜨거운 냄비[鍋] 위에 올려놓고, 또 끓는 가마솥에 넣었지만 끄떡없었다. 화가 치민 그네가 강에 던졌더니 큰 물고기가 삼켜버렸다(권2의 20).

잘못 없는 가여운 소년이 어째서 물고기밥이 되었는지 알 수 없다.

10) 솥 검댕은 아기를 지킨다.

갓 태어난 아기 뺨에 솥 바닥의 검댕을 칠하거나[荒神墨] '이 녀석(あやっこ)'이라고 쓰면 악귀가 달아난다. 규슈[九州] 서북부에서는 이 검댕으로 물귀신[河童]을 쫓는다. 갓난아기의 첫

신사참배 때, 뺨에 솥 검댕이나 붉은 물감으로 가위다리 표(×)나 개 견(犬)자를 쓰는 것도 마
찬가지이다. 이는 개가 새끼를 잘 키우는 데서 왔다.

11) 솥을 머리에 쓴다.

출가하려고 머리 깎은 동자(童子)를 위한 잔치 때, 술 취한 중이 세발솥을 머리에, 그것도 작아서
잘 들어가지 않자 코를 눌러가며 억지로 쓰고 춤을 추었다. 한참 뒤 솥을 빼려고 아무리 애써도
빠지지 않더니 (…) 목 언저리에서 피가 흐르며 몹시 부어올랐다. (…) 솥의 다리가 뿔처럼 보인
탓에 천으로 덮고 병원에 갔지만 (…) 그의 말이 솥 안에서 웅얼웅얼 울리는 바람에 알아듣지 못
한 의사는 손을 놓았다. (…)

사람들은 귀나 코가 떨어질 셈 잡고 볏짚 줄기를 솥과 목 사이에 넣고 힘껏 당겼다. 코와 귀
는 없어졌지만 숨은 쉬었다(吉田兼好 2001 ; 73~74).

원, 이러한 일을 벌이다니 믿기지 않는다. 바보짓 말라는 교훈인가?

12) 소댕은 신령스럽다.

① 간토 일부·토치기[栃木]·이바라키[茨
城]·치바[千葉]현 등지에서 7월 1일을 '소댕 초
하루[釜蓋朔日]' 또는 '소댕 열기[釜蓋あき]'라 부
른다. 7월 보름날 지옥에서 먼 길을 거쳐 돌아
오는 조상의 영혼을 맞으려고 소댕을 미리 열
어둔다는 뜻이다. 이날 가지밭이나 모시밭에
가서 땅에 귀를 대면 지옥 솥의 소댕이 열리
는 소리와 여행을 떠나는 혼령의 소리가 들린
다고 한다.

〈사진 118〉은 가와사키[川崎]시 일본민
가원에 복원한 농가 부뚜막의 소댕이다. 손
잡이는 에도시대 장군 투구의 뿔을 닮았다.

사진 118

② '지옥 솥의 소댕이 열린다'는 말은 누구든지 정월 16일과 7월 16일에 반드시 쉬어야 하며 어기면 벌을 받는다는 뜻이다. 염라청(閻羅廳)에서도 죽은 이의 죄를 묻지 않고 쉬는 만큼, 소댕에도 손을 대지 말라는 경고이다. 이에 따라 옛적에는 상점에서 문을 닫고 종업원들을 놀렸다.

훗카이도[北海道]에서는 1만 년 전쯤 활화산의 분화로 이루어진 지옥계곡에서 한 해 한 번 소댕이 열리면서 염라대왕이 많은 적귀(赤鬼)와 청귀(青鬼)를 데리고 온천마을에 나타난다고 한다.

③ 간토지방에서는 봉[盆]행사가 시작되는 음력 7월 초하루를 특별히 '소댕 초하루'·'소댕 열기'·'소댕 들기' 따위로 부른다. 이날 지옥 솥이 열려서 조상의 혼령이 집으로 돌아온다는 것이다(戶部民夫 2001 ; 72). 특히 오키나와제도에서는 이날을 '후생(後生)의 정월'이라 하여, 온 가족이 불단에 제례를 올리거나, 조상의 무덤에 가서 음식을 먹으며 이 자리에 조상도 참석하는 것으로 여긴다.

토치기현(安蘇郡)에서는 부처에게 바치는 작은 밀 경단이나 떡을 소댕떡이라 부른다. 사이타마[崎玉]현과 군마현에서는 7월 초하루에 일찍 일어나서 지옥 솥의 소댕이 열리는 소리를 듣는다(鈴木棠三 1978 ; 475).

④ 치바현에서는 아이를 낳아서 잘 키운 주부가 다시 임신하면 특정한 집의 소댕(지름 476센티미터)을 머리에 세 번 씌운다. 이로써 튼튼한 아기가 태어난다는 것이다(津山正幹 1984 ; 56).

옛적에 아이가 잘 자라지 않는 집에서는 솥에 끓인 물을 갓난아기의 산탕(産湯)으로 썼으며, 잘 자라기를 바라는 뜻에서 머리에 소댕을 씌웠다. 소댕을 도마로 삼아 음식물을 그 위에 놓고 써는 것을 삼간 까닭도 이에 있다.

〈사진 119〉는 이와테현 원야시(遠野市) 원야 고향촌 농가의 두 짝 널소댕으로 우리 것과 같다.

사진 119

⑤ 가고시마현 미나미규슈[南九州]시에 소댕신사[釜蓋神社]가 있다(사진 120). 참배객이 도리이에서부터 본전(本殿)의 금줄까지 약 20미터를 머리에 소댕을 얹고 걸으면 소원을 이룬다지만(사진 121), 중간에 계단이 있어서 실패하는 사람이 적지 않다. 〈사진 122〉는 나무 신체로 '소댕대명신[釜蓋大明神]'이라 적고 왼쪽에 '운이 열린다[開運]', 오른쪽에 '악귀를 쫓는다[厄除]'는 주문(呪文)을 썼다.

사진 120

13) 소댕은 가족을 상징한다.

규슈에서는 혼인식 때 널소댕(사진 123)이나 새[茅 マカヤ]와 대오리로 짠 세모꼴 소댕을 새색시 머리 위에 씌운다. 이것은 시어미가 짜며 이로써 색시가 한가족이 된 것으로 여긴다(사진 124).

가고시마현(北薩)에서는 아들이 군대에 갈 때도 이같이 하여 무사히 돌아오기를 바란다. 소댕은 곧 가족이기 때문이다.

여신 이자나미코토[伊邪那美命]가 자신을 찾아온 남편(伊邪那岐命)에게 '당신은 이미 황천국(黃泉國)의 밥을 먹었으니 현세로 돌아갈 수 없다'고 한 것도 마찬가지이다.

사진 121

14) 삼발이[伍德]는 신령한 기물이다.

① 《신비의 도구》 기사이다.

사진 122

주술로 사람을 죽이는 '축시 예불[丑時の參り] 저주'는 17〜
19세기에 널리 퍼졌다. 축시(오전 두 시)에 흰옷 차림에 목에 거
울을 걸고 굽이 한 개뿐인 높은 나막신을 신은 뒤(여성은 빗을
입에 문다) (…) 삼발이를 머리에 쓴 채 짚 인형을 신사의 신목
(神木)에 못 박으면 이레째의 만원일(滿願日)에 상대가 그곳을
아파하다가 죽는다는 것이다. (…)

사진 123

삼발이는 중세의《백귀야행회권(百鬼夜行會圈)》에도 부상
신(付喪神)으로 나오지만, 아주 오래전부터 저주의 기구로 삼은
듯하다. 1179년의《양진비초(梁塵秘抄)》에도 '저주를 위해 머
리에 삼발이를 쓴 귀신'이 등장한다. (…)

실제로 귀신이 되기를 바란 여성 이야기가《평가물어(平
家物語)》에 있다. 9세기 초 한 공가(公家)의 딸이 사람을 죽이려
고 이레 동안 기후네묘진[貴船明神]에게 자신을 귀신으로 바꾸
어달라고 조르자, '변장하고 우치천(宇治川)에 37일 동안 잠겨
있으면 그대로 되리라' 하였다. 그네는 긴 머리를 다섯 개의 뿔

사진 124

처럼 틀어 올리고 붉은 옷차림에 얼굴에도 붉은 칠을 한 다음, 머리 위 삼발이에 광솔 불을 밝히
는 한편, 입에도 광솔 불을 물고 들어가서 마침내 산 귀신이 되었다고 한다.

또 교토 일대(丹波·丹後)에서 삼발이를 카나고산(カナゴサン)·카나와산(カナワサン)·코우진
산(コウジンサン)·산보님(三寶サン) 따위로 높여 부르는 것도 이와 연관이 깊다. 코우진산은 부뚜
막의 황신(荒神) 및 삼보황신(三寶荒神)을 연상시키는 이름으로, 이로써 주술을 불러일으키는 삼
발이 배경에 불신이 깃든 것을 알 수 있다(2001 ; 110〜111).

② 사가[佐賀]현에서는 내에서 주워온 푸른 돌 한 개를 화덕 옆에 놓고 '삼보(三寶)님의
오시라스'라 부르며, 삼보황신이 삼발이에 늘 깃들었다고 믿는다(佐藤健一郎·田村善次郎 1996 ;
138).

15) 한국과 일본의 솥 비교

우리 옛 분네들이 일본으로 건너갈 때 가져간 솥과 시루가 일본 솥과 시루의 전형(典型)이 되었다는 말은 앞에서도 들었거니와, 새 자료를 찾았기에 이 자리에 덧붙이기로 한다.

〈그림 14〉는 5세기 후반의 두 나라 질솥과 시루 형태를 견준 것이다. 우리는 전남 화순군 도곡면 대곡리 주거지의 것(왼쪽 아래)과 경남 김해시 부원동유적의 것(왼쪽 위)을, 저쪽은 나라현 아스카[飛鳥]·후지와라[藤原]지역(오른쪽 위)과 오사카·규우지[久寶寺] 유적의 것(오른쪽 아래)을 대비시켰다.

이들 가운데 아스카·후지와라 출토품은 우리 것을 빼닮아서 두 나라 박물관에 바꾸어 놓아도 구별하기 어려울 정도이다. 그리고 오사카와 규우지 출토품이 일본 재래의 것이라는 설명이 붙기는 하였지만, 이 또한 우리 것을 연상시킨다. 〈그림 14〉에 대한 설명이다.

아스카절[飛鳥寺]을 세우기 시작한 1세기 무렵부터 (나라현) 아스카·카루[輕]·무사[身狹]·히노쿠마[檜隈] 등지에 많은 도래인이 살았으며, 그들은 수공업기술·종교·언어 따위의 지식을 지닌 덕분에 많은 요직을 차지하였다. 의식주 전반에 걸쳐서, 조국의 생활을 그대로 지키며 쓴 일상 토기는 한국[韓式]토기이다. 그들은 원주민들과 달리 부뚜막에 몸통이 긴 질솥[甕]을 걸어서 물을 끓이고, 그 위에 바닥에 구멍이 뚫린 원통형 시루[甑]를 얹어서 (곡식을) 찌는 외에, 손잡이 달린 바닥 깊은 냄비[鍋]나 바닥이 펑퍼짐한 그릇[平底鉢]에 음식을 익히거나 채소 넣은 죽을 끓였다 《飛鳥·藤原京》第1章〈鳥飛時代の序幕〉; 47).

한국에서 건너간 토기를 '한국토기'라고 한 것은 이 글이 처음이다.

〈사진 125〉는 나라현 가시하라시[橿原市] 유적(四條大田)에서 나온 시루와 솥이다. 시루에 끝이 위로 조금 휜 쇠뿔꼴 손잡이가 달리고 몸통의 아랫도리는 조붓하

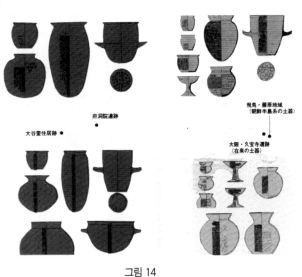

그림 14

다. 입은 조금 벌어졌으며 몸통에 격자(格子)무늬를 베풀었다. 후지와라궁에서 나온 시루(사진 126)의 손잡이나 몸통이 이와 같은 것을 보면 같은 지역의 옹기장이 솜씨인 듯하다.

〈사진 127〉은 한국 충청북도 청주시 흥덕구 오송읍 연제리에서 나왔다. 입이 조금 벌어지고 끝이 거의 직각을 이룬 것은 한눈에 보아도 〈사진 125·126〉을 아주 많이 닮았다. 더구나 이러한

사진 125

사진 127

사진 126

사진 128

점이 충청 및 전라도 시루의 전형인 점을 떠올리면 그 까닭을 쉽게 알 수 있다. 이를테면 경기도의 것은 〈사진 128〉처럼 벌어진 입이 밖을 향해 직각으로 꺾이는 점에서 대조를 이루는 것이다.

솥의 형태는 형제처럼 닮아서 더 설명할 것이 없다.

3
속담

중국

---

① 한솥밥을 먹은 사람이다[一個鍋裏吃飯的人].

: 오랜 동안 함께 지낸 가까운 사이이다.

② 한집에 살며 딴 솥 밥을 먹는다.

: 딴살림을 차린다.

③ 한 솥에 두 가지 밥을 지을 수 없다[一個鍋裏不能煮出也兩樣飯來].

: 일을 진행하는 데 순서가 있다.

④ 반듯한 솥은 온전한 부뚜막에 놓고 비뚤어진 것은 찌그러진 부뚜막에 놓는다.

: 훌륭한 사람이 좋은 아내를 맞이한다.

⑤ 솥 바닥의 독한 연기를 쐰다.

: 악처 때문에 고통을 받는다.

⑥ 굽은 솥에 굽은 시루이다.

: 잘 어울리는 부부이다.

: 어떤 것에는 반드시 그에 어울리는 짝이 있다.

⑦ 구들에서 하는 일과 구들 아래에서 하는 일이다[炕上一把炕下一把].

: 아내의 살림 솜씨가 뛰어나다.

⑧ 집보다 솥이다.

: 분수에 넘치는 사치를 한다.

⑨ 밥 한 솥 짓는 데 많은 장작을 쓴다[有柴一竈 有米一鍋].

: 지나치게 낭비한다.

⑩ 솥을 노구처럼, 옥을 돌처럼 쓴다[鼎鐺玉石].

: 낭비가 심하다.

⑪ 쌀이 있으면 한 솥 가득 밥 짓고 나무가 있으면 한 아궁이 가득 불 땐다.

: 절약할 줄 모른다.

⑫ 황금솥을 얻은 듯하다.

: 뜻밖의 행운을 만났다.

⑬ 솥 가장자리의 좁쌀이다.

: 고생 자리에서 벗어나다.

⑭ 솥을 가신다.

: 갖은 방법을 다 써서 재물을 긁어모은다.

⑮ 공깃밥 먹으며 솥 안을 쳐다본다[吃着碗裏的看着鍋裏的].

: 욕심이 지나치다.

⑯ 누룽지라도 먹을 수 있다면 솥 근처에 얼씬거리지 않는다[不圖鍋巴吃不在鍋邊轉].

: 이득이 있다면 어디든지 간다.

⑰ 내 솥만 채우면 그만이지 남의 집 지붕 새는 것 걱정하랴?

: 욕심만 채우고 남의 사정은 돌보지 않는다.

⑱ 솥 안의 것을 그대로 둔 채, 공기 안의 것만 따진다.

: 큰일은 잊고 작은 이익을 다툰다.

⑲ 모든 사람이 자기 집 아궁이를 챙긴다[各人看着各人的竈火門].

: 제 일에만 관심을 쏟는다.

⑳ 솥 아래에 재도 없다.

: 집에 아무것도 없다.

㉑ 밥 솥 매달고 종 대신 친다[飯鍋弔起來當鍾打].

: 몹시 가난하다.

㉒ 솥 바닥이 드러났다.

: 몹시 가난하다.

㉓ 솥 아래 재까지 훑는다.

: 살림살이를 남김없이 앗아간다.

㉔ 솥 바닥을 조심한다.

: 재산이 줄지 않도록 애쓴다.

㉕ 솥에 넣는 쌀과 솥 아래의 땔나무이다[鍋上鍋下].

: 일상의 생활비이다.

㉖ 솥 안의 산 물고기이다[釜中生魚].

: 가난하여 끼니를 못 잇는다.

㉗ 솥 안의 물고기이다[釜中魚].

: 목숨이 경각에 달렸다.

㉘ 솥 안에서 헤엄치는 물고기이다[釜底游魚].

: 목숨이 경각에 달렸다.

㉙ 솥과 도마를 벗어나지 못한다[不免於鼎俎].

: 솥에서 삶고 도마에서 잘리는 죽음을 면치 못한다.

㉚ 솥 안에 든 것이 있어야 그릇에 퍼 담는다.

: 사회나 국가가 안정되어야 개인도 평안하다.

㉛ 솥 안에서 간을 맞춘다.

: 국가의 큰일을 처리한다.

㉜ 솥 밑에서 타는 장작을 꺼내 끓어오르는 것을 막는다[釜底抽薪].

: 문제를 근본적으로 해결한다.

㉝ 솥이 작으면 소머리를 익힐 수 없다[鍋小子不爛牛頭].

: 문제를 해결하는 근본책이 아니다.

㉞ 밥을 잘 못 짓는 사람은 솥을 보지만, 할 줄 아는 사람은 불을 본다.

: 문제의 본질을 모르면 해결할 수 없다.

㉟ 솥과 사발이 모두 깨졌다.

: 여러 가지가 모두 물거품이 되었다.

㊱ 아궁이에서 추를 휘두르다가 솥을 깬다.

: 일을 그르친다.

㊲ 쌀도 잃고 솥도 깨졌다[賠了米又砸鍋].

: 큰 손해를 보았다.

㊳ 밝은 달밤에 솥 잃었다.

: 전혀 예상치 못했던 피해를 입었다.

㊴ 솥에 쌀이 없음에도 헛되이 장작을 넣는다[鍋裏無米白塡柴].

: 보람 없는 일이다.

⑩ 볏짚 한 개로는 솥이 뜨거워지지 않는다[一根柴火不熱鍋].

: 근본적인 대책이 아니다.

⑪ 쥐 한 마리가 국솥을 버린다.

: 한 사람의 잘못으로 모두가 체면을 잃는다.

⑫ 국자 하나가 온 솥의 음식을 망친다[一馬勺壞一鍋].

: 한 사람의 잘못으로 모두가 체면을 잃는다.

⑬ 생선 한 마리가 온 솥에 비린내를 풍긴다[一條魚腥了一鍋湯].

: 한 사람의 잘못으로 모두가 체면을 잃는다.

⑭ 쥐똥 한 알이 온 솥의 죽을 못 쓰게 만든다[一顆老鼠屎鍋了一鍋粥].

: 한 사람의 잘못으로 모두가 체면을 잃는다.

⑮ 한 솥의 국수가 다 퍼졌다.

: 사태가 엉망진창이 되었다.

⑯ 찬 솥 안에서 뜨거운 밤이 튀어나온다[冷鍋裏突出熱栗子].

: 사태가 돌변한다.

⑰ 찬 솥 안에서 뜨거운 김이 솟구친다[冷鍋裏冒熱氣].

: 사태가 돌변한다.

⑱ 뜨겁게 달군 가마솥을 새는 항아리 물로 식힌다[奉漏瓮沃焦釜].

: 상황이 너무 급박해서 잠시도 늦출 수 없다.

⑲ 솥 깨뜨리고 배를 가라앉힌다[破釜沉舟].

: 일을 해결하려고 결심을 굳힌다.

: 배수진을 친다.

㊿ 닭장의 닭은 모이를 먹는 대신 곁에 닭 삶는 솥이 있고, 들꿩은 먹이가 없지만 너른 하늘과 땅이 있다[籠鷄有食湯鍋近野鷄無糧天地寬].

: 위험을 끼고 부자로 살기보다 가난하더라도 자유롭게 사는 것이 낫다.

51 소댕을 일찍 열면 불을 때도 밥이 익지 않는다[鍋蓋揭早了煮不熟飯].

: 사태가 돌변한다.

52 소댕은 언제나 솥 근처에 있다[鍋蓋長在鍋沿上].

: 사이가 아주 가깝다.

㊹ 솥의 발이다.

: 세 사람이 힘을 합쳐서 국가나 군주를 보필한다.

㊺ 솥발 같다.

: 셋이 대립한다.

㊻ 솥의 다리가 부러져서 군왕에게 바칠 음식이 쏟아졌다[鼎折足覆公餗].

: 삼공의 지위에 있는 자가 임무를 버리고 국가를 뒤집어엎는다.

㊼ 솥에 없으면 밥그릇에 있다[鍋裏不見碗裏見].

: 당연한 일이다.

㊽ 솥에 쌀이 있으면 밥그릇에 밥이 있다[鍋裏有米碗裏有飯].

: 당연한 일이다.

㊾ 칼산에 올랐다가 기름 솥에 빠졌다[上刀山下油鍋].

: 갖은 고생을 겪는다.

㊿ 검은 솥을 짊어졌다[背黑鍋].

: 남의 허물을 뒤집어썼다.

⑩ 솥에 달린 귀이다[鼎鐺尙有耳].

: 스스로 바르다며 남의 말을 듣지 않는다.

㉑ 솥 가운데 고기 한 조각이다[鼎中一切肉].

: 견문이 좁다.

㉒ 솥의 고기 한 조각으로 남은 고기 맛을 다 안다[尝鼎一臠].

: 작은 것을 보고 전부를 안다.

㉓ 고기가 다 익어서 솥 안에 있다[肉爛了在鍋裏頭].

: 좋은 것을 다른 사람에게 줄 수 없다.

㉔ 큰 솥이 엿처럼 달다[鼎鑊甘如飴].

: 충의를 위해서라면 무슨 일이든지 참고 견딘다.

㉕ 솥과 부엌이 깨끗하면 병나지 않는다[鍋竈淨少生病].

: 음식을 깨끗한 곳에서 마련해야 건강하다.

㉖ 솥은 비록 작아도 무겁다[鼎之爲器雖小而重].

: 겉보다 속이다.

㉗ 소 삶을 솥에 닭 삶는다[牛井烹鷄].

: 작은 일에 큰 힘을 쓴다.

: 큰일과 작은 일을 가리지 못한다.

(68) 솥 앞에서 배 젓는다.

: 솥 앞에서 졸고 있다.

(69) 밥그릇의 것을 솥에 붓고 솥의 것을 밥그릇에 붓는다[碗內倒倒鍋裏 鍋裏倒倒碗內].

: 같은 일을 거듭한다.

(70) 솥이 뜨겁지 않으면 떡이 익지 않는다[鍋不熱餅不熟].

: 부모가 자애롭지 못하면 자식이 효도하지 않는다.

(71) 솥이 뜨겁지 않으면 떡이 눌어붙지 않는다.

: 상대에 대한 배려가 필요하다.

(72) 솥 돌보다가 불 지피는 것 잊는다.

: 매우 바쁘다.

(73) 불땀이 좋으니 빨리 솥을 걸어라[火旺了 快把锅坐上].

: 때를 잃지 말라.

(74) 솥의 것은 무엇이든 국자에 그대로 담긴다[鍋裏有什麼勺裏就盛什麼].

: 있는 그대로 나타난다.

①~③은 관계, ④~⑦은 아내, ⑧~⑪은 낭비, ⑫~⑲는 행운이나 이득, ⑳~㉖은 생활 형편, ㉗~㉙는 죽음, ㉚·㉛은 사회나 국가, ㉜~㉞는 문제의 해결을 나타낸다. ㉟~㊵은 손해나 실패, ㊶~㊹는 구겨진 체면, ㊺~㊽ 사태의 급변, ㊾는 굳은 결심, ㊿은 자유를 상징한다.

소댕이 사태의 돌변이나((51)), 가까운 사이를((52)), 솥의 발이 국가에 대한 충성((53)), 대립((54)), 반역((55))을 가리키는 것은 뜻밖이다. 솥과 밥그릇을 인과관계((56)·(57)), 기름 솥을 고통((58)), 검은 솥을 누명((59)), 솥귀를 고집((60)), 솥 안의 고기를 좁은 견문((61)), 너른 통찰((62)), 아까움((63))에 견준다. 솥은 충성((64)), 위생((65)), 내실((66)), 무분별((67)~(69)), 효도((70)), 배려((71)), 바쁨((72)), 알맞은 때((73)), 거짓 없는 진실((74))의 상징이다.

한국

① 솥 거는 날을 따로 받지 않으면 동티난다.

: 솥을 함부로 다루면 해가 미친다.

② 집 안에 5·15·25…처럼 5자가 든 나이를 먹은 사람이 있으면 솥을 걸지 않는다.

: 솥을 함부로 다루면 해롭다.

③ 아내가 주걱으로 솥전을 치면 남편이 옥살이 한다.

: 솥을 함부로 다루면 해롭다.

④ 한솥밥 먹는 사이이다.

: 남남이지만 한 가족처럼 가깝다.

⑤ 한가맛밥 먹은 사람이 한 울음 운다.

: 뜻이나 행동이 서로 통한다.

⑥ 한가맛밥 먹고 한자리에서 잔다.

: 아주 가까운 사이이다.

⑦ 한솥밥 먹고 송사 간다.

: 한집안 사람끼리 싸운다.

⑧ 솥발 같다.

: 세 사람이 사이좋게 마주 앉았다.

⑨ 가마솥에 든 물고기이다.

: 꼼짝없이 죽게 되었다.

⑩ 불에 든 나비와 솥에 든 고기이다.

: 이미 운명이 결정되었다.

⑪ 솥을 이고 연못에 들어간다.

: 일이 점점 나쁘게 된다.

⑫ 단솥에 물붓기이다.

: 형편이 이미 기울어 아무리 도와주어도 보람이 없다.

: 임시변통은 되지만 효력이 오래가지 못한다.

⑬ 솥에 개 누웠다.

: 여러 날 밥을 못 지었다.

⑭ 솥의 누룽지를 긁어 먹는다.

: 생활이 어렵다.

⑮ 사나이는 어디가나 옹솥과 계집이 있다.

: 못난 남자라도 아내와 밥벌이 자리를 얻는다.

⑯ 가시어머니 장 떨어지자 솥 건다.

: 생활의 기반을 쌓는다.

⑰ 솥 떼어놓고 삼 년이다.

: 오랫동안 결정을 못 짓고 우물쭈물한다.

  고기 새끼 하나 보고 가마솥 부신다.

: 아직 결과를 내다보기 어려움에도 지레짐작으로 서두른다.

⑲ 솥 속의 콩도 쪄야 익는다.

: 아무리 조건이 좋아도 가만히 앉아 있으면 이루어지지 않는다.

⑳ 상좌가 많으면 가마 깨뜨린다.

: 제 고집만 세우면 도리어 일을 그르친다.

㉑ 콩 볶아 먹다가 가마 깨뜨린다.

: 작은 재미를 보려다가 큰일을 저지른다.

㉒ 솥이 검다고 밥도 검을까?

: 겉모양만 보고 속을 판단하는 것은 잘못이다.

㉓ 낯가죽이 소댕처럼 두껍다.

: 뻔뻔스럽고 염치가 없다.

㉔ 소댕으로 자라 잡듯 한다.

: 전혀 다른 물건을 가지고 와서 딴소리한다.

㉕ 한 점의 고기로 온 솥의 국물 맛을 안다.

: 한 가지를 보면 열 가지를 알 수 있다

㉖ 내 솥 팔아 남의 솥 사도 밑질 것 없다.

: 셈이 서로 비겨서 손해가 없다.

㉗ 팥이 풀어져도 솥 안에 있다.

: 손해를 본 것 같지만 따지고 보면 그렇지 않다.

㉘ 굵은 조가비 닳지 솥이 닳나?

: 약한 사람이 센 사람에게 덤벼보았자 이로움이 없다.

㉙ 국자를 큰 솥 소댕에 엎어놓으면 남편이 감옥 간다.

: 솥을 함부로 다루면 해롭다.

㉚ 비올 때 소댕으로 장독을 덮으면 자식에게 해롭다.

: 소댕을 함부로 다루면 해롭다.

㉛ 임산부가 끓는 솥의 소댕을 열면 나쁘다.

: 뜨거운 소댕에 데기 쉽다.

㉜ 소댕 위에 칼이나 주걱을 올려놓으면 손해 본다.

: 소댕 위에 물건을 놓으면 미끄러져서 사람이 다친다

㉝ 소댕 주고 좋은 소리 못 듣는다.

: 귀중한 것을 주고 뺨 맞는다.

㉞ 자라 보고 놀란 가슴 소댕 보고 놀란다.

: 어떤 일에 한번 몹시 혼이 나면 그와 비슷한 경우에도 겁에 질린다.

㉟ 소댕에 엿 놓았나?

: 오자마자 가려고 서두른다.

㊱ 보리밥 한 솥 짓는 사이이다.

: 잠깐 동안이다.

㊲ 끓는 가마에 찬물 끼얹는다.

: 갑자기 조용해졌다.

㊳ 한솥밥도 되고 질고 한다.

: 같은 조건에서 이루어진 것도 구체적인 실정에 따라 다를 수 있다.

㊴ 솥은 부엌에 걸고 절구는 헛간에 놓아라.

: 사람은 능력에 알맞은 자리에 있어야 한다.

㊵ 뜬 솥도 달면 무섭다.

: 성품이 유순한 사람도 한번 노하면 무섭다.

㊶ 고기 만진 손, 국솥에 씻으랴?

: 매우 인색하다.

소죽가마에 달걀 삶아 먹을라.

: 격에 어울리지 않는 험한 일을 서슴지 않고 한다.

불 안 때도 절로 익는 솥이다.

: 가능성이 없음에도 몹시 바란다.

①~③은 솥의 신령스러움, ④~⑧은 가까운 사이, ⑨~⑫는 절망, ⑬~⑯은 생활 형편, ⑰은 미적거림, ⑱~⑲는 서두름, ⑳~㉔는 무분별, ㉕는 분별, ㉖~㉘은 이해관계를 나타낸다. ㉙~㉜는 소댕의 신령스러움에, ㉝은 엉뚱함에, ㉞는 놀라움에, ㉟는 서두름에 견준다. ㊱은 잠깐 동안을, ㊲은 소란을, ㊳은 다른 결과를, ㊴는 능력을, ㊵은 노여움을, ㊶은 성품을, ㊷는 적극성을, ㊸은 불가능을 상징한다.

일본

---

① 솥이 다르다.

: 기풍·성품·신분이 전혀 다른 사람이다.

② 솥을 섬긴다.

머슴과 하녀 사이 또는 백성의 집 사생아로 태어나 주인집을 대대로 섬긴다.

③ 솥을 뗀다.

: 스스로 음식을 끓여먹는 검소한 생활을 한다.

④ 솥의 누룽지를 긁어 먹는다.

: 몹시 가난하다.

⑤ 여자와 솥은 쉴 날이 없다.

: 가정의 일은 끝이 없다.

⑥ 깨진 솥에 고친 소댕이다.

: 자기 분수에 맞는 아내를 맞는 것이 좋다.

⑦ 소댕에 엿을 놓았나?

: 오자마자 가려고 서두른다.

4
—
노
구
따
위

노구

가. 어원

'노구(爐□)'는 우리 이름을 한자의 소릿값을 빌려 적은 것인 듯하다. 중국에는 없다. 노구 솥의 입이 화로처럼 쩍 벌어진 것도 연관이 있을 듯하다.

노구는 놋쇠나 구리로 작게 구운 것으로 새옹처럼 흔히 나그네나 사냥꾼이 가지고 다닌 다(사진 129·130). 본디 이름은 노고이며 노괴를 거쳐 노구로 굳었다.

1) 노고의 용례이다.

① 鏊 노고 오 俗乎鏊子 燒餅烙熱之器《훈몽자회》초 중 : 6)

사진 129

사진 130

509

4 — 노구 따위

(오는 노고 오이다. 흔히 오자라 부르며 떡을 굽거나 지진다.)

한자 오(鏊)는 발 셋에 바닥이 평평한 냄비를 가리키므로 우리 노구 설명으로는 걸맞지 않으며 중국 냄비[鍋]에 더 가깝다. 뒤에 드는 대로《조선왕조실록》에서 '나과(鑼鍋)' 또는 '과(鍋)'로 적은 까닭이 이것이다.

② 우리 손조 밥 지서 머그면 가마 노곳 자리와 사발와 뎝시왜 다 잇ᄂ녀[我們自做飯喫時 鍋竈椀楪都有麽] 《노걸대번역》상 ; 68)

(우리가 손수 밥 지어 먹을 가마(솥)·노구·사발·접시가 다 있느냐?)

③ 鏊 노고 오《왜어유해》하 ; 14)

④ 鎗 惑作鎗 노고《물보》〈정당〉)

2) 노긔의 용례이다.

솔진 암 돍을 죄 ᄠᅳ더 (…) 엉치 안가슴을 ᄆ이 두드려 노긔롤 달오고《음식디미방》〈수증계[水蒸鷄]〉) (17세기)

(살진 암탉의 털을 모두 뜯어 엉덩이뼈와 가슴뼈를 흠씬 두드린 뒤 노구를 달구어서)

3) 노구의 용례이다.

곧 淸凉호몰 아로미 ᄒᆫ 노굿 더운 므레 ᄒᆫ 쟛 ᄎᆫ 믈 긋 브숨 긋 ᄒᆞ니라[便覺淸凉호미 如一鍋湯애 才下一杓冷水相似ㅣ니라]《법어》5~6 중).

(곧 시원함을 깨달아 노구의 더운물에 찬물을 부은 것 같으니라)

산신제나 동제 때 신에게 올리는 메를 짓는 데서 제사 자체를 '노구메 정성' 또는 '노구메 진상'이라 이른다. 서울제 정선아리랑의 한 대목이다.

유점사 법당 뒤에 칠성단 돋우고
팔자에 없는 아들딸 낳아 달라고
석 달 열흘 노구메 정성을 말고
타관 객지 외로이 난 사람 괄세를 말라

유점사(楡岾寺)는 강원도 금강산에 있다. 자식 낳게 해달라고 절집 칠성단에 비느니 떠도는 나그네를 잘 대접하라는 뜻이다. 명산대찰보다 절집에 가서 빌어야 효험을 본다는 우스개도 있다.

집 짓는 내력을 읊조리는 〈황제풀이〉에도 '룡(용)문산에 들어가서 남기(나무)라고 비랴(려) 할 제 고사라고 없을소냐, 서 말 서 되는 시루메 서 되 서 홉은 노구메 윈(온) 소 잡어 설파하고(늘어놓고), 맑으나 청주 흐리나 탁주 머리 갖은(갖춘) 북어로다'라는 내용이 있다.

흔히 품질 낮은 놋쇠로 구은 것이 퉁노구라지만 《음식디미방》에 '밥보자회 흔 접시식 노하 노긔 두웨예 드라 퉁노긔에 만화로 뼈(밥보시기에 한 접시씩 나누어 담아 노구 소댕에 따라 퉁노구에서 약한 불로 찐다)'고 한 것을 보면, 크기나 재질에 따른 이름인 듯하다. 같은 책 〈강정법〉의 '퉁노구' 운운한 대목도 저자가 이 둘을 따로 다룬 증거의 하나이다. 조선시대에는 군사들이 지니고 다녔다(사진 131).

나. 민속

1) 노구는 귀물이다.

노구는 귀물이어서 고려 두경승(杜景升 ?~1197)이 서경군(西京軍)의 연주(連州)를 손에 넣은 뒤 군사들이 다투어 재물을 거두려들 때 이것만은 예외로 두었다. 그 덕분에 관군이 밥을 지어 먹었다는 기사가 있다(《고려사》 제100권 〈열전〉 제13 두경승). 군사들 중에

사진 131

갖추지 못한 자가 많았던 것이다.

①《조선왕조실록》의 노구 관련 기사이다.

	기사
세종 10년(1428)	중국 사신이 동노구 두 짝 요구함
세종 15년(1433)	중국 사신이 풀밭에서 쓸 쟁반·노구[鑼鍋] 따위 요구함
	야인과의 전투에서 옷·노구·쌀 빼앗김
세종 17년(1434)	북경 사신 호송할 군사들에게 차일과 노구를 주고 비록 깨뜨리더라도 값을 물리지 않고 죄만 묻기로 함
문종 원년(1450)	일본 사신 동노구[銅銚]와 제구(提具) 따위 바침
세조 4년(1458)	활 잘 쏜 사람에게 무쇠노구(水鐵鑼鍋) 따위 줌
세조 11년(1465)	풍천(楓川) 거둥 때 중 셋이 군사의 노구 훔침
성종 즉위년(1469)	청승습사 권감에게 삼합노구(三合爐口) 한 짝 따위 줌
성종 3년(1472)	공조판서 성임, 영안도관찰사 정난종, 달성군 서거정 등에게 노구 한 짝씩 줌
성종 4년(1473)	이정(李婷)에게 삼합노구 따위 줌
성종 7년(1476)	대왕대비가 정승 및 약방제조 한계희, 부제조 이극기에게 삼합노구 한 짝씩 줌
성종 10년(1479)	당상관에게 삼합노구 따위 줌
	활 잘 쏜 이에게 노구 한 짝씩 줌
성종 14년(1483)	숭문당 불을 끈 내관 김말손에게 한 자급 올리고 노구 한 짝 줌
성종 15년(1484)	두 대비, 도제조 이극배에게 노구 두 짝, 제조 한계순 등에게 노구 한 짝씩 줌
성종 16년(1485)	이적에게 노구 한 짝 줌
성종 21년(1490)	기영연 베풀고 투호놀이에 노구 따위 상으로 줌
연산 9년(1953)	김감불이 무쇠노구에 매운재 넣고 은 불림
연산 11년(1505)	취홍원이 두 사람마다 솥과 노구[鍋] 한 짝씩 줌
중종 6년(1511)	야인 망합에게 삼합노구 따위 줌
선조 29년(1596)	마신에게 동노구 두 짝 따위 줌

	기사
광해 4년 (1612)	화포의 크기가 노구만 하다[大如鍋子]
광해 10년 (1618)	동노구와 전마 보내라는 공문 매일 옴
광해 13년 (1621)	원경략이 은 1천2백 냥과 동노구 3천 짝 바꾸자고 함
인조 9년(1631)	가도 도독 황룡이 조총·동노구 따위 차지함
효종 2년(1651)	청차(淸差)가 함경도에 시장 열고 쇠노구[鐵鍋] 2천5백 짝, 솥 250짝 사 감
정조 7년(1783)	홍양호가 노구[鍋] 따위에 드는 자원 낭비 줄이자고 함

　　표에는 노구 열네 짝, 동노구 여섯 짝, 무쇠노구 두 짝, 삼합노구 여섯 짝이 들어 있다. '노구솥'은 '쟁개비'일 수 있지만 가리기 어려워 모두 노구로 다루었다. 삼합노구는 한 솥전에 세 짝이 붙어서 세 가지 찬을 한꺼번에 익힌다. 이를 상간철이라고도 한다. 노구·구리노구·쇠노구 따위는 한 가지에 대한 다른 이름인지, 성분의 차이가 있는 것인지 궁금하다. 삼합노구가 성종 연간에 집중적으로 나타난 것이 눈에 띈다.

　　세종 때 중국 사신 윤봉(尹鳳)이 동노구(銅爐口) 두 짝을 달라고 한 것을 보면[《세종실록》 10년(1428) 8월 4일], 앞에서 든 대로 동노구가 중국에 없기도 하거니와 품질도 매우 좋았던 모양이다. 이는 구리와 아연을 섞어 구운 것이다.

　　세종 15년에 중국 사신이 노구를 달라 하였고, 광해 10년에는 매일 동노구를 요구하는 공문이 빗발쳤으며, 3년 뒤에는 명나라 원경략이 은 1천2백 냥과 구리노구 3천 짝을 바꾸자고 하였다. 노구 한 점에 은 0.4냥인 셈이다. 인조 9년에는 가도의 도독 황룡이 강제로 동노구를 앗아가는 횡포를 부렸으며, 효종 2년에는 청차가 함경도에 시장을 열고 노구 2천5백 짝과 솥 250짝을 사 갔다. 노구가 중국 수출품으로 떠오른 것이다.

　　정부도 저들의 끊임없는 요구에 노구·총·배 따위를 보냈으며, 이듬해에는 동지사 김시국에게 고맙다는 내용의 칙서가 건너왔다. 사관도 '등주(登州)의 군문(軍門)에서 요구한 물품을 곧 보낸 결과'라고 적었다[《인조실록》 10년(1632) 10월 22일].

　　이 밖에 《연려실기술(燃藜室記述)》에 1681년 2월 '심하(深河)에서 싸울 때 경략(經略)이 차관 진일경(陳一敬)을 보내 동노구 1만 짝을 거두어 갔다'는 기사도 있다(제21권 〈폐주광해군 고사본말(廢主光海君故事本末)〉《일월록》).

　　조선시대 병사들이 민가의 솥을 빼앗는 횡포를 부려서 원성이 높았다. 세종 때 요동 호송군(護送軍)에게 노구[鍋兒] 백 짝을 주었으며, 김사언(金思彦)은 무식한 영송군(迎送軍)이 백성의 솥을 빼앗아 밥 짓는 탓에 깨져서 못 쓰니 무쇠솥을 주어서 민폐를 없애자는 상소를 올렸다(《세종실록》 17년 7월 6일). 호송군은 중국으로 오가는 관리나 중요인사들을 보호한 까닭에 백성이 안중에 없었던 것이다. 이때 병사가 노구를 깨뜨려도 값을 물리지 않고 벌만 주기로 하였다. 이전까지는 군사들이 스스로 솥을 마련하고, 더러 국가에서 받았더라도 깨뜨리면 값을 물고도 벌을 받았다.

연산 때는 형조참판 권경희(權景禧) 등이 놋노구[鍮鍋]와 가위[剪子] 따위를 야인(野人)에게 판 자에게 매 백 대를 친 전례에 따라, 놋쇠를 왜인에게 넘긴 장례원(掌隸院)의 종 백은달(白隱達)을 《대전(大典)》에 적힌 대로 죽이자고 하였다. 임금도 《대전》에 적힌 쇠붙이는 구리나 주석이 아닌 듯하지만 대신들과 논의하라고 일렀다 [《연산실록》 2년(1496) 3월 24일]. 《경국대전》의 금수품 가운데 구리나 주석은 들어 있지 않은 것을 알면서도 최종 판단을 중신들에게 떠넘긴 것이다. 그만큼 놋노구는 국가의 중요 전략 물품이었다. '야인'은 함경도 변경 일대의 여진족으로, 우리 쇠붙이를 중요 교역품의 하나로 삼았다. 정부도 쇠붙이가 저들에게 불법으로 넘어가는 것을 막았고 어긴 자는 엄벌하였다. 앞 사람은 운이 좋아 매 백 대로 끝났지만 백은달은 목숨을 잃고 말았다.

또한 노구는 임금이 중신에게 상으로 줄 만큼 귀중품이었던 것을 알 수 있다.

② 무당의 노래에도 노구솥이 등장한다.
성주고사 때 무당이 읊조리는 노래 〈황제풀이〉이다.

───────────

부엌으로 나리달어 적은 솥에 큰솥에
전노구 통노구라 곱돌솥이 즐비하다
물두멍은 어루쇠 받쳐놓았으니
청류리라 황류리라 룡왕각시가
대활례로 놀으소사
(정렬모 편 《가사선집》, 《한국역대가사문학집성》에서 재인용)

───────────

전노구는 전이 달린 노구솥을 가리키는 듯하다. 통노구는 통노구이다.
어루쇠는 구리 따위의 쇠붙이를 번쩍거리게 닦아서 만든 거울이지만 여기서는 물두멍을 받쳐놓은 쇠붙이를 이르는 것으로 보인다. 청류리(靑琉璃)와 황류리는 모두 보석 같다는 말이다(☞ 234쪽). 용왕각시는 물을 상징하며, 대활례(大歡禮)는 경축한다는 뜻이다.

③ 야외에서는 노구를 바위에 걸고 매운탕을 끓인다.
〈농가월령가(農家月令歌)〉 한 대목이다.

數罟을 둘너치고 銀鱗玉尺 후려닛야(그물 둘러치고 은빛나는 물고기 잡아)
盤石의 爐口 걸고 속구쳐 쓰려 닛니(너럭바위에 노구 걸고 재빨리 끓이니)
八珍味 五侯淸鯖을 이 맛슬 밧골소냐(팔진미 오후청정을 이 맛에 비기랴)

팔진미는 성대한 음식상에 올리는 여덟 가지 진귀한 음식 맛을 가리키며, 흔히 아주 맛좋은 음식의 대명사로 쓴다. 오후청정의 오후는 제후가 된 한나라 성제(成帝 전 32～전 7)의 외삼촌 다섯이며, 정[鯖]은 어육을 섞어 만든 음식이다. 《서경잡기》 기사이다.

오후들이 다툼을 일삼아 빈객들도 오가기 어려웠다. 그들의 집을 떠돌며 기식하던 누호(累護)는 뛰어난 언변 덕분에 다섯 집에서 모두 진기한 음식을 대접받았다. 그가 음식을 모아 정을 만들자, 세상에서 오후정(五侯鯖)이라 부르며 기이한 맛으로 여겼다(《오후정》).

누호는 한대 사람으로 《의경(醫經)》·《본초(本草)》·《방술(方術)》 따위에 밝았으며 장안에서 의원 노릇을 하였다.

④ 송수권(宋秀權 1940～)의 시 〈서시〉이다(부분).

새로 연기를 갈아 꽂는 날 아침은
울밑 노구솥 장 끓는 내가 코를 미어
물 건너온 귓것보다
우리네 귓것이 더 정답더라

'장 끓는 내'는 간장 달이는 냄새를 가리키는 말로, 간장은 흔히 한데부엌에 걸어놓은 가마솥에 달인다. 노구의 크기를 잘 모른 탓인가? 귓것은 귀신의 잘못이다. 서양 물건보다 우리 것이 더 좋아 보인다는 말인 듯하다.

다. 속담

① 가마솥 밑이 노구솥 밑을 검다 한다.

: 제 허물은 모르고 남의 잘못만 탓한다.

② 노굿전에 엿을 붙였나?

: 오자마자 가려고 서둔다.

③ 왕방울로 퉁노구 가시는 소리이다.

: 왁자지껄하게 큰 소리로 떠든다.

④ 퉁노구의 밥은 설수록 좋다.

: 퉁노구는 밥이 잘 눋는다.

새옹

가. 어원

국어사전류에서 새옹을 '놋쇠로 만든 작은 솥으로 배가 부르지 않고 바닥이 평평하며 전과 소댕이 있다'고 새겼지만 노구와 다를 것이 없다(사진 132). '노구 메'를 '새옹 메'라 하는 것도 그렇다. 밥 지을 때는 부정을 막기 위해 쌀을 나뭇가지나 숟가락으로 썼으며, 뜸이 들 때까지 소댕을 열지 않는다. 절집에서는 밥그릇 삼아 부처에게 통째로 올린다.

1) 새옹의 본디 이름은 새용이다.

그 용례이다.

---

① 새용 안해 봇가 검게 ㅎ고[銚內炒令焦黑]

사진 132

《구급간이방》상 ; 51)

(새옹에 넣고 볶아서 검은빛이 나게 하고)

② [빙사과(冰沙果)는] 됴흔 쳥쥬의 꿀 타 (⋯) 밥보희 빠 새 옹 두에예 뼈《음식디미방》〈빙사과〉)

(좋은 청주에 꿀을 타고 (⋯) 밥보자기에 싸서 새옹 소댕에 찌며)

──────────

'새옹 소댕에 찐다'고 한 것으로 미루어 아주 작지는 않은 듯하다.

③ 설정식(薛貞植 1912~1953)의 시 〈우일신(又日新)〉이다(부분).

──────────

摩天嶺 九十九曲

새옹을 걸메고 떠나 我朝를 버린

杜門洞 十代祖가 차라리 그리웁도록

추운 새벽

《제신의 분노》

──────────

마천령은 함경남도의 단천(端川)과 함경북도 성진(城津) 사이에 있는 재(높이 725미터)이다. 두문동은 경기도 개풍군 광덕면 광덕산 서쪽 기슭에 있으며 고려 유신(遺臣) 72명이 들어가 나오지 않았다고 한다.

나. 속담

① 밀기름 새옹에 밥 지어 귀이개로 퍼먹겠다.

: 사람이 너무 잘아서 못쓴다.

: 잔 재간이 있다.

가. 어원

1) 어원은 모른다.

《우리말큰사전(옛말과 이두)》과 《17세기 국어사전》에 보이지 않으며 《조선의 민속전통》에는 '남비'로 올랐다. 무쇠나 양은 따위로 만든 작은 그릇이며, 처음에는 긴 외손잡이를 붙였다. 서넛이 먹을 만한 양의 음식을 화로에 올려놓고 익히거나 끓인다. 양은쟁개비도 있다.

사진 133

〈사진 133〉은 곱돌쟁개비이다(라이프치히 민속박물관).

《조선의 민속전통》 설명이다.

남비는 국(탕)이나 그 밖의 음식물을 끓이는 가마보다 작은 기구로 쟁개비라고도 한다. 보통 무쇠나 놋으로 만들며 구리제품도 더러 보인다. 《시의전서(是議全書)》에서는 놋남비라 하였다.

전골판은 전골만 끓이지만 남비는 전골 외에 국물기가 있는 음식도 끓이며 뚜껑이 반드시 딸리고 몸체 위가 벌어졌으며 운두가 전골판보다 높은 것이 특징이다. 또 가마보다 작고 가벼워서 들놀이나 농사철에 밖에서 가마 대신 쓰기도 한다(165).

《시의전서》는 19세기 말에 나온 요리서이며, 전골판은 벙거지를 가리킨다.

2) '조(銚)'를 '쟁개비 조'라고 새긴다.

조·조좌(銚鉊)·왜조(倭銚)·철당(鐵鐺) 따위로도 적는다. 그 용례이다.

① 솔솔 끓는 쟁개비에서 소나무 소리 들리네(颼颼銚聽松聲)
《점필재집》〈시집〉 제10권 시 〈극기와 생질 강군이 안국사에서 목욕하고 지은 시에 화답함[和克己及
康甥安國寺浴後之作]〉 부분).

'소나무 소리'는 솔 사이로 지나가는 바람 소리이다.

② 글 잘 쓰는 이는 거벽(巨擘), 글씨 잘 쓰는 이는 사수(寫手), 자리·우산·쟁개비[銚銼] 따위를
나르는 자는 수종(隨從)이라 한다[《경세유표》 제15권 춘관수제(春官修制) 〈과거지규(科擧之規)〉 1].

③ 경오년(1810) 여름, 엄청난 파리 떼가 집 안에 가득하더니 점점 불어나 산과 골을 뒤덮었다.
(…) 파리야 관리들 객사로 날지 마라. (…) 호장은 부엌에서 요리를 살핀다. 숯불 피워 왜쟁개비
[倭銚]에 고기 익히고 수정과와 설탕물을 맛있다고 한다[《다산시문집》 몽학의휘서(蒙學義彙序)
〈조승문(弔蠅文)〉].

④ 왜쟁개비는 일본 냄비이다. 《목민심서》 기사이다.

(…) 계방(契房)에 이계(里契)와 호계(戶契)가 있다. 이계는 온 마을에서 해마다 수백 냥의 돈을
거두고, 호계는 특정한 호를 상대로 해마다 백여 냥을 모은다. (…) 부엌의 종이 소 염통을 굽고
처녑을 끓인 왜노구[倭爐]와 왜쟁개비를 받쳐서 처마 밑에 선 채 수리(首吏)의 밥상을 올리니 이
것이 모두 어디서 나오는가(권3 제6부 호전 6조 〈평부(平賦) 상〉).

고을 원이 백성들의 돈을 뜯는 것으로도 모자라 가지가지 음식까지 밥상에 올리게 한
다는 말이다.
　　정약용은 '갓꼴 쟁개비에 노루고기 전골하고[笠樣溫銚鹿臠紅] / 무김치 냉면에 송채무침
곁들였네[拉條冷麪菘菹碧]'라는 시 〈장난삼아 서흥도호부사 임성운에게 줌[戲贈瑞興都護林君性
運]〉도 남겼다(《다산시문집》 제3권).

'갓꼴 쟁개비'는 벙거지꼴을 가리킨다.

⑤ 서거정은 '아내가 쟁개비에 데운 술을 따르고 권해서 얼큰하게 취했다[妻輒呼小鐵鐺煮酒且酌且勸飮之不計巡醺然醉]'고 읊조렸다《속동문선》제8권〈칠언율시(七言律詩)〉).

⑥ 동아일보에 '꼭 조선사람들이 날마다 바짝바짝 쟁개비에 지지는 잔고기 떼 모양으로 마르고 졸아들어 가는 거를 빤히 보고도 어찌할 도리는 없어'[장백산인(長白山人) ; 1925〈재생〉동아일보]라는 기사가 실렸다.

일제에 시달리는 겨레를 쟁개비의 잔고기 떼에 비긴 것은 그럴듯하다. 윤백남(尹白南 1888~1954)의 글에 '그 쟁개비에 앉힌 지짐이 끓었거든 이리 가져오려므나'라는 대목이 있다 (1932《해조곡(海鳥曲)》).

지짐이는 국물을 적게 잡아 짭짤하게 끓이거나 기름에 지진 음식을 통틀어 이르는 말이다. 평안도에서는 녹두빈대떡을 이렇게 부른다.

육이오전쟁 때는 깡통으로 대신하였다. 1951년 4월 3일자 민주신보 기사이다.

부녀들의 말대로 깡통은 정녕 피난민의 편이었다. 피난민들은 솥과 쟁개비마저 버리고 쉬운 깡통을 선택하였던 것이다. 깡통의 용도를 잠깐 들어봐도 요강통에서부터 밥그릇·쟁개비·물그릇·찬그릇·베개·굴뚝 등 널리 이용된다.

1·4후퇴 때 우리도 한강 가에서 깡통에 밥을 지어 먹었다.

나. 속담

① 쟁개비 끓듯 한다.
: 오래가지 못하고 곧 사그라진다.
② 쟁개비 같은 실물 시장이다.
: 조금만 사도 값이 뛰고 조금만 팔아도 떨어진다.
③ 쟁개비 열정이다.
: 끓어올랐던 감정이 곧 식어버린다.

벙거지골

가. 어원

한글학회의 《우리말큰사전》이나 《17세기 국어사전》에 없지만, 판소리 〈흥보가〉와 《민족생활어사전》에 벙거지골, 《조선의 민속전통》에 왜전골판, 《경도잡지》에 전립투(氈笠套) 따위로 올랐다(사진 134).

1) 《경도잡지》 설명이다.

노구솥[鍋]에 전립투(氈笠套)라는 것이 있다. 벙거지를 닮은 데서 이렇게 부른다. 중앙의 움푹 들어간 데에 남새를 끓이고 전에 고기를 얹어서 굽는다. 안주 장만이나 밥 짓기에 알맞다(권1 풍속 〈주식(酒食)〉).

2) 《만국사물기원역사(萬國事物紀原歷史)》의 유래담이다.

전골(氈骨)은 상고시대 진중(陣中)의 군사들이 머리에 쓰는 전립을 철로 만들어 썼기 때문에 진중에서는 기구가 없었으므로 자기가 쓴 철관을 벗어 음식을 끓여 먹던 것이 습관이 되어 여염집에서는 냄비를 전립 모양으로 만들어 고기와 채소를 넣어 끓여 먹는 것을 전골이라 하였다.

옛적 군사들이 무쇠 철립을 썼다는 말은 근거 없을뿐더러 사리에도 어긋난다. 꼴이 닮은 것을 억지춘향으로 꿰맞춘 것이다.

3) 《해동죽지(海東竹枝)》 기사이다.

벙거지골은 해주의 전통적 명물로 서울의 도

사진 134

미면처럼 맛이 뛰어나다. 그 맛이 풍류와 계집보다 낫다는 의미로 승기악탕(勝妓樂湯)이라 부른다.

―――――――――

1809년의 《규합총서(閨閤叢書)》에도 오른 것을 보면 널리 퍼진 듯하다.

도미면은 생선 도미 살로 부친 전유어를, 삶은 고기와 채소를 넣어 끓인 장국에 당면을 익혀 먹은 궁중 음식이며 '승기악탕'은 그 맛이 여자나 노래 가락보다 낫다는 뜻이다.

4) 《조선요리학(朝鮮料理學)》의 유래담이다.

―――――――――

성종 때 함경도 변경에 오랑캐가 자주 들어오자 허종(許琮 1434~1494)을 보내 의주영문(義州營門)을 세우고 막았다. 그가 처음 갔을 때 백성들이 반기는 뜻으로 도미에 갖은 고명을 얹어서 바쳤다. 처음 만든 음식인 만큼 이름이 없자, 평소 자신이 즐기는 풍류와 미색보다 낫다는 뜻으로 승기악탕이라 지었다.

―――――――――

한편, 《두산백과》는 《경도잡지》에 조선의 벙거지골[氈笠套]이 일본으로 건너가 스키야키[鋤燒]가 되고, 이것이 일본과 가까운 김해로 들어와 승개기가 된 듯하다'고 일렀지만(《한국요리편》), 국립민속박물관에서 2007년에 낸 《조선대세시기》의 〈경도잡지〉에는 보이지 않는다.

5) 《민족생활어사전》 설명이다.

―――――――――

전골을 끓이는 기구이다. 벙거지골이라는 이름은 벙거지를 잦혀놓은 듯한 데서 왔다. 화로나 풍로 또는 숯불에 앉혀놓고 끓이며 전에 고기나 두부를 굽기도 한다. 신선로가 보급되기 전에는 널리 쓰여서 상 앞으로 나르거나 다 끓은 것을 내려놓는 전골상이 따로 마련될 정도였다. 외상에 혼자 먹도록 아주 작게 만든 것도 있고 쉽게 식지 말라고 곱돌로 깎은 것도 있다(1992 ; 284).

―――――――――

6) 《조선의 민속전통》 기사이다.

―――――――――

전골을 끓이는 그릇으로 모양이 벙거지(전립)를 뒤집어놓은 듯하여 벙거지골이라고도 불린다.

―――――――――

18세기 기록의 남비 종류에 전립투가 있고 《흥부전》에도 이 그릇에 음식을 끓인 이야기가 나오는 것으로 보아 리조시기부터 흔히 써오던 남비의 일종으로 볼 수 있다.

전골판은 보통 무쇠로 만들지만 곱돌제품도 적지 않다. 전골판의 특징은 음식을 익힐 뿐 아니라 식기로도 쓴 점이다. 사람이 전골판을 밥상 옆 숯불 풍로 위에 놓고 반제식품을 직접 익히거나 끓이면서 먹은 것이다.

리조시기 전골판에는 벙거지형 무쇠전골판과 남비형 곱돌전골판이 있다. 앞의 것은 양옆에 손잡이가 있고 밑에 솥처럼 세 개의 발이 달렸다. 뒤의 것에도 손잡이가 있지만 발은 없으며 운두가 낮은 남비처럼 생긴 데다 복판이 한 단 낮은 것이 특징이다. 이로써 음식을 끓일 때 나오는 국물이 가운데로 모인다(1994 ; 권1 〈식생활도구와 그 리용 풍습〉).

강명관이 《동국세시기》의 '서울에서 화로의 숯불에 번철을 올려놓고 기름·간장·달걀·파·마늘·후추 따위로 양념한 쇠고기를 구워서 둘러앉아 먹는다'는 기사(《시월》)의 '번철'을 벙거지골이라고 한 것은 잘못이다(2010 ; 169). 번철은 낮은 운두가 달리고 냄비처럼 바닥이 평평한 지짐이 기구인 까닭이다.

나. 민속

1) 판소리 〈흥보가〉의 한 대목이다.

놀보 술상 꾸몄는듸, (…) 산피떡과 평과·진청·생청 놓고, 조락산적 웃짐을 쳐, 양회·간·처녑·콩팥 양편에 벌여놓고, (…) 편적·거적·포적이며, 설탕볶이에 매물 탕수·어포·육포 갈라놓고, 처녑살 벙거지골, 갈비찜·양지머리·차돌백이를 들여놓고

흔 년셕이 누오면셔 이고 어머니 우리 열구ᄌ탕의 국슈 마라 먹으면, 쏘 한 년셕이 누안즈며 이고 어머니 우리 벙거지골 먹으면, 쏘 한 년셕 늬다르며 이고 어머니 우리 기장국의 흰밥 조곰 먹으면, 쏘 한 년셕이 나오며 이고 어머니 듸초찰썩 먹으면

(한 녀석이 나오며 아이고 어머니 우리 열구자탕에 국수 말아먹었으면, 또 한 녀석이 나앉으며 아이고 어머니 우리 벙거지골 먹었으면, 또 한 녀석 내달으며 아이고 어머니 우리 개장국에 이밥 조금 먹었으면, 또 한 녀석이 나오며 아이고 어머니 대추 찰떡 먹었으면)(《판소리 다섯 마당》)

2) 벙거지골에 서너 명이 둘러앉는다.

신광하(申光河 1729~1796)의 시 〈벙거지골에 쇠고기 굽다[詠氈鐵煮肉]〉이다(부분).

截肉排氈鐵(고기 썰어 벙거지골에 늘어놓고)

分曹擁火爐(서너 명씩 화로 끼고 앉았네)

煎膏略回轉(지글지글 구워 대강 뒤집다가)

放筯已虛無(젓가락 대려니 고기 벌써 없어졌네)

〈그림 15〉는 19세기 화가 성협(成夾)의 '들잔치[野宴]'이다. 화로 위에 얹은 벙거지골 주위에 여러 가지 안주를 늘어놓고 다섯 사람이 즐긴다(국립중앙박물관).

3) 김인겸(金仁謙 1707~1772)의 〈일동장유가(日東壯遊歌)〉 한 대목이다.

묘리잇는 듀진장이 셜찬을 장이흐여(묘리(妙理) 있는 요리사가 상 잘 차리고)

온갓실과 더운썩과 연혼고기 가는회롤(온갖 과일 따뜻한 떡과 연한 고기 가늘게 썬 회를)

츳츳로 드리고셔 벙거지골(차례로 바치고 벙거지골)

먹인후의 싱복잡아 난핑흐고(먹인 뒤에 생 복(鰒) 잡아 따뜻하게 삶고)

이 기사를 보면 앞 내용이 사실인 듯하다. 김해로 귀양간 이학규(李學逵 1775~1835)가 '승개기라는 고깃국은 일본에서 들어왔으며 신선로처럼 고기를 익혀 먹는다'고 한 것도 증거의 하나이다(《금관죽지사(金官竹枝詞)》). '승개기'는 일본말 '스키야키'를 소리대로 적은 것이다.

아사오카 코지[朝岡康二]가 '화덕이 없는 한국에서는 구들의 난방을 위한 부뚜막이 퍼진 한편 냄비는 보급되지 않았다'고 하였지만(1993 : 19), 앞에서 든 대로 우리는 여

그림 15

러 종류의 냄비를 썼다.

또 그는 이렇게 덧붙였다.

솥을 부뚜막에 걸고 쓰던 옛적에는 가정에서 부식을 솥에 굽거
나 볶거나 익히지 못하면 소댕을 뒤집어서 쓴 까닭에 냄비가 필
요치 않았다. 따라서 냄비는 음식점에서 들어온 것으로 생각된
다. (…) 또 큰 냄비는 중국요리점이나 중화만두집에서 만두를
찔 때 쓰는 전문기구인 점에서 재래의 것이 아니며, 중국 동북
및 산동지방에서 들어온 듯하다(36~37).

사진 135

사진 136

그의 말대로 중국의 큰 냄비를 우리는 쓰지 않았거니
와 쓸 필요도 없었다. 근래에 양은제품이 퍼지면서 재래의
쟁개비나 벙거지골이 사라졌을 뿐이다.

〈사진 135〉는 삼발이에 얹은 벙거지골이고, 〈사진 136〉은 삼발이이다. 발 가운데가
ㄷ자꼴인 데다가 끝을 한 번 더 구부려서 안정감이 넘친다.

4) 노구솥 따위를 기와 가루로 닦는다.

이운영(李運永 1722~1794)의 〈착정가(鑿井歌)〉 한 대목이다.

며느리 종아희을 오날노셔 분부ᄒ야(오늘 며느리와 종에게 일러서)

도마라도 싹가노코 찬칼이나 가라노코(도마를 깎고 반찬 칼도 갈고)

노구솟 가마시옹 징반딕졉 슈져들은(노구솥·가마솥·새옹·쟁반·대접·수저 따위는)

기와장 갈늘마아 죠촐이 삣가시고(기왓장 가늘게 빻아 때 깨끗이 벗기고)

《한국역대가사문학집성》

돌솥

광산에서 납석(蠟石)이라 부르는 곱돌로 깎은 작은 솥이다. 광택이 나고 매끈거려서 예부터 솥뿐 아니라 담배합으로도 많이 썼다. 주로 약밥·찰밥·생굴밥·콩나물밥·김치밥·무우밥 따위의 별미반(別味飯)을 지으며, 뜸이 고르게 들고 눋지 않는 데다가 쉽게 식지 않는 장점이 있다(사진 137·138·139). 흔히 한 사람 분의 밥을 지으며 전골냄비로도 쓴다.《규합총서(閨閤叢書)》에 함경북도 성진의 곱돌솥을 꼽았지만 오늘날에는 전라북도 장수 제품을 첫손에 꼽는다.

돌솥의 역사는 오래이다. 887년에 세운 경상남도 쌍계사(雙溪寺) 진감선사탑비(眞鑑禪師塔碑)에 '누가 중국차(漢茶)를 공양하면 돌솥에 섶 불을 지피고 통째로 끓이며 "나는 맛을 모른다, 뱃속을 적실 따름"이라 하여 참된 것을 지키고 속된 것을 꺼렸다'고 적혔다. 진감선사는 범패 중으로 유명한 혜소(慧昭 774~850)의 법명이다.

고려 이색도 〈아제기일수(兒啼飢一首)〉에서 '어린애 울며불며 점심 조르자[幼者啼呼索點心] / 할멈이 돌솥의 불땀 호호 부네[老婆吹火石鐺深]'라고 읊조렸다《목은집》권28).

돌솥을 처음 쓸 때 갑자기 센 불에 놓으면 터지기 쉬우므로, 짚불에 구웠다가 습한 곳에 두어 완전히 식히기를 서너 번 거듭하면 단단해져서 오래간다.《증보산림경제》에 '약 달이는 돌솥은 (…) 쓰고 나서 습한 곳에 두면 잘 깨지며 땅에 놓아도 나쁘다'고 적혔다(권7 섭생 〈돌솥 [石鼎]〉).

사진 137

사진 138

사진 139

가. 민속

1) 돌솥은 신령스럽다.

《삼국유사》 기사이다.

세상에 떠도는 말이다. 통도사 계단 이층에 솥[石鑊]을 엎어놓은 듯한 돌 뚜껑을 모셨다[安石蓋 如覆鑊]. 고려 때 염사(廉使 고려의 지방장관 安廉使) 둘이 와서 돌솥을 들고 절을 올렸다[禮壇擧 鑊]. 그 안[函]에 처음에는 큰 구렁이가, 두 번째는 큰 두꺼비가 있는 것을 보고 이 뒤에는 감히 다 시 들추지 않았다.

　　　서울을 강도(강화도)로 옮긴 네 해째(1235), 고종(高宗 1213~1259)의 명을 받아 (…) 상장 군 김이생(金利生)과 유시랑(庾侍郎) 석(碩)이 부절(符節)을 보이며 (…) 돌을 들고 절을 올리겠다 고 하여[擬浴擧石瞻禮] 중이 민망히 여겼다. 군사들이 기어코 들었더니 (…) 작은 돌함[石函]과 사리 네 알 든 유리통(琉璃筒)이 있었다. (…) 통에 금이 간 것을 본 유공이 수정함을 시주해서 사 리를 넣었다(제3권 〈탑상〉 제4 연거푸 가져온[前後所將] 사리).

첫 문단에서 '솥을 닮은 돌 뚜껑'이 '돌솥'으로 바뀌더니, 둘째 문단에서는 다시 '돌'로 돌 아섰다. 돌소댕인지 돌솥인지 헷갈리지만 이 글에서는 솥으로 다룬다.

　확(鑊)은 발이 달리지 않은 큰 솥으로 고기를 삶거나 죄인을 삶는 데 썼다. 이를 통도사에 둔 목적은 신도들에게 부처의 길을 본받게 하려는 데 있었을 것이다. 돌솥을 들어 올렸다고 하므로 평소에는 엎어놓은 모양이다. 안에서 구렁이나 두꺼비가 나온 것은 이상할 것이 없다.

　중이 두 사람을 마땅치 않게 여긴 것은 구렁이나 두꺼비를 영물(靈物)로 여긴 까닭이다. 재운을 관장하는 업으로 받들어 온 이들이 사라진 것은 몽골의 침입을 미리 알리려는 부처 의 뜻으로 보인다. 돌솥에 깃든 불성(佛聖)을 빌려서 몽골군을 물리치려고 왕이 둘을 보내 절 을 올리게 한 것인가? 유공도 유리통이 깨진 것을 미리 알고 수정함을 가져갔을 가능성이 있다.

　동남도지휘사 김이생은 고종 22년(1235), 몽골군에 붙어서 경주로 이끄는 안동의 앞잡이 들을 막았으며, 석은 충청·전라 두 도의 안찰사와 남도의 도지휘부사를 지냈다.

　《삼국유사》의 황룡사(皇龍寺) 관련 기사이다.

(경주) 황룡사 탑이 불타던 날, 돌솥[石鑊] 동쪽 면(面)에 생긴 큰 얼룩이 지금껏 남아 있다고 한

다. (…) 본조 광종(光宗) 5년(954), 탑이 세 번째 불에 탄 때이다. 조계(曹溪)의 무의자(無衣子 진각국사)는 '들으니 황룡사 탑 불타던 날[聞道黃龍災塔日] / 돌솥 한 쪽에 지옥이 보였네[連燒一面示無間]'라고 읊조렸다.

　　원나라 갑자(1264) 이래 원과 본조 사신이 자주 와서 절하고, 사바(娑婆)의 행각승들도 몰려와 참배하면서 더러 들어도 보았다. 진신사리 넷을 제외한 변신사리가 모래처럼 부서져 솥[鑊] 밖으로 흩어지자 이상한 향기가 여러 날 풍겼다. 이는 말세의 기이한 일이다(제3권 〈탑상〉 제4 연거푸 가져온 사리).

──────────

　　'동쪽 면' 운운은 네모 솥을 가리키는 듯하며 얼룩이 진 것은 탑 근처에 놓였기 때문이다. '지옥이 보였다'는 불에 글린 얼룩이 그만큼 험상궂다는 뜻이 아닐까? 앞에서 든 시의 '무간(無間)'을 최남선은 무여지(無餘地)라 하였고(1956 ; 337), 이민수는 '틈이 없었네'로 새겼다(1990 ; 239). 박성봉과 고경식은 선배들의 잘못을 생각 없이 따랐으며(2005 ; 225), 강인구를 비롯한 네 사람도 마찬가지이다(2003 ; 186).

　　이를 '지옥'이라고 바르게 옮긴이는 북한의 이상호이다 (1960 ; 357). 무간은 '고통이 끝없다'는 불교 용어 '무간지옥(無間地獄)'의 준말이다. 아비·어미·아라한을 죽인 자·승가를 이간시킨 자·부처 몸에서 피가 나오게 한 자들이 가는 곳으로, 살가죽을 벗겨 불에 넣거나 쇠매[鐵鷹]가 눈을 파먹는 고통이 끊임없이 따른다고 한다.

사진 140

　　〈사진 140〉은 팔각 전을 붙인 돌솥(일본민예관)이고, 〈사진 141〉은 북한의 곱돌가마이다. 같은 곳의 〈사진 142〉는 곱돌장사귀로 된장찌개나 감자탕을 끓인다.

사진 141

2) 돌솥에 선비들이 차를 끓인다.

　　① 이규보의 시 〈엄선로를 만나 족자의 시운을 따라 지은 두 수[訪嚴禪老 用壁上書簇詩韻]〉이다(부분).

──────────

靜中得句堪呈佛(고요 중에 얻은 시 부처께 바치려)

사진 142

欲寫時呵玉硯氷(종이에 쓰려고 벼루 얼음 입김으로 녹였네)

石鼎烹茶代酒巵(돌솥에 차 달여 술 삼아 마시며)

擁爐圍坐熨寒衣(화로에 둘러앉아 젖은 옷 말리네)

《동국이상국집》 제8권 〈고율시(古律詩)〉

차를 술 삼아 마셨다니 그는 진정한 풍류객이다.

② 이규보의 시 〈감불사에서 놀다가 주지 노비구에게 줌[暫遊感佛寺贈堂老比丘]〉이다(부분).

蟻國升沈一夢空(작은 나라 흥망 꿈같거니)

却因僧舍笑談同(승방에선 오히려 웃누나)

石井煎茶香乳白(돌솥의 차 향기로운 젖 희고)

塼爐發火晚霞紅(벽돌화로의 불 저녁놀인 듯)

《동국이상국집》 제17권 고율시

불교에서는 샘을 젖에 견준다. 충남 수덕사에 딸린 정혜사(定慧寺) 샘 위에 지은 전각에 불유각(佛乳閣)이라고 쓴 현판이 좋은 보기이다. 이는 일제에 항거하여 우리 불교를 지키려고 애쓴 만공(滿空 1871~1946)스님의 글씨라고 한다(유홍준 1993 ; 109). 한 모금의 물이나 차는 부처의 젖처럼 귀하다는 뜻일 터이다.

이 밖에 강원도 월정사(사진 143), 경남 양산 천성산 내원사, 전북 흥복사 등지의 샘 전각에도 같은 현판이 걸렸다.

③ 정몽주(鄭夢周 1337~1392)의 시 〈돌솥에 차 끓임[石鼎煎茶]〉이다.

保國無效老書生(나라 위한 적 없는 늙은 서생)

(喫茶成癖無世情(차 마시는 버릇에 세상 멀어졌네)

幽齋獨臥風雪夜(눈보라 치는 밤 서재에 홀로 누워)

愛聽石鼎松風聲(돌솥 가 솔바람 소리 즐겨 듣노라)

《포은집(圃隱集)》 권1 시

사진 143

눈보라 치는 밤 외딴 서재에 누워 돌솥 가에 이는 솔바람 소리를 듣는다니 선경이 따로 없다.

3) 돌솥에 끓는 차는 선경을 나타낸다.

서거정의 시 〈병 중에 차 달임[病中煎茶]〉이다.

衰病年來渴轉多(병으로 목 자주 마를 때)

時有快意不如茶(마음 다잡기에 차가 으뜸)

淸晨爲汲寒泉水(새벽에 찬 샘물 길어)

石鼎烹金露芽(돌솥에 금로아 달이네)

《서예·문인화(文人畵) 한시선》

금로아는 차의 한 종류이다.

4) 돌솥은 구리솥이나 무쇠솥보다 뛰어나다.

최립의 시 〈돌솥[石鼎]〉이다(부분).

頭容菌蠢腹膨脖(용두는 쭈글쭈글 배는 불룩)

山骨誰將劚得成(누가 산의 뼈 깎아 다듬었나)

也爲烹茶兼煮藥(이에 차 끓이고 약 달이니)

應嫌鐵澁與銅腥(떫은 쇠 비린 구리솥에 견주랴)

蘚文乾處似訛篆(마른 이끼 전서처럼 피고)

泉響沸時如亂笙(물 끓자 생황 소리 요란하네)

《간이집》제6권 〈습유(拾遺)〉

'떫은 쇠 비린 구리'는 송 소식의 '구리 비리고 쇠 떫어 물 끓이기 나쁘지만[銅腥鐵澁不宜泉] / 옛적 솥이라 깊고 넉넉해 좋구나[愛此蒼然深且寬]'라는 구에서 왔다《蘇東坡詩集》권24 〈次韻周穜惠石銚〉).

물 끓는 소리를 생황에 견준 것이 돋보인다.

5) 돌솥에 운수가 따른다.

권필(權韠 1569~1612)의 글 〈고석당명(古石鐺銘)〉이다.

────────────

여종이 밭에서 얻은 흙덩이를 두드리자 돌 소리가 났다. 흙을 털고 이끼를 긁었더니 자루 3촌 (寸)에 두 되 남짓 들어가는 돌솥이었다. (…) 곁에 두고 차와 약을 달이고 때로 어루만지며 읊조 렸다.

　　'돌솥아, 돌솥아. 하늘과 더불어 돌 된 지 몇 해이며, 솜씨 좋은 석공이 다듬어서 사람이 쓴 것은 또 몇 해이고, 흙에 묻혔다가 내 손에 들어온 것은 몇 해만이냐? 아! 돌은 사물 중에 가장 흔 하고 둔해도, 숨겨지고 드러남에 이처럼 운수가 따르니 하물며 가장 귀하고 신령한 사람이야 이 를 것이랴?'

　　을미년(1595) 정월 16일에 얻어 23일에 명(銘)을 새기노라.

　　《석주집(石洲集)》

────────────

6) 곱돌솥은 신선들이 쓴다.

조애영(趙愛泳 1911~?)의 〈금강산기행가(金剛山紀行歌)〉 한 대목이다(부분).

────────────

금강산은 만이천봉 구름 속에 솟은 영봉

신선들이 버섯 따다 곱돌솥에 지진다네

불로초와 같은 버섯 송이버섯이라 하니

금강산을 구경하고 불로초를 캐고지고

《한국역대가사문학집성》

────────────

VIII 숟가락과 젓가락

1
어원

중국- 숟가락 꼴 匙(시), 근육의 힘 箸(저)·筋(근)

---

1) 시

《자통》의 설명이다.

성부(聲符)는 시(匙)이다. 시(是)는 족(足)의 마지막 획인 스푼(spoon)형이자 시(匙)의 초문(初文)이다. 시(是)의 글자 뜻이 분화하고 또 숟가락꼴 비(匕)가 더해져서 시(是)가 성부로 바뀌었다.《설문》에서 숟가락[匕]이라 하여 시(是)를 소릿값으로 삼았지만, 글자는 시(是)의 번거로운 수식[繁文]일 뿐이다. 뒤에 꼴이 닮은 데서 옥시금륜(玉匙金鑰)처럼 열쇠의 뜻으로 바뀌었다.

《시경》에 '대그릇에 고봉밥, 긴 나무숟가락[有饛簋飧匕捄]'이라는 구가 있다(《대동(大東)》). 황정견(黃庭堅 1045~1105)은 '옥시금륜으로 늘 잘 잡는다[玉匙金鑰常完堅]' 이르고, 단옥재(段玉裁 1735~1815)도 '비는 지금의 시'라고 적었다.

열쇠 넣는 곽은 시갑(匙匣), 의사가 숟가락으로 약의 양을 조절하는 것은 시가감(匙加減), 사기숟가락은 시초(匙抄)라 부른다.

2) 저

《자통》의 설명이다.

성부(聲符)는 자(者)이며 도(堵)·저(著)의 소릿값이 들어 있다.《설문》에 '밥[飯] 먹을 때 음식을 집는다[敧]'고 적혔다. 혹《설문》의 저(箸) 대신 저찬(箸撰)의 저(著)를 쓰기도 하며, 이는 진한(秦漢)의 비명(碑銘)에도 보인다. 식사 젓가락은 비근(匕筋), 담아두는 상자[箸箱]는 근롱자(筋籠子)

이다. 밥젓가락[飯箸]은 〈급취편(急就篇)〉에도 있다.

《예기》의 저는 선진시대(전 221년 이전)에 협(挾) 또는 책[竹夾]으로 바뀌었다가 진한대(전 249~219)의 저(箸)를 거쳐 수당(隋唐)대(581~907)에 근(筋)으로 굳었다. 저립(箸立)은 젓가락을 세우는 기구이자, 아기가 태어나 101일째 되는 날 처음으로 상 앞에 앉히는 것을, 차저(借箸)는 전대의 역사를 빌려서 오늘에 견주는 것을, 무하저처(無下著處)는 젓가락으로 집어 먹을 만한 음식이 없음을 이른다. 그러나 오늘날에는 쾌자(快子)를 더 많이 쓴다. 주달생(周達生 1931~2014)의 설명이다.

오(吳)의 사공들이 저의 소릿값이 '머물다[住]' 또는 '막히다[滯]'인 것을 꺼린 나머지 거꾸로 '빠르다[快]'는 뜻을 취한 데서 왔다. 그리고 쾌(快)를 '쾌(筷)'로도 적는 것은 대젓가락의 영향이며, '자(子)'가 붙은 것은 단음이 쌍음으로 바뀐 결과이다(1991 ; 82).

---

3) 근

《자통》의 설명이다.

죽(竹)은 근육이 붙은 뼈의 힘줄 부분을, 월(月)은 힘줄 아래의 육(肉)을, 역(力)은 근육에 달린 혹 모양의 살을 가리킨다. (…)《설문》에서 '육의 힘'이라며 역·육·죽의 회의자(會意字)로서 '죽은 사물의 근이 많은 것을 나타낸다'고 덧붙였지만, 자(字)는 죽에 딸린 것이 아니다. (…)《설문》은 이어 건(腱)이라 하였지만 정자(正字)인 근의 육 가운데 한 획을 뺀 것이다.《춘추좌씨전》에 '근을 끊지 않고 골을 부러뜨리지 않은 것은 강건하다는 뜻'이라고 적혔다[애(哀)왕 2년].《예기》에서 '늙은이는 근력으로 예를 나타내지 않는다' 한 것(〈곡례〉 상)은 약해진 근력을 가리킨다. (…)

본디 젓가락의 뜻이 없음에도 앞에서 든 대로 수당대에 젓가락을 가리키게 된 것은 좁고 긴 것을 헤아리는 잣대로 쓴 데서 온 듯하다. 이백(李白 701~762)의 시(〈행로난(行路難)〉)에도 '술잔 놓고 젓가락 던진다[停杯投箸不能食]'는 구절이 있다.

한국-유래 모르는 술 · 숟가락, 중국어 저 · 젓가락

1) 술

어원은 모른다. 술은 숟가락의 옛말이다.

용례이다.

㉠ 곧 能히 술 자ᄇ며 져 놋ᄂᆞ니[却能拈匙放筋ᄒᆞᄂᆞ니] 《금강 반야 바라밀경 삼가해》4 : 55)

(곧 능히 숟가락 잡고 젓가락 놓으니)

㉡ ㅂ 술 비 匙 술 시 俗稱銅匙 《훈몽자회》초, 중 : 6)

(비는 숟가락 비, 시는 숟가락 시이다. 흔히 구리 구리숟가락이라 한다.)

㉢ ᄒᆞᆫ 술식 수리프러 ᄒᆞ로 세 번식 머그면[酒服方寸匕日三] 《분문 온역 이해방》9)

(한 숟가락씩 술에 풀어 하루 세 번씩 먹으면)

㉣ 또 사발와 그릇 벼돌 사져 (…) 이 불근 칠 ᄒᆞᆫ 술 거믄 칠 ᄒᆞᆫ 술 놋 술[再買些椀子什物 (…) 這紅漆匙 黑漆匙 銅匙] 《노걸대번역》하 : 32∼33)

(또 사발과 그릇 세간을 사서 (…) 붉은 칠한 숟가락 검은 칠한 숟가락 놋숟가락)

---

2) 숟가락

숟가락은 '숟'과 '가락'으로 이루어졌다. '숟'의 본디 말은 '술'이며 '가락'과 합치면서 바뀌었다. 쟁기의 손잡이와 성에를 끼우는 나무를 '술'이라 부르는 것도 보습 끼우는 데가 숟가락을 닮은 데서 왔다. 보습이 떠올린 흙을 '밥' 또는 '흙밥'이라 이르는 것도 마찬가지이다. '가락'은 조금 가늘고 길쭉한 토막이다. '손가락'이나 '발가락'도 손과 발에서 갈라진 데라는 뜻이다.

3) 저와 젓가락

'저'는 한자 말 저(箸)가 뿌리이다. 젓가락은 저에 가늘고 길쭉한 것을 이르는 우리말 '가락'이 붙은 것이다.

용례이다.

㉠ 곧 能히 술 자ᄇ며 져 녿ᄂ니([能拈匙放筋ᄒᄂ니]《금강 반야 바라밀경 삼가해》4 : 55).

(곧 능히 숟가락 잡고 젓가락 놓으니)

㉡ 져룰 放縱히 ᄒ야 金盤이 뷔ᄂ 달 아디 몯호라[放筋未覺金盤空]《두시언해》초 16 ; 61).

(젓가락을 함부로 굴려서 금소반이 빈 것을 알지 못하노라)

㉢ 기장 바ᄇᆯ 머구ᄃᆡ 져로 말며[飯黍호ᄃᆡ 毋以箸ᄒ며]《내훈》초 1 ; 3)

(기장밥 먹을 때 젓가락을 쓰지 말며)

㉣ 놋 졋 그트로 므레 저져 藥ᄋᆯ 무텨[用銅筋頭於水中蘸 令濕溫藥末]《구급간이방》상 ; 45)

(놋젓가락 끝으로 물을 젓고 약을 묻혀서)

㉤ 불근 칠 ᄒᆫ 져[紅漆筋]《노걸대번역》하 ; 33)

(붉은 칠한 젓가락)

'젓가락'은 성종 20년(1489)에 나온《구급간이방(救急簡易方)》에 처음 보인다. '細末ᄒ야 졋가락 그테 져기 무텨 목졋 우희 ᄇᄅ라[爲末以筋頭點少許在懸壅上]'라는 기사가 그것이다(상 ; 42~43). 그럼에도《17세기 국어사전에》에 '졋가락'과 '젓가락'이 오르지 않은 까닭이 궁금하다. 지금처럼 널리 쓰지 않은 탓인가? 이것을 '저(箸)'가 아닌 '근(筋)'으로 적은 것은 중국 용례를 따른 결과이다. 숟가락과 젓가락을 함께 이르는 수저의 '수'는 '술'에서, 저는 한자 말 저(箸)에서 왔다. 곧 '술'이 '수'가 된 것은 ㄹ이 ㅈ 앞에서 빠지는 법칙에 따른 결과이다.

이는 성종(1469~1494) 때 나온《박통사언해》에 처음 보인다(〈사발 뎝시 술져[椀楪匙筋]〉중 ; 11).

일본-한국어 匙[사지], 음식 집는 기물 箸[하시]

---

1) 사지
《일본어원대사전》설명이다.

㉠ '차시(茶匙)'의 자음이다. '사지(さじ)'에서 왔다《日本釋名》·《大言解》.

㉡ '사쿠리스키(サクリスキ 決鋤)'의 뜻[義]이다《名言通》.

'사(さ)'는 '茶'의 한음(漢音)이며 '사지(さじ)'는 '차시(茶匙)'의 소릿값이라는 설이 널리 퍼졌다. 중세(12~16세기 말)의 차도(茶道)나 향도(香道)의 '향시(香匙)'가 좋은 보기이다. 카미노 요시하루[神野善治]는 '사지(サジ)는 근대의 이름으로 여러 곳에서 옛적에 쓰지 않았다고 하지만, 거꾸로 고고학 발굴에 나타나는 것으로 미루어 그사이에 없어진 것을 알 수 있다'고 적었다 (2014 ; 44).

2) 하시

① 《일본어원대사전》 설명이다.

㉠ 음식[食]과 입[口] 사이를 오가는[渡 하시] 물건인 데서 하시[間]의 뜻이 되었다《俗語考》·《言葉の根しらべ》=鈴江潔子·《國語の語根とその分類》=大島正健·《大言海》·《日本語源》=賀茂百樹).

㉡ 음식을 입에 건너보내는[渡] 데서 ハシ(橋)의 뜻을 지녔다《和句解》·《言源梯》·《和訓栞》).

㉢ 가위(ハサミ 挟)의 뜻으로 하사무(ハサム)와 같은 어원이다《日本古代文法成立の研究》=山口佳紀).

㉣ 대나무 끝[端]과 끝으로 집는[挟] 데서 하시[端]의 뜻이 되었다《東雅》·《言葉の根しらべ》=鈴江潔子·《大言海》).

㉤ 하시(ハシ 嘴)의 전의(轉義)이다《日本釋名》).

② 미야모토 게이타로[宮本馨太郎]의 설명이다.

옛적에는 저(箸)·래(筴)·근(筋)·서(鋤) 따위로 적고, 하시[波之·波志]로 읽었다. 《동아(東雅)》에 '저를 하시라 이르는 것은 자(觜)이며, 음식을 집는 것이 새 부리를 닮은 까닭이다. 또 하시는 단(端)으로, 옛적에 가늘게 깎은 대나무 가운데를 접고 그 끝을 마주해서 음식을 집은 데서 왔다'는 기사가 있다.

젓가락 종류는 아주 많다. 예부터 대나무·버드나무·삼나무·노송나무[檜]를 썼으며, 싸리나무·밤나무·홰나무·자단(紫丹)·흑단(黑檀) 따위의 목재와 금·은·구리·쇠·알루미늄 따위의 금속, 상아(象牙)를 비롯한 동물의 뿔[骨角]도 이용하였다. 길이는 7촌에서 7촌 닷 푼, 8촌, 8촌 너 푼, 한 척 한 푼, 한 척 두 푼에 이르기까지 여러 가지이고, 형태는 둥근 것·모난 것·큰 것·가는 것·끝이 가

사진 1

는 것·평평한 것·쪼개는 것 따위도 있다. 특히 나무젓갈은 칠을 입히거나 모를 심는 그림을 베푼 것이 나돌았다.

쓰임을 보면 일상 식사용 외에 경사(慶事) 의식용과 행사 의례용이 있었다. 헤이안시대(8~12세기)의 천황은 대상회(大嘗會)를 뺀 궁정의식에 대젓가락을, 탄생 축하용·첫 식사 축하용·명절용 따위에는 버드나무젓가락을, 8월 초하루와 보름의 달구경 잔치에는 싸리젓가락을 썼으며, 친왕 및 대신은 백목(白木)의 흰 젓가락을 썼다고 한다. 오늘날에도 탄생 축하 및 첫 식사 축하용은 버드나무로 깎으며 정월 행사 때도 이용하지만, 이 밖에 태어난 해가 그해 간지에 맞는 남자[年男]는 밤나무젓가락을 쓰며 이를 두었다가 좁씨 뿌리는 날 음식을 먹는다. 또 음력 6월 말에는 '새[新] 젓가락 축하', '푸른 젓가락 나이 먹기'라 하여 새[茅] 젓가락을 만들어 바치고 이것으로 밥도 먹는다. (…)

젓가락 부속품으로 옛적의 천황용 은제 마두반(馬頭盤)과 귀족용 은제 및 도제(陶製) 젓가락 받침을 비롯해서 지금도 저치(箸置)·저통(箸筒)·저롱(箸籠)·저상(箸箱)·저지(箸紙) 따위를 쓴다(1973 ; 265~267).

〈사진 1〉의 위와 가운데는 이세신궁(伊勢神宮)의 젓가락(위의 것 길이 36센티미터) 받침이고, 맨 아래는 야스쿠니신사[靖国神社]의 젓가락(길이 30센티미터) 받침이다.

2
수저의 출현

세계 인구 71억(2013년) 가운데 인도·동남아시아·중근동·아프리카·오세아니아 등지의 40퍼센트는 음식을 손으로 집어 먹으며 그 촉감을 통해 맛까지 즐긴다. 국수도 손으로 집는 중앙아시아 여러 민족(위글족 제외)은 60도가 알맞고, 70도는 뜨거우며 50도는 맛이 떨어진다고 여긴다. 그들에게 포크와 스푼 따위가 들어간 것은 1930년대 이후이다.

나머지 30퍼센트쯤의 유럽·아메리카·러시아 등지에서 나이프·포크·스푼을 함께 쓰지만 그나마 18세기 후반부터이다. 중세에도 걸쭉한 수프를 빵에 찍어 먹었으며 수프를 '마신다' 하지 않고 '먹는다' 이르는 것도 이에서 왔다. 콩소메 같은 국물 위주의 수프는 19세기에야 나왔다. 포크는 이탈리아 베네치아에서 11세기에 첫선을 보였고, 유럽에 들어간 것은 1553년 이탈리아 메디치집안의 딸이 프랑스 앙리 2세와 혼인할 때 혼수로 가져간 것이 실마리였다. 저들은 지금도 빵을 손으로 뜯어 먹는다.

나머지 30퍼센트의 젓가락 사용 지역은 우리를 비롯한 중국·일본·동남아 대륙·싱가포르 일대이다. 이 가운데 우리는 숟가락을 더 많이 쓰는 반면, 일본은 젓가락뿐이며 연꽃 모양 사기숟가락은 근래 냄비 요리를 즐기면서 나돌았다. 중국도 젓가락 세상이어서 국물은 일본처럼 그릇째 입에 대고 마시며 숟가락으로는 볶음밥이나 뜬다.

우리는 수저를 함께 쓰면서도 언제나 숟가락을 첫손에 꼽는다. 상에 젓가락보다 숟가락을 앞에 놓고, 음식 먹을 때 젓가락은 제자리에 두지만 숟가락은 국그릇에 놓으며 상에 두면 식사를 마친 뜻으로 삼는다.

수라상의 수저 두 벌 가운데 앞의 것으로 동치미국물을 뜨며 이를 '술적심'이라 한다. 숟가락에 물기가 있어야 들러붙지 않고 입에 넣기도 편한 까닭이다. 서민들도 물기 있는 음식으로 입 안을 적신 뒤에 먹는다. 국을 밥 오른쪽에 놓고 젖은 음식을 앞쪽에 두는 것도 같은 이치이다. 이어 밥을 한 술 떠넣고 수저는 밥그릇에 걸쳐놓은 채 젓가락으로 반찬 한 가지를 먹고 다시 상에 놓는다. 식사를 마치면 수저를 상 안쪽으로 들여놓아서 내갈 때 문설주에 걸리지 않게 하는 것이 예절이다. 젖 떼는 아이도 먼저 숟가락을 잡히고 첫돌에도 오목주발 밥그릇·국그릇·수저 한 벌을 마련한다.

이러한 관습은 음식물의 80퍼센트가 물기를 지닌 데서 왔으며, 심지어 국물이 없으면 음식이 목에 막혀 죽는 줄 알았다. 이를테면 지금의 70대들이 어린 적에 친구와 싸울 때 '너 국물도 없다'고 겁을 준 것이 그것이다. 더러 공돈이 생기기도 하는 공무원의 보직을 '국물 있는 자리'라 불렀으며, 1960년대에는 그들의 부패를 풍자한 '국물 있사옵니다'라는 연극도 나왔다.

중국

주달생의 설명이다.

젓가락은 전 15세기인 은(殷)대에 처음 나왔고, 널리 퍼진 것은 전 1세기의 한(漢)대이다. 《예기》에 주(周)에서도 밥을 손으로 먹었고 젓가락은 국물 건더기를 집는 데나 썼다는 기사가 있다. 또 밀 음식이 퍼지기 전의 화북지방에서는 조나 수수를 먹었으므로 손을 쓸 수밖에 없었다. 그 불편을 덜기 위해 나온 것이 숟가락으로 원(元)대(1206~1368)까지 이용하였다. 오늘날처럼 젓가락으로 밥을 먹은 것은 강남지방의 차진 쌀이 들어온 명(明)대 이후이다(1991 ; 80~81).

---

① 다음은 지자(知子)가 쓴 〈아국 사전시대의 찬시[我國史前時代的餐匙]〉《중국팽임(中國烹飪)》제10기, 1986)와 〈아국 문명시대의 찬시[我國文明時代的餐匙]〉《중국팽임》제6기, 1986)의 내용을 주달생의 글(1989 ; 102~135)에서 간추려 뽑은 것이다.

숟가락은 젓가락보다 먼저 나왔으며, 신석기시대에는 짐승 뼈·뿔·나무로 깎은 비(匕)꼴과 작(勺)꼴을 썼다. 앞의 것은 총이 좁고 길며 끝에 얇은 봉이 달렸고, 뒤의 것은 총과 봉이 뚜렷이 나

뉜다. 황하 유역 자산(磁山)유적에서 나온 뼈제품 250여 점 가운데 23점이 숟가락이다. 봉은 둥근꼴과 뾰족꼴 두 가지이며 길이 10～20센티미터이다. 장강 유역의 하모도(河姆渡)에서 나온 작꼴 봉(뼈제품)은 오늘날 것을 닮았으며, 황하하류 대문구(大汶口) 유적의 시꼴(길이 13～14센티미터)은 봉과 총의 구분이 없고 자루에 구멍이 뚫려서 몸에 지닌 것을 알려준다. 신석기 말의 용산(龍山)문화와 감숙성 일대에서도 허리에 차고 다닌 106점의 뼈제품이 나왔다. 사전(史前)시대에는 북방 내몽골 및 동북 흑룡강 일대에도 퍼졌으며 모두 봉에 구멍을 뚫었다. 따라서 전 5500년에 숟가락을 쓴 것이 분명하다.

특히 상(商)대 것 중에 작꼴도 있으며, 말기에는 북방에서도 더러 청동제 작꼴 숟가락이 나타난다. 이 시기의 동비(銅匕 길이 30센티미터)는 양 끝을 뱀이나 양의 머리로 꾸몄다. 한편, 서주(西周)의 작꼴 청동제는 총에 기하학적 무늬를 새겼으며 길이도 25센티미터에 이른다. 춘추시대(전 8세기～전 3세기)부터 끝이 뾰족한 평작꼴과 원작꼴을 썼으며, 전국 말기에 청동기시대의 원작꼴을 닮은 칠기제품이 나타났다. 이어 진한시대(전 249～전 24)에 칠을 입힌 목제품이 널리 퍼졌다. 앞뒤에 아름다운 무늬를 베푼 대부분의 한대 제품은 평작꼴이다. 후한시대(25～219)에 은제품이 나돌았고, 동서 양진(晉)시대(265～418)의, 둥근 봉에 총이 너른 제품은 수당대까지 이어 내렸다.

이 무렵에 퍼진 은식기 영향에 따라 수저도 은으로 바뀌었다. 총은 원두작협(圓頭勺狹)이 되며 길고 가벼워졌다. 중당(中唐) 이후 총이 짧은 대신 조금 너른 은숟가락이 나왔으며, 요～원대(907～1368)에는 형태의 변화가 없었다(길이 10～30센티미터). 주로 밥과 죽을 먹은 선진시대에는 국[羹]도 숟가락으로 먹었고, 고기 기름덩이나 말린 고기 따위는 젓가락이 없어 손으로 집었고 밥도 마찬가지였다.

최초의 대젓가락은 전한 초기 유적[호북성 운몽대분두묘(雲夢大墳頭墓)]에서, 구리제품은 춘추시대 중후기(中晚期) 유적(운남성) 및 춘추시대 말기 유적[안휘성 귀지(貴池)]에서 나왔지만 은젓가락은 장안(長安)의 수나라 이정훈(李靜訓) 무덤에서 선보였다.《한서》에 '쇠젓가락으로 먹었다[以鐵箸食]'는 기록(《王莽傳》)이 있지만 삭아 없어졌을 것이다.

지금은 총이 끝으로 가면서 좁아지되 단면이 둥근 것과 네모 총이 끝으로 가면서 둥글어지는 두 가지를 쓰지만, 앞에서 든 안휘성 출토품은 모두 네모이다. 네모 총이 끝으로 가면서 둥글어지는 표준형은 14세기 초에 퍼졌다.

당대에는 주인 및 장인의 이름이나 길상문을 새겼으며, 은젓가락 길이는 20～25센티미터로 오늘날과 같다.

〈그림 1〉은 고대부터 (왼쪽 위) 송·원대(960~1368) 사이에 나온 숟가락 그림이다. 〈사진 2〉는 한대의 숟가락으로 봉이 좁고 길며 총 끝이 제비 꼬리를 닮았다(산동성박물관).

젓가락의 종주국으로 알려진 중국에서 숟가락이 먼저 나왔다니 뜻밖이다. 더구나 국도 숟가락으로 먹고 고깃덩이와 밥도 손으로 집은 것은 믿기지 않을 정도이다. 은숟가락에 주인은 물론 장인의 이름과 길상문을 새긴 것은 오늘날처럼 수명장수를 기리기 위한 것일 터이다.

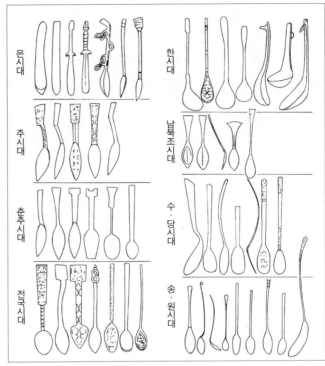

그림 1

〈사진 3〉은 호남성 장사시(長沙市)의 2세기 유적인 마왕퇴(馬王堆)에서 나온 대젓가락을 비롯한 칠기접시와 잔 따위의 식기이다. 젓가락은 오늘날의 것과 달리 손잡이 쪽은 네모이지만 음식을 집는 쪽은 둥글다. 이 같은 네모 손잡이는 좀체 손에서 벗어나지 않을 것이다. 가

사진 2

사진 3

543

2 — 수저의 출현

운데가 조금 내려앉은 것은 길이가 긴 까닭인가?

② 젓가락이 운남에서 나왔다고 한 심도(沈濤)의 논문(《저탐(箸探)》《중국팽임》 제5기, 1987)을 주달생의 간추린 글을 통해 알아본다.

《사기》에 '상(商) 주왕의 상아젓가락을 본 기자(箕子)가 앞으로 옥잔을 쓸 것이고, 먼 곳의 진기한 기물까지 얻으려들 터이니 수레와 말을 비롯한 궁실의 사치를 막지 못할 것'이라 하였다는 기사(세가 권38 〈송미자세가(宋微子世家)〉 제8)가 있다. 이로써 전 1200년에 젓가락을 썼다고 생각하기 쉽지만 하남성 안양 은허(安養 殷墟)의 260개가 넘는 무덤에서는 나오지 않았다. 또 같은 곳의 은왕 무정(武丁)의 아내[婦好] 무덤에서 골비(骨匕)와 동비(銅匕) 따위가 쏟아져 나왔음에도 상아제는 물론, 구리나 나무젓가락도 없었다. 같은 시기의 상말 무덤 11개도 마찬가지이다. 이는 사마천과 무정 사이에 천여 년이 가로놓였음에도 한대의 젓가락만 보고 상대에도 썼으려니 지레짐작한 탓이다. 실제로 은상(殷商)시대에는 중원에서 젓가락을 쓰지 않았다. 주나라 초기(전 1100)에서 춘추시대 중기의 생활을 묘사한《시경》에도 관련 기사가 없다.

젓가락은 운남(雲南)에서 처음 썼다. 전국시대 중기에서 전한 초기의 유적인 상운(祥雲)의 동관묘에서 나온 구리숟가락 외에 구리젓가락이 그것이다. 하나는 길이 28센티미터이고 또 하나는 24센티미터이며 둥근꼴도 오늘날 것과 차이가 없다. 따라서 젓가락이 중원에 퍼진 것은 진(秦)이 운남과 귀주의 많은 민족을 통치한 결과로 생각된다. 한대에 젓가락을 널리 썼지만 초기는 숟가락 위주였다.

서양의 포크를 닮은 찬차(餐叉)도 있었다(그림 2). 초기 청동기시대 유적에서 64여 점의 뼈제품이 나왔으며 상대 이후 원대 유적에서도 보인다. 대부분 이(齒)가 둘이지만(길이 4~5센티미터) 셋짜리도 있다(1989 ; 102~127).

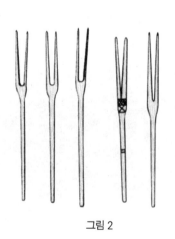

그림 2

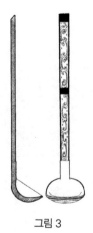

그림 3

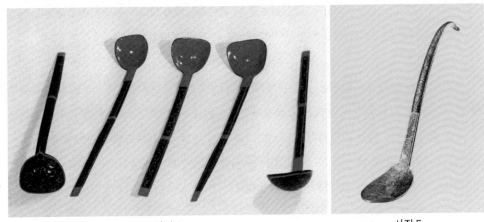

사진 4   사진 5

〈그림 2〉는 상주(商周)시대의 찬차 그림이다. 오른쪽에서 두 번째 것은 벌어진 목에 실을 둘러 감았다. 지금의 포크를 닮은 찬차를 쓴 것도 짐작하기 어려운 일이다.

한편,《사기》의 '선우(單于)가 유리(留犁)로 술을 휘저었다[單于以徑路刀金留 犁撓酒]'는 기사에 대해(〈흉노전(匈奴傳)〉 하), 안사고(顔師古 581~645)는 '유리는 숟가락[留犁飯比也]'이라는 주석을 붙였다. 이 무렵 중앙아시아에서도 쓴 것이다.

〈사진 4〉는 한대 숟가락이다. 운문칠시(雲紋漆匙)라는 이름대로 총에 화려한 구름꼴 옻무늬를 베풀었다(그림 3). 봉이 국자처럼 거의 직각으로 굽고 바닥이 깊으며 크기도 작은 것으로 미루어 조미료 따위를 떠 옮기는 데 썼을 것이다.

〈사진 5〉의 당대 은숟가락은 봉이 위로 솟고 총이 뒤로 휜 것이 삽을 연상시킨다. 길상문을 봉과 총에 빈틈없이 베풀었으며 특히 총 가운데부터 봉 사이에 은을 한 벌 더 입히고 굵은 무늬를 놓았다. 구부러진 총 끝은 꾸밈새 외에 숟가락이 손에서 미끄러지는 것을 막는 구실도 한다.

숟가락이 사라진 시기를 잘라 말하기 어렵지만 1147년에 나온《동경몽화록》에 '옛적에는 숟가락만 썼으나 지금은 모두 젓가락으로 먹는다'고 하여(권4 〈식점(食店)〉) 12세기 이전임을 짐작케 한다. 충청관찰사 윤국형(尹國馨 1543~1611)도 이렇게 적었다.

중국에서 예부터 숟가락과 젓가락을 쓴 것은 전기(傳記)에 뚜렷이 나오며 우리도 마찬가지이다.

그러나 왜란 뒤 중국의 대소 장관과 많은 병사들은 음식의 질고 마르고를 가리지 않고 젓가락으로만 먹었다. 어느 때부터 이렇게 되었는지 모른다. 대명(大明) 태조(1368~1389)가 진우량(陳友諒)을 치기 전에는 쓰지 말라고 하였다지만 믿기 어렵다(《갑진만록(甲辰漫錄)》).

'진우량을 치기 전' 운운한 부분은 원나라에서 숟가락 쓰는 것을 본 태조가 막았다는 설이다. 그러나 조나 수수가 주식이던 화북지방에서는 12세기에서 14세기 중반까지도 밥이나 죽을 숟가락으로 들었고 젓가락은 국건더기를 건질 때만 썼다. 수저의 위상이 바뀌어 오늘날처럼 젓가락만 쓰게 된 것은 화중 이남의 끈기 있는 쌀로 밥을 지은 명(明)대 중기(16세기 초) 이후이다. 쌀이 주식이었던 남부지방에서 젓가락을 일찍부터 쓴 것은 다시 말할 여지가 없다.

《지봉유설(芝峯類說)》 기사이다.

《설문》에 '숟가락으로 밥 먹는다[匕所而取飯]' 하였고 (…) 《시경》에 '긴 가시나무 숟가락이 있다[有捄棘匕]'고 적혔다. 《사기》의 '천둥이 울려 수저를 잃었다[雷震失匕箸]'는 기사, 《한문(韓文)》의 '수저를 버리고 일어섰다[棄匕筋起]'는 기사, 《두시(杜詩)》의 '이밥을 맛보니 눈처럼 흰 것이 눈이 숟가락에 번득인다[嘗稻雪翻匙]'는 구절(〈맹동(孟冬)〉《두소릉시집(杜少陵詩集)》권20)이 있다. 이처럼 옛적에 밥을 반드시 숟가락으로 먹었음에도 지금은 젓가락만 쓴다. 그 시기는 모른다.

고황제(高皇帝 명 태조)가 오랑캐(원)를 친 뒤 숟가락으로 밥을 먹으라 하였다는 말은 거짓일 터이다. 《예기》에 '기장밥 먹을 때 젓가락을 쓰지 말라'고 한 것을 보면, 옛적에도 간혹 젓가락을 쓴 것이 분명하다(〈복용부(服用部)〉).

중국에서 늦어도 17세기 이전부터 젓가락을 썼지만 숟가락이 자취를 완전히 감춘 것은 아니다. 이의현(李宜顯 1669~1745)은 '짧은 자루에 바닥 깊은 사기숟가락' 운운하였고(《경자연행잡지(庚子燕行雜識)》), 1804년의 《계산기정(薊山紀程)》에 '자루 짧고 구기 깊은 사기숟가락도 더러 보인다'는 기사가 있다. 김경선(金景善 1788~1853)도 '사기로 구운 자루 짧고 바닥 깊은 숟가락으로 국을 뜬다'고 알렸다(《연원직지(燕轅直指)》제6권 〈유관별록(留館別錄)〉). 오늘날 한국의 중국집에서 계란탕을 먹을 때 내는 사기숟가락이 그것으로 지금도 쓴다.

사진 6

〈사진 6〉은 강소성 경덕진(景德鎭)에서 생산한 청대 궁중

| 사진 7 | 사진 8 |

전용 식기 가운데 숟가락·대접·젓가락과 젓가락집·찬차 따위이다. 숟가락은 봉이 크며 당대처럼 총 끝에 둥근 매듭을 붙였고, 상아젓가락 끝과 가운데에 금장식을 달았다. 내몽골이나 동북지방의 유목민들은 지금도 젓가락을 반드시 집에 넣고 품에 품거나 허리에 차고 다닌다. 찬차는 과일을 먹는 데 썼을 것이다.

김노상(金老商 1787~1845)은 〈셔힝녹(戊子西行錄)〉에 '스슐가락(사시숟가락) 나무국이(나무구기)'라 적었고, 1866년에 홍순학이 고종 왕비의 책봉가례를 알리려고 연경(燕京)에 다녀와서 지은 〈병인년힝가(丙寅燕行歌)〉에도 '항아리며 푼즈기며 츠죵츠관 스시까지'라는 구절이 있다《한국 역대가사문학집성》).

〈사진 7〉은 청나라 궁중의 사시숟가락이며 같은 모양의 것을 오늘날 음식점에서도 쓴다 (사진 8). 식혜나 수정과를 뜨는 우리네 사시숟가락은 이를 본떴을 것이다.

앞의 이의현이 '나무젓가락 외에 대모(玳瑁)나 상아(象牙)로 깎은 것도 있으며 음식 먹을 때 반드시 사발을 입에 대고 젓가락으로 먹는데 홀홀 소리가 난다'고 적은 대로, 오늘날에도 저들은 이렇게 먹는다(사진 9).

앞의 〈병인년힝가〉에 실린 다음 노래를 보면 우리도 다르지 않았던 듯하다.

남녀노소 식구디로 부모형뎨 쳐즈전쇽

(남녀노소 식구대로 부모형제 처자 모두)

한상의 둘너안져 흔그릇식 밥을써셔

(한 상에 둘러앉아 밥 한 그릇씩 떠서)

2 ─ 수저의 출현

져싸치로 그러먹고 낫부면 덧더온다

(젓가락으로 긁어 먹고 모자라면 더 떠온다)

젓가락을 젓가치라 부른 것이 흥미롭다.

장조(張潮 1659~?)가 쓴 《우초신지(虞初新志)》의 젓가락
장인 기사이다(부분).

사진 9

무풍자(武風子)는 전남(滇南 운남성) 무정주(武定州 武定) 사람
으로 이름은 염(恬)이다. 이곳 세죽(細竹)은 속이 차고 단단한
것이 젓가락 감으로 안성맞춤이어서 그가 깎은 것은 수백 냥이
나 나갔다. 친구나 친척이 많은 이득을 남겼음에도 그는 한 번도 팔지 않았다. 호사가들이 술상
을 차려놓고 취하기를 기다렸다가 불과 대나무를 보이면 순식간에 수십 개를 깎고 다시 돌아보
지 않았다. 또 가난한 사람의 부탁도 들어주었다. 사대부들은 최고의 선물로 삼았으며, 왕공대인
들이 왔다가 못 얻으면 체면을 잃는 것으로 여겼다.

정해년(1647)에 촉(蜀)에서 도망쳐온 역적들이 전남에 위조(僞朝)를 세웠을 때 대숲에 숨
은 그를 데려다가 깎으라며 금과 비단을 쌓아놓고 술상을 차렸지만 꿈쩍도 않았다. 죽이려는 우
두머리에게 부하가 썩은 쥐 처리하려고 도끼에 기름칠할 것 없으니 차라리 놓아주자고 하였다.
풀려난 그는 미치광이처럼 굴었다. 왕의 군대가 전남을 평정하자 다시 깎았고 그것은 곧 귀물이
되었다. 그러나 태수의 부탁을 듣지 않은 탓에 매를 흠씬 맞고 풀려나 다시 떠돌았다.

내가 그의 젓가락 그림[凌煙閣功臣圖]을 보았더니, 새끼줄만 한 굵기에 깃발·갑옷·무기 따
위에서부터 시종과 병사들까지 갖추지 않은 것이 없었다. 포국공(褒國公)과 악국공(鄂國公)의 준
엄한 모습을 비롯하여 수염이며 머리카락 따위는 오도자(吳道子)의 생동적인 필법도 뛰어넘지
못하였다. 실처럼 가는 선에 짙은 감색이었으며, 대나무는 새겨넣은 것처럼 한 푼쯤 파여 있었다.
무정태수 고여산(顧輿山)의 말이다.

"그는 붓처럼 가는 숯 수십 개를 불속에 넣었다가 끝이 송곳처럼 붉어지면 왼손에 젓가락
을, 오른손에 숯을 잡고 그렸다. 이때 뽕잎 먹는 누에 소리가 났고 빠르기는 비바람 같았다. 술 마
시기와 그리기를 거듭하다가 술이 떨어지면 멈추었으며 병에 술이 차면 다시 그렸다. 취하면 불
을 줄이고 누워서 울다가 노래도 불렀다. 한참 깎다가 술이 떨어지면 사라졌고, 며칠이나 몇 달
뒤 다시 와서 마쳤다. 생김은 평범하고 나이는 예순쯤이었으며 보통 사람처럼 굴었지만 말을 걸

어보면 미치광이가 분명하였다."

———

당나라 개국공신(開國功臣) 포국공의 이름은 단지현(段志玄 ?~?)이며, 악국공은 여황제 무측천(武則天 624?~705)의 애인이다.

한국

숟가락은 놋쇠·백통·은·나무 따위로 굽거나 깎으며, 나무제품은 절집에서 썼다. 총에 죽절무늬를 넣고 칠을 해서 가볍기도 하거니와 무엇보다 소리가 나지 않아 바리때와 잘 어울렸던 것이다. 염습 때는 쌀을 버드나무숟가락으로 떠넣는다. 얇고 거칠게 만든 숟가락은 잎숟가락이다. 백동숟가락은 흔히 가운데에 1센티미터쯤의 은(銀)봉을 박으며, 남자용은 여자 것보다 크다. 수저는 놋주발 및 놋요강과 함께 색시의 혼수품으로 꼽았다.

1) 고대 및 삼국시대

함경북도 선봉군 굴포리 신석기시대 유적과 회령의 청동기시대 유적에서 뼈숟가락이, 낙랑 왕광묘(王光墓)에서 옻칠숟가락이 나왔다. 쇠붙이는 5세기 후반의 경주 금관총(金冠塚)에서 첫선을 보인 은제 세 닢(총 길이 7센티미터, 봉 3센티미터 너비 4센티)과 청동제 한 닢이다.

〈사진 10〉은 공주시 무령왕(501~523)릉에서 나온 구리숟가락 세 닢과 구리젓가락 두 쌍이다. 오늘날의 것을 닮은 숟가락 한 닢(길이 20.4센티미터)은 총의 허리가 잘록하고 끝은 부채 살처럼 퍼졌으며(4.7센티미터), 연꽃꼴 봉(길이 7.7센티미터에 너비 4.4센티미터)은 돋을무늬 다섯 줄을 새겨서 맵시를 냈다. 젓가락 가운데 하나는(길이 21.2센티미터) 가운데 지름이 0.3센티미터로 양 끝(지름 0.5센티미터)보다 가늘며 손잡이에 달린 둥근 고리에

사진 10

끈 따위를 꿰어서 허리에 찼을 것이다. 부
여 관북리와 왕흥사지에서도 같은 것이 나
왔다. 부산시 고촌유적에서는 유일한 대젓
가락이 선보였다(길이 28센티미터에 손잡이 너비
0.6센티미터쯤).

경주 안압지의 청동숟가락 26닢 가운
데 둥근 봉 숟가락 네 닢과 연꽃꼴 한 닢(모
두 구리)은 일본 정창원(正倉院)의 것 그대로이
다(그림 4 ☞ 557쪽 사진 19·20). 우리 것
이 그리 건너간 것이다. 둥근 것은 총 17~
19센티미터에, 봉 6~7센티미터이며, 너비는
5.4~7센티미터이다.

국립경주박물관 부지에서 나온 청동
숟가락의 타원형 봉은 너비 7센티미터에 짧
은 지름 4.67센티미터이다(그림 5). 봉이 옆
으로 퍼져서 조미료를 뜨거나 젓기 알맞다.
총(길이 19.6센티미터에 두께 0.2센티미터)은 중간
이 조붓하지만 손잡이가 조금 퍼져서 쥐기

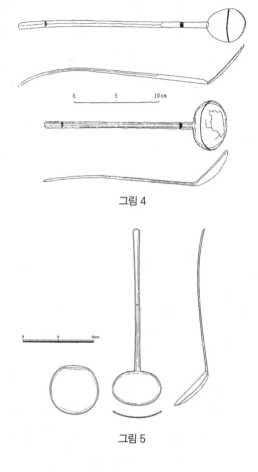

그림 4

그림 5

쉬우며 뒤로 휘어서 맵시를 살린 것이 돋보
인다. 창녕 말흘리의 것 열 닢 가운데 둥근 봉은 네 닢이고 나머지는 오늘날의 찻숟가락처럼
좁고 길다. 화엄사 5층탑에서도 같은 것을 찾았다(총 길이 26센티미터쯤에 봉 6.9센티미터).

일본 교토[京都]시 고려미술관에 있는 신라 말의 구리수저와 젓가락 한 닢은 돋보인다
(사진 11). 숟가락은 금을 입힌 총 끝에 금으로 싼 구슬을 따로 달고 양쪽에 불로장생을 상
징하는 복숭아꼴 얇은 꽃 판무늬를 곁들였다. 복숭아를 봉 앞에 세 알, 봉에서 총으로 이어
지는 데 세 알 붙이고 대나무 매듭을 지었다. 지금까지 알려진 가장 뛰어난 예술품이다. 길이
27.3센티미터에 허리가 굽었으며, 젓가락은 길이 24.4센티미터이다.

〈사진 12〉는 서울시 호암산성 우물에서 나온 청동숟가락이다. 길이 25센티미터쯤에 봉
너비 3.5센티미터이며 총이 조금 휘었다. 뒤에 '잉벌내력지내말[仍伐內力只乃末○○○]'이라는 글
자를 새긴 것이 특징이다(서울대박물관).

정의도는 신라 유적에서 은제 숟가락
세 닢, 동제 한 닢, 나무젓가락 한 쌍이, 백제
에서 동제 숟가락 여섯 닢에 젓가락 세 쌍이
나온 것을 들어 무덤에 넣으려고 따로 만들
었을 것이라 하였다(2008 : 320~344). 고구려
유적에서 한 점도 나오지 않은 것은 의문
이다.

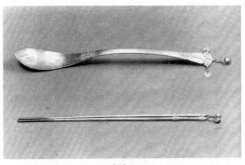

사진 11

2) 고려시대

〈그림 6〉은 인종(仁宗 1515~1545)의 장
릉(長陵)에서 나온 은수저(길이 23.7센티미터)이
다. 숟가락(길이 32.5센티미터)의 봉은 길이 8센
티미터에 너비 3.7센티미터이다. 봉이 좁고
길며 손잡이 아래가 크게 굽었다. 젓가락 손
잡이는 네모이나 아랫도리는 둥글다.

사진 12

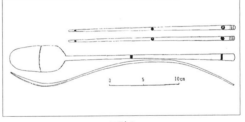

그림 6

경기도 화성시의 것(길이 19.8센티미터),
인천시 효성동의 것(길이 22.5센티미터), 남해군
의 것(길이 26.3센티미터) 따위는 형태가 같은
점에서 이를 고려 숟가락의 전형으로 보아
도 좋을 것이다. 숟가락질이 불편할 터임에
도 이렇게 구부린 까닭이 궁금하다.

〈사진 13·14〉는 미국 하와이주 호놀룰루미술관의 청동숟가락 세 닢이다. 하나는 총 끝
이 제비 꼬리처럼 벌어졌으며 손잡이로 넘어가는 데가 잘록해서 맵시가 나거니와 소용돌이
무늬를 새긴 것도 돋보인다. 봉은 앞의 것들처럼 좁고 길다. 다른 하나(길이 26센티미터)는 조금
너른 손잡이 끝에 물방울 모양의 돌기를 붙였다. 〈사진 14〉는(길이 25.6센티미터) 총 끝을 복숭아
처럼 꾸몄다.

〈사진 15〉는 일본 덴리[天理]대학 참고관의 청동숟가락 세 닢과 젓가락 한 닢 그리고 국
자 한 개로 개성 부근에서 나왔다고 한다. 숟가락 총 끝이 갈라지고 곧은 봉은 길며, 구부러
진 손잡이는 앞의 것들과 같다. 젓가락은 손잡이와 총 사이에 대나무 마디를 새겼다.

2 — 수저의 출현

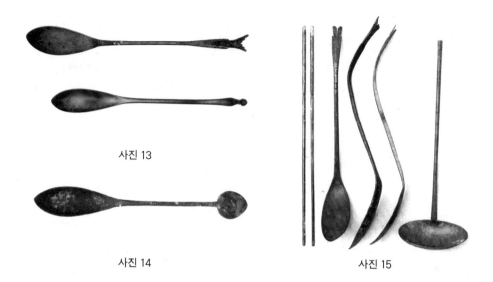

사진 13

사진 14

사진 15

　　고려시대 숟가락 몸체는 가냘프면서 우아한 분위기를 풍긴다. 총 끝은 제비 꼬리를 닮고 허리는 활등처럼 휘며 봉은 연꽃처럼 좁고 길어서 선의 아름다움이 돋보인다. 젓가락 총이 8각·6각·4각을 이룬 점도 특징의 하나이다.

3) 조선시대

　　조선시대 숟가락은 꾸밈보다 실용이 앞서서 봉이 넓고 둥글며 두툼하고 총은 곧다. 왕족의 은숟가락은 후기에 퍼졌으며 서민들은 놋쇠나 백통제품을 썼다. 놋숟가락 봉에 은이나 구리 박은 것을 은봉박이숟가락 또는 구리봉박이숟가락이라 불렀다.

　　예용해(芮庸海 1929~1995)의 설명이다.

───────────

(서민들은) 기껏 백통숟가락에 어쩌다가 봉 바닥에 은이나 구리 또는 오동으로 태극무늬를 새겨 넣거나 봉 끝에 '수(壽)'자나 '부(富)' 또는 '희(囍)'자 무늬를 새김질해서 쓰는 것이 고작이었다. 그리고 너 나 할 것 없이 놋쇠를 달구어 망치로 때리고 소도리로 다져서 만든 방짜숟가락이나 놋쇠를 붐질해서 만든 막숟가락을 썼다. (…)

　　은숟가락에는 총 끝이 아무런 꾸밈새 없이 마무리된 민짜, 총 끝에 연봉을 새김질한 연봉, 총 끝을 긴네모꼴로 편 잎숟가락 따위의 세 가지가 있었다.

　　민짜나 연봉이나 잎 할 것 없이 숟가락의 봉 바닥이나 총 끝에는 무늬나 글씨를 조이질했는

데, 요즈음에는 그것이 모자라 파란을 놓고 있으며 나아가서는 은숟가락에 금연봉을 달거나 금으로 입사를 하다가 마침내 금숟가락이 등장하기에 이르렀다. 그래서 금숟가락이나 은숟가락에 금봉을 붙인 숟가락이나 파란을 놓은 숟가락은 흔하나, 한때는 높은 신분과 부의 상징이었던 백통숟가락이 자취를 감추고 놋쇠숟가락도 밀려났다[1997(2) ; 203~204].

수저는 깨끗이 씻어서 수저통이나 수저집에 넣는다. 수저 두 벌이 들어가는 크기의 집은 흔히 시집가는 색시가 붉은 비단이나 남색 천에 여러 가지 색실로 수를 놓는 외에 십장생을 비롯해서 모란·난초·원앙새와 수복강녕·부귀다남 따위의 길상문을 놓는다(사진 16). 수저통은 대오리로 엮거나 대통으로 만들며 오지로 구은 것도 있다. 수저집과 달리 온 식구의 것을 넣는 까닭에 흔히 부엌 기둥에 걸어둔다.

조선시대 궁궐에서는 제사용 숟가락을 멧대추나무[棘木]로 깎았다. 성종 때 제기도감(祭器都監)에서 숟가락[匕]을 멧대추나무로 깎는다는 《예문(禮文)》의 기사는 단단하기 때문인 듯하니 2년생을 쓰자고 한 것이 좋은 보기이다[《성종실록》 21년(1490) 11월 22일].

중국에서는 주대부터 삼괴구극(三槐九棘)이라 하여 조정에 삼정승을 상징하는 홰나무 세 그루와 대신을 나타내는 멧대추나무 아홉 그루를 심었다. 3공(三公)의 지위를 괴위(槐位), 대신의 집안을 괴문(槐門)이라 하는 것도 이에서 왔다. 《공자가어(孔子家語)》에도 '임금은 삼공과 공경에게 죄인 판결을 극목 아래에서 하라고 이른다[王命三公卿士參聽棘木之下]'는 구절이

사진 16

있다.

한편, 박지원(朴趾源 1737~1805)의 글 〈이몽직에 대한 애사[李夢直哀辭]〉 가운데 '한 사주쟁이가 한 사내의 사주팔자를 논하며 쇠를 먹고 죽을 것이라더니, 과연 그는 이른 아침 밥 먹다가 폐가 수저를 빨아들여 죽었다[算命子 論一丈夫 當食金而死 嘗早食 肺吸其是而死]'고 한 대목(《연암집》 제3권)은 아무리 곱씹어도 이해하기 어렵다.

어효선(魚孝善 1925~2004)이 말하는 서울 시어미와 며느리의 젓가락 예절이다.

며느리는 맨 나중에 시어머니를 모시고 먹어야 했다. 시어머니를 모시고 같이 먹었지만, 밥그릇을 소반 위에 올려놓지 못하고 방바닥에 놓고 먹어야 했고, 어른 앞이라 젓가락을 쓰지 못했다. 숟가락만 가지고 먹자니, 열무김치 따위는 손으로 붙들지 않을 수가 없었다(1990 ; 196).

일본

1) 한국에서 건너간 숟가락과 젓가락

4세기의 《삼국지》에 '왜인들은 손으로 음식을 먹는다'는 기사가 있다. 잇시키 하치로[一色八郎]의 설명이다.

젓가락은 중국에서 직접, 또는 조선반도를 거쳐 들어왔다고 알려졌지만, 일본에서 젓가락을 쓰기 시작한 것은 3~7세기로 생각된다. 특히 일본에서 중국문화를 의식하고 받아들이려고 한 것은 7세기 이후이며, 그 계기는 불교 전래에 따른 식사법이었을 것이다.

불교 전래는 긴메이[欽明] 천황 때(552), 백제 성(명)왕[聖(明)王 523~554]이 불상과 경론(經論) 따위를 보낸 것이 시초라고 한다. 이 불교문화도 처음에는 조선에서 들어왔으며, 일본 최초로 새로운 젓가락 제도를 조정의 공연의식(供宴儀式)에 채용한 것은 쇼토쿠[聖德 574~622] 태자 때라고 한다(1993 ; 53).

젓가락이 불교를 통해 들어갔고 불교가 백제에서 건너갔다면 젓가락도 우리가 보낸 것

으로 보아야 함에도 이 사실을 숨기려고 둘러댔다.

에쿠안 겐지[榮久庵憲司]의 말이다.

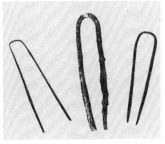
사진 17

━━━━━

젓가락은 대륙에서 들어왔다. 두 가락 한 벌을 카라하시[唐箸]라 불렀다. 이때까지 일본에서는 긴 나무를 핀셋처럼 반으로 접어서 썼다(사진 17). '하시'라는 이름도 그 모양이 새부리를 닮은 데서 온 듯하다. 이것으로 뜨거운 국물의 건더기를 건졌으며 밥은 손으로 집어 먹었다. 이는 중국 사서에도 보인다.

　　금속제 젓가락은 나무젓가락을 쓰던 사람들에게 충격을 주었다. 나라[奈良]시대(710~784)에는 귀족이나 관리들이 대모(玳瑁)젓가락을 애용하였고, 일반인은 대나무젓가락을 썼다. 서민들이 젓가락을 쓴 것은 헤이안[平安]시대(8~12세기)부터이다. 핀셋 젓가락은 쓰고 나서 버렸다(1975 ; 57).

━━━━━

　'대륙'은 한국을 가리킨다. 일본사람들이 우리나라에서 들어간 것을 숨길 때 얼버무리는 전형적인 표현이다. '중국 고전'은 앞에서 든 《삼국지》이며, '카라하시'의 카라도 '한(韓)'이 본디 말이다.

　젓가락뿐 아니라 숟가락도 신라에서 들어갔다. 정창원 고문서(《買新羅物解》)의 '752년 신라 사절에게 24종의 물품과 함께 숟가락 여섯 닢과 젓가락 네 벌을 샀다'는 기록이 그것이다. 또 이곳에 '사하리제 숟가락' 3백 46닢, 금은제 한 닢, 조개숟가락[貝匙, 조개껍질에 막대기를 끼운 것] 60닢, 은에 도금한 금은 젓가락 한 벌이 있으며, 젓가락(길이 25.8센티미터) 가운데는 백제 무령왕릉에서 나온 것처럼 두툼하면서(4.5밀리미터) 양 끝이 얇은 것(2밀리미터)도 섞였다. '당(唐)문화의 영향을 받아 귀족들이 쓴 것으로 보인다'고 둘러대는 이도 있지만 어림도 없는 소리이다. 8세기 무렵의 일본은 선진문물을 신라를 통해서 받아들였으며, 조선(造船)이나 항해술이 낮아서 신라의 도움 없이는 중국에 드나들지도 못하였다.

　또 숟가락의 일본말 '사지'는 우리말 '사시'가 뿌리이다. 우리도 옛적에는 숟가락을 이렇게 불렀고, 근래까지 수정과나 식혜를 떠먹는 사기제품을 '사시숟가락'이라 일렀다. 정창원의 조개숟갈을 가리키는 '가비(加比)'도 우리말 '조가비'에서 온 것임을 알아야 한다.

　〈사진 18〉은 정창원의 조개숟가락으로 설명문은 다음과 같다(《정창원전》 1988).

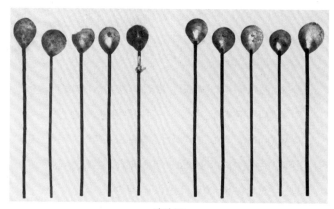

사진 18

다 자란 조개껍질을 갈아서 달걀꼴로 자른 다음, 머리 부분에 대나무 자루를 붙인 실용적인 숟가락이다(전 길이 35~37센티미터). 모두 조개의 두꺼운 부분을 봉으로 삼았으며 안쪽에 아름다운 광택을 살린 것도 있다. 총은 조죽(條竹) 마디의 껍질을 벗기고 한 끝을 벌려서 꼭대기에 끼우고 구리 못으로 붙박았다. 보고(寶庫 정창원)에 예순 벌 있으며 열 벌씩 베 띠[麻紐]로 묶었다. (…)

더구나 사하리 숟가락을 묶은 종이에 신라 이두문자까지 적혔고, 숟가락 봉이 우리 것처럼 둥근꼴과 연꽃꼴 두 가지인 점도 중요한 증거이다. 금은 숟가락이 우리 것을 닮은 사실까지 들먹일 필요는 없을 터이지만, 저쪽에서 사금(砂金)이 처음 생산된 것은 749년(《일본서기》)이며, 신라에서는 이보다 훨씬 전부터 금주발과 금숟가락 따위를 중국에 팔았다.

〈사진 19·20〉은 정창원의 신라 숟가락 묶음이다. 〈사진 19〉 가운데 큰 것은 총 길이 19센티미터에, 봉 길이 6센티미터이며, 작은 것은 총 길이 18센티미터에 봉 길이 7센티미터, 너비 4센티미터이다.

《정창원》소장품에 대해 한 학자는 '재질·기법·형태 따위는 한국 각지의 신라시대 유구에서 나오는 것과 닮았으며, 이로써 당시 조선반도와의 교류 모습을 엿볼 수 있다. 이 숟가락도 신라에서 수입한 물품일 가능성이 높다'고 하였다.

〈사진 20〉에 대한《정창원전》(1988)의 기사이다.

원형 봉과 나뭇잎형 봉을 지닌 숟가락 두 종류로 열 벌을 모아서 하나로 묶은 것은 아주 드문 보기이다. 모두 사하리(佐波理)제품으로 아마도 (…) 평평하게 만든 뒤 봉과 손잡이를 다시 두드리는 기법으로 꼴을 잡고 정으로 쪼아서 완성하였을 것이다. 봉·총 길이·두께 따위는 조금씩 다르다. (…)

이를 닮은 것이 통일신라시대의 한국 경주 안압지와 중국 당대의 유구, 섬서성 경산사(慶山寺) 사리탑에서도 선보였다.

보고의 남창(南倉)에 있는 이들을 포함한 18묶음의 쓰지 않은 숟가락은 정창원의 모든 사하리제품과 마찬가지로 신라에서 들어왔을 가능성이 높다(104).

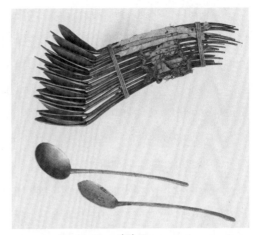

사진 19

나라현 사쿠라이시[櫻井市 箸中]에 있는 '젓가락 무덤[箸墓]'은 길이 276미터에 높이 23미터나 되는 전방후원분(前方後圓墳)이다 (사진 21).

《일본서기》 기사이다.

사진 20

스진[崇神 전 97~전 30] 천황 조부의 딸 야마토토모모소비메노미코토[倭迹迹日百襲姬命]의 남편 오오모노누시노미코토[大物主神]는 늘 밤에만 찾아왔다. 그네가 얼굴을 분명히 알 수 없으니 제발 더 머물러서 내일 아침에 아름다운 모습을 보여 달라고 하자 '옳은 말이요. 내일 아침 당신의 빗그릇 속에 들어가 있을 터이니 놀라지 마시오' 일렀다.

이튿날 아침 경대그릇에서 허리띠 굵기에 아주 작고 아름다운 뱀을 본 그네가 놀라소리치자 사람으로 바뀌더니 '그대는 참지

사진 21

못하고 나를 부끄럽게 만들었소. 이번에는 내가 당신을 그렇게 만들겠소' 하고 삼륜산(三輪山)으로 사라졌다. 너무도 창피한 그네는 젓가락으로 자신의 보지를 마구 찔러 죽었다. (…) 젓가락 무덤이라는 이름은 이에서 왔다. 무덤을 낮에는 인간이, 밤에는 신이 지었다고 한다(《스진 천황》 10년 7월).

2 — 수저의 출현

그러나 이 무덤을 쓴 4세기 초에는 일본에 젓가락이 없었다. 아스카[飛鳥]시대(593~687)에 밥공기와 접시가 나왔으며 이들의 형태는 지금의 우리 것과 똑같다. 그리고 젓가락과 숟가락을 쓴 것은 앞에서 든 대로 나라시대부터이다. 따라서 무덤 이름은 젓가락과 아무 관련이 없다.

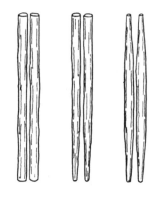

그림 7

이 무덤은 한국인이 지었다. 일본 고대에 능묘(陵墓)를 짓거나 장례의식을 주관했던 사람을 하지우지시[土師氏]라 한다. 《사쿠라이시사[櫻井市史]》는 '이 거대한 전방후원분은 하지우지시의 우수한 축조기술 영향을 크게 받았다. 곧 그들은 토목공사·고분 축조·제사(祭祀)의식·군사문제 따위에 관여한 유력한 씨족'이라 하였고 (제10장 〈고대 지명의 전승〉), 호사카 토시미즈[保坂俊三]도 '이 고분의 측량과 설계 및 시공은 도래인(渡來人)이 맡았다'고 밝혔다. '도래인'은 한반도에서 건너간 한국인을 가리키며 이들이 일본 고대국가 형성에 바탕이 된 사실은 널리 알려졌다. '무덤을 낮에는 인간이 쌓고 밤에는 신이 지었다'는 대목도 한국인의 뛰어난 건축기술에 대한 찬탄인 것이다.

가장 오랜 젓가락은 6세기 후반의 유적(板楫宮跡)에서 나왔으며(길이 30~33 센티미터, 굵기 0.5센티미터의 홰나무), 평성궁(平城宮)에서도 나무젓가락 50여 모가 발견되었다. 따라서 에쿠안 겐지의 말대로 8세기에 들어와 수저가 널리 퍼졌을 것이다. 이때는 무령왕릉 것처럼 양쪽을 가늘게 다듬은 양쪽젓가락[兩口箸]과, 한쪽만 가늘게 다듬은 한쪽젓가락[片口箸], 그리고 굵기가 꼭 같은 등신젓가락[寸胴箸]이 있었다. 젓가락의 분화가 일어난 것이다(그림 7).

또 종류를 크게 나누면 채저(菜箸)·취저(取り箸)·명명저(銘銘箸) 세 가지가 있다. 채저는 옛적에 진어(眞魚)라 하여 대로 깎은 조리용이고, 취저는 큰 그릇의 음식을 제 그릇으로 옮기는 것이며, 명명저는 개인용이다. 나무젓가락은 일회용이지만 가정의 도저(塗箸)는 오래두고 썼다.

이 밖에 천황 즉위식에 지내는 대상제(大嘗祭)의 신찬(神饌)용은 청죽(靑竹)을 핀셋처럼 U자꼴로 구부렸다[折箸].

〈사진 22〉는 1971년 오사카(豊中市 島田 遺跡)에서 나온 나라시대의 목제품이다. 길

사진 22

사진 23

사진 24

사진 25

사진 26

이 20.5센티미터에 끝의 너른 부위는 너비 1.3센티미터, 두께 5밀리미터로 한쪽은 끝이 둥글
지만 다른 쪽은 뾰족해서 음식을 꿰기 편하다. 사람이 먹기보다 신에게 바치는 음식을 나누
는 데 썼으며, 중국에서도 널리 이용한 점에서 일본 고유의 것은 아닌 듯하다(一色八郞 1993 ;
47~48).

　　서민과 귀족은 다른 숟가락을 썼다. 〈사진 23〉은 7세기 후반 유적(藤原京宮跡)의 서민 밥
상으로 젓가락 없이 긴네모꼴의 숟가락만 놓였다. 봉과 총이 곧고 봉 자체도 평평해서 밥을
올바로 뜨기 어렵다. 상에 현미밥·바닷말국[荒布]·생선 토막·소금이 보인다. 〈사진 24〉도 서
민 밥상으로 숟가락의 봉과 총은 앞의 것처럼 곧지만 봉이 조붓하고 모를 죽여 쓰기 편하다.
　　〈사진 25〉는 귀족 밥상이다. 숟가락의 총이 조금 굽었으며 봉은 좁고 기름하다. 황족이
나 귀족은 특별한 날이면 이처럼 금속제 식기를 썼으며, 보통 때는 〈사진 26〉처럼 검은 칠(漆)

2 — 수저의 출현

사진 27

사진 28

을 입힌 식기를 이용하였다. 상에 오른 숟가락이 오늘날의 것과 다르지 않은 것을 보면 같은 시기에도 여러 가지 유형이 있었던 것으로 짐작된다.

한편, 8세기 중반의 서민 상에 젓가락만 놓인 것은(사진 27), 일반에서는 숟가락과 젓가락 가운데 하나만 썼을 가능성을 알려준다.

〈사진 28〉은 10세기 무렵 천황의 궁전[淸凉殿]에서 새해맞이 잔치에 쓴 유기반상기이다. 숟가락의 봉이 갸름하고 길쭉하며 가운데가 우묵한 것이 오늘날의 것과 큰 차이가 없다. 그러나 이 무렵에도 모두 젓가락을 쓴 것은 아니다.

《만엽의 의식주(万葉乃衣食住)》 기사이다.

이 사진은 귀족의 식사 모습을 보인다. 아스카시대부터 천황과 일부 귀족들은 젓가락과 숟가락(スプン)으로 식사한 것으로 생각되지만 일반의 관인(官人)은 아직 손을 썼으며 젓가락은 쓰지 않았다. 평성궁에서 대량으로 나온 나무젓가락이 등원경(藤原京)에서는 '전혀'라고 할 만큼 보이지 않으며 평성궁시대에 이르러 젓가락을 쓰는 새로운 관습이 널리 퍼진 것으로 생각된다. 나무 외의 젓가락이 유물로 나오지는 않았지만 문서에는 대나무젓가락도 등장하며 이를 나라시대부터 쓴 듯하다.

평성궁은 겐메이[元明] 천황이 710년 등원경에서 천도한 뒤, 784년에 간무[桓武] 천황이 다시 장강궁(長岡宮)으로 옮겨가는 74년 동안 수도 구실을 하였다.

8세기에 정착된 수저문화는 시간이 지나면서 숟가락은 사라지고 젓가락만 남았다. 신

숙주(申叔舟 1417~1475)도 '일본에서는 남자
나 여자나 음식을 옻그릇에 담으며 젓가락
은 있고 숟가락은 없다니 어찌 된 일인가?'
하였다《해동제국기(海東諸國記)》. 지금 생각해
도 숟가락을 젖혀두고 젓가락에 매인 것은
의문이다.

사진 29

　〈사진 29〉는 나라시대 귀족 밥상의
수저이다. 숟가락은 우리네 고려 적 것처럼,
총의 손잡이 쪽이 몹시 휘고 끝은 제비 꼬
리를 연상시킨다. 반찬은 왼쪽부터 밥·붕
어 구이·전복찜·소라 구이·멧돼지 구이·(クグタチ?) 찜·당과자(唐菓子)·나무열매·술 따위이다.

　기쿠치 요사이[菊池容齋 1788~1878]가 쓴 《전현고실(前賢故實)》에 '백저옹[白箸の翁]의 이
름과 사는 곳은 모른다. 870년대 말, 헤이안[平安]시에서 흰 젓가락을 팔았다. 머리카락은
흐트러지고 의복은 누더기였다. 여름도 겨울도 늘 같은 옷차림이었으며 나이 일흔이라 하
였지만 세상에서는 팔십으로 보았다'는 대목이 있다. 오에노 마사후사[大江匡房 1041~1111]의
《본조신선전(本朝神仙傳)》에도 닮은 내용이 실렸다. 따라서 9세기 후반에 교토 어소동문전시
(御所東門前市)에 젓가락 가게가 있었던 것을 알 수 있다. 백저옹은 그 시조로 생각된다(一色八郎
1993 ; 20~21).

　일본은 젓가락 세상이다. 아기 백일상에도 반드시 젓가락을 놓고, 친척 가운데 장수한
사람이 이것으로 음식 먹는 시늉을 시켜서 잘 자라기를 바란다. 이를 새봄에 처음 싹튼 버드
나무로 깎는 것도 마찬가지이다.

　이름도 여러 가지이다. 훌륭한 배필을 만나는 인연[緣結]젓가락, 금실이 좋아지는 부부젓
가락, 오래 사는 장수젓가락, 복과 명을 누리는 복수(福壽)젓가락, 회갑과 고희의 백수(白壽)젓
가락 따위가 대표적이다. 이 밖에 죽은 이에게 물을 찍어 바르는 장례젓가락, 고인이 애용한
밥그릇에 꽂는 부처젓가락[佛箸], 화장한 뒤 뼈를 고르는 황천젓가락[渡箸], 제액 및 개운(開運)
을 위한 젓가락에서 늙은이 망령방지용까지 나돈다(사진 30).

　어머니는 어린아이에게 젓가락과 주발[椀]을 상자[箱膳]에 담아주고, 자라면 어른 된 증
거로 자신의 젓가락을 쓴다. 무가나 상가의 하인들도 제 물건이나 침실이 없었지만, 수저와 식
기 상자는 어디서나 반드시 자신의 것을 지녔다.

한 식탁의 음식도 다른 젓가락으로 집어 옮기며 쓰고 나면 반드시 봉투에 다시 넣는다. 자기 입 안에 들어갔던 '더러운 것'이 남의 눈에 띄는 것을 꺼리기 때문이다. 19세기에 나라현에서 한 번 쓰고 버리는 '와리바시[割箸]'가 나온 배경이 이것이다. 처음에는 술통[樽]을 짜고 난 자투리로 만들다가 삼[杉]나무로 바뀌면서 요시

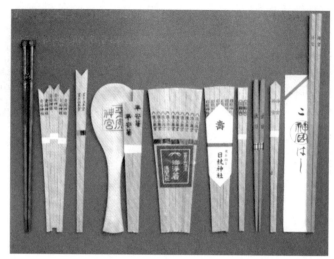

사진 30

노[吉野] 일대가 중요 산지로 떠올랐다. 일본인 특유의 결벽증은 여기서 그치지 않았다. 에쿠안 겐지의 설명이다.

일본인은 식기를 따로 쓴다. 중국이나 조선처럼 깨끗이 닦으면 새것과 다름없다고 여기지 않는 것이다. 고대에도 한 번 쓴 잣나무[柏] 잎이나 질그릇을 버리고 잔치 때마다 새로 갖추었다. 이 전통은 고급 칠기나 도자기 식기가 퍼지면서 식었지만, 중세 말(16세기)까지 공가(公家)에 이어 내렸다. 무사가 귀족을 초대하거나 혼례식을 올릴 때도 마찬가지였다. 일본인은 다른 사람이 쓴 그릇을 다시 쓰지 않는 동시에, 자기가 한 번이라도 쓴 식기는 다른 이에게 내지 않는다. 이에 따라 서민들도 젓가락을 늘 바꾸었다. (…) 벌목꾼조차 제 것을 다른 사람이 쓰면 신령의 벌을 받는다며 반드시 분질러서 버렸다(1975 ; 140~141).

성종 때 쓰시마[對馬島] 선위사(對馬島宣慰使)로 갔던 김자정(金自貞)도 '밥상을 차려왔는데 숟갈은 없고 나무젓가락만 있으며, 그것은 한 번 쓰고 버린다'고 하였다《성종실록》 7년(1476) 7월 26일].

나라현(奈良下市)에 젓가락을 신으로 받드는 젓가락 신사[杉箸神社]가 있는 것은 당연한 일이다(사진 31). 젓가락 업자들은 해마다 8월 4일의 젓가락 날 모여서 '실패작으로 세상에 나가지 못한 젓가락과, 젓가락으로 태어나지 못한 나무 조각의 혼령을 위로하는' 제사를 올린

다. 젓가락 상인의 시조 백저옹(白箸翁)을 비롯하여, 젓가락과 연관된 신 셋을 모신 신사도 있다.

도사나 고승이 땅에 꽂은 젓가락이 큰 신목(神木)이 되었다는 이야기는 어디나 퍼져 있다. 이를테면 사이타마[埼玉]현(岩槻市) 성채(岩槻城)의 삼나무[箸立杉] 두 그루는 음식을 먹고 난 오타 도칸[太田道灌 1432~1486]이 땅에 꽂으며 '성이 오래 번성한다면 이 젓가락에서 싹이 틀 것'이라 일렀다는 따위이다. 이 때문에 에도시대의 역대 장군들은 그의 혼령을 두려워한 나머지 닛코[日光]의 도쿠가와 이에야스[德川家康 1543~1616] 무덤을 찾을 때도 멀리 돌아서 오갔다.

사진 31

사진 32

시가[滋賀]현 다하신목(多賀神木)은 다하대신(多賀大神)이 땅에 내려왔을 때, 한 노인이 바친 메밀잣밤나무 잎에 싼 조밥을 맛있게 먹고 나서 삼나무젓가락을 땅에 꽂은 것이다. 효고[兵庫]현(西宮市) 교행사(教行寺)의 520살의 삼나무(높이 13미터에 둘레 6.5미터)는 정토진종의 연여상인(蓮如上人)이 절을 지을 때 음식 먹고 나서 꽂은 것으로 2미터 높이부터 줄기가 갈려서 두 그루처럼 보인다(一色八郎 1993 ; 13~15).

신사나 절집에서는 기도를 올린 젓가락을 신저(神箸) 또는 영저(靈箸)라 하여 신도에게 나누어준다. 이들을 흔히 첫 젓가락[食べ初め箸]·인연젓가락·부부젓가락·장수젓가락·복젓가락·액막이젓가락·개운장수젓가락이라 부른다(사진 32).

2 ― 수저의 출현

사진 33   사진 34

17세기 이후 에도[江戶]와 교토[京都]의 젓가락 깎는 방법이 달라졌다. 에도에서는 한쪽만 가늘게 깎고 다른 쪽을 그대로 두어서 길이가 9촌(寸)이 넘지만, 교토에서는 양쪽을 깎은 탓에 8촌이 채 못 되었다. 이에 따라 간사이[關西] 지방에서는 한쪽만 깎은 것은 흉사용(凶事用)이라 하여 혼인식 따위의 길사(吉事)에는 쓰지 않는다(竹條田統 1978 ; 318).

야마가타[山形]현의 한 절(隣正寺)에는 젓가락 무덤[お箸塚]과 함께 1977년에 세운 비석도 있다. 〈사진 33〉은 그 비문이다.

우리 일본인은 예부터 젓가락 없는 생활은 생각도 못했습니다. 젓가락 대량 소비에 따라 번창하는 업자도 많습니다. 큰 은혜를 받은 우리는 이곳에 버려진 젓가락을 공양하는 동시에, 감사의 뜻을 바치려고 젓가락 무덤을 세웠습니다(一色八郎 1993 ; 100~101).

오사카[大阪] 등지에서는 젓가락을 요지[楊枝], 공장을 요지야[楊枝屋], 장인을 요지와리[楊枝割り]라 부른다. 벼훑이를 젓가락이라 부르는 고장도 있다. 낟알을 벼훑이 사이에 끼우고 훑는 까닭이다. 곡식 털기가 끝난 것을 '젓가락 축하[箸祝い]' 또는 '젓가락 거두기[箸納め]'라 하는 것은 이에서 왔다. 이는 낟알을 터는 두 개의 가락을 신성하게 여긴 까닭이다.

〈사진 34〉는 '축하용' 젓가락이다.

또 금속젓가락 단위를 이르는 한 구[一具]·한 척[一隻]·한 쌍[一雙], 대나무젓가락을 일주(一株)·일위(一圍)라 부르는 것은 가마쿠라[鎌倉]시대(1192~1333)에 퍼진 독상(獨床) 풍속에서 나왔다. 상 하나에 젓가락 한 벌을 놓은 것이다. 이에 따라 젓가락을 지금처럼 한 상[一膳]이라 불렀다(一色八郎 1993 ; 70).

나라현 요시노 지역의 공방에서 젓가락을 만드는 과정 가운데 일부를 소개한다.

〈사진 35〉는 미리 말려놓은 삼나무 젓가락 감이고, 〈사진 36〉에서는 두꺼운 칼을 대고 적당한 크기로 쪼갠다. 〈사진 37〉은 젓가락 너비만큼의 크기로 나누는 장면으로 내리치는 힘이 지나치면 엇먹는 수가 있어서 나무 몽둥이로 살짝살짝 두드린다. 〈사진 38〉에서 자귀를 날 채 넣어서 쪼갠 다음, 〈사

사진 35

사진 36

사진 39

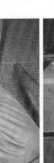

사진 37

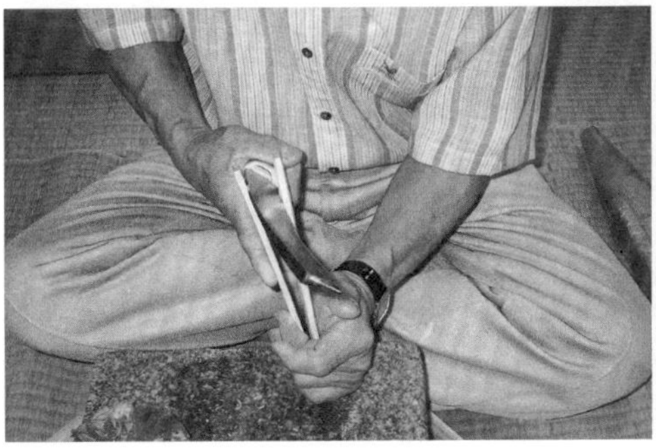

사진 38

사진 40

2 — 수저의 출현

진 39〉에서는 대패에 넣고 두께를 조절한다. 목수들은 널에 대고 대패로 밀지만, 여기서는 이와 달리 대패를 붙박아 놓는다. 〈사진 40〉처럼 기계로 다듬는 과정을 거치면 젓가락이 완성된다.

　　〈사진 41〉은 나라시대 서민들의 부엌세간이다. 두 개의 접시에 보이는 젓가락들은 잔나무가지를 되는 대

사진 41

로 깎은 듯한 막젓가락이다. 특히 왼쪽 것은 끝이 밖으로 휘어서 손으로 잡거나 음식을 집기 어렵다. 오른쪽 뒤는 한데부엌이고, 그 오른쪽은 물두멍인 듯하다. 둘 사이에 밥을 퍼 담는 단지가 보인다.

3
민
속

수저의 본고장 중국

---

1) 기름진 밥은 숟가락에서 흘러 떨어진다.

두보(杜甫 712~770)의 시 〈산으로 돌아가 부침[佐還山後記]〉이다(부분).

白露黃粱熟(백로에 황량 익으면)

分張素有期(나누어주마 약속했지)

老人他日愛(늙은이 평소 좋아하던 터)

正想滑流匙(기름져 숟가락에서 흘러내릴 것이네)

《두보 위관시기시 역해》

황량밥이 기름져서 숟가락에서 미끄러진다는 말이다. 그는 다른 시(《초겨울[孟冬]》)에서도
'감귤 쪼개니 서리 손톱에 떨어지고[破甘霜落爪] / 쌀밥 맛보니 눈이 숟가락에 날리는 듯하네
[嘗稻雪翻匙]'라고 읊었다《완역 두보율시》.

2) 젓가락은 신령스럽다.

《태평광기(太平廣記)》 기사이다.

---

① 당의 도사 마상(馬湘 ?~856)은 재상 마식(馬植)이 성 안에 쥐가 많다고 하자 부적을 남벽 아
래에 붙이게 하였다. 젓가락으로 쟁반을 치며 휘파람을 불었더니 쥐 무리가 나타나 부적 아래에
엎어졌다. 그의 꾸지람을 들은 쥐들은 모두 성 밖으로 달아났다(2 〈마자연(馬自然)〉).

② 명문가의 왕씨 서생은 신선들이 노니는 노산(勞山) 꼭대기의 도관(道觀)에서 백발도사를 만나 제자가 되었다. 한 달이 지나도록 땔감만 거두라 하여 집으로 돌아가려던 참에 스승이 손님 둘과 술 마시는 것을 보았다. 한 손님이 술병을 들더니 제자들에게 함께 마시자 하였고, 술이 한 병밖에 없었음에도 제자 일곱이 다투어 마셔도 줄지 않았다.

얼마 뒤 다른 손님이 달의 항아(姮娥)와 함께 마시자며 달 쪽으로 젓가락을 던지자 미인이 걸어 나왔다. 처음에는 한 자가 되지 않았지만 발이 땅에 닿기 무섭게 보통 사람만큼 커졌다. 그네는 예상무(預裳舞)를 추며 노래 부르다가 날렵한 몸짓으로 식탁으로 올라서더니 곧 젓가락으로 바뀌었다《요재지이(聊齋志異)》).

---

3) 젓가락은 빠른 것을 상징한다.

①《동경몽화록》기사이다.

혼인 때 예물을 받은 색시네는 맑은 물 두 병에 산 물고기[活魚] 서너 마리와 젓가락 한 쌍을 신랑 집에 보낸다. 이를 회어저(回魚筯)라 하여, 물고기와 젓가락을 돌려보내는 뜻으로 삼는다(권5〈며느리 맞기[取婦]〉).

신부 집에서 젓가락 한 쌍을 보낸 것은 아이를 빨리 낳기를 바라는 뜻이다.

---

② 산동성 창읍현(昌邑縣)에서 혼인식 중에 아기를 빨리 낳으라는 뜻에서 신부 집에서 가져온 젓가락[筷子]을 신랑 집 천장에 꽂으며 이를 '쾌생자(快生子)'라 한다. 또 신랑은 대문 위에 놓인 붉은 종이에 싼 생 벽돌에 잡아맨 젓가락을 친영(親迎) 때, 새 수건에 싸서 만두 한 개와 함께 가져갔다가 되가져 온다. 신부가 신랑 집에 오면 새 젓가락을 벽돌에 붉은 실로 묶는다. 쾌자(筷子)의 소릿값이 '쾌자(快子)'와 같아서 아이를 곧 밴다는 것이다. 벽돌이 물에 젖으면 흙이 뭉개져서 하나가 되듯이, 부부도 백년해로한다고 믿는다(金丸良子 1991 ; 45~46).

③ 호남 및 호북성에서는 희신(喜神)을 모실 때 제물을 긴네모꼴 그릇에 담는다. 이 가운데 닭·

물고기·반쯤 익힌 돼지고기 덩어리(한 근)는 껍질이 위로 가도록 놓으며 돼지고기에 젓가락이나 가위를 꽂는다. 이는 명 말(17세기 중반), 호북성 주민들이 난을 피해 옮겨온 데서 왔다. 강서성 쾌자가(筷子街)로 온 이의 후손들은 젓가락을, 전자가(剪子街)의 후손들은 가위를 꽂아서 기념으로 삼는다(永尾龍造 1040 ; 109).

피난처 이름에 따라 젓가락과 가위를 썼다는 후반부는 누가 꾸며냈을 터이다.

4) 젓가락은 장수를 나타낸다.

소식(蘇軾 1037~1101)의 《동파지림(東坡之林)》에 '세 노인이 만나 서로 나이를 묻는 중에 하나가 '바다가 뽕밭으로 바뀔 때 젓가락 한 쌍 내려놓은 것이 벌써 열 칸짜리 집으로 바뀌었다'고 하였다는 기사가 있다(《세 노인의 말[三老語]》).

조선 김종직(金宗直 1431~1492)도 인수대비(仁粹大妃)에게 바치는 시(《12월 19일 입춘 다섯 궁정문의 춘첩자를 명을 받들어 지음. 임금이 운을 내다[十二月十九日立春 五殿門帖子 奉教撰 上命韻]》)에서 '해마다 냇물처럼 늘어나는 복 길이 누리니[年年長享川增福] / 바다의 집에 젓가락 더한 것 또 몇 쌍인가[海玉添籌又幾枚]' 읊조렸다(《한국한시대관》 18).

5) 젓가락은 아기의 건강을 상징한다.

① 귀주성 곡강현(曲江縣)에서 아기가 태어나면 아기 잘 키운 집의 밥그릇과 젓가락을 훔쳐온다. 이것으로 밥을 먹이면 그 집처럼 잘 자란다는 것이다. 훔치다가 들켰을 때 '부도(不到)'라고 하면, 상대도 그 뜻을 알고 그대로 둔다. 이때 다른 사람에게 다시 부탁하며, 산부는 아기를 안고 대문에서 맞이한다. 이것이 접명(接名)이다(永尾龍造 1942 ; 518~519).

② 요양(遼陽)지방에서 아기를 낳으면 방바닥 한쪽에 구멍을 뚫고 아기 옷에 새 젓가락 한 쌍을 꿰어넣는다. 신을 모실 때 젓가락을 다시 꺼내 돌로 분지르며 '아기는 돌이 썩을 때까지 죽지 않는다'는 노래를 부른다. 이어 돌·옷·젓가락을 구멍에 다시 넣고 흙으로 메운다(永尾龍造 1942 ; 144).

6) 젓가락은 곧은 마음을 상징한다.

당 현종(712~756)이 잔치 끝에 재상 송경(宋璟 663~737)에게 늘 쓰던 금젓가락을 내리며, '그대의 곧은 마음을 기리려는 것'이라 하였다《천보유사(天寶遺事)》.

7) 젓가락은 간절한 마음을 나타낸다.

소식의 시(《석상대인증별[席上代人贈別]》)에 '찢어진 적삼도 다시 만날 날 있거니[破衫却有重逢日] / 밥 먹을 때 숟가락 잊은 적 없었네[一飯何曾忘却時]'라는 구절이 있다《소동파시집》권 9).

찢어진 적삼을 꿰매듯이[縫] 헤어진 벗도 만나야[逢] 하는 법인데, 이는 밥 먹을 때 젓가락을 잊지 않는 것과 같다는 말이다.

8) 젓가락으로 음식 먹은 것을 나타낸다.

흔히 젓가락을 그릇에 가로놓아서 다 먹은 것을 알리지만, 강소성 태호(太號)의 어민들은 배가 뒤집힌다며 몹시 꺼린다. 당의 이상은(李商隱 813~858)이 '국그릇에 젓가락 걸쳐놓는 일[橫箸在羹碗上]'을 〈꼴사나운 짓[惡模樣]〉에 견준 것도 이 때문이다. 젓가락을 밥그릇에 꽂는 것도 향을 사르는 모습과 닮았다고 하여 삼간다.

운남성의 마방(馬幇)들은 식사가 끝나면 밥그릇과 젓가락을 들고 주인과 동료들에게 '천천히…'라고 말한 다음, 젓가락을 밥그릇 왼쪽에 내려놓는다. 자신은 배가 불렀으니 서두르지 말고 먹으라는 뜻이다. 이와 달리 오른쪽에 놓으면 주인은 적다는 뜻으로 알고 한 주걱 더 퍼준다(구환흥 2002 ; 231·316).

9) 젓가락으로 병법을 설명한다.

항우(項羽)와 천하를 다투던 한 고조(高祖)가 영양(滎陽)에 갇혀 역이기(酈食其 ?~전 204)에게 초(楚)의 힘을 빼는 방책을 물었더니 6국(六國)에 제후를 세우라 하였다. 식사하던 고조가 이를 장량(張良 ?~전 186)에게 되묻자 젓가락[前箸]으로 형세를 보이겠다고 일렀다《사기》〈귀책열전(龜策列傳)〉제68).

이를 흔히 젓가락을 이용해서 계책을 설명하는 뜻으로 보지만, 앞 세대의 탕왕(湯王)과 무왕(武王) 때 널리 알려진[著明] 일을 보기로 삼아 상황을 설명하겠다는 의미라고도 한다. 장량은 여덟 가지 이유를 들어 역이기의 계획을 물리쳤다.

《고려사》에도 '정극온(鄭克溫 ?~1215)의 원대한 지략은 장량이 젓가락으로 천리 작전을 세운 것과 같다'고 적혔다(제101권 열전 제14 〈정극온〉). 조선 영조도 '한 고조가 새긴 인(印)을 녹여버린 것과 장량이 젓가락을 빌린 것은 상황이 뚜렷하다. 그러나 고조가 한 번 듣고 깨달았으니 그의 도량이 깊고 원대함을 알 수 있다'는 찬탄을 늘어놓았다(《영조실록》 44년(1768) 2월 4일).

주희(朱熹 1230~1200)도 다음의 시 〈감사재용회향벽간구운(感事再用回向壁間舊韻)〉을 남겼다(부분).

江北傳烽火(강북에서 온 봉화)

胡兒大入變(오랑캐의 침입 알리네)

借箸思人傑(젓가락 점으로 인걸 구하니)

催鋒屬少年(막을 이 소년들이네)

《주자시선》

---

10) 젓가락으로 속마음을 감춘다.

① 《삼국지》 기사이다.

현덕(玄德 161~223)과 천하 영웅을 논하던 조조(曹操 155~200)는 '세상에 우리 둘뿐이요' 하였다. 말이 끝나기 무섭게 소나기가 쏟아지고 천둥이 치자, 현덕은 들었던 젓가락을 떨어뜨린 뒤 말하였다.

"어려서부터 천둥소리에 겁먹은 탓에 얼마나 놀랐던지 젓가락 떨어뜨린 것도 몰랐습니다."

조조는 속으로 '하잘것없는 인물이로군' 비웃었지만, 상대가 자신을 속이려고 일부러 한 줄은 꿈에도 몰랐다(《위지》).

---

② 소식의 시 〈당도사가 천목산 위에서 뇌우를 내려다보면 우레와 번개가 크게 칠 때마다 구름 속에서 갓난아기 우는 듯할 뿐, 우렛소리는 전혀 들리지 않는다기에[唐道人言 天目山上

俯視雷雨 每大雷電 但聞雲中如聞嬰兒聲 殊不聞雷震也])이다.

已外浮名更外身(이름과 몸 이미 겉껍데기뿐이라)

區區雷電若爲神(아주 작은 우레도 신의 소리로 들리네)

山頭只作嬰兒看(산꼭대기에서 갓난아기 소리로 여기지만)

無限人間失箸人(세상엔 젓가락 떨어뜨릴 사람 많다네)

《소동파시집》

---

11) 황금 부젓가락으로 왕의 마음을 산다.

《태평광기》 기사이다.

구촉(舊蜀)의 가왕(嘉王 1168~1224)은 자신의 자제들을 가르치는 중정예(仲庭預)가 가난한 것을 알면서도 돌보지 않았다. 화로에서 황금 부젓가락을 얻고 왕을 만나러 갔지만 부탁이 있어 왔거니 여기고 모른 체하였다. 옷 한 벌을 주마고 해도 그대로 있자 겨우 만나주었다. 부젓가락을 받은 왕은 그제야 '십 년 전에 잃은 것을 자네가 돌려주다니 과연 도인의 풍도가 있네' 하였다. 그에게 돈 10만 전·옷 한 벌·곡식 30섬[石]을 내린 뒤, 녹사참군(錄事參軍)으로 삼았다(7 〈중정예〉).

---

12) 남편을 그리는 아내의 눈물을 옥젓가락에 견준다.

고적(高適 707~765)의 시 〈연나라 노래[燕歌行幷序]〉이다.

개원(開元) 26년(738) 변방에서 원수를 치고 돌아온 이가 〈연나라 노래〉를 보여주었다. 이에 먼 변방에서 나라 지키는 일에 대해 느낀 바 있어 화답한다[客有從元戎 出塞而還者 作[燕歌行以示適 感征戍之事, 因而和焉].

鐵衣遠戍辛勤久(갑옷 입고 먼 변방 오래 지키려니)

玉筯應啼別離後(이별한 아내 눈에서 옥젓가락 떨어지네)

少婦城南欲斷腸(성 남쪽의 젊은 아내 애간장 끊일 때)

征人薊北空回首(병사는 계북에서 헛되이 돌아보누나)

《당시 삼백수(唐詩 三百首)》 본문 〈악부(樂府)〉

---

13) 젓가락으로 분노를 나타낸다.

① 이백의 시 〈행로난〉이다.

金樽淸酒斗十千(금 술잔에 만 금 청주 가득 차고)

玉盤珍羞直萬錢(옥쟁반에 귀한 안주 넘치지만)

停杯投箸不能食(술잔 놓고 젓가락 던진 채)

拔劍四顧心茫然(칼 뽑아 둘러보니 마음 아득하구나)

《이태백》

궁궐에 가득한 간신배들 생각에 분이 터져 젓가락 던지고 칼까지 빼들었다니 그의 고통이 얼마나 컸는지 알 만하다.

---

② 왕람전[王藍田 (王述)]이 삶은 달걀을 먹으려고 젓가락으로 찔렀으나[以箸刺] 들어가지 않자 화가 치민 나머지 땅에 던져버렸다(《어림(語林)》).

《세설신어(世說新語)》에는 '젓가락으로 찌르려다가 실패하자[以筋刺之 不得] 화를 내며 땅바닥에 집어 던졌고 데굴데굴 굴러감에 따라 나막신 굽으로 밟았지만 이마저 뜻대로 되지 않아 손으로 집어 입에 넣고 깨문 뒤 뱉었다'고 적혔다[분견(忿狷) 제31]. 그가 이를 계기로 참는 덕을 쌓은 것을 보고 사람들은 '왕술분견(王述忿狷)'이라 칭송하였다.

'젓가락으로 찌른 것'이 아니라 '젓가락으로 집으려 하였다'는 표현이 옳을 것이다. 삶은 달걀에 젓가락이 들어가지 않을 까닭이 없지 않은가?

고려 이규보(李奎報 1168~1141)도 토란을 달걀에 빗댄 시 〈시 두 수와 토란 보낸 이시랑을 위해 차운하여 세 수로 답함[次韻李侍郎以詩二首送土卵 余以詩三首答之]〉을 남겼다.

發開泥底洗根莖(진흙에서 거둔 토란 보내주니)

惠及閑門老友生(한가로운 늙은 친구 은혜 입었네)

盤床飣來團雪積(상에 토란 눈덩이처럼 쌓였지만)

筋頭逃脫走丸輕(젓가락 끝에서 재빨리 달아나네)

[《한국한시대관》(2)]

사진 42

〈사진 42〉는 섬서성 서안시 회민구(回民區) 한 음식점의 젓가락과 사시순가락 통이다. 국수 전문점임에도 둘을 다 갖춘 것을 보면 사시순가락의 생명이 여간 긴 것이 아니라는 생각이 든다.

14) 젓가락으로 사람의 마음을 살핀다.

한(漢) 문제(文帝 전 179~전 157)가 세류영(細柳營)에서 흉노를 크게 무찌른 장군 주아부(周亞夫 ?~전 143)를 위로하러 갔지만, 병사들이 막는 바람에 지절(持節)만 들여보내고 돌아왔다. 그는 황제를 만날 때도 몸에 병기를 지닌 채 허리만 구부릴 뿐 엎드려 절하지 않았다.

뒤를 이은 경제(景帝 전 156~전 141)는 일찍부터 그가 두려웠다. 속태자(粟太子)를 내치는 일에 끼어들자 의심을 품고 음식상에 일부러 젓가락을 놓지 않고 살핀 적도 있다. 후원(後元) 원년(전 143) 아들이 관기(官器)를 훔친 일에 연루되어 잡히자 굶어 죽었다.

15) 젓가락은 사치를 상징한다.

① 진(晋) 무제(武帝)의 재상 하증(何曾 199~278)은 수레·옷·유장(帷帳) 따위를 호사스럽게 꾸미고 날마다 맛좋은 음식을 먹는데 만 전(萬錢)을 쓰면서도 '젓가락으로 집을 것이 없다'고 투정부렸다《진서(晉書)》권33 하증전). 그는 조상(曹爽)이 권력을 휘두르자 병을 핑계로 물러났다가 그가 죽은 뒤 다시 벼슬을 살았다.

이에 대해 조선 성종 때 검토관(檢討官) 채수(蔡壽)는 '임금이 바른말 듣기를 꺼려해도 신하는 끓는 기름 가마솥 앞에서도 입을 다물면 안 된다. 하증처럼 물러나 집에서 말하는 것은 신하의 도리가 아니라'고 꼬집었다[《성종실록》3년(1472) 1월 5일].

② 두보의 시 악부(樂府) 〈여인행(麗人行)〉이다(부분).

就中雲幕椒房親(구름 장막의 양귀비 친척들도)

賜名大國虢與秦(괵국과 진국의 큰 나라 이름 받았네)

紫駝之峯出翠釜(붉은 낙타 등 요리 푸른 솥에서 나오고)

水精之盤行素鱗(수정 쟁반에 흰 생선 가득 담겨도)

犀筯厭飫久未下(무소뿔젓가락 오래도록 대지 않누나)

《완역 두보율시》

무소뿔로 깎은 젓가락을 쥐고도 아무것도 먹지 않는 꼬락서니를 차마 두고 볼 수 없었던 것이다.

16) 젓가락으로 슬픔을 나타낸다.

소식의 시 〈방어[魴魚]〉이다(부분).

曉日釣江水(새벽 햇살 강물 비추자)

魚遊似玉瓶(노니는 물고기 옥병 같구나)

誰言解縮項(누가 말했나 목 잘 움츠린다고)

貪餌每遭烹(먹이 욕심낼 때마다 잡혀 먹히니)

吳今又悲子(나 지금 네 모습 애달파)

輟筯涕縱橫(젓가락 놓고 사방에 눈물 뿌린다)

《소동파시집》

숟가락 위주의 한국

1) 숟가락은 신령스럽다.

① 무교의 바리공주는 오구대왕의 일곱째 딸로 태어난 탓에 아버지로부터 버림받았음에도 부모 병을 고치려고 서천(西天) 서역국의 약수를 뜨러 갔다. 그곳 무장승의 아들 일곱을 낳아주고 약수를 얻으려는 즈음, 부모 은수저의 허리가 부러지는 꿈을 꾸었다. 이로써 부모가 죽은 것을 알고 서둘러 돌아와 되살렸다.

우리는 음식을 떠먹는 숟가락을 생명의 상징으로 여긴 나머지 사람이 죽었을 때 '밥숟가락 놓았다'고 한다. 공주가 부모의 죽음을 안 것은 이에서 왔다.

② 제주도 당신제에서 제물을 바치고 덕담을 읊조린 뒤, 제물을 고루 담은 숟가락을 신당 쪽으로 던지되, 봉이 입구 쪽을 향하면 길상으로 여긴다.

총이 그쪽으로 향한 것은 신령이 제물을 받아먹은 것을 나타내는 까닭이다.

③ 아내 총맹부인으로부터 수명장자와 그의 딸들이 가난뱅이들을 괴롭힌다는 말을 들은 천지왕이 그들의 집에 불을 지르고 딸들 엉덩이에 부러진 숟가락을 꽂아서 팥 벌레로 환생시키는 제주도 무당노래(《초감제》)가 있다.

처녀의 엉덩이에 그것도 부러진 숟가락을 꽂고 벌레로 만든 것은 더할 수 없는 형벌인 셈이다. 숟가락이 귀했던 옛적에는 흔히 총이 닳거나 부러져도 버리지 않고 그대로 썼다.

사진 43

〈사진 43〉은 서울 금천구 시흥동 한우물 유적에서 나온 청동숟가락이다. 길이 25센티미터에 봉 너비 3.5센티미터이다(서울대박물관).

2) 숟가락은 풍년을 상징한다.

죽은 이를 위한 염습 때 반함(飯含)이라 하여 입에 구슬이나 쌀을 물려서 저승에서도 부자로 살기 바란다. 최명희(1947~1998)의 《혼불》 한 대목이다.

하얗게 소복한 쌀은 찹쌀을 물에 불리었다가 물기를 뺀 것인데 이기채는 버드나무로 깎은 수저를 들어 가만히 쌀을 뜬다. 이어 청암부인의 시구(屍口) 오른쪽에 공손히 넣으며

　　"백 석이요"

　　다음에는 왼쪽에 한 수저를 넣고

　　"천 석이요"

　　그리고 마지막으로 가운데에 한 수저를 넣으며 '만 석이요' 하였다.

---

3) 수저는 생명을 상징한다.

아기 첫돌 상에 은수저 한 벌과 밥그릇을 놓아서 무병장수를 빈다. 색시가 남편 및 시부모의 수저와 밥그릇을 혼수로 마련하는 것도 마찬가지이다. 이것은 소상과 대상에 생전처럼 상을 차릴 때도 놓는다.

수저집에 놓는 십장생·연꽃·모란꽃·수복(壽福)·부귀·다남 따위의 길상문과 글자도 같은 뜻이다(사진 44).

4) 놋숟가락은 백성을 상징한다.

정조(正祖 1752~1800)의 구전(口傳) 하교이다.

하루라도 임금으로 경들을 만나는 한, 어찌 차마

사진 44

인륜을 무시하랴? (…) 오늘날 우리나라 신하와 백성으로 놋숟가락으로 밥을 떠먹는 자라면 누구든 괴로워하지 않겠는가[《홍재전서(弘齋全書)》제33권 〈교(敎)〉 4].

또 그는 경기감사 김사목(金思穆 1740~1829)을 서민으로 만들고, 전 파주목사 정언형(鄭彦衡 1713~1790)을 사판(仕版)에서 빼며 '놋숟가락으로 밥을 먹는 백성들의 당연한 처사라' 하였다[《정조실록》 14년(1790) 9월 3일]. 이어 '숟가락으로 밥 먹을 줄 아는 자라면 누가 이 뜻을 모르겠는가?' 개탄하고[앞 책 19년(1795) 3월 11일], '놋숟가락으로 음식 먹는 인간으로 어찌 그렇게 하는가?' 울분도 터뜨렸다[앞 책 23년(1799) 10월 29].

5) 놋숟가락으로 밥 먹는 것은 인간뿐이다.

홍명희(1888~1968)가 쓴 《임걱정》의 가망청배거리에서 신(최영)과 무당이 나누는 대화이다.

내가 새 마누라 맞어오는 오늘 같은 경사일에 이것이 무엇이냐? 원숭이 입내냐? 따짜구리 부적이냐? 욕심 많구 탐 많은 내 아니시냐? 이놈들 자쳐놓구 배 갈르구 엎어놓구 목 딸 놈들 같으니, 너의 죄상을 아느냐? 모르느냐?"

하고 무당은 부채를 쫙쫙 펴는데 "미련한 인간이 무엇을 아오리까? 쇠술로 밥을 먹어 인간이옵지 개도야지나 다름이 없사외다. 저의들은 이만 정성을 드리느라고 낮이면 진둥걸음을 걷사옵고, 밤이면 시위잠을 잣소이다. 용서하야 주옵시고 소례를 대례로 받읍소사. 입은 덕도 많습니다만 새로 새 덕을 입혀 주옵소사."[《의형제편》 1 박유복이]

가망청배거리는 무당이 가망신을 맞이하는 굿거리이다. 진둥걸음은 진둥한둥 바삐 걷는 걸음을, 쇠술은 놋쇠 따위의 쇠붙이숟가락을(사진 45), 시위잠은 활시위 모양으로 웅크리고 자는 잠을 가리킨다. 따짜구리는 딱따구리의 경기도 사투리이다. 평소 황금을 돌보듯 하였다는 최영(崔瑩 1316~1388)장군이 이 사설을 듣는다면 기절초풍할 노릇이지만, 귀신도 사람의 마음과 같다고 여겨서 이렇게 읊조린 것이다.

사진 45

6) 수저는 귀물이다.

① 중국 사신 축맹헌(祝孟獻)은 태종이 준 장금속향대(裝金束香帶)를 놋숟가락[鍮匕] 및 놋젓가락[鍮筯] 한 벌씩과 은탕관(銀湯罐) 한 개로 바꾸었다[《태종실록》 1년(1401) 12월 16일].

세종은 저들에게 여러 물품 외에 놋젓가락을 주었으며[《세종실록》 2년(1420) 4월 18일], 이튿날에도 놋젓가락 42벌, 놋숟가락과 찻숟가락 한 벌씩 건넸다. 세 해 뒤 사신 유경(劉景)도 청염세저포(靑染細苧布)와 함께 주석제 약숟가락을 청하였고[《세종실록》 5년(1423) 4월 10일], 중종 때는 사신 일행이 민가의 수저를 훔치는 일까지 벌어졌다[《중종실록》 32년(1537) 4월 10일].

선조 때는 중국 도독(都督) 마신(馬臣)에게 동노구(銅爐口) 두 짝과, 수저 20벌을 주었다[《선조실록》 29년(1596) 1월 30일].

② 우리도 수저를 귀하게 여겼다.

태종은 형조판서 이승상(李升商)이 은젓가락 한 벌을 훔친 예문관서리(藝文館書吏) 김위(金衛)의 목을 베려들자 '마음이 편치 않으니 매(杖) 80대로 낮추라' 일렀다[《태종실록》 11년(1411) 윤12월 17일]. 광해 때는 단오제사에 은수저를 훔친 정릉(靖陵) 수호군(守護軍) 황덕수(黃德守)를 파직시키며 각 도에 인상착의(人相着衣)를 붙이고 현상금을 걸었다[《광해군일기》 14년(1622) 5월 7일].

이 기록들은 그 자체의 값어치보다 수저가 지닌 상징이 큰 데서 왔다. 단종(1441~1457)이 부왕 문종의 재궁(齋宮)을 현궁(玄宮)에 안치하며 수저 한 벌씩 보낸 것이 좋은 보기이다[《단종실록》 즉위년(1452) 9월 1일].

헌종(1827~1849)이 우·좌의정을 거친 이경억(李慶億) 등에게 은을 남용하고 공장(工匠)을 부린 죄를 물어 파직시킬 때, 도승지 등이 수연(壽宴)이나 생일에 으레 올리는 수저나 장도(粧刀) 따위로 대신을 내치면 나라의 체모가 깎인다고 막았지만 듣지 않았다[《헌종개수실록》 11년(1670) 5월 16일].

7) 한 숟가락의 음식은 큰 힘을 나타낸다.

《고려사절요》 기사이다.

정자 건축 공사장 일꾼들은 밥을 싸 왔고 못 가져온 이는 여럿이 한 술씩 나누어 먹었다. 어느 날

한 아낙이 가져온 음식을 지아비에게 주며 같이 먹으라고 하자 '다른 남자와 자고 얻었나? 남의 것을 훔쳤나?' 물었다. 그네는 '추한 얼굴을 누가 가까이하겠소. (…) 머리 깎아 샀소' 일렀다.

그는 목이 메어 먹지 못하였고 듣는 자도 슬픔에 잠겼다[〈의종 장효대왕(毅宗莊孝大王)〉 제11권 정해 21년(1167)].

────────────

도시락 없는 동료들에게 제 것을 한 숟가락씩 덜어서 먹였다는 것이다. '열 숟가락을 모으면 밥 한 그릇이 된다[十匙一飯]'는 말은 이를 가리킨다.

8) 수저는 사람의 정서를 나타낸다.

① 세조 때 갑사(甲士) 유자광(柳子光 1439~1512)은 남원(南原)에 있다가 이시애(李施愛) 난 소식을 늦게 들은 나머지 수저[匕箸]를 던지고 여러 군현(郡縣)의 군사를 모았다며 자신이 징병 문권(文卷)에 오른 것도 몰랐다고 덧붙였다[《세조실록》13년(1467) 6월 14일].

정조는 '우리 주요 변방인 의주(義州)의 집 천여 채가 떠내려가고 수백 명이 빠져 죽었다니 무슨 일인가? (…) 섬 백성 모두가 피해 입었다는 말을 한 번 듣고 놀라고, 두 번 듣고 가여워서 밥 먹다가 수저를 놓았다'고 하였다[《정조실록》20년(1796) 8월 20일].

고종은 시임(時任) 및 원임(原任) 대신에게 '내 생각을 다 털어놓았다. (…) 나는 밥 먹다가 경들이 돌아온다는 말만 들어도 바로 수저를 놓고 나가 맞겠다'고 일렀다[《고종실록》19년(1882) 6월 17일].

② 인조 때 행부호군(行副護軍) 이명준(李命俊)은 '김두남(金斗南)과 조기(趙琦)의 딸이 뒷구멍으로 궁녀가 된 것을 들어, 부정한 길이 한 번 열리면 나라가 망할 터이니 밥 먹다가도 수저를 놓고 걱정한다'는 우국지정을 털어놓았다[《인조실록》8년(1630) 7월 2일].

중종 때 한산군수 이약빙(李若氷)은 임금이 복성군(福城君)에게 (…) 사약 내렸다는 말을 듣고 밥 먹다가 자신도 모르게 수저를 떨어뜨렸다[《중종실록》34년(1539) 윤7월 5일].

③ 윤두수(尹斗壽 1533~1601)를 흠모하는 신흠(申欽 1566~1628)의 글이다.

────────────

공의 말을 들으면 큰 도량이 산악처럼 높고 깊은 것에 놀라 물러나와 스스로 헤아려 보았고, 그때

마다 나도 모르게 수저를 떨구지 않은 적이 없었다[《상촌선생집(象村先生集)》기사 제29권 행장(行

狀) 4수 비음기(碑陰記) 1수와 행록(行錄) 4수를 부록하였다. 〈오음 윤상국 비음기(梧陰尹相國碑陰

記)〉].

윤두수는 임진왜란 때 좌의정에 올랐으며 이듬해 삼도체찰사(三道體察使)가 되었다. 문장

이 뛰어나고 글씨에도 문징명체(文徵明體)를 본떠 일가를 이루었다.

④ 영조는 '내게 한 가지 병통(病痛)이 있다. 비 오고, 볕 나고, 춥고, 덥고 하는 것은 하늘

의 변화임에도 이 때문에 밤낮으로 마음 졸인다. (…) 가을이면 추위 걱정, 비 내리면 장마 걱

정, 볕들면 가뭄 걱정, 한 발짝 떼거나 숟가락 한 번 들 때마다 백성 걱정에 정신이 늘 어릿어

릿하다'고 일렀다[《영조실록》18년(1742) 9월 15일].

계절이 바뀔 때마다 백성들의 나날을 걱정하는 임금의 자상한 마음씨가 잘 드러나 있다.

⑤ 고종에게 승정원 가주서(假注書) 김경의(金敬義)가 올린 글(복명서)이다.

북부 가회방(嘉會坊)의 우의정 홍순목(洪淳穆 1816~1884)에게 달려가 뜻을 알리자 이렇게 말

했습니다.

"너무 큰 벼슬을 내리셔서 잠잘 때 이불에 부끄럽고, 밥 먹을 때 숟가락질 잊은 것이 40여

일 되었으나 하루처럼 느껴집니다[《담헌서》〈외집〉1권 항전척독(杭傳尺牘) 손용주에게 준 글[與孫

蓉洲書]]."

9) 수저를 쓰는 것은 병마에서 벗어난 것을 상징한다.

순조(純祖 1880~1834)는 '이제 겨우 수저[匕筯]를 바로 쓰게 되었지만 군사들과 구렁에서

뒹구는 주린 백성들이 더 걱정이다. 오랜 질병을 시원하게 떨쳐버렸으니 실질적인 도움을 줄

도리를 찾겠다'고 일렀다[《순조실록》12년(1812) 4월 13일].

10) 나무수저는 선비의 조촐한 삶을 상징한다.

윤증(尹拯 1629~1714)의 《명재유고(明齋遺稿)》 기사 〈대사헌 증 영의정 송교(松郊) 이공(李

公) 행장)이다.

음식은 나무수저로 먹었고 어릴 적 동네 아이들이 대문에서 불러도 한 번도 나가지 않았다(제
46권 〈행장(行狀)〉).

송교는 이목(李楘 1572~1646)의 호이며 형조참판·대사헌·동지경연사를 지냈다. 어려서부
터 글 읽기를 좋아하고 예절을 잘 지켰으며, 13세 때 치른 어머니 상도 예법에 맞게 끝냈다고
한다.

11) 조선시대 관리는 수저마저 앗아갔다.

① 《중종실록》의 간추린 기사이다.

여러 능(陵) 거동을 간소히 하라는 명에 따라, 백관들은 각기 양식을 지니는 외에 구종·타는 말·
짐말 따위도 정한 수에 맞추었으나, 풍덕(豊德)군수 허인(許璘)은 이때 쓴다는 구실로 민가 열
집마다 놋그릇과 놋수저 한 벌씩 거둔 바람에 집집이 쌀을 모아 저자에서 사 바쳤습니다[29년
(1534) 9월 15일].

---

② 정약용(丁若鏞 1762~1836)의 시 〈시랑(豺狼)〉이다(부분).

백성들이 흩어진 것을 슬퍼한 시이다.

　　남쪽 용촌(龍村)의 갑과 봉촌(鳳村)의 을이 장난치다가 을이 병들어 죽자, 관가의 검시(檢
屍)를 두려워한 마을에서 갑에게 죽으라고 하여 그대로 따랐다. 얼마 뒤 관리들이 죄상을 캔다
며 3만 냥을 뜯어낸 탓에 베 오라기 하나, 곡식 한 톨 남은 것이 없어 그 꼴이 흉년보다 더하였다.
그들이 돌아가는 날 사람들도 다 떠나고 오직 부인 하나가 현령(縣令)에게 알렸더니 그마저 '네가
그들을 찾으라' 하였다는 것이다.

豺兮狼兮(승냥아 이리야)
旣取我犢(우리 송아지 채갔으니)

毋噬我羊(양은 그대로 두어라)

笥旣無襦(장롱에 속옷 없고)

椸旣無裳(횃대에 치마도 안 걸렸다)

甕無餘鹽(소금 항아리 텅 비고)

瓶無餘糧(쌀독도 마찬가지로다)

錡釜旣奪(크고 작은 솥 다 떼 가고)

匕筋旣攘(수저마저 훑어간 놈들아)

[《다산시문집》제5권 시(詩)]

───────────

12) 굶주려 밥 먹는 모습을 바쁜 숟가락질에 견준다.

이색(李穡 1328~1396)의 시 〈막내아들 참군과 큰손자 맹유(孟畞)에게 경계함〉이다(부분).

───────────

潑眼南窓日色紅(남창에 붉은 햇살 눈부실 때면)

參軍喫飯匙生風(참군 밥숟가락에서 바람 이누나)

《목은집(牧隱集)》제13권 〈목은시고〉)

───────────

13) 목 부러진 숟가락과 가시젓가락은 도사의 고행을 상징한다.

태고보우(太古普愚 1301~1382)의 〈토굴가(土窟歌)〉 한 대목이다.

───────────

怨痛하고 可憐하다 無上妙道 求할진댄(원통하고 가엽다 더 없는 도리 얻으려)

一衣一鉢 絶人情코 萬疊靑山 깊이들어(모든 것 훌훌 털어버리고 산속에 들어가)

一間土窟 모아놓고 아츰저녁 마지지여(한 칸 토굴 마련하고 아침저녁 부처 공양 지어)

普濟衆生 祝願後에 그마지를 물리쳐서(중생 구하는 축원 올리고 공양 물려서)

목부러진 나무술과 귀부서진 가시저로(부러진 나무술과 귀 부서진 가시젓가락으로)

茶와함께 供養하니 禪悅食이 아닌가(차와 함께 먹으니 더할 수 없이 기쁘네)

《한국역대가사문학집성》)

───────────

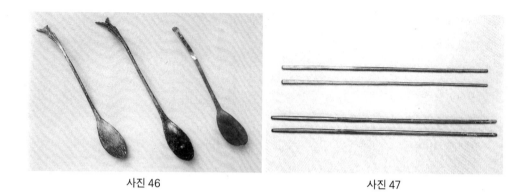

사진 46   사진 47

무상묘도는 가장 오묘한 도리를 가리키며, 토굴 속에서 목 부러진 나무숟가락과 귀 부서진 가시나무젓가락으로 차와 함께 밥을 먹으니 바로 도를 깨치고 먹는 기쁨의 밥이라는 뜻이다. 마지는 부처에게 올리는 밥으로 마짓밥이라고도 한다.

〈사진 46〉은 고려 초의 청동숟가락이다(길이 27.5센티미터에 봉 길이 8.3센티미터 너비 3.4센티미터). 왼쪽의 둘은 총 끝이 제비 꼬리처럼 갈라졌으며 가운데 세 가닥의 가는 홈을 팠다(국립기메동양박물관).

〈사진 47〉은 같은 박물관의 조선시대 청동젓가락이다(길이 22.2센티미터). 총 끝을 네모로 마감하였다.

14) 숟가락으로 독을 시험한다.

연산군은 '약을 먹을 터이니 빨리 은숟가락을 만들라. 유사(有司)에게 맡기면 늦고 정성을 들이지도 않을 것 같아 장인을 내전에 두었다. 이는 편히 부리기 위함이요 장난삼자는 것이 아니라' 하였다[《연산군일기》 8년(1502) 8월 4일].

생명의 위협을 느낀 나머지 독을 시험하려고 서둔 것이다.

《산림경제》에도 '식사 때 상아(象牙)와 금동(金銅)수저로 독을 시험한다'는 기사가 있다(제1권 〈섭생(攝生)〉). 저자가 인용한 《수양총서(壽養叢書)》는 명의 문환(文煥)이 쓴 양생서(養生書)이므로 중국도 같았을 것이다.

15) 수저는 사람을 상징한다.

지은이 모르는 〈홍규권장가(紅閨勸奬歌)〉의 한 대목이다.

놋동이 유리병을 죽죽이 사들여서

三間庫에 넣어두고 뜨끔하면 巫堂불러

푸닥거리 성주받기 우리內外 琴瑟좋게

至誠으로 빌어주오 子孫많고 富貴하게

精誠으로 살을풀소 度厄하라 옷을주며

長壽하라 돈을주며 兩돈주며 쾃돈주고

수제주며 食器주고 山에가 祭를하며

《한국역대가사문학집성》

열 벌이 한 죽이므로 '죽 죽'은 수없이 많다는 뜻이다.

'우리 내외 금슬 좋게' 운운한 것을 보면 아낙이 남편의 마음을 돌리려고 무당에게 자신과 남편의 수저와 식기를 주며 산신제를 지내달라는 내용으로 보인다. '度厄'의 '도'는 '도(渡)'가 옳을 터이다. 또 쾃돈은 엽전 천 닢, 곧 열 냥의 큰 돈이다. 수저와 식기를 준 것은 당사자들도 현장에 있다는 징표이다.

지은이 모르는 〈복션화음녹(福善禍淫錄)〉에도 '슈져주고 식긔쥬어 산이가셔 경을익고'라는 구절이 있다.

16) 수저는 절도 있게 써야 한다.

① 정경세(鄭經世 1563~1633)는 '몸가짐을 단정히 하고 밥상에서 조금 떨어져 앉으며 (…) 숟가락을 들거나 젓가락을 내려놓을 때 서두르지 말며, 반찬과 채소를 집어 접시에 놓을 적에도 떨어뜨리지 않아야 한다. 밥숟가락을 크게 뜨지 않고, 국을 물 마시듯 들이켜지 않는 것을 어찌 못하는가?' 하였다《우복집(愚伏集)》〈음식 먹는 법[飮食]〉).

오늘날에도 젓가락 쥐는 법을 모르는 사람이 수없이 많다.

② 이현일(李玄逸 1627~1704)의《갈암집》에 실린 조카 이만(李楘)의 글이다.

(숙부는) 제사 때 마음을 비우고 정성을 이루려 혼령을 바로 뵌 듯이 하였으며, 음식 먹을 때는 단정

히 앉아 숟가락과 젓가락
을 마치 법식(法式) 따르는
듯이 놀렸습니다(부록 제
5권 〈면례(緬禮) 때〉.

사진 48

세상에서는 그를 '영
남의 호걸·학자·군자'라 불
렀다.

〈사진 48〉의 오른쪽은 고려시대, 왼쪽은 조선시대 숟가락이다(길이 20~30.5센티미터).

17) 숟가락은 문명을 상징한다.

최제우(崔濟愚 1824~1864)의 〈안심가(安心歌)〉 한 대목이다.

슈명을랑 네게비네 내나라 무슨운수(수명을 네게 비네 내 나라 기막히는 운수)

그듸지 긔험할쏘 거룩흔 내집부녀(어찌 그리 험할꼬 거룩한 내 집 부녀)

즈세보고 안심하소 기갓흔 왜적놈이(자세히 보고 안심하소 개 같은 왜적 놈이)

젼세임진 왓다가셔 슐쌴일 못힛다고(전세 임진 때 왔다 가서 쉬운 일 못했다고)

쇠슐노 안먹는줄 세샹사롬 뉘가알쏘(쇠숟가락으로 안 먹는 줄 세상에서 뉘 알꼬)

《한국역대가사문학집성》

'슐쌴일 못힛다고'의 '슐'은 숟가락, '쌴'은 '값이 싸다·쉽다'의 뜻으로 숟가락으로 밥 먹는
일처럼 쉬운 일을 못했다는 뜻이다. 임진왜란 때 우리나라를 침략하여 못된 짓을 많이 한 탓
에 벌을 받아 야만인처럼 숟가락도 쓸 줄 모른다는 말이다.

18) 숟가락질은 철이 든 것을 나타낸다.

금강대도(金剛大道)의 1세 도주(道主) 이사암(李土庵)이 20세기 초에 지은 〈금강도사도덕
가(金剛道師道德歌)〉의 한 대목이다.

어린 행세(行世) 고만하고 수까락을 들만하면(어린 짓을 버리고 숟가락을 들게 되면)

부모은공 생각하고 이웃마을 갈만하면(부모은공 생각하고 이웃 마을 가게 되면)

陰陽分別 알만하여 冬至섯달 지낸後에(음양을 알게 되어 동지섣달 지낸 뒤에)

《한국역대가사문학집성》

---

19) 꿈에 받은 숟가락은 큰 재주를 상징한다.

이유원(李裕元 1814~1888)의 《임하필기(林下筆記)》 기사이다.

꿈에 내가 늙어 산에 가자 '천광대사정식(天光大師淨食)'이라고 새긴 돌 벽 곁에서 많은 중들이 밥을 먹었다. 어떤 이가 내게 준 고려 때 것과 같은 큰 숟가락 여섯 닢 가운데 둘은 따라온 자들에게 주고 나머지는 품에 안고 있다가 잠에서 깨었다. 이를 그려서 고경(古鏡) 선승(禪僧)에게 보이자 '운광대사(雲光大師)가 향산(香山)에 남긴 것과 같다' 하였다. (…) 이 숟가락은 남조(南朝)의 강엄(江淹 444~505)이 오색의 붓을 받은 것과 같은 것인가(제35권 〈벽려신지(薜荔新志)〉).

천광대사나 운광대사는 누구인지 모른다. 불교의 향산은 무열지(無熱池) 북쪽 염부제주(閻浮提洲)의 중심인 설산(雪山)이라고 한다.

강엄은 남조 양(梁)나라 사람으로 제(齊)에서 어사중승을, 양에서 예릉후(醴陵侯) 금자광록대부(金紫光祿大夫)를 지냈다. 그가 꿈에 나타난 사내에게 붓을 받은 뒤 문장을 잘 지었으나, 되 앗아가는 바람에 재주가 없어졌다는 고사에서 '강랑재진(江浪才盡)'이라는 말이 나왔다. 이유원도 재주를 받은 기쁨보다 그것이 사라질 걱정이 앞섰던 것이다.

20) 제사 때는 숟가락을 평소대로 놓는다.

김장생(金長生 1548~1631)의 《사계전서(沙溪全書)》 기사이다.

제상에 메를 올릴 적에는 반드시 숟가락총이 서쪽으로 가도록 놓는다. 제물과 제주 따위도 모두 생전처럼 하며, 메에 꽂는 숟가락도 평소처럼 오른손으로 들도록 총을 서쪽에 둔다. 이는 모두 산 자를 봉양하는 도리 그대로이다. 그러나 제수(祭羞)는 평상시와 반대로 한다[제3권 서(書) 〈민형숙(閔衡叔) 평(枰)에게 답함〉].

제물과 제주를 살았을 때처럼 놓으라면서도 제수는 반대로 하라니 헷갈린다. '집마다 가례가 다르다[家家禮]'는 말처럼 제수는 풍속이나 가문에 따라 조금씩 다르다. '남의 제사에 감 놓아라, 배 놓아라 한다'는 속담이 나온 까닭이 이것이다.

한편, 초혼(招魂) 뒤의 반함(飯含) 때는 망자의 입을 뺄 숟가락으로 버티어야 한다. 놋숟가락은 자칫하면 이가 부러지는 까닭이다.

21) 남의 사정에 밝은 것을 숟가락과 밥주발에 견준다.

《고려사》에 신우(辛禑 1374~1388)가 '당신들은 이곳 숟가락과 밥그릇의 크고 작은 것까지 잘 아는 까닭에, 나는 오로지 자세히 이야기하려고 들었다'는 기사가 있다(제136권 〈열전〉 제49 신우 4).

오늘날에도 상대 사정 잘 아는 것을 '아무개네 숟가락과 젓가락이 몇 짝인지도 안다'고 이른다.

22) 고려 왕실에서는 마노 숟가락을 썼다.

공민왕 5년(1356), 왕이 봉은사(奉恩寺)에서 보허(普虛)의 설법을 들을 때, 공주가 유리 소반과 마노 숟가락 따위의 보물을 시주하였다'는 기사가 있다《고려사》 제89권 〈열전〉 제2 후비 2).

23) 임금의 수저와 그릇을 잘 닦지 않은 내시가 벌을 받았다.

세조(世祖 1417~1468)는 자신의 수저[匙箸]와 기명을 깨끗이 씻지 않은 내시 배안생(裵安生)의 죄를 물었다《세조실록》 14년(1468) 2월 2일).

24) 숟가락으로 얻은 병을 고치는 방법이다.

《산림경제》에 '숟가락이 입 안에 저절로 붙어서 점점 들어가며 떨어지지 않는 것은 위열 (胃熱) 탓이다. 이때 삼리혈(三里穴)에 침을 놓으면 곧 떨어진다. 숟가락 끝[匙頭]에 7장(壯)을 떠도 좋다'는 기사가 있다(제3권 구급 〈숟가락이 입 안에 붙었을 때〉).

삼리혈은 수양명 대장경(手陽明大腸經)에 딸린 경혈(經穴)이다. 곡지혈(曲池穴) 아래 2촌쯤 되는 데를 눌렀을 때 일어나는 근육(筋肉) 끝에 있다. 이 기사는 중국 의서 《임방》과 《전방》에 보인다.

25) 놋숟가락을 기와 가루로 닦는다.

최두석(崔斗錫 1956~?) 시 〈그 놋숟가락〉이다(부분).

그 놋숟가락 잊을 수 없네

귀한 손님이 오면 내놓던

짚수세미로 기왓가루 문질러 닦아

얼굴도 얼비치던 놋숟가락

지금은 기억의 곳간에 숨겨두고

가끔씩 꺼내보는 놋숟가락

짚수세미로 그리움과 죄의식 문질러 닦아

눈썹의 새치도 비추어보는 놋숟가락

일반 가정에서는 놋숟가락도 얼굴이 비치도록 잘 닦아두었다가 손님상에 올렸다. '눈썹의 새치' 운운한 구는 거울처럼 비춘다는 뜻이다.

26) 놋숟가락으로 방문을 잠근다.

전명숙(1956~)의 시 〈화장〉이다(부분).

장작을 넣듯

오동나무 관이 아궁이 속으로 들어갔다

방문을 열 수 없도록

문고리에 놋숟가락을 꽂고 지금

조석점 여사는 화장 중

젊어 이별한 남편을 만나기 위해

길고 긴 시간을 화장 중이다

농촌에서는 집을 비울 때 아무도 없다는 뜻으로 흔히 놋숟가락을 방 문고리에 꽂아두었다. 시인은 지아비의 화장(火葬)을 자신이 상대를 만나려고 꾸미는 화장(化粧)에 견주었다.

27) 숟가락에서 햅쌀 알이 번뜩인다.

① 성현(成俔 1349~1504)의 시 〈햅쌀 밥 먹다[嘗新稻]〉이다(부분).

落杵粉粉雲子白(공이 끝에서 싸라기눈 펑펑 쏟아지고)

翻匙粒粒彫胡香(숟가락에 번뜩이는 알알은 조호 향 풍기네)

《허백당집》

조호는 고미(菰米)의 다른 이름이다.

② 서거정(徐居正 1420~1488)의 시 〈메벼[秔]〉이다.

秔稻舂來白雪光(찧은 벼 흰눈처럼 빛나더니)

軟炊方爛細生春(약한 불에 익히자 은은한 향기)

杜陵雲子眞堪比(두릉의 두보 이밥에 견줄 만하여)

我亦匙抄滿意嘗(나도 숟가락으로 마음껏 맛보네)

《한국한시대관》17

두릉은 당의 두보가 살던 곳이고, 운자는 쌀 또는 쌀밥을 가리킨다.

28) 주인 없는 은수저는 죽음을 나타낸다.
김광균(1914~1993)의 시 〈은수저〉이다.

산이 저문다

노을이 잠긴다

저녁 밥상에 아기가 없다

애기 앉던 방석에 한 쌍의 은수저

은수저 끝에 눈물이 괸다

'한 쌍'은 숟가락과 젓가락을 아우르는 '벌'의 잘못이다. 부모의 애타는 심정을 나타내는 눈물이 은수저에 담긴 듯하다.

사진 49

29) 젓가락은 신령스럽다.

① 제주도 무당노래(《초공본풀이》)에서 천하 임정국대감과 지하 김진국부인의 딸 자지맹왕아기씨에게 도승 주자선생이 몰래 찾아와 은 전대에 쌀을 붓는 그네의 머리를 세 번 쓰다듬어서 임신시킨다. 딸의 모습을 의심한 어머니는 은젓가락 한 벌을 걸쳐놓은 대야에 앉힌 뒤 그네가 도승의 아들 삼형제를 밴 사실을 안다.

② 경남지방에서 이질에 걸리면 주발 위에 젓가락을 십자꼴로 놓고 그 안의 물을 마시면 낫는다고 한다(村山智順 1929 ; 432)(사진 49).

30) 젓가락은 자웅을 상징한다.

이응희(李應禧 1579~1651)의 시 〈젓가락[筋]〉이다(부분).

雌雄分兩脚(자웅으로 나뉘어 다리 둘이니)

正直樹雙枝(바르고 곧은 두 가닥 나무이네)

固執憐其性(굳게 잡으니 그 성품 미쁘고)

堅持愛厥思(굳게 지키니 그 생각 사랑스럽네)

珍羞元不讓(진수성찬 본디 마다 않거니와)

菲食亦無辭(하찮은 음식 또한 사양치 않네)

《옥담사집(玉潭私集)》〈기명류(器皿類)〉)

오직 하나뿐인 젓가락에 관한 시이다. 젓가락 짝을 암수(자웅)에 견준 것은 아주 뛰어난 착상이다.

31) 젓가락으로 독을 시험한다.

《비변사등록》에 '성주(星州) 목사 이성제(李誠躋 ?~1736)가 저녁 숟가락을 놓자마자 기절하더니 입과 코에서 피가 흐르면서 바로 죽었고, 이어 얼굴이 붓더니 전신에 붉은 반점이 생겨 그 아내가 은젓가락을 입에 넣자 청흑색으로 바뀌었다'는 기사가 있다[영조 12년(1736) 5월 22일].

그가 이미 숨을 거둔 까닭에 입을 벌리기 어려워 숟가락 대신 젓가락을 썼을 것이다.

사진 50

〈사진 50〉은 약숟가락이다. 오른쪽의 셋은 총이 짧은 대신 봉이 좁고 길며 총 끝을 을(乙)자꼴로 꼬부렸다. 흔히 구리·은·놋쇠 따위로 불리지만 독약 성분이 닿으면 곧 검거나 검푸른색으로 바뀌는 은제품을 첫손에 꼽는다. 총이 놋쇠인 경우에도 봉은 은으로 하거나 은새김[象嵌]을 하는 까닭이 이것이다(광주시립민속박물관).

32) 젓가락으로 주역의 괘를 나타낸다.

《동문선》 기사이다.

젊은 매헌(梅軒) 선생이 성균관장이 되자 (…) 선비들이 구름처럼 모여들었다. 주역을 배울 때, 선생은 기우(寄耦)의 수(數)를 '밥상을 대하면 먼저 숟가락을 잡고 다음에 젓가락을 쓴다. 숟가락은 낱 개[單]이고 젓가락은 벌[雙]이니 이것이 그 수'라고 깨우쳤다[제103권 매헌집발(梅軒集跋) 〈안지(安止)〉].

매헌은 권우(權遇 1363~1419)의 호로, 글씨 잘 쓰고 시문에 능했으며 성리학과 《주역》에 밝았다.

33) 젓가락으로 반찬 투정을 한다.

① 조애영(趙愛泳 1911~?) 의 〈귀거래가(歸去來歌)〉 한 대목이다.

───────────

천하일미 나물찬도 한철동안 한번밖에

솜씨자랑 못해보고 조심조심 드는밥상

끼니마다 새것이나 냄새라도 맡아보지

어제보던 찬같으면 꼴도보기 싫다하고

젓가락을 휘둘으며 반찬그릇 뎅뎅칠때

말한마디 못해보고 얼핏집어 너루어야

가장위신 세운줄로 자위하는 이가정에

산중태생 이내식성 저양반과 정반대라

《한국역대가사문학집성》

───────────

남편이 젓가락으로 반찬 그릇을 두드리며 짜증내는 모습이 눈에 선하다. 이로써 가장의 권위가 서는 것으로 안다는 대목은 과장이 아니다. 박지원(朴趾源 1737~1805)도 '젓가락으로 방아 찧지 말라[下著毋舂]'고 일렀다《연암집》〈양반전〉).

② 일본통신사 김인겸(金仁謙 1707~1772)의 〈일동장유가(日東壯遊歌)〉 한 대목이다.

───────────

연향텽의 나안자니 닐곱상 드리고셔(연향정에 나앉으니 상 일곱 번 올리네)

밥세번 가져오고 믈세번 치는고나(밥 세 번 가져오고 물 세 번 바꾸는구나)

안쥬롤 세번갈고 차흔번 드고리셔(안주를 세 번 갈고 차 한 번 올리지만)

음식이 긔괴ᄒ야 햐져홀것 바히업닉(이상한 음식이라 젓가락 댈 데 없구나)

《한국역대가사문학집성》

───────────

상을 일곱 번, 밥을 세 번, 안주를 세 번이나 바꾸었음에도 '음식이 고약해서 젓가락 댈 것이 없었던 것'은 일본을 얕보는 교만에서 나왔다.

③ 이와 달리 성현(成俔 1439~1504)은 맛있는 음식을 먹을 때 젓가락을 놓는다고 읊조렸다. 시 〈중고기[僧魚]〉이다(부분).

細嚼久不嫌(살살 씹으니 한없는 맛에)

放筯還自嗟(젓가락 놓고 스스로 감탄하노라)

丙穴從擅名(병혈의 고기 비록 유명하지만)

比此未爲嘉(이에 견주면 별 것 아니고말고)

《허백당집》2)

'중고기'가 따로 있지만, '승어(僧魚)'는 우리말 숭어를 한자로 적은 것인 듯하다.

그는 또 맛있는 음식은 젓가락을 놓지 못하고 먹는다고도 읊조렸다(《사고와 부벽루에 올랐다가 배를 타고 강 따라 내려가며 차문과 남포까지 갔다가 돌아옴[與士高登浮碧樓泛舟順流遊至車門南浦以還]》)(부분).

酒花激灩浮瑤甃(막걸리 잔에 흰 거품 둥둥 뜨고)

犀筯粉紅飫素鱗(젓가락질 쉬지 않고 회 실컷 먹네)

《허백당집》3)

그는 붕어회[鯽]를 먹으면서도 '젓가락 놓는 줄 모르고 상이 다 비니[不知放箸盤空盡] / 은빛 회에서 자주 두보 시 생각하네[銀膾頻思杜老詩]'라고 읊었다. 두보는 '싱싱한 붕어는 은 실 회이고[鮮鯽銀絲膾], 향기 미나리는 푸른 시내의 국이라[香芹碧澗羹]' 하였다.

34) 신선들은 상아젓가락을 쓴다.

이용기(李用基 1870~1933?)의 《악부(樂府)》에 실린 〈호접몽(蝴蝶夢)〉의 한 대목이다.

仙官仙女 모혓구나 神仙風流 됴흘시고

層層樓上 올나가니 月宮姮娥 반갸로다

滿盤珍羞 ᄎ려놋코 象牙箸로 맛을보니

不老草로 菜蔬ᄒ고 龍頭散炙 鳳尾湯에

碧筒酒 千一酒에 不死藥이 按酒로다

《한국역대가사문학집성》

반슈(班首)는 우두머리, 벽통주는 푸른 줄기로 나오는 술이다. 위(魏 220~265)의 정공각(鄭公慤)이 여름에 연잎에 술을 붓고 뚫어놓은 줄기로 흘러나오는 것을 마셨다고 한다《여릉관하기(廬陵官下記)》.

고려 이규보도 '벽통주 따라 마셔도 오히려 더위가 싫어[碧筒傳酒猶嫌熱] / 소반의 얼음 깨뜨려 옥 같은 빙수 만들어 씹네[鼓破盤氷嚼玉漿]'라 하였다《사시사-하(四時詞-夏)》. '千一酒'는 멥쌀을 흰무리처럼 쪄서 식힌 뒤 누룩가루를 섞고 물을 넣어 익힌 천일주(千日酒)의 잘못으로 보인다.

35) 술 마시며 젓가락 장단으로 흥을 돋운다.

《성종실록》 기사이다.

곽인(郭璘)의 딸을 양원(良媛)으로 삼아 임자년(1492) 정월 동궁(東宮)에 들이라는 성종의 명에 대한 사신(史臣)의 논평이다.

　곽인의 어미는 일찍 과부가 되었다. 풍류를 좋아하여 여종에게 가곡을 가르치고 날마다 악기를 불거나 타게 하며, 뭇 여종에게 자리 위에서 춤추라 이르고 자신은 앉아 노래 부르며 어울렸다.

　이웃에 사는 현감(縣監) 황사형(黃事兄)의 첩은 늙은 음부(淫婦)였는데, 곽인의 어미는 매일 거기 가서 실컷 마시며 젓가락을 두들기고 번갈아 노래하고 또 오가며 잠도 자는 등 절도가 없었다[22년{1491} 11월 4일].

양원은 세자궁(世子宮)에 속하는 내관(內官)의 하나로 내명부(內命婦) 종3품의 벼슬이다. 지금은 듣기 어려운 젓가락 장단의 역사가 오랜 듯하다.

36) 젓가락은 과공을 상징한다.

①《선조실록》의 간추린 기사이다.

사간원에서 '중국 관원 접대를 잘해야 합니다. (…) 이달 17일, 심유격(沈遊擊)의 하인에게 낸 술과 안주는 양도 적은 데다가 시고 그릇도 꼴이 아니었습니다. 저들은 젓가락을 들다가 땅에 던지고 주례(酒禮)가 끝나기도 전에 일어났습니다. 판관 권탁(權晫)의 죄를 물으소서' 하였다[25년 (1592) 11월 18일].

②《고종실록》에 장령(掌令) 지석영(池錫永 1855~1935)이 '외국 사신 접대가 지나쳐서 (…) 한 젓가락질에 천금(千金)을 들이는 것은 예의가 아니라 하였다'는 기사가 있다[24년(1887) 3월 29일]. 우리나라 최초로 종두(種痘)를 시술한 그는 경성의학교(京城醫學校) 교장을 지냈으며 한글 보급과 연구에도 공을 세웠다.

37) 한 젓가락은 적은 양의 음식이다.

윤선도(尹善道 1587~1671)의 시 〈차 낙망운(次樂忘韻)〉이다(부분).

若使張公嘗一筋(만일 장공에게 한 젓가락 맛보인다면)

敢言吳會滿江蕈(오회의 강에 많은 박 같다 하리라)

《고산유고》

38) 부젓가락은 견디기 어려운 슬픔을 상징한다.

권환(權煥 1903~1954)의 시 〈환희(歡喜)〉이다(부분).

못 견디게 못 견디게 쓰라릴 때도 있습니다

벌겋게 다른 부젓가락으로 혓바닥을 찢일 때처럼

한없이 눈물이 나도록 슬픈 때도 있습니다

《동결(凍結)》

39) 음식이 맛 좋으면 젓가락마저 씹을 듯 서둔다.

이승소(李承召)의 시 〈실제(失題)〉이다(부분).

雨後春畦手自鋤(비 온 뒤 밭에서 손수 호미질해서)

遠敎叉髻送佳蔬(계집아이 시켜 멀리 좋은 나물 보내왔네)

靑絲浥露香猶滑(이슬 젖은 푸른 채소 싱싱하고 향기로워)

玉筯橫盤危加茹(소반의 옥젓가락마저 씹을 듯하네)

《삼탄집》 제7권

젓가락만 남은 일본

1) 젓가락은 신령스런 기물이다.

① 《고사기》 기사이다.

신(神)이 신라를 치려는 진고[神功] 황후에게 일렀다.

　　"서쪽 나라를 얻으려면 천신·국토신·산신·강과 바다의 여러 신들에게 빠짐없이 폐백을 바치고 배에서 내 신령(神靈)을 섬기며, 홰나무와 삼나무 태운 재를 표주박에 담고 또 나무젓가락과 떡갈나무 잎으로 만든 접시를 많이 만들어 너른 바다에 띄우고 건너가라."

　　이 덕분에 바다의 크고 작은 고기들이 배들을 업어 건넸다. 순풍을 등진 배들은 파도를 따라 순조롭게 앞으로 나갔다.

배에 신령을 모시는 풍속은 오늘날에도 일본은 물론 중국과 한국에도 남아 있다. 나무 태운 재를 뿌리는 것은 나무가 지닌 영력을 빌려서 항해의 안전을 얻으려는 주술이다. 《일본서기》에도 그네의 명을 받은 다테후루쿠마[武振雄]의 군사들이 홰나무 활을 만들었다는 기사가 있다(권제9 신공황후). 나무젓가락과 접시를 띄운 것은 해신에게 제물 바친 것을 가리킨다.

② 에도시대 7대 장군(1442~1443) 아시카가 요시카쓰[足利義勝]가 장군이 되어 맞은 첫 설에 떡국을 먹던 중 젓가락이 부러졌다. 놀란 가신들이 두려워 떨더니 바로 열흘 뒤 그가 말에서 떨어져 죽었다. 이때부터 정월에는 반드시 굵은 버드나무젓가락을 썼으며 이를 '굵은 젓가락'이라 불렀다. 또 출전을 앞둔 잔치에는 누루데(ﾇﾙﾃﾞ)나무로 깎은 북 크기의 젓가락을 썼다(一色八郎 ; 1993 ; 18).

③ 간토지방에서는 대보름날 식구들이 먹는 팥죽젓가락을 잉태젓가락이라 하여 붉나무로 깎는다. 또 주인이나 조부가 죽 먹을 때 쓴 젓가락을 십자로 묶어서 땅지기에게 바치며, 이를 봇도랑에 꽂으면 벼가 병들지 않고, 아이도 화덕으로 떨어지지 않는다고 한다(津山正幹 1984 ; 35~58).

④ 와카야마[和歌山]현(西牟樓郡 中邊路町) 일대는 헤이안시대(8~12세기)에 수험도(修験道) 수련장이었다. 천황에서 물러난 가잔인[花山院]법황(法皇 968~1008)이 고개에서 점심을 먹으려다 젓가락이 없어 근처의 새[茅]를 꺾어 대신하였다. 식사를 마친 그는 젓가락을 꺾어 산신에게 바치고 여행의 안전을 빌었다(一色八郎 1993 ; 16~17).

앞에서 든 대로 벌목꾼이 제가 쓴 먹은 젓가락을 꺾어서 버리는 민속과 같다.
〈그림 8〉은 한 대머리가 밥그릇을 입에 댄 채 물에 만 밥을 젓가락으로 먹는 모습이다.

2) 젓가락에 영혼이 깃든다.

① 젓가락에 갓난아기의 혼령을 부르는 주력(呪力)이 깃들었다. 백일에 베푸는 '첫 젓가락질[箸始め]'도 그 영혼을 이승으로 부르는 의례이다. 팥밥을 담은 차 대접에 백목저(白木箸)를 꽂고 꼬리와 머리가 달린 도미를 곁들여 선물하면 밥을 빨리 먹어서 잘 자라고 장래에 부자가 된다고 한다. 이것이 '젓

그림 8

가락 세우기[箸立ち]' 또는 '젓가락 갖추기[箸そろえ]'이다.

자식이 객지로 나가면 밥그릇에 평소 젓가락을 얹어서 식구들과 함께 먹는 것으로 여기며, 이로써 밥을 굶지 않고 지내다가 돌아온다고 한다(一色八郎 1993 ; 57~58). 지금도 산간지방에서는 집 떠난 이 밥에 젓가락을 놓고 행운을 빈다. 숟가락을 놓는 우리와 대조적이다.

② 사람이 죽었을 때 밥을 고봉으로 담은 주발[불반(佛飯) 또는 침반(枕飯)이라 한다]에 젓가락 한 짝을 꽂아서 주검 머리에 두면 혼령이 젓가락으로 돌아온다(곳에 따라 젓가락 한 짝을 꽂거나 십자로 꽂는다). 주발에 젓가락 꽂는 것을 불저(佛箸)라 하여 몹시 꺼리는 풍속은 이에서 왔다. 또 새해의 신[年神様]이 설음식을 먹을 때 쓰는 백목저를 타고 내려온다고도 한다(戶部民夫 2001 ; 240~241).

③ 옛적 나그네들은 젓가락에 얼이 깃들었다며 함부로 버리지 않고 고갯마루의 신에게 바쳤으며, 산에서 만든 것은 집으로 가져가지 않고 반드시 부러뜨렸다.

죽은 이에게 '마지막 물[末期の水]'이라 하여 입에 물을 축여 넣는다. 정식으로는 붓순나무[木佛] 잎에 묻혀서 입에 한 방울 떨어뜨리지만, 보통은 갈라진 젓가락 끝에 붙인 솜에 찍어서 가까운 피붙이부터 입술에 축인다. 이를 쇼와[昭和] 천황(1926~1989) 때도 치렀다(一色八郎 1993 ; 63).

3) 버드나무젓가락을 신과 인간이 함께 쓴다.

신과 인간이 함께 먹는 양쪽젓가락은 양쪽 끝이 가운데보다 조금 가늘다[中太兩細]. 흔히 버드나무로 둥글게 깎으며 지금도 신사(神事)나 축의(祝儀) 따위의 '기쁜 날[晴の日]'의 정식 젓가락[晴の箸]으로 쓴다(사진 51). 깨끗하고 강한 흰 버드나무는 악귀를 막고 부정을 쫓는 영목(靈木)이자, 초봄에 싹이 트는 까닭에 집에 행운을 불러오는 기쁜 젓가락[喜箸]으로 손꼽는다. 길이는 나이나 성을 가리지 않고 팔촌(八寸)이 표준이다. 끝이 벌어진 팔(八)이 행운을 그만큼 많이 거두어들인다는 뜻이다(一色八郎 1993 ; 65).

사진 51

4) 젓가락은 풍년을 상징한다.

나가노[中野]현에서는 10월 10일 논에서 모셔온 허수아비를 농신의 신체로 삼아 제사 지낼 때, 허수아비 떡 옆에 무 두 개를 젓가락 삼아 놓는다. 이듬해 곡식이 무처럼 굵고 크게 열리기를 바라는 뜻이다.

오이타[大分]현에서는 12월 1일 정월 제사에 쓸 나무를 산에서 거둔다. 이날 아침 일찍 팥밥을 지어 신사에 바치며, 가족은 밤나무젓가락으로 밥을 먹고 산으로 간다. 율(栗)의 소릿값이 신이 '온다(구루 來)'는 뜻과 풍년을 가져온다는 뜻인 까닭이다. 이 밖에 밤나무젓가락으로 정월 음식[雜煮]을 먹는 고장도 있다(一色八郎 1993 ; 73~74).

5) 젓가락은 신천지에 이르는 열쇠이다.

《고사기》기사이다.

하늘에서 쫓겨난 스사노오[須佐之男]가 이즈모[出雲]국 히[肥]강 상류 곧, 토리카미[鳥髮]에 내려오자 젓가락이 떠내려왔다. 이로써 상류에 사람이 사는 것을 알고 찾아갔다가 딸을 잡고 우는 늙은 부부를 만났다.

"너희들은 누구냐?"

"저는 국토의 신 오호야마쓰미신[大山津見神]의 아들입니다. 이름은 아시나즈치[足名椎]이고 아내는 테나즈치[手名椎], 딸은 쿠시다나히메[櫛名田比賣]입니다."

"왜 우느냐?"

"딸이 본디 여덟인데 고지(高志)의 뱀[八俣大蛇]이 해마다 와서 잡아먹었습니다. 지금 그 뱀이 올 때라 슬퍼서 웁니다."

《고사기》의 다른 곳에는 스사노오가 하늘에서 내려온 곳이 신라의 소시모리 또는 쿠마나리타케로 적혔다. 소시머리는 소머리[牛頭], 곧 서라벌을 가리키고 쿠마나리타케는 웅진(熊津)이나 웅천(雄川)이라고 한다. 실제로 일본에서는 이 두 곳을 모두 쿠마나리[久麻那利]로 읽으므로 한국에서 건너간 셈이다. 후지데이칸[藤貞幹 1732~1797]은 그가 진한의 왕이었다면서 신라의 차차웅(次次雄)이라는 왕 이름과 스사노오의 고음이 서로 통한다고 적었다《충구발[衝口發]》)(노성환의 《고사기》 60쪽에서 재인용).

토리카미는 시마네[島根]현 선통산(船通山) 기슭으로 5~6세기에 신라의 영향을 받아 쇠를 불린 곳으로 유명하다.
앞에서 든 뱀의 목을 치자
히강의 물이 핏빛으로 바뀌
었다는 대목은 쇠를 캔 나머
지 강물이 적갈색으로 바뀐
것을 나타낸다.

사진 52

6) 젓가락으로 병마를 쫓는다.

토치기현과 이바라키[紫城]현에서는 참억새젓가락으로 음식을 먹으면 무병하고 악귀가
달아나며, 치바[千葉]현에서는 이것으로 팥밥을 먹으면 부정이 사라져서 여름에 탈이 나지 않
는다고 믿는다. 또 1월 14일 밤, 팥죽에 버드나무젓가락을 세워 신의 선반[神棚]에 올려놓았다
가 젓가락을 새까맣게 태운 뒤 그 재를 몸에 바르면 한 해 동안 치통에 걸리지 않는다고도 한다.

나라현(西吉野)에서는 목에 생선 가시가 걸리면 차 대접에 뜨거운 물을 담고 그 위에 십
자꼴로 묶은 젓가락을 띄우고 여럿이 네 귀에서 마신다(一色八郎 1993 ; 65~75).

다이시고[大師講] 풍속이 남은 곳에서는 이날 밤 팥죽이나 경단을 바치지만, 나가노현처
럼 음식을 올리는 데서는 새[茅] 줄기로 만든 젓가락 가운데 하나는 긴 것을, 다른 것은 짧은
것을 꽂는다.

동북지방에서는 다이시님의 아들 23명을 하나하나 옆에 끼고 먹일 수 없어 긴 젓가락을
쓴다고 여긴다. 《월후풍속문장답(越後風俗問狀答)》에, 이때 아이들에게 먹이는 긴 젓가락을 귓
구멍에 대면 더 잘 들린다는 기사가 있다.

〈사진 52〉는 아스카[飛鳥]시대(5세기 말~7세기 전반)에 유행한 구리주발[銅鋺]과 구리수저이
다. 수저 끝이 제비 꼬리처럼 갈라지고 총의 손잡이 부분이 몹시 굽었다.

중국

---

1) 숟가락

① 한 그릇 밥을 두 숟가락이 똑같이 나눠 먹을 수 없다[一碗飯二匙難拉].

: 어떤 일이든 차이가 나게 마련이다.

② 황금 그릇과 은수저로 밥 먹으려들지만 아직 밥이 안 됐다[拿着金碗銀筷子就是吃不成飯].

: 좋은 조건을 이용하지 못한다.

숟가락은 모두 부정적인 상황을 나타낸다.

2) 젓가락

① 젓가락 한 짝으로 국수를 잘 볶을 수 없고, 외다리로 길을 갈 수 없다[一支筷子不能調炒麵一隻脚不能走路].

: 힘을 합쳐야 뜻을 이룬다.

② 젓가락 한 짝으로 국수를 먹는다[一根筷子吃麵].

: 일을 혼자 떠맡는다.

③ 젓가락 한 짝은 부러지지만 한 묶음은 그대로 있다[一根筷子折得斷一把筷子折不斷].

: 뭉치면 살고 흩어지면 죽는다.

④ 전봇대를 젓가락으로 쓴다[電線杆當筷子].

: 자리에 맞지 않아 능력을 발휘 못한다.

⑤ 밥 배불리 먹고 젓가락 장난하면 빨리 죽는다[飯飽弄箸是死催的].

: 음식을 많이 먹으면 움직여야 오래 산다.

젓가락 고장임에도 숟가락처럼 모두 부정의 뜻을 지녔다.

한국

---

1) 숟가락

① 밥술이나 제법 뜬다.

: 남부럽지 않게 산다.

② 입에 은수저 물고 태어난다.

: 제마다 받은 복이 따로 있다.

: 부모 덕에 부자로 잘 산다.

③ 누이 집에 어석 술(한쪽이 달아서 뾰족한 숟가락) 차고 간다.

: 시집간 누이 집에 가야 대접을 잘 받는다.

④ 열의 한 술 밥이 한 그릇 푼푼하다.

: 여럿이 조금씩 도우면 큰 보탬이 된다.

⑤ 패랭이에 숟가락 꽂고 산다.

: 떠돌아다니면서 얻어먹을 만큼 가난하다.

⑥ 수저를 들 수 없다.

: 삶의 고통이 심하다.

: 몹시 가난하다.

⑦ 밥숟가락 놓았다.

: 숨을 거두었다.

⑧ 수저가 국 맛을 모른다.

: 아주 어리석다.

⑨ 숟가락 한 묶음 못 세는 사람이 살림은 잘한다.

: 셈도 모르는 미련한 여자가 살림에는 빈틈이 없다.

⑩ 마지막 술에 목멘다.

: 순조롭게 되어 가던 일이 마지막 고비에 이르러 틀어졌다.

⑪ 한 말에 두 안장 없고 한 밥그릇에 두 술 없다.

: 한 남편이 여편네 둘을 거느리는 것은 옳지 않다.

⑫ 입에 들어가는 밥술도 제가 떠넣어야 한다.

: 아무리 쉬운 일도 스스로 노력해야 이루어진다.

⑬ 살강 밑에서 숟가락 얻었다.

: 하찮은 일을 하고 큰일 한 것처럼 뻐긴다.

⑭ 첫술에 배부를까?

: 일을 시작하자마자 좋은 결과를 얻으려 든다.

⑮ 뉘 집 숟가락이 몇 개인지 어찌 아나?

: 남의 집 일은 다 알 수 없고 또 알 필요도 없다

⑯ 숟가락을 멀리 잡으면 시집 멀리 간다.

: 숟가락은 총 끝을 잡아야 한다.

⑰ 오동숟가락에 가물칫국 먹었다.

: 살결이 검다.

①~④는 긍정, ⑤~⑪은 부정이며, ⑫~⑭는 무슨 일을 도모함을 나타낸다.

2) 젓가락

① 젓갈 가게 중이다.

: 어떤 곳에 어울리지 않거나, 인연이 먼 사람이다.

② 계집 바뀐 것 모르면서 젓가락 바뀐 것은 안다.

: 작은 변화는 알아도 정작 큰 변화는 모른다.

③ 불에 놀란 놈은 부젓가락만 보아도 놀란다.

: 무엇에 몹시 놀란 사람은 닮은 것만 보아도 겁먹는다.

④ 범벅에 꽂은 젓가락이다.

: 일이 실패로 돌아갈 듯하다.

⑤ 젓가락으로 김칫국 집어 먹을 놈이다.

: 어처구니없는 짓을 벌인다.

젓가락이 모두 부정을 나타내는 것은 의외이다.

일본

1) 숟가락

① 숟가락이 돌아간다.

: 약의 효과가 나타난다.

② 숟가락 앞이다.

: 약 짓는 의술이 뛰어나다.

③ 숟가락을 버린다.

: 의사가 치료를 포기하다.

④ 숟가락보다 입이 앞선다.

: 의술 없는 의사가 말은 잘한다.

⑤ 숟가락을 던진다.

: 의술 없는 의사가 말은 잘한다.

: 일이 잘 될 가망이 없어 포기한다.

①~④가 의술에 연관되고 그나마 모두가 부정적인 것은 놀랍다.

2) 젓가락

① 젓가락이 나간다.

: 식사를 시작한다.

② 젓가락을 댄다.

: 식사를 시작한다.

③ 젓가락을 잡는다.

: 식사를 시작한다.

④ 젓가락을 친다.

: 상에 젓가락을 놓는다.

⑤ 젓가락을 내린다.

: 식사를 마친다.

⑥ 약한 젓가락과 허약한 남자는 먹을 수 없다.

: 건강하지 않으면 먹고 살 수 없다.

⑦ 젓가락도 쓰지 못하는 병자이다.

: 병이 깊어서 손대기 어렵다.

⑧젓가락도 없이 구걸한다.

: 염치가 없다.

⑨ 젓가락에도 몽둥이에도 걸리지 않는다.

: 어찌할 도리가 없다

⑩ 젓가락질에도 말을 한다.

: 사소한 일에도 잔소리를 한다.

⑪ 젓가락 끝이다.

: 예의에 벗어나고 품격이 떨어져 참기 어렵다.

⑫ 매끄러운 젓가락으로 모시를 잡는다.

: 일이 마음먹은 대로 되지 않는다.

⑬ 젓가락보다 무거운 것을 가지고 있지 않다.

: 귀엽게만 자라서 일할 줄 모른다.

⑭ 젓가락에 맞고 몽둥이에 맞는다.

: 손쓸 도리가 없다.

⑮ 젓가락 공양이다.

: 별것 아니다.

⑯ 젓가락의 눈과 코 같다.

: 바짝 말랐다.

⑰ 젓가락 들고 먹기만 한다.

: 신세를 더할 수 없이 끼쳤다.

⑱ 젓가락에 무지개 들보[虹梁]이다.

: 차이가 커서 견줄 수 없다.

⑲ 젓가락과 주인은 큰 것이 좋다.

: 무엇이든지 튼튼해야 쓰기 편하다.

⑳ 음식이 맛있으면 젓가락 쉴 새 없다.

: 이익이 난다면 누구든지 뛰어든다.

㉑ 젓가락으로 타이른다.

: 충분히 알 수 있게 친절히 설명한다.

㉒ 젓가락에 눈과 코를 붙여도 남자는 남자이다.

: 젓가락은 튼튼한 것이 좋고 남자는 건강하고 솔직한 사람이 좋다.

㉓ 젓가락 쥐는 쪽이다.

: (젓가락을 오른손에 쥐는 데서) 오른쪽 또는 오른손을 가리킨다.

㉔ 젓가락이 굴러도 우스운 나이이다.

: 십대 소녀이다.

①~⑥은 식사와 연관되고 ⑦~⑱은 부정 또는 절망을 나타내는 반면, ⑲~㉔는 긍정적이다.

IX — 박

1
―
어
원

박의 원산지는 인도이다. 전 4세기의 신화《나마연나(羅摩衍那)》에 관련 기사가 있다. 이것이 중국을 거쳐 우리에게 들어오고 다시 일본으로 건너갔다. 뿌리가 하나임에도 중국과 일본에서 뒤웅박 문화가 퍼진 반면, 우리는 바가지 문화를 꽃피웠다. 이를테면 중국과 일본은 뒤웅박 세상이고 우리는 바가지 세상인 셈이다. 우리는 바가지 없는 부엌을 상상하기조차 어렵건만, 앞의 두 나라에서는 좀체 눈에 띄지도 않는다. 또 우리가 바가지와 뒤웅박 두 가지를 함께 쓴 것을 저들에게 없는 장점으로 꼽아도 좋을 것이다.

이 글에서는 중국과 일본 박 가운데 바가지가 분명한 두어 개를 뺀 나머지는 모두 뒤웅박으로 다룬다.

중국[匏(포)·瓢(표)]- 물건 싼 보

---

1) 포

《설문》에서 '포(匏)는 뒤웅박[瓠]'이라고 새겼다. 포의 소릿값 '포(包)'는 '싸서 불룩해지다'는 뜻이다. 따라서 물건을 싼 것처럼 배가 부른 뒤웅박을 가리킨다. 포는 뒤웅박으로 만든 그릇이자 악기이다.

포간(匏竿)은 생황(笙簧)의 다른 이름이고, 포금(匏琴)은 동남아시아 북부의 악기이기도 하다. 《고려도경》에 '성인이 음악을 짓고 덕을 숭상한 나머지 쇠[金]·돌[石]·흙[土]·뒤웅박[匏]·나무[木]·실[絲]·대[竹] 따위로 종(鐘)·경(磬)·도고(鞀鼓)·훈지(塤篪)·생우(笙竽)·축어(祝敔)·금슬(琴瑟)·관적(管籥) 따위를 마련하였다고 적혔다(제40권 〈악률〉).

포계(匏繫)는 속을 먹지 않고 매달아둔 뒤웅박, 포호(匏壺)는 바가지, 포생(匏笙)은 악기, 포작(匏勺)은 술구기, 포작(匏爵)은 뒤웅박 술잔, 포전(匏奠)은 뒤웅박 술통, 포두(匏斗)는 반으로 탄 손잡이 달린 바가지이다.

2) 표

《옥편(玉篇)》에서 '표(瓢)는 오이[匏]'라고 새겼다. 표(瓢)의 '표(票)'는 소릿값이고, 과(瓜)는 오이이다. 금문(金文)에 '와'는 단물이 가득 찬 열매가 받침대에 걸린 모습이라 적혔으며,《광운(廣韻)》은 표는 호(瓠)라 하였다. 《정자통》은 '표와 포호(匏瓠)는 타서 속을 파내고 술잔으로 쓰며 허리에 차고 물을 건너간다'고 일렀다.

또 표는 불똥이 날아오른다는 뜻으로, 오이[瓜] 가운데도 가벼워서 날아오를 듯한 뒤웅박을 가리키기도 한다.

《오잡조》 기사이다.

뒤웅박[匏]은 오이[瓜] 종류이다. 표주박[瓢]과 같지만 달고 쓴 것의 차이가 있다. 단맛 나는 것이 호(瓠)이다. 《시경》의 '길게 뻗어 오른 호의 잎'은 이를 가리킨다. 이에 견주어 쓴 것[匏]은 못 먹는 대신 물을 건너가는 데 쓴다. 《시경》의 '잎이 쓰지만 깊은 물을 건너간다'는 말 그대로이다.

　　공자도 자로(子路)에게 '내가 어찌 뒤웅박[匏瓜]이냐? 어찌 매달아놓기만 하고 먹지 못하는 것이겠느냐?' 하였다《논어》〈양화편(陽貨篇) 17). 옛적에는 포(匏)와 호(瓠)를 함께 썼으며,《광아(廣雅)》에서도 '포'를 '호'로 새겼다. 혜자(惠子)가 장자(莊子)에게 위(魏)나라 왕이 준 오석(五石)의 호를 보내달라고 한 것도 포(匏)이다.

　　오늘날에는 길게 구부러진 것을 호, 머리가 짧고 배가 부른 것을 호로(葫蘆)라 이르지만 이는 포이며 호(壺)라고도 한다. 《시경》에서 '팔월에 호를 딴다' 하였으며(〈빈풍(豳風)〉),《갈관자(鶡冠子)》에 '물 가운데에서 배를 잃으면 뒤웅박 한 개가 천금'이라는 기사가 있다. 그렇다면 뒤웅박은 달고 부드러워서 먹을 수 있는 것이다. 옛사람들은 쓴 뒤웅박을 모두 물 건너는 데 썼지만 오늘날에는 물을 담는다. 호는 꼴이나 질이 전혀 다른 것으로 뒤웅박[匏]은 먼저, 포는 뒤에 익는다. 옛적에 두 글자를 함께 쓴 것은 본디 같은 종류인 까닭이다[물부(物部) 2, 〈포(匏)〉].

공자가 말한 포(匏)는 뒤웅박이고 호(瓠)는 표주박이다. 말뜻은 뒤웅박을 한곳에 매달아두기만 하면 마실 수도 먹을 수도 없으나 사람이라면 여러 모로 쓰인다는 뜻이다. 이에 대해 김창협(金昌協 1651~1708)이 '뒤웅박을 먹지 못한다는 뜻으로《논어》의 주석과도 맞아떨어진다'고 하였지만(《농암잡지》), 매달아놓기만 하면 아무 소용이 없다는 뜻으로 새기는 것이 자연

스럽다. 그는 나뭇가지만 보고 숲은 보지 못한 셈이다.

　　공자의 말을 두고 지은 이규보(李奎報 1168~1241)의 시 〈좌간 이계장[上左諫議 李季長]〉이다
(부분).

莫敎埋似劍(칼처럼 땅에 묻히거나)

吳豈繫如匏(줄기에 달린 뒤웅박은 되지 않게 하소서)

已恃知音幸(이미 아는 분의 요행을 믿으니)

何煩筮仕爻(어찌 벼슬 점괘를 뽑으리오)

[《한국한시대관》(2) ; 70]

　　우리도 중국처럼 권력자에게 벼슬자리를 달라는 글을 보냈다.

　　《국어(國語)》는 '뒤웅박[匏]에 구멍을 뚫고 대나무를 끼워서 생황(笙簧)으로 삼는다' 하였
고(《주어(周語)》 하), 한연수(韓延壽 ?~전 57)는 '뒤웅박[瓠]으로 제기를 만든다'고 적었다.

　　〈사진 1〉은 광서성 용승현(龍勝縣)의 야오족[瑤族]이 농사 때 음식을 담아 논으로 내가는
뒤웅박이다. 몸통 3분의 2쯤 되는 부위의 위를 잘라서 뚜껑으로 삼았다.

3) 호로

　　호(葫)는 초(艹)와 호(胡)로 이루어졌으
며, 이는 서역에서 들어왔다는 뜻이다. 노
(蘆)는 초(艹)와 노(盧)로 구성되었다. 노는 여
(旅)와 통하여 줄 잇는다는 말이며, 끊이지
않고 피어나는 풀을 가리킨다.

　　따라서 호로는 줄줄이 이어 달리는 뒤
웅박을 이른다.

사진 1

1) 바가지

《어원사전》 설명이다.

명사 '박'에 작다는 뜻을 가진 접미사 '아지'가 붙어 이루어진 단어이다. 한해살이 식물인 박은 절반을 쪼개면 작아져서 바가지(박+아지)가 된다.

이 밖에 바가지는 둥근 것을 이르는 '박[瓢]'에 작다는 접미사 '-아지'가 붙은 것(박+아지〉바가지)이라는 설도 있다.

'박(《두시언해》 瓠·瓢, 《훈몽자회》 瓠·瓢·匏, 《노걸대번역》 葫蘆)'은 '박아지(《가례언해(家禮諺解)》)'를 거쳐서 '바가지'로 굳었다. 《세종실록지리지》에 표주박[瓢子]을 충청도에서 바쳤다는 기사가 있다.

③ 변말

㉠ 바가지→철모(군대), 우묵이(산삼 캐는 이), 머리(학생), 임신부(학생)

㉡ 똥바가지→농과대학생, 똥바가지 연애(농과대학생의 연애)

㉢ 바가지 뜨다(밀수)→세관원의 아내가 죽다, 헌병이 오다(작가)

㉣ 바가지→보가지(범죄), 너 추리·넌 추리·논 추리(산삼 캐는 이)

㉤ 백 바가지(군인)→헌병

㉥ 싸가지가 바가지다(학생)→싹수가 없다.

㉦ 쌍 바가지(학생)→유방·브래지어·엉덩이

㉧ 주책바가지(범죄)→줏대 없는 여자

《국어변말사전》.

2) 뒤웅박

《어원사전》 설명이다.

뒤웅박의 '뒤'는 옛날 말 드뵈가 변한 것이다. 《훈민정음 해례본》에서 '위호(爲瓠)'를 드뵈라 새겼다. 드뵈는 들이라는 뜻으로서 '되박'의 '되'와 같은 말인데 무엇을 담는 그릇을 가리킨다. 이 말은 역사적으로 드뵈→드외→되로 변하였다.

사진 2

씨앗을 넣거나 밥을 담아 걸어두면, 습기를 잘 흡수하여 쉽게 썩거나 쉬지 않는다. 또 씨를 넣고 재를 뿌려서 벌레가 꾀는 것을 막는다. 제물 뒤웅박이 없으면 노끈으로 뜨거나 흙으로 구워서 쓰기도 하였다. 우리도 함경도 일대에서는 중국처럼 뒤웅박에 씨앗을 넣고 밭에 오가며 뿌렸다. 《훈민정음 해례본》의 드뵈가 이것이다(사진 2)(☞ 617쪽 사진 5).

이인택은 '호로자식(葫蘆子息, '호래자식'의 잘못)'이라는 우리네 욕이 뒤웅박과 관련이 있다면서 이렇게 덧붙였다.

호로자식 또는 후레자식이라는 말 가운데 호로라는 단어는, 호리병박을 의미하기 때문에 중국의 '후루(huru 葫蘆)'라는 단어에서 유래했음은 분명하다. 중국 신화에서 이 '후루'는 바로 홍수로부터 남매가 피난하기 위해 숨어 있던 도구로 사용되었던 것이며, 후에 인류가 출현한 바로 그 장소였던 것이다. '호로'와 '자식'이 함께 결합되어 쓰인 점도 생명의 탄생이라는 관점에서 보면 흥미로운 부분이다. 이러한 사실을 통해 간접적이나마 홍수 신화가 중국에서 한국으로 유입되었음을 확인할 수 있다(《중국 신화의 세계》).

뒤에 설명하는 대로 중국의 뒤웅박에서 나온 인물이 인류의 조상이 된 것과 대조적으로 우리가 욕으로 삼은 것은 이해하기 어렵다.

일본[柄杓[히샤쿠]·杓子[샤쿠시]·瓢簞[효탄]]- 물 뜨는 기구

1) 히샤쿠 · 샤쿠시

① 《일본어원대사전》 설명이다.

___

㉠ 한자 병표(柄杓)는 소릿값에 따른 것으로 본디 히사코(ヒサコ 瓢)에서 왔다. 히샤쿠는 비슷한 음인 한어(漢語) 표(杓)에서 왔으며 오해를 피하려고 이렇게 적은 것이다. 또 히사코의 코가 자(子)를 뜻한다는 사실을 잊은 나머지 표자(杓子 しゃくし)라는 말을 만들었다.

㉡ 표(杓)는 물을 뜨는 기구로 일본 이름은 히사코이다. 히사코를 사투리 히사고(ひさご)라 불러서, 오로지 표주박을 가리키게 되었다. 히사는 박 또는 뒤웅박의 총칭이다. 표에 코(コ)를 붙여서 히사코라 하였다.

___

② 《사물기원사전》 설명이다.

___

옛 이름 히사고에서 왔다. 《화명류취초(和名類聚抄)》에 표(杓)의 소릿값은 '比佐古'이며, (…) 뒤웅박[瓢]의 일본말은 나리히사고[奈利比佐古]라 하였다. 시즈오카[靜岡]현 도로[登呂] 유적에서 길이 30~40센티미터에 긴 자루 달린 목제가 나와서 2천여 년 전에 쓴 사실을 알려준다.

___

2) 효탄
《일본어원대사전》 설명이다.

___

히사고[瓢]와 가타미[半身]이다. 술 따위를 담는 히사고와 밥을 담는 가타미[筐]를 가리킨다. '단(簞)'은 대오리로 불이 좁게 엮은 광주리이다. 곧 가타미를 이른다.

___

사진 3   사진 4

〈사진 3〉은 줄기에 달린 일본의 뒤웅박이고 〈사진 4〉는 중국(산동성 장구시)의 자루박
이다.

2
─
민
속

인류의 탄생지— 중국

  동북지방 등지에서 호종(瓠鍾)이라 하여 바닥에 구멍을 뚫고 씨 뿌리는 기구로도 쓴다. 〈사진 5〉는 하북성의 고대 유적(灣平岺溝)에서 나온 것으로, 앞에서 든 우리네 것(☞ 614쪽 사진 2)은 이에서 나왔다. 뒤웅박에 물을 담기도 하였으며 이를 호로관(葫蘆罐)이라 불렀다. 명대에는 귀족 여인이 작은 뒤웅박을 향주머니에 넣어 허리에 차고 다녔고 샛서방에게 정표로 건네도 주었다(《금병매》).

  《세설신어》에서 '세요(細腰)는 바로 선가(仙家)의 뒤웅박[葫蘆]'이라 한 것은 가운데가 홀쭉한 데서 왔다.

  6세기 전반에 나온《제민요술(齊民要術)》에 '박이 바가지를 만들 만큼 자랐을 때 손으로 꼭지부터 아래까지 한 차례 문질러 털을 털어내면 더 크거나 두툼해지지 않는다. 이를 8월의 서리 내릴 무렵에 거둔다'고 적혔다.

  《범승지서(氾勝之書)》의 박 재배 경제학이다.

박속은 돼지 살찌우기에 아주 좋으며, 씨를 기름으로 써도 불빛이 매우 밝다. 한 넝쿨에서 박 세 개를 거두어 심으면 한 그루마다 12개 열리므로, 한 무(畝)에서 2,880개를 거두게 된다. 따라서 10무이면 5,700개에 이른다. 박 한 개에 십전이므로 결국 57만 6천 문(文)의 소득이 나오는 것이다. 누에 똥 찌꺼기[蠶沙]를 거두고 집짐승을 빌리며 사람의 품

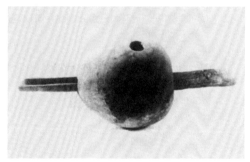

사진 5

삯 따위에 드는 비용 2만 6천 문을 빼도 순익이 55만 문이다. 이는 박속으로 살찌운 돼지와 박씨 기름 따위의 부수입을 셈하지 않은 것이다(《종식(種植)》).

1) 뒤웅박은 신령한 기물이다.

① 3년이나 끈 고신왕(高辛王 전 2435~전 2365) 황후의 귓병은 귀에서 누에를 닮은 황금빛 벌 레들을 꺼내면서 없어졌다. 그네가 벌레를 뒤웅박에 담고 쟁반으로 덮자 용구(龍拘)로 변하였다. 반호(盤瓠)라는 이름은 그가 쟁반[盤]과 뒤웅박[瓠]에서 나온 데서 왔다.

'방왕(房王)의 목을 베면 사위로 삼겠다'는 고신왕의 말을 실행에 옮긴 짐승 반호는 사람 이 되는 방법을 알리고 사위가 된다. 그러나 공주가 금종(金鐘)에서 한 이레만 지내면 사람이 된다는 그의 말을 어긴 탓에 머리는 개, 몸은 사람인 반호가 되었다고 한다. 그는 천지개벽의 시조로 알려졌다. 앞글의 뒤웅박은 그가 태어난 자궁인 셈이다.

반호신화는 남부의 여러 소수민족 사이에 퍼져 있다. 특히 야오족은 죽음·부귀·가난을 맡은 위대한 신으로 받든다.

② 동족(侗族) 민담이다.

뇌공(雷公)은 하늘로 올라가 인간의 악행을 천왕에게 알리며 홍수로 쓸어버리자고 하였다. 물 한 뒤웅박을 퍼준 천왕이 반만 부어서 후대가 끊기지 않게 하라고 일렀음에도 모두 쏟아부었다. 이 때문에 물이 하늘까지 차오르고 산봉우리·사람·짐승 따위가 물에 잠기고 말았다.

기독교의 노아 방주 설화를 연상시킨다.

③《태평광기》기사이다.

신선도를 좋아한 당의 이전(李筌)은 늘 명산을 돌며 방술을 구하는 중에, 한 할멈이《황제음부경

(黃帝陰符經)》을 보이며 '때가 되었으니 같이 보리밥을 먹자'고 하였다. 그네가 소매에서 꺼내준 표주박[瓢]으로 계곡 물을 뜨려고 하자 무게가 백여 근이나 되어 빠뜨리고 말았다. 제자리에 돌아왔더니 할멈은 사라지고 바위에 보리밥 서너 되만 놓여 있었다(권14 〈이전〉).

———————

④《서유기》에 등장하는 뒤웅박은 이것이 서역을 통해 들어온 사실을 일러준다.

———————

손오공(孫悟空)이 쓰러진 인삼나무를 일으켜 세우고 옥으로 깎은 뒤웅박의 물을 붓자 곧 상처투성이의 뿌리와 껍질이 아물고 새잎이 돋아 가지를 뻗으면서 23개의 열매가 달렸다.

———————

⑤《유양잡조》 기사이다.

———————

서역 구차국(龜玆國)에서 북으로 닷새 거리의 산에 오줌 누는 낙타상이 있다. 오줌을 은·금·구리·쇠·흙[瓦]·나무그릇·손바닥 따위에 받으면 모두 새지만 뒤웅박만은 까딱없다. 이를 마시면 몸의 털이 모두 빠져서 신선이 된다고 한다.《논형(論衡)》에 실렸다(권10 〈물이(物異)〉).

———————

⑥《우초신지(虞初新志)》 기사이다.

———————

양사진(楊舍津)의 고옥천(顧玉川)은 (…) 때로 머리를 풀어헤친 채 맨발로 걸으며 노래 부르거나, 두건과 심의(深衣) 차림에 뒤웅박을 달아맨 등나무지팡이를 메고 다녔다. 뒤웅박은 사람보다 더 커서 바람이 불면 함께 넘어졌다. 강을 건널 때 타고 앉아 지팡이로 젓는 것이 구름 속에서 노니는 신선 같았다. (…) 순간에 수백 리를 오가면서도 사실만 전하였고 지나는 곳마다 행적이 뚜렷하였다.

———————

뒤웅박과 지팡이는 신선의 상징물이다. 우리 문헌에도 뒤웅박으로 물을 건너는 내용이 있다.

⑦《제경세시기승(帝京歲時紀勝)》기사이다.

5월 초하루에 집집마다 문에 주사(朱沙)로 쓴 부적을 매달고 (…) 창문에 붉은 색종이로 길상뒤웅박[吉祥葫蘆]을 오려 붙이며, 여아들은 채단으로 복주머니를 짓는다. 어린이가 비단으로 꾸민 (…) 붉은 뒤웅박을 몸에 차면 여름의 나쁜 기운을 피할 수 있다(〈5월 단양(端陽)〉).

문이나 목에 거는 길상호로는 색종이로 만든 뒤웅박 옆에 줄기 같은 모양을 길게 이어 붙인 것으로 호로만대(葫蘆萬代)라고도 한다.

〈사진 6〉은 천진시(天津市) 시장의 조롱박이다. 겉에 길상을 상징하는 동물을 그리거나 길상문을 적고 끝에 붉은 수실 다발을 달았다. 이것을 집 대문이나 창에 걸어서 복을 비는 징표로 삼는다.

소식(蘇軾 1037~1101)의 시 〈26일 오경에 떠나 반계에 이르니 날이 채 밝지 않음[二十六日 五更起行 至磻溪天未明]〉이다(부분).

夜入磻溪如入峽(밤 깊어 반계에 드니 협곡으로 가는 듯)

照山炬火落驚猿(산 비추는 홰에 원숭이 놀라네)

安得夢隨霹靂駕(어찌하면 꿈속 벼락수레 따라가)

馬上傾倒天瓢翻(하늘 뒤웅박 말 위에서 뒤집을까)

《소동파시집》

사진 6

그가 1063년 7월 26일 기우제를 지내려고 꼭두새벽에 반계로 갔을 때의 감회이다. 벼락수레는 우레를 가리킨다.

《유양잡조》에 '당 헌종(憲宗 806~820) 때 회남절도사 이용(李鄘)이 개휴현(介休縣)에서 지낼 때, 어떤 사람이 문을 두드리며 개휴왕(介休王)이 벼락수레를 빌려 타고 와서 보리를 거두려 한다고 이르더니 과연 이튿날 번개와 폭우가 쏟아져 천여 경(頃)의 보리가 휩쓸려 내려갔다'는 기사가 있다(권8 〈번개[雷電]과 번개 신[雷神]〉).

말 위에서 뒤웅박을 뒤집는 것은 비가 내리기를 바라는 모방주술이다.

사진 7

⑧ 당의 장군 이정(李靖 571~649)이 미천한 시절, 길을 잃고 용궁에 머물 때이다. 그곳 마나님이 비를 내리게 하라며 말이 펄펄 뛰고 울거든 말에 매단 뒤웅박의 물을 갈기에 꼭 한 방울만 떨어뜨리라고 일렀다.

그 뒤 큰 저택에서 자는 중에 그 집 할멈이 문을 두드리고 나는 용녀인데 하느님이 비를 내리려 하시니 빨리 가보라며 장대 한 개와 뒤웅박을 주고 '이 장대를 타고 가서 버들가지로 뒤웅박의 물을 뿌리면 곧 비가 내릴 것이라' 하였다(《소동파시집》에서 재인용).

앞뒤가 각각이다. 버드나무 가지를 이용한 것은 이 나무가 물가나 골짜기에서 잘 자라는 것과 연관이 있을 것이다. 옛적에 말을 타고 다니는 여행객들은 뒤웅박에 물을 담아 지녔다. 〈사진 7〉은 비를 상징하는 용 두 마리를 그린 뒤웅박이다.

⑨ 길림성 한 여관에 묵은 길손이 저녁마다 작은 물건을 가지고 나갔다. 궁금한 주인이 뒤를 밟았더니 산으로 가서 주머니의 금 콩을 꺼낸 다음 뒤웅박에 담고 뛰뛰 불었다. 이에 금돼지 어미와 새끼들이 콩을 먹으며 여관까지 따라왔다. 그러나 주인의 빨리 잡으라는 소리에 놀란 돼지들이 산으로 달아났고 길손은 여러 날 애쓴 공이 허사가 되었다며 화를 냈다(永尾龍造 1940 ; 648~649).

⑩《전등삼종(剪燈三種)》기사이다.

사진 8

경사(經史)에 정통한 절강성 태주(台州)의 서일(徐逸)이 천태산(天台山)에 약재를 캐러갔다가 날이 저물었다. 당황한 그가 머뭇거릴 때 계곡의 물 위로 큰 뒤웅박[巨瓢]이 떠내려 왔다. 근처에 인가가 있으리라 짐작하고 물길을 따라 올라가자 돌문이 나타나고 그 안에 사오십 채로 이루어진 마을이 있었다. 사람들은 승냥이가 울부짖고 도깨비가 날뛰는 길을 어떻게 뚫고 왔느냐며 놀라워하였다. 그들은 송나라 때 난리를 피해 들어왔다고 하였다. (…) 《《천태산의 은둔자[天台訪隱錄]》)

⑪ 호남성에서 쪽박으로 표고낭신(瓢姑娘神)을 맞이한다. 대나무젓가락을 올려놓고 두 사람이 주문을 읊조려서 신이 실리면, 젓가락이 내려와 글씨를 써서 점괘를 알려준다(永尾龍造 1941 ; 536).

⑫ 운남성 곤명시에서 대보름날 밤 '백 가지 병 쫓기'를 벌인다. 어린이들은 스스로 만든 등롱에 불을 밝히고, 어른들은 붉은색이나 초록색을 입힌 화전(火錢)을 들고 집집을 찾는다. 집주인은 화전에 입김을 불어넣고 향을 펜 다음, 숯불 담은 표주박에 초를 부어 연기를 피우며 '강태공이 예 있으니 모든 악귀들은 빨리 물러가라[姜太公在此 諸邪惡避 除去除去]'고 읊조린다. 이어 길가의 돌 여섯 개를 들고 강으로 가서 등롱과 화전을 떠내려 보낸다. 이로써 잡귀도 함께 사라진다는 것이다(永尾龍造 1941 ; 581~582).

〈사진 8〉은 운남성 보이시(普洱市) 부근 농가 합각벽에 붙인 반쪽 뒤웅박이다. 이 일대에서는 어느 집에서나 지붕 용마루 양쪽을 비롯해서 벽에도 걸어둔다.

⑬《태평광기》기사이다.

노기(盧杞)가 한 달여 앓는 동안 이웃의 마씨(麻氏) 할멈이 정성껏 돌보았다. 어느 날 저녁, 그네

집 앞에 황금 송아지가 끄는 수레와 신녀(神女)가 나타나자 그에게 여자가 마음에 들면 물어보겠다고 하였다.

사흘 동안 제사를 올린 할멈은 성 동쪽의 도관(道觀)에서 만나자더니, 과연 하늘에서 수레를 타고 선녀가 내려왔다. '저는 상제(上帝)의 명으로 인간 세상의 짝을 찾고 있었습니다. 이레 동안 목욕재계하시면 모시겠습니다' 하더니 할멈에게 환약 두 알을 주었다. 둘이 심은 알은 곧 쌀 스무 말들이의 큰 뒤웅박으로 자랐다. 셋은 이를 나누어 타고 낙양에서 8만 리 떨어진 궁궐로 날아갔다. 신녀가 물었다.

"첫째 여기 머물며 하늘과 함께 천수를 누리는 일, 둘째 지선(地仙)이 되어 인간 세상에 살다가 돌아오는 일, 셋째 중원(中原)에서 재상이 되는 일 가운데 어느 것이 좋습니까?"

노기가 첫째를 꼽자 '이곳은 수정궁(水晶宮)이고 저는 태음부인(太陰夫人)입니다. 상제의 허락을 받으러 가시지요' 하였다. 상제가 다시 세 조건을 물으려 하자, 오랫동안 입을 다물고 있던 노기가 갑자기 내뱉었다.

"인간 세상의 재상이 되고 싶소."

깜짝 놀란 신녀는 할멈에게 당신 잘못이니 빨리 데리고 가라고 소리쳤다.

할멈이 그를 뒤웅박에 밀어넣은 순간 잠에서 깬 그의 눈에 할멈도 뒤웅박도 보이지 않았다 《태음부인》.

―――――――――

남자가 한번 뱉은 말을 지키지 않으면 모든 것이 거품이 된다는 교훈담인가?

―――――――――

⑭ 절강성 소흥(紹興)에서 태어난 아이는 머리만 사람이고 목에서 아래는 뒤웅박을 닮았으며 팔다리도 없었다. 그러나 삼 년 뒤부터 다른 아이들처럼 말을 하였다. 17세가 된 청명절에 어미가 냇가로 데려갔더니 부잣집 아가씨가 배를 타고 내려왔다. 그가 아내로 삼겠다고 떼쓰자, 상대는 진주 한 말과 야명주(夜明珠) 한 개를 내라고 하였다.

그는 용왕에게 가서 두 가지를 빌려와 부부가 되었다. 두 해 뒤 아내는 아이를 뱄다. 이상히 여긴 어미가 방을 엿보았더니 아들이 잘생긴 청년으로 바뀌어 있었다. 그러나 이튿날 다시 뒤웅박 아이가 되고 며느리는 여전히 밥을 먹었다. 그날 밤 어미가 뒤웅박 껍질을 감추자 비로소 인간의 모습을 갖추었다(直江廣治 1967 : 25~26).

―――――――――

2 ― 민속

뒤웅박으로 짝을 찾는 것은 그 형태가 크고 작은 두 쪽으로 이루어진 데서 온 것인가? 그렇더라도 껍질을 감춘 결과 사람으로 바뀐 것은 앞뒤가 어긋난다.

⑮《중국 변형 신화의 세계》의 기사이다.

홍석만(紅石灣)은 고비사막 근처 숙남현(肅南縣)에 있다. 위글족[維吳爾族]이 동쪽의 기련산(祁連山)으로 옮겨온 뒤, 얼음 굴의 설요(雪妖)가 늘 추위로 말썽을 부려서 사람과 집짐승이 떨며 지냈다. 이에 영웅 막납(莫拉)이 태양신에게서 '불[神火寶] 뒤웅박'을 얻어다가 태워 죽이고 얼음도 녹였다. 그러나 불을 멈추는 주문을 잊은 탓에 사흘 낮밤 사이에 천지가 잿더미가 될 지경이었다. 그가 불에 뛰어들어 뒤웅박 구멍을 막은 뒤 몸은 홍석산(紅石山)이 되어 초원에 우뚝 솟았다.

사막으로 둘러싸인 신강성 기련산 일대는 여름이면 기온이 50도를 넘나든다. 설요가 추위를 불러온 것은 더위를 쫓으려는 열망의 산물이지만, 막납이 그를 태워 죽인 것도 자연의 위력을 설명하는 대목이다. 그가 불 멈추는 주문을 잊은 까닭을 알 만하다.

⑯《서유기》의 한 대목이다.

손오공이 자금홍(紫金紅) 뒤웅박[葫蘆瓶]을 들고 주문을 외우자 나타삼태자(哪吒三太子)가 신통력을 써서 해·달·별들을 모두 뒤웅박 안으로 들여보냈다. 이에 따라 우주는 갑자기 그믐밤처럼 캄캄해졌다.

같은 책에 '천지개벽 때, 태상노조(太上老祖)가 여왜(女媧)라는 이름으로 환생하여 오색돌을 구워 하늘을 메우고, 염부세계(閻浮世界)를 널리 구하려고 건궁(乾宮)의 모자란 땅을 덮다가 곤륜산(崑崙山) 기슭의 등나무 덩굴에 열린 '자금홍뒤웅박[紫錦紅胡虜]을 얻었다'는 유래담이 있다.

나타삼태자는 은(殷) 주왕(紂王 ?~전 1027)의 무장 이정(李靖)의 아들로, 태어났을 때 한 노인이 장차 위대한 인물이 되리라며 이름을 나타라 지었고, 일곱 살 때는 전차 '풍화차(風火車)'를 발명하여 전쟁에서 늘 이겼다고 한다. 나타삼태자·태상노군(太上老君)·여왜 따위는 신통력을 더하려고 곁들인 신화의 인물이다.

⑰《요재지이(聊齋志異)》의 한 대목이다.

할멈으로 변한 귀신이 달아나자 도사가 따라가 나무칼로 내리쳐 쓰러뜨렸다. 그 순간 가죽이 훌렁 벗겨지면서 보기에도 끔찍한 귀신이 되어 꽥꽥 소리 질렀다. 도사가 다시 나무칼로 머리를 내리치려들자 상대는 짙은 연기가 되어 바닥에 깔렸다. 그가 곧 뒤웅박 마개를 열고 바닥에 놓았더니 마치 숨을 들이쉬는 것처럼 재빨리 연기를 빨아들였다. 그는 다시 마개를 닫아 자루 속에 넣었다《화피(畫皮)》.

---

⑱《서유기》의 한 대목이다.

손오공이 스승에게 말하였다.

　"저는 붉은 뒤웅박, 친구는 옥 정병(淨瓶)을 가졌습니다."

　"뒤웅박 따위를 가지고 어떻게 놈을 잡아넣느냐?"

　"이 보배의 밑바닥을 하늘로, 입을 땅쪽으로 놓고 놈의 이름을 부르면 그대로 빨려 들어갑니다. 곧 태상노군의 '급급여율령봉칙(急急如律令奉勅)'이라는 부적을 입에 붙이고 조금 기다리면 몸뚱이가 녹아서 고름이 됩니다.

이처럼 뒤웅박이 무엇을 잘 빨아들인다는 생각은 목이 좁아서 한 번 들어가면 되나오기 어려운 형태에서 왔다. 태상노군은 도가(道家)를 일으킨 노자(전 5세기~전 4세기 전반)의 다른 이름이고 '급급여율령봉칙'은 명을 빨리 시행하라는 도교의 주문(呪文)이다.

《제경경물략(帝京景物略)》의 '12월 24일 조왕이 하늘에서 내려올 때, 문과 창에 붉은 종이로 오린 뒤웅박을 붙여서 돌림병을 퍼뜨리는 귀신[瘟鬼]을 가둔다'는 기사《12월》도 닮았다.

⑲ 바이족[白族] 신화에 단종방(段宗榜)이 사랑하는 여인의 마을에 가뭄이 들자 허리에 찬 '빗물 뒤웅박'을 풀어서 비를 불렀다는 내용이 있다《중국 소수민족 신화기행》.

⑳《문속록(問俗錄)》 기사이다.

신부가 시집으로 들어올 때, 시어머니는 문 앞에서 뒤웅박을 깨뜨려서 악귀를 쫓는다. 이로써 껍질은 물론, 나무나 종이에 그린 뒤웅박이나 이를 닮은 종이쪽만 보아도 악귀가 달아난다.

북경시 일대에서 오월 초하루에 색종이로 여러 가지 뒤웅박을 접어서 문 상인방에 올려놓았다가 단옷날 오후에 치우는 것도 마찬가지이다.

사진 9

우리가 관을 내갈 때 바가지를 힘껏 밟아서 나는 소리로 부정을 가시는 것과 같다.

〈사진 9〉는 운남성민족촌 어떤 집 대문에 걸린 손잡이 달린 바가지와 뒤웅박이다. 바가지에는 사람 얼굴을, 뒤웅박에는 활짝 핀 꽃을 새겼다. 바가지 손잡이에도 뒤웅박이 보이며, 이 둘을 매단 줄에도 작은 뒤웅박을 빈틈없이 달았다. 이는 자손의 번성과 집안의 융성을 나타낸다.

2) 뒤웅박에서 새 생명이 태어난다.

① 아창족(阿昌族) 전설이다.

저미마는 혼인하고 9년이 지나 박 씨 하나를 낳아 땅에 심었다. 다시 아홉 해 뒤 새싹이 돋더니 덩굴이 아흔아홉 척이나 뻗어나갔다. 이어 꽃 한 떨기가 피고 작은 뒤웅박 하나가 달렸다. 이것이 자꾸 커져서 땅을 꿰뚫을지도 모른다고 생각한 남편 저파마가 막대기로 구멍을 냈다. 그 안에서 나온 어린아이 일곱이 세상 사람들의 시조가 되었다(《중국 소수민족 신화 전설집》).

한없이 뻗어나가는 덩굴은 왕성한 생명력을, 뒤웅박 씨는 생명의 원천을 상징한다. 그리고 아홉 해·아흔아홉 척·어린아이 아홉의 '아홉[九]'도 양의 기운이 넘치는 생명의 수이다.

② 라후족[拉祜族] 전설이다.

액사(厄莎)가 심은 뒤웅박 덩굴을 들소가 밟아 끊어뜨린 탓에 바다로 굴러들어 갔다. 바닷물을 들이켠 뒤웅박은 점점 커졌다. 다시 가져와 77일이 지나자 안에서 사람 소리가 들렸다. 쥐를 불러 사흘 동안 구멍 둘을 뚫었더니 남녀 한 쌍이 나와 인류의 시조가 되었다.

뒤웅박 구멍은 여성의 자궁을 나타내지만 어째서 쥐가, 그것도 두 개를 뚫었는지 궁금하다. 뒤웅박이 바닷물을 삼킨 것은 물이 생명의 원천임을 나타낸다.

③ 부이족[布依族]은 조상이 뒤웅박에서 태어났다고 하여, 묘비에 물고기 두 마리가 뒤웅박을 둘러싼 모습을 새긴다. 이 물고기는 죽은 이의 영혼을 안내한다.

몽골 국기에도 물고기 두 마리가 있다. 물고기가 잘 때도 눈을 감지 않듯이 나라를 잘 지켜달라는 뜻이다.

④ 먀오족[苗族]도 하늘로 돌아간 우레신이 '하늘의 배꼽'을 열어 홍수를 일으키자, 착한 오누이가 큰 뒤웅박에 들어가 살아남았다고 한다. 와족(佤族)도 자기네 조상이 뒤웅박에서 나왔다고 믿는다(《김선자의 이야기 중국신화》).

⑤《동경몽화록(東京夢華錄)》에 딸들이 제사 지내려고 친정에 오면 친척들은 외손자가 태어나기를 바라는 뜻으로 뒤웅박이나 대추를 준다는 기사가 있다.

⑥《서유기》의 한 대목이다.

손오공이 붉은 뒤웅박과 옥(玉) 정병의 마개를 뽑고 거꾸로 잡자 저마다 신령스런 연기가 솟구치더니 곧 금빛과 은빛 상투가 달린 금각 동자, 은각 동자로 바뀌어 태상노군 좌우에 섰다.

　　이윽고 찬란한 노을빛이 천만 갈래로 뻗치는 가운데, 둘을 거느린 태상노군은 아득히 멀고 먼 대라천(大羅天)에 올라 도솔궁(兜率宮)으로 돌아갔다.

대라천은 도교에서 이르는 36천 가운데 가장 높은 곳
에 있는 하늘이고, 태상노군은 노자를 높여 부르는 이름이다.
〈사진 10〉은 뒤웅박에 수놓은 연꽃 줄기를 손에 쥔 신
선이 까치를 어르는 장면이다. 연꽃의 연밥은 많은 자손을
상징한다(산동성박물관).

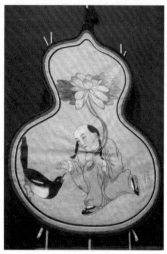
사진 10

3) 뒤웅박에 들어가 홍수에 살아남는다.

① 오누이의 도움으로 살아난 뇌공(雷公)은 이빨 하나를 빼주
며 빨리 심어서 재앙이 닥칠 때, 그 안에 숨으라고 일렀다.

　　아버지가 쇠로 배를 짓는 사이, 씨는 곧 싹이 터서 큰 뒤웅
박으로 자랐다. 뇌공이 복수를 하려고 큰 홍수를 일으키자 아비는 배를 타고, 아이들은 반으로
켠 뒤웅박에 몸을 실었다. 물이 하늘까지 차서 살려 달라는 외침을 들은 천신은 수신(水神)에게
물을 빼라고 일렀다. 물이 갑자기 빠지는 바람에 배는 떨어져 박살났지만 아이들은 무사하였다.
　　인류의 시조가 된 오누이가 뒤웅박에서 살아났다고 하여 이름을 복희(伏羲)라 지었다. 복희
는 포회[匏虛瓜], 곧 뒤웅박[葫蘆]을 가리킨다. 남자아이는 뒤웅박오빠[伏羲哥], 여자아이는 뒤
웅박누이[伏羲妹]라 불렸다(《중국신화전설》).

배를 쇠로 지은 아버지가 떨어져 죽었다면서 아이 둘이 인류의 시조가 되었다니 무슨
말인가? 뇌공의 이빨이나 아버지가 죽은 것이나 생뚱하기는 마찬가지이다. 그것은 그렇거니
와 뒤웅박이 물에 뜬다는 대목은 그르지 않다.

② 이족(彝族) 신화이다.

옛적에 산 다섯으로 받쳐야 할 만큼 크게 자란 뒤웅박이 있었다. 홍수가 나자 신선이 구멍을 뚫
고 오누이와 함께 물소·황소·돼지·개·고양이·도마뱀·버마재비 따위를 넣었다. 드디어 비가 멎
고 해와 달 다섯 개가 나타나면서 물이 빠졌다. 이들은 뒤에 인류의 조상이 되었다(《중국 소수민
족 신화 전설집》).

셰족[畲族] 전설의 '큰불로 인류가 다 죽고 반석랑(磐石郎)과 남화고(藍禾姑) 둘만 남아 부부가 되어 반가(磐哥)와 운입(雲囡)을 낳았으며, 홍수가 났을 때 뒤웅박에 숨은 두 아이는 살았지만, 돌로 만든 배에 탔던 아버지는 죽었다'는 대목도 닮았다.

③ 장족(藏族) 전설도 마찬가지이다.

한 오누이가 벼락왕이 준 이빨을 땅에 심자 하룻밤 사이에 싹이 트고 열매가 열렸다. 별안간 벼락
치는 소리가 들리더니 삽시간에 천지가 물에 잠겼다. 그들은 칼로 뒤웅박에 구멍을 내고, 속살을
파낸 다음 그 안으로 들어가 목숨을 건졌다(《중국 소수민족 신화 전설집》).

지눠족[基諾族] 민담에도 '홍수에서 살아남은 마헤이와 마뉴가 아노샤오브가 준 아홉 개의 박 씨를 심자 싹이 난 두 그루 가운데 하나는 산 아홉 개와 대숲으로 뻗어나갔지만 뒤웅박이 열리지 않았고, 일곱 개의 산과 대숲으로 뻗은 다른 하나는 큰 뒤웅박이 달렸으며 앞의 것은 수꽃이 되어 남자의 영혼, 뒤의 암꽃은 여자의 영혼이 되었다'는 대목이 있다(《중국 소수민족 신화기행》).

④《태평광기》기사이다.

이주(利州) 남문 밖 시장에서 남루한 차림의 도사가 박 씨를 팔며 '한두 해 안에 요긴하게 씁니다.
싹마다 열매를 맺고, 덩굴은 땅에 얽혀 자랍니다' 외쳤다. 사람들이 미치광이라며 믿지 않았지만
그는 귀를 막고 뛰며 '바람과 물소리가 어찌 이렇게 큰가?' 중얼거렸다. 이때부터 사람들은 그를
귀막이도사[掩耳道士]라 불렀다.
　　이듬해 가을, 가릉강(嘉陵江) 물이 불어나 수백 가구가 잠겼을 때, 그는 넘실거리는 물에 뜬
뒤웅박 위에 앉아서 여전히 외쳤다.
　　"바람과 물소리가 어찌 이렇게 큰가?"
　　그 뒤 그가 어디로 갔는지 모른다(4〈귀막이도사〉).

---

⑤《서유기》의 한 대목이다.

보살은 소매 속에서 붉은 뒤웅박을 꺼내며 제자 혜안에게 일렀다.

"(…) 오정(惡淨)이 가진 아홉 개의 해골을 한 줄로 꿰어 구궁(九宮) 진세(陳勢)로 차리고 뒤웅박을 한가운데에 놓으면, 법선(法船) 한 척으로 바뀔 것이다. 삼장은 이것을 타고 유사하(流沙河)를 건너라."

그림 1

삼장법사 일행의 하나인 [사(沙)]오정이 양자강 유역의 악어에서 왔다는 설이 있다. 구궁은 낙서(洛書)에 따른 아홉 방위의 자리이다.

4) 뒤웅박에 신선이 깃들인다.

① 뒤웅박은 도가(道家)의 여덟 신선 가운데 하나인 이철괴(李鐵拐)의 권능을 나타낸다. 그의 뒤웅박에서 피어오르는 연기는 그의 몸에서 빠져나가는 영혼이다.

그가 곡기를 끊고 잠도 자지 않는 고행을 40년 잇자 스승 노자는 지상으로 돌아가 같은 문중 사람들에게 세속의 덧없음을 가르치라 일렀다고 전한다. 그는 장춘(長春)이라는 영약이 담긴 뒤웅박을 가지고 다니며 가난한 이의 병을 고쳤으며 잠도 그 안에서 잤다.

〈그림 1〉은 그가 줄기 달린 뒤웅박을 손에 든 모습이다.

② 《몽구(蒙求)》의 기사이다.

후한의 하급관리 비장방(費長房)은 어느 날 가게에 뒤웅박을 걸고 약을 팔다가 장사가 끝나면 그 안으로 들어가는 노인을 보았다. 찾아가 절을 올리고 술과 안주를 대접하자 내일 다시 오라 하였다.

이튿날 노인과 함께 뒤웅박으로 들어갔더니 옥으로 지은 화려한 집에 술과 안주가 그득하였다. 둘이 먹고 마신 뒤 밖으로 나오자 남에게 알리지 말라며 덧붙였다.

"나는 천제의 꾸지람을 듣고 하계로 내려온 신선이오. 누각 아래에 있는 술로 이별주를 나눕시다."

그러나 하인들은 술동이가 워낙 무거워 들지 못하였고, 열이 달려들어도 마찬가지였다. 그

러나 노인은 손가락 하나로 옮겼다. 술은 한 되 남짓이었으나 둘
이 해질녘까지 마셔도 남아 있었다.

_____

뒤웅박을 이처럼 술 단지로 쓰기도 한다.

③《서유기》의 한 대목이다.

_____

사진 11

그의 (…) 명과 복은 동해처럼 넓고 산같이 드높아, 동자 얼굴에
풍채 또한 늠름하다. 손에 불로단(不老丹) 뒤웅박을 들고, 허리
에 장생전(長生篆)을 길게 드리웠다. 인간 세상에 복을 내리기
그 몇 번이며, 홍진(紅塵) 세상의 액운 막기 몇 차례인가? 신선
계에서 첫손에 꼽는 그 이름도 거룩한 동화대제군(東華大帝君)이라네.

_____

동화대제군은 천궁(天宮)의 삼십삼천(三十三天)에 모인 원시천존(元始天尊)과 도덕노군(道
德老君) 등에게 인간세계에《육갑천서(六甲天書)》를 보내겠다고 선언한 신화의 인물이다. 〈사진
11〉은 그가 뒤웅박을 들고 서 있는 상이다.

5) 뒤웅박은 풍년을 상징한다.

① 운남성 하니족[哈尼族]은 이듬해 심을 씨를 뒤웅박에 넣어 여자의 방 선반에 올려놓고
풍년이 들기를 바란다. 여성은 생산을 뜻하는 까닭이다. 또 박 씨는 삼월 삼짇날 심으며 어기
면 열매가 열리지 않는다고 한다. 3이 겹치는 날은 천지에 양기가 가득 차는 날이다.
　　남부 여러 소수민족의 대표적 악기인 노생(蘆笙)도 본디 다산의 상징인 뒤웅박으로 만
든 까닭에 이렇게 부른다. 이들의 축제 이름도 노생절이다.

② 대만 중부 산간지대 민담에 '사람들은 큰 뒤웅박에서 나온 좁쌀이 무엇인지 몰랐다.
손으로 문지르고 풀[月桃草]에 싸서 불에 달군 돌 사이에 넣었더니 알맞게 익어 맛이 좋았다.
좁쌀 농사를 처음 시작한 그들은 부족의 시조가 되었다'는 내용이 있다.
　　《흥부전》에서도 곡식이 쏟아져 나온다.

같은 곳에 아이를 안은 아낙이 젊은이에게 뒤웅박을 보이며 '이 안에 좁쌀이 있으니 함께 살자'고 하여 한 알갱이로 서넛이 먹고, 한 알을 뿌리면 천 알로 자라서 아내로 삼았다는 민담도 있다.

〈사진 12〉는 운남성민족촌 한 농가 합각 세 곳에 매단 뒤웅박이다. 뿐만 아니라 곡식을 말리는 대광주리 바닥에도 그렸다. 이는 농사의 풍년을 기원하는 뜻이다.

사진 12

6) 뒤웅박에 신약(神藥)을 갈무리한다.

① 인간에 큰 공을 세운 예(羿)가 불행에 빠진 것을 본 서왕모(西王母)는 발 셋 달린 까마귀[三足神鳥]에게 뒤웅박을 가져오라며 일렀다.

"이 약은 당신 부부가 함께 먹어도 영원히 죽지 않을 만큼의 양입니다. 만일 한 사람이 혼자 먹으면 하늘로 올라가 신이 됩니다《중국신화전설》."

②《태평광기》 기사이다.

한 노인이 뒤웅박에 담은 약을 팔았다. 그는 누구에게나 주었고 먹으면 병이 나았다. 그러나 장난삼아 받은 사람은 곧 잃어버렸다. 늘 취해 지내다가 돈이 생기면 가난한 이들에게 나누어준 덕분에 사람들은 천지신명(天地神明)처럼 받들었다. 어떤 이가 '선약(仙藥)을 가졌느냐?' 물었더니 '값이 동전 천 관'이라 하였다(한 관은 동전 천 개를 꿴 꾸미이다).

그가 장안(長安)으로 가자 사려는 사람이 몰려들었지만 뒤웅박에는 크고 빛나는 환약 한 개가 남았을 뿐이었다. 이것을 손바닥 위에 올려놓은 그가 말하였다.

"백여 년 동안 약을 팔았지만, 아무도 돈 내고 사지 않았다. 마지막 남은 것은 내가 먹는다."

약을 입에 넣자 발아래에서 오색구름이 피어나고 회오리바람이 불었다. 그는 이를 타고 하늘로 올라갔다(2〈매약옹(賣藥翁)〉).

---

③《서유기》의 한 대목이다.

완성된 금단(金丹)이 가득 든 뒤웅박 세 개를 발견한 손오공은 속으로 기뻐 어쩔 줄 몰랐다.

　　"금단은 선가(仙家)에서 지극한 보배로 치는 신약이고, 이 손 선생은 도를 닦아 내외상통(內外相通)의 이치를 터득한 몸이므로 내가 먹는 것이 마땅하다." (…) 그는 뒤웅박의 금단을 모두 쏟은 다음, 볶은 콩 집어먹듯 말끔히 먹어치웠다.

④《태평광기》기사이다.

당 재상 유안(劉晏 ?~780)의 임종 때 왕십팔(王十八)이 허리춤에 차고 있던 뒤웅박에서 팥 알 크기의 환약 세 개를 꺼낸 뒤, 물에 개어 갈대 관으로 흘려 넣었다. 조금 뒤 그의 배에서 천둥소리가 나더니 벌떡 일어나 앉았다. 그의 말이다.

　　"지난날의 은혜에 보답코자 왔습니다. 이 약 한 알로 수명 십 년 늘릴 수 있습니다. 그때가 되면 제가 가지러오겠습니다."

　　30년 뒤 병든 유안을 다시 찾은 그는, 병이 곧 나을 터이니 먼저 약을 돌려달라며 소금물을 주었다. 과연 토한 음식 가운데 환약 세 알이 있었다. 유안이 건강을 되찾은 뒤, 그는 자취를 감추었다(권제39 〈유안〉).

⑤ 앞 책 기사이다.

곡기(穀氣)를 끊고 기(氣)를 마시며 지낸 진생(陳生)이 연릉(延陵) 용작방(傭作坊)에서 일꾼으로 부릴 한 젊은이를 찾았다. (…) 진생이 밥걱정을 하자 풀뿌리를 먹는다며 태평이었다. 더러 산 아래의 벼슬아치가 잇병 약을 청하면서 보내는 과일과 떡으로 배를 채우던 그는 어느 날 음식으로 약을 만들겠다고 하였다.

　　진생이 엿보았더니 뒤웅박에 담은 수은 몇 홉을 붓고 달인 것에 엿 같은 것을 섞고 약 한 알을 넣자 금으로 바뀌었다. 다시 두 알로 금덩이를 만들었다. 벼슬아치의 치통은 곧 나았다. 그는 곧 사라졌다(3 권제74 〈진생〉).

뒤웅박으로 만든 금과 벼슬아치의 치통이 무슨 연관이 있다는 것인가?

⑥ 앞 책의 간추린 기사이다.

위원제(魏元帝) 조환(曹奐 246~303)이 진류왕(陳留王)이 된 해, 빈사국(頻斯國)에서 사자가 왔다. 그들은 갑옷처럼 생긴 오색 옷을 입었으며 중국 음식을 먹지 않고 황금 뒤웅박의 기름처럼 껄쭉한 신비스런 음료를 한 방울 마셨으며 이로써 천 년을 살았다(권480 〈빈사〉).

사진 13

〈사진 13〉은 전국시대(전 8세기~전 3세기)에 나온 새머리 뚜껑 뒤웅박[鳥蓋瓠壺]이다. 몸 여섯 곳에 도철(饕餮)무늬를 두르고(사진 13의 왼쪽) 손잡이에도 짐승 머리를 새겼다. 뚜껑과 손잡이를 잇는 고리에도 같은 무늬가 보인다(섬서 역사박물관).

뒤웅박을 약방 간판에 그리거나 약 넣는 그릇으로 쓰기도 한다.

7) 뒤웅박은 하늘의 본성을 상징한다.

《예기(禮器)》기사이다.

하늘에 크게 보답하는 제사는 낮에 지내며, 제단을 남쪽이 아닌 방향에 두어서 양지로 나가는 것을 나타낸다. 땅을 쓸고 제사 지내는 것은 그 본질을 추구하는 것이며, 질그릇과 뒤웅박을 쓰는 것은 하늘의 본성을 상징하는 것이다(《예기》).

산의 남쪽은 양, 강의 북쪽은 음이므로 양기가 쇠하지 않도록 하라는 뜻이다.

8) 박으로 '무용(無用)'의 용(用)을 깨우친다.

《장자》의 기사이다.

혜자(惠子)의 말이다.

　"위왕(魏王)이 준 박 씨를 심었더니 닷 섬들이 박이 열렸소. 물을 담으면 너무 무거워 들지 못하고, 다시 반으로 타서 바가지를 만들었더니 너무 커서 쓰지 못했소. 속이 텅 비어 크기는 하나 아무 소용이 없어 부숴버렸소."

　장자의 대답이다.

　"선생은 큰 그릇[物] 쓰는 것이 서툽니다. 닷 섬들이 박을 큰 통 삼아 강호에 띄울 생각은 못하고 왜 걱정만 하시오. 한 나그네가 송나라 약장수에게 (…) 약 짓는 법을 백 금(百金)에 산 뒤 (…) 월(越)과 싸우던 오(吳)왕을 만났소. (…) 왕이 그를 장군으로 삼자 그 비방(秘方)을 써서 겨울 수전(水戰)에 이기고 제후가 되었습니다.

　(…) 이는 쓰는 방법이 다른 까닭이오. 왜 닷 섬들이 박으로 큰 술통을 만들어 강호에 띄우고 즐기지 않습니까? 박이 너무 커서 아무 것도 담지 못한다고 근심 마시오. 선생의 마음이 아직도 쑥처럼 좁디좁은 것이 문제입니다《소요편》."

　《예기》에도 '옹기와 박을 그릇으로 쓴다[器用陶匏]' 하였고《교특생(郊特牲)》, 조선의 성현(成俔 1349~1504)도 '범로의 옥두가 쏟아지는 듯하고[粉紜范老玉斗碎] / 위왕의 텅 빈 큰 박이 열린 듯하다[瀿落魏王大瓠拆]'고 읊조렸다《서과(西瓜)》《허당백집》).

9) 뒤웅박을 불교의 수행을 통한 구원에 빗댄다.

《유종원집》 기사이다.

　동해의 신[東海若]이 뭍에 나와 맹저(孟諸) 언덕에서 뒤웅박 두 개를 얻었다. 속을 긁어내 장난감으로 삼다가 바닷물·썩은 흙·요충·회충 따위로 채웠다. 악취가 진동하자 단단한 돌로 구멍을 막고 바다로 던졌다. 그 뒤 그곳을 지날 때 (…) 뒤웅박 하나가 소리쳤다.

　"나는 대해(大海)이다."

　놀란 그가 비웃었다.

　"대해는 사방이 끝없이 너르다. 아침에 해가 목욕하고 나오고, 밤이면 뭇 별자리와 달이 차지하며 (…) 순수한 모습으로 서쪽 물가에 머문다. (…) 지금 너는 바다에 버려져서 (…) 온갖 더러움과 같이 지낸다. 크기도 여덟 치에 못 미치고, 암흑에 덮여 있으면서 바다와 같다니 부끄럽고도 가련하구나. (…) 내가 마개를 빼고 뒤웅박을 깨뜨려서 (…) 더러움을 씻은 뒤 옛 고장으로 보내주랴?"

상대의 대꾸이다.

"본성이 그대로인데 무엇을 바라랴? (…) 좁고 (…) 어둡고 (…) 더러워도 바닷물이기는 마찬가지이다. 홀연히 갔다가 홀연히 돌아옴에 바닷물 아닌 것이 없다. 나를 괴롭히지 마라."

그러나 다른 뒤웅박이 소리쳤다.

"그대가 바다의 광대함을 말하며 나를 옛 바다에 버린 쓰레기라고 하니 못 견디겠다. 내가 거품을 품어도 막힌 것을 못 뚫고, 물결을 일으켜도 구멍을 못 연다. (…) 나를 불쌍히 여겨다오."

이에 동해약은 구멍을 열고 뒤웅박을 깨뜨려 맹저의 뭍에 던진 뒤, 더러움을 씻어주었다. 이로써 뒤웅박은 전에 있던 바다로 돌아갔지만 앞의 것은 그대로 있었다.

지금 불자 둘은 모두 비로자나(毘盧遮那)의 바다에서 나와, 더러움에 빠지고 삼유(三有)의 세계인 뒤웅박에 갇히고 무명(無明)의 바위에 막혀서 열 두 종류의 동물 가운데 기생충과 같이 지낸다. 누가 물으니 하나가 말하였다.

"나는 부처이다. (…) 삼라만상은 모두 헛된 것이다. 선도 악도 없으며, (…) 부처도 중생도 없다. 모두 차이가 없으니 내가 무엇을 바랄 것이랴?"

둘의 큰 차이는 두 뒤웅박속의 물과 같다. 어찌 더러움을 버리고 깨끗해지려들지 않는가?(제20권 〈동해약〉)

사진 14

맹저는 남쪽의 늪[藪澤] 이름이다. 고적(高適 707~765)의 시(《봉구현을 읊음[封丘作]〉)에 '나는 본디 맹저의 들에서 고기 잡고 나무 하며[我本漁樵孟渚也] / 평생 스스로 여유롭게 지냈노라[一生自是悠悠者]'는 구절이 있다. 삼유는 불교 용어로 욕계(欲界)·색계(色界)·무색계(無色界)를 떠도는 사람을 가리킨다.

〈사진 14〉는 운남성 옥계시(玉溪市) 춘추시대 말기(전 9세기)의 무덤에서 나왔다(높이 28.2센티미터). 머리에 물소를 붙였으며 몸에 죽관(竹管)을 꽂았던 구멍 다섯이 있다(섬서 역사박물관).

10) 뒤웅박은 임신을 상징한다.

동북지방에서 만구(滿口)라 하여, 달이 찬 임산부에게 음식을 잔뜩 먹인다. 이때 화목한 가정의 부인들이 만두 한 개나 구운 떡 두 조각을 반찬과 함께 뒤웅박에 담아 산실 앞에서 그네에게 건네면, 다른 뒤웅박에 받아 산실 문으로 가서 돌아선 채 세 번씩 떼먹은 다음, 찾아온 사람들과 이야기를 나눈다. 이로써 부른 뒤웅박처럼 아기를 다시 밴다는 것이다(永尾龍造 1942 ; 435).

사진 15

《동경몽화록》에 '8월 추사(秋祀)에 두고(杜糕)와 사주(社酒)를 제물로 쓴다. (…) 이날 친정에 갔던 아낙들이 돌아올 때 부모나 형제자매가 뒤웅박[瓢簞]과 대추를 선물로 준다. 추사에 친정에 다녀오면 똑똑한 아들이 태어난다는 속담은 이에서 나왔다'는 대목이 있다(권8《추사제(秋祀祭)》).

고는 찹쌀과 찰 수수가루에 꿀이나 과일을 섞어서 찐 과자이다. 명대 왕상진(王象晉)의 《군방보(群芳譜)》에도 닮은 같은 기사가 있다.

산서성에서 남자 아기가 태어나면 문밖에 붉은 종이로 오린 뒤웅박을 걸며, 여아는 한 쌍의 매화 그림을 오려 붙인다.

〈사진 15〉는 섬서성 서안시 회민(回民)거리에서 파는 뒤웅박이다. 위에 복(福)자를 쓰고 아래에 길상문을 그렸다.

11) 뒤웅박은 선비의 검소한 삶을 나타낸다.

《논어》에 '어질구나, 한 그릇 밥과 한 뒤웅박[瓢]의 물로 누추한 골목에 사는 안회(顏回)여, 보통 사람은 고생을 견디지 못하련만 너는 즐거움으로 여겨서 바꾸지 않는구나'는 구절이 있다(《옹야(雍也)》). 이 말은 널리 퍼져서 '한 그릇의 밥과 한 뒤웅박의 물'은 선비의 조촐한 삶을 상징하게 되었다.

《세설신어》에도 가난한 왕술(王述 303~368)이 허름한 마을에서 한 그릇의 밥과 한 뒤웅박의 물로 살면서 명예나 영달을 구하지 않는 것을 보고 지식인들이 존경하였다는 기사가 있다.

그는 어릴 적부터 어머니를 정성껏 봉양하였고, 13살이 되도록 이름도 몰라서 사람들이 바보라 불렀다. 성제(成帝) 9년(334), 회계내사(會稽內史)가 되었으나 하루 종일 쉬지 않았으며 녹사(祿賜)를 모두 친지들에게 나눠주었다. 뒤에 상서령(尚書令)이 되었다.

《원중랑집(袁中郎集)》의 '잣나무 아래에서 선사 말씀 하시네[栢林如見語] / 너의 옛 뒤웅박 생활로 돌아가라고[環汝舊時瓢]'라는 구절도 같은 뜻이다.

12) 뒤웅박을 공명이나 이익에 견준다.

① 백거이(白居易 772~846)의 시 〈감흥〉이다(부분).

名惟公器無多取(공가 그릇인 이름 더 얻으려 않고)

利是身災合小求(몸의 재앙 이익 더 바라지 않네)

唯異匏瓜難不食(박[匏瓜]과 달라 먹고 싶지만)

大都只足便宜休(얼마큼 채우면 그치는 것이 좋으리)

《백낙천》

그가 박속 먹는 것을 모른 것인지, '박[匏瓜]'은 본디 먹지 못하는 종류인지 알 수 없다.

②《한비자》기사이다.

송(宋)의 굴곡(屈穀)이 제(齊)의 거사 전중(田仲)에게 말하였다.

"선생은 남에게 기대지 않는다고 들었습니다. 저는 박 심는 법을 압니다. 돌처럼 단단하고 구멍도 없는 이것을 드리겠습니다."

"뒤웅박이 귀한 것은 무엇을 담기 때문입니다. 두꺼운 데다가 구멍도 없으면 물건을 담아도 무게를 못 견디고, 돌처럼 단단하면 타서 쓰지도 못합니다. 필요 없습니다."

"옳습니다. 저도 뒤웅박을 버리겠습니다."

전중은 비록 남에게 기대 살지 않지만 역시 남의 나라에 도움도 주지 않는다. 이 또한 단단한 뒤웅박과 같다(《외저설좌상(外儲說左上)》).

물건이나 사람이나 무엇에든지 도움이 되지 않으면 아예 없느니만 못하다는 말인 듯하다.

13) 뒤웅박으로 권력 분산의 위험을 일깨운다.
《전국책》 기사이다.

(…) 백 명이 뒤웅박[瓢] 하나를 붙들고 뛰면, 혼자 들고 뛰느니보다 느립니다. 또 백 명이 함께 쥐고 뛰면 반드시 깨지고 말 것입니다. 지금 진(秦)은 화양군(華陽君)·양후(穰侯)·태후(太后) 셋이 권력을 휘두릅니다. (…) 뒤웅박과 같다면 나라가 반드시 찢어지고 말 것입니다(제5권).

뒤웅박을 백 명이 붙들거나 잡고 뛴다니 걸맞은 비유로 보기 어렵다.

14) 박박 깎은 머리를 뒤웅박에 비긴다.
북경에서 아기 머리털을 깎을 때 뒤웅박을 안긴다. 그 표면이 언제나 말쑥한 것처럼 장차 머리를 깨끗이 지니고 또 자주 깎기를 바라는 뜻이다(永尾龍造 1942 ; 450).

《수호지(水湖志)》에도 '머리칼을 물로 축여가며 대강 깎고 나서 칼로 밀 차례였다. 익숙한 중이 날카로운 칼로 노달(魯達)의 짧은 머리칼을 밀어 나가자 잠깐 사이에 희게 여문 뒤웅박처럼 되었다'는 대목이 있다.

15) 고른 이(齒)를 박 씨에 견준다.
《시경》의 한 구절이다.

手如柔荑(고운 손은 부드러운 새싹 같고)

膚如凝脂(피부는 엉긴 기름처럼 매끄럽지요)

領如蝤蠐(목은 흰 나무벌레 같고)

齒如瓠犀(이는 박 씨처럼 가지런하지요)

《국풍(國風)》 제5 위풍(衛風) 57 석인(碩人)

---

16) 뒤웅박은 적은 양을 나타낸다.

① 동방삭(東方朔)의 〈답객난(答客難)〉에 '대롱 구멍으로 하늘을 엿보고[以筦窺天], 뒤웅박으로 바닷물을 재며[以蠡測海], 풀줄기로 종치는 격[以莛撞鍾]'이라는 기사가 있다.

②《원중랑집》의 시 〈화무언상인방장(話無言上人方丈)〉이다(부분).

仗子撥秋煙(지팡이로 가을 안개 헤치며)

堂頭二十年(당두로 지내기 이십 년)

還君半面識(그대에게 작은 면식 되갚으니)

乞我一蠡禪(뒤웅박만큼의 화두라도 주소서)

(제50권)

당두는 절의 주지를 가리킨다.

③《회남자》에 '일찍이 갑옷 입고 화살을 비킨 사람이 갑옷차림으로 물속에 들어가거나 일찍이 뒤웅박[壺]을 안고 물을 건넌 이가 불길 속을 헤쳐나가려 한다면, 이는 사물의 쓰임새가 상황에 따라 다른 사실을 모르는 것'이라는 기사가 있다(6〈설림(說林)〉).

호는 질화로 모양의 고대 악기로 네모 받침대 위에 놓고 아홉 조각으로 쪼갠 대나무로 박자에 맞추어 변죽을 친다.

④《전등삼종》에 '한 뒤웅박의 물로 수레바퀴 자국에서 말라 죽는 붕어를 살리고, 밥 한 그릇으로 뽕나무 아래에서 굶어 죽는 사람을 구한다'는 구절이 보인다(《삼산의 복 받은 땅[三山福地志]》).

17) 뒤웅박은 장인의 뛰어난 기술을 상징한다.
《연경세시기》 기사이다.

건륭 13년(1748) 황제께서 읊으신 〈뒤웅박 그릇 시[葫盧器詩]〉를 서문과 함께 삼가 적음[恭錄乾

隆十三年御製詠葫盧器詩有序].

뒤웅박 그릇은 강희(康熙) 연간(1662~1722)에 나왔다. (…) 천자의 뜻을 받들어 알맞은 크기의 것[匏]을 익혀서 (…) 주발·바리·동이·찬합 따위를 만들었다. 그 질박함을 높이 살만 하지만 그 교묘함은 인간의 능력으로 되는 것이 아니다. 이에 정원사[園吏]에게 본떠 만들게 하고 (…) 글을 적어서 근원이 이 같음을 알린다.

曩在栗薪蒸(여물자 타고 쪄서 만드니)

陶人豈藉憑(장인이 어찌 핑계를 대랴)

玉成原有自(옥 되는 일 자신에 달렸으니)

匏落又何曾(뒤웅박 떨어진 뒤 얼마나 될까)

納約傳遺製(약속대로 보내 만들라 이르자)

隨圓泯銳稜(둥근꼴 따라 모 없어지네)

愛玆純樸器(질박한 그릇 아낄 만하여)

更切木從繩(다시 나무 자를 먹줄 튕기네)

《3월 3일》

사진 16

〈사진 16〉은 운남민속촌 한 농가에 걸어놓은 뒤웅박이다.

18) 바가지로 달을 뜬다.

소식의 시 〈강물로 차 달이다[汲江煎茶]〉에 '큰 바가지에 달 떠 봄 항아리에 넣고[大瓢貯月歸春甕] / 작은 구기로 강 덜어 야광병에 넣네[小杓分江入夜瓶]'라는 구절이 있다《중국시와 시인》.

19) 박속이나 잎을 먹는다.

유빈(柳玭 773~819)은 아버지가 '저녁에 무(葍)와 박나물[瓠]만 잡수셨다'고 적었다《당서》163 〈열전〉 제88 공목최류양마(孔穆催柳楊馬)].

박 잎도 마찬가지이다.《시경》에 '나부끼는 박 잎 삶아 요리하세[幡幡瓠葉 採之烹之]'라는 구절이 있다(《호엽(瓠葉)》).

20) 표주박을 술잔으로 쓴다.

《시경》의 기사이다.

篤公劉 于京斯依(돈독하신 공류 이 서울에 사시니)

蹌蹌濟濟(그 모습 당당하고 품격도 놀라워라)

俾筵俾几 旣登乃依(깔아놓은 자리와 안석에 올라앉아)

乃造其槽 執豕于牢(돼지우리에서 돼지 잡아)

酌之用匏 食之飮之(표주박으로 술 퍼마시게 하셨으니)

君之宗之(우리들의 임금 되고 모범 되셨네)

[〈대아〉 공류(부분)]

두우(杜佑 735~812)의《두씨통전(杜氏通典)》에도 '주(周)에서 하늘에 제사 지낼 때 기물은 질그릇[瓦], 술잔[爵]은 표주박[匏]을 썼다'는 기사가 있다. 상(商)나라 공류(?~?)는 주를 세운 후직(后稷) 기(棄)의 후손이다. 태(邰)에서 빈(豳)으로 옮겨온 그는 지형과 수리(水利)를 살펴 농기구를 정리하고 황무지를 개간해 농업을 일으켰다고 한다.

21) 뒤웅박은 재생을 상징한다.

《오잡조》기사이다.

가정(嘉靖) 및 융경(隆慶 1522~1572) 연간에 환술사(幻術師)가 아들의 머리를 자른 뒤 주문을 읊조리고 부르면 그 자리에서 일어났다. 그러나 지나가던 중이 웃자 실패하였다. 세 번 거듭해도 마찬가지였다. (…) 마침내 아들은 죽었다.

　　그가 심은 박 씨에서 나온 덩굴에 작은 뒤웅박이 달렸다. 절을 올리고 아들을 살려달라고 빌었지만 효과가 없었다. 그는 '그렇다면 손을 쓸 수밖에 없다'며 칼로 뒤웅박을 잘랐다. 그 안에서 중의 머리가 굴러 떨어지고 아들이 되살아났다. (…) 그러나 중은 그대로였다(권6〈인부〉).

재생을 바라는 뜻에서 뒤웅박을 무덤에 넣는 풍속도 이와 관련이 깊다.

〈사진 17〉은 운남성 보이시 교외 음식점 기둥에 걸어 놓은 기다란 뒤웅박이다. 이로써 부자가 되기를 바란다.

사진 17

22) 뒤웅박으로 혼사를 결정한다.

뒤웅박은 남녀의 화합을 나타낸다. 혼인식에서 신랑 신부가 담아 마시는 교배주(交杯酒)를 합표(合瓢)·합근(合巹)·음동심주(飮同心酒)라 부르는 것이 그것이다. 이는 반으로 쪼갠 뒤웅박을 술잔으로 삼은 데서 왔다.

광서성(廣西省) 야오족 중매쟁이는 술 담은 뒤웅박을 색시 집 싸리울에 걸어둔다. 그 집에서 신랑감이 마음에 들면 거두어들이고, 마땅치 않으면 그대로 둔다.

23) 뒤웅박은 술을 상징한다.

①《세설신어》 기사이다.

육사형(陸士衡 261~303)이 장공(張公)에게 낙양에 가서 만날 사람을 물었더니 유도진(劉道眞)을 들었다. 그가 찾아갔을 때 아직 상중이었음에도 술을 좋아하는 상대는 인사를 마치자 오직 이렇게 물었다.

　"동오(東吳)의 목 긴 뒤웅박 씨를 가져왔는가?"

　육사형은 그를 찾은 것을 몹시 후회하였다(《간오(簡牾)》 제24).

뒤웅박에 술을 담는 데서 씨라고 둘러댄 것이다.

②《태평광기》 기사이다.

재상(宰相) 이번(李藩 754~811)은 젊은 시절, 처남들과 함께 호로생(胡蘆生)을 찾아갔다. 이 이름은 그가 술을 하도 좋아해서 점을 보러가는 사람마다 반드시 술병을 가져간 데서 왔다(권제 153 〈이번〉).

----

24) 뒤웅박은 모방을 상징한다.

문장[文翰]으로 당대 으뜸인 도곡(陶穀 903~970)을 태조에게 천거하자 웃으며 일렀다.

"듣건대, 한림에서 쓴 여러 서류의 글씨는 모두 앞사람들의 옛 초본(初本)을 살펴서 사구(詞句)만 바꾸었다니 이는 본[樣]대로 뒤웅박을 그린 것과 무엇이 다른가?"

이를 들은 도곡은 '우습구나, 한림의 도학사는[堪笑翰林陶學士] / 해마다 뒤웅박만 본 삼아 그리누나[年年依樣畫葫蘆]'라는 시(《속상산야록[續湘山野錄]》)를 지어 비꼬았다.

둘은 사이가 곰살궂지 않았다. 태조가 처음 수선(受禪)할 때 선문(禪文)을 미처 마련 못해서 당황하는 중에, 곁의 도곡이 품에서 선문을 꺼내 올리며 벌써 지었다고 하여 밉보였다. 과거에 급제한 도곡의 아들을 태조가 다시 시험보인 일도 있다.

25) 뒤웅박에 시를 넣어 보관한다.

《당재자전(唐才子傳)》의 간추린 내용이다.

성도(成都) 사람 은군자(隱君子) 당구(唐求?~?)의 시는 기운(氣韻)이 맑고 깨끗하였다. 그는 떠오르는 시상을 종이에 적어 구슬처럼 돌돌 말아 큰 뒤웅박에 넣었다가 며칠 뒤 마쳤다. 병든 그는 뒤웅박을 금강(錦江)에 던지며 '물속에 떠다니는 이것을 주워서 꺼내 보면 내 고심을 알리라' 축원하였다.

신거(新渠)에 흘러간 뒤웅박을 건진 사람은 '당산인(唐山人)의 시뒤웅박[詩瓢]'이라 불렀다. 이로써 남에게 보여주지 않은 그의 시가 세상에 알려졌다.

〈사진 18〉은 운남성 대리시 부근 한 소수민족 농가 기둥에 걸린 뒤웅박이다. 우리네처럼 달걀 따위를 갈무리한다.

26) 뒤웅박은 좁은 지형을 나타낸다.

《홍루몽》에 '창문성 밖 십리가(十里街)에 위치한 인청항(仁淸巷)이라는 골목에 오래된 절이 있다. 골목도 골목이려니와 절터 또한 비좁아서 사람들은 뒤웅박절[葫蘆廟]이라 불렀다'는 대목이 있다.

〈사진 19〉는 운남성 초웅시(楚雄市) 교외 농가의 자루박이다. 우리 것과 달리 몸통이 둥글고 손잡이는 짧다.

27) 똥바가지로 몸의 균형을 잡는다.

은하(銀河)에서 목욕하던 선녀를 아내로 삼은 우랑(牛郞)은 아내가 천신(天神)에게 잡혀 하늘로 올라가자, 아들과 딸을 바구니에 넣어 어깨에 메고 따라갔다. 이 때 좌우의 균형을 잡으려고 한쪽에 똥바가지를 올려놓았다.

〈사진 20〉은 광서성 용승현(龍勝縣)의 플라스틱 똥통과 똥바가지이다. 농부들은 흔히 괭이를 어깨에 메고 자루 끝에 똥통이나 물건 담은 바구니 달아서 균형을 잡는다.

사진 18

사진 20

사진 19

가난의 상징- 한국

바가지는 곡식 따위를 푸는 마른바가지와 물이나 장을 뜨는 젖은바가지 두 종류가 있다. 마른바가지 가운데 큰 것은 흔히 쌀바가지로 쓰며, 한 아름쯤 되는 것에는 곡식도 갈무리한다. 젖은바가지도 큰 것은 쌀을 인다. 가장 흔한 것은 중간 크기의 물바가지이다. 쪽샘에서 동이에 물을 퍼 담을 뿐 아니라, 머리에 여 나를 때 그 위에 엎어서 넘치는 것을 막는다. 이 바

가지는 숭늉을 퍼 담는 까닭에 쉬 깨지거나
금이 가며 이때는 송곳으로 뚫어 실로 꿰맨
다(☞ 674쪽 사진 36). 따라서 처음에 노랗던
바가지는 짙은 밤색으로 바뀌게 마련이다.

사진 21

　이 밖에 장을 뜨는 장조랑바가지, 소
여물을 떠내는 쇠죽바가지(여물바가지), 되로
쓰는 됫박, 작은 쪽박, 손잡이 달린 자루바
가지, 타지 않은 알바가지, 반으로 탄 열박, 탈바가지, 통나
무 속을 큰 바가지처럼 파낸 함지박, 뒷간에서 똥오줌을 푸
거나 밭에 주는 똥바가지 따위가 있다. 살이 썩고 뼈만 남은
것을 해골바가지라고 한다.

사진 22

　〈사진 21〉은 통나무를 손잡이가 달리게 판 쇠죽바가
지이고, 〈사진 22〉는 바닥에 구멍을 뚫은 같은 것이다. 가마
솥에서 여물을 풀 때 이 구멍으로 액체가 빠져서 가벼워진다.

　바가지는 '주책바가지'처럼 이름씨에 붙어서, 무슨 일
을 자주 되풀이하는 사람을 낮잡거나 조롱하는 말로 쓴다.
부부싸움은 바가지싸움, 바가지로 물을 뜨는 얕은 샘은 박
우물이다. 헌병은 언제나 바가지꼴 모자를 쓰는 데서 '바가
지'로 불린다. 더 잘 들으려고 손바닥을 귀에 오므려 붙이는
것을 쪽박귀, 이렇게 생긴 귀도 마찬가지이다.

사진 23

　같은 박으로 만든 것에 뒤웅박이 있다. 박을 쪼개지
않고 꼭지 쪽에 주먹 크기의 구멍을 뚫고 속을 파낸 것이다. 둥근꼴이 많지만 호리병처럼 위
가 좁고 밑이 너른 것도 있다. 오지로 굽거나, 짚으로 호리병 모양으로 뜨기도 한다.

　〈사진 23〉은 몸통 위에 반달꼴 구멍을 내고 겉에 대오리를 둘러서 깨지지 않게 하였다.
더구나 대오리 끝을 모으고 물음표꼴로 비틀어서 손잡이로 삼은 재주는 놀랍기 그지없다(세
일럼 피바디박물관).

　바가지를 밥그릇 대신 쓴다.

　백석(白石 1912~?)의 시 〈넘언집 범 같은 노큰마니〉이다(부분).

'넘언집'은 산 너머 또는 고개 너머에 있는 집, '노큰마니'는 노할머니, '주룬히'는 무엇을
나란히 늘어놓은 모양, '질게'는 반찬, '한술'은 한 숟가락, '들여트려서'는 아무렇게나 얹어서
의 뜻이다.

① 조롱박 용례이다.

② 해골바가지 용례이다.

③ 탈바가지 용례이다.

〈사진 24〉는 양주산대놀이 본고장인 경기도 양주시 주내면 유양리에서 탈을 파려고 모아둔 바가지들이다.

사진 24

④ 쪽박귀 용례이다.

등창코 뱅어주둥이 쪽박귀 벼룩이마빡을 연해
연방 촐랑촐랑《김지하시전집》〈똥바다〉부분).

---

⑤ 열박 용례이다.

모쥬동(母酒筒)의 열박인가 쳇짝휘의 기미련가(모주 통의 바가지인가 쳇바퀴의 개미런가)
보리치는 도리씬지 며밀가는 미돌인지(보리 떠는 도리깬지 메밀 가는 맷돌인지)
《한국역대가사문학집성》〈채환직적가(蔡宦再謫歌)〉부분)

가. 민속

1) 박을 바다에 띄운다.

① 제주도 잠수(潛嫂)들이 바가지(지름 20센티미터쯤)에 그물을 달아 물에 띄워놓고 바다에서 거둔 것을 담는 것을 태왁 또는 태왁박새기라 부른다. '태왁'은 '물에 뜨는 바가지'라는 뜻이다. 잘 여문 박의 씨를 파내고 물이 들어가지 않도록 구멍을 막았다.
〈사진 25〉는 잠수가 그물과 함께 태왁을 멘 모습이다.
김인겸(金仁謙 1707~1772)의 〈일동장유가(日東壯遊歌)〉한 대목이다.

풍뉴롤 마친후의 싱복샨는 굿솔보니(풍류를 마치고 산 전복 따는 것 보니)
삼십명 포잠흔이 일시의 옷살밋고(삼십 명 잠수들이 한꺼번에 옷을 벗고?)

사진 25   사진 26

허리의 망티차고 노숫히 뒤웅미야(허리에 망태차고 노(?) 끝에 뒤웅박 매고)

억만장풍(億萬長風) 도둥의 것구로 쮜여드러(억만장풍 가운데서 거꾸로 뛰어들어)

《한국역대가사문학집성》

농촌 어린이들이 밤에 대추 서리를 할 때도 바가지를 머리에 썼다. 나무에 올라가 머리를 흔들면 대추 열매가 바가지에 닿아 달각거리는 소리가 난다. 그 소리 쪽으로 손을 뻗치면 가시에 찔리지 않고 쉽게 거둔다.

2) 박을 울타리나 지붕에서도 키운다.

① 이색(李穡 1328~1396)은 '가을 되자 울타리에 새 박 달렸나니[秋來籬落掛新匏] / 작은 놈은 술잔 큰 것은 항아리 같네[小如杯棬大如櫕]' 하였고《목은집(牧隱集)》, 김극기(金克己 1379~1463)도 '지붕 둘레에 푸른 박 키우고[繞屋養靑匏] / 언덕 따라 붉은 고사리 거둔다[緣岡收紫蕨]'고 읊조렸다.

〈사진 26〉은 일산시 근교 농가에서 뒷간 지붕 위에 올린 박 덩굴 모습이다.

② 《해동유요(海東遺謠)》의 한 대목이다.

집웅우희 박올니고 遮陽삼아 葡萄架子(지붕 위에 박 올리고 채양삼아 포도 덕)

뒷간밧긔 두험이오 行廊녑희 오즘동희(뒷간 밖에 두엄이요 행낭 옆에 오줌동이)

《한국역대가사문학집성》

---

③ 사설시조이다.

저 건너 명당을 얻어 명당 속에 집을 짓고

논 갈고 밭 만들어 오곡을 심은 후에 뫼 밑에 우물 파고 집 위에 박 올리고 장독엘랑 더덕 넣고

구월 추수 후에 남린북촌(南隣北村) 다 청하여 백주(白酒) 황계(黃鷄)로 동락태평(同樂太平)

하오리라

매세에 이같이 즐기움이 긔 원인가 하노라

《고시조 대전》2012 ; 903)

---

④ 심은 씨가 자라서 박에 이르는 과정을 그린 〈박노래〉이다.

뜨락에 심은 박씨　　무성히 넌출 뻗어

고래등 지붕 우에　　푸른 잎 뒤 덮었네

알뜰히 가꿔주고　　살뜰히 보살피니

하얀 꽃 피고 지여　　호함진 열매로세

햇빛에 살이 찌고　　빗물에 미역 감아

체격도 장대하고　　맵시도 보기 좋아

옥석이 박혔는가　　오가는 길손마다

뉘 아니 찬탄하리

한번에 넌출 끊어　　두 손에 받쳐 들고

세심히 가늠하여　　엥헤요 스리 슬슬

톱으로 케고 보니   바가지 이 아닌가

흥부야 기뻐해도   놀부사 부러우리

꽃피는 웃음 속에   정성껏 다듬을 제

참기름 바른 듯이   윤나는 박 바가지

부엌 일 한몫하는   주부의 그릇이니

살림에 잘 써가며   박노래 불러 보세

_____

3) 박속은 반 식량이다.

① 첫서리가 내릴 무렵, 덩굴이 시들면 박 똥구멍에 바늘을 찔러서 잘 익었는지 살핀다.
쑥 들어가면 설익고 딱딱하면 잘 익은 것이다. 익은 것은 쇠죽가마에 넣고 푹 삶아 속을 긁어
내고, 큰 양푼에 담아 된장에 비벼 먹는다. 식량이 모자라던 시절의 그럴듯한 끼니였다.

이규보(李奎報 1168~1241)의 시 〈호(壺)〉이다.

_____

剖成瓢汲水漿冷(타면 물바가지)

完作壺盛玉醑淸(속 파면 술잔이라)

不用蓬心憂瓠落(너무 크면 떨어질까 걱정이니)

先於差大亦宜烹(애동이 때 쪄 먹어도 좋으리)

《동명왕의 노래》

_____

② 앞사람의 〈채마밭 노래[家圃六詠]〉 가운데 바가지[瓢] 타령이다.

_____

剖成瓢汲氷漿冷(박 타 만든 바가지로 찬물 뜨고)

完作壺盛玉醑淸(그대로 병 삼아 술 담아도 좋으리)

不用蓬心憂瓠落(옹졸하게 박 떨어질까 걱정 마소)

先於差大亦宜烹(덜 자란 것 속 삶아먹을 터이니)

《동국이상국집》 권4 고율시 98수

_____

③ 앞사람의 시 〈찐 게를 먹으며[食蒸蟹]〉이다(부분).

詩人冷淡食無魚(시인은 고기 없는 반찬 씁쓸한데)

爛蒸瓢壺客盧胡(손님은 삶은 박속 보고 웃누나)

瓢壺食盡又何繼(박속 다 먹으면 끼니 어찌 이을까)

更見靑盤堆苜蓿(푸른 소반에 다시 거여풀 쌓이리라)

《동국이상국집》제7권 고율시

④ 판소리 〈흥보가〉에도 박 타던 흥보가 둘째아들에게 '우리가 이 박을 타서 박속일랑 끓여 먹고 바가지는 부잣집으로 팔어다 목숨 보명 살어나자 에이 여루 톱질이구나' 하고 이른다.

4) 박으로 술잔을 삼는다.

① 이규보의 시 〈칠호명(漆壺銘)〉이다.

自瓢就壺(박 그릇에)	貯酒是資(술 담으니)
頸長腹枵(목은 길쭉 배는 불룩)	不咽不欹(목 메거나 기울지 않으니)
我故寶之(너를 보배 삼아)	漆以光之(옻칠로 빛냈노라)
惟樽惟罍(술통이며 술그릇)	曰甕曰甒(독이며 항아리)
其在于邇(가까이 두면)	惟我所麾(쓰기 좋으나)
其適于遠(멀리 가려면)	偃蹇莫隨(너무 크네)
憐哉是壺(고마운 그릇)	不我敢離(나와 함께 있어)
南行萬里(남행만리)	道路嶔崎(험한 길)
前無冷泉(시원한 샘)	後絕淸池(맑은 못 없지만)
獨爾所貯(오직 네 덕에)	我吻是滋(목 축이누나)
載於後乘(수레 뒤 실었으니)	何必鴟夷(가죽 주머니 무슨 소용)
報汝之功(은공 갚을 길)	未識何宜(하도 막막해)
册爲壺公(호공에 책봉)	酒官是司(주관을 삼노라)

《동국이상국집》제19권 잡저)

사진 27

② 장유(張維 1587~1638)도 '짭짤하고 비릿한 해산물에[海味薦鹹腥] / 한 바가지 가득 시골 막걸리[村酒盈匏樽]'라고 읊조렸다(《계곡집》제25권 오언고시 162수 〈돌아올 때의 흥취[歸興]〉).

③ 〈해동유요〉에도 '동년아 술걸너라 질동회 탁줄만졍(종년아 술 걸러라 질동이의 막걸리일망정) / 박잔에 マ득부어 업다말고 니어스라(바가지 잔에 가득 붓고 없다 말고 이어 부어라)'는 구절이 있다(《한국역대가사문학집성》).

〈사진 27〉은 여러 가지 크기의 바가지이다. 농가에서 이렇게 마련해두었다가 목적에 따라 쓴다.

5) 바가지를 악기로 삼는다.

①《삼국유사》기사이다.

원효(元曉 617~686)가 계(戒)를 버리고 총(聰)을 낳은 뒤 속인의 옷을 입고 스스로 소성거사(小姓居士)라 일컬었다. 광대들이 가지고 노는 큰 바가지[大瓠]를 얻어서 괴이한 모양대로 악기(道具)를 만들고《화엄경》의 '일체의 무애인(無旱人)은 언제나 죽고 사는 것을 벗어난다'는 글을 빌려 이름을 무애라 지었다. (…) 그에 대한 찬송이다.

角僧初開三昧軸(각승 처음 삼매경 열고)

舞壺終掛萬街風(탈춤 추며 세상 깨우쳤네)

月明瑤石春眠去(달 밝은 요석궁 봄 잠 깊더니)

門掩芬皇顧影空(문 닫힌 분황사 돌아보는 모습 헛되구나)

(권제4 〈원효 굴레에서 벗어나다[不羈]〉).

무애(無旱)는 무애(無礙)로 거칠 것이 없다는 뜻이다.《삼국유사》에 '각승'은 해룡(海龍)의 권유에 따라 길에서 조서를 받아《삼매경소(三昧經疏)》를 지으면서 붓과 벼루를 소 두 뿔에 올려놓은 데서 왔다는 기사가 있다.《삼매경소》는 원효의《금강삼매경》을 주석한 것이다.

② 정약용(丁若鏞 1762~1836)은 '중국 진(秦)에서 술이나 장(醬) 뜨는 질그릇 부(缶) 두드리는 소리로 노랫가락을 맞추었다. 오늘날에는 물장구놀이[擊缶]라 하여, 사월 파일에 물 담은 그릇에 바가지[匏]를 엎어놓고 친다'고 적었다.《열양세시기》와《동국세시기》에도 같은 기사가 있다(《4월 초파일》).

③ 며느리들은 흔히 옻짝으로 바가지를 치면서 노래 불렀다.
_____

니 씨에미 박 왕당그랑 뚝딱

니 씨누이 박 쌍당그랑 뚝딱

니 씨고모 박 꽁당그랑 뚝딱

니 씨할미 박 호랑호랑 뚝딱
_____

'시'를 일부러 '씨'로 바꾸는 한편, 왕당·쌍당·꽁당·홍당이라고 하여 고된 시집살이에 맺힌 한을 풀었다.

그러나 물장구를 며느리들만 즐긴 것은 아니다. 권용정(權用正 1081~?)도《한양세시기》에 '온 거리와 시장에서 남녀가 섞여 물장구를 치며 흥얼흥얼 노래한다. 소리가 하도 시끄러워 어디가 어디인지 알 수 없다'고 적었다(사월 〈등석〉). 일제강점기의 보고에도 '강원도 화천 및 인제 등지에서 물독에 바가지를 엎어 띄우고 부녀자들이 둘러선 가운데, 한 사람이 작은 막대기로 바가지를 칠 때 나는 미묘한 소리를 물장구라 한다'는 내용이 있다.

정조 임금도 파일 저녁 풍경을 '맑고 화창한 기운 떠들썩한 분위기에 어울려[淸和氣象繁華竝] / 마을마다 물장구 소리 요란하다[水缶村村不寂寥]'고 읊조렸다(《홍재전서》 제1권 시 춘저록(春邸錄) 〈등석(燈夕)〉).

④ 전라도에서 큰 물그릇에 바가지를 엎어놓고 무당이 숟가락으로 두드리며 벌이는 굿을 바가지굿이라 한다.

송수권(1940~)의 시 〈보름제(祭)-우리들의 잊혀진 고향〉이다(부분).

⑤ 일제강점기에 경기도 광주 경안면에서는 동회(洞會) 때 북소리를 물장구로 대신하였다. 《순암(順菴)선생문집》에 '무릇 사람들의 청각을 불러일으키는 데 북소리만 한 것이 없지만 군법(軍法)으로 의심받기 쉬워서 물 담은 큰 동이에 바가지를 엎어놓고 쳐서 북소리를 낸다'는 대목이 그것이다[제15권 잡저(雜著) 〈광주부 경안면 2리 동약(洞約) 약규(約規) 동회(洞會)〉].

6) 바가지를 들이의 단위로 삼는다.

쌀 한 바가지·물 한 바가지·한 됫박 따위가 그것이다.

《조선왕조실록》에 숙종(肅宗 1674~1720)이 43년(1717) 3월 10일부터 21일까지 온천에 거둥한 흥미로운 기사가 있다.

머리에 온천물 뒤집어쓰는 것을 첫날 100바가지부터 시작해서 250·350·400바가지로 늘려가다가, 마지막 나흘은 500바가지로 높였다.

	때(3월)	기사
1	10일 사시	머리에 100바가지, 발 씻음[沐頭部一百瓢 仍洗脚部]
2	11일 사시	머리에 250바가지, 발 씻음[沐頭部二百伍十瓢 仍洗脚部]
3	16일 사시	머리에 350바가지, 몸 300주 씻음[沐頭部三百伍十瓢 浴身三百籌]
4	17일 오시	머리에 400바가지, 아랫도리 300주 씻음[沐頭部四百瓢 浴下部三百籌]
5	18일 오시	머리에 500바가지, 배꼽 아래 2각 담금[沐頭部伍百瓢 沈臍下二刻]
6	19일 사시	머리에 500바가지, 배꼽 아래 2각 담금[沐頭部伍百瓢 沈臍下二刻]
7	20일 오시	머리에 500바가지, 배꼽 아래 2각 담금[沐頭部伍百瓢 沈臍下二刻]
8	21일 오시	머리에 500바가지, 배꼽 아래 2각 담금[沐頭部伍百瓢 沈臍下二刻]

사시는 오전 9시부터 11시, 오시는 오전 11시부터 오후 1시로 처음 사흘과 엿새는 사시에, 나머지 나흘은 오시에 하였다. 씻은 부위는 머리와 발을 포함한 하체이며, 놀랍게도 오늘날 유행하는 반신욕 기사도 보인다. 3월 12일부터 나흘 동안 쉰 것은 경과를 보기 위해서였을 것이다. 하루를 48등분한 물시계의 눈금을 잣대로 삼으면 2각은 한 시간이다.

한편, 16일에 '몸을 300주 씻고[浴身三百籌]' 17일에 '아랫도리를 300주 씻었다'는 기사의 '주'는 수를 헤아리는 산 가치이므로 '바가지 수'와 같을 것이다. 늙은 임금을 위해 어의(御醫)의 권유에 따라 다른 사람이 물을 끼얹으며 헤아린 것이다.

일제강점기에 나온 《간도산업조사서(間島産業調査書)》에 '양기(量器)가 조잡해서 대소의 차가 크다. (…) 민간에서 흔히 한 되[升桝]를 바가지로 되는 까닭에 용량이 들쭉날쭉하다. (…) 또 평미레도 쓰지 않아 용적(容積)보다 한 말은 100분의 3쯤, 한 되는 1,000분의 6이 많다'는 기사가 있다(《제11장 간도의 도량형》).

'됫박'이라는 말도 농촌에서 바가지를 되로 쓴 데서 왔다.

7) 바가지는 풀 가게의 상징물이다.

이마무라 토모[今村鞆]는 '현재 경성(京城 서울)을 비롯한 기타 남방 대도시의 풀 가게에서 한쪽에 밀가루 칠을 한 헌 바가지를 입구에 걸어서 간판으로 삼는다'고 적었다(1937 ; 450).

8) 바가지로 팥죽을 퍼 먹는다.

팥죽이 거의 다 끓자 며느리가 우물로 간 사이에 시아버지가 몰래 먹으려고 한 바가지 떠서 뒷간으로 갔다. 돌아온 며느리도 시아버지가 없는 틈에 몰래 바가지에 퍼서 뒷간으로 갔다. 며느리가 불쑥 들이닥치자 당황한 시아버지가 안 먹는 체하느라고 바가지를 머리에 뒤집어썼다. 며느리가 '아버님 팥죽 잡수세요' 하자 이렇게 말하였다.

"나는 끓는 팥죽을 보기만 해도 팥죽 땀이 이마에서 흐르는구나."

(최인학 2003 〈팥죽땀〉《옛날이야기꾸러미》4)

---

9) 바가지로 오리를 잡는다.

사람 얼굴을 그린 바가지를 오리들이 노는 물에 띄우면 처음에 의심하다가도 계속 떠 있는 것을 보고 가까이 모여든다. 이때 사람이 자맥질해 들어가서 바가지를 얼굴에 덮고 오리다리를 잡아 끈으로 묶는다(《한국문헌설화》 제7책 〈꿩·오리·뱁새 잡기[捕稚鴨鷦]〉).

제주도 무당노래(《삼공본풀이》)에, 가난한 부부가 첫딸을 얻자 이웃에서 은그릇에 죽을 쑤어 먹이고, 둘째 딸은 놋그릇에 밥을 주고, 셋째 딸은 바가지에 밥을 담아다가 키운다는 대목이 있다. 이는 딸이 늘어날수록 관심이 떨어지는 것을 나타낸다.

10) 바가지에 씨앗 따위를 갈무리한다.

이동순(李東洵 1950~)의 시 〈뒤웅박〉이다(부분).

———————

지금 끄스름 낀 봉노 서까래 틈에 매달려 있지만

봉지 봉지 씨앗들 품에 싸안고

볍씨랑 서숙이랑 알타리씨도 담고

성근 보리밥 눌러 담아 사이참 먹기도 하다가

빈 뒤웅박 두드리는 젓가락 장단에도

어깻짓 신명이 절로 났지요

《지금 그리운 사람은》

———————

'끄스름 낀 봉노 서까래 틈'은 습기가 적기도 하거니와 그을음이 벌레 따위를 막아주는 까닭이다.

11) 뒤웅박을 시렁 위에 얹기도 한다.

박용래(朴龍來 1925~1980)의 시 〈초당(草堂)에 매화(梅花)〉이다(부분).

———————

김장 마늘 몇 쪽 시렁 위 호리박에

두었더니, 움이 트고 속이 나서 푸르른 아침

《먼 바다》

———————

657

12) 뒤웅박에 물을 담아 나른다.

《선조실록》에 투항한 왜병 사백구(沙白鳩)가 김해 부사 백사림(白士霖)에게 쌀밥·간장·무 따위를 담은 큰 바가지와, 냉수를 채운 뒤웅박 그리고 쌀 한 말을 가져와 구해주었다는 기사가 있다(30년 9월 8일).

13) 뒤웅박으로 새를 쫓는다.

안이 비어서 두드리면 큰 소리가 나는 까닭이다. 충청북도 영동지방의 〈새 쫓는 소리〉이다.

우여 우이 우여 우이

웃녘 새는 울로 가고

아랫녘 새는 알로 가고

두름박 딱딱 우여 우이

옛적에는 화승총에 넣는 화약을 담는 작은 뒤웅박을 '홍약호로(洪藥葫蘆)'라 불렀다《송남잡지(松南雜識)》》.

나. 상징

1) 바가지는 신령스럽다.

① 신부의 가마가 신랑 집에 이르거나, 가마에서 내린 색시가 모닥불 사이로 지나가거나 뛰어넘을 때, 시어머니는 바가지나 호박을 땅에 던져 깨뜨린다. 이로써 놀란 잡귀가 달아난다는 것이다.

〈사진 28〉은 경남지방에서 콜레라를 쫓기 위해 바가지를 빨래판에 대고 문지르는 모습이다. 소리가 너무 시끄러워서 병귀

사진 28

가 달아난다고 한다. 이 밖에 아침마다 소댕을 두드려서 돌림병을 쫓기도 하였다(村山智順 1929 ; 150~151).

② 상가(喪家)의 음식을 먹고 탈이 나면 밥·두부·콩나물 따위를 바가지에 담고 식칼로 내리치며 〈객귀 물리는 소리〉를 읊조린다. 이어 칼을 마당에 던지되, 그 끝이 대문을 향하면 객귀가 나가서 병이 낫는 것으로 여긴다.

병귀(病鬼)굿에서 세거리 길목에 칼[食刀]을 꽂고 바가지를 엎어놓아서 겁 준다. 가정에서 상 위에 바가지를 올려놓지 않고 깨진 조각이 아궁이에 들어가는 것을 꺼리는 풍속은 이에서 왔다.

③ 전라남도에서 2월 초, 비가 알맞게 내리기를 바라는 뜻으로 끝을 여러 갈래로 쪼갠 대나무를 땅에 꽂고 그 위에 물바가지를 올려놓는다.

④ 병자호란 때 강화도로 가던 인조(仁祖 1595~1649)는 급류 쪽으로 배를 젓는 손돌을 의심한 나머지 목을 베려들었다. 그는 죽음에 앞서 바가지 하나를 내놓으며 '위험이 닥치면 이것을 따라가십시오' 하였다. 사공을 바꾸었음에도 배가 더 흔들리자 임금은 바가지를 띄웠고 이를 따라간 덕분에 목숨을 건졌다.

⑤ 간추린 제주도 무당노래 〈초감제〉이다.

천지왕은 해와 달을 삼킨 꿈을 꾼 뒤, 세상을 바로잡을 인물을 얻으려고 땅에 내려와 총맹부인을 아내로 삼았다. 아들 형제의 이름을 미리 지어놓은 그는 하늘로 돌아갈 때 박 씨 두 개를 주며 '아이들이 나를 찾거든 정월 첫 돝 날[亥日] 심으라'고 일렀다. 씨를 심자마자 덩굴이 뻗어 올라 둘이 타고 하늘에 이르렀다. 천지왕은 이들에게 이승과 저승을 나누어주었다.

본디 맏이에게 이승을, 둘째에게 저승을 맡기려 하였으나 둘째가 맏이를 제치고 이승을 차지하였다. 이 때문에 저승에는 올바른 법이 섰지만, 이승에는 온갖 범죄가 득실거리게 되었다.

---

⑥ 나무꾼의 아내를 탐낸 임금이 상대가 산의 나무를 먼저 다 베면 나라의 반을 주고,

자신이 베면 여자를 차지하는 내기를 걸었
다. 그네는 남편에게 반지를 주며, 바다에 던
지면 길이 열릴 터이니 따라가라고 일렀다.
그가 용궁에 이르자 반지를 본 용왕은 사위
가 왔다며 뒤웅박 한 개를 주었다. 그가 돌
아왔을 때 임금은 많은 군사를 풀어서 나무
를 베기 시작하였다. 나무꾼이 뒤웅박 덮
개를 열자 수많은 난쟁이들이 나와서 도끼
를 휘두른 덕분에 위기를 넘겼다《옛이야기 꾸
러미》).

사진 29

⑦ 돌림병이 돌 때 부엌 바가지를 문
상인방이나 처마에 매달아서 병귀를 쫓으
며, 전라도에서는 긴 장대 끝에 바가지를 달
아매고 그 아래에 솔가지를 거꾸로 잡아맨다.

귀신에 씐 사람이 있으면 저녁에 쌀에 조를 섞어 죽을 쑨 뒤 큰 바가지에 담는다. 이어
환자가 침을 세 번 뱉은 다음, 문 앞으로 식칼을 던지고 죽을 문에 뿌려서 잡귀를 먹인다. 바
가지는 그 자리에 엎어놓고 칼을 얹었다가 이튿날 새벽에 깨뜨린다. 또 혀끝이 좁쌀처럼 돋아
나면 부엌 바가지 가장자라에 잔모래를 담아두면 낫는다(今村鞆 1937 ; 474).

깨진 바가지 쪽이 아궁이로 들어가면 아이나 식구에게 종기가 나고, 바가지를 밥상 위
에 놓으면 주인이 화가 나서 집안에 불화가 일어난다며 몹시 꺼린다.

《향약집성방(鄕藥集成方)》에 태독(胎毒)에 걸린 아기는 바가지 조각 태운 재를, 치질에는
간장 뜨는 쪽박을 불에 그슬려 바르며, 황달에는 해 넘긴 바가지 가루를 코로 빨아들이고, 성
홍열에는 말린 박속 달인 물을 차처럼 마시면 낫는다고 적혔다.《동의보감》에도 같은 기사가
있다.

〈사진 29〉는 충청남도 옥천군 옥천읍 한 농가 벽에 걸린 크고 작은 바가지들이다.

⑧《중종실록》 기사이다.

2) 박에서 큰 인물이 태어난다.

① 알에서 태어난 신라시조 혁거세(赫居世)는 알이 박[匏]을 닮았고, 시골에서 바가지를
박(朴)이라고도 하는 까닭에 성을 박으로 삼았다《삼국유사》권제1 〈기이〉 제2).

②《삼국사기》에 '혁거세가 알에서 태어났다. 알 모양이 표주박을 닮아서 성을 박(朴)으
로 삼으니 신라 박씨네 시조이다. 사투리로 표주박을 박(朴)이라 한다'는 기사가 있다《신라본기》
1 박혁거세).

알지(閼智)탄생 설화 가운데 '자줏빛 구름이 하늘에서 땅에 뻗치고, 그 구름 속에 황금
궤가 나뭇가지에 걸린 것'을 처음 보고 왕에게 알린 사람도 박씨[瓠公]였다.

③ 이색(李穡 1328~1396)도 박씨(朴氏)의 시조 혁거세가 박[瓢]처럼 생긴 알에서 태어났다
는 신화를 들어 '계림의 천표를 박이라 불렀으니[雞林天瓢號爲朴] / 개성까지 널리 뻗어 크게 알
려졌네[蔓延扶蘇何赫奕]'라고 읊조렸다《목은시고》제24권 시 〈고율(古律) 두 편 박 학사(朴學士)께 올림〉].

④ 경주군 천북면 동천리의 한 할멈이 마을 바위 아래에 심은 돌처럼 단단한 박에서 나
온 아이가 경주 이씨 시조 알평(謁平)이라고 한다. 이와 달리 알평이 하늘에서 내려왔을 때 허
리에 차고 온 박을 그 아래 바위에 두었더니 그것이 자라나서 바위를 뒤덮은 까닭에 바가지
바위[瓢嵓]라 불렀다는 말도 있다.

⑤ 옛적에 한 처녀가 굴산사(屈山寺) 앞 석천(石泉)물을 바가지로 뜨자 안에 해가 들어 있
었다. 그 물을 마시고 사내아이를 낳았으나 주위에서 아비 없는 아이라며 구박하는 바람에
그날로 뒷산 학바위[鶴巖] 밑에 버렸다. 그네가 이튿날 아침 그곳에 갔더니 학을 비롯한 온갖

짐승이 젖을 먹이고 있었다. 뒤에 경주에서 공부한 그는 범일국사(泛日國師)가 되어 돌아왔다는 민담도 있다. 이는 해가 뜬 물을 마시고 낳았다는 뜻이다.

그가 학바위에서 지팡이를 던져 꽂힌 곳에 지은 절이 심복사(尋福寺)이다. 임진왜란 때 대관령에 올라가 술법을 쓰자 산천초목이 모두 병사로 변하여 왜군을 쫓았으며 그 공으로 대관령의 서낭신이 되었다.

3) 바가지는 풍요를 상징한다.

① 충청남도의 신부 집에서 사주단자를 받으면 먼저 바가지에 담아 성주신에게 올린 뒤 풀어본다. 바가지에 풍요와 다산의 뜻이 들어 있는 까닭이다.

전라북도 순창군 동계면 일대에서 시집가는 색시가 가마에 물바가지·쌀바가지·미영바가지를 달고 가는 것도 마찬가지이다. 미영은 목화나 무명의 다른 말이다.

전라남도 삼설양굿에서 일곱 번째 등장하여 '지왕풀이'를 부르는 임산부는 해산한 뒤 배 속에 넣었던 바가지를 들고 은바가지라며 쌀 세 가마에 사라고 한다(이경엽 2008 ; 41).

② 판소리 〈흥보가〉에서 제비 다리를 고쳐준 흥보는 박에서 나온 금은보화로 부자가 되었지만 형 놀부는 큰 망신을 당하였다.

놀부의 〈박타령〉이다.

―――――――――

얼씨구나 박 보아라

우리 집 지붕 위에 박 여섯 통 열렸네

포장을 둘러치고 멍석을 받쳐보자

보물 많이 들었으니 밤낮으로 수직(守直)하세

저 박 빛이 누른 것은 속에 정녕 금 들었구나

얼씨구나 복 박이야

―――――――――

〈사진 30〉은 반을 타서 맞물려놓은 박이다.

③《한국문헌설화》기사이다.

한 참정(參政)네 여종이 (…) 주인이 짝을 채워주려 하자 처마 밑에서 비를 긋던 거지를 골랐다. 그는 참정에게 빌린 은 열 말로 헌 옷을 사서 걸인들에게 주었다. 어느 날 밤 다리 아래에서 소리가 들려 내려갔더니 맨몸의 노부부가 빨래하고 있었다. 그의 옷가지를 받은 (…) 두 사람은 금이나 은 부스러기를 넣고 흔

사진 30

들면 곧 가득 차는 바가지를 건네며 3년 뒤 서울 동작(銅雀) 나루에서 한강에 던지라 하였다. (…) 그는 은전을 바가지에 넣고 흔들어서 수백 말의 은을 만들어 어려운 이들을 돕고, 세 해 뒤 한강에서 제사를 올리고 바가지를 물에 던졌다(제3책 〈참정집 여종〉).

참정이 종의 남편인 거지에게 은 열 말을 빌려주고 그가 헌 옷을 사서 거지들에게 주었다는 앞대가리는 설득력이 없거니와, 3년 뒤 바가지를 왜 한강에 던졌는지도 알쏭달쏭하다.

④《한국구비문학대계》 기사이다.

아내가 짠 베를 판 가난한 선비가 잉어장수의 잉어를 사서 놓아주고 작은 바가지를 얻었다. 이튿날 아침 바가지에 쌀이 가득 차더니 매일 이어져서 큰 부자가 되었다. 세 아들이 바가지를 달라는 바람에 그들을 담 밖에 두고 마당에서 던져서 받는 쪽에 주기로 하였다. 던지는 순간 바가지는 금기러기로 변하여 날아갔다(《경상북도 안동시·안동군편》).

선행을 베풀지 않으면 아무 보답도 없다는 뜻이다.

잉어는 예부터 출세와 풍요의 상징이었다. 어느 날 잉어를 잡았다가 놓아준 덕분에 가난한 숯장수가 용왕의 딸을 아내로 삼고 거기서 얻어온 보물 항아리로 부자가 된 민담도 있다.

⑤ 가뭄 탓에 굶고 지낸 경기도 안산시 유씨네 아내가 머리털을 잘라 남편에게 주고 곡식과 바꾸라 하였다. 바가지에 개구리를 잡아가지고 오는 이웃을 만난 그는 곡식을 주고 풀어주었다. 바가

지를 물에 띄우자 떠내려가지 않고 그 자리에 있었다. 이를 아내에게 건넸더니 곧 쌀이 가득하였다. 그 쌀을 이웃에게도 나누어 주었다(《옛날이야기꾸러미》2).

이웃 사람도 개구리로 허기를 달래려고 잡아오던 길인가?

사진 31

⑥ 전라북도에서 삼신의 신체^(쌀)를 담은 삼신바가지를 한지로 덮은 다음, 다시 무명 타래실로 묶어 시렁 위에 모신다. 바가지의 쌀은 해마다 올벼로 갈아넣으며 헌 쌀은 떡을 빚어 식구끼리 먹는다. 이를 복으로 여기는 까닭이다.

강원도 삼척시 일대에서는 바가지 안에 실타래 외에 여러 가지 색깔의 천을 담으며, 산모는 첫 국밥을 이 바가지에 바쳤다가 먹는다.

〈사진 31〉은 여러 가지 물건을 갈무리하는 뚜껑 달린 바가지이다.

4) 바가지를 하늘에 견준다.
이식(李植 1584~1647)의 시 〈백령도(白翎島)에서 부른 노래〉이다^(부분).

天形大瓠壺(하늘이 큰 바가지라면)

海作壺中水(바다는 담긴 물이로세)

地如衆浮漚(그 안에서 거품처럼 일어난 땅)

穩着旋波裏(거친 물결에 조용히 붙어 있네)

《택당집》제2권 시)

5) 바가지는 군자의 성품을 나타낸다.
《연암집》기사이다.

마침내 자후(子厚)가 아들을 낳았다. 무릇 군자가 화려한 꽃을 싫어하는 까닭이 무엇인가? 꽃이 크다고 반드시 열매를 맺는 것은 아니니 바로 모란과 작약이 그러하다. 모과꽃은 목련만 못하고,

연밥은 대추나 밤만 못하다. 박꽃은 더욱 보잘것없고 초라하지
만 (…) 넝쿨은 멀리 그리고 길게 뻗어서 박 한 덩이로 여덟 식구
가 먹을 만하고, 씨 한 바가지로 백 이랑의 밭을 잎으로 뒤덮는
다. 또 타서 그릇을 만들면 두어 말의 곡식을 담으니, 꽃과 열매
가 도대체 무슨 상관인가[제1권 연상각선본(煙湘閣選本) 〈이자후
(李子厚)의 득남을 축하한 시축(詩軸)의 서문〉].

사진 32

〈사진 32〉는 윗부리만 탄 박으로 밥을 담거나 씨앗 따
위를 갈무리한다.

6) 바가지는 큰 인물을 상징한다.

이기(李沂 1848~1909)를 위해 지은 황현(黃玹 1855~1910)
의 만사(輓詞) 한 구절이다.

채택(蔡澤)은 진(秦)나라로 들어가 운을 만났지만, 초(楚)로 간 송경(宋牼)은 아무도 반기지 않았
다. 아! 뜻이 크면 기회를 만나기 어려우니 오석과(五石瓠)를 누가 다시 귀히 여기랴[《해학유서(海
鶴遺書)》권3 문록(文錄) 일(一) 논변(論辯)].

이기는 학자이자 애국계몽 운동가이다. 오석은 《장자(莊子)》에 나오는 말로〈소요유(逍遙
遊)〉), 닷 섬[五石]들이 큰 바가지이다. 채택은 전국시대 연나라 사람으로 조(趙)·한(韓)·위(魏)를
돌며 유세를 벌이다가 진(秦) 소왕(昭王 전 307~전 251) 때 승상이 되었음에도 서너 달 뒤 병을
핑계로 물러났다.

송경도 같은 시기의 사람이다. 그가 전쟁 중인 진과 초의 제후에게 서로 싸우지 않는 것
이 이롭다며 화해시키려 하자, 맹자(孟子)는 그보다 인의(仁義)를 내세워 타이르라 일렀다[《맹자
(孟子)》〈고자하(告子下)〉].

7) 하늘을 하늘바가지로 씻는다.

서거정(徐居正 1420~1488)의 시 〈중추우후(中秋雨後)-진화(陳澕)〉이다(부분).

2 — 민속

仰看濃墨久含情(먹장구름에 마음조차 어둡더니)

忽喜涼風四面生(서늘바람 문득 사방에서 부네)

應爲天瓢洗空碧(하늘의 물바가지로 씻으니)

孤光全勝別宵明(휘영청 밝은 달 여느 때와 다르네)

《동문선》제14권 칠언율시

천표는 천신(天神)이 비를 내릴 때 쓴다는 바가지이다.

8) 바가지는 선비의 조촐한 삶을 상징한다.

① 이규보(李奎報 1168~1241)의 시 〈객사 행랑을 빌려 살며[寓河陰客舍西廊有作]〉(2수)이다 (부분).

數間虛館借西偏(빈 객사 두어 칸 서쪽 행랑 빌리니)

棒莽深深碧岫邊(가시나무 우거진 푸른 산 밑이라)

瓢飲自寬聊勉耳(표주박에 물 마셔도 마음 펴고 사니)

從今始有僞顏淵(안연의 가난 본뜬 사람 내로세)

《조물주에게 묻노라》

② 김인후(金麟厚 1510~1560)의 시 〈독창려삼상서(讀昌黎三上書)〉이다(부분).

世上窮達各有時(세상살이 가난과 부귀 때 있으니)

一身饑寒非所憂(내 한 몸 춥고 주림 걱정 없네)

陋巷簞瓢聊足樂(구차한 삶 바가지로도 즐거운데)

公何汲汲爲身謀(그대 어찌 한 몸 서둘러 도모하나)

《하서(河西)선생전집》권4 칠언고시

③ 기대승(奇大升 1527~1572)의 시 〈도산서당(陶山書堂)〉이다.

容膝堂成審易安(작은 집 지어 쉬기 편한 것 알고)

陶甄登案足怡顏(질그릇에 바가지 상차림도 기쁘네)

優遊卒歲知何事(떠돌고 해 보내며 무엇 깨달았나)

象在方圓水在槃(형상은 방원에 물은 쟁반에 있나니)

【《고봉속집》제1권 존재만록(存齋謾錄)】

'하늘은 둥글고 땅은 모나다[天圓地方]'는 뜻의 방원은 음양 상수(陰陽象數)를, 재수반은 쟁반에 담긴 물처럼 이황(李滉 1501~1570)이 마음을 단속한다는 말이다. 도산서당은 1575년에 한호(韓濩 1543~1605)가 쓴 사액(賜額)을 받아 도산서원이 되었다.

④ 정경세(鄭經世 1563~1633)의 시 〈조월천(趙月川) 만사(挽詞)〉이다(부분).

玩樂齋前立雪賢(완락재 앞에서 눈 맞는 어진이)

當時科品許弓騫(그 인품 궁건이라 일렀지)

可憐身後無長物(가엾어라 죽고 남은 것 없고)

廚下簞瓢架上篇(부뚜막엔 바가지 시렁엔 책뿐이네)

《우복집(愚伏集)》제1권

조목(趙穆 1524~1606)의 성품을 칭송한 시이다. 완락재는 경상북도 안동시 도산(陶山) 남쪽에 있는 서재로 그가 퇴계(退溪)의 문하생이 되었다는 뜻이다. 눈을 맞는다는 대목은 송(宋)의 양시(楊時 1053~1135)가 정이(程頤)를 찾았다가 명상에 잠긴 것을 보고 곁에 서 있었는데, 깨어나자 문밖에 눈이 한 자나 쌓였다는 고사에서 왔다. 이를 제자가 스승에게 예의를 갖추는 말로 쓴다(《송사》권428 〈道學列傳 楊時〉).

궁건(弓騫)은 공자의 제자 중궁(仲弓)과 민자건(閔子騫)이며, 단표(簞瓢)는 밥 담는 대그릇과 물 뜨는 표주박으로 가난한 사람의 보잘것없는 음식을 이른다.

한편, 이익(李瀷 1681~1763)은 다음 시 〈춘첩(春帖)〉에서 단표를 변변치 않은 음식에 견주었다(《성호전집》부분).

2 ― 민속

家貧不廢一簞瓢(집 가난해도 단표 끊이지 않거니)

況復天時向履瑞(더구나 다시 천시가 이단을 향함에랴)

이단은 정월 초하루의 다른 이름으로 처음 밝는다는 뜻이다. 《춘추좌씨전》에 '선왕이 시령(時令)을 바로잡을 때, 해마다 첫날에 정월이 시작되게 하였다[先王之正時也 履端於始]'는 기사가 있다(《문공(文公) 원년》).

9) 바가지는 부부의 인연을 나타낸다.

① 기대승(奇大升 1527~1572)의 시 〈만장(挽章)〉이다(부분).

天賦柔儀自淑眞(유순한 의표 타고나 절로 정숙하니)

蘭芳玉潔照無隣(난초와 구슬 같은 성품 견줄 이 없네)

笄加髢拂仍二歲(비녀 꽂고 다비 꾸며 두 해 지나)

合巹眉齊只五旬(바가지 합하고 눈썹 가지런히 한 지 겨우 오순이네)

《고봉집》제1권 시)

《예기》에 '여자 15세에 치르는 계례(笄禮) 때 비녀를 꽂고, 태어나 석 달 만에 자른 배냇머리로 만든 다비를 꾸민다. 뒤에 이를 수식(首飾)으로 삼아, 길러주신 부모의 은혜를 잊지 않는 신표로 삼는다'는 기사가 있다(《내칙》).

바가지를 합하는 것[巹禮]은 신랑신부가 술잔을 세 번 주고받을 때, 끝잔은 박을 둘로 나눈 잔으로 마시는 것을 이른다. 갈라졌던 표주박 하나가 되듯이 백년해로를 누린다는 뜻이다. '거안제미(擧案齊眉)'의 준말인 제미(눈썹을 가지런히 함)는 부부 사이의 공경을 나타낸다.《후한서》에 '양홍(梁鴻)은 비록 품팔이꾼이지만 집에 돌아오면 아내가 공경하여 바로 쳐다보지도 못하고 밥상을 눈썹 높이로 들었다'고 적혔다(권83 〈일민열전(逸民列傳)〉).

② 《숙종실록》에 사간(司諫) 정유점(鄭維漸)이 '궁정의 지나친 사치로 주단(紬緞) 값이 오르고, 작은 표주박 같은 동뢰연(同牢宴)의 근배(巹杯)가 몇백 냥(兩)이나 한다'고 일렀다는 기사

가 있다[28년(1702) 11월 19일].

사진 33

동뢰연은 혼례(婚禮)에서 신랑 신부가 교배한 뒤 술잔을 나누는 잔치이고 근배는 이때 쓰는 술잔이다(사진 33).

바가지 대신 뒤웅박을 쓰기도 하며 이를 합환주(合歡酒)라 이른다.

한용운(韓龍雲 1879~1944)의 시 〈잠꼬대〉이다(부분).

사랑의 뒤웅박을 발길로 차서 깨트려버리고 눈물과 우슴을 띠끌 속에 합장(合葬)을 하여 라(《님의 침묵》).

세상의 일상을 모두 던져버리고 오로지 부처가 보이는 마음의 도를 닦으라는 뜻이다.

③ 시집가는 색시에게 한 바가지는 찹쌀, 다른 바가지에 목화를 넣어 보내며 이를 조백 바가지라 한다. 찹쌀은 부, 목화는 장수와 화목을 나타낸다. 이것이 복을 가져온다며 부엌 한 구석에 매달아두기도 한다(강인희 외 1984 ; 236).

10) 바가지로 바다를 건넌다.

① 호공(瓠公)의 집안과 성씨는 모른다. 본디 왜인(倭人)으로 처음에 바가지를 허리에 차고 바다를 건너온 까닭에 그렇게 불렀다(《삼국사기》 권제1 〈신라본기〉 제1 신라본기 〈시조 혁거세〉).

②《연려실기술(練藜室記述)》 기사이다.

이지함(李之菡 1517~1578)은 어려서 부친을 여의었지만 (…) 맨손으로 생업을 일으켜 서너 해만에 양곡 수만 섬을 거두었다. 또 섬에 심은 박[瓠]을 타 바가지를 만들고 곡식 수천 섬을 빈민에게 나눠주었음에도 처자식은 늘 굶주렸다. 잡술(雜術)에 능통하였고, 작은 배 네 귀에 큰 바가지를 달고 제주(濟州)에 세 번 갔지만 풍랑의 위험이 없었다[제18권 선조조 고사본말(宣祖朝故事本末) 〈선조조의 유현(儒賢) 이지함〉)](《명신록》에서 인용).

―――――――――

《어우야담(於于野談)》에도 닮은 내용이 있다.

11) 뒤웅박을 배[船]에 견준다.
《어우야담》 기사이다.

―――――――――

왜구에 포로로 잡혀간 우리 사람이 남만(南蠻)과 교역하였다. 그 배는 거북 껍질처럼 위에 덮는 널판이 있었다. 큰 물결이 세게 덮쳐도 배 안으로 들어오지 못했고, 거센 물결 속에서도 마치 구멍을 박은 뒤웅박 같아서 한 번도 가라앉지 않았다. (…)

―――――――――

12) 박 잔으로 정을 나타낸다.
《연려실기술》 기사이다.

―――――――――

신숙주(申叔舟 1417~1475)가 강원 및 함길도체찰사가 되어 야인(野人)을 치러 갈 즈음, 세조가 '담장의 박 넝쿨을 가리키며 열매가 잘 맺을까?' 묻자, 그는 '피기도 전에 철이 지났으니 안 열릴 것입니다' 하였다.

　　뒤에 열매 하나가 맺힌 것을 본 임금은 술잔을 만들고 안에 시를 적었다.

　　卿雖笑我 (그대 웃었지만)

　　我瓢旣成 (마침내 열렸네)

　　剖以爲杯 (타 잔 만들어)

　　以示至情 (도타운 정 보이노라)

　　이어 대신에게 술을 가지고 가서 위로하라 이르는 한편, 그 모양대로 사기잔을 굽고 시를 새겨 내전 잔치[曲宴]에 쓰라고 일렀다(제5권 세조조 고사본말(世祖朝故事本末) 〈세조조의 상신(相臣) 신숙주〉)(《명신록》에서 인용).

―――――――――

세조에게 이처럼 따뜻한 구석이 있었다니 뜻밖이다.

〈사진 34〉는 새 며느리를 위해 바가지에 '부지런함은 값을 매길 수 없을 만큼 귀한 보배'라고 새긴 글귀이다.

사진 34

13) 바가지나 표주박을 무기로 쓴다.

① 《계서야담(溪西野談)》 기사이다.

창의사(倡義使) 김천일(金千鎰 1537~1593)의 아내는 시집온 날부터 낮잠만 잤다. 손에 쥔 것이 없어 일할 마음이 나지 않는다는 말에 시아버지가 소작료 수삼 십 포(包), 노비 4~5명[口], 소 두어 마리를 주었다. (…) 그네는 집 근처 닷새갈이 밭에 박 씨를 심고, 가을에 거둔 한 말들이 바가지에 옻칠을 해서 곳간에 두었다. 서너 해 뒤 다섯 칸 곳간이 옻칠 바가지로 가득 차자 대장장이에게 박 모양의 쇠바가지 두 개를 만들라고 일렀다.

임란 때 (…) 군졸 4~5천 명에게 옻칠 바가지를 주고, 진으로 돌아올 때는 쇠바가

사진 35

지를 길에 버리라 일렀다. 이것을 주운 왜병은 조선 군사들이 무거운 쇠바가지를 쓰고도 나는 듯 움직이니 어찌 싸우느냐며 김 장군의 군사를 보기만 해도 달아났다. 그의 전공은 부인의 도움 덕분이었다(권3 〈난리를 미리 안 김천일 장군의 부인〉).

이 글의 쇠바가지는 쟁개비를 많이 닮았을 것이다.

〈사진 35〉는 여러 가지 표주박이다. 오른쪽 두 개가 박 표주박으로 신선과 산수를 새김질하였다. 나머지들도 한 끝에 짧은 부리를 붙여서 액체를 마시기 편하다[出羽コレクション].

② 동학농민혁명자료총서 가운데《양호초토등록(兩湖招討謄錄)》기사이다.

군수 물자인 동로구(銅爐口 구리화포) 100 좌(坐), 표주박[瓢子朴] 200개, 소금 두 섬, 미역 열 단을 보부상 다섯이 나르게 하되, 도착하는 대로 숫자를 대조해서 쓰라(《출진 대관에게 알림[傳令 出陣隊官]》1894년 4월 17일(음)자).

이 책은 1894년 동학농민전쟁이 일어나자 홍계훈(洪啓薰)이 부대를 이끌고 인천에 도착한 4월 3일부터 전주성을 되찾고 돌아온 5월 23일까지의 기록이다. 동로구는 구리화포가 아니라 노구솥일 터이지만, 같은 날자의 주한일본공사관기록에는 '동화로(銅火爐 100坐)'로 적혔다.

14) 속 빈 박은 쓸모없다.

① 이규보는 '위나라 박 같은 내 신세[我才如魏瓠] / 텅 비어 쓸모없어 걱정이네[拐然憂廓落]' 하였고(《조 아경 충이 화답한 시에 차운함[次韻趙亞卿沖見和]》《동국이상국집》제9권 고율시), 김시습(金時習 1435~1493)은 '큰 박도 속이 비면 쓸 데 없으니[大瓢瀌落不可用] / 쓸 곳 없는 무하향에 심는 것이 좋으리라[政好樹之無何鄕]'고 읊조렸다(《관동일록(關東日錄)》).

호락은 가운데가 비어서 쓸모없다는 말로 세상에서 버려졌다는 뜻이다. 무하향은《장자》의 '지금 그대의 큰 나무가 쓸 데 없어 걱정이라면 어째서 아무것도 없는 시골이나 광막한 들에 심지 않는가?' 하고 물은 데서 온 말로, 텅 비어서 허황한 상태나 꿈의 경지를 가리킨다.

이규보도 '속이 텅 비어 남에게 버림받고[瀌落從人欺] / 귀신에게도 놀림 당한다[揶揄任鬼欺]'며 벼슬 바라는 뜻을 비쳤다(《최평장께 올림[上崔平章議]》).

② 정범조(鄭範朝 1833~1897)의 상소문이다.

천하만사는 거두어 쓸 만한 재물이 있어야 무엇이든 이루게 됩니다. (…) 나라의 재부(財賦)를 모두 거두어도 바가지처럼 속이 비고 물로 씻은 듯하며, 조금 남았던 것조차 없어져 방책이 없습니다. 이처럼 위급한 때는 지난 역사에 없었습니다[《승정원일기》고종 26년(1889) 4월 9일].

바가지처럼 속이 비고 물로 씻은 듯하다니 거덜 난 조선왕조 말기의 위급한 상황이 눈에

보이는 듯하다.

15) 박 씨는 고른 이(齒)를 나타낸다.

《고시조 대전》의 사설시조이다.

눈썹은 수나비 앉은 듯 잇바디는 박 씨 까 세운 듯

날 보고 당신 웃는 양은 삼색 도화 미개봉이 하룻밤 빗기운에 반만 절로 핀 형상이로다

네 부모 너 삼겨 낼 적에 나만 괴라 삼기도다

박 씨를 까서 세웠다니 놀라운 표현이다.

16) 바가지는 처녀총각을 상징한다.

전라남도 삼설양굿에서 세 번째 나타나는 총각귀신과 네 번째 추녀(醜女)귀신은 바가지를 들어서 자신들이 처녀 총각임을 알리며, 이와 달리 혼인한 부부는 소댕을 쓰고 나온다. 소댕이 갓을 닮은 까닭이다(이경엽 2008 ; 40~41).

17) 바가지는 거지를 상징한다.

① 연산군(燕山君 1476~1506) 때 바가지 들고 빌어먹는 사람이 길에 줄을 이었으며[《연산군일기》 8년(1502) 4월 20일], 현종(顯宗 1641~1674) 때는 몸에 해진 갈포 한 자락을 걸친 북도 백성들이 빈 바가지 한쪽을 든 채, 혀가 말라붙고 배가 쪼그라들어 쓰러졌다[《현종실록》 1년(1659) 4월 1일]고 적혔다. 송준길(宋浚吉 1606~1672)도 '굶어 죽은 시체는 못 보았지만 바가지 들고 구걸하는 자들이 끝이 없다'고 하였다[《동춘당집별집》 제4권 〈경연일기〉 현종(顯宗) 2년(1661) 2월 12일].

영조(英祖 1694~1776)는 서울에 온 시골 백성에게 '내년 봄 바가지 들고 빌어먹을 염려는 없느냐?' 물었다[《영조실록》 51년(1775) 윤10월 4일].

② 정약용(丁若鏞 1762~1836)의 시이다(부분).

大兒槃散手一瓢(절룩바리 맏이 바가지 한 짝 들고)

小兒蔫黃顏色焦(작은놈은 얼굴 누렇게 떴네)

井上一兒特枯瘦(꼬챙이처럼 마른 우물가의 어린 것)

腹如怒蟾臀皮皺(성난 두꺼비 배에 볼기는 쪼글쪼글)

《다산시문집》 제5권 시 〈산 영감[山翁] 〉

꼬챙이처럼 마른 어린이의 배가 성난 두꺼비처럼 부풀어 오르고, 볼기가 쪼글쪼글 주름 졌다는 구절은 오늘날 보더라도 뛰어난 묘사이다. '부풀어 오른 배'는 물을 잔뜩 마신 탓이 리라.

③ 판소리 〈심청가〉 한 대목이다.

심청이 (…) 밥 빌러 나설 적에 (…) 헌 버선에 대님치고 말기만 남은 베치마, 앞섶 없는 겹저고리 이렁저렁 얽어매고, 청목 휘양 둘러쓰고 버선 없이 발을 벗고, 뒤축 없는 신을 끌고 헌 바가지 옆 에 끼고 노끈 매어 손에 들고, 엄동설한 모진 날에 (…) 이 집 저 집 들어가서 간절히 비는 말이 '어 머니는 세상 버리시고 우리 아버지 눈 어두워 앞 못 보시는 줄 뉘 모르리까?'

옆에 낀 바가지가 떨어지지 않도록 노끈을 꿰어 손에 든 것은 가난한 살림이라 바가지 도 귀물이었던 탓이다. 알뜰한 살림꾼은 깨진 바가지도 버리지 않고 꿰매서 닳도록 썼다(사 진 36).

④ 《어우야담》의 간추린 기사이다.

강남덕(江南德)의 어머니는 서울 서강의 사공 황봉(黃鳳)의 아 내이다. 해물 장사 간 남편이 돌아오지 않자 장사지내고 3년 상 을 마쳤다. 여러 해 뒤 중국에서 온 사람이 거기서 품 팔고 지낸 다는 편지를 건네주자 '바가지를 들고 구걸을 하다가 길가에 쓰 러져 죽더라도 반드시 찾아가겠다'며 나섰다.
　　그네는 마침내 남편을 만나 딸(강남덕)을 낳은 뒤 팔십에 죽었다.

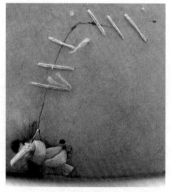

사진 36

1621년 여름에 적는다.

_____

18) 나라 잃은 백성을 쪽박에 견준다.

고은(高銀 1933~)은 '나라 잃은 백성이야 산지사방 쪽박신세라 / 돌아다보면 오던 길 없으니 예가 어디메뇨 저기는 또 어디메뇨'라고 읊조렸다《고은시전집》).

19) 대머리를 바가지에 견준다.

①《열하일기》한 대목이다.

_____

신행 행차 중에 (…) 한 수레에 탄 두 늙은 여인의 얼굴은 모두 못 생겼다. (…) 앞머리가 다 벗어져서 바가지를 엎어놓은 것처럼 번들번들 빛난다. 뒤에 달린 시늉만 생긴 쪽에 가지가지 꽃을 빈틈없이 꽂았으며, 두 귀에 귀고리를 달고 검은 웃옷에 누런 치마를 입었다《도강록(渡江錄)》).

_____

같은 책에 '마님은 푸른 색 짧은 치마 차림에 검은 신을 신었다. 머리가 모두 벗어져서 번들거리는 것이 바가지처럼 빛난다'는 대목도 있다[《성경잡지(盛京雜識)》7월 12일 무자(戊子)].

오늘날에도 만나기 어려운 뛰어난 묘사이다. 박지원의 글을 당대 유학자들이 비난한 것도 문장의 광채가 여러 세기를 지나고도 남을 만큼 뛰어났던 까닭이다.

② 정약용의 시〈늙은이의 즐거움[老人一快事 六首 孝香山體]〉이다(부분).

_____

今髮旣全無(이제 머리털 다 빠져)

旣無櫛沐勞(머리 감고 빗질 않네)

光顱皓如瓠(머리통은 번쩍이는 박이로세)

《다산시문집》

_____

빗질을 안 한 것이 아니라 못한 것이다.

20) 아내의 잔소리를 바가지 긁기에 견준다.

조애영(趙愛泳 1911~?)의 가사 〈한국남녀토론회가(韓國男女討論會歌)〉이다(부분).

남편출세 시켜놓면 아니꼬와 볼수없고
옳은말로 충고하면 바가지를 긁는다죠
장관되기 소원함도 족보올릴 목적이지
국가존폐 위기에서 애국자가 몇명일까

《한국역대가사문학집성》

아내의 옳은 말을 바가지 긁는다며 듣지 않을 뿐 아니라 장관이 되려는 것도 족보에 올
리려는 욕심 때문이라며, 국가가 위기를 맞았음에도 애국자가 없는 것을 한탄한 애국심이 넘
친다.

〈사진 37〉은 뒤웅박을 길이로 쪼갠 바가지이다. 작은 쪽에는 간장 따위를, 큰 쪽에 곡식
따위를 뜨는 등 두루 쓴다.

21) 바가지로 남편의 못된 버릇을 고친다.

《청파극담(靑坡劇談)》 기사이다.

정승 개(盖)씨가 밤마다 종의 방에 들락거렸다. (…) 천둥번개가 치던 날, 부엌의 큰 바가지를 쓰
고 가자 문틈에 숨었던 아내가 방망이로 머리를 쳤다. 벼락인 줄 알고 마당에 엎드렸던 그가 들어
와 말하였다.

　　"우리는 부자가 될 것이오."

　　"무슨 말씀입니까?"

　　"작은 벼락을 맞으면 반드시 부자가 된
다지 않소? 마침 변소에 갔다가 맞았으니 틀림
없지요."

　　아내가 크게 웃자 그도 따라 웃었다.

저자 이륙(李陸 15세기)이 '벼락부자'라

사진 37

는 말을 끌어온 것인가? 아무리 작은 벼락이라도 맞으면 죽게 마련이다.

사진 38

22) 자루바가지는 거추장스럽다.

정약용의 시 〈산행잡구(山行雜謳)〉20수이다.

已竭瓶中酒(술 다 마시고)

初尋石寶泉(바위의 샘에 갔네)

瘦瓢眞作累(자루바가지 거추장스러워)

彌覺許由賢(허유의 슬기 알겠네)

《다산시문집》제5권 시)

허유는 상고시대 전설 속 은자이다. 요임금이 자신의 자리를 넘겨주렸더니 기산(箕山)으로 들어가 어지러운 소리를 너무 많이 들었다며 영수(穎水)에 귀를 씻었다고 한다. '슬기' 운운한 부분은 그가 물 떠 마실 그릇조차 없어 손으로 움켜 마시자 누가 바가지를 준 고사에서 왔다. 그것으로 물을 퍼 마신 뒤 나뭇가지에다 걸어두었더니 바람 불 때마다 딸그락거리는 바람에 그마저 귀찮다며 버리고 손으로 움켜 마셨다는 것이다.

〈사진 38〉은 박이 자라지 않는 곳에서 오지로 구워 만든 뒤웅박이다. 이에 씨앗이나 달걀 따위를 갈무리한다.

23) 바가지로 속인다.

① 예종 때 병조의 인장이 찍힌 문서를 보고, 깨진 표주박에 새겨서 직첩을 위조한 정병(正兵) 송지득(宋智得)의 목을 베었다[《예종실록》1년(1469) 5월 12일].

②《선조실록》에 기린 역리(麒麟驛吏) 장천로(張天老)가 표편인신(瓢片印信)과 인신패자(印信牌字) 한 장(張), 인신조량건기(印信助糧件記) 한 장, 백문패자(白文牌字) 여섯 장을 가졌다는 기사가 있다[27년(1594) 5월 5일].

표편인신은 바가지 쪽에 새긴 관인이고, 인신패자는 관공서의 직인 따위가 찍힌 신분증

명서로 패지(牌旨)라고도 한다. 백문패자(白文牌字)의 백문은 관인이 찍히지 않은 가짜이며, 백문패자는 신분이 높은 사람이 비천한 사람에게 백문으로 보낸 서면(書面)이다. 인신조량건기는 양식 조달에 관한 것인 듯하다.

③《영조실록》에 임금이 도장[印信]을 위조한 양응한(梁應漢)을 죽이지 말라고 일렀다는 기사가 있다[6년(1730) 12월 6일]. 바가지 쪽에다 도장을 파서 문서를 만들어준 자도 죄를 물어야 한다는 암행어사 김상성의 말을 물리친 것이다.

24) 바가지로 아기 밴 티를 낸다.

《일성록》 기사이다.

문성국(文聖國)은 고금에 없는 흉악한 놈이다. (…) 만약 선대왕의 해와 달 같은 총명이 아니었다면 나라가 장차 어찌 되었겠는가? (…) 다른 사람의 아들을 데려다가 문씨의 아들로 삼으려는 속임수는 너무나 악독하고 교활하며 (…) 문씨가 바가지를 배 속에 넣고 애 밴 티를 낸 것도 김상로(金尙魯)의 흉책(凶策)이었다[정조 즉위년(1776) 4월 11일].

궁인(宮人)의 신분으로 영조(英祖)의 후궁이 된 숙의(淑儀) 문씨가 김상로 및 문성국 등의 노론세력과 손잡고 아버지 사도세자를 모략해서 죽음에 이르게 한 사건에 대한 정조임금의 한탄이다.

25) 뒤웅박은 신령한 기물이다.

---

① 서울 수유리에서 뒤웅박으로 산제를 지낼 제관을 뽑는다. 마을 모든 호주 이름을 각기 적은 은행 열매를 뒤웅박에 넣어서 이장 집에 둔다. 제사에 앞서, 한 제관이 신전 앞으로 가져가 이듬해 제사 때까지 불상사가 나지 않을 남한 사람의 이름 적힌 것 20여 개를 고른다. 그리고 구멍이 위로 가도록 들고 '제관을 뽑아주소서' 읊조리며 깨뜨린다. 이때 처음 튀어나온 열매에 적힌 주인공이 도화주(都火主), 두 번째가 이화주(二火主), 세 번째가 삼화주(三火主)를 맡는다. 만약 그 사이에 불상사가 나면, 같은 방법으로 새사람을 뽑는다《部落祭》.

②한 노인이 부처를 모시고 정성껏 불공을 드리자, 꿈에 뒤웅박과 연꽃을 든 관음보살이 나타났다. 그는 뒤웅박에서 쌀 알 셋을 꺼내 큰 바위 밑에 심으며, 앞으로 하루 세끼의 쌀이 나올 것이라 하였다(충청남도 부여군 내산면 〈쌀 바위 전설〉).

③과거를 잃어버린 어떤 사람에게 귀인이 나타났다. 그는 허리에 찬 뒤웅박의 차를 따라주며 '마시면 알 것이요' 하였다. 과연 그는 정신이 맑아져 지난 일을 모두 되살렸다(《숙향전》).

④병자호란 때 전라도 전주에 무엇이 날아오는 소리가 나서 여러 사람이 막대기로 쳤더니 땅에 떨어졌다. 그것은 쇳덩이처럼 단단한 뒤웅박[豆籠瓢]이었다. 나무로는 깰 수 없어 도끼로 치자, 그 안에서 수십 마리의 까치가 나와서 날아갔다(《대동야승》〈續雜錄〉4)

⑤정월 열나흘날 나무로 짠 밤톨만 한 호리박에 청·홍·황색 칠을 하고 채색 끈을 달아서 허리에 차고 다니다가 대보름날 밤 동전 한 닢을 꿰어 길에 버린다. 이것을 주우면 그 사람에게 자신의 악운이 옮아간다(《동국세시기(東國歲時記)》〈상원(上元)〉).

여자아이들이 액막이로 차고 다니는 조롱은 서캐조롱이다. 콩알만 한 호리병꼴 나뭇조각 세 개를 같이 엮고 끝에 돈을 달 되, 위아래의 두 개는 붉게, 가운데 것은 노랗게 물들인다.

이 밖에 여름에 호박꼭지·참외꼭지·외꼭지 따위를 꿰어서 목에 걸면 병에 걸리거나 더위를 먹지 않는다.

조선 후기 유만공(柳晩恭)의 시 〈상원〉이다.

色色葫蘆綵組聯(비단 끈에 묶은 색색의 조롱박)
深宵解佩暗中捐(밤 늦게 풀어서 어둠 속에 버리네)
街童拾得休爲幸(거리 아이들아 얻었다고 좋아마라)
哈汝零星渡厄錢(너희에게 액막이 돈 넘긴 것이니)
(《우리 세시풍속의 노래》)

경상북도 청송지방의 노래에도 이 내용이 담겼다.

고롬 치장 둘러보니
은쪼롱이 놋쪼롱이
호롱 조롱 달렸더라

사진 39

은쪼롱이는 흰색, 놋쪼롱이는 황색 뒤웅박이다.

이 밖에 여름에 병이 나거나 더위를 먹었을 때 차고 다녔으며, 호박꼭지·참외꼭지·외꼭지 따위로도 대신하였다(《한국세시풍속사전》정월편).

《한국문헌설화》에도 1485년에 중국 사신으로 가던 성현(成俔 1439~1504)과 동행한 박 선비가 의주에서 여종 말비(末非)에게 옥으로 깎은 호로[玉葫蘆]를 주고 하룻밤 잤다는 내용이 있다(제3책 〈박생(朴生)〉).

〈사진 39〉는 서까래에 걸어놓은 뒤웅박이다.

⑥ 새색시에게 뒤웅박의 물을 먹인다.
김시양(金時陽 1907~)이 지은 〈노인회심곡(老人回心曲)〉의 한 대목이다.

그집이 目的地라 門間에 當到하니
內外賓客 無數하고 가마문을 여러젖쳐
두렁박에 물먹이니 그것또한 우습구나
《한국역대가사문학집성》

물이 지닌 정화력(淨化力)을 빌려서 악귀를 쫓기 위한 의례를 베풀었다는 것인가? 그네가 '그것 또한 우습다'고 비아냥거린 것을 보면 널리 퍼진 풍속은 아닌 듯하다.

⑦ 민담 〈도랑선비와 청정각시 노래〉의 간추린 내용이다.

청정각시는 죽은 남편 도랑선비를 땅에 묻고도 울음을 그치지 않았다. 그 애통한 소리를 하늘의 옥황상제도 들었다. 상제는 성인에게 까닭을 알아오라 하였다. 중으로 꾸민 성인은 방방곡곡 돌아다니다가 마침내 경상도 어느 고을에서 청정각시를 만났다. 그네의 간절한 사랑에 마음이 흔들린 성인은 뒤웅박을 주며 말하였다.

"신랑 무덤 앞에 첫날밤의 이불을 펴놓고 뒤웅박으로 정화수를 떠다가 사흘간 기도하면 다시 만날 것이요."

과연 그 말대로 되었다.

----

26) 뒤웅박은 모방의 상징이다.

권제(權踶 1387~1445)의 시 〈강일용이 모란을 노래한 고사를 써서 한원에게 부침[用姜日用賦牧丹故事寄呈翰苑]〉이다(부분).

待制三年靦不分(3년 동안 대제로 있으며 제 구실 못했으니)

傍人應笑畫葫蘆(아마도 뒤웅박 그린 것 사람들이 웃으리라)

《동문선》

대제는 조선시대에 규장각에 딸려서 역대 왕의 어제(御製)·어필(御筆)·고명(顧命)·세보(世譜)·보감(寶監) 따위를 봉안(奉安)하는 일을 맡아보던 벼슬이다.

효종(孝宗)은 기대승의 인품을 '뛰어나게 높은 식견[卓見高識] / 뒤웅박 닮지 않았네[不依胡蘆]'라 하였다[《고봉전서(高峯全書)》 논사록(論思錄) 치제문(致祭文)].

27) 뒤웅박에 사리를 갈무리한다.

《한국문헌설화》 기사이다.

고려 우왕(禑王) 원년 나옹(懶翁 1320~1376)이 양주 회암사(檜巖寺)에서 문수법회(文殊法會)를 열자 많은 남녀가 모였다. (…)

그가 죽은 뒤 나온 155개의 사리를 588개로 만들어 사방에 나누었다. (…) 여주 신륵사 동대탑(東臺塔) 수리 때, 이익(李瀷 1681~1763)이 칠보 상자 안의 수정 뒤웅박에 든 사리를 보았다. 크기는 수수 낟알만 하고 색깔은 조금 푸르며, 모래알 같았다고 한다(5권 〈나옹〉).

----

28) 뒤웅박은 여러 자녀를 나타낸다.

손기섭(孫基燮 1928~)의 시 〈삶〉이다(부분).

대문을 두드리니 아내와 자식들

조랑박처럼 매달렸다

이것이 가정인가

《발자국을 찾아서》

---

29) 혹을 뒤웅박에 견준다.

《어우야담》 기사이다.

사진 40

재산이 거만(鉅萬)인 장흥고(長興庫) 한 종의 목에 생긴 큰 혹이 뒤웅박처럼 매달려 있었다. 그가
재물을 미끼로 성산월(星山月)을 낚자 이때부터 그네 성가(聲價)가 뚝 떨어졌다.

장흥고는 조선시대에 궐내의 여러 관청에서 쓰는 돗자리와 종이 따위를 관리하고 공급
하던 부서이다. 기생이야 돈에 쏠리게 마련임에도 혹부리에게 낚였다고 탈잡는 것이 세상인심
이다.

〈사진 40〉은 서까래에 붙박은 작대기에 잡아맨 줄 끝에 ㄱ자꼴 걸개를 연결하고 박 꼭
지를 살짝 걸쳐놓았다. 여간한 솜씨가 아니다.

가. 민속

바가지의 이름 히사코는 본디 우리처럼 반으로 쪼갠 바가지를 가리키다가 점점 자루 달린 물 떠 마시는 그릇으로 바뀌었다. 《연희식》에서는 자루 박[柄杓]을 '에리 히사고'라 하였다.

옛적에는 각지에서 궁궐에 일정량을 공물로 바쳤다. 앞 책의 '제국(諸國)'에서 해마다[年料] 큰 바가지를 바쳤다. 원강국(遠江國)에서 30개 (…) 상륙국(常陸國)에서 10개'라는 기사가 그것으로(제15 〈내장(內藏)〉), 대화국(大和國)의 민간에서 325개를 교역한 적도 있다(제23 〈민부교역잡기〉). 또 주조잡기(酒造雜器) 중에 '大匏 4개[柄]가 있다'고 하여 주조장에서도 요긴히 쓴 것을 알려준다(제40).

차도(茶道)에서는 대마디를 이용해서 만든, 자루 달린 작은 물그릇을 '차구기[茶杓]'라 한다. 이를 신사에서 신불(神佛)에게 바치는 외에, 씨름 선수들이 대전에 앞서 입을 헹군다.

〈사진 41〉은 손잡이가 달리도록 마련한 쪽박들이다.

박 덩굴을 지붕 위에 얹었다. 《도연초(徒然草)》의 '6월 초가 되면 초라한 지붕 위에 흰 박꽃이 핀다'는 대목은 우리와 같은 풍속이 있었음을 알려준다(吉田兼好 2001 ; 33).

박속을 꺼내 말린 것을 간표(干瓢)라 하여 예부터 먹었다. 《본조식감(本朝食鑑)》에도 '절집에서 말린 가물치 대신 쓴다'고 적혔다. 또 《궁중비책(宮中秘策)》에 '연중행사로 마쓰다이라 가가스[松平加賀守]가 복야(福野)의 말린 박을 5월에 바쳤다'는 기사가 있다.

뒤웅박 크기에 따라 5센티미터의 것은 천성(千成), 13~20센티미터는 백성(百成), 10센티미터는 중성(中成), 30~50센티미터는 대표(大瓢), 100~150센티미터는 장표(長瓢)로 나눈다. 이름만 보면 백성보다 천성이 크게 느껴지지만 실제로는 반대이다.

사진 41

나. 상징

1) 뒤웅박은 하늘의 기물이다.

《일본서기》 기사이다.

호무스비노카미[火結神]를 낳고 황천국(黃泉國)으로 가려던 이자나미(伊耶那美)는 아들을 낳는다 말하고 돌아와 수신(水神)·뒤웅박·천채(川菜)·하니야마히메[埴山姬]를 낳고 이들을 이용해서 불의 신을 진압하려들었다[신대(神代) 상].

이 글의 뒤웅박은 새로운 문명의 이기를 나타낸다.

2) 뒤웅박은 신령한 기물이다.

① 《일본서기》 기사이다.

닌토쿠[仁德] 천황이 북쪽 하천의 홍수를 막으려고 자전(茨田)둑을 쌓을 때, 난공사 구간 두 곳이 있었다. 천황의 꿈에 나타난 신이 무장(武藏)의 코하쿠비[强頸]와 하내(河內)의 마무타노무라지코로모노코[茨田連衫子]를 수신[河伯]에게 바치라고 일러주었다. 둘을 찾아 제사를 지냈다. 코하쿠비가 울며 물에 빠져죽자 둑이 완성되었다. 그러나 마무타노무라지코로모노코는 막기 어려운 곳으로 가서 뒤웅박 두 개를 수신에게 던지며 '당신이 두려워 산 제물이 되려고 왔습니다. 저를 꼭 삼키려거든 이들을 가라앉혀서 뜨지 못하게 하십시오. 그러면 저는 참된 신으로 알고 스스로 물에 들어가겠습니다. 그러나 물에 뜨면 가짜일 터이니 어찌 목숨을 바치겠습니까?' 하였다. 이때 폭풍이 일어나 뒤웅박을 물에 던졌더니 물 위에서 빙빙 돌다가 멀리 떠내려갔다. 이로써 그는 목숨을 잃지 않고 둑을 막았다. 사람들은 이 두 곳을 코와쿠비노타에마[强頸斷間]와 코로모노코노타에마[衫子斷間]라 불렀다.
　　이해에 조공 온 신라인을 공사에 참여시켰다[新羅人朝貢 則勞於是役]. [11년(324) 10월]

앞사람과 달리 뒷사람이 목숨을 건진 것은 새 공법을 이용하여 둑을 막은 사실을 알린다. 그리고 '조공 온 신라인을 공사에 참여시켰다'는 대목은 의미가 깊다. 수신에게 지낸 제사

로도 물막기가 어려워 마침내 신라 기술자의 힘을 빌렸다는 것이기 때문이다.

《고사기》에서는 앞의 신라 사람을 하타히도[秦人]라 불렀다.

하타히도들을 부려서 모전(茅田)에 둑을 막고 삼택(三宅)이라는 둔창(屯倉)을 세웠다. 또 환이지 (丸邇池)라는 둑을 쌓았으며 난파(難波)에 운하를 파서 바다와 소통시키고, 소의(小椅)에 강을 파고 묵강(墨江)에 항구를 만들었다(《닌토쿠 천황》).

이처럼 신라에서 건너간 하타히도들은 건설 분야에서 큰 공적을 남겼다. 이뿐만이 아니다. 《일본서기》에 '다케우치노스쿠네[武內宿爾]가 일본에 온 고구려·백제·임나(任那)·신라 사람들을 부려서 못을 팠고 이를 한인지(韓人池)라 부른다'는 기사가 있으며(《오진[應神]천황》 7년 9월), 《고사기》의 '다케우치노스쿠네가 일본에 온 신라인들을 이끌고 백제못[百濟池]을 팠다'는 기사도 이를 가리킨다(《오진 천황》).

또 스이코[推古] 천황 때 '백제 중 관륵(觀勒)이 측량기술과 토량 계산술 따위의 토목공사에 관한 정보를 포함하여 역본(歷本)을 비롯한 천문기술 가져왔다'는 기록도 있다(《일본서기》 10년(602)].

실제로 616년의 오사카[大阪] 인근의 협산지(狹山池) 축조 때도 갈대와 같은 풀뿌리[草本類]나 나뭇가지, 삼나무 껍질 따위를 깔아서 둑이나 성벽을 단단히 굳히는 우리네 부엽(敷葉) 공법을 응용하였다. 서울 풍납토성·부여 나성(羅城)·김제 벽골제도 이 공법으로 쌓았으며, 서울 몽촌토성·이천 설봉산성·안성 죽주산성 등지의 백제산성에서도 확인되었다.

하백은 중국 황하의 신으로 고구려 주몽신화에도 등장하지만 이 글에서는 물을 다루는 능력이 천황보다 떨어질 뿐 아니라, 수신으로서의 권능을 시험받는 존재로 그렸다.

②《일본서기》 기사이다.

길비중국(吉備中國) 천도하(川島河)의 냇물이 갈리는 곳에 사는 용[大虯]이 사람이 지나가기만 해도 독으로 죽이는 등의 해를 끼쳤다. 용감하고 힘센 카사노오미[笠臣]의 선조 아가타모리[縣守]가 깊은 못에 뒤웅박 세 개를 던지며 '너 때문에 많은 사람이 목숨 잃었으니 죽이겠다. 네가 이 뒤웅박을 가라앉히면 물러나지만 그렇지 않으면 목을 벤다'고 소리쳤다. 용이 사슴으로 변해 뒤웅박을 끌어들였으나 그대로 떠 있었다. 이에 그는 물속으로 들어가 목을 베고 바닥에 숨은 무리

까지 찾아서 모두 없앴다. 사람들은 핏빛으로 바뀐 이 못을 아가타모리노후치[(顯守淵]라 불렀다
[〈닌토쿠 천황〉 67년(379) 10월].

이를 닮은 이야기는 앞에서 든 대로 닌토쿠 천황 11년 10월조에도 보인다. 길비중국의
천도하는 지금의 오카야마[岡山]현 천구군(淺口郡)과 구라시키시(倉敷市) 옥도(玉島)의 하부천(河部川)이라고 한다.

③ 옛적에 한 사람이 곤경에 빠진 참새를 살려주자, 참새는 보답으로 박 씨를 물어다 주었다. 이를 심었더니 크게 자란 박에서 쌀이 쏟아져 나와 부자가 되었다(大林太良 1973 ; 142).

우리네 《흥부전》을 떠올리게 하는 이 내용은 중국은 물론, 동남아시아에도 널리 퍼졌다. 인류가 바가지나 뒤웅박에서 나왔다는 신화와 연관이 있다.

④ 고치[高知]현(室戶市·土佐淸水市)에서 음력 7월 15일에 올리는 제례 때 횃불을 밝히고
향을 사르는 가운데, 작은 뒤웅박을 위아래로 흔들어서 정령을 모신 다음 집 안으로 인도한다.

⑤ 바다에서 풍랑으로 죽은 사람은 그 망령이 배 모양으로 나타난다. 이 유령[船幽靈]을
사람이 만나면 '뒤웅박을 달라'거나 '자루 긴 구기[長柄]를 내놓으라' 소리치며 끈질기게 따라온다. 이때 뒤웅박 바닥을 뚫고 주지 않으면 배가 뒤집힌다. 아이치[愛知]현에서는 이를 아야카시라 부르며, 바닥을 뚫지 않더라도 뒤웅박 여러 개를 바다에 던지면 풍랑이 가라앉는다고
한다.

임신부는 바닥 뚫은 뒤웅박으로 아기를 무사히 낳기 바란다. 신불(神佛)에 바쳐서 물을
담으면 재빨리 쏟아지듯이 아기도 빨리 나온다는 것이다. 안산에 대한 감사의 뜻으로 바치는
고장도 있다(戶部民夫 2001 ; 257).

우리네 경상도 민속을 연상시킨다.

⑥ 동북지방 민담이다.

한 할아범이 관음(觀音)에게 복을 빌자 뒤웅박을 주었고 그 안에서 나온 동자 둘이 무엇을 바라
느냐? 물었다. 맛있는 음식이라는 말이 떨어지기 무섭게 차려졌다. 그는 음식을 많은 사람에게

주었고 마침내 부자가 되었다. 이를 안 바구로[博勞]가 팔라는 바람에 동자들의 말에 따라 넘겨

주었다. 그러나 성주(城主)에게 바쳤더니 아무것도 나오지 않았다.

할아범에 대한 설명이 빠졌지만 그는 분명히 독실한 불교신자였을 것이다. 성주 손에 들어가자 신통력이 사라진 것은 당연한 일이다.

⑦ '뱀사위[蛇壻ㅅ]'나 '갓빠사위[河童壻ㅅ]' 민담에서는 뒤웅박을 가지고 시집간 처녀가 바다에 가라앉혀서 수신의 화신인 뱀이나 갓빠를 몰아낸다. 또 〈두꺼비 보은담(報恩談)〉의 뒤웅박은 바늘과 함께 처녀의 은공을 갚는 구실을 한다. 세 형제 가운데 이를 찾은 막내가 부자가 되고, 할아범이 등에 지고 있던 뒤웅박이 금덩이가 되는 이야기, 쌀을 비롯하여 무엇이든지 나오는 뒤웅박 모티브를 지닌 이야기도 흔하다《日本昔話事典》.

⑧ 뒤웅박은 지진을 막는 주력을 지녔다. 에도[江戶]시대(17~19세기)에는 지진을 일으킨다는 메기[魚念]를 이것으로 억누르는 그림이 떠돌았다.

또 손때 먹은 뒤웅박에 정령이 깃들며 때로 요괴로 바뀌기도 한다(戶部民夫 2001 ; 256~257).

〈사진 42〉는 신선도를 그려서 구운 청화뒤웅박이다.

⑨ 17세기 초, 교토[京都]에 한 부자가 아무 말 없이 세 아들에게 뒤웅박 한 개씩 주고 죽은 뒤, 재산 송사(訟事)가 일어났다. 재판관이 뒤웅박을 세우라고 하자, 첫째와 둘째의 것은 쓰러졌지만 막내 것은 바로 섰다. 재산은 모두 막내의 것이 되었다.

3) 뒤웅박은 복을 상징한다.

뒤웅박에 쌀 따위를 담는 데서, 에히메[愛媛]현에서는 옷 입힌 뒤웅박을 들고 집집마다 찾아다니며, 고베[神戶]시에서는 사람 얼굴 그린 뒤웅박을 들고 마을을 돌며 문답을 나누면 복을 얻는다고 한다.

사진 42

다음 민담에도 닮은 내용이 있다.

사진 43

어느 마을에 아들 셋을 키우느라 고생한 노
인이 있었다. 황무지를 일구어 조 씨를 심은
그는 첫 해에 많이 거두었다. 그 뒤 해마다 골
짜기를 파헤치고 조를 심었다. 어느 해 가을
사슴과 멧돼지가 훔쳐 먹자 맏이가 막을 짓
고 밤마다 쫓았다. 이때 어디선가 노래가 들
렸다.

　　　이 보아라 뒤웅박 한 개

　　　주인장 차 끓이는 솥에

　　　손이 생겨서

　　　짤그랑 짤그랑

　　　놀란 그는 단숨에 도망쳐 왔다. 큰 소리를 치고 갔던 둘째도 마찬가지였다. 그러나 막내가
소리 나는 곳으로 살금살금 다가갔더니, 숲 속의 작은 연못에 뒤웅박 하나가 떠서 덩실덩실 춤
추고 있었다. 집으로 가져와 주머니에 넣고 다닐 때마다 노래가 나와 사람들을 감탄시켰다. 이
소문을 들은 이웃 부자가 많은 돈에 샀다. 부자가 된 막내는 식구들과 잘 살았다(《日本昔話事典》
〈뒤웅박 부자〉).

뒤웅박에서 돈이나 금이 나오는 흔한 민담과 달리 노래가 나와서 부자로 만들어주는 현
실적인 내용으로 바뀌었다. 앞 노인의 황무지 개간 대목도 마찬가지이다.

〈사진 43〉의 오른쪽은 손잡이바가지이고 왼쪽은 식물(クバ 쿠바)의 잎을 둥글게 말아 붙
인 바가지이다. 모두 오키나와제도에서 쓰며(☞ 693쪽 사진 49·50·51), 본도에서는 사진 위
의 것처럼 대나무 통에 자루 박은 것을 쓴다.

4) 뒤웅박으로 재운(財運)을 거둔다.

① 옛적에 걸핏하면 성내는 고약한 할멈이 있었다. 어느 날 참새가 처마 밑에서 짹짹거리자 시끄

럽다며 장대로 날개를 쳐서 부러뜨렸다. 참새는 이웃의 착한 할멈을 찾아가 아프다고 호소하였다. 그네는 상처에 약을 바른 뒤 잘 싸매고 먹이도 주었다.

며칠 뒤 착한 할멈의 집 처마에 그 참새가 와서 울었다. 나가 보니 뒤웅박 하나가 떨어져 있었다. 할멈이 그 안에 무엇이 들어 있는지 궁금해서 흔들었더니 쌀이 쏟아져 나왔다. 그 뒤부터 흔드는 만큼 쌀이 나와 행복하게 살았다(《日本昔話事典》〈참새의 뒤웅박〉).

―――――――――――

우리네 《흥부전》을 닮았다.

―――――――――――

② 한 노름꾼이 돈을 다 잃고 새벽에 집으로 가는 중에 신사(神社) 소나무 위의 덴구[天狗]가 말을 걸었다.

"오늘도 털렸나?"

"아닙니다. 상대에게 돈을 빌려주었습니다."

'하하하' 웃던 그가 다시 물었다.

"자네는 무엇이 제일 무서운가?"

"팥떡입니다. 보기만 하면 부들부들 떨리고 말도 나오지 않습니다. 덴구님은 무엇이 무서운가요?"

"철포(鐵砲)일세, 철포야."

덴구가 노름꾼을 골리려고 팥떡을 떨어뜨렸다. 그는 당황하는 시늉을 하며 한 개, 두 개 집어 먹었다. 배가 부르자 '탕탕' 철포 터지는 소리를 냈더니 놀란 상대가 달아났다.

이번에는 노름꾼이 웃으며 소나무를 보았더니, 상대가 잊고 간 뒤웅박 한 개가 가지에 매달려 있었다. 그것은 무엇이든지 말하는 대로 나오는 보물이어서 '술 나와라, 밥 나와라' 하며 마음 놓고 앉아 먹었다(《日本昔話事典》〈덴구의 뒤웅박〉).

―――――――――――

③ 뒤웅박을 집 서쪽에 두면 금운(金運), 동북쪽에 두면 재운이 생긴다고 한다. 금고나 통장 따위와 함께 두는 까닭이 이것이다.

가게에서 입구에 두면 지나가던 재운의 기가 뒤웅박 안으로 빨려 들어가서 되나오지 못하므로 부자가 된다고도 한다.

〈사진 44〉는 길상문을 적은 나무뒤웅박이다. 지금도 뒤웅박의 신령스러움을 믿는 나머지 음식점·가게 이름·상표로 쓰는 곳이 적지 않다.

사진 44

5) 뒤웅박은 물을 상징한다.

《연희식(延喜式)》에 '6월의 길일이나 12일 그리고 불이 났을 때 대궐 네 귀퉁이에서 불신을 누르는 제사에 읊조리는 축사(祝詞) 가운데 신비한 주물기구[呪具]로 등장한다. 지금도 많은 신사의 진화제(鎭火祭)에서 제구로 삼는다'는 기사가 있다.

1814년의 《골동집(骨董集)》에도 '1595~1643년 사이에 작은 뒤웅박을 부싯돌주머니[火打袋]·허리에 차는 약주머니[印籠]·두루주머니[巾着] 끝에 달거나 허리에 맨 뒤웅박이 움직이면 화신이 달아난다고 여겼다'는 대목이 보인다.

이는 모두 뒤웅박에 물을 담는 데서 왔다. 야마구치[山口]현에서 기우제 때 뒤웅박을 지고 높은 산으로 올라가 제사 지내는 것도 마찬가지이다.

6) 뒤웅박 덩굴은 하늘로 올라가는 통로이다.

딸 셋을 둔 부잣집에 큰 뱀이 나타나 딸 하나를 주지 않으면 모두 죽는다고 닦달하였다. 위의 둘은 죽어도 좋다며 듣지 않았지만 막내는 내가 죽어 부모를 살리겠다며 나섰다.

큰 내 옆에 오두막을 지은 부모는 그네만 남겨놓고 떠났다. 그날 밤 돌 시[亥時 밤 열 시]에 못에 천둥번개가 치고 물결이 높게 일더니 뱀이 와서 '칼이 있거든 내 목을 치라' 하였다. 그네가 손톱깎이로 베었더니 미남자로 바뀌었다. 그가 자신의 껍질을 궤[唐櫃]에 넣은 뒤부터 거기에서 많은 돈이 나왔다.

어느 날 그는 '나는 해룡왕(海龍王) 아메노와카히코[天稚彦]요. 하늘에 일이 있어 다녀오리다. 서경(西京)의 '하룻밤 뒤웅박[一夜ひさご]'을 가져와 심었다가 그 덩굴을 타고 오시오' 하였다.

둘은 다시 만나 다시 행복하게 지냈다(小松和彦 2003 ; 92~100).

뒤웅박이 이승과 저승을 잇는 통행증인 셈이다.

같은 내용의 이야기는 중국과 우리에게
도 흔하다. 중국에서 우리를 거쳐 들어갔을
것이다.

〈사진 45〉는 여러 이름난 집에서 가문
으로 삼은 뒤웅박 디자인이다.

7) 뒤웅박으로 악귀나 병귀를 쫓는다.

뒤웅박을 현관이나 창가에 매달면, 들
어가기 쉽지만 나오기 어려운 모양에 따라
빨려 들어간 악귀는 되나오지 못한다.

또 이웃집 건물의 모서리가 자기 집으
로 향하거나, 큰 가구의 모서리가 사람을 향

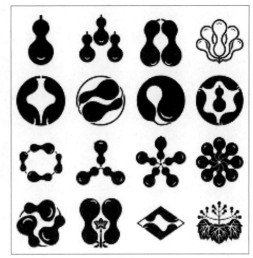

사진 45

하면, 뒤웅박을 그쪽으로 걸어서 반들거리는 표면으로 살기를 줄인다. 이를 화살(化殺)이라 한
다. 큰 기둥이나 들보 아래에 오래 앉아 있으면 건강이 나빠진다며 같은 방법을 쓴다.

아기가 병들면 남아는 베개 왼쪽에, 여아는 오른쪽에 뒤웅박을 두면 곧 낫는다. 어른도
마찬가지이다.

8) 뒤웅박은 전쟁의 승리를 나타낸다.

전국시대의 총대장 도요토미 히데요시[豊臣秀吉 1537~1598]는 전쟁터에서 대장의 말 옆에
세워서 자신의 위치를 알리는 우마지루시[馬印]에 뒤웅박[千成瓢箪]을 그려넣었다.

그 유래담이다.

미노[美濃]를 차지하려는 오다 노부나가[織田信長 1534~1582]가 도엽산성(稻葉山城)에 막혀
있을 때, 기노시타 요시로[木下吉郎]라 불리던 도요토미 히데요시가 기습작전을 펼쳐서 마침내
손에 넣었다. 이때 그는 산에 서린 기운을 없애려고 허리에 차고 있던 뒤웅박 하나를 긴 대나
무 위에 꽂고 높이 휘둘러서 공격 신호로 삼았다. 이에 노부나가는 그에게 금 뒤웅박을 주고
뒤웅박을 우마지루시로 삼게 하였다. 그 뒤 도요토미는 전투에 이길 때마다 뒤웅박을 더하였
고 그 수가 마침내 천 개에 이르렀다.

전국을 제패한 그가 성을 새로 쌓고 본거지로 삼았던 후장빈시(後長浜市)에서 뒤웅박을
시의 상징[市章]으로 삼은 까닭이 이것이다. 전 일본뒤웅박애호가[愛瓢會]협회 본부도 이곳에

있다.

〈사진 46〉은 앞의 시에서 맨홀 덮개에
새긴 뒤웅박이다.

이처럼 뒤웅박이 말과 연관된 것은 불
사조의 깃털과 불로장생의 복숭아를 가진
8선(仙) 가운데 하나로 꼽히는 도사 장과노
(張果老)가 뒤웅박의 말을 타고 다닌 데서 온
듯하다(그림 2). 그는 당 현종(玄宗 712~756)
때 사람으로, 그림에서 보는 대로 장과(張果)
라고도 부른다. 하루 만 리 달리는 말(또는
노새)을 타고 다니다가 쉴 때는 말을 뒤웅박
안에 넣었다가 떠날 때는 다시 꺼냈다고 한
다. 뒤웅박이 아니라 종이처럼 접었다는 말
도 있다. 그의 그림을 신방(新房)에 걸면 아이
를 빨리 낳는다는 민속도 뒤웅박 이미지에
서 왔다.

사진 46

사진 47

9) 뒤웅박은 죄인을 나타낸다.

야마구치현에서는 오월 단오에, 쉬지
않고 일하거나 베를 짜면 사람들이 쓰던 연
장을 뒤웅박에 묶어 지우고 마을 밖으로 쫓
아냈다. 이날 일하면 신이 노하여 흉년이 든
다는 것이 표면적인 이유이지만 모처럼의
명절을 함께 즐기자는 뜻일 터이다.

사진 48

10) 뒤웅박을 악기로 쓴다.

신악가(神樂歌)의 조전곡(竈殿曲)에 하늘의 천원(川原)에서 박 소리가 났다고 하는 내용은
바가지를 가리킨다.

또 바가지를 신악(神樂) 연주 악기로 쓰는 것은 수신(水神) 및 갓빠[河童] 전설과 연관이

있다.

〈사진 47〉은 집 마당 시렁에 달린 뒤웅박들이다.

〈사진 48〉은 우리네처럼 이듬해 쓸 종자를 갈무리하는 뒤웅박이며, 오른쪽 것에 찻잎[茶葉]을 넣기도 한다(높이 24센티미터에 배지름 20센티미터). 부엌에 두고 쓰는 까닭에 검은 더께가 잔뜩 끼었다. 입을 신문지로 틀어막은 것이 눈에 띈다.

〈사진 49·50〉은 쿠바지(くばじ-) 한 잎의 뿌리 쪽과 다른 끝을 오므려 붙여서 만든 바가지로 이름은 웅부루(ンブル-)이다. 오키나와제도에서는 1920~30년대까지도 모두 이것으로 샘의 물을 펐고 우물물을 길을 때는 한쪽에 돌을 달아서 옆으로 잘 쓰러지게 하였다.

공동우물에서 손잡이 꾸밈새가 입에 오르내리게 마련이어서 특히 젊은 여성들은 장식에 정성을 기울였다. 이 때문에 반드시 제 것을 쓰고 남의 것을 빌리지 않았다. 크기는 높이 16센티미터에 긴지름 30센티미터 짧은 지름 20센티미터쯤이다. 나뭇잎이라 바싹 마르지 않도록 언제나 물을 축여두어야 오래 두고 쓴다.

〈사진 51〉은 긴 자루를 붙여서 깊은 데의 물을 뜨기 편하다.

그림 2

사진 51

사진 49

사진 50

3
속담

중국

---

1) 바가지

① 노인 말은 약으로 쓰고, 늙은 박은 바가지를 만든다.

: 문제 해결에 도움이 된다.

② 한 바가지 물로 수레바퀴자국에서 말라 죽는 붕어를 살린다[捐斗水以活涸轍之枯].

: 작은 도움이 큰 힘을 낸다.

③ 큰 바다도 바가지로 이어 푸면 언젠가 마른다.

: 무슨 일이든 꾸준히 하면 마침내 뜻을 이룬다.

④ 표주박 한 개도 파선(破船)하면 천금처럼 귀하다.

: 아무리 쓸모없는 것이라도 소중하게 쓰일 때가 있다.

⑤ 표주박이 있으면 바가지 걱정은 안 해도 된다.

: 바탕(실력)이 있으면 언젠가는 목적을 이룬다.

⑥ 시렁에 걸린 바가지이다.

: 쓸모없는 사람이다.

⑦ 대롱으로 하늘을 엿보고 바가지로 바다를 잰다.

: 실정을 모르고 가망 없는 일을 벌인다.

⑧ 속 빈 바가지 크기만 할 뿐 쓸모가 없다.

: 큰 뜻을 품고도 세상의 버림을 받는다.

⑨ 젖은 바가지 밑바닥에 글씨를 쓴다.

: 말만 늘어놓고 실행에 옮기지 않는다.

⑩ 믿었던 사람이 바가지까지 잃었다[常信人調丟了瓢].

: 모든 일이 수포로 돌아갔다.

⑪ 쥐는 빈 바가지를 끌어가지 않는다.

: 남에게 이용당하는 데는 원인이 있다.

⑫ 쪽박을 찼다.

: 거지가 되었다.

⑬ 바가지가 자주 빈다.

: 몹시 가난하다.

⑭ 비가 바가지로 퍼붓듯이 내린다.

: 비가 억수같이 쏟아진다.

⑮ 나그네 얼굴 보아가며 바가지로 밥 주고, 주인 꼴 보아가며 손으로 밥 준다[見客容 以瓢饋飯 見主容 以手喫飯].

: 사람의 꼴을 보고 대우를 달리한다.

⑯ 물 위의 바가지는 양쪽으로 흔들린다.

: 의지가 약해서 마음을 잡지 못한다.

⑰ 박 덩굴 기어오르듯 한다.

: 말이 길다.

⑱ 바가지 뒤집어쓰고 벼락 피한다[戴瓢子 霹靂避].

: 구차스럽게 고난을 피한다.

⑲ 주(周)나라 솥을 버리고 깨진 바가지를 보배로 삼는다[幹棄周鼎兮寶康瓠].

: 보배를 몰라보고 오히려 허접쓰레기를 귀하게 여긴다.

⑳ 쌀바가지가 햇빛을 보면 복이 나간다.

: 쌀독의 곡식 꺼내는 바가지는 소중하게 다루어야 한다.

①~⑤는 대단히 긍정적이어서, 비록 낡거나 작아도 바가지가 큰 구실을 한다는 내용이다. 이에 견주어 ⑥~⑫는 부정적이다. 쓸모도 가망도 없고 버림받고 희망을 잃으며 이용만 당한다. ⑫·⑬은 우리와 닮은 내용으로 역시 부정적이다. ⑭·⑮는 우리네 것과 꼭 같다. ⑯~⑲의 바가지는 하찮은 존재임을 나타낸다. ⑳은 바가지가 마르면 깨지기 쉬움을 일깨운다.

2) 뒤웅박

① 깨진 조롱박 틈으로 햇볕이 들었다.

: 도를 깨우쳤다.

② 뒤웅박 속에 든 것은 무엇이든지 약이다[胡蘆裏賣的什麼藥].

: 사리 판단이 흐리다.

③ 뒤웅박 속에 무슨 약을 넣고 파는지 모른다.

: 사람의 속셈은 알 수 없다.

④ 뒤웅박 보고 표주박 그린다[照葫蘆畵瓢].

: 일을 되는 대로 처리한다.

⑤ 뒤웅박을 모양대로 그린다.

: 자기 생각 없이 남의 것을 그대로 따른다.

⑥ 뒤웅박을 던지고 오줌통을 버린다.

: 화가 나서 앞뒤를 가리지 않는다.

⑦ 뒤웅박을 누르면 바가지가 일어난다.

: 문제가 잇달아 터진다.

⑧ 동에 심은 뒤웅박을 서쪽에서도 딴다.

: 목표가 확실하지 않다.

⑨ 뒤웅박을 뉘지 않으면 기름을 넣을 수 없다.

: 마지막 수단을 써야 한다.

⑩ 뒤웅박을 콩 덩굴에 옮긴다.

: 불가능하다.

⑪ 뒤집어놓으면 조롱박이고, 엎어놓으면 표주박이다.

: 아무리 거듭 말해도 마찬가지이다.

⑫ 주둥이 없는 뒤웅박이다.

: 말할 수 없다.

: 말 재주가 없다.

⑬ 새 뒤웅박에 쉰 술 담는다[新葫蘆藏舊酒].

: 겉만 바뀌고 속은 그대로이다.

⑭ 굶주린 사람에게는 풍성하게 차린 밥이, 물에 말아 조롱박에 담은 밥만 못하다.

: 겉만 그럴듯한 것은 쓸모가 적다.

⑮ 죽기까지 뒤웅박을 안고, 안을 열어보지 않는다.

: 마지막까지 정신을 차리지 못한다.

⑯ 땅에 넘어진 뒤웅박이다[倒地胡蘆].

 : 술에 취해 넘어졌다.

⑰ 한 뒤웅박의 밥으로 지사(志士) 둘을 잃는다[一壺飱].

: 하찮은 물건 아끼려다 귀중한 것을 잃는다.

⑱ 동과(冬瓜)를 가리키면서 조롱박 욕한다[指冬瓜罵葫蘆].

: 이 사람 욕하면서 실상은 다른 이를 나무란다.

뒤웅박 고장답게 가지 수도 많고 내용도 다채롭지만, 하나하나를 살펴보면 대부분의 고사에 신령스런 기물도 등장하는 점과는 아주 딴판이다. 더구나 ②·③처럼 약을 다루는 신선이 드나든다는 뒤웅박조차 어리석음이나 속임수를 깨우치는 하찮은 기물로 바뀌었다. 역대의 약장수가 모두 거짓말쟁이라는 뜻인가? 이러한 점에서 보면 ①도 부정에 가깝다.

속담 자체를 알 수 없는 것도 눈에 띈다. 이를테면 ④~⑦이 그것으로, 누가 보아도 이치에 닿지 않는다. 그리고 ⑪·⑫처럼 뒤웅박을 사람 입에 견주어서 잔소리나 말 재주에 견준 것도 분명치 않기는 마찬가지이다. ⑬~⑮는 속이 좁고 깊어서 바닥이 좀체 드러나지 않는 형태에서, ⑯은 뒤웅박을 술통으로 쓰는 데서 왔을 것이다.

한국

---

1) 바가지

① 가을 중의 시주바가지 같다.

: (추수 뒤에 시주를 많이 걷는 데서) 바라던 것을 많이 얻었다.

② 사람과 쪽박은 있는 대로 쓴다.

: 사람은 제각기 쓰일 데가 있다.

③ 바가지 없는 거지이다.

: 아무 준비도 없이 일을 벌인다.

④ 쪽박신세가 되었다.

: 거지가 되었다.

⑤ 쪽박을 찼다.

: 거지가 되었다.

⑥ 궁(窮)바가지를 타고났다.

: 물건이 다 없어지거나 밑천이 떨어져 매우 궁하고 딱한 처지에 빠졌다.

⑦ 풍년거지 쪽박 깬다.

: 풍년 든 해에 거지가 되면 게으름을 꾸짖고 쪽박마저 깨는 사람이 있어서 더 서럽다.

⑧ 박 쪼개기이다.

: 어떤 일에도 이익을 얻지 못한다.

⑨ 박 타기이다.

: 어떤 일에도 이익을 얻지 못한다.

⑩ 모주(母酒) 장사 열 바가지 휘두르듯 한다.

: (술장수가 술이 많은 듯이 보이려고, 박을 반으로 쪼갠 열 바가지로 휘휘 젓고 뜨는 데서) 빈약한 내용

을 그럴듯하게 꾸민다.

⑪ 쪽박 쓰고 비 피한다.

: 당황하여 저도 모르는 사이에 어리석은 방법으로 벗어나려든다.

⑫ 쪽박 쓰고 벼락 피한다.

: 당황하여 저도 모르는 사이에 어리석은 방법으로 벗어나려든다.

⑬ 바가지를 머리에 쓰면 흉년 든다.

: 도리에 어긋나는 행위는 하지 말라.

⑭ 사내가 바가지 물을 마시면 수염이 나지 않는다.

: 부엌에 들어가면 남자 체신을 잃기 쉽다.

⑮ 벼락에 오히려 바가지를 쓴다.

: 액운은 아무리 해도 막지 못한다.

: 급하면 아주 보잘것없는 것에도 의지하려든다.

⑯ 집에서 새는 바가지 들에서도 샌다.

: 본성이 나쁘면 어디서나 드러나게 마련이다.

⑰ 태장(笞杖)에 바늘 바가지이다.

: 매를 심하게 맞는다.

⑱ 곤장에 대갈 바가지이다.

: 매를 심하게 맞는다.

⑲ 물독에 바가지를 엎어 띄우면 배가 뒤집힌다.

: (물에 뜨는 바가지를 배로 여긴 데서) 물에 바가지를 엎어놓으면 불길하다.

⑳ 물 묻은 바가지에 엉겨 붙듯이 한다.

: 쓸모없는 이들이 모여든다.

㉑ 바가지 긁는다.

: (옛적에 돌림병이 돌면 무당이 병귀를 쫓으려고 상 위에 놓은 바지를 박박 긁어서 시끄러운 소리를 낸 데에

서) 아내가 남편에게 잔소리나 불평을 늘어놓는다.

㉒ 함지박 시키면 바가지 시키고, 바가지 시키면 쪽박 시킨다.

: 윗사람이 시킨 일을 계급이 낮은 순서대로 미루어 간다.

㉓ 나그네 보고 바가지에 밥 담고 주인 꼴보고 손에 밥 먹는다.

: 상대가 자기 대하는 정도에 따라 행동한다.

긍정적인 것은 둘뿐(①·②)이다. ③~⑦은 몹시 곤궁한 처지를, ⑧·⑨는 무익함을, ⑩은
겉만 번드레한 것을, ⑪~⑯은 가당치 않은 행동을 나타낸다. ⑰·⑱처럼 바가지가 매와 연관
된 것은 의문이다. ㉑은 우리에게만 해당한다.

2) 뒤웅박

① 뒤웅박 한 개가 천금이다.

: 작아도 때와 장소에 따라 큰 힘을 낸다.

② 뒤웅박 신은 것 같다.

: 일 되어 가는 모양이 위태롭다.

③ 여우가 뒤웅박 쓰고 삼밭에 들었다.

: 방향을 잘못 잡아 갈팡질팡한다.

④ 뒤웅박 차고 바람 잡는다.

: 허무맹랑한 짓하며 떠벌리고 돌아다닌다.

⑤ 좁쌀로 뒤웅박 파겠다.

: 몹시 좀스럽고 인색하다.

⑥ 끈 떨어진 뒤웅박 신세이다.

: 홀몸이라 의지할 데가 없다.

⑦ 여자 팔자 뒤웅박 팔자이다.

: 여자는 남자에게 매이게 마련이다.

⑧ 담배씨로 뒤웅박 판다.

: 잔소리를 퍼부으며 미주알고주알 캔다.

①을 빼면 모두 부정적이다. ②는 이치에 닿지 않는 내용이다. ③·④는 불안정한 형태에서 왔다. ⑤의 유래가 궁금하다. 우리에게만 있는 ⑥은 그럴듯하다. ⑦은 옛날하고도 고릿적 일로, 오늘날에는 이와 반대이다.

일본

---

① 뒤웅박에서 망아지 나왔다.

: 생각지도 않았던 좋은 일이 일어났다.

: 농담이 그대로 되었다.

② 뒤웅박에서 쌀 나왔다.

: 생각지도 않았던 좋은 일이 일어났다.

: 농담이 그대로 되었다.

③ 강물에 떠내려가는 뒤웅박이다.

: 일을 허둥거리며 대처한다.

: 일 없이 빈둥거리기만 한다.

④ 뒤웅박으로 메기 잡는다.

: 절대로 불가능한 일을 하려고 덤빈다.

⑤ 뒤웅박 사내이다.

: 종잡기 어려운 남자이다.

⑥ 뒤웅박에 눈코를 붙인 듯하다.

: 우습기 짝이 없는 모습이다.

⑦ 뒤웅박에 범종이다.

: 여러 면에서 차이가 크다.

①·②는 뒤웅박이 신령스런 기명임을 일깨운다. 형태에서 온 ③~⑤는 이치에 닿는다. 남을 조롱하는 는 뒤웅박의 불안정한 형태에서 왔다. ⑥은 흥미롭지만, ⑦은 이해하기 어렵다.

옮겨 실은 글 (가나다 순)

중 국 관 계 글

賈思勰 編, 구자옥·홍기용·김영진·홍은희 역주, 2007,《齊民要術》, 농촌진흥청

干寶 지음, 임동석 옮김, 1997,《搜神記》, 東文選

岡崎 敬, 1955, 〈中國古代におけるかまどについて―釜甑形式より鍋形式への變遷を中心として〉《東洋史研究》14권
    1·2號, 京都大學人文學部研究所

孔子 지음, 이민수 옮김, 2003,《孔子家語》, 을유문화사

孔子 編纂, 김학주 옮김, 2012,《書經》, 명문당

郭居敬 集錄, 임동석 옮김, 2012,《二十四孝》, 동서문화사

管仲 지음, 김필수·고대혁 외 옮김, 2006,《管子》, 소나무

교보문고 편집부, 1994,《중국소수민족 신화 전설집》, 교보문고

瞿佑·李禎·邵景詹 지음, 최용철 역, 2012,《剪燈三種》, 소명출판

丘桓興 지음, 남종진 옮김, 2002,《중국풍속기행》, 프리미엄북스

국립문화재연구소, 2005,《오구라 컬렉션 한국문화재》

국립중앙박물관, 2002,《조선시대 풍속화》

권태효, 2004,《중국 운남 소수민족의 제의와 신화》, 민속원

김선자, 2001,《중국 변형신화의 세계》, 범우사

김선자, 2004,《중국신화 이야기》, 아카넷

김선자, 2011,《김선자의 이야기 중국신화》, 웅진지식하우스

김선자, 2011,《중국소수민족 신화기행》, 안티쿠스

金丸良子, 1991,《中國山東民俗誌》, 古今書院

羅信耀, 1988,《北京風俗大全》, 平凡社

남회근 지음, 신원봉 옮김, 2011,《周易繫辭傳》, 부키

內田道夫 解說, 1964,《北京風俗圖譜》全, 平凡社

노성균 외, 2004,《중국시와 시인》, 如樂

段成式 著, 今村與志雄 譯註, 1980,《酉陽雜俎》1~5, 平凡社

唐甄 지음, 김덕균 옮김, 2003,《潛書》, 소명출판

大林太良, 1973,《稻作の神話》, 弘文堂

渡辺 式, 1992,〈漢代の畫像に見える庖廚と調理〉《史觀》107, 早稻田大學史學會

渡辺芳郎, 1987,〈漢代カマド形變明器考 -形態分類と地域性-〉《九州考古學》第61號

敦崇, 2006,〈燕京歲時記〉《中國大歲時記》Ⅱ, 국립민속박물관

杜公瞻, 2006,《荊楚歲時記》, 국립민속박물관

杜甫 지음, 장기근 옮김, 2003,《杜甫》, 明文堂

杜甫 지음, 김만원·김성곤·박홍준·이남종·이석형·이영주 역해, 2004,《두보 위관시기시 역해》, 서울대학교출판부

杜甫 지음, 이영주·강성위·홍상운 역해, 2005,《完譯 杜甫律詩》, 명문당

李昉 외 지음, 김장환 옮김, 2007,《太平廣記》1~21, 학고방

李瀚 지음, 유동환 옮김, 2005,《蒙求》, 홍익출판사

滿鐵弘報課 編, 1941,《滿洲農業圖誌》, 非凡閣

梅堯臣 지음, 문명숙 편저, 2002,《梅堯臣詩選》, 문이재

孟元老 지음, 김민호 옮김, 2010,《東京夢華錄》, 소명출판

明文堂 編輯部, 2013,《淮南子》상·중·하, 明文堂

박련옥, 1992,《중국소수민족 신화 전설집》, 흑룡강조선민족출판사

朴趾源 지음, 이가원 옮김, 1968,《熱河日記》, 한국고전번역원

班孟堅 지음, 민족문화추진회 역, 2010,〈寶鼎詩〉《완당전집》1, 솔

潘榮陛, 2006,〈帝京歲時紀勝〉《中國大歲時記》1, 국립민속박물관

裴啓 지음, 김장환 옮김, 2008,《語林》, 지만지

배다니엘, 2004,〈戴復古〉《중국 시와 시인》송대편, 역락

白居易 지음, 張基槿 역저, 2002,《白樂天》, 명문당

白川靜, 1958,《字通》, 平凡社

范勝之 지음, 구자옥·김장규·홍기용 역주, 2007,《范勝之書》, 농촌진흥청

司馬遷 지음, 김원중 옮김, 1999,《史記列傳》상·하, 을유문화사

謝肇淛 지음, 岩成秀夫 譯註, 1997,《伍雜俎》1~8, 平凡社

成俔 지음, 홍순석 옮김, 2013,《浮休子談論》, 지식을만드는지식

소방, 2006, ?

蘇軾 지음, 류종목 옮김, 2005,《蘇軾詩集》, 서울대학교출판부

蘇軾 지음, 류종목 역주, 2012,《蘇東坡詩集》, 서울대학교 출판문화원

簫統 지음, 허성도 옮김, 2010,《文選》1~9, 소명출판

孫机, 1989,《漢代物質文化資料圖說》, 文物出版社

손세관, 1995,《북경의 주택》, 열화당

宋應星 지음, 崔炷 옮김, 1997,《天工開物》, 전통문화사

荀子 지음, 김학주 옮김, 2001,《荀子》, 을유문화사

施耐庵 지음, 이문열 편역, 1995,《水湖志》1~4, 민음사

辛文房 지음, 임동석 옮김, 2010,《唐才子傳》, 동서문화사

揚大禹, 1995, ?

楊福泉, 1994,《灶与灶神》, 學苑出版社

楊衒之 지음, 서윤희 옮김, 2001,《洛陽伽藍記》, 눌와

呂不韋 지음, 홍승직 역해, 1996,《呂氏春秋》, 고려원

永尾龍造, 1940~42,《支那民俗誌》1~3, 中國民俗學會東方文化書局

鳴承恩 지음, 서울대학교 서유기번역연구회 옮김, 2004,《西遊記》, 솔

王嘉 지음, 김영지 옮김, 2007,《拾遺記》, 한국학술정보

王永强·史衛民·謝建猷 主編, 1999,《中國少數民族文化史圖典》1~16, 廣西教育出版社

王維 지음, 박삼수 역주, 2008,《왕유시전집》, 현암사

蔚山大學校 工科大學 建築科, 1994,《長在村》, 蔚山大學校出版部

原珂 지음, 전인초·김선자 옮김, 1992,《중국신화전설》1~2, 민음사,

袁宏道 지음, 심경호·박용만·유동환 역주, 2012,《袁中郎集》1~9, 소명출판

儒教經典飜譯叢書 編纂委員會, 2011,《書經》, 儒教文化研究所

劉侗 지음, 2006,〈帝京景物略〉《中國大歲時記》Ⅱ, 국립민속박물관

劉安 지음, 김성환 옮김, 2013,《회남자》, 살림

劉義慶 지음, 안길환 옮김, 2006,《世說新語》상·중·하, 명문당

柳宗元 지음, 오수형·홍승직·이석형 옮김, 2009,《柳宗元集》1~4, 소명출판

劉向 지음, 신동준 역주, 2005,《戰國策》, 인간사랑

劉向 지음, 임동석 옮김, 1996,《說苑》상·하, 동문선

劉向 지음, 임동석 옮김, 2009,《說苑》, 동서문화사

劉歆 지음, 임동석 옮김, 1998,《西京雜記》, 동문선

劉歆 지음, 임동석 옮김, 2009,《西京雜記》, 동서문화사

陸賈 지음, 장현근 옮김, 2010,《新語譯解》, 소명출판

尹國馨, 1979,〈甲辰漫錄〉《大東野乘》, 한국고전번역원

殷偉·殷斐然, 2003,《中國民間俗信》, 雲南人民出版社

이기동 역해, 2004,《시경강설》, 성균관대학교 출판부

李斗 지음, 홍상훈·이소영 옮김, 2010,《揚州畵舫錄》, 소명출판

李相玉 譯著, 2003,《禮記》상·하, 명문당

李睟光 지음, 남만성 옮김, 1975,《芝峯類說》상·하, 을유문화사

이영구 엮음, 2009,《세계민담전집》18 중국소수민족편, 황금가지

이인택, 2000,《중국신화의 세계》, 풀빛

이종진 외, 2004,《중국 시와 시인》송대편, 如樂

李太白 지음, 張基槿 역, 2001,《李太白》, 明文堂

李瀚 撰, 林東錫 역주, 2010,《蒙求》, 동서문화사

林巳奈夫, 1992,《中國古代の生活史》, 吉川弘文館

張征雁·王仁湘, 2004,《昨日盛宴-中國古代飮食文化》, 四川出版集團

張潮 지음, 이민숙 옮김, 2011,《虞初新志》, 소명출판

張華 지음, 임동석 역주, 2004,《博物志》, 고즈윈

田中 淡, 1985,〈古代中國畵像の割烹と飮食〉《論集 東アジアの食事文化》, 平凡社

曹雪芹 지음, 최용철 역, 2009,《紅樓夢》, 나남

曹植 지음, 이치수·박세욱 옮김, 2012,《曹子建集》, 소명출판

趙曄 지음, 김영식 옮김, 2014,《鳴越春秋》, 지식을만드는지식

鳥越憲三郎·若林弘子, 1998,《弥生文化の源流考》, 大修館書店

趙在三 지음, 강민구 옮김, 2012,《松南雜識》, 소명출판

左丘明 지음, 신동준 옮김, 2005,《國語》, 인간사랑

左丘明 지음, 정태현 역주, 2006,《春秋左氏傳》1~6, 전통문화연구회

周達生, 1989,《中國の食文化》, 創元社

周達生, 1991,《東アジアの食文化探險》, 三省堂

周新華, 2002,《稻米部族》, 浙江文藝出版社

정병석 역주, 2011,《周易》, 을유문화사

朱惠良, 1994,《中國人の生活と文化》, 二玄社

朱熹 지음, 서정기 옮김, 2010,《朱子詩選》, 한국학술정보

옮겨 실은 글

竹內 實·羅漾明, 1984,《中國生活誌》, 大修館書店

中川忠英·孫伯醇·村松一彌, 1966,《靑俗紀聞》, 平凡社

中村 喬, 1988,《中國の年中行事》1~2, 平凡社選書 115

지은이 모름, 1967,〈薊山紀程〉《燕行錄選集》8, 민족문화추진회

直江廣治, 1967,《中國の民俗學》, 岩崎美術社

陳起煥 편저, 2008,《中國人의 俗談》, 明文堂

陳盛韶 지음, 小島晉治·上田 信·栗原 純 옮김, 1988,《問俗錄》, 平凡社

淺川滋男, 1994,《住まいの民族建築學》, 建築資料硏究社

焦南峰 編, 2001,《漢陽陵》, 重慶出版社

蒲松齡 지음, 김혜경 옮김, 2002,《聊齋志異》1~6, 民音社

馮夢龍 지음, 이원길 옮김, 2004,《智囊》1~2, 신원문화사

夏亨廉·林正同, 1996,《漢代農業畵像磚石》, 中國農業出版社

韓非子 지음, 김원중 역, 2010,《韓非子》, 글항아리

桓寬 지음, 김한규·이철호 옮김, 2002,《鹽鐵論》, 소명출판

蘅塘退士·孫洙 撰, 류종목·주기평 외 옮김, 2010,《唐詩三百首》, 소명출판

한 국 관 계 글

《조선유적유물도감》2, 1990, 동광출판사

《조선의 민속전통》편찬위원회, 1994,《조선의 민속전통》1, 과학백과사전 종합출판사

강명관, 2010,《조선풍속사》1~3, 푸른역사

姜世晃 지음, 김종진·변영섭·정은진·조송식 옮김, 2010,《표암유고》, 지식산업사

강인구·김두진·김상현·장충식·황패강, 2003,《역주 삼국유사》, 이회문화사

姜仁姬·李慶馥, 1984,《韓國食生活史硏究》, 삼영사

강준흠 지음, 민족문학사연구소 한문분과 옮김, 2012,《三溟詩話》, 소명출판

고은, 1993,《고은 시전집》, 민음사

국립경주박물관, 2002,《國立慶州博物館敷地內 發掘調査報告書》-美術館 敷地 및 連結通路敷地-

국립문화재연구소, 1999,《기메동양박물관 소장 한국문화재》

국립문화재연구소, 2002,《모스크바 국립동양박물관 소장 한국문화재》

국립문화재연구소, 2005, 《오구라 컬렉션 한국문화재》

국립민속박물관, 2004, 《한국세시풍속사전》

국립부여문화재연구소, 2006, 《王宮里》 발굴중간보고 V

국립부여문화재연구소, 2006, 《익산왕궁리》

權近 지음, 김주희 외 옮김, 1980, 《陽村集》1~5, 한국고전번역원

權用正, 19세기말, 《한양세시기》, 국립민속박물관

권태효, 2004, 《중국운남 소수민족의 제의와 신화》, 민속원

권태효, 2008, 〈'대대로 내려온 불씨'담의 성격과 불 기원신화적 면모〉 《구비문학연구》 제26집

權韠 지음, 이상하 옮김, 2007, 《石洲集》, 한국고전번역원

權煥, 1946, 《凍結》, 건설출판사

今村鞆 1937, 《朝鮮風俗資料集說 扇·左繩·打毬·匏》, 朝鮮總督府

奇大升 지음, 성백효 외 옮김, 2007, 〈고봉속집〉 《高峰全書》 제1권, 민족문화추진회

김경복, 2010, 〈고분벽화에 나타난 고구려의 부엌과 식사 풍습〉, 《한국사학보》 제39호

金景善, 1967, 〈燕轅直指〉 《연행록선집》 10, 민족문화추진회

김광언, 1976, 〈어청도의 가옥〉 《김형규교수 정년퇴임기념논문집》, 서울대 사대 국어교육과

김광언, 1988, 《한국의 주거민속지》, 민음사

김광언, 1996, 〈주거생활〉 《중국 길림성 한인동포의 생활문화》, 국립민속박물관

김광언, 2002, 〈일본에 건너간 우리 음식문화〉 《日本 속의 韓民族史》, 조선일보사

김광언, 2009, 《박장흥댁》, 민속원

김광언, 2010, 《쟁기연구》, 민속원

김광언·김홍식, 2008, 《松石軒》, 민속원

김남웅, 2004, 《구들이야기 온돌이야기》, 단국대학교출판부

김매순, 2007, 《열양세시기》, 국립민속박물관

김민수 편, 1977, 《우리말 어원사전》, 태학사

김선풍, 1978, 〈태장봉 화전가고〉 《새국어교육》 25·26합집, 한국국어교육학회

김순이, 1996, 〈식생활편〉 《제주의 민속》 IV, 제주도

김용숙, 1987, 《朝鮮朝 宮中風俗 研究》, 一志社

金仁謙 지음, 최강현 역주, 2007, 《日東壯遊歌》

金麟厚, 1993, 《河西先生全集》, 전남대학교출판부

金長生 지음, 박완식·김능하 옮김, 2008, 《沙溪全書》, 한국고전번역원

옮겨 실은 글

金淨 지음, 2013,《沖庵集》, 한국고전번역원

金正喜 지음, 1986,《阮堂全集》, 솔

金宗直 지음, 임정기 옮김, 1999,《佔畢齋集》, 한국고전번역원

김지욱, 2011,《한국민속신앙사전》, 국립민속박물관

김지하, 2001,《김지하 전집》, 실천문학사

김진은 편, 1986,〈죠군령젹지〉《韓國語學資料集叢書》제2집, 태학사

金昌協 지음, 강민정·송기채 옮김, 2008,《農巖集》, 한국고전번역원

김필수·이해조·안국선·박이양·김교제·구연학·이상협·최찬식·이인직 외, 2001,《한국신소설대계》1편, 이텍스트코리아

김현룡, 1998,《한국문헌설화》, 건국대학교출판부

김형수, 1861,《농가십이월속시(農家十二月俗詩)》

김홍규·이형대·이상원·김용찬·권순회·신경숙·박규홍 편저, 2012,《고시조 대전》, 고려대학교 민족문화연구원

나경수 외, 2008,《호남의 초분 이장굿》, 민속원

南九萬 지음, 성백효 옮김, 2008,《藥泉集》, 한국고전번역원

南孝溫 지음, 박대현 옮김, 2007,《秋江集》, 민족문화추진회

渡辺 式, 1991,《畫像が語る中國の古代》, 平凡社

李陸 지음, 이동환 옮김, 1971,《靑坡劇談》, 한국고전번역원

李承召 지음, 정선용 옮김, 2008,《三灘集》1~3, 한국고전번역원

李義準 지음, 유화수 옮김, 2003,《溪西野談》, 국학자료원

문형진, 2006,《세계의 장례문화》, 한국외국어대학교 출판부

민족문화추진회 편, 1997,《다산문선》, 솔

박대재, 2009, 三韓의 '獵日祭祀'와 부뚜막 신앙, 한국사학보 제37호

박대재, 2010,〈주거와 조왕신앙〉《한국역사민속학강의》1, 민속원

박련옥 역, 1992,《중국소수민족 신화 전설집》, 흑룡강조선민족출판사

朴世堂 지음, 강여진 옮김, 2009,《西溪集》, 한국고전번역원

박용래, 2013,《먼 바다》, 창비

朴齊家 지음, 안대회 옮김, 2003 ,《북학의》, 돌베개

朴趾源 지음, 신호열·김명호 옮김, 2007,《연암집》상·중·하, 돌베개

배문식, 1998,《우리말의 뿌리를 찾아서》, 삼광출판사

백석 지음, 이동순 편, 2003,《백석 시전집》, 창작과비평사

憑虛閣 李氏 지음, 鄭良婉 역주, 1975,《閨閤叢書》, 寶晉齋

샤를르 달레 지음, 정기수 옮김, 1966, 《조선교회사서론》, 탐구당

徐居正 외 지음, 민족문화추진회 옮김, 1998, 《東文選》, 솔

徐居正 외 지음, 민족문화추짐회 옮김, 1998, 《續東文選》, 솔

徐居正 지음, 박홍갑 옮김, 2008, 《筆苑雜記》, 지만지고전천줄

徐兢, 1977, 《선화봉사고려도경(宣和奉使高麗圖經)》, 민족문화추진회

서영숙, 2010, 〈서사민요 '그릇 깬 며느리 노래'의 정승양상과 향유의식〉, 《한국민요학》 제29집, 한국민요학회

서울대학교 박물관, 1999, 《인류민속도록》

徐有榘, 1983, 《林園經濟十六志》, 보경문화사

서정범, 2000, 《국어어원사전》, 보고사

薛貞植, 1948, 《제신의 분노》, 신학사

설호정, 1977, 〈놋그릇장이의 '울음'〉 《숨어사는 외톨박이》 I, 뿌리깊은나무

成大中 지음, 김종태 옮김, 2006, 《靑城雜記》, 민족문화추진회

成俔 지음, 권덕주 외 옮김, 1979, 《大東野乘》, 한국고전번역원

成俔 지음, 이래종 옮김, 2004, 《浮休子談論》, 소명출판

成俔 지음, 임정기 옮김, 2008, 《허백당집》 1~3, 한국고전번역원

成俔 지음, 홍순석 옮김, 2014, 《慵齋叢話》, 지식을만드는지식

세종대왕기념사업회 편집부, 1998, 《東國通鑑》, 세종대왕기념사업회

송민헌, 2011, ?

송수권, 1980, 《산문에 기대어》, 문학의 전당

숭실대학교 기독교박물관, 2008, 《조선풍속도》

신영순, 1993, 〈조왕신앙연구〉, 영남대학교대학원 석사학위청구논문

신영순, 2011, 《한국민속신앙사전》, 국립민속박물관

신영훈, 1997, 《이웃문화 우리 문화》, 문학수첩

申欽 지음, 1994, 《象村集》, 민족문화추진회

심훈, 1935, 《영원의 미소》, 한성도서주식회사

안상경, 2009, 〈단잡이굿〉 《한국민속신앙사전》, 국립민속박물관

안옥규, 1989, 《어원사전》, 동북조선민족교육출판사

안혜경, 2011, 〈삼잡기〉 《한국민속신앙사전》 가정신앙 편, 국립민속박물관

魚孝善, 1990, 《내가 자란 서울》, 대원사

역사문제연구소, 1996, 《동학농민혁명자료총서》, 경인문화사

芮庸海, 1963,《人間文化財》, 어문각

芮庸海, 1997, 〈민중의 유산〉《예용해전집》2, 대원사

嗚文福 엮음, 2004,《書藝·文人畵 漢詩選》, 梨谷文化出版社

오승환, 2009, 〈부엌의 고고학적 연구〉《취락연구》1, 취락연구회

오천석 외, 2002,《한국희곡전집》, 주식회사 토클

柳得恭, 2007, 〈京都雜誌〉《조선대세시기》III, 국립민속박물관

유만공 지음, 임기중 역주 해설, 1993,《우리 세시풍속의 노래》, 집문당

柳夢寅 지음, 이월영 역주, 2001,《於于野談》, 한국문화사

柳重林, 2003,《증보산림경제》, 농촌진흥청

유홍준, 1993,《나의 문화유산답사기》, 창작과비평사

尹斗壽 지음, 권경일 옮김, 2007,《梧陰遺稿》, 민족문화추진회

尹白南, 1932,《海鳥曲》, 동아일보

尹善道 지음, 이형대·이상원·이성호·박종우 옮김, 2004,《孤山遺稿》, 소명출판

윤일이, 1995,《한국전통주거에 있어서 부엌의 배연구조에 관한 연구》, 부산대학교대학원 석사학위논문

尹拯 지음, 김기빈·김은정·오세옥·정필용 옮김, 2009,《明齋遺稿》, 한국고전번역원

尹鑴 지음, 양홍렬 옮김, 2010,《白湖全書》1~5, 민족문화추진회

음식고고연구회, 2011,《炊事實驗의 考古學》, 서경문화사

이경엽, 2008,《무구》전북·전남·제주도편, 민속원

李穀 지음, 이상현 옮김, 2007,《稼亭集》, 민족문화추진회

李圭景 지음, 박찬수·성백효·신응순·이종익·임정기·정소문 옮김, 1982 ,《伍洲衍文長箋散稿》, 한국고전번역원

李奎報 지음, 김상훈·류희정 옮김, 2005,《조물주에게 묻노라》겨레고전문학선집 6, 보리

李奎報 지음, 김상훈·류희정 옮김, 2005,《동명왕의 노래》겨레고전문학선집 5, 보리

李奎報 지음, 민족문화추진회 옮김, 2006,《東國李相國集》, 한국학술정보

李肯翊, 1989,《燃藜室記述》, 민족문화추진회

李沂 지음, 국사편찬위원회 옮김, 1984,《海鶴遺書》, 탐구당

이난영, 1975, 〈韓國匙箸의 形式分類〉《역사학보》67집

李德懋 지음, 김동주 외 옮김, 1989,《靑莊館全書》, 민족문화추진회

李德懋 지음, 이동희 편역, 2013,《四小節》, 전통문화연구회

李山海 지음, 이상하 옮김, 2007,《鵝溪遺稿》, 한국고전번역원

이상보 엮음, 1980,《한국불교가사전집》, 집문당

李穡 지음, 여운필·성범중·최재남 역주, 2000, 《목은시고》, 月仁

李穡 지음, 이병혁 옮김, 1995, 《牧隱集》, 고려대학교 민족문화연구소

李穡 지음, 임정기·이상현 옮김, 2005, 《牧隱集》, 한국고전번역연구원

李盛雨, 1992, 《古代 韓國食生活史硏究》, 鄕文社

李植 지음, 이상현 옮김, 1996~2002, 《澤堂集》, 한국고전번역원

李裕元 지음, 이유원·조동영·조순희 옮김, 2008, 《林下筆記》, 민족문화추진회

李應禧 지음, 이상하 옮김, 2009, 《옥담사집(玉潭私集)》, 소명출판

李義顯 지음, 1982, 〈更子燕行雜識〉《燕行錄選集》, 한국고전번역원

李瀷 지음, 이상하 옮김, 2007, 《星湖全集》, 민족문화추진회

李瀷 지음, 2010, 《성호전집(星湖全集)》, 한국고전번역원

이익섭·전광현·이병근·최명옥, 2008, 《한국언어지도》, 태학사

李齊賢 지음, 신구현 옮김, 2005, 《이제현작품집》 길에서 떠우는 편지, 겨레고전문학선집 9, 보리

이종찬 역주, 2005, 《한국한시대관》 1~20, 이회문화사

이창식, 2001, 《제천 오티별신제》, 제천시

李夏坤 지음, 안대회 옮김, 2007, 《선비답게 산다는 것》, 푸른역사

李海朝 지음, 권영민 옮김, 2008, 《驅魔劍》, 뿔

이현보 지음, 송기채 옮김, 2001, 《聾巖集》, 민족문화추진회

이현숙, 2006, 〈취사형태의 고고학적 연구〉《한국고고학 전국대회 자유패널 발표 1》, 한국고고학회

李玄逸 지음, 이상하·박헌순·홍기은·권경렬·강여진 옮김, 1999, 《葛庵集》, 민족문화추진회

이형주, 2001, 《한국고대 부뚜막 시설연구》, 충남대학교대학원 석사학위논문

李滉 지음, 이장우·장세후 옮김, 2011, 《퇴계시 풀이》 1~6, 영남대학교출판부

이훈종, 1992, 《민족생활어 사전》, 한길사

임기중 편, 2005, 《역대가사문학전집》, 아세아문화사

張桂香 지음, 2007, 《음식디미방[閨壼是議方]》, 영양군

張維 지음, 이상현 옮김, 1994, 《谿谷集》, 한국고전번역원

장주근, 2013, 《장주근저작집》 V, 민속원

張志淵 지음, 황재문 옮김, 2014, 《萬國事物起源歷史》, 한겨레출판사

장태진, 1998, 《국어변말사전》, 한국문화사

赤松智城·秋葉 隆, 1937, 《朝鮮巫俗の硏究》, 大阪屋號書店

전호태, 2013, 〈고구려의 음식문화〉《역사와 현실》, 한국역사문화연구회

옮겨 실은 글

鄭經世 지음, 정선용 옮김, 2004,《愚伏集》, 민족문화추진회

鄭喬 지음, 이계형 옮김, 2014,《大韓季年史》, 지식을만드는지식

정렬모 편저, 1964,《가사선집》, 조선문학예술 총동맹 출판사

鄭夢周 지음, 구인환 엮음, 2003,《牧隱集·圃隱集》, 신원문화사

丁若鏞 지음, 김종권 역주, 1979,《아언각비》, 일지사

丁若鏞 지음, 김윤수·윤태순·이승창·이정섭 옮김, 1982~1997,《茶山詩文集》1~10, 한국고전번역원

丁若鏞 지음, 민족문화추진회 옮김, 1996,《茶山詩文集》, 솔

丁若鏞 지음, 다산연구회 옮김, 2005,《牧民心書》, 창비

丁若鏞 지음, 송재소 역주, 2013,《다산시선》, 창비

鄭義道, 2008,〈靑銅숟가락의 登場과 擴散〉《石堂論叢》42집 동아대학교

鄭義道, 2014,《한국 고대 숟가락 연구》, 경인문화사

정종태, 2005,〈三國~高麗時代 솥(釜)의 展開樣相〉《錦江考古》, 제2집

丁學游 지음, 19세기 초,《農家月令歌》

趙斗淳·金炳學 외 편, 고려대학교 민족문화연구소 옮김, 1982,《大典會通》

趙秀三 지음,〈흙 거두기[納土]〉《조선대세시기》Ⅰ, 국립민속박물관

趙在三 지음, 강민구 옮김, 2012,《松南雜識》, 소명출판

좌동렬, 1979,〈제주도 조왕신앙고〉《학술조사보고서》제5집, 제주대 국어교육과

주영하, 2012,〈숟가락과 젓가락의 동아시아〉《문화와 나》94집, 삼성문화재단

仲野淸次郎, ?,《李朝工藝》, 出羽櫻酒造(株)

池圭植 지음, 2009,《국역 荷齋日記》, 서울특별시시사편찬위원회

진성기, 1976,《남국의 민담》, 형설출판사

村山智順, 1929,《朝鮮の鬼神》, 朝鮮總督府

村山智順, 1936,《部落祭》, 朝鮮總督府

崔岦 지음, 이상현 옮김, 1999,《簡易集》1~4, 한국고전번역원

최명희, 1996,《혼불》, 한길사

최승범, 1996,《한국의 소리를 찾는다》1~2, 예음

최승호, 2009,《반딧불 보호구역》, 문학에디션

崔永年, 1925,〈海東竹枝〉《조선대세시기》Ⅰ, 獎學社

최인학, 1984,〈불씨형 설화와 여성〉《인하》20, 인하대학교

최인학, 2003,《옛이야기 꾸러미》1~4, 집문당

崔致遠 지음, 이상현 옮김, 2009,《桂苑筆耕集》1, 한국고전번역원

崔致遠 지음, 이상현 옮김, 2009,《孤雲集》, 한국고전번역원

統監府臨時間島派出所殘務整理所, 1910,《間島産業調査書》

한국국제교류재단, 1996,《해외소장 한국문화재》5, 미국소장 2

한국국제교류재단, 1997,《해외소장 한국문화재》6, 일본소장 3

한국국제교류재단, 1997,《해외소장 한국문화재》7, 미국소장 4

한국도로공사·원광대학교박물관, 2001,《群山 余方里 古墳郡》

한국문화인류학회, 1970,《전국민속종합조사보고서》제주도편, 문화재관리국

한국문화인류학회, 1971,《전국민속종합조사보고서》경남편, 문화재관리국

한국브리태니커회사, 1982,《판소리 다섯 마당》, 뿌리깊은나무

한글학회, 1992,《우리말 큰사전》4 옛말과 이두, 어문각

한기호, 2005,《한국 고대의 온돌》, 서울대학교출판부

한성백제박물관, 2012,《백제의 맛》

한용운, 2014,《님의 침묵》, 민음사

許筠 외 지음, 2002,《한국방각본소설전집》1~2, 주식회사 토클

許筠 지음, 민족문화추진회 옮김, 2006,《惺所覆瓿藁》, 한국학술정보

현용준, 1980,《濟州道巫俗資料事典》, 신구문화사

洪大容 지음, 1979,《湛軒書》1~5, 민족문화추진회

洪萬選 지음, 1982,《산림경제》, 민족문화추진회

홍명희, 1985,《임꺽정》, 의형제편 1, 사계절

洪錫謨 지음, 2007,〈東國歲時記〉《조선대세시기》Ⅲ, 국립민속박물관

洪善杓, 1940,《朝鮮料理學》, 조광사

黃玹 지음, 이정희 옮김, 2008,《梅泉野錄》, 명문당

黃玹 지음, 이기찬 옮김, 2010,《梅泉集》, 한국고전번역원

일 본 관 계 글

NHKデータ情報部編, 1991,《江戸事情》1 生活編, 雄山閣出版

江国 滋, 1973,《古典落語大系》第8巻, 三一新書

옮겨 실은 글

高木啓夫, 1984,〈土佐の民家の水と火の信仰〉《中國·四國地方の住い習俗》, 明玄書房

内田武志·宮本常一, 1971~81年,《菅江眞澄全集》全12巻 別冊1巻, 未來社

屈 一郎, 1999,〈竈祓え〉《日本民俗大辭典》, 吉川弘文館

宮本馨太郎, 1973,〈めし·みそ·はし·わん〉《民俗民藝双書》, 岩崎美術社

宮田 登, 1997,《正月とハレ日の民俗學》, 大和書房

吉田兼好 지음, 채혜숙 옮김, 2001,《徒然草》, 바다출판사

奈良國立文化財研究所, 1987,《萬葉乃衣食住》

奈良國立文化財研究所, 1995,《平城宮跡資料館圖錄》

奈良國立文化財研究所, 2002,《飛鳥·藤原京展》

奈良國立博物館, 1988,《正倉院展》

鹿兒島民具學會編, 1991,《かごしまの民具》, 慶友社

大林太良, 1973,《稲作の神話》, 弘文堂

嶋田 尚, 1984,〈茨城の民家に祀られる神神〉《關東地方の住い習俗》, 明玄書房

稲田浩二·大島建彦·川端豊彦·福田 晃·三原幸久, 1994,《日本昔話事典》, 弘文堂

都丸十九一, 1999,《上州の民俗》, 未來社

渡辺芳郎, 1987,〈漢代カマド形明器考-形態分類と地域性->《九州考古學》第61號, 九州考古學會

藤沼邦言, 1997,《繩文の土偶》, 講談社

瀧澤秀一, 1982, ?

류시화 엮음, 2014,《백만 광년의 고독 속에서 한 줄의 시를 읽다 : 류시화의 하이쿠 읽기》, 연금술사

牧島知子, 1983,〈奄美諸島のカマド神〉《九州·沖繩地方の民具》, 明玄書房

武村精一, 1992, ?

飯島吉晴, 1986,《竈神と廁神》, 人文書院

福田 晃, 1994,〈爐辺傳承〉《日本昔話事典》, 弘文堂

本居宜長, 18세기 말~19세기 초,《古事記傳》

飛鳥資料館, 1987,《萬葉乃衣食住》

山口佳紀, 1998,《暮らしのことば語源辞典》, 講談社

上江洲 均, 1973,《沖繩の民具》, 慶友社

上江洲 均, 1983,《琉球諸島の民具》, 未來社

上田秋成, 2006,《雨月物語り》現代語譯付き, 角川書店

西垣幸夫, 2005,《日本語の語源辭典》, 文藝社

聖教新聞社 沖繩支局, 1972, 《沖繩の民具》, 新星圖書

小松和彦, 2003, 《異界と日本人》, 角川書店

松浪久子, 1994, ?

狩野敏次, 2004, 《かまど》, 法政大學出版局

埴原和郎 編, 1993, 〈日本人集團の形成〉 《日本人と日本文化の形成》, 朝倉書店

神保教子, 1984, 〈中國(西部)の台所習俗〉 《中國·四國地方の住い習俗》, 明玄書房

申叔舟 지음, 신용호 옮김, 2004, 《海東諸國記》, 범우사

神野善治, 2014, 〈メノの名前の方言-《現代日本語方言大辭典》を讀み解く-〉 《國際常民文化研究叢書》 第6卷, 神奈川
          大學 國際常民文化研究機構

安居院, 14세기 중반, 《神道集》

安萬侶 지음, 노성환 역주, 2009, 《古事記》, 민속원

櫻井德太郎, 1988, ?

연민수·김은숙·이근우 옮김, 2013, 《역주 일본서기》 1~3, 동북아역사재단

榮久庵憲司, 1976, 《台所道具の歷史》, 柴田書店

鈴木棠三, 1978, 《日本年中行事辭典》, 角川書店

玉木順彦, 1882, 〈現行慣習からみた沖繩の〈火の神〉信仰の地域差〉 《南島私學》 第20號

窪 德忠, 1974, 《中国の信仰習俗と日本》, 吉川弘文館

窪 德忠, 1981, 《中國文化と南島》, 第一書房

旺文社 編, 1992, 《成語林》, 旺文社

伊東恒治, 1943, 《北支彊蒙の住居》, 弘文堂

日本民俗建築學會 編, 2001, 《圖說 民俗建築大事典》, 柏書房

一色八郎, 1993, 《箸の文化史》, 御茶の水書店

長井亞弓, 2014, 〈衣·食·住の用具〉 《國際常民文化研究叢書》 第6卷, 神奈川大學 國際常民文化研究機構

田溶新 譯, 1989, 《完譯 日本書紀》, 一志社

前田富祺, 2005, 《日本語源大辭典》, 小學館

田中 淡, 1985, 〈古代中國畵像の割烹と飮食〉 《論集 東アジアの食事文化》, 平凡社

田村善一郎 ?

鄭大聲, 1992, 《食文化の中の日本と朝鮮》, 講談社

正倉院事務局 監修, 1988, 《正倉院展》

正倉院事務局 監修, 1993?, 《正倉院展》

옮겨 실은 글

朝岡康二, 1993,《鍋·釜》, 法政大學出版局

鳥越憲三郎·若林弘子, 1998,《弥生文化の源流考》, 大修館書店

朝倉治彦·安藤菊二·樋口秀雄·丸山信 編, 2001,《事物起源辭典》, 東京堂出版

佐藤 謙, 1964,《今昔物語集》, 角川書店

佐藤健一郎·田村善次郎, 1996,《藁の力》, 淡交社

佐佐木長生, 1984,〈會津地方の住生活と石用具〉《北海道·東北地方の住い習俗》, 明玄書房

周達生, 1989,《中國の食文化》, 倉元社

周達生, 1991,《東アジアの食文化探險》, 三省堂

竹內芳太郎, 1962,〈屋敷·間取り〉《日本民俗學大系》6, 平凡社

竹田聽洲, 1976,《日本人の家と宗教》, 評論社

竹條田統·川上行藏, 1978,《圖說 江戶時代 食生活事典》, 雄山閣

中田 薰, ?,《日韓兩國語の比較研究》?

中村 喬, 1990,《中國の年中行事》, 平凡社選書 115

津山正幹, 1984,〈關東のカマド神〉《關東地方の住い習俗》, 明玄書房

樋口清之, 1959,《日本食物史》, 柴田書店

坂田 泉, 1984, ?

下野敏見, 1991,〈ナベフタ·シュウタ〉《かごしまの民具》, 慶友社

河野雄次, 1984,〈四國(東南)の住いと信仰〉《中國·四國地方の住い習俗》, 明玄書房

鄕田洋文, 1962,〈いろりと火〉《日本民俗學大系》6

戶部民夫, 2001,《神秘の道具》日本編, 新紀元社

홍윤기, 2002,《일본 속의 한국문화 유적을 찾아서》, 서문당

丸山久子, 1994,〈ままこのかまゆで〉《日本昔話事典》, 弘文堂

黃川田啓子, 1970,〈竈神信仰の研究〉《東北民俗》5輯

萱野 茂 지음, 심우성 옮김, 2007,《아이누》, 東文選 現代新書 200

萱野 茂, 1978,《アイヌの民具》, すずさわ書店

사진 및 그림 출처 (개인에게 받은 것은 이름, 책의 것은 책 이름이나 있는 데를 적는다)

사진 및 그림 출처

Ⅳ. 부엌

Ⅴ. 조왕

사진 및 그림 출처

Ⅷ. 숟가락과 젓가락

사진 및 그림 출처

찾아보기

ㅂ

찾아보기

ㅇ

찾아보기

#

찾아보기

김광언(金光彦)

약력

서울대학교 사범대학 국어교육과 졸업

서울대학교 문리과대학 고고인류학과 졸업

도쿄대학교 대학원 졸업(문화인류학 전공)

전북대학교 문리과대학 부교수

국립민속박물관장

인하대학교 사범대학 교수·인하대학교 명예교수

문화재위원회 민속분과위원장

주요 저서

2010, 《쟁기연구》, 민속원(학술원선정 우수학술도서)

2009, 《뒷간》, 기파랑

2009, 《바람·물·땅의 이치》, 기파랑

2009, 《박장흥댁》, 민속원

2008, 《백불고택》, 민속원

2008, 《송석헌》, 공저, 민속원(문광부선정 우수학술도서)

2007, 《한·일·동시베리아의 사냥》, 민속원(학술원선정 우수학술도서)

2007, 《동아시아의 뒷간》, 민속원(학술원선정 우수학술도서)

2008, 위의 책 鳳凰出版傳媒集團에서 중국어로 번역 출판《東亞的厠所》)

2004, 《동아시아의 놀이》, 민속원(학술원선정 우수학술도서)

2003, 《지게연구》, 민속원(학술원 선정 우수학술도서)

2001, 《디딜방아 연구》, 지식산업사(학술원선정 우수학술도서)

2001, 《우리문화가 온 길》, 민속원

2000, 《우리생활 백년 집》, 현암사

2000, 《한국의 집지킴이》, 다락방(문광부선정 우수학술도서)

1998, 《한국의 주거민속지》, 민음사(문화부 기자가 뽑은 올해의 책)

1986, 《한국농기구고》, 한국농촌경제연구원

1969, 《한국의 농기구》, 문화공보부 문화재관리국

수상

1986 출판문화상 저작상(《한국농기구고》)

2005 월산민속학술상

2006 대한민국 문화유산상(학술 부분)

동아시아의 부엌

민속학이 드러낸 옛 부엌의 자취

초판 인쇄 2015년 4월 20일
초판 발행 2015년 4월 30일

지은이 김광언
펴낸이 김효형
펴낸곳 (주)눌와
등록번호 1999. 7. 26. 제10-1795호
주소 121-150 서울특별시 마포구 월드컵북로 16길 51, 2층
전화 02-3143-4633
팩스 02-3143-4631
페이스북 www.facebook.com/nulwabook
블로그 blog.naver.com/nulwa
전자우편 nulwa@naver.com
편집 김선미, 김지수
디자인 김광혁, 이현주
마케팅 최은실, 이예원

용지 정우페이퍼
출력 블루엔
인쇄 미르인쇄
제본 상지사

ISBN 978-89-90620-73-6 93380

이 도서의 국립중앙도서관 출판예정도서목록(CIP)은 서지정보유통지원시스템 홈페이지(http://seoji.nl.go.kr)와 국가자료공동목록시스템
(http://www.nl.go.kr/kolisnet)에서 이용하실 수 있습니다.(CIP제어번호: CIP2015011765)

책값은 뒤표지에 표시되어 있습니다.
이 책은 콩기름잉크soy ink로 인쇄한 친환경 인쇄물입니다.